刘易斯·芒福德文集 | 宋俊岭　陈恒 主编

The Lewis Mumford Reader

刘易斯·芒福德读本

[美] 唐纳德·米勒 (Donald L. Miller) 编

宋俊岭　宋一然 译

上海三联书店

刘易斯·芒福德

刘易斯·芒福德与夫人

宋俊岭与芒福德夫人

总　序

时代主题与巨匠作品

　　20 世纪美国文化孕育出一位世界级文化名人,堪与列夫·托尔斯泰、莱昂纳多·达·芬奇等巨匠并列,被同时代名家评论为最后一位伟大人文主义思想家,也被理解和热爱他的读者尊奉为"世界良心"——他就是刘易斯·芒福德(Lewis Mumford, 1895 – 1990)。

　　刘易斯·芒福德 1895 年 10 月 19 日诞生于纽约城长岛,1990 年元月 26 日在家中逝世,享年 95 岁。他的一生跨越了人类从告别传统到走进现代,用近百年的生命长度亲历并见证了文明史上这一承前启后的历史转折,以饱含人文主义的生命厚度思考并诠释了传统与现代间的传承与断裂,写下 48 本专著,并发表了九百余篇文章,这些作品大部分都与城市相关,蕴含了他对城市的理解、对城市建设的建议,以及对未来生态城市的愿景,内容广涉文明史、哲学、人类学、城市学、建筑学、美国文学等诸多领域,许多已跻身世界文化经典之列。

　　在整个人类历史上,19 世纪都要算最重要的拐点或者断裂点。文明史中物质与精神曾经的各有其序、各守其位在此前几个世纪的剧烈变动下荡然无存。这些剧变包括许多重要思想理论和代表人物,包括进化论、物种起源论和人类起源论,以及紧随太阳中心说确立的微观世界结构理论,也包括元素周期表为典型的微观世界,以及以物质第一性为特征的唯物辩证法,等等。这些科学合力的冲击,最终颠覆了将近三千年乃至更长久的宗教文明赖以存在的宇宙观和人类观。不仅终结了神创论,也开启了科学技术当家作主创造世界也创造新人类的现代文明。在这扇大变革的门槛内外,刘易斯·芒福德正徘徊观望、踟蹰不前。回望过去,他目睹了完整的世界概念和人类观念的裂解,艺术与技术的裂解;前瞻未来,他见证了权力扩张、社会重组、科技发展、为利润和权威背弃传统价值、道德沦丧、环境破坏、人性抽空、残酷战争等等恶果。在文明史突然撕开的这道浩大裂罅前,他震惊、惶惑、痛惜、思索……一方面,19世纪以前各种世界大发现令人类无论面对宏观世界或微观世界时候突然眼界大开,知识和精神都攀上高原地带,视野辽阔,胸襟舒展,地球的全貌尽在眼中,没有文字记录的史前时代也似乎触手可得。宇宙、自然和人类都突破宗教观念的藩篱,在更广阔的范围内寻找新的宏观框架和结构秩序。人类自身则面临重新确认自己,定位自己的迫切任务。芒福德就曾属于积极乐观的时代,深信未来必胜于过去。同样,另一方面,现代文明带来的特殊景象和灾难,也令他瞠目结舌。他的全部怀疑、批判和探索,便是在这个基础上逐步展开的。为看清未来,他认为必须洞察已往。随即,他用一系列作品逐一回溯这浩大变迁的由来,预展可能出现的更邪恶后果,再一次发出了"纵欲者没有心肝"的呐喊,努力探索新途径,试图桥接、整合破碎的宇宙概念、文明概念和人类概念。他是从根本结构和方向上质疑当今人类现代文明,因而能高瞻远瞩地提出,真正的改革是价值观的改革与创新,是全社会首选伦理的改变。他主张通过对全社会的教育来维护传统价值理念:人权、自由、平等、仁爱、真善美,知道羞耻、堕落与罪恶……因而他特别注重新意识形态的营造,注重文学艺术和大众传媒的群体启蒙教育功能。

特别值得指出,芒福德对城市学基础理论的开掘有卓越贡献。他的代表作之一《城市发展史:起源、演变与前景》受到世界性重视,原因之一是它首次把人类进化与城市状况密切系统地联系起来,据此提出并解答了有关城市和城市学的一系列根本理论问题,包括城镇起源、功能、结构、属性、机理、目的、方向、本质,城市与人类的关系,城镇与文明的关系等等。此书中的节节精彩讲述引领读者走上一个又一个历史性高原,得以开阔心胸和弘远眼界。这些学术贡献和价值历久弥新,引领越来越多的人创建人类理想的生活方式和环境。

总括历史来观察评价,刘易斯·芒福德之所以被公认为伟大的思想家、文化名人,是因为他在机器当家的现代重申生命世界的伟大奇迹。他被誉为"最后一位伟大人文主义者",因为他再度点亮了蒙尘于信仰迷失、方向混乱的文化之灯,让众人看到高居宇宙价值中心的正是人类自己。在其有生之年他甘于寂寞,以圣经的视野,佛典的心怀,现代科学技术研究的材料和方法,重新回溯文明史特别是近现代文明五百年的发育进程,重新评价人类文明的是非曲直和功过得失。芒福德影响如此深远,西方评论家说,"正如卡尔·马克思对于劳工运动做出的贡献一样,芒福德作品对生态文明也有同样深远的指导意义"。芒福德是工业文明当中非理性的尖锐批判者,他的大量论述把混沌不清的两种文化从思想理论到学术队伍都一劈为二,并在工业文明的拥护者和生态文明的倡导者之间掀起一场旷日持久的论战。这场论战明确了未来一个世纪的特殊主题,即工业文明的衰落和生态文明的萌起。这个主题至今支配着全人类的文化过渡。

科学活动,学术研究,是为给人类照亮前进道路,而非为科学和学术本身,更不能违背这一宗旨去反人类。芒福德不在传统权威面前止步,为我们营造了一个真正无禁区的研究范例。为探索真理与文明的正确方向,他质疑过许多权威,包括反对爱因斯坦不该在投放原子弹决议上签字,也包括谴责许多集权体制社会的各种极端主义残忍做法。

芒福德是最早关注工业化对生态环境破坏的学者之一,也是最早提出建立生态城市的学者,不过他的生态城市思想最初在西方备受冷遇,因为那是一个只追究经济发展、城市盲目扩张的时代备受冷遇,但是,当 20 世纪 70 年代西方城市问题日益突出,城市发展面临困境时,芒福德的生态城市思想无疑给西方城市未来的发展提供了一剂良方。波兰诗人辛波斯卡(Wislawa Szymborska, 1923 - 2012)写道,"我们通晓地球到星辰的广袤空间,却在地面到头骨之间迷失了方向"。也许将芒福德视作重新为人类指引方向的灯塔不免有夸大之嫌,但他在现代社会狂飙突进年代里的冷静反思,无疑为后人留下了再度出发的空谷足音和吉光片羽。因此,芒福德无愧于那些为他颁发的殊荣,包括两位美国总统(林登·约翰逊和罗纳德·里根)为他颁发的奖章、史密森学会授予他的大奖、美国国家人文科学基金的特别奖状,以及美国文理科学院的院士称号;更无愧于后代学人对他的不懈研究和深深敬意。

虽然国内外学者重视和研究芒福德都是近几十年的事,但限于学术氛围、资料等各种原因,国内对芒福德学术思想的认识和研究与国外已存在明显差距。国外学者在整理芒福德论著方面已有不少成果,而国内还处于翻译、引介芒福德重要论著的初始阶段,这是我们出版文集的目的所在,为未来深入研究奠定基础。文集正是基于这样的初衷提出,怀抱一个宏远目标,从全面译介和整理芒福德论著入手,努力填补一些国内芒福德学术思想研究中可能存在的空白,促进跨文化交流,为民族文化的改造和健康发展奠定坚实基础。为此,意欲从以下几个方面加以探讨、谋求发展、寻找突破:

出版芒福德文集。对芒福德影响较大的著作优先翻译出版;将已出版的四本芒福德译作纳入芒福德文集体系下修订再版,增加其受众群体和影响力。

在条件成熟的情况下精选、翻译芒福德的一些重要文章、演讲、通信、书评,结集出版。主要侧重于城市理论和技术哲学方面具有学术思想价值的一些重要文章,作为对芒福德文集翻译的补充,填补芒福德资料整理方面的空白。

文集是针对芒福德论著的基础性学术建设,通过系统地组织芒福德著作的译介,理清芒福德以城市为核心——亦即文明人类和人类文明发育的主观与客观、精神与物质进程——的学术思想脉络,继而传播芒福德独树一帜、涵虚务实的学术思想(尤其是生态城市思想);通过整理芒福德论著类目和重要文章的结集,出版填补国内芒福德研究资料整理上的空白;通过新视角的城市理论和文化人类学研究对当前芒福德学术思想初步研究进行有力补充,最终通过文集进一步奠定国内芒福德学术思想的研究基础。

　　研究、翻译、出版芒福德文集对于文化断裂和社会转型的中国和世界现实具有重要借鉴意义,他提问的角度和回答的方式不乏学理价值,他对人与城市的思考更有不容忽视的实际意义。期望该文集的出版,能够促进切合实际实现"他山之石,可以攻玉"之名训。

《刘易斯·芒福德文集》编委会

于光启编译馆

2016 年 3 月 16 日

目录 Contents

鸣谢 Acknowledgments

这本书得以出版,首先感谢刘易斯·芒福德把这个项目托付给了我。除此之外,许多人都有贡献,而其中两位则尤其值得感谢:

刘易斯·芒福德的夫人索菲娅·芒福德(Sophia Mumford),在此工作每一阶段都扶助着我。芒福德的所有在世学生中,她是最了解芒福德生平和事业的人。同时,她也是我所见过的最伟大的女性。

本书最早的创意者是萨拉·博施特尔(Sara Bershtel)女士,就是我在《万神殿丛书》(Pantheon Books)出版社的编辑,是她帮我一步步精选设计形成此书,直至最终出版。

我还要感谢《万神殿丛书》出版社的海伦娜·富兰克林(Helena Franklin),她聪颖干练,帮我把手稿转换成最终的定稿。此外,还有马丁·富勒(Martin Filler)、艾伦·特拉亨伯格(Alan Trachtenberg)、萨姆·巴斯·华纳(Sam Bass Warner)、沃尔夫·范·埃克哈特(Wolf von Ekhardt)以及我的代理人吉娜·麦考比(Gina Maccoby),他们都为我提供了宝贵意见和建议。

时代呼唤大手笔——

《刘易斯·芒福德读本》中译本序言

原书英文本 Lewis Mumford Reader 经作者授权,1986 年由传记作家、历史学家唐纳德·米勒选编完成。《读本》从作者三十多部专著和上千篇论文中精选、编列七类,分列于 28 个题目之下,共 400 页。芒福德研究领域宽广,目光如炬,高屋建瓴,文笔雄健而优美,且著述丰繁。所以米勒等人功德无量,他们从芒福德卷帙浩繁的著作中辟出捷径,让读者扼要选读芒福德,一睹大师真神采,自己去评价他的地位、价值和贡献,从而为今后进一步细读、精研奠定基础。

受托翻译此书,深感荣幸,恭谨为之。译作中常产生许多对比、思考。因记写了要点,整理如下,与读者朋友分享和商讨。

一、关于本书

本书七大章节,第一章讲述作者立志;接下来的章节分别讨论建筑(选自芒福德早期著作及讲稿)、城市文明(选自《城市文化》、《城市发展史》等专著及相关论文)、城市及区域的未来(选自专著《棍棒与石头》、《都市未来》,相关讲稿、论文以及书信)、美国研究(选自专著《诠释与预测》、《黄金时代》及专业会议演讲稿)、技术与文明(选自《机器的神话》、《技术与文明》、《艺术与技术》等)。最后以作者 1979 年获奖答谢演讲结束全书。这篇演讲亲切传神,作者从终生不懈探索的巅峰上轻松自如与读者分享自己的内心情感和忧思。从时序上看,本书以童年开始,以老年演讲结尾,中间依次贯穿了作者终生的探索历程:从建筑开始,扩展至城市,至区域,至一个国家,直至走向人类历程和命运……阅读全书,如随作者做学术苦旅,历尽曲折艰险,而又云蒸霞蔚别有洞天。没有读过芒福德的读者,不妨先读最后一章。这简短篇章,如一幅白描写生,生动传神,可一睹这位大学者的精神风范:大爱、睿智、幽默、纯朴。

本书原名 Lewis Mumford Reader,这里 Reader 一词意为读本、精要等,但绝对不能就此误解这些篇幅即芒福德大量著作的全部精彩内容。事实上,芒福德许多精彩篇章,如介绍希腊雅典文明宝贵遗产,古代罗马城深刻教训,对人类进化的深入思考,对于中世纪文明功过的审慎区分和褒贬,对美国诞生的精神基础与建国历程总览,以及他对备受赞颂的现代文明的洞察和批判等等,都因篇幅所限而未收录。尤其,一位严肃学者由浅入深、认真专注的精神情态和治学方法,经典名著特有的那种交响乐般的完整律动和醒魂魅力,远不是一些片段就能总括的。读者只能依照这里的线索进一步拓展阅读范围。如能阅读英文原著,找几个篇章或段落对照中译文阅读英文原文,定会受益良多。

本书概要介绍芒福德思想学说的基本轮廓和重要观点:建筑的实质、目的以及评价标准;城市与区域的重要地位与设计关键;美国作为新型国家,其先驱精神的形成和代表人物,早期城镇和城镇网络的建设发展经过;人类的工业(机械)文明形成过程及其偏颇与后患等等。这些内容的分析和讲述又常突破技术内容与事实层面的局限,深入和聚焦于人类自身这一核心议题。这正是芒福德思想理论的特殊之处。所以如此,简单说,是因为他认为现代社会大量深刻而紧迫的问题,无一不出自人类自身。他看到并且试图解答工业时代以来深刻的社会危机。他比喻说,人类进入工业(机械)时代之后,文明就像一部汽车,既无方向盘又无制动器,在一条享乐和世俗文化的道路上飞奔! 他担忧人类在巨大进步中潜藏着巨大不幸,一再发出警告,努力揭示真相,指明出路。因而,他笔下的建筑、城镇、区域、文化、哲学、艺术、诗歌、戏剧,乃至人物传记等等,无不从属于一个核心主题:人类自身的剖析、提高与改造,以及人类文明的更新换代。因而他一再强调人性的教育、觉醒和重建。也正因如此,在人文社会科学、建筑学和城市研究领域内很难再找到哪位学者像他那样,在深入剖析建筑城镇本质的同时,如此注重文学、艺术、戏剧、诗歌、绘画对于人类和人性的陶冶和驯化。自由是生命的本质要求和第一要义。芒福德就常常为生命世界,为人类,为人类的真善美说话和抗争。他的著作中,人性、人文标准、人性尺度、觉悟、觉醒等概念,常不言自明而又含义宽泛,其内涵和外延都留着开口。它们的拓展空间,应由后人继续探索和充实。

二、关于芒福德的思想学说

芒福德出生于19世纪末。人类在经历了19世纪各种世界大发现之后突然眼界大开,知识和精神都攀上高原地带,视野辽阔,胸襟舒展,无论面对宏观世界或微观世界。地球首次集合了自己的全貌,历史研究也首度突破文字记载而进入史前时代。宇宙和自然都突破宗教世界观念的藩篱,在更大范围寻找新的更大框架和结构秩序。人类自身则面临重新确认自己、定位自己的迫切任务。芒福德就曾经属于这积极乐观的时代,他深信未来必胜于过去。同样,他的全部怀疑、批判和探索,也是从这个基础上逐步形成的。他从20世纪20年代起就不懈地著书立说,奔走呼号,辛勤劳动度过了一生。他珍爱人类,重视人类,深刻理解人类,包括人类的成就和悲哀,人性历来的优美与工业人类的人性丧失,以及随之而来的灾难。他看到危机而呼喊出路,芒福德的远见卓识让他成为当今波澜壮阔生态运动的领军人物,成为人文主义伟大传统的优秀继承者。由于芒福德的思考和贡献,两届美国总统,福特和里根,曾分别为他颁发过文化和学术贡献奖状。

芒福德以实用与审美密切结合的观点审视建筑及建筑师。他考察一系列建筑和城市,评述其优劣,剖析其根源。他认为联合国大厦的丑陋形象设计有辱其光荣使命,对这一巨大遗憾,他毫不客气予以尖锐批评!他仗义执言,秉公论事,又是一位公道评论家。书中讲述布鲁克林大桥,热忱歌赞其设计建造者们的高超才华、艰苦卓绝、丰功伟绩,特别是他们的崇高献身精神。

特别值得指出的,是芒福德对城市学基础理论的开掘和贡献。《城市发展史:起源、演变与前景》一书受到世界性重视,原因之一是它首次把人类进化与城市状况如此密切联系起来,在此基础上提出并解答了有关城市和城市学的一系列根本理论问题,包括:城镇的起源、功能、结构、特性、机理、目的、方向、本质、城市与人类的关系、城镇与文明的关系等等。他在书中一节节精彩讲述,引领读者走上一个又一个历史性高原,获得开阔心胸和宏远眼界。他贡献的这些学术价值,时间越久显现得就越清楚。

科学活动、学术研究,是为给人类照亮前进道路,而不是为了科学和学术本身,更不能违背这一宗旨去反人类。芒福德不在传统权威面前止步,让人见到真正无禁区的学术研究和真学者的可贵品格。为探索真理与文明的正确方向,他质疑过许多权威,包括批评爱因斯坦不该在投放原子弹决议上签字,也包括批判列宁、斯大林的极端主义残忍做法。同时,为剖析工业文明弊端的来龙去脉,他一直追溯到人类的起源,挑战由来已久的"劳动创造人类"一说的权威地位,认为祭祀活动中的祝祷、巫术、戏剧、游乐、竞技等仪式,都从深度启发了人类自我意识和文化创造灵感。因而游戏等活动才是人性之根,而劳动和制造工具,则仍未脱离动物性之根。与劳动和制造工具相比较,游戏在从猿类向人类的过渡中——以及在人性继续提高——的过程中,都发挥着更为关键的作用。

芒福德从创作开始就大力倡导人类的文化觉醒。而且他相信,这种觉醒会首先出现在美国,因为"美国是个拥有无尽希望的国度"。因而他和其他青年作家的使命,就是为这个新大陆的复兴时代准备觉醒的土壤。他说,人类到美洲冒险的最大意义,不在于对物质财富的不懈追求,而在于开创一种真正新型的人类文化。美国正是在这个意义上诞生的。

最初,出于对欧洲中世纪后期结构松散文化的失望,出于对英国国教专横统治的愤懑,清教徒带着一个梦踏上新大陆。最早是新教教徒、发明家、政客、探险家,漂泊不定背井离乡的人各自来到北美,后来才在新大陆联合起来,组成复合型的美国社会。他们决心不再走欧洲的老路,并为建立新型国家和社会尝试过各种方案,甚至包括神权教主主持的公有制和群婚等许多荒唐做法。而终于觉悟到,为了一个新文明的诞生,需要找到一种生生不息的文化传统作为文化复兴的摹本和支撑。因此,美国的诞生是当时多种文化潮流最终融汇的结果,包括:中世纪神权中心的瓦解,理性主义出现,宗教意义由戒律约束升为美德追求,启蒙运动发展,科学技术时代来临。芒福德的惊人之笔在于,他指出"欧洲中世纪的瓦解是在新大陆最终完成的"。这就令人发问:自己制度上盘桓不进,是否因为从未有过一个"旧制度的彻底瓦解"?芒福德还说,"到美国定居具有承上启下的意义:它是一个漫长时代的终结,又是一个新时代的开端;标志着中世纪社会综合体的瓦解以及新历史时代的到来。这个时代的显著标志,包括记录时间、科学研究、新教伦理以及资本主义。"芒福德的大量著述从构成美国新文明的三个支柱——自然主义、理性主义、人文主义——检视了社会文明发育进程,尤其着重检视了三者通过城市与区域规划、文学艺术等手段实现整合的经验与教训。因而,他不仅清楚地描摹出美国有机世界观的兴起与衰落过程,更从 19 世纪中期美国文学巨匠的著述中找回美国自身独创的精神思想和文学艺术传统。他出色地诠释了美国文化个性:既担当工业化浪潮的前锋,又兼具欧洲旧传统继承与反叛两种角色。这样的背景规定了美国文化的双重性与生命力:科学的确定与神学的无定,既现实又浪漫,生机勃勃又谨慎有度,贵族的文雅与土著的粗犷,诙谐幽默而又多情伤感,粗浅俗陋同时又弘远深刻,有杰克·伦敦、马克·吐温,更有惠特曼、爱默生,享受生活安逸又永不满足现状……美国特有的朝气蓬勃的轻歌剧最能体现这种既矛盾又互补的精神情感特质;一部科普电影(蓝色地球)也能将科学、神话、历史、哲理、诗意、音乐、艺术美尽熔一炉。这些特点更通过一系列作家和诗人生动体现出来。芒福德把这些优秀思想代表人物的精神价值一一介绍清楚,推荐给美国人民。他至少帮助两代美国读者公众获得了情趣和鉴赏力的根基。

那么,他著作中挥之不去的忧虑和声声呼号又由何而来呢? 简言之,就全人类文化走势而言,文明和人性当今都出现异化趋势。这含义还须从人类前一次大觉醒来回望。

依文明主流进程看,前一次大觉醒发生在 15 世纪前后。主要体现是文艺复兴、理性主义和启蒙运动;主题是反对宗教愚昧,主张理性,反对迷信;主张科学,反对极权专制制度;主张平等、民主、自由和博爱,其成果是撼动了神权核心的宗教世界,树立以人为核心的价值理念,以及科学理性为核心的现代文明,科学技术大发展,大规模生产方式的诞生。最终,则是一个完全世俗化世界秩序的确立。

在这转变关节上,芒福德回忆,"……当时我们都有个共同感觉,这就是我们正面临一个大转变的前夜,一个崭新的世界即将出现;这是个充满神奇力量的伟大转变。几个世纪以来的美国革命、法国革命,以及工业革命所孕育的美好希望,很快就会一起实现了。可是,不久到来的第一次世界大战完全粉碎了、毁灭了这些美好希望。眼睛看到的,以及亲身感受到的东西,要经过许多年才能传达到大脑,才能逐步解码,才能逐步透彻领悟其内涵! 而在此之前,种种不祥之兆,我们却未能及时察觉领悟。直至进入 30 年代之前,我们能够看到的,始终只是乌云外围的金边儿。是啊,在那些信心百倍、豪情满怀的年代,谁会料到我们始终坚信不疑的太阳,不久竟然也会发生日食呢? ……"

事实正是这样:紧接启蒙运动之后,人类的生产能力、效率、规模,以及行动速度和涉猎范围都大大扩展。科学研究和工业技术的大飞跃,让人类在广度、高度、速度、强度、深度、力度、效率和规模等方面,无不大超前人。人类涉足空前广阔的领域,从丛林、高峰、荒漠、峡谷、深海、南极、北极……直至太空,直至深入物质世界微观结构,基本粒子和微粒子,细胞核,基因……而在世界实现了物质生产一连串奇迹的同时,不幸,人类却在自身解放的道路上走过了头:自我膨胀,妄自尊大,人性丧失,自身行为恶魔化,否定自然,敌视和虐待同一星球生灵万物,最终让尼采喊出"上帝死了"! 文明异化走向相反方向的结局,是环境污染退化,物种数量和规模锐减,生态失衡。比如,位居海陆生物链顶端的鲨鱼,种群数量已锐减九成。该物种比恐龙更古老,曾历经五次生态大劫难儿未被淘汰,始终担当维持海陆生态结构平衡的建筑师……所以,稍拓展时空尺度,就不难看出人类行为中许多乖张虚妄;又如,总要以寿命不足百年的水坝去干扰业已存在亿万年并仍将继续存在亿万年的大江大河生物态和地质态!因而,觉悟的民族已开始拆除水坝,恢复江河常态。如此实例,不胜枚举。

芒福德思考的第一个重点,就是这种异化是怎么开始的。为此,他开始检视各种文化机构和"器官"自工业时代以来的各自的异化和畸变过程,包括城市、建筑、教育、文学、绘画……并在此基础上逐步积累成对现代文明尖锐矛盾的思索和批判,写成批判工业(机械)文化的系列专著。

值得一提的,是这种工业文明还产生过一种哲学,用机械方法拆分世界和人类社会。主张世界构成是对立统一或一分为二的:企业分为资本与劳动的对立,有机社会分为阶级的对立,硬说几千年人类文明是阶级斗争的历史。在此基础上建立政党,推动暴力革命,让"一个鬼影在欧洲游荡",产生出贫穷、野蛮、愚昧的新型暴政国家。当这鬼影淡出欧洲,已携走厚重的文化积累及亿万生命……这"鬼影"或"幽灵",正是大工业(机械)文化的一个组成部分和极端形式,包括它的人格形式——恶魔希特勒。

新一次大思考和大觉醒始于 20 世纪中期。从一系列的先驱人物到罗马俱乐部和绿色和平组织的建立,直至波澜壮阔的生态文化产品大量问世,如今生态文明正在变成世界的主流文化。刘易斯·芒福德就是人类又一次大觉醒——生态运动——的前驱和实践者,是工业时代走向生态文明这一历史过渡时代大潮推出的大手笔。他的思想学说建立在物质世界进化大潮的框架上,涵盖了宇宙进化、生物进化、人类文化进化的宏大篇章。这就是伟大人文主义思想传统的核心含义。这样去理解和阅读芒福德,就找到了方向。

三、关于全球化及民族文化更新

历时五百余年的文化准备,揭幕了现代化和工业化进程。当前全球化局面就是长期通商贸易、地区间沟通交流的必然产物。全球化是文化趋同和均一的过程,此过程中文化的对立减少,共享增多;全球化既含机械的又含有机的世界观;既含经济、技术、生活方式内容,也含价值理念。一些历来否认人权的国家,如今陆续接受人权概念,操起人权语言,就是明证。

全球化这个漫长渐进过程的突破,发生于柏林墙崩坍与前苏联东欧阵营解体,以及紧随其后的中国向市场经济转型。从此,世界主流进入改良进步的时代。改良潮流涵盖了包括发达国家在内的广阔世界。血斗、暴政已不得人心。在全球化世界大潮流背景上,各个民族、国家都在思考应对抉择。全球化进程无论怎样趋同,终究是不同文化间的相融。正如果树成株需要芽接,让接穗插入砧木才可获得新品种。全球化过程中,文化多样性不仅应当得到尊重和保护,也是无法舍弃、无法否定的。这其中中华文明具有极大优势,因为它植根自然和农业文明,具有很强亲和力。它亲和自然、亲和生灵、亲和人类的本质,与大趋势的生态文明不谋而合。甚至可以说,当今世界性生态文明潮流正是农业文明在更高层次上的自我复归。无怪乎新千禧到来之际常听到一种说法:未来世纪将由中华文化主导世界潮流……前不久,曾再次目睹此场面:文化交流讲课完毕筵席上,专家和学生们再次歌颂未来中华文化引领世界潮流,引不少人摩拳擦掌,喜不自胜,气氛热烈。学生见席间独一人不语,便问其看法。此人答说,"诸君见天空彩虹了吗,非常美丽,对吧? 缘何? 因为它不只一个色彩,而包含了全部基本要素彩色。如果只有一种颜色,红或蓝或别的,会好看吗?"筵席顿时安静异常。他继续说,"在这个文化还没有小心重新定义并仔细过滤之前,宜保持冷静。任何一种民族文化都不可能引领世界,甚至引领不了其所在的单一国家或地区。何况不久前一位著名思想家结论说,这文化传统不是别的,而是专制主义。他这话是否有道理,不是至少该想想吗?"又一阵寂静。随后一位美国学生说,"我要把你的话转告给美国人民。"

爱国,文化认同,民族认同,民族主义,这是不同概念。国家振兴,当然高兴。但高兴之余,该想想本身文化有无弱点,这当是更有价值的思索。当今世界潮流生态文明是全球化面临的主题,而人类文明中与自然如此亲近、如此密切的文化,恐怕首推中华文化。南北走一走,古代稻粱稷麦菽黍,特别南方,稻、茶、蚕桑以及果蔬药材……游子留居海外多年归来仍然慨叹:任何发达国家也吃不到中国特有的、那么味美而品种丰富的桃子! 还有,中华文明支撑作物之一,竹,是中国人该特别感谢的经济作物,食料、器皿、家俱、车船、建筑、药材、竹简、造纸、艺术品等……五千年传统文化里再找不到竹子未曾进入的领域。中华文化植根自然的特点产生出特有的亲和自然的民居、村落、建筑、城镇,医学医药,哲学,文学艺术,生活方式(包括民居以及葬俗),都对世界文明很有贡献。古文字甲骨文则更提供了摹写自然的真实证据:甲骨文中"不雨其雨之夕,允今夕其雨,获象?"其中象字如此生动逼真,令6岁小儿竟也笑而能识。

古代中华人类大量使用占卜:用牛骨或龟板,钻孔剔槽,火碳炙之,甲骨遇热砰然龟裂,术士即依背面裂纹解析占卜结果。其卜问内容极多:农业收成如何,打井能否有水,众官员对王国是否顺从等等,都要卜问。卜算数量之大,令人深思! 如此大量问卜活动中隐约看出当时人类精神状态和生活态度。古代中原物华天宝,环境的巨大养育力培植出浓重守土习性。人对自然依赖而寄生,对不确定内容则揣测、企望、卜问与服从。对自然的逼真临摹与深度寄生,其积极收获,一是由此而生的象形文字艺术美与持久生命力;二是参悟到自然过程中深刻的辩证逻辑,故有周易的诞生。由于中华文化中辩证逻辑如此超前而形式逻辑如此滞后,就只能用辩证逻辑替代形式逻辑去解释世界,用经验手段替代实验手段去解决问题,典型代表就是中国医学。辩证逻辑获得长足发展的同时,却也阻碍着形式逻辑得以创生和完善的道路。久之,科学思维难以形成传统。比如,中国古代十分发达的历法、建筑和应用技术,都很难进入和影响主流文化。总之,大写意的态度和方法对待自然,以及高度宿命观包含的消极被动主导了五千年文化,使之与许多探索与创新机会擦肩而过。可见,亲和自然的态度中蕴含诸多启示,既是智慧,是骄傲,也露其短。因为自然本身不包含形式逻辑,形式逻辑存在于自然之外,存在于形象之外的抽象,是大写意的态度和手法所无能为力的。这是否就是中华文化逻辑方法欠缺的根由之一? 同为方法,辩证逻辑(生死、阴阳、虚实、表里等)重总体的整合,形式逻辑(概念、定义、推理、证明等)重局部的剖析。前者归纳,求终局的合意;后者分析,求步序的合理。可见,东西方文化从起步之日已各择道路。全球化时代,正好观察它们如何以及能否殊途同归。

尼罗河一年一度的泛汛逼出古埃及人精确的量地术,亦即后来的平面几何。古代中原生态优良,水土草木寒来暑往,禽虫鱼兽繁衍更替,让古中国人很早解悟了自然包含的辩证逻辑。爱琴海域海陆反差的挑战,克里特岛纷乱破碎的地域环境,压出希腊人抽象归纳破解谜局的思维方式,为逻辑学奠定基础。形式逻辑是思维和认知的工具,是存在和规律的抽象,是推究未知、破解谜团、验证结论的利器。它包括概念、定义、推论、三段论推理、可能与不可能⋯⋯逻辑学,最早由亚里士多德为代表的古希腊人创立,代表著述是他的逻辑学汇集《工具论》。掌握这一思维利器,让西方科学活动占尽先机。而缺乏逻辑习惯和传统,则耽误了很多大事情。回顾一下,在认知世界本源问题上,中国金木水火土的五行之说,早在《尚书》就有记载,形成年代已不可考;至少不晚于公元前5世纪西方希腊雅典的水气火土四行之说。而差别在于,西方的希腊雅典依靠古典民主制度,提倡辩论蔚成风气,水气火土四家观点,就世界本源问题互相辩论,发展真理,不断修正理论,结果氢氧碳铝硫⋯⋯一个个元素陆续被发现,直至19世纪门捷列夫创制元素周期表,竟能预知尚未发现元素的详细特征! 全部114种元素中没一种是中国人发现的。在认知客观世界的问题上,东西方曾站在同一起跑线上,后来分道扬镳各奔前程。因逻辑方法的有无,两千多年后东西方再次相遇时就差别甚大了,东方人甚至还认为洋兵膝盖不能弯曲,可用长杆缚刀,一举而灭之⋯⋯

试想,诸多圣贤教诲,从"道可道非常道","人之初性本善(或性本恶,半善半恶)",直至"卑贱者最聪明,高贵者最愚蠢";"阶级社会里人只有阶级性而没有超阶级的人性⋯⋯"直至"有了政权就有了一切"之类的说法做法,都只见论断,不见严格定义(如"道"之定义,人"性"之定义)。"把豆腐房建成专政堡垒"之类则更无逻辑可言。无逻辑的民族最好戏弄,而辩证逻辑代替形式逻辑尤其为虐深重!一句"两极相通,物极必反"混淆了多少基本的是非善恶!不要求逻辑环节推论和证明,不要求推理方法,不讲求真理标准,人云亦云,千百万次重复,亦步亦趋,言者不觉欠妥,闻者不予质疑,完全失去思索辩证的能力。长期混淆真理与谬误、可能与不可能、圣贤与恶魔之间界限。结果,思想僵化便屡现历史而难以扭转。民族辗转于精神奴性的泥潭而长期不能自拔,是否都与缺乏逻辑传统习惯密切相关?

而逻辑的意义还远不止思维方法一面。工作程序、法律程序、行政程序,财产界定,合理制度文明框架,权力约束与制衡办法,一个均衡有序的社区或者社会文明,等等,都是逻辑的现实。所以,学习逻辑、养成逻辑习惯是现代化的第一步,它是反愚民的利器。建立逻辑思维习惯和传统,学会概念的提出和使用先要有严格定义,结论的导出要经推理验证,学会经过三段论识破诡辩术,学会辩论,让人从习惯天性上鄙视偷换概念。只有这样,文过饰非指鹿为马之类的诡计也就难行其道了。如不然,倡导现代化却容许反逻辑的说法、做法畅通无阻,是与现代化相悖的。

面对文化全球化,另一个该思考的是文化传统问题。李慎之先生留下两句重要的话:传统文化不等于文化传统;而中华文化传统则是极权主义(Totalitarianism, absolutism)。这极权主义,简单说,就是宗法结构。如果说,美国的国家制度是宗教理想的政治化结局,那么,中国国家制度就是封建家族宗法制的国家现实。说破这一点不难。难在评价,难在破解谜局。家天下,党天下,民天下,中国进步的这三阶段,如何实现向民天下的转变提升,至今尚未破题。

中华文化传统还常见另一个解释,就是儒释道三位一体构成的超稳定文化结构。思想家的李慎之,不可能不知道中华文化儒释道三家合一的传统。因而,他所说极权主义为文化传统,当是这三位一体结构的更深层解说。就是说,儒释道三者中,有一个最正统、最主导、最根固的东西。这就是儒学精要构成的纵式社会结构中的极权主义制度——宗法统属结构。改革开放前的中国社会,基本上也是这样一个金字塔式的纵式结构,类似宗法制中的纲常统属关系。而且这"纵式社会"结构中真正意义上的对立本质,以及那实际意义上的最高寡头,都被巧妙掩盖起来,长期为公众所不察。

中华文化中儒释道这三家各自的核心理念,若用一词概括,则一曰慈悲(或博爱),一曰阶序(或纲常),一曰超脱(或清虚)。三者中,一个入世,一个出世,另一个则普世(普适)。它们之间既矛盾又互补,既分明又纠结,构成中华复合型的社会结构、精神世界和个性心理。中国社会就是这样一种包含一个主干两个支点构成的超稳定结构的文化,中国历史就是这三种功能轮番交替的走马灯,中国人生就是这三种心态气质不同配比的人格组合。纲常、慈悲以及清净虚无三要素,就这样结成中华文化的三位一体,且混杂缠绕、变幻无穷,让许多高士以及奸佞者都灵活变通,运用自如。因此,许多中国人处世的变幻无常,道貌岸然,慈眉善目,圆滑诡诈,张阖收放,灵动飘逸,以及中国历史的无常态可言却又总有常态等等,就让一些即使是中国通的老外也常看傻了眼,觉得中国文化越学越玄秘,中国政治则无从予以理性归纳。他们奇怪,如此亲和包容的中华文化为何内斗不休? 为何运化不出更高政治秩序而长期陷入不共戴天你死我活? 就因为万变不离其宗者,还是三者中儒教精神厘定的这纲常或统属链接。朕即国家,万年牢的官本位,"中体西用"怪圈,首府城市与首位城市高度合一而无一例外,以及"为尊者讳"之类的文化垃圾,等等,等等,哪一个不源于此? 这纲常阶序,也正是专制者治理朝政能将群臣万民玩于股掌之法宝。这三位一体,加上缺乏逻辑习惯的民间社会,加上关键时刻总会出现的中庸之道,在共同构建起一个超稳定结构的同时,不能不给一代又一代挣脱旧范谋求公平正义社会秩序的改革志士蒙上浓重悲剧色彩,却也会给被逼至绝境的义士留出最后逃遁的孔道。因而即使孔子,竟也会"道不行乘桴浮于海……"

另一值得思考的,是与新石器文化强大养生能力和世俗生活方式随之而生的本土宗教传统的薄弱。何以世界上百分之七十以上的人口信奉宗教? 仅因他们迷信落后? 而为何这块无神论土地又常塑起人间神灵,掀动邪教般崇拜,制造人间惨剧? 何以世间有千年宗教而无千年政党? 因为,终极价值的关怀,宇宙人生的根本追问,一个高于世俗趣味的精神伦理价值追求,是人类物种独特的属性。人类这一可贵特质在芒福德的学说中得到充分重视。而人生这一需求如若空缺,种种代替物便接踵而至:偶像崇拜、拜物、拜金、放浪、虚无、吸毒……

源远流长的中华文化在走向现代化的一百年中,其间康梁、陈独秀、梁(思成)陈(占祥)、李慎之等,曾流闪过多少灿烂巨擘华章? 为何多殒于一瞬? 为何他们的历史空间那样狭小? 全球化到来之际,企盼"中华文化引领世界潮流"之际,以一个慎重的文化自检,一个冷静清醒的心态,去思索文化当否更新,不是更有必要吗?

世界博大而丰富,造化曾把这星球的一切铺排得神奇而完美。自然经过宇宙进化、生物进化和文化进化,依照神灵形象造就了人类。这颗星球才是真正的伊甸园。不幸,这长远安排却为人类所干扰。人类该检视工业时代以来的种种错误,这些错误让人类远离自然造化的本意,把这美丽星球祸害得面目全非。现代化更积极的意义不在于无节制地追求财富,而在于创建全新的文化和人类。新任务面前,以往的哲学、宗教、法律、政治、军事手段已不能涵盖全球。文明正寻求更大框架去整合全球的丰富遗产和利益格局。"人类,人生,这是野兽与神灵间一条悬索,下临深渊!"出路之一是通过优美精良的城市,通过优美精良的文学艺术和城市文化,找回人类自己本源的谦恭美丽,温良适度,不断攀升,升跃到神灵的境界。为此目的,芒福德从源头考察了西方文化的动因和成败。整个世界都经历着这种重大变革,这样一个时代呼唤大手笔。恩格斯说文艺复兴就曾是"需要巨人并且产生了巨人的时代"。中国复兴更需要巨人,呼唤巨人,各领域都需要拨云见日的巨匠。希望这个时代能不断产生巨人。国要复兴,广开言路,激励舆论表达和民众参与才是良策。正心、正言、正行,依照新文明的新价值理念重塑社会人伦,已成为当今头等要务。这也正是译介和研究芒福德此书的价值所在。

四、改进翻译质量,促进文化更新

此处大谈翻译问题会很不适宜,又不得不谈。因为翻译对于文化迫待更新的民族实在太重要了。日本、俄国以及清末民初,都提供不少实例。而如今迫切需要翻译的时候,我们的翻译事业却很落后。表现在翻译作品少、慢、差。而国外新著极多,出版很快。这问题需要专门研究讨论,最好决策者先觉悟,承认并且检讨这一问题。接下来才有可能从组织领导上入手,检讨改进指导思想、政策环境、人才培养、组织建设、业务质量、专业环境等等……一系列学术成长问题。翻译严重落后这问题太急迫了,却迟迟无人过问。堪忧!

此书第一、五、七章由宋一然译,宋俊岭校。

本书范围宽广,译文虽穷全力,不当之处,恐难尽免,敬希指正。翻译和校订中还得到前辈、专家、学者和青年学生的热忱指导、帮助和援助,专此感谢以下各位:侯仁之、吴良镛、戴吾明、周一星、阎崇年、梅仁毅、王逢鑫、陈为邦、黄世正、冰珊笛(Sandra Bean)、瑞·布朗姆理(Ray Bromley)、雷苏珊(Susan Rigdon)、久朗津欣子(Yoshiko Kurotsu)、卢可欣(Kristen Looney)、理查德·奥尼尔、冯峰、徐蓉、罗阳莎、曹淑琴、郭京晶、袁宇霞、郭秀明、李云、匡淑红、商果、李陶、王金珠、李华婴、戴梦、赵艳、胡浩淼、江伟、金筠、孙卫东、郑煜、韩冰山等,谨表谢忱。

宋俊岭　2014 年 1 月 22 日

juliuss399@163.com

农历己丑年九月初九　定稿

导　言

> 大灾变让他成为人类当今又一杰出人物。
> ——拉尔夫·沃尔多·爱默生

....

刘易斯·芒福德是当代影响最广泛的伟大思想家之一,本书集中选编了他全部重
要著作中最有代表性的篇章。

芒福德的论著涉猎范围宽广,成就卓著。他对历史、哲学、文学、艺术、建筑评论、城
市规划,以及城市科学和技术研究等众多领域都大有贡献,他的这些贡献开启了人类成
就中一个个宽广领域,供读者重新思考。终其一生不懈努力,他撰写了一大批文化批判
和评论著作,其范围之广博、内涵之丰富,都是现代美国文坛中首屈一指的。正如马尔
科姆·考利(Malcolm Cowley)①所评价的:"很可能,刘易斯·芒福德就是人类历史上最
后一位伟大的人文主义者了。"

芒福德的写作出版产量丰富,卷帙浩繁。在六十年写作生涯中,他创作了三十多本
专著,上千篇论文和评论。这三十多部专著中的二十三部至今仍在出版,有力地证明了
他不衰的影响力。他几乎得遍了美国授予非小说类写实文学的各大奖项,其中包括国
家文学奖章、国家图书奖,以及史密森学会(Smithsonian Institute)难得授予任何人的霍
奇金斯金质奖章(Hodgkins Golden Medal),都是为了表彰他把技术科学与人文科学综
合起来的先锋开创性贡献。他在公共政策辩论的领域——包括城市发展、交通政策、土
地与环境规划、核裁军,以及工业技术带来的问题和前景等民生大计——同样发挥了重
要作用。亨利·斯蒂尔·小康马杰(Henry Steele Commager, Jr.)最近评论道:"刘易斯
·芒福德对同时代人的思想影响,几乎超过了社会公共生活与政策领域内其他任何人

---

① 马尔考姆·考利,Malcolm Cowley, 1898—1989,美国著名文化评论家,社会历史学家,以评论美国"迷惘
的一代作家 the lost generation"为主要对象。主要著作有《游子归来:见解综述》、《写作生涯》等
等。——译者注

物发挥的作用……他的影响要更深刻、更持久。"

1895 年 10 月 19 日,芒福德诞生于纽约皇后区的符拉兴镇(Flushing)。他的写作生涯贯穿了从 20 世纪初几十年到如今,贯穿了从社会信心不断窜升的时代直至如今信念逐渐消损的整个历史时代,贯穿了整个 20 世纪。因此,芒福德的著作,在很大程度上,就是要探究一个问题:这个世界是怎么从他青年时期的那个样子逐渐蜕变成了我们如今生活在其中的这副样子的? 所以,无论他还有什么其他建树,芒福德首先是 20 世纪——这个以科学、战争和机器为特征的世纪——的杰出诠释者。

但是,芒福德追求的目标从不限于仅仅记录历史,而是力图改变它。他给当代人提出的任务和难题,就是如何通过更新改造,创建出一种新的社区生活质量,同时造就新人。他警示说,这种更新改造任务成功的可能性有多大,取决于人类对于当今自己问题的深远根源有多少透彻理解。因此,人类的未来命运就同人类以往的历史密不可分地连在一起。可见,正是为了深入理解人类的历史真相,作家芒福德才几乎将其毕生精力投入到人类社会的哲学研究和写作生涯之中。

在芒福德的全部著作中,都能看到那种爱默生(Emerson)①式的对于道德改进的重视。他始终坚定地认为,美好的社会生活不仅仅要求重新分配社会财富,也不仅仅要求对社会公共决策的过程予以人性化改良;他认为还要极力推动重新培植社会的价值体系,敦促培植出几乎类似宗教信仰的新型观念。这样,芒福德也就从同时代有组织的自由派人士和极端团体中脱颖而出,遗世独立于自己坚定的思想信念和原则之上。如今,多少年过去了,他这些思想原则和信仰,则历久弥坚。

芒福德对于生命和生活的态度,可以用两个词来概括,即"平衡"(balance)和"完备"(wholeness)。20 世纪产生了一种新思维,芒福德称之为纲领性思维或生态学思想,并且成为这种思想的主要维护者;这种思想的认识方法,是把整个生命世界看成一个整体,囊括生命体的所有构成成分及其相互关联。芒福德的社会研究,也就像一位生物学家操作自然界那样,永无休止地探索着、寻找着各种生命现象之间的联系和内在关系。他总是把他论述的主体——无论是一本书、一幢建筑物,或是一座城市——放置在一个更为广阔的文化环境中来观察。在他看来,艺术若被剔除出一定的社会生活之外,便无法正确理解。同样,城市和建筑,若脱离了其产生的历史文明背景,也就会变得难以理

---

① 拉尔夫·沃尔多·爱默生,Ralph Waldo Emerson, 1803—1882,美国思想家、散文作家、诗人,美国超验主义运动的主要代表,强调人的价值,提倡个性绝对自由和社会改革,著有《论自然》、诗作《诗集》和《五月节》等。——译者注

解。此外,芒福德还敦促我们,"要用科学观察加上梦幻想象这两只眼睛构成的双重视觉来观察现实生活。"他倡导人的全面发展,开发人类全部潜能:包括理性判断、计算才能、激情与诗性、脑力活动,同时还包括纯体力劳动等等。

　　这是一种古雅典式的综合平衡的理想人生,芒福德穷其一生都不懈地追求、实践着这样的理想人生。同样,他的作品,尤其他有关城镇和建筑的著述,也综合、吸收了各种元素,包括艺术家的大胆想象、学者的严谨精确、科学家的执著求实和深入实地直接观察。因而,他有关城市和建筑的专著和文章,常常是他亲自实地考察的产物。他理想中的社区,是那种既有城市活力和丰富性,又包含乡村生活的永恒价值:井然有序、稳固邻里、社区自身融洽亲密,等等。虽然他自己骨子里是个城市人,而且,是沃尔特·惠特曼(Walt Whitman)笔下那座磅礴、疯狂、奢华的纽约城的产儿,但他多半生久居在美国纽约州达奇郡(Dutchess)一座僻静的返璞归真的农舍里。这里虽然距离他成长立业的纽约市仅仅 100 英里,但却是一片迥然两异的不同天地。他于 1936 年举家搬迁到这个阿米尼亚(Amenia)小村,并不是为了逃离城市,而是像惠特曼一样,他也发现,那座永远充满活力的纽约城,虽是个名利双收的好地方,但却不是个辛勤笔耕的宝地。在乡下,他过上了他书中所倡导的那种生活方式:优雅朴素,朴实无华,淡定自若。上午写作,下午散散步,种种花,画画素描。正是基于对城乡两极社会这些优点深湛而充分的领悟,芒福德后来编织出了他所理解的完美生活图景。

　　芒福德对这种平衡生活的坚贞执著,还体现在其他方面。首先,很少有作家能够像他那样享受研究生活的孤独寂寞,这是一方面;但是,他并不是个只会坐而论道的先贤,坐在书斋鼓吹改革,同时站得远远地品头论足。广岛大毁灭之后,他马上出面帮助组织动员了美国第一次核裁军运动;同时,他敢于在约瑟夫·麦卡锡议员(Senator Joseph McCarthy)[①]如日中天的鼎盛时期站出来与他分庭抗礼,争个是非曲直;他数次参与纽约城的组织行动,制止罗伯特·摩西(Robert Moses)倡导的住区公共政策,反对政府卷入越南战争,而且引莎士比亚悲剧《李尔王》的诗句作宣言书:

> 我们只有肩起这一悲伤时刻的重担,
>
> 畅所欲言,而不照别人的要求讲话。

[①] 约瑟夫·麦卡锡,Joseph McCarthy, 1908—1957,共和党参议员,20 世纪 50 年代初期发动了以反共反民主力量为目标的麦卡锡运动,后来其卑劣行径遭到参议院的谴责。——译者注

芒福德意志坚强而又充满激情,他一生身体力行实践了他的人生理想。杰出思想家中,很少有人能做到如此地步。

芒福德从未获得过任何学位证书,甚至也从未有过一份长期、稳固的学术任职。但是,他就像苏格兰散文作家和历史学者卡莱尔(Carlyle)[1]在戏剧《旧衣新裁》(Sartor Resartus)中的主角一样,是个领域十分宽广的大学问家。他曾经说过,他的"任务"是"撕开束缚人类的藩篱和不许入内的警示牌,让人们能站得更高看得更远。"在当今专业化过程不断把人类割裂开来的时代,他则尽其所能保全了完整人格的精神价值。对于一个真正完备的人来说,其整体永远会大于局部之总和。

然而,若说芒福德仅是一位杂家、通才就太不够了。他把许多分散独立、貌似不相关的专业领域,整合起来组成一个综合模式。不仅如此,他还在至少六七个完全成熟确立的专业领域内,都做出了专家独特的贡献。

芒福德是 20 世纪最伟大的建筑评论家,他论述城市文明最为著名的两部里程碑式代表作,就是《城市文化》(1938)和《城市发展史》(1961)。从他对城市起源和进化的前驱性研究开始,城市研究才正式确立了自己在学术领域的地位;从此,人们才更加关注城市在西方文明发展中所发挥的组合作用。美国著名社会学家威廉·怀特(William F. Whyte)[2]评价《城市发展史》一书说,它是"城市研究领域迄今为止最伟大的著作。"

就像他自己当初学习建筑和研究城市寻求知识时那样,芒福德也教导我们,要带着专业敏感性来观察、审视本地的建筑和设计,深入到当地的街道和住户,而不是仅凭书本的知识和图片,这样才能深入了解一座城市;在这一方面,没有哪位作家比他更加出色了。芒福德经常说,研究城市的书籍若不能带领读者返回到城市的本源去思索,那就毫无参考价值。通过他的一系列有关城市和建筑的书籍和论文,特别是通过其中的优秀开篇之作,美国第一部建筑通史《棍棒与石头》(Sticks and Stones, 1924),芒福德指引了一种新视角来观察人工环境,这种观察方法卓越地把建筑和文明首次联系在一起。在这些作品中,以及在为《纽约客》的"天际线"专栏供稿三十余年而很少缺文的大量专论中,芒福德持之以恒地敦促建筑师,应当根据人类的心理、生理和公共需求来设计建

---

[1] 托马斯·卡莱尔,Thomas Carlyle, 1795—1881,苏格兰散文作家和历史学家,写有《法国革命》、《论英雄、英雄崇拜和历史上的英雄事迹》等著作。——译者注

[2] 威廉·怀特,William Hollingsworth "Holly" Whyte, 1917—1999 年,美国社会学家,新闻记者,人物专访作家。出生于宾夕法尼亚州西切斯特,早年毕业于特拉华州圣安德鲁斯学院,以及普林斯顿大学,后来参加海军陆战队。1946 年加盟《财富杂志》,1956 年写成了他的第一本畅销书《组织化人类》。这本书是《财富在职》赞助他完成一项广泛调查之后的作品,主要调查对象是一些大公司的董事长和首席执行官,包括通用电气和福特汽车公司,等等。——译者注

筑。依照芒福德的理解,建筑的最高使命,优良建筑的真正魅力,就在于"为人类建造新家园"。

芒福德高度关注人类生活需求,关注城市和建筑环境的人文尺度;他偏爱小型规划和小型项目,而不大赞成大型的纪念性项目。由于这些个性特点,他在20世纪40至50年代奋起谴责和抵制大规模的城市更新计划、高速公路和高楼建设项目。他认为,这样的大规模举措破坏了各大城市中心地带的景观。他喜爱的城市,是那种以邻里生活为中心的富有活力和朝气的城市,人们可以相约街边咖啡馆或者树影婆娑的公园里,见面会晤谈心。对联邦政府建设项目在市中心区建造高速公路的做法,他写过一份诉状:"城市之所以存在,是为了关怀人和陶冶人,而不是为了便利汽车通行,这是我们城市知识的第一个必修课。"

除了建筑和城市,芒福德还在美国文化评论和西方科技史方面做了极为突出的贡献。19世纪20年代,他在美国文化方面的四部重要著作——《棍棒与石头》(Sticks and Stones)、《黄金时代》(The Golden Day)、《赫尔曼·梅尔维尔》(Herman Melville)以及《黑褐色的三十年》(The Brown Decades)——引领人们重新评价了梅尔维尔、爱默生(Emerson)、梭罗(Thoreau)[1]、惠特曼(Witman)和霍桑(Hawthorne)[2]。芒福德还帮一些美国建筑师、工程师及环境学家恢复了声誉,这其中包括亨利·霍布森·理查德森(Henry Hobson Richardson)、路易斯·沙利文(Louis Sullivan)、弗里德里克·洛·奥姆斯特德(Frederick Law Olmsted)、乔治·博金斯·马什(George Perkins Marsh)、约翰·A(John A)以及华盛顿·卢布林(Washington Roebling)[3]。最后这几位就是纽约布鲁克林大桥的建造者,芒福德称颂这座桥梁为"铁石之诗"。此外,芒福德还几次动笔,开始撰写一部一卷本的美国文化研究专著。这本书虽然未能最终完成,但是,若将上述四部书集中起来就构成了一部完整、有机联系的历史著作,很好地诠释了美国文明发展的全过程。这些著作,好像一支支独立的探险队,分别深入到美国文明一个个未被探索的领域,也使芒福德成了现代美国学的奠基人之一。

20世纪30年代,芒福德放开视野观察了西方文明,开始了历时二十年的创作,完成

---

[1] 亨利·戴维·梭罗,Henry David Thoreau,1817—1862,美国作家,超验主义运动的代表人物,主张回归自然,代表作《沃尔登或林中生活》,反对蓄奴制和美国侵墨战争,其《论公民的不服从》一文影响巨大。——译者注

[2] 那森尼尔·霍桑,Nathaniel Hawthorn,1804—1864,美国小说家,擅长心理描写和揭示人物的内心冲突,其作品开创了美国象征小说的传统,代表作为长篇小说《红字》。——译者注

[3] 华盛顿·卢布林,Washington Roebling,1806—1869,生于德国的美国土木工程师,设计悬索桥的先驱,纽约布鲁克林悬索桥的设计者和总工程师,因在工地足部受伤,患破伤风逝世。——译者注

了四卷本的《重生》(Renewal of Life)系列著作。在这部包罗万象的著作里,以及在接下来一部创作于 60 年代的两卷本的《机器的神话》(The Myth of Machine)里,他重新解读了整个人类发展的历史,并重新评价了技术与科学在西方文明中的位置和作用。这两部书第一次将人类的科学技术进步历史放在一个更为广阔的范畴中予以重新审视,由此动摇了许多有关西方世界发展进程中的重要评价和猜想。

芒福德从不介意自己写的历史是否绝对客观。他留给我们的是一种"用得上的历史",是一种能引导我们分析现在、设想未来的方法。他是要把 20 世纪西方文化主要问题的根源完全暴露出来,即:屈从于无节制的权力而否定生命,屈从于经济增长,如他所说,追求商品生活(goods life)而不重视良好生活(good life)。虽然,他晚年这几部书有些偏重说教,道德教育的篇幅甚至超过了理论分析,但是,当代很少有哪个作家能够像他那样,如此敏锐地、令人信服地记述了机器文明兴盛的经过,及其损害人类想象力、自主性、创造性的严重后果。

作为作家,芒福德最高产的时期是 20 世纪 50 年代到 60 年代。这个时期的作品有一个贯穿统一的主张:对于人类发展来说,比人类发明和使用原始工具更重要的是人类思想的发展和它最伟大的产物——语言和宗教。芒福德表明,人类在制作最初的专业工具之前首先塑造了自身。重读了人类起源以后,芒福德做了大胆的推测,并将强调的重点从人类的机体如何存活下去转移到了人类文化和精神的发展。他这么做有一个重要的个人因素。在他刚开始搜寻论据的时候曾给一个朋友写信说,如果他的理论正确的话(他在有证据之前就已经得出了结论),那么人类仍有足够的资源来调整现代社会的发展方向,人类也并不是这个科技社会的被动受害者,就像雅克·艾鲁尔(Jacques Ellul)所断言的那样。

当时,芒福德认为,人类的希望就在人类自身:因为,面对机器时代,人类轻易就缴械投降,断送了自身的创新能力和自由。能否重获自由,能否重振雄风施展创造才能,这个主动权仍在人类自己。人类是标志符号的创造者和诠释者,人类又是社会意义和生活价值的创造者和体现者,正是基于人类这一基本形象,芒福德创立了他独特的人类文明历史学说。这种学说探究人类发展的正确理论,并与芒福德自己所选择的作家和新境界开创者(vision-maker)的人生理想和使命不谋而合,相得益彰。按照芒福德本人很具有个性化的历史观来理解:语言文字和象征符号,作家和艺术家,都是真正对世界有影响的人,都发挥着巨大作用,而其中艺术则在人类生活中占据着中心地位。

人类完全有可能重生。芒福德这一坚定不移的信念,即使在他晚年那几部预言世界末日般的作品里,这一信念也依然清晰可见。他这些作品的确预警了技术制度化与滥用核武器带来的灾难。1975年,芒福德这样写道,"……如果掌控当今社会发展的力量,照目前态势继续发展下去,那么,它殃及的绝非只是个别大国或帝国,而是可能造成整个人类历史文明构架的崩塌。"他虽然这样说,自己却拒绝接受这是一种不可抗拒的结局。他始终认为,趋势绝非宿命。芒福德90多岁时候,虽已十分虚弱无法继续写作,仍常常引用他最喜欢的诗句。这就是坦尼森(Tennyson)在戏剧《尤利西斯》中的一句:

　　"来吧,朋友们！创造一个新世界,犹为未晚。"

　　芒福德自己曾经将他在诸多领域的文章整理成若干本选集。目前这本精选,第一次全面涵盖了他生平最为关注的各个领域——城市、建筑、科技,以及美国文化。虽然我是按照主题来整理的,但我还是尽力以发展为线索来展示芒福德的思想,以便将这位伟人连同他思想的发展过程一并呈现给读者。我的目标是编出一部见解独到、各部分有机联系,同时又完整连贯的著作。芒福德善于将长期被忽略的、极为分散的材料集合到一起,形成一个新的、富有想象力的结构。在做这部选集的时候,我试着因循他的引领,将他广博著述中的精华,都集中在一个和谐的体系之中。

　　在筹备和编辑这本书期间,我担任了本书的文字编辑,芒福德给了我充裕的编辑自由。为避免与其他文章重复和重叠,几乎每一章节里我都做了删节,其中一些也有较大的改动,以达到简明性及题目上的统一。每个删节处,我都以省略号标出。作为惯例,每篇文章我都会采用原始标题。有改动的地方,或者将不同段落或篇章合并在一起的地方,我也在这些章节第一页末加有注释。还用本书原文第371至374页的信息提供了一览表,说明所选资料的来源出处。

　　刘易斯·芒福德与索非亚·维特伯格结婚的前一年,芒福德在她21岁生日的时候写信给她:"人们说到幸福的时候,通常想到的是舒适带来的满足,或者是'拥有这世界上你所向往的一切'……但是当我祝你幸福的时候,我指的是我希望随着你年龄的增长,你能变得更加充满活力。"本书中我一直在试着捕捉的,就是这种对生活的热爱。

11

唐纳德·米勒

注释:

　　1. Malcolm Cowley to Julian Muller, October 19, 1978, Lewis Mumford Collection, Van Pelt Library, University of Pennsylvania (hereafter cited as LM MSS).

2. Henry Steele Commager, Jr. , in *A Tribute to Lewis Mumford* (Cambridge, Mass. : Lincoln Institute of Land Policy, 1982), 10.

3. Mumford, *Herman Melville* (New York: Harcourt, Brace, 1929),194.

4. Harold W. Blodgett and Sculley Bradley, eds. , *Leaves of Grass*, Comprehensive Reader's Edition (New York: New York University Press, 1965), 294.

5. Whitman quoted in Van Wyck Brooks, *The Times of Melville and Whitman* (New York: E. P. Dutton, 1947),324.

6. Mumford, Radcliffe Commencement Address, June 13,1956, LM MSS.

7. Mumford, "From Revolt to Renewal," in Lewis Mumford et al. , *The Arts in Renewal*, introd. Sculley Bradley (Philadelphia: University of Pennsylvania Press, 1951), 1.

8. Interview with Lewis Mumford, December 13,1979, Amenia, New York.

9. William F. Whyte, in *A Tribute to Lewis Mumford*, 31.

10. Mumford, "Architecture as a Home for Man," *Architectural Record*, 143, no. 2 (February 1968):113 – 116.

11. Mumford, "The Highway and the City," *Architectural Record* 133, no. 4 (April 1958):186.

12. Mumford, *The Brown Decades: A Study of the Arts in America, 1865 – 1895* (New York: Harcourt, Brace, 1931),43 – 48.

13. Mumford, *The Myth of the Machine*, vol. 1, *Technics and Human Development* (New York: Harcourt, Brace and World, 1967); *The Myth of the Machine*, vol. 2, *The Pentagon of Power* (New York: Harcourt Brace Jovanovich, 1970).

14. Mumford to Benton MacKaye, May 31,1934, Benton MacKaye Collection, Dartmouth College Library. Interview with Lewis Mumford, November 15,1985, Leedsville, New York.

15. Mumford to MacKaye, May 31,1964, MacKaye MSS.

16. Mumford, "Reflections: Prologue to Our Time," *The New Yorker*, Murch 10, 1975,51.

17. Lewis Mumford to Sophia Wittenberg, October 8,1920, LM MSS.

第一章 城市之子

> 这座城市里,我是其市民中的一分子。别人关注的事物,我同样关注:政治、战争、市场、报刊、教育、市长和议会、银行、税费、汽船、工厂、股票、商店、房地产,以及个人资质。
>
> ——沃尔特·惠特曼

导 论

纽约这座城市对芒福德早年人生经历和思想产生过具有决定意义的影响。他曾在自传中写道,纽约港口也成了他的"维尔登池塘"(Walden Pond)①。少年时代的芒福德,常在闲散的周末随德裔外祖父一起巡游纽约城。这时候,他就详细而专注地观察探索纽约城的每条大街小巷,每处街坊邻里,好奇心恰似著名作家梭罗当年探索农村景色和田园生活所怀的心情一样。他回忆说,外祖父向他介绍的这个都市花花世界"对我所产生的影响,真的超过了家庭对我的影响"[1]。

青年芒福德当时最为熟知的纽约城,还只是这座城市小小的一个角落,也就是占了上西区一大半的德国—爱尔兰移民居住区,这个地段是个狭长走廊,从河滨大道(Riverside Drive)一直贯穿到中央公园西侧,大都是红色砂岩的房子很少有变化。刘易斯·芒福德是艾尔维纳·巴伦·芒福德(Elvina Baron Mumford)的非婚生子,而且是唯一的儿子。母亲艾尔维纳是纽约本地人,她的祖先是德国新教教徒,当时开办着几家规

---

① 维尔登池塘,Walden Pond,美国马萨诸塞州北部一处水塘,位于康科德之南,1845—1847 年,著名作家梭罗在此隐居,并且获得灵感,写出了名著《沃尔登,或者林中生活》。——译者注

模不大的租赁房,兼提供饭食。芒福德本人是个离群索居而又书生气十足的孩子,身材瘦小,从没成长得十分健壮。但是长大成人之后,就具有了钢铁般的自信力;不过,这也是花费多年苦功之后才得来的收获。原来他很不自信,甚至到十五六岁的光景,也还是没有足够勇气让妈妈告诉他有关自己出生的真相。事实上,直至芒福德 47 岁的时候,母亲才终于向他讲述了长期秘而不宣的秘密:芒福德实际上是个犹太商人的儿子,母亲在给这青年人的叔叔家里做女佣时,曾与这青年犹太商人有过短暂恋情,而且她真心爱他。芒福德从小时候就隐隐约约地觉得,这人就是他父亲。

在芒福德 9 岁至 10 岁光景,喜爱上了无线电收音机,特别喜欢做一些有关实验,还曾梦想着有朝一日能当一名电气工程师。这一爱好引领他去报考了纽约城的史蒂文森高中,这所学校擅长培养学生从事科学和工程方面的事业。读史蒂文森高中的时候,芒福德就在电气杂志上发表了自己第一批专业文章,并且养成了对科学技术终生不变的兴趣爱好。不过,对于青年芒福德来说,史蒂文森中学给他提供的不仅是引人入胜的科技知识,更重要的还为他打开了城市全新的一面。

史蒂文森中学坐落在下东区,也就是纽约城的迁入移民最为集中的居住区,这里还是民主党议事厅(Tammany Hall)的所在地,还有汤姆·斯塔基(Tom Starkey)的沙龙,当然,也有佛西斯街上(Forsyth Street)浓妆艳抹的妓女。少年芒福德在这里结交了新朋友,多是些犹太移民的儿子。通过结交朋友,他也进入了沸腾喧闹的市井生活,以及很有些乡村气息的社交圈子。而这些东西,当时的芒福德却都认为是都市的血脉和灵魂。当然,也是从这里开始,芒福德逐渐接触到了贫穷阶层、拥挤不堪的住宅区、难闻的气味……这些东西,后来他都曾经与尤维纳利斯(Juvenal, 60? —140? 年,古罗马讽刺诗人,传世讽刺诗 16 首,抨击皇帝暴政,描述了贵族阶层的荒淫无耻道德败坏,以及罗马城市乱相。——译者注)笔下的罗马城做过对比。芒福德后来在回忆中记述说,"……这些地方缺少空间,毫无秩序,没有认真的设计,甚至缺少阳光和新鲜空气。人类生存所必需的一切基本条件,这里都极为缺乏。通过这样一个对比,我就开始看出,任何一幢人性化建筑物,都该具备哪些必不可少的基本条件。"[2]

也是在史蒂文森中学,上英语课的时候,青年芒福德读到了萧伯纳(George Bernard Shaw)的作品,并立即找到了他青春时代的灵感和偶像。他如饥似渴,几乎阅读了萧伯纳的全部著作,还参加学校的剧艺社,写剧本,排练戏剧,演出剧目,放弃了进入工程学校将来当电气工程师的梦想,这时候又打定主意要当作家,而且,最好是剧作家或者小说家。于是,又以苦行僧式的刻苦专心于笔耕创作,但一连数年,写成的东西却没能发表过一篇。与此同时,他也去纽约城市学院上课,一天下午,在该校生物学阅览室里接触到了苏格兰生物学家、社会学家和城市规划家帕特里克·格迪斯(Patrick Geddes)的作品。这一小小偶然事件,终于改变了芒福德的一生。从此以后,格迪斯就成为芒福德唯一的、最为重要的导师和指南,以至于芒福德后来这样评说格迪斯,他是"一位天父(Jovian father),严谨、求实,而又包罗万象。"[3]

格迪斯最初是生物学家,中年之后转向城市规划,并且从19世纪90年代开始做了一系列的市区调查和都市振兴改造项目,还将其调查研究结果辑录成书籍或者报告公开出版,由此点燃了青年芒福德对城市的浓厚兴趣。然而,芒福德并没有立即成为城市规划师或者建筑师。他在阅读完格迪斯的《城市的进化》(The City in Evolution)一书之后就明确了,自己的任务是去"拓宽视野",是为那些在城市规划和建筑领域内做实际工作的人去"拓宽视野"。[4]

帕特里克·格迪斯教会了芒福德用一个新方法来观察城市,这种方法基于直接观察,但是观察当中要加上一个生物学家对于有机生命及其相互关联的敏锐感觉。格迪斯每逢着手一座城市的规划工作,必须首先徒步调查,仔细漫步于城市之中细品细看至少一周之后,否则决不轻易动手。调查过程之中,他要让城市对他"讲话",从它的建筑物、地形、领地范围以及民众当中尽可能多地汲取历史、文化信息,领悟生活习惯。他认为,教育,真正的知识,那不是来自书本、来自课堂的东西。Vivendo discimus(从生活中学习),才是他的座右铭。

格迪斯还非常敏锐地看到城市与乡村之间的联系,并坚决认为,城市问题只有与乡村,乃至区域,协同一致成为整体,在此基础上才能妥善解决。因而他把整个城市地区看作一个完整的复合体,看作一个互相联系的生态系统。人们若不充分了解这个系统,而贸然行动,轻易改变它的现状,那么,其中非常脆弱的自然状态平衡就会很可能被破坏掉。[5]后来芒福德所发表的优秀著作,包括《城市文化》和《城市发展史》,都是应用整体论的优秀实例,从中我们可以学会采用整体论和生态学的方法,来观察和研究人类社区。

芒福德能在自己心智发育的重要时期找到格迪斯,这个巧遇和时间对于他来说真是再幸运不过了。青年时代的芒福德,心态反复无常古怪多变。医生诊断说他已经罹患一期肺结核病,于是在1915年他不得不从纽约城市学院休学。他因此有机会暂且脱离了正规学程,加上这时候结识了格迪斯,自己便重新思考了人生和学业。他发觉,自己以往是生活在现成的监护环境之中,学的是些书本知识。他后来写道,这"多是些间接知识,"[6]如今他决心要"振奋自己的全部活力,激活每个毛孔,生命的每时每刻和每一方面,都要激活"[7]。

几乎就从他接触到格迪斯著作的那一刻开始,芒福德就开始把城市本身当成了自己的大学。从那以后,每天下午他都独自出去考察,徒步探索纽约城市。一路上走走停停,一边做铅笔素描,用绘画记录下某处出租公寓房子或一座水塔,或者纽约城某处拱形桥梁。他后来的全部著述,包括建筑类和城市研究,都是基于早期这些亲自深入城市和地区所做的调查、观测、记录和思索。若干年后他写道,所谓城市,"就是一个人类社区的文化和实力最大集中之点……人类文明的全部问题都聚焦在这里了。"[8]也正就是从这里开始,这位大眼睛的曼哈顿之子,启程去寻求积累自己最早的真才实学了。

注释:

1. Lewis Mumford, *Sketches from Life: The Autobiography of Lewis Mumford* (New York: Dial Press, 1982), 25, 1-12.

2. Mumford, "Architecture as a Home for Man," *Architectural Record*, 143, no. 2 (February 1968): 113; Mumford, "A New York Adolescence: Tennis, Quadratic Equations, and Love," *New Yorker*, December 4, 1937, 86-94.

3. Mumford, in Georges Schreiber, *Portraits and Self-Portraits* (Boston: Houghton Mifflin, 1931), 119; Mumford, *Sketches*, 144.

4. Mumford, autobiographical essay, no date, LM MSS, 11-22.

5. Patrick Geddes, *Cities in Evolution* (London: Williams & Norgate, 1914); Geddes, *City Development: A study of Parks, Gardens, and Culture-Institutes* (Edinburgh: Geddes, 1904).

6. Mumford, "The Invalids," an unpublished play, LM MSS.

7. Mumford, "A Disciple's Rebellion: A Memoir of Patrick Geddes," *Encounter*, September 1966, 11-21.

8. Mumford, *The Culture of Cities* (New York: Harcourt, Brace, 1938), 3.

纽约东区,纽约西区

我从小在城市中长大。30 岁以前,我对乡村的了解大约只相当于一个浮光掠影的观光客水平。这期间,只有 1910 年前偶尔几次前往佛蒙特农场消夏,算多少抵销掉了我在纽约城的长期被监禁感觉;纽约,照作家梅尔维尔的说法,简直就是一个监禁人的大砖窑。而我不仅只是城里长大的孩子,还是个纽约客,一个地地道道的曼哈顿人。当时在我们眼里,尤其在布鲁克林地区人看来,其他城市来的东西都是土里土气的。我猜想,他们内心深处,仍然潜伏着那种大都市特有的优越感,虽然这与我本人没多大关系。

我最早的如梦般恍惚的记忆,是一间洒满阳光的房间,邻家孩子聚在里面,张大嘴巴盯着鱼缸里悠闲游动的金鱼。妈妈告诉我说,那是我2岁的时候,我们临时住在阿姆斯特丹大道上一间收容所里,就在九十七街转角处。但是我记得最清楚的第一幅画面,是3岁时候,在一幢棕色四层的红砂岩小砖楼的后院里,这幢小楼就在西六十五街上。春天时候,我妈妈爱在院子里栽种上几株三色堇的花苗,倒不是想要个花园,完全是因为她很喜欢三色堇。那时候对街的商业高中还没建起来;为建林肯中心推掉林肯长廊也是很久以后的事了,而这林肯长廊后来也曾一度成为潦倒艺术家们的大本营。直到特威德(Tweed)①的林荫大道因建新地铁线路而被拆毁以前——五十九大街北边的百老汇也被叫做林荫大道(Boulevard),我当时岁数还不大就已经常听人们高声使用这个法国词汇——这地段还是一条声名不错的街道,谁也没料到日后它会变成邋遢不堪的红灯区。

我有明确意识的生命历程,开始于纽约城里一幢典型的红砂岩楼房里。我清楚地记得,我们的前厅摆满了当时流行的橡胶树,后门厅放着结实厚重的胡桃木家具。外祖母安娜·玛丽亚·格雷塞尔和她先生就住在那里。而我印象更深的,是我在床上躺在妈妈身边的感觉。我们住的房间以前是个音乐室,就在前厅和后门厅之间。早上六点半左右我就会醒来,我一向起得很早,然后就用同一个调门一遍又一遍地唱着:"我想要土司和咖——啡——"其中最后两个音节因我等得不耐烦而有意识拖得很长很长。当然,所谓咖啡,其实就是煮过了头的牛奶。

这时候,外祖母会很快走进我的视野,我看着她对着一个大胡桃木衣柜上的穿衣镜,一边整理无边软帽,一边对着镜子里的我做鬼脸。从那以后几个月,她因肾小球肾炎去世了。

我常在后院玩耍,那里安全,除了能进来几只猫以外,没什么人能闯进来;这要归功于那些高高的木栅栏,纽约人总喜欢把一些僻静的地方用这种栅栏圈起来。可是,纽约城里的路面坑坑洼洼,甚至都走不稳三轮车。从六十五街往北,百老汇地区还空着很多地方,看得见市场菜园和跑出来的鸡群,还有一家很像德国菩提树下街(Unter den Linden)的露天啤酒店,甚至还能看到更多乡村地区。因为我生命中前二十五年是在中央公园和河滨大道之间这一带度过的,这个地段有广阔的草坪,花木扶疏的甬道,所以,我就认定这些东西是每一座伟大城市都不可或缺的设计内容。这些东西也是伦敦、巴

① 特威德(William Marcy Tweed),1823—1878,美国政客,在纽约建立"特威德集团"[1859—1871],结党营私,侵吞巨额公款,以伪造和侵吞公产罪被捕判刑,死于狱中。

黎和罗马引以为豪的设计元素,纽约城那时候也已经应有尽有……

因为我一生中用大量时间在城市中游走、观察、研究,从事与城市相关的工作,内心总随城市各种活动一同起伏波动。城市这种特有的耳濡目染,就构成了我人生的主线。当然,在我长大成人的那些年代,曼哈顿还远不是个理想环境。但即便如此,那时它仍然具有许多可嘉之处,其中有自然的,也有人工的。而现在则被自然淘汰或人为消灭,这些优点都不复存在了。这结局一方面是由于盈利性建房和摩天楼造成的城市拥挤,一方面则由于暴力和违法行径的愈演愈烈。这些现象,在我少年时代,就像皮肤上长了个疗,还仅限于一些较为封闭地区,比如纽约的鲍威街①或曼哈顿西部一样②。幸好当时这些地区的问题还没有浸染到城市的血脉中去。

举例来说,那时无论男女,或者是孩子,无论白天还是晚上,走过大半个城市,哪怕是独自一人行走,都不必担心遭到骚扰或者是袭击,当然,中央公园和河滨大道肯定是必经之路的。虽说如今社会立法机关和工会组织已大大缓解了 20 世纪初以来纽约大部分地方都经历的贫穷和苦难,甚至连最低收入群体的物质生活水准也得以提高,但想在纽约城里舒舒服服独自走走却已不大可能了。

我年少时所见的纽约城市的道德稳定和社会安全感,现在已经消失殆尽,甚至包括伦敦——这样一座很久以来警察巡逻都无需警棍的法治和秩序模范之都——也难以幸免。现在,人们用各种保险来防范人生意外。而在这之前很长一段时间里,人们安全感是如此之深,以至于不知"不安全"为何物,更无须如今五花八门的保险形式。近来,我不止一次感觉到,生活在纽约这座城市让联想到彼得拉克(Petrarch, 1304—1374,意大利学者、作家、诗人,欧洲人文主义运动主要代表人物之一。代表著作有爱情诗集《抒情诗集》,及反映第二次布匿战争的作品《非洲》等。——译者注)在 14 世纪黑死病流行之初对于法国东南部的城市普罗旺斯(Provence)所记述的观感:凄凉,冷酷,盗贼横行。这正是作者成年之后的景象;而在他少年时期,普罗旺斯这个地方则很安全、繁荣。

正如巴芭拉·塔西曼(Barbara Tuchman)所发现的一样,每一座大都市都会在其势力和经济繁荣到达鼎盛的时期,开始出现法规和秩序的轰然倒塌。这倒真是历史上一个长期令人困惑的难题……

然而,她这一发现并未夺走我对城市的热爱,也没让我忘掉对城市那种热切期盼的

---

① 鲍威街,the Bowery,廉价酒吧和乞丐、酒徒常去吃饭的街区,原是纽约市一条街。——译者注
② 原文为 Hell's kitchen,意思是"地狱的厨房",指美国纽约市曼哈顿区西头,因一度犯罪率高而得名。——译者注

悸动;每逢我来到一座陌生城市,踏出火车那一霎那,这种悸动就都会出现。也可能,是因为等出租车时无意中看见的城市天际线轮廓,抑或是听见几响极代表该城特色活动的纷繁响声——比如,芝加哥交通警察的高分贝哨音,起码也是巴黎出租车或又老又旧或声响极大的鸣笛声,但之后这些声音就都被当局禁止,听不见了。如今,头顶上是超音速飞机的轰隆隆轰鸣,遗憾的是,却再也无法唤回我以前那种愉悦的兴奋和期待了。

我生长在纽约西区的北部,大致从第五十九街到第一百一十街之间,从这里再向北就几乎无法居住了;尽管有些过于迫切的投机住宅商人和主妇已经大胆盖起了几排零星住房,但这块地方已经被糟蹋得不适于农业生产,既非农村,也非城市,也算不上城郊,甚至在建筑物相对密集的地方都有很多空场,直到进入到 20 世纪之后很长时间,这里也还是有闲置的地方。这些地方不仅有人们为占地而盖的简陋棚屋,也有繁荣兴旺的市场菜园和廉价杂货市场。我清楚记得,直到 1912 年,这里还仍然有爱斯特(Astor)私家房产在九十几街上的残存产业。而在第一百二十五街以外的地区,勉强也还能叫做农庄,仍然有农庄的影子,杂然分布在路边旅店和啤酒馆之间。那时,周日的公路上挤满了自行车友,他们累了就会在这些地方的屋檐阴影里稍事歇息,渴了就花五美分喝上一大杯啤酒。

我的几个哥哥有两项主要户外活动,一个是去看赛马,另一就是去墓地玩儿。这两项活动也是我青年时代的最爱。当然,这是仅就出行本身而言,而不考虑所去地点的阴沉可怖。至于说去墓地,我记得,好长一段时间里,那是每月都要去的;因为我住在那儿的那段时间里,外祖母过世了。每次去墓地拜谒都怀着孝敬而又快乐的心情,通常有叔叔婶婶陪着。据说这对我们的健康有益处。那时候,沿着杰罗姆大街(Jerome Avenue)一直向北走,过了麦考比(MacComb)拱桥之后就是空旷的荒郊野外了。但越是走近伍德隆墓园(Woodlawn Cemetery),碑刻工匠的院子就越密集。坟墓由雇用的花匠照料,哥哥们往往会评论花匠工作是否合格,坟地是否照料得整齐完好;还会讨论外祖父过世后该挑选哪种花纹的碑刻,他们居然还会讨论——呕,天啊!——为什么墓园会这么快就被占满……祭拜结束,会有啤酒和三明治,给孩子们准备的则是一杯杯菝葜汽水,然后一起回家。

而去羊头湾(Sheepshead Bay)的贝尔蒙特公园(Belmont Park)或者是布莱顿看赛马当然就非常刺激了。从前景公园(Prospect Park)往东,住户就越来越少了,开始出现一片片水草地和农庄庄园。从布鲁克林驶来的宽敞电车,常常呼啸着穿过宁静乡野,这些车辆都有怕人的高踏级台阶。南风吹过,带来了新刈过的草场香味儿,以及远处咸腥的海水气息。

　　我在城里面活动的范围较为集中。流行于 19 世纪六七十年代的一排排红砂岩小楼——一种从哈特福德(Hartford,美国康涅狄格州首府——译者注)附近的采石场开采出来的难看的巧克力色沙岩,代替了以往从新泽西州贝拉维尔(Belleville)出品的暖棕红色沙岩,现在布鲁克林高地还能见到这种暖棕红色——正逐渐被一种形式更加多样的居家建筑风格所取代。这种建筑风格采用高贵的赫色罗马砖,注重追求传统经典细节。最初引领起这股风潮的是理查德森(Henry Hobson Richardson)①,之后是麦金(Charles Follen Mckim)②、米德(Mead)和怀特(Stanford White)③。之后在河滨西路上 (West End Avenue)上又出现了许多有山墙的房屋,掀起一股荷兰风格的建筑风潮。这股荷兰风就像一书柜的城市历史新书,把荷兰精神遗产重新归还到纽约人的意识之中。

　　河滨大道沿线上,房屋多用铁锈色石材建造,有许多规模浩大的宅邸,周围还栽植许多茂密灌木丛,让这里平添一些郊区意味。20 世纪上半叶,波特主教的宅邸就建在陆军和水兵纪念碑附近,另外还有几座宫殿般宏伟的建筑物,也为此地增添了几许温文尔雅的意大利气息。纽约的有钱人家从未像这十几年里拥有如此富余的空地和花园:钢铁巨头施瓦伯(Schwab)——我外祖父也姓施瓦伯,叫做查理·施瓦伯(Charlie Schwab)——甚至在整个街区正中央建造了一座文艺复兴式的"城堡"。但是,这一批早期来此定居的人当时尚未料到,如此幽居典雅的河滨大道也挡不住污浊的空气污染。他们很快就发现,掠过哈得逊河面吹来的清新爽洁西风,也从新泽西一侧带来了嘈杂工厂所排放出的刺鼻气体和浓烟。尚且不说那一串串运送牲畜的列车和卡车所散发的恶臭,这些卡车是穿过河滨公园和哈得逊河之间的开空间,沿西三十街区一直进入屠宰场的。

22　　　那些列车,特别是那些运牲畜的卡车,其实是我小时候一大乐趣。原因之一就是,尽管它们散发着难闻气味,但起码那些牛哀伤的哞哞叫和猪沙哑嘟哝声,给这个平淡枯燥的城市带来了几许狂野的意趣。不过,我很能理解这些富豪之家的沮丧心情,他们投下大笔资财购置了河滨大道上的房子,却太晚地发现,宽大的河面居然阻挡不住难闻的臭气和凛冽的西风。

───────────────

① 理查德森,Henry Hobson Richardson, 1838—1886,美国建筑师,以设计罗马风复兴式的波士顿三一教堂而名闻全国,对 19 世纪 80—90 年代美国罗马风复兴式建筑风格的形成起先导作用。——译者注
② 麦金,Charles Follen Mckim, 1847—1909,美国新古典复兴式建筑师,著名设计有波士顿图书馆、宾夕法尼亚火车站等,参与修订华盛顿首都规划。——译者注
③ 怀特,Stanford White, 1853—1906,美国建筑师,美国著名麦金、米德和怀特建筑事务所创办人之一,主要设计"辛格尔式"木结构建筑和"意大利文艺复兴式"建筑,作品有纽约市的华盛顿拱门、世纪俱乐部等。——译者注

二十年之后,这种家庭住宅损失,就随着一大排新型单元住宅的兴建而冲淡了,这些新公寓住宅是为不那么讲究的经济群体建造的。再过三十年,河滨大道上这些郊外豪宅已经完全不见了踪影。大约只有百分之一的建筑能幸存下来,见证着纽约城市飞快的施工盖楼和拆楼;这已成为我生于斯长于斯的这座城市的一大特点。如果现在有人向我打听,我最初二十五年居住过的地方方位在哪里,我只能报以无奈的一笑,并且会告诉他说:"我自己对这里也很陌生。"我还敢说,50岁以上的纽约人,一个个都像瑞普·凡·温克尔(Rip van Winkle)①一样糊涂无知。

我记忆中有一连串的邻里街区,包括从第六十五街一直到第一百零五街这一带,这些地方从来都不是村落,因而无论在物质结构或社会成员组成方面,其个性特点都不甚明显,不像特点鲜明的格林威治村(Greenwich Village)、约克维尔(Yorkville)和曼哈顿威尔(Manhattanville)。我所在的西区部分成形于19世纪80年代末到90年代,其社会成员的构成就像图表一样清楚,一目了然。贫苦阶层住在阿姆斯特丹和哥伦布大道上,住在根据1879年的旧住房法(the "old law" tenement houses)所建的经济公寓里。这种公寓布局拥挤,大部分房间的窗户朝着沉闷闭塞的通风井或阴暗无光的天井。住在这里的都是些出租车司机、小职员、机械工匠,和城市小雇员。还有些寡妇靠出租空房为生,白天还要出去替人家做针线活、洗衣或打扫卫生。只有富人住在中央公园和河滨大道;而在富人区之间交叉路面上的排房中,住的则是中等富裕的小康人家,以及满腔热血、雄心勃勃的中产阶级。这些排房有的是整街区都一个样式,有的则是建筑风格俏皮而多元,往往都有内嵌式阳台,凸肚窗,海景窗,等等。

像那个时候大多数纽约人一样,我们也常常搬家。直到我12岁,我们才在第九十四街一座公寓里安定下来,这地点就在哥伦布大道的西南转角处。我们在这里,而且一住就是十多年。在老城区,像这样频繁的更换住处是很常见的,至少在没有自家房产的人群中常常是这样。其原因,与其说是中产阶级居住区住房短缺,还不如说是因为约有4%的住房经常处于空闲状态——如果我没记错的话,我曾偶然见到过这个统计数字。

人们经常搬家并非全是为了享用"现代化生活便利设施",比如电力设备以及"开放式水暖管道";甚至也不全是因为要享受减免一个月租金以降低自家生活成本。减免一个月租金,是当时房东为招租普遍采用的标准让步办法。有时候,他们搬家的原因,看起来纯

---

① 瑞普·凡·温克尔(Rip Van Winkle),美国作家 Washington Irving 所著小说《见闻札记》[Sketch Book] 中一短篇小说篇名及其主人公姓名;小说叙述温克尔为避开性格凶悍的妻子藏身在 Catskill 山区,沉睡二十年后醒来发现妻子已故,住屋成为废墟,世间发生翻天覆地变化,因而一概不认识了。——译者注

粹就为了一搬家当一次春季大扫除;因而,几乎任何事都能成为搬家的理由。每逢搬家日,也就是 5 月 1 号和 10 月 1 号,每个街区里都能看见运货车不停地进进出出,装装卸卸。搬家的这整套行动过程,简直成了住房产业界里一场僧多粥少、你争我夺的游戏①,整套规划是根据搬家活动参与者所得的工资来安排的,而每个参与者的工资都低得惊人。这些人包括:粉刷工、油漆匠、壁纸工人、搬运工,等等。

我们多次搬家,正因如此,我也就逐步深入了解了红砂岩楼房内部的生活质量;我们还在西九十三街住过几年,从而也了解了那里的褐色砖房,它规模狭小,进深很短,位置就在哥伦布大道和中央公园西路之间。我们也曾住过老式的"铁路单元套房",以及条件稍好的套房,只不过有条中央过道横在卧室和客厅之间。也住过没有电梯的大楼顶层,以及有电梯大楼的二层。不用说,我也住过西区第四街里一所更古旧、更昏暗的平房,我太太和我的新婚生活就是在那里开始的。

孩提时代,我们只住过一处真正看得见开阔空地的房子;其余的住处,窗外都只能算个后院。假如这空地上再有一两株椿树,远远地高昂起头,那我们就算是很有运气了。我记忆中的家居环境,景象都是那么凄凉、惨淡,而且不太通风。我真难以想象,如果没有中央公园和河滨大道公园让我赏心悦目,吸引我去闲逛漫游,我的整个城市环境会是多么的压抑而沉闷啊……

24

都市巡礼

真正引领我进入都市大世界的人,是我的外祖父查尔斯·格雷塞尔(Charles Graessel)。他其实是我母亲的继父,但我们的关系却密切有如血亲;况且,我也没有其他外祖父。他天性和蔼可亲,因为时间宽裕,陪伴我消磨了一个个白天,从 1899 年起一陪就陪了我将近六年;这一现象也反映了当时某些社会背景。60 岁的时候,他自愿从已经做了很多年的职位上退休了,成了一个"有闲人"。我猜他已经做了几十年,甚至更久。他以前是戴莫尼克餐厅(Delmonico's)的侍者领班,那家餐厅号称拥有全纽约城最好的餐饮料理。至今我的藏书中仍然存有一册出版于 19 世纪 90 年代的戴莫尼克菜谱,

---

① 这里的原文是 this game of musical chairs in domestic real estate,若直译就是"按照音乐抢椅子的游戏"。这种游戏中,参加者听从音乐指挥,音乐已停止就抢椅子座下,而人多椅子少,因而总会有人没有椅子。——译者注

作者兰霍夫(Ranhofer)曾任戴莫尼克餐厅的主厨兼美食鉴赏家。书中有数量极多的功夫菜菜谱,既满足了食客们的饕餮爱好,又赚足了餐厅老主顾们的胃口钱。到退休之时,外祖父自认已存够了一笔足以让他安享晚年的积蓄。我认为那笔钱加起来还不到两万美元;但是,当然,就当时的平均购买力而言,那时的两万美金价值是现在的许多倍——我到60岁时的积蓄可能绝对没有那么多。

外祖父中等身材,很胖但很结实,头很大,额头很高,蓄着络腮胡子,因每天保养以难闻的药水而颜色愈深:但厚厚的上唇却没有蓄髭。他眉毛很浓,像被刷子刷过一样根根上扬,让这副尊容甚至在晚年都有一种吓人的流氓相,而在他年轻时的照片里,这种恶相甚至更为明显。在我看来,他的样子就像是我小时候最喜欢的连环漫画中的角色,一个叫"狡猾爷爷"(Foxy Grandpa)的可亲的幽灵人物(Doppelganger,*德国民间传说中活人的幽灵——译者注*),时时刻刻以反恶作剧提防着他那调皮捣蛋的小外孙。

我们下午出门的时候,外祖父常穿一件双排扣大衣。尽管那件外套把他衬托得十分威严,他其实是常开俏皮玩笑戏弄别人的,比如别人转身后突然在树后躲起来跟你玩捉迷藏。或者,比如在家时候,我前一天刚在院子里刚刚种下荷兰芹种子,第二天他就再种上一整株带叶的大荷兰芹,假装是我在学校的时候它自己蹿出来的。我很小的时候,他的一些恶作剧常常吓着我。他从戴莫尼克餐厅带回来的假面具,会让我觉得我最爱的外祖父突然不见了——那还是假面舞会盛行的年代——这总是让我承受着十足的恐惧感,甚至连圣诞老人的面具也让我倒胃口,虽然我也同样热衷于自己做面具吓唬别人。他时常往家里带的大份儿的佐以巧克力的脱骨火鸡,或是佐以纽堡酱的龙虾。我至今仍然记得那些鲜美味道。

外祖父从来都亲切善良,幽默感十足;在我们下午外出散步时,他总是不时看看表,引着我猜时间——如果我猜对的话,他常会给我一分钱或者一块糖当作奖励——我时间感觉准确得惊人,起源大概就是由那里而来,这种准确至今依然……

一直到八九岁的时候,我几乎每天下午都是在外祖父的陪伴下沿着中央公园或河滨大道闲逛。这些经历装点了我童年记忆画卷中美丽的背景。外祖父几乎能说出五马路和河滨大道沿路每座豪宅里住的是谁。我们经常在中央公园东驶的马车经过之前找一张长椅坐下,例行观看每天下午的车水马龙。整个公园就像一条传送带,只见车流依次前行,像自我炫耀而又有些装模作样。车流中,有布鲁厄姆车(*一种驭者座在车厢外的四轮马车或者驾驶座敞顶的轿车——译者注*)、维多利亚车,以及外形大气豪华的出租马车……外祖父能够根据通过的顺序,一一说出他们的姓名,有时候还加上一些个人经历,这些人包括:阿斯特(Astor)、范德比尔特(Vanderbilts)、戈列茨(Goelets),以及四百多人中的其他人士。他还了解这个圈子以外的有钱人,比如拉塞尔・塞奇(Russell Sage)[1],他常乘坐一辆旧式的有流苏顶篷的萨里马车(四轮、双座、通常有篷盖的马车——译者注)。"他是个吝啬鬼,几乎一毛不拔,"外祖父曾经这么评价塞奇,"不过他老婆倒是个好人。"

奇怪的是,我仍然记得其中一个阿斯特的穿戴——不然就是个范德比尔特? ——他经常驾着一辆四匹马的马车穿过公园,车厢后面站着那个替他吹喇叭的御者:长相很精神,红润的脸颊,乌黑尖头的连鬓胡子,在白色领圈上高高翘起。我也记得昌西・迪普(Chauncey Depew):他白色的络腮胡子与外祖父的灰胡子形成对比。1904 年那个时候,迪普身体很虚弱,出行必须有人陪同;外祖父从滨河大道旁的栏杆上俯视着他,一边评论说,"这可怜的家伙,没多少日子好活了。"两年以后,外祖父过世了,反倒是迪普继续与死神抗争了不短的时间。

周末出门的时候,外祖父会带我走得更远些,去拜访友人或是交情更好的老朋友,比如巴斯蒂安一家人(the Bastians)。巴斯蒂安老人为人和蔼亲切,胡子花白,长得有一点像格兰特将军(General Grant)[2],以图书装订为业。也同其他来到新大陆的做派文雅、理想主义的德国人一样,来到新大陆与其说是寻找更可观的收入,不如说因为渴求自由。而库珀[3]的《皮袜子故事集》(Leatherstocking Tales,库珀的著名英雄史诗,包括五部长篇,描写了主人公班六十年经历,活动范围遍及半个美洲大陆。——译者注)一书则大大滋养了这种渴求心情。正是这位巴斯蒂安,在我只有 8 岁的时候,就竭力主张我阅读詹姆士・费尼默・库珀的作品。我能那么早就接触到许多好作品,例如《间谍》、《向导》《先锋分子》等等,自然还有我最喜爱的《皮袜子系列小说》……这都得感谢他。

这种散步会让我们有机会逛遍整座城,可以去外祖父定做靴子的运河街,也可以去他买雪茄的东五十几街,他总是从制造商凯泽和克鲁格那里直接买。他们的雪茄中等价钱,手工制作。星期六的话,有时候我们也到布鲁克林的前景公园听乐队演奏会。舅公路易斯・斯布里希就会带着他父母双亡的小外孙休和我们一起去;孩子当中那个休维尔,跟我年纪差不多,是个女里女气的男孩。有时跟外祖父逛中央公园时,会碰到一

---

① 塞奇,Russell Sage, 1816—1906,美国金融家、众议员,曾参与建立美国铁路及电报系统,以经营股票和投资致富。——译者注
② 格兰特,Ulysses Grant, 1822—1885,美国第十八任总统[1869—1877]、共和党人,内战时期任联邦军总司令[1864],总统任内,对南方实行宽大的重建政策,曾颁布《大赦法令》,赦免内战中叛乱的奴隶主。——译者注
③ 詹姆士・费尼默・库珀,1789—1851,美国小说家,开创了美国文学史上三种不同类型的小说,即美国革命小说、边疆冒险小说和海上貌相小说,代表作为《皮袜子故事集》。——译者注

两个他在戴莫尼克餐厅共事过的老朋友。他们就像外祖父一样,穿着讲究,温文尔雅:特别是一个快活的菲律宾人。他以前是戴莫尼克的主厨,常穿一件双排扣的灰色大衣,配以一顶灰色高礼帽(那是一套非常考究的赛马会礼服),突显出他那拿破仑三世式特有的灰色帝髯。我至今还记得他那一口滔滔不绝的法语。

那几年下午例行的出门散步,让我初步对城市有了印象,包括我们住区以外广大地域⋯⋯总之,从1915年起,我就开始系统地步行考察我的纽约城和它周遭地区,亲眼看到这座城市的巨大活力,仿佛阅读一本大部头著作那样,细细品味着每座建筑物。这样不断行走观察当中,我又感到,这岂不就是继续着早年我独自一人在城里那些优哉游哉的巡游漫步吗?

总之,令人欣慰的是外祖父坚毅刚强,泰然沉着,这种沉着是一种大将之风。

最让人心碎的,是他久病之后无法行走,身体肌肉逐渐萎缩,整个人都衰朽成了灰暗的阴影。但是他那种时隐时现的幽默感,仍然一直保持到临终时刻。

他长期病痛最让人悲痛的是他无法行走以后身体肌肉的萎缩,衰退后笼上了一层暗灰色的阴影。但是,即使是到生命的最后,他还保有一种时隐时现的幽默感。1906年7月的一天早上,我与他道别的时候——他是9月去世的,他知道这可能就是我们的永诀了,于是对我说:"记住,路易,我走后,你妈妈以前怎么责骂我,也会照样子责骂你,别计较。要对她好一点,好好照顾她。"

我太爱外祖父了,以至于用一种孩子才有的近乎麻木不仁的自我保护来面对他的去世。死讯电报打到了佛蒙特约瑟芬夫人的法式农庄,那时我照例在佛蒙特消夏。我表现非常冷静,不带感情地询问了他死后我妈妈和我们的住处会有什么变化。没有一滴眼泪。我是在他完全离开我的正常生活一年多以后,待我完全成熟,每当默想我的童年,才意识到他对于我的全部含义。他对于我的意义,真的不仅仅限于城市研究方面。

27

外祖父的身影构成了我小时候的核心记忆。虽然如此,城市的其余部分仍然通过其他细枝末节向我张显着他们的存在。这些更加零星的记忆片断也一直陪伴、滋养着我。我的保姆奈莉·阿赫恩(Nellie Ahearn)是爱尔兰人,十年来一直为我家烧饭帮佣。是她第一次把我带进了城市中西部,四十几街上肮脏的公寓房,第一次把我带到了靠近阿姆斯特丹和哥伦布大道上她亲友的家里。那些公寓房的走廊里飘着难闻的气味:炒过头的圆白菜味混合着家具上光剂的味道,掺杂在其中最难闻的是杀虫剂和消毒剂的味道。住户都指望用这些杀虫剂作为辅助手段,来增强肥皂的洗涤清洁效果;据说,味道越难闻效果越好。

　　不久,我就有机会更深入地了解了更加贫穷的住所,那是 19 岁时候,去拜访我的朋友厄温·格兰尼克(Irwin Granich),也就是后来大名鼎鼎的作家迈克·高尔德(Michael Gold),著名小说《没有钱的犹太人》就是他的作品之一。他住在东区很远的克里斯蒂大街上,我常去拜访他。他的住处只有一个窗户能照进自然光,而且因为建筑年代久远,成群的蟑螂和臭虫有充裕的时间在实木家具里安家盘踞。但我必须补充一点,那时即便是最优雅的住宅区,比如即使是在英国大学者、剧作家和哲学家卡莱尔(Thomas Carlyle, 1795—1881)住的切尔西(Chelsea)住宅内,这种人类的昆虫伙伴也绝不在少数。条件稍好的公寓和差公寓的唯一区别是,前者有除虫公司定期前去打扫。(在当时那些太平日子里,人们还只想到要灭绝老鼠和害虫:人类自身当时尚未属于灭绝之列。)

　　感谢这些际遇,让我成长在一个真实世界、一个现实城市社会里,了解了社会的分层和错误;看到了城市环境的贫穷、肮脏,以及很多穷人在面对难以想象的两难抉择时坚决付出不退缩的努力,力求保持自身的体面和尊严。之后,在 30 年代中期,我在高等教育委员会供职期间,一旦打破僵局,捅破天窗说亮话的时候,这种结识过三教九流纽约客的丰富经历,便使我能很容易地融入该组织中那些民主党这一派的同事们。最初认识我的时候,他们会尊我为教授,但往后他们就会发现,我其实也是他们中的一员,同时也是我所了解的、童年时所热爱的纽约城中的一员。像他们一样,我也上过公立学校,也是处处为家。

　　现在回过头去看,我才体会到和外祖父一起散步对我日后的生活产生了多么深远可贵的影响。更重要的是,它抵制了我上的小学的那种狭隘、老旧的教学内容和官僚的教育套路。7 岁之前,我得过一场久治不愈的麻疹,紧接着是乳突炎和一次长时间、声音非常可怕的百日咳,让我身体变得很差,性格随之变得消极、羞怯。若不是在外祖父的辛勤守护下外出散步,让我,仿佛透过狭小瞭望孔中,见识到一幕幕别人的生活景象,和别样的生活方式;若不是这样,我真可能会被当时那些课业学习和枯燥训练彻底榨干的。

　　我经历过青春期长大起来的这段时期内,周围的城市景象发生了一系列巨大的更替和激变;让人惊讶的是,很多变化都是朝着更好的方向迈进的。就是在那个时候,在东区其中一个条件最差的贫民窟的一块空地上,开辟出了日后的雅各布·里斯①公园(Jacob Riis Park);也是在那个时候,丹尼尔·博汉姆(Daniel H. Burnham)建造了第一

---

① 雅各布·里斯,Jacob Riis,1849—1914,美国新闻记者,社会改革家,出生于丹麦,以描述纽约贫民窟的《另一半人怎样生活》一书闻名,另著有自传《一个美国人的成长过程》等。——译者注

座独立的摩天楼,平顶大厦(Flatiron Building)。接着,博汉姆成为了博汉姆和鲁特联合公司的继任者。鲁特在芝加哥盖了另一座独立的办公楼,残丘大厦(Monadnock Block)。布鲁克林大桥以北的一系列桥梁,同样也是在那个时候建造的;美观程度紧随布鲁克林大桥之后的地狱之门铁路桥(Hellgate Railroad Bridge)是那个时期的巅峰之作。20世纪最初几十年,公园大道同样也完成了一段堪称典范的城市景观和宜居合理的规划。一条宽阔的绿化带纵贯路中央,形成了一条惬意可心的人行道。也是在那段时期,出现了一波汹涌的搬迁浪潮,低收入群体大量涌入西北部的布朗克斯区(Bronx),中产阶级则也纷纷迁移涌向城郊。

　　我曾经如此熟悉而亲切的城市已经被破坏;残存下来的,大部分也即将消失殆尽。废墟中到处散落着自己生命经历的零碎记忆,这些也将随被运走的碎石瓦砾一起,消失得无影无踪。这个时期的杰出建筑师弗朗克·劳埃德·莱特(Frank Lloyd Wright)在设计那个超大型、圆滚滚的古根海姆博物馆(Guggenheim Museum,纽约市艺术陈列馆,1959年建成,专门陈列所罗门·古根海姆收藏的艺术品,大楼形状为一不很高的白色螺旋形混凝土建筑,与传统形式风格迥然两异。——译者注)时,巧妙地融入了自己的精神形象,因而这座建筑物可能会在这次核爆炸般的剧变中逃过一劫。所以,即使城市其余部分都被摧毁,他的精神形象也会在勘察废墟的时候被人发现,而我无法享受到他那样的幸运和安慰。从这个意义来说,我与同辈人有同样的遭遇。无论是高兴还是悲伤,我们这些人,就是生不逢时罢了⋯⋯

　　[在纽约当我还是个孩子的时候],即便是纽约城市最日常的社会活动都带着一种家庭色彩:某种角度来说,特别是晚春和夏天的傍晚,在以中产阶级私有排房为主的街道旁边,这种色彩都最为明显。每逢炎热的傍晚,每户人家,或是提供食宿出租房的住客们,就都聚拢在高高的门廊里,坐在草垫上,点上熏香或味道强烈的中式蚊香驱赶蚊子,摇着芭蕉扇,三五成群地聊天,不时同邻居打个招呼,同时还盯着自己家的孩子玩上最后一个捉人游戏、拉马车,马车由一支罩在雪茄烟盒子里的蜡烛照亮,小一点的男孩子充当人工发动机,从后面推着马车,在街区里跑上跑下的玩耍。

　　我回忆的这幅画中,有一种田园牧歌般的纯真与亲睦,令人不禁忆起逝去的时光。透过舞动的蕾丝窗帘传出的寂寞钢琴曲,极有可能是求爱的信号,但除了琴声和高架铁路的隆隆轰响,以及出租马车敲在鹅卵石路面上发出的橐橐声以外,最引人注意的要算人声了:咯咯的暗笑、大笑声,或者只是无所事事的闲聊,时不时还会听到口哨声,甚至歌声。但当天晚些时候若发生了可怕的事件或是违法行径,报童沙哑的嗓音就会耸人

29

听闻,令人毛骨悚然地叫嚷上好一阵子:"号外! 号外! 整版的爆炸性新闻!"

那时候的生活,虽然没有电影大片,没有电话,没有收音机,没有电视机,没有汽车,没有现今这种必须即产即销的大宗标准化商品,但是那种生活却并不缺少兴味,不缺少色彩:不过这种变化都是体现在细微之处,哪怕是些微小差别。社区里的杂货铺可以说是最合适的代表。每一家杂货铺都有一排黑漆盒子,盛放着散装零售的茶叶和咖啡,每一种都标出产地和来源。来买咖啡的人,都熟知各种咖啡的特殊味道——圣多斯咖啡、里约热内卢咖啡、马拉开波咖啡、爪哇咖啡、穆哈咖啡——往往货比三家,从不同价位当中挑出质量最好的。

第一次世界大战后,仍然比较挑剔的中产阶级的多彩生活圈子,就从纽约城逐步消退了;到了50年代往后,欧洲的中产阶级也越来越少,第二次世界大战前,欧洲曾经是中产阶级最后牢固盘踞的地方。(从巴黎的"不二价"商店——和药店开始——发出了第一响不吉祥的音符)有一种现象就最清楚地表明了我们这一代人与如今这代人之间的巨大差别。这就是:我根本就无法接受当今这种销售制度:它不经过商量,就把本该属于店主人和消费者的决定权,统统给拿走了;还不容你内心有丝毫抵抗或不满。拿走之后,又把这决定权交付给了市场调查员、包装专家、广告公司和批发商。从这个注重包装的世界中长大起来的年轻一代,天然地会接受这种外来控制和强制做法,觉得这都很正常:他们丧失了选择权利,丧失了品尝权利;这些,他们几乎根本还没意识到! 因为他们根本就从来没体验过以前完全不同的做法和待遇! 我们呀,获得了自动化,却丧失了自主权!

我叙述的这幅充满怀旧意味的画面里,却缺少了一个重要人物:那个最初把我带进这一幅幅美妙图景中的那个小男孩,如今我却无论如何也无法重新找回来了。或者说,我已经无法再次进入他的内心世界。因为,这个孩子,同样,也把我这个"寻找者"当成他周围场景之一而非一个真实的人,与我失之交臂了。至于其余细节,我仿佛自己就是个外来客,在仔细观察着这个孩子:只见他有时候蹲在地上画画,画一些战船或者马匹;时而仰头一遍又一遍地高喊,"晚安! 几点钟了? 几点钟了?"及至上床就寝之后,还要确定妈妈和外公确实已在隔壁房间了。这个钟点,这户人家通常是在玩皮纳克尔纸牌,小男孩毫无睡意的询问,就像是在挑战他们的耐心。还有时候,这孩子也同街区里一帮小伙伴玩海盗与警察的暴力游戏。

哦,但是那个机灵的小伙子,那个随同自己的自我意识一年年长大成人的机灵小伙子,如今哪儿去了呢? 不知为什么,他在躲避我。我开始揣测其原因:他已经化为如今自我世界里无法溶解掉的一部分;所以,我不能从一个居高临下的外部视角来观察他。

如果我太刻意去观察他,就会产生一种恐惧感,如同在镜子前面看自己看得太久时的感觉。如果人长时间盯着自己的影像看,可能除了一张做鬼脸的面具之外,其中则没有真实生活的丝毫踪影了。

我们都市的盛装游行和精彩项目

青春年少时,这座都市中有两种东西经常让我心驰神往:一是各种戏剧演出,另一个则是各地的网球场。这两样东西联手为我消除了城市社会投下的暗灰色怪影。若没有这两种快乐,城市社会中那些消极因素真可能悄然钻进生活,并断送我的青春时代。

早在进入大学读书之前,我已经找到了一种快乐源泉,这就是各式各样的剧院演出,其喜爱的程度甚至超过了网球;从马戏团和狂野的西部演出到马戏、杂技,从第五街的游行到哈得逊河上盛大的海军庆典,再到之后流行于第一次大战前的假面舞会和音乐节,我简直无所不爱。

在这些特别体验当中占据中心位置的,要算是杂耍表演了。因为就像很多与我年纪相仿、出身相近的西区男孩子一样,以往每逢周六下午——甚至在我岁数还很小的时候——我也常去普罗克特剧院,或者基斯剧院看演出,尤其常常去百老汇大道和第六十二街交汇处的老克罗尼尔剧场看杂耍。

像马戏团一样,那时的杂耍表演也是国际化的:除了我们美国的木屐舞舞蹈演员和独角戏表演者,一支意大利杂技队,其他登台演出的,还有伦敦歌舞杂耍剧场表演者,比如小提克(Little Tich);苏格兰戏剧演员,比如哈里·劳德(Harry lauder,以创作、演唱苏格兰或英格兰歌曲闻名,第二次世界大战复出为盟军唱歌。——译者注);还有法国民歌女歌手,比如伊薇特·吉尔伯特(Yvette Guilbert);还有日本的戏法巡演团。以后渐渐地,观众会从中找到自己最认同的演员,从而架构出自己新的社会角色和新的生活理想。这些形式多样、内容丰富的演出多么绚丽多彩啊,又是多么能够体现这世界本身的丰富性和完整性啊!

我的青年时代刚好赶上杂耍表演最后的鼎盛时期,因而有幸见过一些著名演员,如维斯塔·维多利亚(Vesta Victoria),丑角演员维斯塔·提莉(Vesta Tilley)和安娜·劳埃德(Anna Lloyd),她唱过"我就在这儿,在教堂旁边等你!"我还见过另外一些旧时代最优秀的独角戏演员和魔术师。不过,这些都是魔术演出。演出结束,百老汇大街上灯火明灭。我们盈步走回家,心境高扬,眼光闪烁,幻想中还在模仿着杂技和舞姿,模仿着日常生活中难得一见的快速踢踏舞步和慢吞吞逗笑的台词。

阿诺尔德·汤因比所著的《历史研究》中有几个章节带有自传性质;他在其中透露了伦敦几座博物馆在他心智发展过程中所发挥的巨大作用;其中特别是南肯辛顿郡(South Kensington)的几座剧场,这些剧场就在他居住区的北面。我年轻时在纽约的住处,就相当于汤因比在伦敦的住处。而且,因为此后不再就读正规学校,我更加充分的利用了艺术博物馆和自然博物馆。这两座博物馆几乎相向而立,中央公园则刚好贯穿其中间。

这些博物馆是我从小就常去的地方,不过现在我去参观不光是要放松精神,而是因为需要可靠的精神食粮。时间回溯到 1915 年,那时正是美国自然历史博物馆即将转型的时候,从展出一系列精品样本的陈列式博物馆,转变展示生态发展顺序的博物馆,生动地展示了有机物在自然环境中的运作以及有机世界清晰可见的广泛联系,将它们归还到各物种相互关联的统一共生关系之中,虽然这种关系有时候不可避免也是静态的。博物馆的一切转型改造都是在著名的艺术家,比如查尔斯·罗伯特·奈特(Charles Robert Knight),以及许多位博物学标本制作师的大力帮助下完成的,他们尝试了一种过去从未采用过的方式。在进化展厅里,馆长们将整个进化过程各个初始阶段一一连贯展示出来。这个时期是自然大发现的前夜,自然界的大量发现,以及令人昏头胀脑的丰富复杂结构,都是此后几十年里才陆续到来的。所以,当时展览的制作者们,基本上还不曾受到这种复杂概念的影响。只是到近来,才从这种生物复杂性中逐渐引出生态秩序的概念。

大都会艺术博物馆对我个人的成长经历产生过强烈影响,这是那些单纯追求审美体验的艺术爱好者所难以想象的:首先,对我最重要的影响,是它向我展现了理想的人体之美。博物馆里有个很特殊的艺术形象,对我有着莫名的影响力:这是一尊古罗马雕像复制品,我想,那是个古希腊运动员,留着胡子,成熟的雄健男子,手持刮肤具,刮抹着皮肤上的油腻。我好想变成他那个样子!但因为留不起胡子,只得作罢。那尊雕像原来就矗立在老南门附近,20 年代某一天被挪走以后,我的博物馆就再不是原来那个样子了;雕像可能是被移到地下室去了。但这尊雕塑在这我身体全面发育的这个重要时期发挥了相当大的作用。我想,这类雄健的裸体雕像,也曾在古典世界里唤起过类似的心理反响:古人的那些英俊神祇,不就曾经是他们崇拜的模特么?

1912 年,第五大道上的中央图书馆刚刚建成不久,我就开始使用它。我记得它起初的空间格局宏大、宽敞;记得明亮大理石的清新质感,以及整个大厅里震慑心魂的安静。走进大厅,这幢建筑物让人感到完全超然于外界喧闹、拥挤和庸庸碌碌的城市压力。如果允许我来诠释一位诗人的语言,那么,这些博物馆决不仅是我偶或造访的地方:这里还是我的家。这座壮美的图书馆,以一种姿态高贵的友好殷勤,邀请我来使用世界上加工整理最好的书目,而且长期以来这里是出书最快的。它曾是最有条理的图书馆——或许至今仍然是——尽管保持这条理难度惊人。

图书馆新建筑是由托马斯·黑斯廷斯(Thomas Hastings, Carrere and Hastings)设计,被认为是一座非常成功的古典主义设计的里程碑,与纽约城的宾夕法尼亚火车站风格近似,竣工年代也相近。遗憾的是,图书馆设计没有为未来的发展需要或者新设施的增添改换留出充裕的空间,因而内部结构没有变换的余地,以便书库和读者区日后发展的需要,这些都欠缺前瞻考虑。因而建成后还不到十年,一些专业阅览室就不得不侵入到走廊里来。而且这态势一直在持续,由于纯粹的内部空间压力,终于导致图书馆最重要的品质之一消失了——就是它的静谧和吸引人的空旷感,就连坚持得最久的古旧书目录馆和主阅览室,最终也未能幸免。主阅览室靠墙的一排书籍,原本可由读者随意取阅,现在有另一排书架挡在前面,没有馆员协助,读者根本无法拿到。在这里,像美国文化的其他方面一样,一味追求数量,结果侵蚀了质量。

这座纪念碑式的建筑,内部空间开阔空旷,这并不是黑斯廷斯设计本身的过失。正相反,这种设计能对人的精神产生立竿见影的好效果,也是图书馆里一切阅览室都应有的特色。哪怕图书馆里的装潢过于繁复,到处是细密的图画花边,甚至在读者饮水处还设计成复古主义特色的喷水狮子头雕像——后来由于有违卫生而被荒谬地换成碰触式开关的自来水,但仍从狮口出水——即使如此,我对于这些现象也不会去求全责备。因为,我还清楚记得,在认真阅读了一小时后,我能够后仰靠在椅背上,并从天花板上细密的图案中看出某个优美的人物造型,从而赏心悦目,那是多么享受的放松啊!那岂不比盯着空荡荡的天花板,或者石膏板壁上一块瘢痕,要好得多吗?的确,我还曾经从图案里找到一个裸体女孩形象,她美丽的肢体逐渐收进一个叶状卷轴里。后来,她就成了我的精神恋爱的偶像,曾经出现在我少年时的春梦里,我甚至还为她写过一首荒诞的诗。不过,我的确是在等候服务员喊我取书的时候,初次读到了爱默生的《日记精华》,以及詹姆斯·里奇(James Legge)编排的中国古典名著。

成年之初(1914—1919),我从一次次搭载轮渡当中开始体验到了纽约的水滨。而轮渡这种交通方式现在已经不可能了。如今出行的一路之上,尽是些桥梁、涵洞、隧道,越过水面或者从水下钻出;单单为了提高交通速度,却剥夺我们最基本的消遣来源,以至于我们在追寻助兴刺激、变换心情这条路上不得不走得更远更辛苦——而且,通常都收效更差。

不过,毋庸置疑,轮渡是19世纪最伟大的发明之一:那个乌龟一样的庞然大物在水中吃力地扑突突地前行,水面航迹附近还常浮着遗漏出来的五彩油花。汽船顽强地遵守时间,有时候还要对付恶劣天气。夏季还作为去纽约东南斯塔腾岛(Staten Island)的游船;隆冬时节,在冻得发黑的水中撞到浮冰,会劈开冰块顽强前进。这时候,咸腥的水花顺势飞入鼻孔,带来一阵刺痛。

简简单单一段水上之旅,居然也能有无穷无尽的变化和乐趣! 一路上潮水上下颠簸,穿行躲避其他大小船只,更因为贴近大海和蓝天,远离城市因而能观赏到它的浩阔……所以,即便是从纽约市中心到泽西城这么短的行程,也能带来一抹不确定性和历险的兴奋感;任何其他旅行方式都不能与之媲美。

单凭其作为消遣娱乐的资源价值一项,轮渡就值得继续经营:不过,我要说的更直白一点,只要轮渡能够给诗人、情侣和孤独的年轻人提供精神滋养,轮渡就值得继续经营下去,这些人包括了从沃尔特·惠特曼(Walt Whitman)到埃德娜·圣文森特·米莱(Edna St. Vincent Millay),从阿尔弗莱德·施蒂格利兹(Alfred Stieglitz)和约翰·斯隆(John Sloan)到我自己。轮渡的用处远远超过了普通意义上对交通工具的需求。轮渡相对缓慢的速度也不是它唯一的优点——而且说到速度,过去坐轮渡要比现在高峰时段开车从曼哈顿到布鲁克林或是从旧金山到奥克兰也要快得多。开车过程中间,还掺杂着有毒的尾气和恼人的精神紧张。有些人把速度看得高于一切其他价值,专心一意只去追求单一模式的大运载量交通方式,却因而受骗;殊不知也丧失了速度的追求。

再没有其他诗人做出过能媲美《过布鲁克林渡口》的诗歌了,即使搭乘时空机器冲回古代中国去寻找;再没有画家能画出约翰·斯隆的《搭轮渡》这样美妙的画作了,这幅色调阴暗的画让我回忆起我搭船漂流在北河河面的难忘时刻:天空低垂,天际线上悬着一抹烟霭,河水浑浊……现在,每当我读到惠特曼的诗,我就感受到属于以往"随波逐流来去自如"(ebbing with the ebb-tide)那一代人特有的历史优越。因为我的年纪已经足够去体会他所描写的每一种感觉,观看过每一幅风景——除了被树荫遮住的霍伯肯高地(Heights of Hoboken)——并从中找到归属和认同。这种感觉是现在最活跃的想象力也无法激发出来的。

多么美好而又享用不尽的轮渡之旅啊! 哦,可惜呀,后辈们难以想象这些旅程是怎样叩开了城市之门;也想象不到在船上步移景换的韵律感,速度由快到慢,旅程由陆路到水路,这一切变换对人们精神有种特别富有刺激的效果。我爱轮渡,也爱桥梁;桥梁一座接一座的,我走遍了联系曼哈顿和长岛的所有桥梁,甚至包括那座最没有兴味的皇后区桥梁。但我最爱的还是布鲁克林大桥,部分原因是因为桥体本身,阴沉灰暗但造型完美。蛛网状的牵引钢索,穿过巨大的石头桥墩后又悬吊上升,二者形成了强烈对比:

石材建筑、花岗岩桥墩、古典式压顶墙、桃尖拱顶,这一切都和谐地融为一体,是古罗马风格、罗曼风格与哥特式建筑艺术的结晶。桥的钢索紧绷如弓弦,像是要把一支钢铁之箭射入我们的时代。

我们住在布鲁克林高地的1922—1925年间,我一有机会就去布鲁克林大桥来来回回地走。我熟悉任何天气里,一天任何时间中,布鲁克林大桥的面貌,无论白天还是晚上;所以,难怪1924年开始写《棍棒和石头》(Sticks and Stones)时,我会把我第一个评论性褒奖给了这个伟大成就。对该桥梁的前一次赞誉,来自蒙哥马利·舒勒(Montgomery Schuyler)发表在《美国建筑》的论文,出版于1893年。

那段时间,哈特·克莱恩(Hart Crane)①和我——当时彼此私下还不认识——都住在布鲁克林高地。他以他诗人的方式,也在赞美布鲁克林大桥;而且,在我已经搬走一段时间以后,他向我咨询过布鲁克林总建筑师罗布林父子的生平资料。布鲁克林大桥落成开放通行以来,肯定还有千千万万的人像我们一样,有同样的感受,只不过都是以不同方式感受到的;只不过人们是直到20年代之后才把这种赞美的感觉表达出来。

布鲁克林大桥是如此深刻的进入我的想象空间,以至于在放弃剧作家这个梦想之前(直到1927年),我以该桥为主题写成了我的第一部长篇舞台剧初稿。但是,即使在创作过程中我也意识到,除非拍成电影,不然这部戏剧是无法演出的。这部戏的某些台词至今仍然萦绕在我心中。其中有一幕爱情戏:入夜了,在尚未竣工的工地上,一对恋人高坐在桥墩上,高处令人晕眩的空灵感让他们爱意更浓。透过正在升起的雾气,河面上传来阵阵哨音和自言自语的汽笛,和着城市本身的音律,一起烘托着这对情侣的幽会……

好像是到了1915年,一个年纪稍长的同辈人,他就抓住了这座城市脉搏的律动;这种脉搏已经伴随着我们逐渐加快的觉醒过程,开始一起鼓动起来。这个人就是作家欧内斯特·普尔(Ernest Poole)。他在其文学作品《海港》(The Harbor)当中,借所选场景、人物、社会事件之口,说出了我这代人谁也未曾说过的话。连他自己后来也再没说出过这么精彩有意义的话,这大概也是他的悲哀! 这样,布鲁克林高地(Brooklyn Heights)② *36*

① 哈特·克莱恩,Hart Crane,1899—1932,美国诗人,认为诗歌应该歌颂机器时代的到来,体现出诗歌的现代功能,主要作品有诗集《白色的建筑物》,长诗《桥》。因为未能实现创作目标,苦闷失望,投海自尽。——译者注

② 布鲁克林高地,Brooklyn Heights,这里是海湾与东河之间的一片高地,如今高楼林立,但是高度比不上曼哈顿,而且主要是居住区的格局没有显著变化。此处这译法很勉强,但也只能如此。实际上,这个地区原来就是布鲁克林村的所在地,后来发展成纽约与曼哈顿齐名的繁华地区,也几乎成为繁华热闹城市地区的同义词。其位置横向在东河与法院大街之间,纵向在福尔顿大街与大西洋路之间。美国文化历史上许多名流都曾经在此居住。——译者注

和小说《海港》的基本形象就几乎完全占据了普尔的文学创作空间。而且,他的确准确地抓住了这两地的鲜明对比:一方面,在海港水滨周围,沿福满大街(Furman Street)布满了拥挤不堪的仓库和码头,陋巷深处各种零乱琐屑细节依稀可见;而另一方面,在近岸不远处石墙高坡的坡顶,一排排砖砌楼房或虎皮石墙壁楼房,正居高临下眺望着整个海港。我也确曾在下午时分,就在这福满大街上,见到过一个邋遢的老妇人,醉醺醺地,浑身散发着难闻的威士忌酒气,开口就更加不堪入耳……这些景象,都折射出那些衣食无忧的豪宅和官邸中所难以想象到的——实际上也根本未曾想过——另一个世界的饥寒交迫和贫穷潦倒。

记得当我最初阅读这本书的时候,我几乎不敢阅读正式出版的小说《海港》,很难想象这些白纸黑字的书页,现在怎能与我 1915 年时候的感觉相比。这部书里的故事,以一种难以名状的激情与我的思绪一起沸腾;我对当今世界满怀欣喜,充满希望:它有那么多的工厂,轮船;有那么多的老板雇主,还有工人的工会;有政治斗争与权衡斡旋,还有私人企业的宏志大愿……这些都让我想起我当初阅读英国小说家 H. G. 威尔斯(H. G. Wells, 1866—1946)的两部著作:《新马其威利》(The New Machiavelli)以及《托诺邦吉》(Tono-Bungay);这些书都曾深刻地影响了青年时代我的人生理想。《海港》这部书的确满足了我的兴趣,满足了我一些最具体的,也是最现实的追求。在生活节奏变得如此飞快的岁月里,这都是些很现实的追求和理想。后来我发现,普尔观察城市的方法和视角与我的看法和视角非常类似,可谓英雄所见略同。这让我感到,我在自己的事业当中获得了道德上和政治上的同盟。

这倒不是因为我多么缺少一位强有力的支持者;而是因为,我们都有个共同的感觉,这就是我们正面临一个大转变的前夜,一个崭新的世界即将出现;这是一个充满神奇力量的伟大转变。几个世纪以来的美国革命,法国革命,以及工业革命所孕育的美好希望,很快就会一起实现了。可是,不久到来的第一次世界大战完全粉碎了、毁灭了这些美好希望。而眼睛看到的,亲身感受到的东西,要经过许多年才能传达到大脑,才能逐步解码,才能逐步被透彻领悟!而在此之前,种种不祥之兆,我们却未能及时察觉领悟。直至进入 30 年代之前,我们能够看到的,始终只是乌云外围的金边儿。是啊,在那些信心百倍、豪情满怀的年代,谁会料到我们始终坚信不疑的太阳,不久竟然也会发生日食呢?

是的,我爱纽约,我爱这些大桥。我在大桥上往来穿行,年复一年从不间断。但往往有这样的情形,一些经常重复的动作中会有某一次经历非常特殊,与其他任何一次经历都截然不同:我记得,大约是三月里,一个霞光满天的早春天气,傍晚时分,我从布鲁克林这一端走上大桥,迎着新泽西方向掠过河面吹来的西风。天际线上空正聚起深黛色的积雨云,形象纷乱参差;这些云朵间一块块缝隙里,落日斜照穿过云层射向大地。这时候,我已经走到了大桥中段,斜阳余辉在整个天宇中散布开来形成一轮光晕,刚好罩在山岳般摩天大楼楼群上空。楼群前面,是那些稍矮的楼房和仓库,颜色灰暗,簇拥错落。更多的高楼都聚拢在新建的沃尔沃斯大厦金色尖顶周围,高低楼宇都浸浴在金色夕照中。这时,落日夕阳的光线正在逐渐消褪。当我走到桥长四分之三的地方,越发浓郁的蓝色暮霭中,这群摩天大楼在斜阳光线映照中渐渐呈现出高低错落的蜂巢状。最后,在我还没抵达曼哈顿一端时,只见这些鳞次栉比的高楼楼群,在靛蓝色天幕映衬下,挺拔高耸,宛如璀璨夺目的队列。

是的,这就是我的城市:雄奇浩大,蔚为壮观,万家灯火,生机勃勃! 大桥下面,宁静的河流与海港里,水面正映出残阳返照的万点碎金。河面上,一艘艘拖轮的暗影,卸下驳船之后,正扑突突地驶向船埠;一艘艘渡船则在两岸渡口码头之间慢吞吞往来穿行。几艘大轮船稳稳地驶向深海,自由女神雕像傲然挺立。轮船上高耸的烟囱和汽笛中飘出几缕白烟,袅袅飘升。与此同时,下面的高架路上,川流不息、隆隆飞驰的火车和电车正持续不断输送着成千上万的下班族赶回家中。此刻,我,挺胸迎着三月春风,尽情把我的城市和天空吸入胸膛;城市无垠,苍天茫茫,却都一起沁入胸怀,给我全身注入一股神秘而伟大的意志力;这个意志曾经创建了这座城市和这块天宇,还为即将来临的新时代昭示着希望。

此时此刻,整个世界对我敞开胸怀,在挑战我,召唤我,期望着我穷毕生努力也难以实现的崇高奉献,同时又以其鲜活生动的启示提高我的能力至空前高度。眼前突然展现的瑰丽和壮美,瞬间帮我甩掉了青春期的迷惘和莽撞。随即,我感到心境高扬,信心百倍,高视阔步行走在大桥上,人行道的狭窄木条在脚下微颤,这信心并非来自渺小孤立的自我,而来自我曾与之对立、如今又已上升融入其中的社会集体力量。

那心境高扬、意气风发的奇妙瞬间,如今已无希望重新找回了。那一刻的兴奋得意,那种奇妙感觉,犹如心爱者体内生命现象的美妙一瞬……仿佛人整个一生的漫长准备都为此而来,并在那一刻迅速登峰造极。那天的情景和感觉,连同另外两三次同样应有尽有,同样意蕴深远的类似体验,我一生都始终铭记在心:并非经常浮现眼前,而会在某一刻一闪而过,适时提醒我已经征服和超越的高度,如登山者会永久铭记自己冒险登临的巅峰,虽然这高度已无法再次实现。

自那次体验之后,我曾不止一次走上布鲁克林大桥,想追回重温那奇妙的一刻。但是,像那天那样奇妙的组合:天气、光线、心情,以及精神境界的纯熟,种种要素完美无缺的奇妙组合,却一次都没有重新出现过。唯那次体验,以其完美和幽远,孤自独在:那是稍纵即逝的一瞬,生命造化为人类准备的远大前程瞬间显现,将那近乎不可能有的壮美和瑰丽,都尽现眼前……

第二章　建筑:人类家园

> 传说,上帝依照神灵的形象创造了人,那么,人,就应依照自己内心的形象和规制,创造自己的建筑。
>
> ——刘易斯·芒福德

导　论

　　作为作家的刘易斯·芒福德,是在建筑评论这个领域首先出名的;虽然此后他的著述从来都不仅仅局限于建筑学的单一科目,而后来的一生中,他笔下产生出大量的建筑评论作品。这些作品,无论在质量、数量或在超前智慧方面,都是无与伦比的。因而可以说,在提高美国公众的建筑学意识和觉悟方面,在教导民众如何审视建筑物,如何要求建筑物的质量和职能方面,以及对建筑物的设计建造者该提出什么样的要求等等这一系列重要问题上,可能没有哪个当代作家会比芒福德贡献更大了。

　　不仅如此,芒福德还通过建筑发展来讲述人类文明全部成就的历程。《棍棒与石头》(Sticks and Stones)这本书就是他评述美国建筑的第一部力作。这部书不仅仅讲述建筑学,更讲述了建筑与文明的联系。正是在这部书里,芒福德确立了他一个始终不渝的观点就是:建筑与文化,二者密不可分。芒福德从英国散文家、批评家和社会改革者约翰·腊斯金(John Ruskin, 1819—1900)那里学到一个著名论点,即:每一块石头都长着舌头,而且,每个舌头都是会讲故事的。因而每一幢建筑、楼房屋宇都保存着当地社区诸多民众生活的记录和精神财富。芒福德曾经说,"每个世代的人都在他们建造的建筑物里留下了自己的传记故事。"不过,腊斯金所论述的只限于那些出了名的地标型大建筑,那些建筑杰作;而芒福德则推而广之,把同样的观察、思索扩延到那些简单、普通的建筑物和构筑物,如,民居、谷仓、工场、桥梁、邮局,甚至包括街角的食品摊。他认为,这些东西体现着人们生活的种种目的和愿望。[1]

芒福德从未受过正规建筑学教育,而这大约恰好告诉我们,为什么他会从一个全新的、符合人性的角度来观察和评价人类建筑。他研究建筑有他自己的办法。最初是在纽约城徒步旅行,直接观察;从曼哈顿开始,越走越远,一步步扩展开来,最终考察了美国东北部近海地区的许多城市、集镇和乡村。因此,当有人请教,问他如何才能获得建筑学的良好知识,他的回答从来都是一个:去直接体验建筑物本身。[2]

芒福德还把艺术家对建筑物特有的视觉感悟介绍给建筑物的欣赏活动领域。从很早开始,他就开始给许多建筑评论杂志提供建筑评论文章;这些杂志,诸如《自由人》(Freeman),以及《美国精神》(American Mercury),都刊载了他在各地观览考察中写下的许多文章。而每一篇游览笔记的开头,几乎都有他用铅笔勾勒出所记写城市的建筑素描画,这已经成为他多年写作的惯例,这一习惯他坚持了一生。可是,芒福德从不认为,建筑完全是,首先是,或主要是艺术形式。相反,他认为,建筑物不像诗歌或者绘画,建筑物的形态必须为人类使用它的根本目的服务。因而,建筑的第一责任,就是社会责任,是为其使用者的目的服务;建筑必须确保能够提高日常生活的品质。

因此,芒福德就能够专注于人类生存的基本需求,且矢志不移。他从 20 世纪 20 年代开始,就率先批判了摩天大楼,批评这种建筑形式导致都市拥挤,刺激地价暴涨;而且,这种建筑形式徒有其表,一味追求技术设计和技术表现的极致,而忽略了建筑的社会功能。但芒福德并非无条件地一味反对一切形式的摩天大楼。摩天大楼是现代都市生活无法避免的现象,芒福德接受了这一事实。但作为建筑评论家,他评价说,摩天大楼作为一种建筑风格有其优点也有缺点。比如说,20 年代初期,他对于纽约城刚落成的伍尔沃斯摩天大楼(Woolworth)极尽表现之能事的复古主义建筑形式,就予以尖刻的批评。他说,哥特式的,以及一切拟古形式的建筑,一诞生就很陈旧。相反,当他于 1927 年到芝加哥城见到另一些建筑师的作品时,如,约翰·韦尔伯恩·茹特(John Wellborn Root)、路易斯·沙里文(Louis Sullivan)所设计的一些简洁明快,大胆追求现代气魄的高大建筑物,他感到这才是美国所特有的建筑。[3]

芒福德有一本书,《黑褐色的三十年:美国艺术研究,1865—1895》(The Brown Decades: A Study of Arts in America, 1865—1895),目前我们这本书第二章内容中第二部分,就节选自他这本书。在这本书里,他高度赞扬了美国芝加哥城市的伟大建设者们,同时向自己的同胞介绍了一种刚健、俊美的建筑风格。在这篇短文的结尾部分,他着重介绍了美国建筑师,弗兰克·劳埃德·赖特(Frank Lloyd Wright, 1869—1959)。这里有一节文字,芒福德用最简洁明确的语言陈述了自己对现代建筑的根本观点和理解。赖特设计的草原小屋,多是些舒适恬静的农舍,常常与大地融为一体,阳光充足,视野开阔,其形制姿态都完好嵌入当地地貌特征。透过赖特设计的这些可爱的草原小屋,芒福德看见了建筑学的前景,就是利用新的建筑学的有机设计方法,将建筑物的实用功能与其情感价值完美结合起来。

芒福德在其最早时期的作品中,也曾为建筑和艺术领域内的新潮新风大力游说。实际上,机器文明产生出的大量新物质材料和新技术新工艺,也促使芒福德敦促建筑师和艺术家在作品中尽快采用这些新成就。如他所说,要跟上19世纪那些大师级的建筑师们开创的传统,比如约翰·A.卢布林(John A. Roebling)和华盛顿·卢布林(Washington Roebling)所设计的纽约市布鲁克林大桥。这些工程作品,芒福德曾为之喝彩,称之为"蒸汽机和钢铁时代的沙特尔大教堂(Chartres Cathedral)[①]",将其供奉为那个时代最伟大的工程技术成就。当时,一系列的建筑师,诸如沃尔特·哥罗皮乌斯(Walter Gropius)、路德维格·米斯·封·罗赫(Ludwig Mies van der Rohe)、阿道尔夫·路斯(Adolf Loos)、勒·柯布西埃(Le Corbusier),都倡导了一种国际化的建筑风格,芒福德也曾是那时期国际风格的赞颂者之一。因为,透过当时这些非常前卫的建筑设计师们早期的设计方案,他清楚地看出他们的追求是健康的,他们是在竭力实现建筑设计功能明确而又确保社会用途的目标。

可是,后来,当现代主义设计风格发展到较为成熟的表现形式之后,就开始一味追求纯形式主义的东西,且如痴如醉。这时候,整个大西洋两岸,芒福德第一个起来开始激烈抨击它。他在很早的一篇杂文当中,就抨击了那种所谓新的满足最基本要求的设计风格(new minimalist style)。他认为,不要装饰,而且,索性将功能和形式合二而一(form-in-function),如果这种十分简陋的设计就是体现了所谓"现代情感",那么,其中必定遗漏某些"更重要的东西"。而这个"更重要的东西",就包括"人类情感",包括美学装饰,还有更重要的,就是对人类基本需求的完全认同和尊重,包括满足人们一些偶尔会有的需求,比如说,抒情的需求,以及某些一时难以预料的种种需求。[4]

勒·柯布西埃就说过,人类生活在一个机器时代。就此认为,人类的建筑物和住宅就必须是居住的机器。对此论调,芒福德发表了一篇著名论文,《针对现代建筑的诉讼案》(A Case against Modern Architecture)。他在这篇文章中指出,从居住的机器

① Chartres Cathedral,沙特尔大教堂,在巴黎西南的沙特尔市内,距离巴黎几公里,也称沙特尔圣母大教堂,主建筑双塔结构,宏伟壮丽。在13世纪用了三十年建成,建筑多装饰画和雕塑,其生气勃勃的风格开文艺复兴开放思想的先河。——译者注

(machines a habiter)到配备空调设施的无个性特征的盒子,两者之间仅一步之遥。不久,芒福德果然看到,他所担心的事情都逐步成了现实:20世纪50年代开始,对路德维格·米斯·封·罗赫设计方案的拙劣模仿大行其道,高耸的玻璃钢建筑,一幢接一幢地出现在了曼哈顿的繁华闹市地段。其实,芒福德早在30年代初期就预言过,"建筑,它要么是一个未知社会的预言;要么就是一个成熟社会的坟墓。"[5]这里,芒福德究竟把这些新型摩天大楼归于哪一类,前者,还是后者?我们已无须多加猜测。

芒福德极其担心,近些年来十分汹涌的高层建筑波潮,会将城市彻底毁灭。他已经一再说明,若要让城市很好地发挥城市功能,就必须鼓励城市社会机体内的各种亲密联系,保障城市在公园里、商店里、咖啡馆里,以及其他一些公共场所内,人们都有面对面的交往机会。1961年,他的《城市发展史》一书发表的当年,他在一个建筑师的集会上发表演讲,他说:"我们也完全可以说,城市就是这样一个地方,你到这里来,会发觉你各种快乐的机会大为增加;城市还能让你最大限度地利用各种意想不到的机会。"他还说,假如你把人们关闭到高大无比的玻璃盒子里,把人们局限在高楼之间那些狂风不息的狭窄通道里,"那样,你们就失去了这样的交往机会"。换句话说,一座宜居城市,必须具备适当的建筑学形态。今后再重新设计城市的时候,建筑师和设计师都必须想着,你是在"为所爱的人和朋友,依照人文尺度从事建造和设计工作"[6]。

纽约城的布鲁克林大桥[①]

从艺术和自然的角度来看,工业化早期的巨大代价,就在于大地景观上出现的各种人工工程设施,以及它们给景观环境造成的巨大损害。那么,工业化是否就是"丑陋"的同义语,就一定意味着丑陋呢?钢铁,是不是同样也可以像石材那样有效利用呢?这类问题,直至19世纪中期,始终没有明确答案。伦敦曾经采用铸铁材料建造了桥梁,收到些许成效,但在审美效果上却乏善可陈。1851年,伦敦为召开当年世界博览会,使用玻璃和钢铁材料,邀请帕克斯顿(Joseph Paxton)建造了一座大型温室,完工之后人们对未来有许多期许。而此后不久,纽约也仿造了一栋同样的温室建筑,问题马上变得说不清楚了。

---

① 本节内容完全依照《黑褐色的三十年》一书中一个章节,遵照其原文全部节选,原章节题目是:"景观再造"。——原著编者手记

这种情势下,亟需一个大胆的行动来回答一个尖锐而迫切的问题:新型工业材料是不是同样也能够展示审美价值? 这关系到人们的信心。因为人文关怀和审美效果往往成为工程活动当中最容易被工程师忽略的一面。纽约的布鲁克林大桥工程就当仁不让,勇敢担当了这一重任。它不仅是 19 世纪全世界范围内最优秀的工程技术作品之一,而且,堪称全美国最优良、最令人满意的工程建筑作品。而且,由于它刚好建成于"奇形怪状的建筑时代",所以就很有力地证明,以往建筑形态所出现的遗憾和损失,只是偶然现象,而不是工业化过程中无法避免的结局。

布鲁克林大桥的设计者是两个人,约翰·卢布林和他的儿子华盛顿·卢布林,工程完全采用他们的创意和设计。当然,还获得优秀工人和工匠团队的坚定支持和密切合作,在全部建造过程中与他们共担风险,战胜困难。如今,若仅看桥梁本身已经远远不够了,你只有透过工程表面去观察了解其后面的人格魅力和人物个性,才能深入领悟那个时代的全部含义。

约翰·卢布林 1806 年出生于德国的图林吉亚省的穆荷尔豪森市(Muhlhausen),1826 年在柏林皇家综合科技大学获得工程学学位,学习过建筑学、桥梁设计建造,还学习过水利。据一份传记资料,还曾从师黑格尔学习哲学,"黑格尔曾经说,约翰·卢布林是其最得意的门生"。毕业之后,在西伐利亚担任公共工程项目的技术监理,为德国义务服务三年之后,于 1831 年移民美国。以手中的 3000 美元作资本,伙同其他几位移民伙伴,兴建了萨克孙堡(Saxonburg)移民新村,该移民村位于匹兹堡正北方大约 40 公里。他儿子华盛顿·卢布林,就于 1837 年出生在这里。

那个年月,正是运河交通运输的重要时期。而由于阿勒格尼山脉的阻隔,船只要通过一节节翻山越岭的水陆联运线路,才能抵达宾夕法尼亚、马里兰、新泽西、弗吉尼亚以及西弗吉尼亚各州。这过程中,每条船只都要一点点牵引上陡峻的坡道。由于拉力强度很大,使用的牵引缆绳往往很快就磨损松散报废了。这时候,约翰·卢布林得到的一份工作就是在海狸河的渡口担任助理工程师,负责枯水季节的航运业务。他的一个发明就是钢缆,采用钢丝缆索替代了低强度的大麻缆绳。而且,他索性开办了一家制作钢缆的加工厂。另外,卢布林在学生时期的徒步旅行考察途中,曾在德国的班堡第一次见到过一座绳索吊桥。后来,他就以吊桥为主题,设计了自己的毕业论文。有这样的背景,他很快就发明了一种吊桥式渡槽,让船只进入渡槽,以钢缆替代锁链,再从河道上升,实现了船只的水陆联运。他的这一发明是创纪录的。下一步,1846 年他又在匹兹堡建立了第一座钢缆吊桥。1849 年,他把钢缆加工厂迁移到了新泽西州的德伦顿城(Trenton)。所以,若没有这些钢缆材料和技术,船只的垂直提升不仅困难,而且极其危险。

卢布林自己设计、自己建造了自家的工厂,包括工厂里每台机器的每个零部件,都是他自己设计的。工业革命初期的工业家,许多都很有特色。例如,纸箱制造商罗伯特·盖尔(Robert Gair)即其中之一。约翰·卢布林也是个一丝不苟、说一不二的人。他约你来会面,你若比约定时间来晚了五分钟,他就会取消这次会谈。对家庭成员,他同样也纪律严格;包括生病了,也被看作一种道德修炼的缺憾,而且应予严惩。显然,这种种作派都表明,他是希图在自己的领地内建立一种乌有乡式(Erewhon)的风俗习尚。这乌有乡,本是 19 世纪小说家 S. 勃特勒的作品,其中杜撰了一个向往和享受旅行自由的理想国,嘲讽了现实世界中繁文缛节的生活方式。其实,这个乌有乡 Erewhon 一词,倒过来拼写,就是 nowhere。足以见得,卢布林是个十足的理想主义者。而在现实生活中,他如饥似渴地研究、追求新事物,日常繁忙的发明活动之余,他详细阅读了爱默生的作品,撰写了厚厚一个卷册的读书笔记,题名为《卢布林之宇宙见解》(Roebling's Theory on Universe)。他的儿子华盛顿·卢布林 1857 年从任森勒技术学院(Rensselaer Polytechnics)毕业之后,就担任父亲的助手,协助设计建造了阿勒格尼山区的许多水陆联运的吊桥设施。内战期间,华盛顿又帮助联邦军队建造吊桥,还建造了飞艇,从事侦查工作。

曼哈顿岛需要一座桥梁,取代轮渡连接与长岛的交通。1866 至 1867 年的严寒冬季,纽约东河水面完全冻结,轮渡全部瘫痪。这时候当局想到,应该建造一座桥梁。而实际上,卢布林早在十年前——1857 年,就提出过这样的设想。这是个大胆的想法,因为这座桥梁的中间主跨有 1600 英尺长(486 米),还包括 276 英尺高的几座吊塔,是当时世界上还没有人尝试过的大胆设想。当时英国著名工程师斯梯芬逊(Stephenson),就曾经公开宣称这样的设想不可能成为现实。只有像卢布林这样的人,经验丰富,意志坚强,又掌握各种资源,实现这样一个大胆的计划,非他莫属。到了 1869 年,大桥设计草图完成了。但很不幸,约翰·卢布林因在轮渡上遭遇事故受伤而患了奇怪的咀嚼肌痉挛病症,始终牙关紧闭,最终不治身亡。身后仅只留下了一份框架式草图,其余几乎什么也没有留下。接下来,他儿子继承父业,就在这个草图基础上不断予以细化,日臻完善,最终形成杰作。因为这个时候,华盛顿已经具备成熟条件,有能力解决各种技术难题,完成桥梁建设。

华盛顿·卢布林那颗滚圆而顽固的头脑,常让人联想到著名的格兰特船长。他无疑缺少父亲那样坚实的学问根基,但他却继承了父亲顽强的意志力,这就大大弥补了他才智不足的缺憾。父亲去世后,华盛顿接替父亲投入工作,1871 年布鲁克林大桥的吊塔基础正式开挖。兴建纽约城这座新的高塔建筑，涉及到一系列的重大决策：会不会耗费一年工程时间，甚至还要损失许多人的性命，才能把基坑挖到河床下的岩基？此外，是否可以利用数英尺之外的含砂层来分散沉箱的一部分重量？这些问题的各种解决方案都包含着极大风险，他会失掉名誉，失掉财产。但所有这些困难，他都勇于面对；施工时期他做好了准备，准备眼睁睁看着塔楼被河水席卷而去……直至眼看着钢缆和跨梁放牢，稳固之后，他才终于放下心来。

桥梁建筑的整个进程中都离不开选材、牺牲、工程代价等等各种问题。华盛顿·卢布林上校后来回忆，他参加美国内战时期的经历也从未遭遇过类似这桥梁工程中的艰难困苦。比如，这座桥梁工程开创了沉箱内使用炸药进行爆破的先河。1871 年，吊塔基坑内的沉箱里因爆破发生了火灾，卢布林担任总指挥，承担着最大的工作压力，几乎全部时间都巡行在工地上。失火后，他直接指挥救火，长时间置身火场，因而罹患得病，肢体弯曲，也叫做沉箱综合症。从此不得不从工地退守家中，在哥伦比亚高地购置了房产，自己躺卧家中，由妻子临窗而坐，借助望远镜密切观察工程工地进展情况，时时刻刻向他报告。他再依据情况发号施令，遥控指挥。他就躺在病床上，起草了一封封信件，针对工程的每一个细节，提出设计意见。到了 1872 年，因为担心自己看不到工程竣工，同时又深知许多设计环节还是空白，亟待细化，他便花了整个冬天，书写、绘图、计算，草拟了桥梁设计方案中的各种细节问题。又过了一年，经过在维斯巴顿(Wiesbaden)的手术治疗，他勉强能够谈话数分钟，但仍不放弃工作。这样的勇毅和心血都没有虚掷，桥梁建设工程在他钢铁般的意志支持下稳步推进，同时，值得庆幸的是，他有一支同样忠实勇敢的施工队伍。当桥梁的钢缆支架绞盘完全安装完毕，只待启动绞盘进行钢缆强度检测的时候，开动机器进行第一次测试的人，不是个普通工匠，而是著名的佛朗克·法林顿(Frank Farrington)，当时他担任桥梁工程的首席机械师。测试工作每次都要至少动用六百人参与，二十多人严重受伤，许多人死于沉箱综合症。最终，花岗石的塔楼耸立起来了，十九根粗大的钢缆卷放起落自如，无数根钢梁的连接支撑板都一一铆接完毕，大桥跨水面耸立起来。一百多年过去了，进入了汽车时代，无数车辆、队伍都从此经过，桥梁至今依然耸立。

工程竣工于 1883 年，纽约布鲁克林大桥终于揭幕开通了，它与 1874 年完工的圣路易斯市悬臂式钢拱桥梁——伊兹桥(Eads Bridge)，以及法国的加拉比桥(Pont Garabit)一起，并列为当时世界上工程建筑的杰出成就。而其意义还远不止如此，今天假如还有人怀疑桥梁不能展示美感，假如还有人怀疑桥梁工程不能展现个性，就请他把布鲁克林大桥与同一条河流上的其他吊桥做个对比,看看这第一座桥梁是不是在任何意义上都实现了完美效果。像任何成功的创造性作品一样,布鲁克林大桥的美,你无法依常规分析;原因在于,从传统审美方法看,它的视觉效果不合比例,即使你吹毛求疵求全责备,也不能不对它的形象表示叹服。

我想,最好的鉴赏家评语,莫过于桥梁完工不久蒙哥马利·舒勒(Montgomery Schuler)所做的评价。这一赞颂正式刊载在《美国建筑》杂志上,很值得重视。其评语中的主要思想体现在下面这段文字里,"……这是大自然环境中的一个有机体。显然,设计师的头脑很清楚什么叫做'雅趣',什么叫做优良外观。贯穿在桥梁每条弧线上的每条内法则,桥梁各个部件之间联系的各种规则,以及这些联系又依照那些法则产生出最佳强度,所有这些,设计师都理解得很透彻。他的工作只是在实践中运用这些法则,而他运用得如此完美。因而,他最终的作品也十分完美,恰如一个造船工程师必须让船舶符合水流状态的要求,才能造出完美的船体形状和轮廓,而无须去考虑什么是美学。有时候,一些大型材体使他无法精简结构形态,也有的时候,作用力的走向,以及相应的反作用力的合理配置,而这些要求又因为材体巨大而无法予以充分体现,那么,他最终的结构设计依然能完成得恰到好处。"

有人说,这桥梁的石材工程部分可以做得更好些。那么,请问,哪位建筑师能做得更好,能指出来吗?本来能做得更好,与谁能做得更好,这是两个不同的问题。1885 年已经十分杰出的亨利·霍布森·理查德森(Henry Hobson Richardson),或许很称职。但是在 1870 年,他还是个年轻的浪漫主义的建筑师啊,我担心换了他或许会把事情搞得更糟糕呢。舒勒不喜欢吊塔的设计方案,理由是花岗石材的凝重与衬板上方钢缆流动韵律,两者不相陪衬。你或者还可以说,最大的缺憾在于这些钢缆把吊塔的花岗石材本身,连同檐板中的艺术造型,都染得锈迹斑斑,很不好看。尽管如此,总体上看,特别是从河面向上观望,桥墩、支柱、扶壁,全都设计得简洁、雄壮、有力。无论如何,这件石材工程——在华盛顿纪念碑设计完成到理查德森完成其晚期成熟作品的这段时间内——都要算美国建筑工程的巅峰之作。在这幢建筑物上,钢材与石料实现了完美的组合:花岗石材质,凝重,收敛,配衬着钢缆蛛网般细细吊索的张扬、舒展,让这幢建筑物的张与弛、扬与抑,互为表里,相得益彰。在这幢建筑物里,人类的历史建筑第一次与未来建筑相互联手,把古代建筑的宏大、包容,与未来建筑的轻盈、灵动,完好地熔为一炉。特别是水面返照阳光映衬之下,布鲁克林大桥宛如一座空灵幻象,而非实体建筑。

布鲁克林大桥完成了一项使命,它承前启后,继往开来。在利用钢材的延展性和张力方面，它揭开了一个新时代，为这一材料特性宣示了广阔的用武之地。因为，钢铁作为一种建筑材料，其主要使命基本上就是跨越空间和围拢空间。钢铁材质特殊的延展性和强度，令它能够代替笨拙厚重的承重墙和石柱，很快成为现代建筑的后起之秀。布鲁克林大桥没有装饰安排，它拒绝任何措施遮盖钢铁自身豪放粗犷的本色，大桥直接体现着机械本身的逻辑特性和审美特征。而且，在这一方面，比起它的后起竞争者法国巴黎的埃菲尔铁塔，布鲁克林大桥则更显强悍奔放，埃菲尔铁塔因为其基座上的新艺术表现主义风格而略显逊色。最后，大桥独立存在，无论它后来产生了什么影响，也无论它包含了多少潜在意义，布鲁克林大桥作为一件艺术创作，都从来不仅是艺术家和诗人吟咏的对象，也成为街头每一个人都喜闻乐见的都市骄傲。

一件工程作品完成得像一件艺术品，这不是第一次。但是，工程技术能够在钢铁和煤炭的时代里实现如此完美的建筑造型，这却是第一次。完成这样一座简洁、优美、独树一帜的建筑学作品，既要有约翰·卢布林那样的知识能力和哲学思维，也需要华盛顿·卢布林的勇敢坚定和毕生投入。华盛顿在内战时期没有战死沙场，他后来收集矿石样本，据报道，1926 年逝世之前不久，他发现生命原来如此艰辛、脆弱，如此富有反讽的意义。至今，他们父子建立的这家公司犹在，但当年的勇敢精神，勇于探索前无古人的英勇尝试，都因岁月流逝而渐行渐远了。新建造的赫德逊大桥，无疑是一堵庞然大物。但是，比起 1869 年的知识、技术、经验和机械施工能力水平，布鲁克林大桥仍然无愧为更辉煌的成就。

如果说，布鲁克林大桥始终没有在建筑和工程技术的学校教学课程中发挥应有的教育训导作用，那是因为当今的工程建筑学府眼界狭小，他们对于建筑工程和工程教育，作为一种专业和文化，他们的理解，与约翰·卢布林相比，过于偏窄。卢布林父子的项目描述直白而简洁，他们尊重材料特性，他们在工程实践中隐姓埋名，这些都是他们值得称道的品格。总之，他们创造了现代建筑学艺术的专门话语。而其所欠缺的，恰是采用何种态度和方法来对待那些不完全是纯技术问题的东西。所幸，布鲁克林大桥留给后人的教育意义并未被遗忘殆尽。恰恰相反，大量的水坝、水利工程、船闸、桥梁、电站、工厂，林林总总，无数实践终于让人们开始认识到，这些元素同样构成人类环境的重要组成部分。这些工程项目的优劣状态、效能状况，等等，都不是仅凭数字统计标准就能完全表述清楚的。卢布林父子在其实践中或许从未使用过"审美"这类字眼，但是，他们向人们成功地呈现了美，或许这正是卢布林父子超乎常人之处。

49

走向现代建筑

1861 年内战爆发,美国建筑业陷入低迷,并一直沉沦了二三十年。这个行业有一些传统概念和要求,如"有序"、"合理"、"美观"、"按比例"等等,因而无法有效贯彻。建筑营造事业陷入困境,偷工减料的豆腐渣工程、单调乏味的复古主义、拙劣伪造的浪漫主义等等,就构成了 19 世纪美国建筑业的全部成就。

与此同时,美国农村住宅里却悄然发生着一系列变化:开放式的取暖壁炉正在被筒式铁炉替代,这种粗笨铁炉能大大改善室内采暖效果。这种新设施一经出现,因为它体量庞大,还往往带有装饰性支架,令农舍室内空间顿感狭窄。本来,从 18 世纪开始就在农舍里使用的温莎式木椅,至此则不得不退出客厅;这是一种高靠背的斜腿木椅,造型简洁,此时避让到了屋顶的阁楼上。农舍的前门则新增了门廊,门廊边壁上还往往装有优美弯曲线条稀奇古怪的小装饰物。墙壁与窗户的合理比例却不见了。到了 70 年代,又由法国建筑师带头兴起了坡顶式建筑物,遂让农舍建筑的丑陋登峰造极。与此同时,美国东部地区的建筑又开始以褐色砂岩替代砖块兴建住房。城市的百货商店和办公大楼,则往往在其前立面上开始广泛使用铸铁材料。这些特色就要算那个时代的现代气息了。

城市住房面积则一般都比较窄小,部分原因是地价高昂。于是,居住空间开始向住宅后院的开放空间延伸,致使居室内光线幽暗,空气不流通。本来城市住宅的一般安排,是两间房屋进深,如今底层平面上已延伸为三间到四间的进深了。纽约城富户人家的住宅,甚至还形成了背靠背的住宅建造形式。当时美国每一座大都市内都有许多贫民窟,设备简陋居住状况恶劣。而大城市的上层阶级对此情况熟视无睹,小城市里住宅的恶劣情况就更无人过问了。许多小城镇内,大量贫困人口居住在狭小、阴暗、潮湿、闭塞的房屋内,原因之一是这些贫民窟房舍多数是自建的,而建造得过快,过于草率。建造过程中,他们几乎来不及考虑卫生要求,因而比起先前居住的租赁房屋并无改进可言。

50

当时,美观被理解为丰富的物质财富,只有使用了大量看得见的装饰材料,才算是美观。建造房屋,若不用上几卡车装修材料,就不能算合格的居住场所。后来,随着富裕阶级赴欧洲旅行热潮兴起,逐渐又兴起一种新习尚,即从欧洲搜集和输入大量古董旧物。建筑界因而马上就出现了镀金时代(Gilded Age)①——也就是美国从 1870 年到 1898 年第一次经济大繁荣,财阀集团开始影响政治的时期——那位最为时髦的建筑师亨特②。这个亨特开始在纽约最豪华的地段五马路上建起法式大型别墅,一些后起之秀的建筑师则为酿酒商建造莱茵城堡式的建筑,或通过各种建筑样式的奇妙组合形成一种折衷主义的建筑风格,并在一项很豪华的项目设计中登峰造极,这个项目试图在一幢建筑里每层采用一种古典风格,形成建筑博物馆。不幸,该项目因故未能予以实施。

包括美国著名诗人沃尔特·惠特曼③(Walt Whitman, 1819—1892),都曾努力探索过如何实现建筑物的诗意表现问题。但在 1861 年内战爆发之前,始终就没有出现过一位合格的建筑师,能够遵照惠特曼倡导的精神继续探索这类建筑设计的重大问题:究竟什么式样的建筑适合工业社会? 对此,人们议论纷纷,莫衷一是。许多人认为,玻璃和钢铁是工业文化的代表性材料,但却无法指望建筑师能在这一伟大试验中担当领军人物,因为他们几乎已经忘却了如何熟练而有把握地在建筑项目中使用砖石材料……

……于是,建筑业自 20 年代起便一路下滑,至 1860 年已经跌至谷底。在工业社会能够为城市和建筑找到新的表现形式之前,"丑陋"一词已成为无可抵挡的城市建筑评语。

三十年以后,局面就发生了变化。因为,此时美国建筑找到了重新振兴发展的新基础。随美国城镇化进程开始加快,纽约、巴尔的摩、波士顿、芝加哥、堪萨斯城等地,兴办

---

① 镀金时代,Gilded Age,美国历史上自 19 世纪 70 年代开始的一段粗鄙实利主义和政治明显腐败的历史时期。这个时期产生了一批作家和思想家,他们的社会批评和政治讽刺作品很有深远影响,其第一个代表人物就是著名作家马克·吐温,镀金时代这个名称就是以他的同名小说命名的。小说以美国首都华盛顿的城市环境和社会环境为主题和内容,讽刺了著名的贪婪工业家和腐败政客。1876 年美国总统海斯的当选颇受争议,这一政治事件也在作家克福劳德的讽刺文学创作《一个美国政治家》中有所反映。——译者注
② 亨特,R. M. Hunt, 1827—1985,美国建筑师,将法国建筑风格引入美国。自 1888 年开始任美国建筑师协会主席。他自身的建筑设计风格属于折衷主义,同时擅长法国文艺复兴时期的装饰建筑风格,庄严的古典风格,以及自己设计的别墅风格。——译者注
③ 沃尔特·惠特曼,Walter Whitman, 1819—1892,美国著名诗人,1819 年 5 月 31 日出生于美国纽约长岛,家境贫寒,只读过五年书,生活经历丰富,酷爱读书,做过印刷排字工人,编过报纸,当过教师,接近和了解底层民众。第一部诗集《草叶集》出版于 1855 年,直至 1868 年名扬海外。他的诗风刚健隽永,号召美国人民心胸开阔,争取政治上的自由解放,成为心身同时发展的新民族。杂文集《民主的远见》中,认为美国最重要的精神成就在于勇敢和顽强,号召抵抗腐朽庸俗,建立健康振作的新文明,被认为是美国民众的精神文化领袖人物之一。——译者注

了许多市政道路和城市公园工程,此类设计施工使得建筑业在市政工程高潮当中重新组合团结起来。到了19世纪的80年代,如果不算曼彻斯特市和新罕布什尔等地的一些工厂的有趣巧合事件,可以说,至此,美国建筑业破天荒第一次将建筑的美观与普通工人住宅建设联系起来考虑了,其实例就是伊利诺伊州的普尔曼小镇(Pullman)。这是著名的列车客车发明者和投资人,G. M. 普尔曼在事业发达之后于芝加哥南部为员工兴建的工人新村。这个小镇的建设规划方案,毫无疑问是出于好意,但方向不正确,这里且不多说。六十年前,纽约的监狱不得不释放一名可怜虫工匠,原因是整个纽约城只有他一个人能掌握切割大理石的技术,能够胜任纽约市政厅工程的石材加工工作。而如今,画家、雕塑家、玻璃工人、钢铁加工工人,各个行业的工匠都成为建筑师的重要附属人员。

不仅仅如此,在1880年至1895年这期间,美国现代建筑的思路明确了:要建造什么? 采用什么方作去建造? 这些问题都明确了。这要归功于几位美国建筑师持续不懈的共同探索,他们的努力让这些领域的第一批革新建筑出现了,而且,至少比欧洲大陆超前了十年。所以,美国的现代建筑就开始于这一时期的这些领域内。当然,至今还没有人花工夫调查过这期间所完成的类似建筑的总量,但你只消到波士顿的中央商业区去走一走看一看,或者在几年前去芝加哥城的外环地区观览一下,或者,随便到哪座城市的中心区看看,透过多年积累的污垢,你会发现的确发生了许多重要改变。许多不可一世的大型广告牌被摘除了,第一批先驱人物花大力气进行各种建筑试验项目,力图建造出像样的大型办公楼、像样的城市工厂、酒店、旅馆,而同时努力保留并实现这些机构沿用已久的职能和形态要求,还为它们提供了新的发展前景和途径。

那么,这一切变化又是如何实现的呢? 这一切的后面,耸立着一位高大的人物:亨利·霍布森·理查德森(Henry Hobson Richardson)。作为一位建筑师,他单枪匹马从一种比空无一物更可怕的困惑茫然当中,开创了一条新的建筑学道路。恐怕自从雷恩(Wren)①之后,还没有一个建筑师能够像他那样深入人心,不只是以其人品和作品,更以其众多的追随者和继承人,让人们看到了又一个重要建筑师。任何成功的建筑作品,都要求各种良好个性和力量的完美结合;可以这样说,这一要求,理查德森比前人和同

① 雷恩,Sir Christopher Wren, 1632—1723,英国天文学家,几何学家,物理学家,建筑学家,杰出建筑师。英国皇家学会章程序言的起草人,走向现代文明的先驱人物之一,现代建筑学的奠基人无一之一。制作了模仿肌肉运动原理的纸质模型,协助化学家波意耳完成过最早的动物麻醉试验,其设计的悬锤实验验证了牛顿惯性定律。科学与艺术的结合能力,古典形式与新观念的融合,是他突出的特色……主要成就在建筑方面,优秀作品极多,代表作品是圣保罗大教堂,等等。——译者注

时代的任何人都要完成得更好一些。他的一生值得我们简略回顾一下：

理查德森 1838 年出生于路易斯安娜州，母亲是 18 世纪著名激进主义者，约瑟夫·普里斯特利（Joseph Priestley, 1733—1804，英国神甫和家学者，氧气的发现者之一。——译者注）的女儿。而且，理查德森若不是因为患有与外祖父相同的口吃毛病，本来是可以进入西点军校的。1858 年哈佛大学毕业之后，下一年赴法国，准备报考国立美术学院（Ecole des Beaux-Arts），1860 年被该院录取。后来普法战争爆发，由于资金短缺，从未能离开巴黎。但他有幸跟随建筑师亨利·拉布鲁斯特①担任助手，边学习边工作。这样，当理查德森于 1865 年返回美国的时候，就完全不像 R. M. 亨特那样，只给美国带回大量法国特色。他从拉布鲁斯特那里学到的是精密的分析方法和缜密紧张的工作素养和能力。

理查德森骨子里就是个建筑师的材料，他踏实肯干，乐于同伙伴愉快合作。所到之处都会留下他的参与和明显贡献。无论在身材、才干、创意或者思维习惯，他都十分接近威廉·莫里斯②：他有同样壮硕的身躯，硕大的头颅，以及一样膨松的大胡须。这身材会令你想起公牛的体魄和攻击力。他的志趣积极向上，健康昂扬，就像他常常操作的那些巨大石材一样坚挺不屈。他热爱美食，爱喝香槟，喜欢穿黄色背心，以及他孜孜不倦的旺盛精力，这些，都成为那个黑褐色年代常听说的时髦特征和口头禅。然而，他与莫里斯不同。理查德森从不写作，他对于建筑的设想，从来都淋漓尽致地表现在作品本身，尤其贯串在创作活动的过程之中。虽然理查德森具备了建筑师的各种潜质，他要学习的东西依然很多。在担任助手实习的前十年中，他体验了维多利亚时代常有的哥特式建筑风格的设计建造。逐渐地经过独自摸索，他又回到了法国南方特有的石材建筑的罗曼式风格的建筑形式（romanesque）。波士顿的三一教堂（Trinity Church in Boston），就是他 1880 年最显著最重要的设计建造成就，尽管那个时期他还没有完成其准备阶段。

理查德森超脱出他那个时代里占支配地位的设计风格局限，这些风格被后来的批评家尖刻地称为所谓维多利亚式的多愁善感式（Victorian Cathartic），病快快的安妮王后式（Queen Anne Style），还有的被称为僵直症患者式（cataleptic style）。总之，这些风

① 亨利·拉布鲁斯特，Henri Labrouste, 1801—1875，最早采用铁架结构的法国建筑师。其在巴黎设计的两座图书馆是其成名作。另一处热内服图书馆，外形铁构架处理精细，至今令人称奇。——译者注
② 威廉·莫里斯，William Morris, 1834—1896，英国诗人，美术设计家，手工艺工匠，社会主义先驱。1887 年与萧伯纳一起参加了声援工人阶级的流血星期日游行。主要成就是一系列优秀诗歌与教堂和公共建筑的美术设计，被公认为 19 世纪伟人之一。——译者注

格完全压抑了生命的活力特征,被后世讽刺为体弱多病的时代。不过,理查德森还是要探索自己的现代表现方式,同时通过自己的努力,着力在表现罗马式建筑厚重特征的同时避免走入另一极端陷入不适当的"浮肿病"(epithet dropsical)。因此,他的建筑设计的最突出特点,就是那一层层厚重、粗糙石材的大胆使用。而且,这些石材还常呈现鲜明的对比色彩;比如建筑物门廊通道上部的半圆拱顶,高楼建筑的顶端使用浪漫色彩的穹窿……毫无疑问,在一生中的多半时间里他都是个纯粹的浪漫主义建筑师,总是要努力通过传统手段,创造出一种崭新的建造效果,去同其他时代和其他文化的杰作一比高下。他孜孜以求要展现一种沧桑感,一种凝重的古韵,一种历久不衰的深沉的宗教力量。

这个时期的理查德森还是没有摸索到正道。假如他在 1880 年以前死去,可能他会被归类到一系列的名流当中,这些人包括英国建筑师、作家、理论家普金(Pugin,1812—1852)、斯哥特(Sir George Gilbert Scott,英国维多利亚鼎盛时期哥特复兴式建筑最成功的建筑师之一,代表作有伦敦艾伯特纪念馆等。——译者注)、法国建筑师和理论家杜克(Viollet-le — Duc,1814—1879)、科伊普家族(Cuypers,18 至 19 世纪荷兰的一个美术家族,产生过许多著名画家。——译者注)等等这类人当中,去与他们为伍。这些著名人物敬重完美的建筑,崇拜中世纪早期的建筑风格。而且,这些人希图创新的同时,还主张建筑物要保留中古时代的和谐风格,要讲求比例。总而言之,理查德森将是一个诚实、有尊严,但却完全墨守陈规、循规蹈矩的建筑师,并且成为后来一大批折衷主义建筑家们的开山鼻祖。这些折衷主义的建筑师们,东挪西借,鸡零狗碎地从前人遗留的杂物袋里拣拾起别人的半成品和零星体验,掩饰自己的无能,因为他们没有能力透彻理解真正的审美问题,更没有能力彻底解决它。即使那样,理查德森对后世的影响仍然值得尊敬,比如他设计的奥尔巴尼大教堂(Albany Cathedral)不仅精致美观,还令人称奇地比柏林同类建筑威廉皇帝纪念教堂(Kaiser Wilhelm Gedachtniskirche)超前了许多。但是毕竟,这些仍然不能算作真正的发展创新。

理查德森没有停止,他坚持不懈地探索,不仅探索建筑领域,更着重全面领悟现代生活的真正特点和要求。对于后人来说,他的潜能比他的成就更为重要,因而即使他1886 年去世之后,他的事业也并未中断,而仍在发展。

理查德森是美国第一位杰出的建筑师,他有能力应对现代社会生活的全面问题。1881 年,当他开始设计波士顿到奥尔巴尼铁路沿线的各个火车站时候,他已经预感到一种新的建筑概念即将诞生,因为,看看他当时的处境就会了解,那时候在自然环境当中找不到任何参照物能够提示或启发他如何设计一座郊区火车站。类似那样的建筑设计模式,即使最模糊的概念,当时也找不到。因而在设计这样的建筑物时,他就只好自己面对工程的一切要素,理清思路逐一解决。否则就要陷入自相矛盾的境遇。

建筑界为了逃避这种难题,当时有一种变通办法,也就是俗称为"维多利亚式妥协"的内容之一:就是把哥特式建筑概念和实践仅仅限定在教堂、学校的狭小范围内,并且在公共建筑物设计中采用古典主义或者文艺复兴特色主题的手法。如果遇到工厂、办公楼、火车站这类建筑项目,就将其转包给那些不追求审美效果的工程师或承包商。理查德森拒绝了这种妥协的变通办法,通过一系列项目的设计实践,他感到,回避火车站这类建筑设计项目非但没有道理,而且将丧失一个伟大的开端。本来这些新建筑项目可以创造一个属于自己的新时代,而且像历史上许多很有价值的伟大试验的实例一样,是完全可以通过应对现实社会的各种需求不断发展壮大的。

理查德森设计了许多公共图书馆,上述这个信念,在他设计这些图书馆的内部装饰的时刻,已经开始形成了。到了他设计火车站的时候,这一信念更趋成熟,这充分体现在他设计方案中的人文关怀:火车站内那些有棚盖的月台,那些日光充足的候车室……同样,为这一宗旨,1880年他返回头来重新设计建造出小型纯朴简易的木屋式火车站。从效果看,这种车站采集了北方自然环境中的丰富色彩,各种红色,各种绿色,以及各种褐色,非常丰富。在理查德森的头脑中,家庭的日常起居,经济活动,工业,文化,劳动,都共处于同一平台上。这些角色之间的关系,是相互碰撞,相互影响的;而正是从这样的碰撞当中,才不仅诞生出生活的实用目的,也生产出生活的浪漫色彩。

有人批评理查德森的建筑设计追求纯粹浪漫主义,这种评语,即使是针对他的早期作品和一些较柔弱的设计作品而言,也是不正确的。这些评语从其后期作品的角度对比而言说出此话。原因是这些评论家本人往往比建筑师理查德森更要浪漫,都是些十足的浪漫主义者。他们受一些知名的故事或纯典故与象征主义风潮的影响,没有看到理查德森设计方案后来发生的演变。比如,他为突出功能效果而对于建筑物各个部件的大胆处置方法,特别是对于窗户的各种极其独到的处理手法。在改变窗户配置和作用的创新方案上,理查德森可能比任何建筑师都更有贡献。他不再像文艺复兴时期那样,把窗户仅仅看作建筑物自身一种容受功能装置的附属部件,而是将其看作建筑内装饰体系中一个不可缺少的组成部分。窗户的位置,尺寸大小,都依据内装饰要求,一一分别适当处置,而不是仅仅服从外立面上配置的尺寸要求。比如说,芝加哥城的葛利斯纳大厦(Glessner House),就恰好位于一个直角街口,理查德森为这栋楼房设计立面的时候,窗户的尺度设计到最小限度,目的就是为了防尘和隔绝噪声。他还设计过许多图书馆,设计方案当中很注意让书库保持适度采光效果,空间配置利用,虚实适当。这种事实求是的态度,这种忠实于项目基本内容要求的精神,甚至同样体现在他注重外观设计的罗马式建筑风格的时期。他为哈佛大学设计了奥斯汀礼堂(Austin Hall),他通过窗户配列的理论和实践,为功能主义建筑确立了技术标准。针对一些客户的询问,他解答说,"当我接受委托准备设计一幢建筑物,这时候我要首先充分征询业主的意见,然后,我就要完全依赖自己的判断来处理问题了。当然,我不能保证我的成品完全符合业主的审美要求和口味偏好,也不保证作品一定会符合某人或某个学派的标准。但是我担保,我会小心翼翼地观察和考虑这个建设项目本身。因而,我推荐的方案,必定符合我所理解的这项目主旨的要求。"如今再阅读这些话,我们不就能很好地理解他的本意了吗?

若对理查德森的品格做一个归纳和概述,你会发现,他具备一位伟大建筑师应有的全部品格,这简直是独一无二的。在美国以往的建筑领域内,找不出这样一位全才。他的这许多品质,包括敏锐而强烈的色彩感,这一特点大约让他在石材使用当中过度地偏爱对比色;紧接着的一个特色,而且至今仍然独占鳌头,就是他特有的场地感觉(sense of place),为此他本人曾经说,"建筑物若脱离了具体的形状和色彩,那就无法评论了;而且,还要加上它自身的光线效果,明暗对比,以及它所处的地点环境特征。"强烈的地点感觉让他与众不同,大量设计师的作品,若在图板上看,都十分美观,而建成之后则未必。他这一特点甚至还发展到辅助艺术领域,去鉴别和欣赏优秀作品。这样,他就能有品位地去鉴赏和采用同时代的优秀艺术家的最佳成就,包括了圣高登斯(Saint Gaudens)、拉法格(La Farge)、亨特(W. M. Hunt),等等。不仅如此,理查德森还与客户合作得很和谐,包括市政官员、建筑商人、工业家。这样,他就逐渐积累起自己难能可贵的资源库,正像艺术家们要逐步积累自己的赞助商一样重要而又不容易。所以,如果你想了解建筑师理查德森此中成功的奥秘,而得到的答案就是他喜爱美食美酒,你大约不大会满意如此简单的答案,虽然你会同意这些爱好有助于找到灵感。当然,主要原因还在于,理查德森对于他身处的社会和时代,具有一种真正的直觉的了解。作家查尔斯·莫尔先生(Charles Moore)为理查德森的学生,查尔斯·麦金(Charles McKim)写了一部传记,其中很奇怪地说道,理查德森的风格大约很不适合美国社会情况。这就让人不禁要问,所谓适合的标准是些什么? 各种现代职能么? 理查德森都已具备啊! 经得住时间检验? 他的作品的生命力,超过了他学生的作品。能够担当后世建筑艺术作品的基础? 这正是理查德森最不愿意让我们忽略的事实。理查德森并没有完全拜倒在现实条件面前,他并不把自己当作市场牟利手段中的一名工匠,建造一些可出租的空间来牟取暴利,同时他也不把当时社会出现的新需求都看作可鄙视的东西……职业发展的新趋向正朝着有利于理查德森的方向发展,因为他给建筑业提出的种种创新,最终都给建筑业自身带来利益,而并非只是外国的旧货色,也并非只是陈腐空洞的建筑形式,不是仅仅着重于外部华美,而且还着眼于建筑物本身固有的使命,还着眼于建筑同社会的各种关联。

理查德森去世的时候,刚好是欧美整个建筑业正经历着由石材建筑形式向钢铁框架结构的转变时期。可以说,他离去得太早,太突然,甚至连这个过渡时期的第一阶段都还来不及参与完成,更说不上把他那雄健有力的设计风格和丰富想象应用到这个时期的作品当中。但是几乎不必怀疑,他完全能够比他的后继者更完美更果敢地实现这一过渡,因为你看,这个人曾经勇敢地接受了前无古人的火车站设计工作,他的绘图铅笔曾经给制冰工厂以及形形色色的工业设施绘制过草图,他曾经不拒绝为河流的轮渡设计内装饰方案,他还在著名的马歇尔·费尔德大楼的设计中大胆地取消了檐板装置以及一些附属装饰,以突出建筑设计的整体效果。所以根本不必怀疑,假如他活着,他在建筑学从一种制度过渡到另一种制度的转变时期,会比他的后继者担当更出色的角色。因为,从石材建筑向钢铁玻璃建筑发展转变的过程毕竟要跨越一道巨大的鸿沟,其差别之巨大遥远,不亚于生物界中甲壳类动物向脊椎动物的缓慢进化过程。

但是很不幸,理查德森的同时代人却大多坐失良机无所作为。他们的作品甚至没有赶上理查德森生前的最后作品。及至他们看到理查德森为他们解决了石材建筑的表现难题时,他们仍然错误地认为,钢铁结构建筑削弱了他的成就。于是乎,他们过早地摈弃了他们已经去世的导师,殊不知这恰恰是他们在前进方向上最需要导师的时刻。如今我们已经可以更清楚地看出,当时情况刚好与这些建筑师所料想的相反:理查德森在其晚年作品中已经开始对石材品质进行更深入的探索,试图摸索到只有经过钢铁的合作才能成功实现的表现力。

理查德森看到了大有希望的未来,而且,作为那个时代最有影响的建筑师,他品尝到了成功的甜美滋味,但却未能进入成功领地。这一任务留给了后人,芝加哥学派的一些建筑师,他们当中的三个人,把理查德森奠定了基础的这一传统发扬光大,日臻完美,直至让它发展为如今风靡全球的现代建筑。

理查德森对于芝加哥城市的影响,留下许多值得回味的东西。其中尤其有两位建筑师特别能理解他的影响,尤当他们很有可能转向浪漫主义的表现风格时,他们终于在19世纪80年代,于理查德森主张成熟阶段,接受了他的思想影响,并从此终生受益匪浅。

55

这两位建筑师,一位是约翰·韦尔伯恩·鲁特(John Wellborn Root)。鲁特像理查德森一样,也是美国南部人。他父亲是美国东北部沿海地区新英格兰人,原本想学习建筑,但后来只在佐治亚州的琅普金(Lumpkin)开了一家绸布庄,经营布匹和毛织品。鲁特出生于1850年,很早就在一家当时很领先的哥特式建筑营造商那里接受培训,该营造商就是伦威克(Renwick),曾经担任纽约城圣帕特里克大教堂的设计师。鲁特和丹尼尔·博汉姆(Daniel Burnham)一样,都受芝加哥城发生大火的影响,相信那里有好机会,都奔向芝加哥城一试身手。1873年,鲁特和博汉姆两人都在同一家公司上班,由于看到芝加哥城郊未来的巨大发展前景,他们合伙建立了一家新的房地产公司:博汉姆和鲁特公司(Firm of Burnham and Root)。这两个人,一个长于精打细算经营管理、拓展想象力和脚踏实地的奋斗热情,另一个则长于按照审美情趣完成良好的设计方案,他们的公司就能将两人特长熔于一炉。于是,他们的建筑营造事业飞快腾达起来。

约翰·鲁特作为独立建筑师的一生,甚至比理查德森还要短促。他的教育背景和专业功底都不十分宽广厚实,曾经在纽约大学读书,并且深爱音乐。从他所设计的许多都市豪宅和办公楼建筑中,看不出哪种理查德森式的渐进发展,想象力逐步放大的逻辑演变过程。但是,鲁特在睿智表现上,要比理查德森更加清晰明确,他在芝加哥城发展建设的关键时期,参与了各种思想交融聚汇这一重要形成和成熟的过程,这一过程让一些优秀的建筑师逐步认识了自己在城市文明建设中的使命,并且愿意接受必要的约束以便完成这一历史任务。在这种觉悟的背景上,芝加哥城市永远地脱离了僵死、呆板、昏昧的建造风格。如今看,假如说这座城市还些许散发出一种原始的狂放气息的话,那么,它毕竟是充满生机活力的。

鲁特曾经在一篇演讲当中说,"在美国,我们可以不遵守任何艺术传统。美国崇奉的自由精神就自然赋予我们这一权利;这是无可争议的。我们设计出一些令人震撼的建筑,我们建造出的一些工程项目甚至可以无可疗救地败坏,我们尝试一些生硬粗鲁的实验,即使这些实验会带来灾难。然而,正是在这杂乱无章的巨大能量当中,存在着社会生活的真正定律。审美需要一种新精神,这种精神正在开拓出来,逐步完善起来。即使现在,我们也可以看出,这种精神的第一批成就已经开始让我们获得了极大的快乐。而且,它不是旧事物的翻新,而是真正崭新的创造,是从历史旧迹当中迸发出来的,而又不拘泥于旧的历史形式。它研究传统,尊重传统,而不为传统所奴役。如果将我们新近完成的建筑项目,包括理查德森完成的一些项目,与欧洲新近竣工的那些自命不凡而虚伪矫饰的建筑作个对比,你就会发现,在美国建筑作品中你能感觉到力量、健康,感到一种昂扬向上的精神,一种清新,犹如华美的乐章,又类似绿树林当中的一曲牧歌。"

鲁特这一评论并不牵强附会,也不言过其实。相反,还有位著名建筑评论家附和他的论点,这个人就是当时美国社会诞生出的真正建筑评论家,蒙哥马利·舒勒(Montgomery Schuyler)。舒勒所著之《美国建筑》(American Architecture)一书是建筑评论领域内一部不可不读的重要著作,但却被人忽略了。鲁特设计的莫纳诺克大厦(Monadnock Building)仍然依照石材建筑的传统建造的。但在这幢建筑中,鲁特将理查德森的做法更推进一步,把这幢高楼的建造高度达到了当时的极致——该建筑高达十五层——而且全部项目构思无须重构。该建筑物的实际设计经过表明,要建成一座完好的建筑物,业主角色发挥着至关重要的作用。在这幢建筑中,正是业主坚持建筑物的实际需要并纠正了建筑师的荒诞古怪、异想天开的设计方案。对此,哈丽雅特·门罗女士(Miss Harriet Monroe)撰写的鲁特传记当中对这一经过有生动记述。让我照录如下:

> "……当时莫纳诺克大厦这一建筑项目的投资由奥尔迪斯先生(Mr. Aldis)掌控。为了节省开支,奥尔迪斯不断敦促建筑师在设计风格上力求简朴,并且一连拒绝了鲁特的两个设计草图,原因都是太奢华。施工期间,鲁特有两周时间不在现场,伯纳姆先生乘机指示一位绘图员设计了一个直上直下的,毫无照应也毫无装饰的建筑立面。鲁特回来发现此事,起初十分恼怒,斥骂这样的建筑是个砖砌的大盒子。但是逐渐地,他完全接受了这一设计理念,终于有一天告诉奥尔迪斯先生说,他想采用古埃及建筑塔门中常常采用的那种粗大斜线作为该项目的设计基础。而且,他说,他在这个建筑物当中将会完全不采用装饰手法……"

后来证明,这是一个聪明的决定。包括原先构想打算采用的在建筑物砖块中的浓淡过渡的处理办法,也就是在靠近基础的部分使用深褐色砖块,而接近顶端时则采用谈黄色砖块等设想,后来都因为时间所限鲁特来不及亲自完成,幸而未予实施。若不然,一定会冲淡了该建筑物刚健隽永的效果。这幢建筑设计的整体格调,除了其雄健有力的侧影轮廓,还得益于窗户突出的外框设计,这一设计增强了房间的采光效果,否则底层房间里会因 15 英尺的巨大方型支柱的遮挡而长年隐没在黑暗中。这幢莫纳诺克大厦完工之时,蒙哥马利·舒勒称之为美国最优秀的高层办公楼建筑。这一评价很中肯,当时的石材建筑当中确无一幢能出其右者。即使是与后来接踵而至的听众大厦(Auditorium Building)相比较,莫纳诺克大厦的窗户设计也仍然很创新,很超前。

最后,鲁特的设计完全剥掉办公楼的外衣,让这幢建筑素面朝天,宛如一艘轮船的外壳,而在功能上却完美地切合了该建筑物的根本目的。这一过程很像当时 19 世纪晚期刚刚问世的电梯那样,在经过 70 年代的数次挫折试验改进变换,进入 80 年代之后终于可以直上直下输送乘客了。与此同时,建筑学一种很清晰的结构也逐步明朗化。十五层高的石材建筑物必须有坚实厚重的墙壁,而这样的墙壁的缺点是妨碍采光,还占用了宝贵空间。不仅如此,铸铁以及不久后便问世的轧制钢材,价格都很低廉,恰可制成钢梁用作地面板材,还能用钢材制成支柱,替代厚重的石材支撑。这时候,芝加哥有两位建筑师,德雷克先生和崴特先生(Messrs. Drake and Wight)发明了钢材支柱结构,即用钢材制成空心支柱,外面包砌耐火粘土砖块。就这样一点点地,最后威廉·詹尼(William Le Baron Jenney) 1885 年设计出了家庭保险公司大厦(Home Insurance Building)。该建筑物的外墙已不再充当支撑结构的主成部分,而成为一面防火屏蔽墙幕;每层一块,都由每层的地面支撑。

　　那么,建筑物的这钢结构框架,又是由谁首先发明的呢? 这个问题又争议了好久。许多人声称自己享有发明权,其中首推明尼苏达的一位建筑师 L. H. 巴芬顿(L. H. Buffington)。他首先提出了专利申请。但随即不久有人提出,美国传统上的框架式住宅建筑,都基于一种完全可以类比的结构模式。因而申请将其列为专利,这就使得整个问题变得荒诞可笑了。因为,新形式中真正新的东西,只有防火材料,以及由于采用钢铁材料才有可能实现的精准计算;此外,由于正好遇上机会有可能增加建筑物结构的高度,而此高度取决于地基强度和纵向运输的成本。而从社会层面来看,高耸的摩天楼却大大鼓励了我们美国文化特有的缺憾和弱点:我们喜欢追求一些抽象而庞大的东西,喜欢城市土地利用中的投机赌博,喜欢把百无一用的东西搞得耸人听闻……当时这一趋势如此盛行,以至于若是有人提醒注意高层建筑物的缺点错误,简直会被斥骂为异教徒! 但是,高层建筑的这些缺憾和错误难道不是明摆着的吗:直上直下的运输速度充其量也就是每小时 9 英里,加上电梯升降井所占用的大量无法利用的空间所造成的浪费,且还不说建筑物内部空间的密闭遮光,幽暗和封闭气闷环境,也且不说它让街道和地下铁路中的拥挤日趋恶化。

　　但是,摩天大楼是一码事,而钢铁结构框架则完全是另一码事;虽然它是为建造摩天楼的需要应运而生的。实际上,这个时代产生了一系列的丰功伟绩:我们发明了带有粮食升降机器的大型谷仓,建成了跨新大陆的铁路系统,许多大桥、许多钢铁工程都建成了,摩天大楼同样是这种丰功伟绩之一,是用同样勇敢的精神建成的同样伟大作品。如今,我们有了先进的信用制度,有了都市房地产的增值和交易,更有了都市地区无法节制的飞速拓展。在这种新情况下来检讨摩天大楼的诸多弊端,并不是要贬低当年成就这一伟业的芝加哥建筑师们和钢铁技师们和工程师们的勇敢精神和发明创造。相反，鲁特只是为这种新的建筑结构制定了新的美学观念和标准。他说，"从这些建筑物当中应当展现出一种新的、当代实业的目标和精神：这就是简洁、稳固、浩阔和尊严。因此，若在这些建筑物上大量滥用装饰物、添加一些华而不实的矫饰，那就比百无一用还要糟糕。因为这些华而不实的装饰物，应该保留起来用在人们修行参悟的地方，用在永远安息的地方。所以，我们更应该追求的目标，是以这些建筑物巨大的体量和比例尺度形象，以他们自身的特殊原材料的基本特质，传达出一种新精神、新信息：这就新的现代文明自身伟大的、坚固的包容力和持续力。"

鲁特为高层建筑的设计制定了清晰目标，此后他和理查德森，以及维尔斯（Wells）等人，则反复予以清晰表述。从此之后，有关建筑的评论就几乎还没有新的、真正的进展了。后来不断有人尝试过各种办法，试图摆脱现代文明这一基本原理。他们或是以假惺惺的举动，以尊重历史上各时期文化、情感或装饰系统为借口，或利用现代装饰材料仿造一种所谓历史感，而这些尝试都徒劳无益，无非都只减损了这些老建筑物曾经创造的尊严、辉煌和真诚。比如，一些做法企图把商业大楼建造成大教堂形式，或寺院形式，这些做法当然都违背了功能与形式互相统一的基本原理。因此对比来看，芝加哥论坛报大厦（Chicago Tribune Tower），与19世纪80年代完成的一些办公楼相比较，无论在美感或者良好造型方面，相差了何止千里？早期摩天大楼传出的信息是实业精神，而不是虚伪的商业宗教。其精神主旨，一言以蔽之，就是：这些建设者能说到做到。可见，无论对于这些大厦的建筑师或是建筑业主来说，这样的褒奖已是无尚光荣，也都当之无愧！

这三十年中的这些建筑师们，非常快捷地为办公楼找到了适当的解决方案，简直比他们自己料想的还要快捷，这件事是始料不及的。这一解决方案如此完美，以至于让那个时代简直找不出一个能够与之比美的同类事物。不幸的是，事情后来急转直下。他们未能坚持这一正确方向，未能发展它，未能把简洁明朗、直截了当等等优良品格最终发挥到极致。这些新美国的打造者们啊，在非常迅速的征服了空前高度之后，却在此高度之上晕眩了，仅只迷乱了短暂的一瞬便猝然跌落，而且一落千丈，跌入了机械重复的深渊：把建筑原有的各种形式再用机械手段予以复制，1893年的芝加哥世界博览会就是一个明显实例……此间出现的多种设计方案，不就是古罗马寺院、澡堂、佛罗伦萨风格的别墅、法国式宫殿、哥特式教堂，以及大学等等的快速继承吗？且不说那些形形色色的办公楼建筑方案，那只是从崩坍的古代文明废墟当中拣拾来的廉价纪念品，而且显然还不会挑选。

此次芝加哥博览会闭幕之后的二三十年时间里,美国的品位已跌落得如此低下,以至于人们习惯上把这段十分严重的倒退称之为巨大进步。如果理查德森当时还在世,如果再多给鲁特十五年寿命,结局就会大不一样:一个良才可以引导方向;两个良才,见解相同,则可以组成军团;三个志趣相同的人,就能向着目标一往无前,征服前进道路上的任何障碍和惯性力量。无论如何,他们都会决一死战。但是到了1891年,早期的三人组合当中只剩下了一位,他的名字就是路易斯·沙利文。

路易斯·沙利文(Louis Sullivan, 1856—1924,美国建筑师,芝加哥学派代表人物之一,主张建筑的"功能决定其形式",主要作品由芝加哥市的会堂大厦,以及密苏里州圣路易斯市十层的文莱大厦。——译者注),如今这个名字就已经成为一个时代的象征,而且是个很值得玩味的象征。提起这个人,我心中就充满敬意。因为,即使是他的论敌,也不得不钦佩他精神思想中那种凛然无犯的忠诚,以及他个人对于生命和艺术那种热忱洋溢的赞赏和执著追求。他的论敌们也称他为现代摩天大楼的缔造者,并对他的独到的装饰设计表示敬佩,即使是他们并无意模仿它。

讨论沙利文的时候,无论是把他看作建筑师或是平常人,我们都须怀一颗平常心,持有宽容精神,克服敌意与偏颇,方能得出公允评价。这无碍于他成为一个伟人,即使是在完全不偏不倚的评价之后,他也仍然是个极其重要的人物。他对后世的影响,如同理查德森的影响一样经久而广泛。而他的建筑学著作则超过了鲁特的影响。他的《托儿所对话》(Kindergarten Chats)、《一种思想的自传》(Autobiography of an Idea),尽管有许多狂放之处,都会永久见证着他的高尚情操。他这个人很任性,思维活跃,有时候又表现出极端的神秘主义特点。他常常独守在自己的精神探索和幻想活动独特领域之中,直至贫穷和失败迫使他不得不去寻求补偿,才会去救助他人。晚年他居住在芝加哥城一家三级旅馆里,孤独生活更凸显了他的这些弱点,靠着一些不太重要的工作维持生活,这些工作,有时候是靠一些忧心如焚的朋友们提供的。但是,即使如此,佛朗克·劳埃德·莱特(Frank Lloyd Wright)①仍然习惯地称呼他为 der Meister(大师——译者注),而对于这样一个呼号,他毫不逊色。

在美国建筑界,沙利文的思想主张大约是第一个透彻地理解了建筑与其所在的土

① 佛朗克·劳埃德·莱特,Frank Lloyd Wright, 1867—1959,美国著名建筑师,草原式风格建筑的主要代表。主要作品有东京帝国饭店,纽约拉金大厦,古根海姆博物馆,代表作有《消失的城市》,《有机建筑》等等。——译者注

壤环境、时代特征、社会文明的相互关联；同时还能够深刻记取了那个世纪的种种教训。他的特殊地位，让我们完全可以称他为美国建筑界的惠特曼（Whitman，美国文化旗手式领袖人物之一。——译者注）。如果说，他的见解和理想远远超过他的已实现的业绩，那么，他这种见解和理想就浩大得足以超越任何宏大的计划项目。因为他这种见解和理想当中，包孕着巨大的能量和驱动力，这种力量大得足以创造一代崭新的历史文明。

路易斯·沙利文祖上是法国—爱尔兰人，他1856年出生在波士顿。就读于当地英语中学（English High School，这种中学学制长短不一，三年、四年、六年都有，有的还包括大学预科，职业培训等等。——译者注），师从一位严厉的导师，摩西·沃尔森（Moses Woolson）。到了1870年，他参加了麻省理工学院（MIT）的入学考试并达标，进入该校深造。此时，13岁的路易斯已经表现出早慧的特点，居然在未成年之时，就毅然选择了建筑学作为终身事业。麻省理工学院毕业之后，即通过费城的弗内斯和休伊特事务所联系，转向巴黎的叶高尔美术学院（Ecole des Beaux-Arts）继续学习。当时，佛朗克·弗内斯恰好完成了一项建筑设计，构思十分大胆，别开生面的建筑，庞大而丑陋，然而这建筑物于臃肿之中却很像一个健康快乐的孕妇的特色。当时蒙哥马利·舒勒所评价的正是这样一类建筑物。舒勒说，"两项任务，一个是要去驯化狂野的猛兽，另一个是从死尸的枯骨当中创造出灵魂来……当然前一个任务，可行性更高一些。依次观之，美国建筑若是能摆脱经院式教条的束缚，摆脱四平八稳的发展道路，那对美国建筑的最终解放是会更有好处的。因而我们完全可以公开承认，美国建筑当今的许多表现给我们带来的，不是欣喜，而是忧虑。"

1873年的恐慌不仅让沙利文失去了工作，还让他流落到芝加哥城。1874年他渡海来到法国，而且在法国一待就是四年。他是个敏感的青年，因而这四年经历很是让他陶醉。他在后来的自传中着重提到这段生活的一个方面，就是法国的逻辑学和纪律性对于一个过于自信而且好胜心强的美国青年产生了深刻影响。在法国的最初几年，沙利文感觉自己数学知识不足，就想跟一位法国国老师恶补数学。这位老师，也就是克罗普先生（Clopet），看过他实现购买的数学教科书之后说，"你听好：比如说，这里有一道题，包含五种例外或五种特殊情况；这里，这个定理呢，又包含三种特殊情况；下一个呢，又包含九种特殊情况，等等，等等；一序列的例外和特殊情况……我看你还是把这本书扔到字纸篓里去，咱们这里用不着它。因为我们这里展现的演算，范围都十分宽广，都不容许有例外。"

克罗普先生这些话，不管是随便说的还是千叮咛万嘱咐的，总之给年轻的沙利文留下了深刻印象。这是位真正的教师给学生的谆谆教导。通过这些话语，老师克罗普，只用一句话,为学生沙利文奠定了明确的建筑概念:真正意义上的建筑,其目标应该是什么? 建筑学要去追求一种十分广阔的解决方法,这种解决方法不容许任何例外结果。沙利文很快领悟了要点,他说,"假如这种设想在数学里办得到,那么,建筑学为什么就办不到呢? 对此,一个直截了当的回答就是,这个办得到,而且是一定会办得到的!"

路易斯·沙利文回到了芝加哥,当时芝加哥已经是座繁荣城市了。刚刚经历了1871年的全城大火灾,正在复苏建设之中,全城都忙碌而热忱好客。但是由于工业化早期缺乏章法,到处呈现出杂乱无章的感觉:铁路,车站,桥梁,配备谷物升降输送机的大型谷仓、码头、屠宰场、牲畜围栏、储物场、办公楼,一切都杂乱无章,透出野蛮和混乱。但这一切又都如充了电般的富有活力,因而混乱加上活力,就让混乱更加彰显,更难以遏制。金钱利益的压力,让芝加哥的环路地段(Loop)商业中心的地价陡增。结果,摩天大楼便越建造越密集;占地浩大的列车车辆调配场,横陈于大湖区水滨的广大地区,独霸一方,完全不管钢轨和车辆以外的其他需要。这种局面迫使各方面有识之士奋起行动,解决环境混乱丑陋问题。商人行动起来,建筑师也不落其后,他们并肩战斗,相互补充相互支援。在这种氛围之中,几乎想到一个主意,就立即开始行动。

这个时期,沙利文很感兴趣的人,除了唯理论的艺术哲学家和历史学家丹纳(Taine),还有诗人惠特曼。他的这些兴趣也感染了一些重要人物,如约翰·埃德尔曼(John Edelman)等。惠特曼曾经说过:现在没必要空谈,要就事论事,只要原原本本说出事情的来龙去脉,就足够了。惠特曼这样一些见解和情绪,牢固地征服了沙利文。1879年他来到艾德勒(Dankmar Adler)的事务所工作,艾德勒是一位能干的建筑师和卓越的组织家。两年之后,1881年,沙利文成为艾德勒的合作者。无论怎么说,这一高位都来得太快了。须知,沙利文并不像理查德森那样,是久经磨难逐步成熟起来的。因而,他常自鸣得意,常为自己的主张和成就所陶醉,很容易满足——这正是一个娇惯坏了的孩子的心态。他感觉自己已经征服了全世界。于是,30岁那年,他开始干大项目了,这就是芝加哥的会堂大厦(Auditorium Building)和芝加哥歌剧院。这个项目庞大而复杂,用了四年多才完成。这个项目的意义在于,他像莫纳多克大厦一样,伫立理查德森老式石材建筑与轻型建筑的分叉口上,标志着更轻巧、更易于成型的钢铁建筑物,已经呼之欲出了。该建筑是个庞然大物。他跟随着理查德森设计马歇尔·费尔德大厦的先例,这幢大厦的外表面也避免采用任何装饰,而在会堂建筑本身,以及内部其他多处,沙利文都很巧妙地采用了有花哨图案的材料。这幢建筑是沙利文和艾德勒两人合作完成的最杰出作品,它整合得十分完美,但是它却不像沙利文后来的作品,它未能为未来开路。

而从不久召开的世界博览会上所呈现的趋向来看,这些健康的、本地出产的生命体,都被强行裁剪了下来。就像那些瓣茎泽兰、粉缘茎泽兰之类的野草,沼泽地枫树,槐树,统统都被连根拔起,让位给一些柔弱娇嫩的、病态的灌木丛。而殊不知这些植物很难在我们共同的土壤里荣发生长! 这也就不难理解,假若鲁特——如当时大会曾经计划的那样——担任了首席设计师(实际上,鲁特也参与了一些实践,他参与了为一处公园的选址活动,该选址范围包括一些水道,他还打算在自己负责的设计领域里放手使用色彩效果,迄今为止从未有人如此尝试过——因而也就不难理解,假如鲁特在位的话,路易斯·沙利文也就会同鲁特一起很好地掌控了当时的局面。然而当时芝加哥的建筑师们已经被排挤出来了,他们的对手就是伯纳姆带来的那些文艺复兴式的实干家们。沙利文在此次博览会上的唯一获奖作品,就是他设计的交通大厦(Transportation Building),这幢建筑,以其金色门廊和素面朝天的灰泥立面,别开生面,独树一帜。他的设计作品,还由法国政府代表团提名,获得了由中央美术装饰协会颁发的建筑设计金奖。

至此,沙利文和鲁特都进入了他们创作的巅峰时期。一些细小的艺术设计本身,已经很能反映出他们的努力和成就:耶鲁大学和托尼·洛克公司雇用他们设计制作一些简单的装饰物品,制作出来随时出售。而且,直至 1897 年这些物品仍很流行。1891 年鲁特去世。1895 年,沙利文和艾德勒的合作也结束了,两人分道扬镳,各奔前程。后来的发展证明,这次分手是个极大的错误。因为,沙利文不像理查德森那样具备全面素质,若想驾驭建筑艺术,他还欠缺许多素养。他与干练的、讲求实际而又坚忍不拔的艾德勒合作,在他身边从旁协助的时期,恰是他最有成就的时期。他在骄横自大的艺术家和客户之间常常充当着减振器的角色。沙利文设计的建筑物,尽管常常匠心独具,构思独特,却开始不知不觉地产生了裂解效果:它们开始将阳刚之气与阴柔之美截然分开,还割裂和形式与情感之间的固有联系。最终,在他开始衰落的晚年,他过度追求装饰,以至于湮没了他建筑设计中原有的逻辑联系。社会变迁也助长了他的个人缺点,1893 年的恐慌之后,建筑业复苏很慢。90 年代末期沙利文设计了两幢摩天大楼,很受到客户赞许,但最终因为财政困难而不得不放弃。业界萧条和挫折阻扰,虽非所愿,也不得不承受。而尤其难忍受的是,一些关系密切的客户和老朋友,受到一些离奇古怪思潮的蛊惑,开始对他失去信心,要求他按照他们的意图做建筑设计。结果他发现,时代潮流开始排斥健康的设计思想。赶潮流追时尚的风潮,开始压倒真正的设计风格。连建筑营造商也不得不屈从于销售商和财政控制者的各种要求。美国经济学家索尔斯坦·维布伦(Thorstein Veblen)的名著《企业理论》(Theory of Business Enterprise)当中,就详尽讲述了芝加哥城内石材建筑业方面的斗争。这个时期内,建筑和装饰活动,都不再需要创造性思维,而只要求服从低劣的趣味,昂贵的古董,以及各个历史时期遗留下来的杂乱物件……沙利文拒绝与之为伍,拒绝摆弄这些劣质低俗的廉价玩意儿。因而,一些专门挑剔他的人,就骂他是个"昂贵的"建筑师。

如鲁特一样,沙利文也总结出自己的对高层办公楼的建造主张,还先后在一系列的具体的建筑物设计建造实践中分别予以检验,包括 1891 年在密苏里州圣路易斯城建造的文莱特大厦(Wainwright Building in St. Louis),1895 年在纽约州布法罗城建造的普鲁丹舍尔大厦(Prudential Building in Buffalo),在芝加哥城 1892 年建造的席勒大厦(Schiller Building),以及 1895 年也是在芝加哥城建造的盖支大厦(Gage Building)等等。我们来看看他的分析结果:1896 年沙利文在《利平考特杂志》(Lippincott Magazine)上说,"宽泛地说,建筑大楼的一些现实考虑包括如下内容:首先,需要建造地下的一层建筑,其职能包括安置锅炉、各种类型电动机,以及相关附属设施;简单来说就是,这里是动力站、采暖、照明设施的根据地。其次,考虑最贴近地面的这第一层建筑,这里要安置商店、银行,以及其他一些占地面积大,又要求广大空间、充足的照明环境、灵便的通行空间。第三呢,就是第二层的建造,这里要有方便的楼梯上下沟通,空间要求比较开阔而又能分割,有相应的结构性轩敞开阔感,很大的玻璃窗,建筑材块也都要有很大开口。第四,再向上,就是一层叠一层的办公室了,每间办公室形式都相同,就像是蜂窝里的一个个蜂房,也就是一个大空间上的数个小开间,如此而已。第五,也就是最后的,在这许多层办公室之上,要安排一层空间,体现这个构造本身的生命特征和用途。从本质上说,这是为了生理活动安排的,这一层也就是阁楼……最后,或者说项目一开始的时候,就要在靠近底层建筑的位置安置一个总的出口,也就是要为建筑物里每个使用者,每一个财东安排好共同的出入口……可见,高层办公楼的主要特点是什么呢?对这一问题,我们立即就能回答,这就是它必须高超,要高尚,要超群。这种高超还要体现出一种艺术本质,这正是它令人心悸之处,是它高超格调中开阔的管风琴调式……因此,它的每一寸都必须体现出自豪、昂扬;从基底直至顶端,就都须体现一种兴高采烈,从下到上通身不可有丝毫的低沉线条和色彩。这才是我们对于那些苍老的、邪恶的、无比禁锢人类的古老状况所作的最新的、出乎意料的而又言简意赅的回答。"

以上是沙利文从实践中得出的符合实际的准确分析。但是,这些分析与他所要追求的浪漫主义目标之间,存在着巨大冲突;而且,这种冲突明显地留在了他设计的办公楼建筑中。最早强调摩天大楼要使用纵向线条的一批建筑设计师当中,沙利文要算突出的一个。在路易斯城建造文莱特大厦时,为了追求这一特征,他在建筑物的每个开间主要支柱之间都加入扶壁;而实际上,对于建筑物本身的功能来说,采用这样的安排毫无意义。如此突出建筑物外观上的纵向特征,无论从表面看,或是从最终效果来看,都导致一个不幸的结局:我这样说,是充分考虑到了一些评论家的看法,比如克劳德·布拉格登先生(Mr. Claude Bragdon),他就喝彩沙利文是摩天大楼最称职的设计师。其实,反对的理由还有许多。

且看一点:首先,摩天大楼的钢架本身并非单一的纵式结构,而是由许多立方体构成的完整体系。假如经历火灾,砖石结构的墙体仍然能够屹立不倒,尽管横梁已经焚毁;而钢铁墙体若经历火灾,失去横梁支撑,则一定会坍塌。可见,假如一味强调建筑物的纵向结构特色,势必导致大量采用柱间扶壁,窗户要多用直棂竖框,而这些都是石材建筑中的语汇特征;而帮口很浅的幕墙,则体现着建筑的整体。再有,总体上的纵向特色又与最底下两层的大横跨的窗户开口要求互相矛盾。因而,在沙利文摩天大楼的设计中,下面两层的横向要求特点,与上部的纵向特征要求是互相矛盾的。结果,若从文莱特大厦上那些悬挑部分来看,从普鲁丹舍尔大厦顶端上的前突曲线来看,这些结构特征,仍然重复着古典味道的底座、支柱、柱头的基本联结。结果,这一切都呈现出一大堆感觉零乱的线条,在逻辑上与高层建筑很不协调。

一件尤其古怪的事情是,沙利文有关摩天大楼的理念自身包含着一个深刻矛盾:因为,从实际应用层面开看,摩天大楼本不是,或者不应该被理解为某种"豪迈而高耸的东西"。因为,假如那样理解,摩天大楼就肩负了某种精神使命,要去体现某种完全抽象的价值。而实际上,摩天大楼自身空前高度的本意,或者是要去追求实现一种高度集中的管理体制,或者是要增加土地的租金收入,或者是为了广告宣传;或者,索性就是这三者的综合。总之,无论如何,三者当中没有一个是为了体现那种"豪迈而高耸的东西"。实际上,美国摩天大楼建筑发展历程在其最后二十年当中逐渐走向追求雄奇华丽和脱离实际的目标,而沙利文这里所谓的"豪迈而高耸的东西",不过是这一发展历程中的一小插曲罢了。这一时期的摩天大楼诚然都很好地体现了建筑物的纵式结构特征,但无论是从实际应用、经济层面,或是从建筑物的立面图来予以考量,它们都不能与莫纳诺克大厦相比。

64

如同一味强调纵向线条会破坏高层建筑设计上的逻辑联系一样,同样,试图对立面进行装饰也是一种倒退,这还只是从原先莫纳诺克大厦中形成的解决办法来看,且不说对照沙利文自己早先设计的会堂大厦。可是,装饰是沙利文展现个性特征的重要手段,以期与强大的建筑技术手段进行竞争,他代表了延续至当时的建筑传统,认为建筑要靠装饰的象征效果来体现自身个性,而不是靠建筑结构和技术手段来表现自己。而且,沙利文做的建筑装饰设计,还往往试图绕开建筑的形式和材料特征,而随意发挥和武断应用,如使用古希腊科林斯柱式顶端的叶形装饰图案。因而,这其实是一种绘图室内的装饰。这些并非采自参考书或者参考图,因而这些装饰并不是代表着画家、造型师,或者雕塑师的思想,而完全体现了建筑师本人的个性特征。但是,这些装饰给人以不安定和洋洋得意的感觉,缺乏雕塑作品应有的欣赏性。沙利文还在自然界中为他的这些花哨的装饰形式找到了理由:他说,假如人们有理由反对采用这种形式,那完全是因为自然界,直观地来看,以其树林、灌木、花朵,提供的丰富审美享受远远超出了钢铁和砖石。因而,凡是缺乏自然特征的地方,一些印压或者雕刻的图案至少可以聊胜于无。沙利文把装饰看作表现个性的最主要的手段,而且,装饰的重要性超过了建筑的任何其他因素。假如如今这一代人已很难看出他当时这一倾向,那仅仅是因为我们已经看到,19世纪里对于"个性"和"性格"的种种追求,就其割裂建筑整体性的后果来看,已经临近最后阶段。因为,建筑毕竟是社会艺术,其成功或者失败,最终还要靠自身的群集功效。突出"个性"的种种做法,都不可能为群体的胜利奠定基础。当建筑物的群体统治一经确立之后,"个性"、"性格"之类的东西就成为一种残余,因为已经无法继续减少而仍然残留在建筑群落之中。

但是,我们也不能因此把沙利文的建筑作品一概而论,他在创作晚期还有一件值得称道的作品,这就是施莱辛格和梅厄大厦(Schlesinger and Mayer Building),现如今的名称叫做卡尔森、皮利和司各特大厦(Building of Carson, Pirie and Scott)。这原是一幢百货商场大楼,其第一家商户在麦迪森大街开业的时间是在1899年;第二家商户开业在麦迪森大街和州府大街的交汇路口,年代是1903年。在这幢大厦设计方案中,沙利文大胆采用了粗犷的横向序列,充分利用了同一层窗户的横向排列效果;在拐角处则利用一个圆弯玻璃窗的设计,让这一问题找到一个合乎逻辑的解决方案。这一手法,在我看来,无论从任何角度衡量,都比他先前的摩天大楼设计要显得果断而清晰。但是不幸的是,从底下这两层向上,他突然放弃了这一逻辑特征,又开始采用花哨的雪花图案格栅,力图展示自己的特色和个性;结果,把外界观众的注意力从窗户内的展品转移到了窗户外面的图案。尽管有这一缺点,这一作品仍然很富表现力,很值得称道。在欧洲,直至1920年才出现了堪与这一作品比拟的类似建筑。诚然,该建筑物最后部分的建设工作,随着百货公司的易主,从沙利文转手到博汉姆(D. H. Burnham)继续做完,直至成功。作为建筑师的莫纳姆显然看出,这一建筑作品本来出自一位大手笔,因而他的后继工作大多遵从了原作的主要设计思想特征。

这一先例当中的成功经验被忽略了,恰如二十多年前理查德森所创造的先例被后人忽视了一样,这些都表明当时美国建筑界在实践经验中的浅陋和不成熟,这且还不去论说这些建筑物当中所承载和包容的社会生活本身的浅陋。这种状况延续了很长时间而未取得应有收获和教训,原因并不是因为当时缺乏足够深刻的评价和总结。举例来说,著名建筑师和评论家,蒙哥马利·舒勒(Montgomery Schuyler)就是很清醒的一位,他直至1912年仍然保持着鲁特时代就有的警觉——尽管他本人也曾受到无所不在的折衷主义思潮影响,因而对于折衷主义趋向十分明显的1911年开业的乌尔沃斯连锁零售公司大厦(Woolworth Building)的评语过于客气——他那时就说过,"很难相信,我们竟然能发现沙利文和莱特这样的著名设计师居然也会助长了这一趋势。而且,对照当时照抄历史题材和对古典形式炒冷饭的普遍做法,他们所从事的工作和设计项目,其用心是良好的,也是大有希望的。因为,因袭历史陈迹是不会有前途的,也是无法开创未来的。"

大多数评论家,包括一些赞赏者,对于沙利文的建筑设计持苛评态度。我则对他个人的种种缺点较为宽容。不错,沙利文设计的许多建筑作品都有这样的趋向,开始往往定位期望很高,结局却惨淡收场,虎头蛇尾。这些结局都是因为他的上述个人缺点所致;这里我并不想掩盖这一明显事实。但是,个人责任和社会责任两者不是完全割裂的,这就不容许我们让诚实的分析仅仅停留在一个水平上;因此,还必须继续指出,美国工业化最初的年代,所谓这黑褐色的三十年,尽管有种种粗陋与污秽,却仍然创造出了许多有生命力的健康特色,这些东西在随后到来的时代里反倒十分欠缺。因为随后到来的时代,尽管精制细密,内涵却比较贫乏。沙利文作为社会性建筑的评论家,曾经讲过一些很深刻的话,他说,"人与建筑,互为表里。人们内在的精神面貌,往往由建筑物的外观表达出来;反过来说,建筑物作为客观存在,必定成为人们主观世界的最可靠的写照。按照这一信条来看,如今一些愁容满面、荒谬无理、漫不经心、悲观失望、毫不可爱、精神错乱、道德败坏的建筑物的大量出现,并且构成了现今美国不断扩大的建筑群落,这些现象都恰如其分地揭示出现今美国人民内心、精神和灵魂的质量状况,表明他们多是不幸福的、非理性的……"等等,等等。

在《幼儿园谈话》这一著作中,沙利文也发表了他的独到见解,这些见解非常切合我们这里所讨论的时空大跨度的社会变迁态势。至少对于内战之后的五六十年美国的社会发展来说,这些论述真是切中要害。他说:"……我们正处于美国社会生活最富戏剧性的时期,我们正在倒退与进化之间非常均衡地左右摇摆。在这样一个时期,美国建筑业表现出离奇的忠诚,十分准确地反映出社会的这种摇摆的态势。倒退势力在数量上要占统治地位,这是没有疑义的;新型的创造实力能够靠自身的质量挡住倒退势力,并终将战而胜之,目前这还仅仅是一种设想。美国建筑业总体上已经腐烂透顶,这已是不容置疑的事实。而在美国社会生活当中,在我们民族的根本特征和精神传统当中,正酝酿着一个大有希望的胚芽,并且,有相当数量的人能够看出的一点;这一点,同样也是不容置疑的。"

66

我们在沙利文自己的著作当中能看到他描述的这些势力,互相平衡,相互冲撞,相互博斗,有时清晰,有时又混沌。当大家同陷泥淖,当大量略逊一筹的建筑师都沦落到同样的环境当中,谁也无法揪着自己靴子的皮带把自己提起来。即使是最优秀的建筑师,无论他是领先一筹还是同样中途受困,即使他敢于像沙利文那样挺身而出去迎战这些势力,或者,像莱特那样,当一些关键性的重要的城市建筑大项目都不给他做的时候,他敢于转向乡村去设计乡村住宅,即使如此,他们奋争的代价丝毫不低于妥协的代价。原因在于,建筑,作为一种事业,那是彻头彻尾的全社会的艺术。它的一切有趣味答案,它的一切健全解决方案,都只能在回答社会需求的过程之中去逐步形成。所以,无论什么塔楼,建筑师都可以去建造;建筑师唯一不该去建造的,就是象牙之塔。

那么,路易斯·沙利文对美国建筑事业的贡献,到底何在呢?沙利文是第一个用良心思考自己与人类文明的关系的美国建筑师。不错,理查德森和鲁特也都有很好的直觉,而且也都很有建树;而沙利文则懂得自己的使命。更重要的是,他十分清楚他该做什么和不该做什么。他曾经说,"一旦你把握了这样的观察方法,学会了把建筑不仅看作纯粹的艺术,不是单纯用艺术作品的视角来审视建筑的是非成败,而是把建筑看作社会的表现(social manifestation),那样,你的眼光立即就锐利了,你变得目光如炬,一些混沌不清的东西,一些未曾展露的现象,都会在你面前被照亮,一览无余。"沙利文就具有这种能力,他能感知社会当中,工业当中,以及人性当中的各种力量是如何运作的。他"感觉自己正飘移到工程学的视角领域之中,学会了工程师们观察世界的方法,或者说进入了工程师的精神境界。因为,他开始发现,工程师具备极好的素养,是世界上最善于直观地面对问题和把握问题的人。他们观察问题,一目了然,并且能够正确把握它。而建筑师则缺乏这种直觉,缺乏工程师那样的简洁认识方法,缺乏他们那种目的专一性。建筑师缺乏参照系,缺乏考察问题的基本判别标准。"

这样,沙利文就看到,建筑业面临的使命,是要对现代社会中的各种势力进行组织协调,理顺其中的联系,用建筑自身特有的可塑性的、又有实用功能的工程形态,去逐一体现和组织这些势力,使之服务于人类的最终目标。为实现这一目的,建筑师必须放弃那些乏味的、毫无意义的象征主义古旧文化符号;既然建筑师自己已经不再戴假发佩宝剑了,那么为什么现代建筑还要继续穿用古老衣装呢? 沙利文认识到,建筑业的总体问题必须重新思考。而且,要找到这样一个答案,须能从本质上回答各种类型建筑物的问题,包括住宅和工厂,包括办公室和陵墓,也包括人类活动的一切场所;人类活动的全部领域内,没有一个低下得不能让建筑业去涉猎的地方! 正因如此,在沙利文以男子汉的气节勇敢面对高层建筑这一问题的时候,他就能够看出,导致城市拥挤不堪的精神根源,乃是"一种非常深刻的反社会势力……这样的楼房不是建筑,而是无法无天;建造出这样的大楼的作者们,是不折不扣名副其实的罪犯!"所以,尽管沙利文十分敬重他那个时代社会的各种积极取向,包括民主、科学、实业精神,等等;但终究他有自己的取舍标准。因而,当他见到这样的建筑,他拒绝接受。因为,这样的建筑"玩世不恭,蔑视真正的人类所崇奉的价值标准。"

然而在具体贯彻自己这些理念方面,沙利文,相对来看,则比较失败;但这并不减损他这些理念本身的价值。在他的晚年,他一些思想有时候就变得比较模糊不清了。比如,在《一种思想的自传》这本书的个别篇章里,虽也行文通顺,论述流畅,辞藻华美,口若悬河,却掩盖着某种难以名状的空虚,将一些老生常谈,陈词滥调搬出来,大吹大擂;就仿佛铜管乐短促激烈的前奏之后,见到出场的却是个傀儡国王! 但是,沙利文毕竟不是他身处环境的简单产儿。他的教育背景让他从法国思想当中吸收了严谨缜密,他毕竟与历史学家米什莱(Jules Michelet)[①],文化旗手惠特曼,文学评论家、《艺术哲学》作者丹纳,以及进化论创始人达尔文等伟大人物,都曾经朝夕相处共同生活过。沙利文的可贵之处在于,他能够把浪漫主义、科学精神和人类古典主义文化中的激情动力,通通熔为一炉,并以这种特殊伟力去重塑他身处的时代和环境。沙利文突破了理查德森浪漫主义方法的藩篱,开创了一个真正的开端。并在理查德森奠定的坚实基础上,为新的有机方法的现代建筑事业筑起了四方隅石(cornerstones)。这样,沙利文就成为两代重要大师——理查德森和佛朗克·劳埃德·莱特——两人之间的联结纽带。由于莱特对于建筑的继续发展和努力贡献,向现代建筑事业过渡的最后阶段终告完成,现代建筑终于在美国诞生了。从此,建筑业的芝加哥学派就正式汇入世界建筑的总潮流之中。在莱特后来完成的许多建筑作品中,沙利文最优秀的建筑思想得以最好的真实体现;无论其完整性,其说服力量,都远远超过了他自己的建筑作品。

---

① 米什莱,Jules Michelet, 1798—1874,法国重要历史学家,其主要历史观认为:文明历史就是人类反对宿命论,争取自由的斗争过程。重要著作有《法国史》,《法国革命史》,等等。——译者注

若想正确了解工业化初期——这黑褐色的三十年当中(the Brown Decades)——美国建筑事业的巨大成就,我们必须看到事物发展的两条连贯线索。其实,这两条线索就发端于这三十年期间,同时却在我们当代才逐渐变得清晰可见,并获得更确切的定义。其中一条线索是物质含义的,这是指建筑业此时开始采用了各种机械手段,采暖、通风、照明、冷却、沐浴、烹调、通讯等,都采用了新式机械设备;还有,各种新材料和新的施工方法,也接续问世。这些东西投入应用,都极大地改变了建筑业的观念和性质。另一条线索则在精神方面,而且是通过理查德森、沙利文、莱特的建筑作品很好地展现出来的;是他们持续不断的努力,自觉地让整个建筑事业的任务,定位在一种新的表现形式,这种新形式不仅要涵盖机械化时代产生的各种自动化技术设备,尤其重要的,它还要涵盖大地之母本来的角色,要涵盖人类的习俗时尚、生活愿望、社会的组织惯例和制度等等。人的想象力终究受制于社会必然。社会里各种新的必然趋势,会在逐一实现的过程中渐趋明朗,最终形成头脑中的明确概念:这就是建筑学中构成现代建筑精神之对立的两极。

沙利文在完成会堂大厦期间收了个门徒,这是个年轻的绘图员,就是佛朗克·劳埃德·莱特。那时候,莱特刚刚从威斯康辛大学工程学院毕业,来到艾德勒和沙利文的联合建筑营造社工作,而且从 1889 年直至 1895 年连续在此任职。莱特出生于 1868 年,后来这年轻人也像他师父一样,成为美国为数不多的艺术家,面对美国社会出现的新贵们种种恶劣表现,如嫌贫爱富,趣味低俗,坚决抵制了世界博览会之后汹涌的复古主义和折衷主义浪潮,而继续探索有机建筑应该遵循的道路。

19 世纪 90 年代初,美国曾经风行一种住宅形式:屋顶又尖又高,烟囱又细又长,斜坡屋顶上却开出许多直立的窗户,房屋周遭还莫名其妙建造些角楼和塔碉……莱特仔细研究了这一住宅形式,并决心把这荒谬而笨拙,半神话半跛足的,冒充浪漫主义的伪劣品,住宅市场上华而不实的样子货,切切实实加以改造。在其第一幢实验性设计中,他第一步先把窗户大大加宽,让进更多采光;然后仿照理查德森的做法,而且更加大胆,把窗户看作优良设计的有机组成部分,索性去掉了直立的断头台似的直立窗阁,沿着斜坡屋顶顶面设计了宽大的横向窗户……此后二十年里,莱特在橡树公园(Oak Park)和芝加哥城许多属地上设计建造了无数这样的住宅,他把这些住宅称作"草原家居"(Prairie houses):这种住宅,屋顶较低矮,布局随意而自然,举目望去平阔而舒展,是专门为适应自然环境而设计的形式。那时候有位时髦建筑师正叫嚷着要提倡殖民主义建筑风格的陈词滥调,莱特则创造了这种尊重自然风物的模式,解决了当时当地的建筑需求问题。

伫立于坚实大地,又横空出世迎接朝阳,这一直是他设计作品的象征性特色。直至此刻为止,墙体作为建筑物的分隔单元,还从未有人拆掉过;也从来没有人敢于给房间引来如此多的玻璃窗和阳光。莱特设计的立面,不是靠石材墙体上穿洞做窗户,而是众多窗户依靠着水泥、钢材、砖块的支撑,构成建筑立面。这样一种基本原则,他一直坚持应用到布威利的圣马克单元住宅(St. Mark's-in-the-Bouwerie)的设计方案中,并且逐步发展成为一种合乎逻辑的结局:以支撑材料的钢铁作为脊柱,以玻璃幕墙作为建筑物的皮肤,构成崭新的现代建筑。只不过,这一基本原则在他 90 年代的设计作品中仍然很含蓄,而到了设计斯蒂芬斯住宅(Stevens House)和罗伯茨平房(Roberts cottage)等作品时候,这一原则就明显外化了。

莱特的设计作品中融汇了建筑物不可须臾丢失的两个品格:一个是明显的地域感,另一个是丰富的材质感。建筑物的这些固有的可贵品格,以往都因为一味追求明确的建筑形态而被暂时地丧失殆尽。不过我想,这些特色,不管是豪迈公开地还是鬼鬼祟祟地,是一定要回归到建筑物本身来的。而莱特的设计理念则为这些品格的回归开放了道路。尽管赖特在他的设计实践当中也率先采用新式建筑施工方法,也乐于采用机械技术手段,他的建筑设计却不是消极地去适应机械化时代,恰恰相反,他在逐步接近,逐步探索着一种更富生物技术含义的经济模式(biotechnic economy),他要求自己的作品永远植根于现实生活,植根于生命世界的生育、成长和繁衍循环,植根于自然环境之中。而不是去追求那些纸上谈兵的,僵死的价值观念,更不是仅仅去追求机械效率。

最近有位卫生专家曾经批评说,我们大吹大擂的机械时代,又是物理科学知识,又掌握了精密的工程生产过程,而经过了一百年的努力了,居然今天还没搞清楚坐便器的合理高度;以至于搞出的效果,让入厕与遭遇便秘没什么不一样! 同样理由,我们还可以批评机械时代为我们造出的床榻:仿佛制造商不懂得人们的基本需求,造出的床榻很柔软,诚然,让人很容易入睡,但用来做爱却很不合适,因为它反弹力量太小,大大妨碍了性交享受。可见,他们在关注产品物理生产全过程的同时,却忽略了产品还要满足人的整套生物学的环境要求。所以,如果忘却了人的基本特性和需求,任何建筑物也无法满足人类的全面环境要求。而人类的这些基本需要一旦遭到漠视,我们就一定会在意想不到的地方遭到报复。因而佛朗克·劳埃德·莱特强烈的人文观念,以及对人类需求的高度重视,正是机械技术发明的一项必要补充。

莱特对于建筑设计的革新贡献很多,我们该如何总结他这些贡献的功效呢? 可以这样说,他彻底改变了现代建筑的内部节奏:而且,他是对建筑中最为传统的形式成功地实现了变革,同时又保留了它最稳固、最传统的功能需求,这样他就开启了一条道路,让为新思维新方法去解决现代建筑的各种问题。他曾经有机会接触一些设计项目,建造一些学校、办公楼、工厂、会所、宾馆……不过这样的机会很有限;他主要成就和影响,还见于乡村和郊区的住宅建设。因而,对照大量的城市住宅开发过程来看,他这一领域内的贡献似乎很小。甚而可以说,这个领域与美国文明进程几乎还不沾边。是的,有些人正是在这样看待莱特,认为他仅仅设计了乡村别墅。而这些人忘记了,早在1915年他就设计建造了一系列的组装房屋,其装配组件都由工厂预制,他在这方面要早于欧洲以及其他任何地方。他没有成功,是因为他的同胞们无力提交足够的订单。正因如此,我们才特别需要记住他的重要贡献,而不要因他参与的领域和建筑形式而产生歧见。

莱特另一贡献是他始终坚持了做试验的好传统。当他给建筑物采用玻璃窗户引入更多阳光的时候,当他取代密不透光的墙体材料时候,他首先加大了材块的最大幅度;当所有的成功建造商都千方百计要复活手工工艺的时候,或希图靠机械手段的标准化施工方法来获得手工工艺的纹理和质感的时候,莱特大胆地采用了建筑商店里新增添的种种机械化生产的新产品,并于1903年在赫尔大厦发表了支持机械化生产的讲话,那篇讲话热忱支持这一新的生产趋势,并在这篇讲话当中第一次表达了这样的希望,也就是莫里斯所期望的回归中世纪去寻求的效果,也许可以通过相反方向从新的目标中得到!

任何美国建筑师,包括理查德森,对于建筑材料的驾驭能力,都不如莱特。他对于每一种材料,无论钢铁、铜、玻璃制品、水泥、砖瓦、石材、木料等等,都具有很好的理解和感觉,懂得如何派遣它们,使其充分发挥特性和美感。实现一件成功的建筑作品,为它找到一个流畅而清晰的形式,其途径可能是这样的:你得要通过严格筛选建筑材料和施工方法。但是,在你最终确定很狭小的选择范围之前,一定要广泛涉猎全部领域,要探索全部可能的选择方案,从结构、功能、装饰等各方面,都逐一设想到。而这正是莱特的特长,他的这种本事超过了同时代的任何人。

莱特超前于他的时代,因而他孤独,缺少理解和支持。而每栋楼房设计的付诸实施,则不仅仅要他个人费尽心力去说服客户接受他的主张和方法,还需要营造商和制造商同样的大力配合。这些方面如若遭遇抵制,其严重程度丝毫不亚于财东方面对建筑项目缺乏理解和投资勇气。莱特的独特见解和丰富想象力,便成为一种可贵的补偿,大大帮助他克服了遭遇到的阻力。他非常强调自己建筑设计作品中的个性因素和表现习惯,因而当这黑褐色的三十年里特有的那些勃勃生机逐渐消退的时候,莱特就感到自己越来越孤独了。尽管他人追随他,有人模仿他,他的建筑设计作品则永远独树一帜。人们从他提供的种种问题的解决方案中,能学习到一百种重要教训:丰富的大地色彩之美,种种自然形态之美,玻璃制品的多种用途和功效,建筑装饰中采用活植物当作最后元素的重要性,横广方向构图的原理,可学习得真太多了;国外鉴赏家们从莱特的这些探索当中不知汲取了多少宝贵的方法。

　　但是，莱特建筑作品当中有一个致命弱点，这个弱点是当时那个社会的过渡状态所固有的：这样的社会局面，把个过于沉重的任务托付给了建筑师。这种局面中，建筑师不仅必须提出建筑物的设计方案，还要发明施工方法，还要修订已成惯例的工作程序，他还要创造新型家具、地毯、瓷器，等等一切，下从地基台座上至屋顶顶面，一切都必须具有他的个性特征。尽管一个聪慧的天才人物会乐意承担这样的重任，但是，建筑作为社会的艺术，则不能仰赖几个天才人物来完成。进入实施阶段之后，假如工作环境良好，成功完全依靠大家的协同合作，木工、建筑工、工程师、制造商，大家通力合作；这时候建筑师的职责，不是盗用各个部门已经完成的工作效果，而是将其创造性地组织起来，使之形成一种新的有序的组合。在承担这一角色推动建筑事业不断向前的过程中，佛朗克·劳埃德·莱特先生的天才已经发挥得尽善尽美，他的贡献任何其他个人都无可企及。他是美国新兴建筑事业的苗床，这一苗床上的新苗，有些可能生长，有些可能死亡，有些能够荣发，开花结果，还有一些会经历意想不到的突变，生出新物种。但是，无论是生长还是死亡，是稳定下来还是继续改变，是开花还是结籽，无论怎样，再也没有什么人的工作能比莱特更重要，更有价值了………

　　佛朗克·劳埃德·莱特设计建造了大量优秀的单体建筑，从而为建筑事业走向现代打开一条适合的道路。与此同时，和他这一努力相呼应的，是同时代那些工程师们在社区发展建设中所实现的巨大进步，这些进步包括建筑施工过程的标准化，采暖和管道系统的发明与应用，以及往往在不经意间，他们还突然建造完成了技术工程领域内很出色的土木工程构筑物，如在路易斯安娜州的首府巴吞鲁日(Baton Rouge)建造的福特工厂，在纽约城建造的荷兰隧道内完成的通风系统。这些工程师们非常关注工程中的数字关系，而对自己施工过程的人文后果则几乎一无所知，他们对工程美学的追求也很天真幼稚，虽然如此，这些工程师的确做出了真正的重要贡献。正因为有了这些工程师们的发明和努力，建筑才不再是木匠和石匠们独霸的产业了。从这时候开始，一个新的大型军团，包含各行各业和各种技术兵种，开始进入了建筑领域。

　　也是由于工程师的介入，建筑才很快采用了钢铁的骨架结构。由于工程师的参与，建筑才有了开放式墙体。尽管有过理查德森的先例，也有赖特做出的成功作品，一般建筑师仍然极力与工程师作对，极力贬低他们的作用和成就；甚至当建筑师们不得不采用工程师的钢铁和玻璃结构时——比如建造铁路车站，他们也仍然羞答答地把这些东西藏在厚重的石墙后面。所幸，这一时期内除了沙利文和莱特的成功作品外，还有其他一些实例也是可喜的例外：比如，欧内斯特·威尔比(Ernest Wilby)为阿尔伯特·卡恩

(Albert Kahn)所做的某些设计,就充分体现了对于新材料进入建筑业的认可和欢迎态度。但是,的确是直至我们当今①,建筑与工程两者的整合过程才真正全面开始,并且深入到住宅建筑实践里来了。如今许多新的机械技术手段已经是建筑业中不可或缺的要素,但是,由于本来用于建筑本身的力量和资财如今却被转移到机械施工之中,这毕竟要提高现代住宅的成本。这样,现代建筑的关键问题就呈现了如下一些内容:

72 由于单体住宅内部缺少开阔空间、丰富的色彩、阳光,以及各种有趣要素,如何通过良好的设计方案让建筑学能从社区范围内来逐步恢复这些要素?工业化时代以来,有个大问题总是让西方文明躲躲闪闪的,这就是如何妥善安置大群人口的住房问题。首先,我们必须承认,可能采取的措施非常有限。阳光、空气、花园、游戏空间、外观,这些都是现代住宅的必要要求。现在的任务,是要在全社区的规模上来提供这些要素。这样,建筑师就不能再仅仅为一个单体的住宅搞设计了。他现在在设计的单体住宅,必须是一种样板单元,须能成批嵌入一个特定的整体环境,并在其中发挥自身功能。也就是说,这种整合型的现代单体住宅建筑,是不能依靠一个人的力量来完成的。尤其,它的整合内容不仅仅体现在其内部。这就要求制定出更大范围的,切合实际的社区规划,让建筑物朝向能享受良好光照,有公共管理的开放空间和花园绿地,还能隔开不必要的交通和活动;住宅室内惯有的那种空白和简陋(都是俭朴家居所必不可少的),如今则需要引入阳光、活生生的花草、照片、图画;而居住在其中的人,则需经过文明的充分育化。在实现新的建筑学这一道路上,要把工业化早期这三十年内所开创的几条线索加以组合,拧成一股绳,这些线索包括:伊利诺伊州的普尔曼铁路员工村建设中已经包孕的社区规划构想;理查德森、沙利文,尤其莱特,他们建筑设计试验性作品中所努力探索的建筑新形式;将公园、花园、绿地与整个城市予以整合的设想,这些设想后来尤其突出体现在弗理德利克·罗·奥姆斯特德(Frederick Law Omsted)②的园林规划设计的实践中……还有,通过最后那代的管道工和厨房用品制造商的大量努力,把工业的标准化批

---

① 译者按:指作者写成此书的 20 世纪 30 年代。
② 奥姆斯特德,Frederick Law Omsted, 1822. 4. 26—1903. 8. 28; 美国杰出的园林规划建筑师,1842—1847 年在耶鲁大学学习工程和技术科学,1857 年他与沃克斯合作的纽约中央公园设计方案在竞赛中获得一等奖。中央公园建成之后声名鹊起,1864 年至 1890 年担任第一届约塞米蒂委员会主席,负责保护和设计加利福尼亚州的公园绿地,并再次与沃克斯合作完成了尼亚加拉瀑布公园的规划设计方案。同时在 1874 年至 1889 年,负责美国首都华盛顿国会山地区的园林设计和植物配置。1886 年之后负责波士顿和布鲁克林公园和绿地的道路系统和波士顿海湾地区景观改善工作。1889 年完成了北卡罗来纳的规模宏大的比尔迪默私人庄园;1893 年完成了芝加哥博览会的园林设计,会后又把这一地区改造成杰克逊公园。他的园林设计眼光长远,尺度浩大,成就卓著,亲近自然,虽为人工,宛若天成。被后人誉为美国园林景观设计建设科学之父。——译者注

量生产提高到符合美学标准的水平……凡此种种,都是现代建筑学必须具备的。而这些要素当中,没有一项能够单枪匹马来构成一个优秀的新建筑学。但是,一旦这些要素能够联合起来,并在统一指挥下付诸实施,一旦让新的建筑学不再是某些人实现个人爱好和兴趣的手段,而成为为社区共识服务的手段,成为有觉悟的、积极进取公众的手段,这时候,建筑的形式问题也就不再是一种孤立的、个别的案例和现象,而成为人类整个文明的一种符号。这样一场宏大的变化,意味着我们的经济观念和社会观念,都必须来一场真正的革命。而无论是哪一种革命,若不能包含上述这些具体的、综合性变迁内容在其中——当然还不仅仅限于这些内容——那还值得为其效力吗?

73

声讨"现代建筑":与柯布西耶商榷①

　　四分之三个世纪以前,正是现代建筑浪潮汹涌澎湃的时候;当时,由一些工程师,如苏格兰工程师特尔福德(Thomas Telford, 1757—1834,发明了碾压路面,以粗石压碎做底,再以细小石料铺面,经过碾压成为平坦路面。——译者注)、帕克斯顿(Paxton)②、布鲁内尔(Marc Brunel, 1769—1849,法国出生的工程师和发明家,发明了含水地层内掘进作业的掘进施工铠框,还发明了锯木机,制靴机,织袜机,改用机械代替手工制作船舶机械滑轮等,贡献卓著。——译者注)等人的介绍,一些重要的技术资源最终进入到建设工作的其他领域。这也正好是珍妮(Jenney)、沙利文和他们的同行们开发出钢铁骨架结构并终于为摩天大楼找到确定形式的时期;同时也是埃菲尔(Eiffel)③在巴黎建造了铁塔,弗瑞斯尼(Freyssinet)④建造起机械大厦(Hall of Machines)的时期。同样,这也就

---

① 芒福德的这一节论著,以同样标题首次发表于 1962 年 4 月号的《Architectural Record》。——译者注
② 帕克斯顿,Sir Joseph Paxton, 1801—1865,英国园艺师,温室设计建造者,1851 年伦敦大博览会"水晶宫"的设计者。原系德文郡公爵的园艺工人,后来成为公爵的朋友、家务总管和顾问。1840 年用铁和玻璃为公爵建造了著名的温室,1850 年又为公爵心爱的珍奇王莲修造了莲房,紧接着在此基础上为伦敦大博览会建造了展览厅,采用铸铁预制构件做骨架,以玻璃覆盖,尽管总覆盖面积比罗马圣彼得大教堂还大四倍,但工期只用了六个月。这一划时代的建筑吹响了 19 世纪建筑技术的革命号角。——译者注
③ 亚历山大·古斯塔夫·埃菲尔,Alexandre Gustave Eiffel, 1832—1923,法国土木工程师,因建造了巴黎埃菲尔铁塔(1887—1889)而出名。专门研究金属桥梁建筑,也是最早使用气压沉箱造桥的工程师之一。——译者注
④ 弗瑞斯尼,Eugene Freyssinet, 1879—1962,也译福雷西内,法国土木工程师,研制成功预应力混凝土,做法是将钢丝在张力条件下置入混凝土,而且应用于桥梁工程。1905 年就建造出跨度长达 91 米的横跨,但是这种技术长期不为人们接受,直至 1933 年才得以普遍应用。——译者注

是理查德森对于传统的石材木料结构的家居建筑设计进行革新的时期,是一种新精神得到发扬,并到处扩张的时期。这时候,英国出现了阿什比(Ashbee)[1]、沃依齐(Voysey)[2]、帕克(Parker)等人设计了新型住宅,而远在大洋彼岸的加利福尼亚,在19、20世纪之交,梅贝克(Maybeck)[3]的事业也正式开始了。

可是,这一浪潮在第一次世界大战之前的十年内却逐渐失去势头,而且原因至今谁也没弄清楚。当时开始倒退,回到假的复古主义,追求肤浅的传统形式,至少在建筑物的装饰性表面是这样做的,或许一些纯粹功利主义的应用领域是少数例外。出现了这样的景象:摩天大楼顶尖上耸立着哥特式小尖塔,与另一些顶端仁立希腊爱神神庙的同类物互相媲美。中央车站的华丽候车大厅——如今隐没在一派喧闹的广告牌之中——当初因模仿文艺复兴的立面而丢尽脸面。到了20世纪20年代,当现代建筑终于又重新开始的时候,它不得不为1890年似乎已经获胜的战争重新作战。

经过以往这三十年(指20世纪的30年代至60年代。——译者按),现代建筑已经席卷全世界。现代建筑运动已经战胜了自己的传统敌手,而且,这一胜利如此完满,以至让建筑学院除开正常专业课程外,还不得不开设专门课程让建筑师们具备足够的历史知识,以重新树立起那些代表历史价值观念的种种古代纪念碑。然而,过去十五年中,许多不祥之兆都出现了。它表明,这些获胜的势力却不懂得如何充分利用这些来之不易的胜利……

这让人觉得,现代建筑运动在30年代似乎已经确立起来的那些秩序和共识,如今似乎仍然遥不可期。举例来说,现代建筑的一些杰出倡导者和代表人物,如已故的伊

---

[1] 阿什比,Charles Robert Ashbee, 1863—1942,英国建筑师,设计师,金属工艺家和作家。新工艺运动的倡导人之一,反对工业革命给社会、道德、文化带来的混乱现象。1911年在其代表作《我们是否应当停止讲授艺术?》一书中提出了他的著名言论:艺术教育必须正视机械主宰文明的这一事实。1894年参加布鲁塞尔的世界博览会,将英国的新艺术运动介绍给欧洲大陆。他设计的住宅是英国20世纪早期住宅革新的典型代表。美国建筑师莱特的最早支持者之一,对于芒福德有深刻影响。——译者注

[2] 沃依齐,Charles Francis Annesley Voysey, 1857—1941,英国建筑师、设计师。他的住宅设计作品,简单完善,在世纪之交影响欧洲大陆各国,成为新艺术学派的一个源泉。他本是普琴和拉斯金的学生,其作品很好地发挥了他们的人文主义特色,设计的住宅,形体低而长,有白而粗糙的墙面,屋顶高耸,烟囱厚实,十分注重细节的装饰设计。1940年获得皇家建筑金奖。——译者注

[3] 梅贝克,Bernard Ralph Maybeck, 1862—1957,美国著名建筑师,其作品丰富多彩,从新古典主义,新哥特式,直至现代建筑,应有尽有。表现出20世纪初期正统的建筑学观点,1880—1886在巴黎美术学院求学,1894年在加州伯克利分校担任绘图教师,1898年任建筑学教授,1907年建成了几栋早期钢筋混凝土住宅,1917年完成了加州某战时造船厂职工住宅城的规划,探索过经济、体轻、防火的墙面材料。——译者注

欧·沙里宁(Eero Saarinen)①就曾夸称一种形式理论,否认建筑形式中连续传承的必要,把各个孤立的项目当作抽象设计的一篇篇论文,丝毫不依附于当今任何其他建筑师的设计作品,也不依附于作者自己以前或今后的其他任何作品。如此言论,正像当今常见的某些标新立异的说法,一些成功的现代建筑师经常大言不惭地说,大意是,"好啦,瞧,新品位,轰动作品!"或者说,"你同样可以超前当今最新模式许多年!"

对过去的历史形式,一直就有一批思想家始终采取十分激烈的态度。上述局面正好给他们带来希望和安慰:他们就索性可以通过抹煞上一个世纪的历史,以回归到古董——特别是罗马古董——的古典空壳的办法,一举解决现代建筑面临的问题。这正是亨利·理德(Henry Reed)②最后的希望;但这种希望太空虚太娇弱,人们也只能置之一笑。但是,尽管理德先生的补救办法十分荒谬,现代建筑所面临的局面则很难令人满意:其混乱和非理性的程度,几乎一如现代世界的政治状况:各种国家首脑人物相互威胁,说要以肢解人类的办法来解决各自的问题,假如对方还不屈服,他们就威胁着要毁灭人类文明。

如今,我们居然已经用这样的比喻来谈现代建筑问题了。这一比喻本身就表明,当今的技术进步和社会进步,其本质中是潜藏了许多谬误的。而且,如今这些误谬已经悄然爬进了现代建筑。不仅如此,从现代建筑新形式这一概念刚刚明确形成的时刻,从某些建筑评论家和思想家,诸如阿道尔夫·鲁斯(Adolf Loos),以及更晚些时的勒柯布西埃(Le Corbusier)以其著述对现代建筑的新形式作了清晰阐述的那一刻,这些谬误就已开始进入现代建筑学。现在,是时候了,应该重新审视这些概念了,应该将迄今为止指导着全部建筑学运动的这些思想和目标予以重新厘定了。因为,这些思想和目标代表了我们时代的基本要求和前进方向。而当我们这样做的时候,很可能我们会发现,以往在建筑的现代形式形成过程中被粗暴地抛弃掉的种种价值理念,如今许多都需要重新予以恢复重建。

① 沙里宁,Eero Saarinen, 1910—1961,美国建筑师,生于芬兰,设计风格独特,惯于采用雕塑式造型,代表作品有耶鲁大学曲棍球场,肯尼迪国际机场候机楼等。——译者注
② 阿道尔夫·鲁斯,Adolph Loos, 1867—1945,奥地利建筑师,其住宅设计对一战后的欧洲现代派建筑产生很大影响。他反对欧洲新艺术派和美国的新古典主义,早在1898年就宣称要废除建筑上一切不必要的装饰物,第一项建筑设计就是1904—1906年完成的一幢简单几何形体的住宅。1910年完成的斯坦纳住宅被称为第一件纯现代派的住宅,其正立面由对称的几组长方形精巧构成。他的大型作品,包括维也纳的葛德曼和萨拉齐大厦(1910年),只采用了很少一点古典风格的细部,与大面积的大理石墙面交相辉映。——译者注

现代形式问题的理论基础

一些人的现代建筑学信念后面,潜藏着一些先入为主的印象。这些印象反映出,他们对现代文明本质的理解过于简单。事实已经证明,这些先入为主的印象十分肤浅。现在该对他们这些信念认真地予以审查,予以补救了。

75　　这些信念当中最核心的内容,就是相信机械化会带来进步。这种信念中包含一种推论,似乎,只要投入人类的全部力量,加速推广科学知识和技术发明,人类的进步就会实现得更快,更容易,甚至会自动实现。这信念中还包含一种理解,似乎,一切传统的知识和经验、传统的形式和价值观念,都会像刹车片一样对科学技术的推广产生阻碍作用。他们认为,只有机械文明所包含的秩序才是至高无上的秩序,因而,任何起阻碍作用的东西,当然都是不必要的。对照来看,一切有机的进化发展,都是一种递进的、有目的的渐变过程;在这种有机的进化过程中,过往的东西仍会在未来重新出现;而未来,作为一种潜在的可能性,早已经出现在以往的历史当中了。而机械概念的进步方式,仅仅只存在于一维的时间模式之中(one-dimensional time);也就是说,仅存在于当今。在这种机械式进步观支配下,唯有当今的东西才能算数,才是最有价值的。连续变化,变化的传承,被当作一种手段,来防止当今变成过去,变成不时髦的东西。因此,进步的衡量尺度,是新颖程度,是不停地变化,是机械手段的高低;而不是用文化传承,更不是用人类自身的进步来衡量的。

回望 19 世纪的历史,每一个领域内都无情地扫除旧思想、旧传统和旧制度,当然也包括古老的建筑;当时似乎确信,任何丢失的东西,没有机械手段做不到的,没有机械手段不能补救、不能超越的。我们美国国家独立的中央神龛,我们国家的宪法,乃至我们费城神圣的独立宫,20 世纪初期竟然险些卖给了投标最高的商家,这些事情,大家都还没有忘吧?诸如此类的反传统做法,也给美国现代建筑强加了一种惩罚和障碍,这就是让它丧失了判断力,不知道自己是该去承认自身固有的连续性、去继承历史,还是该另外建立起自身的新传统。而迷信机械、否定历史的野蛮做法,很不幸,也卑怯地毁灭了自己的未来——结果,只剩下一个站立不起来的当今,就像是市场上一个随随便便的投机性建筑投资项目,等待着随时被取代。

还有一种信仰,认为技术进步本身就是目的。这种信念后面,还另外潜藏着一种信念,认为建筑的重要职能之一就是表达文明。这一信念本身无疑是正确的;而且即使没有这个信念,这种信条,无论是公开承认的还是不自觉形成的,都要求具备一定条件;总之,条件是不可避免的。但是,我们当中一些人,在坚持这一信念价值的同时,大约忽略了这一概念所包含的"现代性"内容。按照著名诗人罗伯特·弗罗斯特(Robert Frost, 1874—1963,善于用传统诗歌形式和口头语汇表达新的现代内容。作品主要描写新英格兰地区的风土人情,四次获得普利策奖。——译者注)的语汇,"现代"这个词语常常用作嘉奖含义的褒义词。但是,我们却忽略了现代技术的另一些可能性,它在给我们带来瞬间通讯便利的同时,也会带来瞬间的大规模种族毁灭。或者,在医院里,现代技术给人类带来医疗服务和卫生防御措施、消炎防病镇痛效果的同时,也会造成食品污染,城市空气混浊,还会带来新的紧张、焦虑、新的疾病,这些东西,与那些已经消除的各种问题同样令人烦恼。现代心理学的研究,已经深入到人类本性的探索,深入到探索人类丰富的心理类型和潜在的创造能力。但是,现代社会不是同样也产生了官僚人格么,枯燥无味、层层壁垒、过度控制,以至最终仇视生命的任何其他形式,只认得他自己,将自身隔绝于人类的一切资源和根基之外!

　　既然认同现代建筑已经开始表达人类的现代文明,那么,若没有折衷主义建筑师惯常采用的伪善和掩饰手法,我们文明当中那些尚不尽如人意的方面,那些令人不愉快的方面,就会如同其光鲜内容和显赫成就同样的显眼;这也就不算什么令人惊讶的事情了吧? 我们一直生活在一个傻瓜的天堂里,只要你理所当然地认为,机械进步迟早会解决人类生活中的一切问题,只要你相信机械进步会把人类引入一个勇敢的、崭新的、简单化的、自动化的机器世界……但是,如果睁大眼睛看看我们当今的众多建筑物,我们就会发现,即使是在有效应用当今时代一些具有积极意义的重要成果方面,绝大多数的建筑物都忽略了依照科学数据来解决各自的迫切问题。过去三十年当中,几乎没有一幢重要建筑物里的革新措施表现出尊重知识,能够尊重如今已经掌握了的气象学、生物学、心理学的相关知识。因为,他们那里整体地、整年地采用空气调节装置,终日采用荧光灯照明,无一例外地采用玻璃做墙体材料。假如他们尊重知识,这些知识就会纠正他们的上述做法。这里姑且不去要求这些革新措施去关注种种人类活动和个人的不同意愿。

　　即使认同现代建筑成功地体现了当今文明生活,那么,建筑所暴露当今文明的缺点错误,比其开发的人类潜能则要多得多。建筑更多地暴露了现代文明的过失、死板、失落;另一方面,即使有建筑师创造力和想象力的帮助,建筑学实现人类才干潜在能力也不如暴露人类缺点更直截了当。现代建筑师尚未把握到真实世界的丰富多彩的各个方面。建筑师们在技术应用和发展方面做的已经很到家了,让这些机械技术进步成全了飞速的商业剥削,制造出无个性的、千篇一律的官僚形式,造就出无数高耸的公寓楼和办公楼,以其简单的数学特征为财政操控提供便利。但现代建筑师却缺乏思想主张,不懂得如何公正对待社会的有机功能和人类最终目的,更不懂得如何建立一种综合性的世界秩序,让机械文化不再像现在这样操纵人类的生活方式,制造出日复一日更为沉重的牺牲和代价,而让机械文明成为人类的一个驯服工具,服务于人类的意愿,为人类所利用,为人类所调整,而且在必要的时候,则更能为人类随意摈弃。

从机器到包装盒

有关机械进步的理论是十分浅陋的,但是第一批现代建筑却矗立在十分坚固的基础之上,这就是以 1851 年完工的水晶宫(Crystal Palace)为开端的首批大厦。它们昭示了一个事实,就是 19 世纪的技术极大地丰富了现代建筑形式的语汇,为以往笨重材料时代所不敢设想的种种施工方式打开了道路。不仅如此,技术进步还实现了更具备有机性的建筑计划,其优越性大大超过历史上以沉重材料建造的建筑物。

工程师们看到这一新的前景感到振奋,他们把这一贡献归功于建筑师,同时自然也就将其过分夸大了。因而,当路易斯·沙利文宣称形式服从功能时候,他的追随者们就错误地将其套用在机械形式与机械功能的关系上。其实,形式与功能,两者都是现代建筑构成的基本组成部分。但是,其中任何一个,或者即使两者同时,都仍然不能构成现代建筑的充分必要条件。这一点,佛朗克·劳埃德·莱特从一开始就十分清楚;并且恰到好处地坚持说了一句,他"不仅仅只是个功能主义者"。当然,在他伟大事业的最后阶段,在他设计约翰逊实验室(Johnson Laboratory)和古根海姆博物馆(Guggenheim Museum,纽约市艺术陈列馆,陈列所罗门·古根海姆收藏的现代艺术品。其大楼建筑于 1959 年竣工,为一螺旋形白色混凝土建筑,风格独特,标新立异,与传统博物馆建筑风格迥异。——译者注)时,他经受不住诱惑,选择了一个精美绝伦的机械方案,并且将其当作了建筑自身的目的。

在随后以勒柯布西埃著作《走向新建筑》(Vers une Architecture)为开端的新时期里,机器开始占据了中心位置。机器特有的刚健、简约、几何学的精准,等等,都被当作了新建筑全部的优点。结果,厨房被设计成实验室,浴室的面貌令人想起外科手术室,而住宅的其他部分,在大约十年左右的时间里,也几乎精简到无以复加的地步,到处都洁白一片,到处都是可以擦拭的,空灵的,见不到人的踪影和人性内容。这其实倒是建筑在清洁、清晰方面收效最好的时期。有些评论家,特别是亨利-拉瑟尔·西区柯克(Henry-Russell Hitchcock)认为,这些特色实际上代表了某些重要的历史风格演进过程中的原始状态；而到随后晚些时期，一些在整合过程中被摈弃的基本元素，比如装饰，还会逐步恢复。其实，这些元素，在莱特的设计中则从未被摈弃过。

但是，对于机械手段新的可能前景的这种解释本身，不幸被一种肤浅的美学所主宰操控。结果，让新建成的建筑物，无论采用什么建筑材料和施工方法，都能看起来很尊重机器。而且，又是这种肤浅的审美，还公开声言它不在乎建筑物实际的机械功能和生物学功能，也不在乎人类目的，尽管这些重要内容已经被菲利浦·约翰逊（Philip Johnson）和西区柯克正式提出作为国际建筑的设计风格，虽然国际风格这个含混不清的词语是由阿尔弗雷德·巴尔（Alfred Barr）杜撰的。在此基础上，又有路德维格·密斯·范·德·罗厄（Ludwig Mies van der Rohe）[①]率先带头，只经过一小步，建筑师们就从机器跨入了包装。路德维格·密斯·范·德·罗厄利用钢铁和玻璃材料提供的便利，为空灵无物（nothingness）创造了考究的纪念碑。这些纪念碑具有机器形式的枯燥风格，而没有其具体内容。他自己那种童贞式的高雅趣味，简直赋予这一个个玻璃大空壳以水晶般纯净透明的形式。但是，这些作品仅只存在于他自己想象中的柏拉图世界中，而与场地、处所、气候、保暖隔热、实用功能，或者内部活动，都无关联。的确是的，他们完全不理睬这些现实要求，就仿佛他设计的客厅内那些无生气的椅子和它们僵硬的布局方式，完全可以不顾谈话所需的亲近感觉和随意性。这岂不是把那种武断的、生硬的官僚主义作风尊奉为神了吗?! 殊不知这一形式之空虚、贫乏，则简直是路德维格·密斯·范·德·罗厄的吹捧者们所始料不及的。

到这里，现代建筑的发展大约开始出现了转折。功能主义的原则，即使是从其最原汁原味的表述方式来看，也是尽善尽美了。因而若要现代建筑继续发展下去，就必须将功能主义的这一原则推广应用到建筑实践的每一个方面，就必须将功能主义的分析方法运用到极点，不仅只是涉及到建筑的物质因素，还要包括建筑的内部职能；不仅只是涉及到建筑的外部结构，还必须包括建筑的规划、建筑场所与周围的关系，以及该场所与更广范围内城乡环境的关联，等等。即使如此，也还仅只是开端，因为人类的活动和需求，人类的目的，还会对这些功能特性提出新的要求。这样来看，居住场所和住宅所

[①] 密斯·范·德·罗厄，Ludwig Mies van der Rohe，1886—1969，20世纪杰出建筑师之一。德裔，少小即从父学习石材工匠手艺，熟悉各种材料特性。21岁以一件大样设计崭露头角，进入名师贝伦斯开办的事务所，接受其指导，从此接受到申克尔简洁纯朴的新古典主义风格影响，逐步形成自己的风格，主张以建筑的结构真实面貌，而不是以建筑的外观装饰和戏剧性处理来展现建筑特征。曾担任先锋派包豪斯艺术学校校长，首先倡导国际式风格，1937年移居美国。主要代表作有1929年巴塞罗那国际博览会上的德国馆设计和纽约城的西格拉姆大厦。——译者注

谓的开放式规划(open plan),也就远远不是个放之四海而皆准的解决办法,因为,只要你稍微考虑一下,私密性、个人空间、出世退避等行为要求,再考虑一下外向性格和内向性格的差异,以及不同人格类型的整合要求等等,你就会发现,建筑和规划的很多任务都还没有完成。如果在建筑物的物质要求标准之外,再加上应有的生物学功能要求,社会功能要求,个人意愿的各种要求,这样产生出来的设计方案就会更加综合,更加细微,更加可人,因为这样的解决方案不是仅仅指向一种类型的条件。

通过最近的建筑展览,就能看出现代建筑如今已经背离上述有机建筑的丰富含义和正确方向有多远了:这些建筑展品中所体现的现代建筑,都是些抽象化空间,而且处于绝对孤立状态之中。因而让我们当代一些很著名的建筑师,已经愤愤然弃之而去,不惜丢掉他们最好的工作机会;结果,让新兴商业建筑接二连三地出现在乡村大型房地产开发区的中心地带。这些项目都有很好的景观条件,优点应有尽有,而其设计方案却转而无视这些优良景观环境条件,居然背朝开阔面,往往用个一英亩的停车场毁掉了前景上这一很好的景观。而建筑本身,则四围合拢,围成一封闭院落,全部采用空调,以大量横向百叶窗拉起帘幕。结果,令外界的开阔场景以及本来面向阳光的良好方位都徒然虚置。最终产物就是这样一个无个性的包装盒子,这种形式便成为过去十年当中最时髦建筑主要样本的符号。

那么,勒柯布西埃在马赛设计建造的团结住宅(Unity House)①是否就是这个规律的一个例外呢? 也远远不是。这幢建筑物具有坚强有力的水泥立面,有各种形式和类型多变的市场。不过,这种变化布局是基于某种理解得很糟糕的古怪概念,因而市场本身被异乎寻常地简单化了。该建筑物的立面以其美学处理而不同于同类建筑的那些无雕塑特征的廉价立面。虽然如此,它还是一个纯粹的包装盒子,因为它的规划思想让那么多的单元房屋密扎扎地拥挤在一起受罪,就为了适应一个武断专横的空间分配法则,而这个方式就如同纽约城里比比皆是的楼房背面那些红砂岩的立面,那样刻板,那样古旧。而且,该建筑里面塞满了一些狭窄、黑暗的小房间,无开敞感,也不讲朝向。可见,天才的勒柯布西埃在这里无非建造了一个貌似建筑物的巨大包装盒! 而如此空虚华而不实的舞台装置,居然赢来连声喝彩,呼声不断,那声声聒噪无非记录了当今建筑评论界的贫乏空虚和苍白无力。

---

① 团结住宅,Unity House,也翻译为马赛公寓,建于1945—1952,是作者二战后的重要作品。高18层,有23种单元,楼内有两条"街道",街道两旁设有店铺、学校、旅馆,屋顶开办有幼儿园、露天剧场、体育馆。立面上有阳台,和他首创的预制混凝土遮阳板。庞大的体量,雕塑式造型,以及粗糙的表面,强烈的色彩对比,代表了作者后期表现主义的倾向。——译者注

包装盒与时尚板块

与此同时,工业技术的飞速发展为建筑师提供了广阔的选择范围,包括各种金属合金材料,新型塑料,还有新发明不久的预应力混凝土等新型建筑材料,以及组合设计中不可缺少的大型预制构建,还有各种新的工程技术设施和技术,以及建筑本身的养护,所有这些因素加在一起,都大大加重了建筑的总体成本。当时普遍有一种认识,认为技术进步要比人类目的更重要。在这种观念支配之下,建筑师感觉到自己负有道德责任,采用这些材料和方法,否则他就无法维持自己作为一名有创造性的设计师的地位。就此而言,建筑师的处境,并不比医生更好。因为医生此时面临同样的困难,他们不得不在制药组织向市场上推广的大量抗生素和其他药品中艰难选择,往往还来不及弄清楚一种药品的疗效,新品种就又上市了。

科学兴盛和工业技术发展,往往会为建筑推出新形式提供可能性。这一点,德裔美籍建筑师、德国表现主义思想的代表作爱因斯坦天文台的设计者,埃里克·门德尔松(Eric Mendelsohn)早在其20年代一批富有远见的设计草图中就已经预见到了。但是,技术发展同时也给建筑学带来了两种新的违反常态的倾向。其一就是,采用轰动效应的施工方法,追求同样轰动效应的新形式,最终目的纯粹就为了显示设计师自己大胆的审美追求。比如,悉尼新落成的歌剧院的外壳,就属于这种类型的设计;还有,常常被人们引用的纽约古根海姆博物馆,以及莱特在玛琳郡(Marin County)完成的更多建筑项目,也都属于此类。不仅如此,人们如今在全国各地都能看到,新建成的教堂其建筑形式令人联想到,设计是无非想同一些超级市场或者热狗销售中心互相媲美。这些东西都不能算功能领域和目的性的创新,只能算是万花筒式的创新;直至目前,所有这些模仿性发明创造中最为成功的,都是各种机械形式的堆砌。

当小孩子感觉枯燥乏味或者成年人生病的时候,万花筒式的审美享受完全可能十分引人入胜,我并不低估它这种神奇魅力。我也不否认,在当今各种需求源源不断出现的情势下,许多新形式必定会、迟早会出现在现代建筑之中。但是,这些新形式必须表达新概念,反映人们对于宇宙、对于自然,或者对于人类自身一些新的感悟,而且,这些元素都是以往的建筑系统中从未出现过的。但是,一种创新若要能够被社会同化,就必须具备某种有序性作为潜在基础;不仅如此,一种越是新奇独特的形式,就越需要经过重复、不断修改补充,它的全部价值才能最终被使用者和观赏者接受、吸收。相反,一味追求建筑的创新性,不惜借助现代技术手段来使用万花筒式的种种花样手法,致使建筑本身内在的目的和内容在此过程中逐渐被剔除,最终不可避免地会贬低创新过程的意义。而这样的技术处理手段,这样的审美大胆追求,如今都大量涌现了,结局无非是制造出大规模的混乱。各种建筑杂志已经推出各色设计方案,甚至还有建筑物,看起来很像是从纸板剪裁下来,再绞结在一起的,种种奇形怪状,充满幻想,假如不是通过扎实的施工手段予以实现的话,就只能用来哄小孩子。

如此过多过滥的技术手段目前正威胁着现代建筑事业,这种现象可以从两个方面来解释:首先,很清楚,一方面,它来自当今社会生活中无所不在的过多过滥的兵营化——其物质形象的表现,就是那大量的、层出不穷的、空虚无聊的一个个高耸的停尸台似的建筑物。当今建筑形式的过多过滥,正是对于我们社会中这种由来已久的组织兵营化(regimentation)趋向的一种反叛。另一方面,技术表现手法过多过滥的现象,原因则在于,真正的创新其实是一种很缓慢的过程:它需要考虑建筑所涉及的各种可能性,要考虑其所容纳的社会组织的性质、应有职能和目的,要考虑建筑使用者能够从社会吸收到的价值观,以及反过来能回报给社会的价值观,等等。凡此种种,都不是通过几个星期的即兴创作就能妥善解决的。真正有创造性的建筑师,必须扎扎实实积累自身经验,一个建筑一个建筑地学习,吸收其他建筑师的经验,包括以往的和当今的,也向自己的经验学习。如今有那么多可以采用的技术条件,要设计创造出一个轰动性的空壳子,是件很容易做到的事情;而要切实实现建筑的全部职能,就要困难得多了。一位天才的工程师,内尔维(Pier Luigi Nervi, 1891—1979)①,用自己的体验提供了切实可靠的成功之路。但是,即使是他,其最成功的建筑作品,也是那些容纳最简单内容的项目,比如仅有一排排观看体育运动的坐椅,或者一个展厅、一个市场等等。这些职能,他只要用个简单外壳就足以概括了。

但是,还有一种经过变通的、万花筒式的创新,同样也会对建筑和人类精神造成严重损害,这种威胁来自机器经济的对立形式。这种形式没有采用连续不断的、肤浅抽象的新形式,也不用那些光彩夺目的、与主题无关的圣诞礼品包装盒子似的形式,而是用

---

① 内尔维,Pier Luigi Nervi, 1891—1979,意大利工程师兼建筑师,现代著名建筑工程巨匠。作品大胆而富想象力,常常探索新的结构方案形成独特的建筑构思,最擅长采用现浇或者现场预制混凝土方法建造大跨度结构,取得高效、合理、造价低廉、施工简便、美观新颖的特点和效果。主要作品有 30 年代为意大利空军设计的大型飞机库,1950 年都灵展览会的展厅,1960 年罗马奥运会的两座体育宫。在国外也有许多著名作品,包括教堂、汽车站、巴黎的联合国教科文组织总部大厦等。他认为,材料、静力学、施工技术、经济效益、功能要求,是构成建筑学语言的基本词汇。设计中从未把美学要求放在首位,然而其作品却具有诗一般的非凡表现力。1963 年哈佛大学授予他荣誉学位,其后美国建筑师学会又授予他金质奖。——译者注

了另一种技术手段来威胁人类,其当今的最受宠的表现形式,就是网格球顶。假若让这种技术手段获胜,建筑物即将因此而消失,可能除了那些即兴创造的、机械手段控制的环境内的房间,能够保持一律的恒温、光照,而且最终依靠技术手段、化学药品、外科手术、遗传工程介入方法,等等,还能生产出千篇一律的新人类! 无论这种建筑物是在地面还是在地下,这种发展趋势都会在一个无颜色差别的均一世界中,把人类漫长的建筑历史毁于一旦:人类将回到他自己原来诞生的洞穴,而在智力和财富方面却并无所长进。这样一种特殊的前景,我就不再细说了,这里只想补充一句:当今一些大思想家,正为这种人类大规模自杀行为忙碌着做准备呢! 当今时代一些建筑师,正如此忠心耿耿地追求机器自动化过程,以至于身陷其中不能自拔,亦步亦趋直至终点,即使这样的结局意味着一种无颜色差别的、反人类的生存方式,这样的生活方式大约仅只比热核毁灭的世界景象多了一口喘息。

多技术与多功能主义

若想让现代建筑避免这种不幸前途,让它不要裂解为一大堆宗派和表现主义的大杂烩,包括什么国际流行风格设计师、经验主义者、野兽主义者、新浪漫主义者,以及诸如此类的时髦人物们……那么,建筑就一定要坚守某种有序性原则;而这种有序性原则,还必须将建筑与人类发展过程中固有的理论互相联系。仅仅依靠技术发展这一理念是无法完成这一任务的。因为,这个理念排除了一个能够赋予技术进步过程以灵魂的重要因素,这就是人类自身。在这里,本末倒置了;换句话说,技术进步过程把人类特征变成了这一过程的工具,而不是让这一过程服务于人性。

而人类自身是一个有机体,其生存方式取决于他能在一个复杂环境中维持与自然的脆弱平衡;这一复杂环境,指各种自然力,包括无机的和有机的力量,阳光、空气、土壤、细菌、霉菌、各种生长植物,直至数千个物种和它们所构成的复杂共生关系。尽管技术已经有了巨大进步,而这些自然过程中人类能够控制的,还很少很少。何况无论是消灭或者依靠机械技术手段去替代它们,实际上都不能算是人类控制自然的手段。人类从这些复杂的生物继承当中抽取了某些部分,加以完善,并使之为自己的目的服务。有机秩序是建立在多样性、复杂性和平衡关系基础之上的。而且,这一秩序通过变异提供延续,通过适应实现稳定,通过适当的斗争、机遇以及有限度的紊乱……实现和谐,构成总体上更综合、更复杂的演进过程。这种有机的相互依存关系,在每一代重要的历史文明中都得到确认,尤其是在各种宇宙观和宗教观念中找得到印证,它产生了真正神圣的纪念性建筑物,虽然后来这些建筑物已经落伍于其相应时代的技术,却仍然回响着人类灵魂的回声。

82

　　霍雷肖·格里诺(Horatio Greenough, 1805—1852)①,曾依据有机物的生物和生理本质,对于建筑形式做出了很独到的分析。他对于形式形成过程和职能,说得都很透彻;但却忽略了一种可能性,就是形式还可以通过一个更高、更复杂的物类继续发展演变,这个物类就是人类目的。人类不仅仅能够表现文化形式,不仅仅能够编造文化形式,更能诠释文化形式和转变文化形式。须知,在社会生活更高的层次上,是形式决定着功能,丝毫不亚于功能决定形式。这种情形下,全体人类的持续发展,优先于人类技术手段和机器工具的继续发展。因而唯有这样一种秩序才能够保障这一效果,才能够提供多层面的环境秩序,才能够维护人类兴趣和目的的最大丰富性。相反,一种环境或者一种构造,假如简化到机器的水平,虽然形式准确、不偏不倚、高度重复、单调乏味,就只能成为一种十分敌视有机世界和人类目的的东西。这样的形式即使是运行起来,即使表现出高度的有效性,能够履行某些积极功能,比如为人提供住所,它仍是一种负面象征,顶多也只是一种中性象征。

　　这里所说的那种更为宽广、更为博大的秩序,有三种根源:自然界是一个,人类历史和历史文化的长期积累是另一个,人类自身的丰富内心世界,是第三个。无论以什么名义背弃这些重要根源,无论是为了机械文化的进步、为纯粹追求生产数量、追求机械效率、官僚主义秩序,其实,都是在试图阉割建筑事业和人类社会生活;而这些恰恰是应该予以维护和提高的东西。一个只懂得崇拜机器的时代,一个只懂得追求机械化商品生产的时代,即使实现的数量再大、效率再高,实际上这样的时代已经丧失了与现实生活的基本联系。这样一个时代,会在下一个瞬间或在下一代,把它否定人类生活价值的普遍做法,化为它最后一个野蛮举动,就是用核武器来毁灭全人类。从有机秩序和人类目的的总构架来看,人类的全部技能潜力还远远没有终结,还远没有穷尽。但在机械进步过程成为主宰人类的情况下,当今现代技术的丰富资源,许多都将虚置无用;除非让有机职能和人类目的来当家作主。

　　这种有机的方法和视角,会审慎处理建筑的每一种功能,并且在表现出同样的智慧和巧妙的同时,表现出更大的回旋余地:它不会轻易放弃阳光选择唾手可得而并无好的机械替代品;不会放弃因绿色植物而万古常新的自然空气,去采用完全靠机械手段调节

_____

① 霍雷肖·格里诺,Horatio Greenough, 1805—1852,美国新古典主义的著名雕塑家和艺术评论家,长期侨居罗马,最著名的作品是仿照奥林匹斯山神塑造的乔治·华盛顿雕像。——译者注

的人工空气。同样,采用有机视角和方法,就不会把银行重地造成玻璃盒子包裹成的轻佻而可笑的游乐宫,也不会把办公室入口搞成大教堂般的庄严,更不会把教堂设计成飞机库的模样。相反,有机方法产生的目的和功能,会在设计过程的每一阶段都为建筑形式提供有机标准;最终不仅产生出丰富的审美享受,产生出闻所未闻的崇高精神境界,还能产生出机械经济(mechanical economies)本身——这种机械经济,过去由于人类自身过度羁于机器而很可惜地被丢弃了。

83

如今正在出现的两种运动表明,建筑界开始找到了正确方向。照此方向发展下去,就不会逐渐背离功能主义,而能够找到一个多功能的途径,去解决现代建筑中的各种问题。

这两种运动,其一,出现在如今建筑学院的学生当中;就是,学生们开始迫切要求学习建筑史、城镇规划历史这样的课程。而且这种愿望背后,并不是打算从历史形式当中去找模仿的样本,而是为了同化其中的经验和情感,汲取精神力量;而这些精神营养是现成环境和急功近利的短促瞬间都无法提供的。这是一种健康的现象;因为,好久以来一直有一种论调,认为一代人的经验,或者一代人中的十年经验,就足以为学生提供全部必要的知识和眼界;靠这些东西,他们就可以去为人类创造出足够丰富、足够深刻的环境了。所以,学生们的这种要求,正是对上述错误论调的大胆反叛。

另一运动见于去年夏天的会议上,一群青年建筑师开始离经叛道,公然抛弃了自己那些 C. I. A. M.(现代建筑学国际大会)的老师们。这些青年人,试图重新界定当今建筑事业的专业领域,他们提出了许多不同见解,与老一辈同行分庭抗礼,包括了勒柯布西埃和格罗皮厄斯(Gropius, 1883—1969,德国出生的美籍建筑师,建筑教育家。首创了金属构架玻璃悬墙建筑,曾任哈佛大学建筑系主任。——译者注)他们自己队伍当中,也有些个人意见分歧,性格差异等等。不过最终,他们还是在一个更大的基础上联合起来,并得出一致结论:建筑不仅仅是盖房子的艺术,而且是一种更大的、要改变人类全部习惯的艺术。这一观念已经在加利福尼亚扎下了根,因为那里的伯克利分校建筑学院已经改组,并且重新定名为环境设计学院。

当今人类采用大量技术手段征服自然,却拒绝吸收历史和文化资源来继续推进人类的文明化进程,如此种种做法将会让人类发展遭受挫折、面临绝境。现在只有避免这样的结局,未来的建筑事业才会真正成为多种技术的复合体,才能去利用包括人手到最新自动化手段在内的各种技术资源。这样的建筑,才会在精神和形式上,都更加接近佛朗克·劳埃德·莱特的早期作品(而不是接近 C. I. A. M. 那些大师们);并且,还将超越这些作品,因为它会从人类资源中吸收丰富营养;这些资源,作为文化范畴,无论是集体表现还是个体表现,如今在全世界到处都能找得到。

建筑的象征含义与实际功能[①]

　　艺术与技术,若按事物的本质属性来看,完全是不相关的两类事物。然而有个重要王国,却能让这两类事物,通过家居环境的统一性,最紧密地结合在了一起;这个王国就是建筑。在这种含义的艺术中,审美与应用、象征与结构、内在含义与实用功能,几乎无法截然分开,即使你使用正规的严谨分析方法。因为,一幢建筑物,无论多么粗陋,也无论其建造者自觉表达的能力有多么天真幼稚,这幢建筑物仍旧会——以自身的存在——径自讲述自己的故事。我们从建筑物的材料取舍、比例搭配中,可以清楚看出其建造者的审美取向,进而看出他是哪种类型的人,以及他是在为哪个社群服务。但是,尽管在建筑物当中技术与艺术、实用与表达,两者的联系十分紧密,但毕竟分析一幢建筑物,总能清楚辨别出其中各种不同的具体功能:比如,基础、室内排水系统,以及晚些时候才出现的采暖和制冷系统,这些显然都属于技术领域。而建筑物本身的造型轮廓、规模尺度,以及各种对功能予以渲染、对目的予以强调的种种要素和做法,都能给人的精神增添愉悦和滋养。这些元素则是艺术。

　　这里所说的建筑,一方面是建筑的工程技术层面的问题,包括计算负荷、应力、接缝不能透水、屋顶防雨、地基须下得牢固,让上面建筑不至开裂或下沉。它还有另一面:建筑,除了上述工程技术要求之外,还有个总体表达的问题。也就是用某种方式通过建筑物的形态语言,向观众或使用者传达建筑物所蕴含的意义,充分激发出他们的共鸣,进而让他们一起参与到建筑物的各种功能中来。这样,他们在进入宫殿时就感觉自己更庄重堂皇;进入教堂时更加虔诚;进入大学时更加潜心向学;进入办公室的时候,则更加敬业、更加高效;当他行走在自己的城市当中,参与社会方方面面生活的时候,他更像一个公民,更乐于合作,更有责任心,会更自豪地认同自己服务的社群。可见,从我在这里向你展示的这种建筑概念来看,所谓建筑,就是社会文化的一种永恒的基础环境,这一基础上上演着一幕幕社会戏剧,并最大限度地造福于自己的众位演员;这就是我所说的建筑。假如这一重要领域内发生了混乱,产生了价值或目的的倒置,举例来说,如不久

[①] 此文采自《艺术与技术》一文,原系芒福德 1952 年的演讲稿,后由哥伦比亚大学出版社辑录出版。——译者注

前发生的情况:商业界人士感觉自己的办公处就像大教堂,或者,虔诚的赞助人对待大学建筑项目的心态宛如看待自己的私人陵墓,等等,凡此种种倒错现象,都会让社会生活产生断裂感。因此,如何让一些重要建筑物的象征含义与它的实际功能形成有效的和谐联系,实在是一件至关重要的事情。

不久前发生过这样一件小事:一个著名的电影放映宫举行开幕典礼,邀请了许多声名显赫的纽约客前来观赏第一晚的演出。首先招待观众欣赏的,是大约十分钟(但是真感觉有半个多小时之久)的技术展示,只见一连串的不同照明效果演示,随着,是交响乐队舞台的上升和下降,接着是舞台大幕的启落、开合等等技术能力的演示。看罢之后,观众一时间很满意,继而等候,然后就什么都没有了,观众当然很扫兴。因为他们期待的是上演真正的戏剧。

如今现代建筑的处境,就仿佛前面所说的那座城市无线电音乐厅第一天开幕那个夜晚的情景一模一样。我们当今一些最优秀的建筑师不乏技术造诣,善于使用各种技术手段,他们具备很强的竞争力;可是,你若从观众的角度一看,他们所完成的工作,却无非是在展示那些机械技术能力和动作。而广大观众却等待着开演真正的戏剧。如今,无论在建筑界的任何一个体系中,建筑的功能和形式,都有自己的固有位置。每幢建筑物,都要完成其主要功能,无论是雨天不漏雨或是风天吹不倒。而同时呢,即使是最简陋的房子,也会对其使用者,或者观看它的人,产生一种视觉印象;通过设计自觉地或者不自觉地,它都会对观看它的人讲述自己的故事,并且——至少会在最低限度上——规定着、期待着观赏者的应有反响。因此可以说,建筑物自身那些永远难得一见的功能也就自外于建筑本身了。因此可以说,一些地下建筑索性可以不必叫做建筑物。但是,建筑物的功能,只要是可以见到的,都会在不同程度上增添建筑物的表现力。比如,一些最简单的纪念建筑物,如方尖碑,或者复杂一些的纪念建筑,比如寺庙,其作为建筑物的功能,附属于、服从于它所表达的人类目的。因此,如果这些建筑不能让人感觉赏心悦目,那么,即便是再强有力的技术措施也无法挽救它毫无意义的境遇。的确是的,对于一个建筑作品来说,其精神思想上的陈旧落伍,比起技术能力上的陈旧落伍,要更为致命。一幢建筑,一旦显得毫无含义,它就从你视野中彻底消失了,即使还伫立在那里。

一旦人们感到象征主义的种种古老形式已经失语于现代人类,现代建筑便立即失去生命,变成凝固不语的东西了。而且,不仅如此,随机器时代一起到来的新功能,还会开始对现代人类讲述一些很特殊的东西。不幸,在认识到这些新真理的同时,建筑的机械功能似乎消蚀了建筑的表现力,或者,以一些狂热思想家的说法,索性将建筑的表达功能彻底丢弃了。结果,在过去二十多年里,建筑的想象力,大多依靠一些即兴创作。久而久之,最近那位获奖设计的作者,当今一位最有才干、也最有成就的青年建筑师,其设计作品是个大纪念碑,居然就是个简单而硕大无比的抛物线形的弧拱门①。这就让人感到,假如技术本身靠自己的力量无法讲述上个世纪的先驱者穿过西部大陆的拱形门从事大开发的光荣历史,那么,这光荣历史故事本身,即使是用当今建筑学语汇,同样也无法生动讲述。

　　如今,许多建筑师开始发觉,自己已经身陷到一种自我强加的窘困境地:他们吸取了机器的教训,也学会了新的建筑施工方法,但却发现,他们忽略了人性的各种健康要求。他们顺理成章地拒绝了古旧的象征符号,但同时也丢掉了人类的需求、兴趣、情感和人类价值理想,而这些恰是他们应该在每一幢完善的建筑中都应予以充分表现的东西。一些评论家因此断言,功能主义已经走到了尽头,我认为事情倒也并非如此。因为,这反倒表明,当下很有必要对建筑的客观功能与主观功能努力加以整合了:也就是要用人类的生物学需求、社会责任、人性价值等因素,来中和建筑中机械手段的那些刚性特点。为了充分看到建筑学面临的这一新天地,我们首先必须公正看待功能主义,从而彻底弄清当今建筑学中一些离奇现象是怎么形成的,弄清楚机械性的局部怎么就渐渐被当作了建筑学的整体……

　　人世间的事情常常如此,一些事物来到人间成为既成事实的时候,却尚未被奉为一种正式的概念,功能主义即是一例。真实的原因是,一连三个世纪,工程技术在各个领域中都在长足推进,却唯独没有进入建筑界。所以,对于新材料和技术进步的兴趣早就该进入建筑领域了,因而大家看到了钢铁和玻璃的充分应用以及标准部件的大批量生产,等等。功能主义直接带来了近代各种创造物的诞生,包括机器、仪表、装置、器皿、用具、构筑等等,这些东西本身不仅完全缺乏表现力,而且一个个都设计得冰冷僵硬,仅仅考虑自身的有效运转。甚至在机器尚未发挥其特有的整体控制功效的时候,功能主义似乎早就在建设项目的其他领域里产生出了一系列精准有力的几何形体和有机形式:例如,谷仓、草垛、锥顶圆柱形粮仓、城堡、桥梁、抗风浪的海洋船只,等等。所有这些发明都属于功能形态,却都具有各自清晰的线条、准确的造型;这些线条和造型,都是从其所负担的任务要求中派生出来的,正如海鸥、鹰隼之类海鸟的体型完全为了服从飞翔的

---

① 这里是指位于密苏里州圣路易斯市密西西比河畔高耸的不锈钢拱形门,为了纪念 19 世纪圣路易斯市作为西部开发的门户作用而建造。该拱门高 191.9 米,通体由银白色不锈钢材质构成,有电梯可登顶了望,现已作为杰佛逊国家开发纪念馆,供观览用。——译者注

要求。大体上看，人们并未驻足思考、欣赏、享受自己的这些建造物，直至完全放弃了使用它们，或者，至少直至他们开始停下来努力弄懂自己完成的这些事业的全部含义。但是，这些建造物至少都具备一切有机造型的一大共同优点：

那就是，它们各具特色，都完好象征着各自负担的职能，一眼望去就知道是做什么用的。比如说，当蒸汽机车完全开发成功投入使用的时候，它原来那些古怪部件、技术手段中难以掩饰的各种细小啰嗦东西，最后都被吸收到巧妙的整体设计方案之中。因而，正如当今人们所使用的这个"流线型"说法，如今的蒸汽机车，不仅行驶起来比其原始机车快，而且它的样子就透出一个快！所有这些发展成果都向建筑学传出一个重要启示：以往各重要历史时期那些著名建筑作品之所以富于表现力，很大程度上正是因为建筑能够吸收和掌握这些工程元素：纯粹的实用工程建设。

许多人很早就领悟了功能主义概念所包含的象征含义以及使用价值的双重内容；这些人当中，有一个就是美国雕塑家，霍雷肖·格里诺(Horatio Greenough)。他在短促一生即将终结的时候，在从罗马回到美国之际，通过出版自己的论文集表达了自己的思想主张。这些论文曾经长期闲置在图书馆书架上，后来首先被布鲁克斯先生(Van Wyck Brooks, 1886—1963, 美国著名文学评论家和文学史家，著有《发现者和缔造者》丛书，追溯了1800—1915年的美国文学历史发展。——译者注)挖掘出来，不久前才正式出版。不过，既然格里诺的思想能够深刻影响包括爱默生在内的同时代人，那么很可能，他的贡献持续存在于美国社会生活的潜流之中，并且长期影响着后来的著名评论家，包括贾夫斯(James Jackson Jarves)[1]，以及建筑学家蒙哥马利·舒勒(Montgomery Schuyler)，即使说这些受惠者还不清楚其思想滋养的来源，还不懂得感谢这位恩惠者。格里诺原来学习了人体解剖学，后从事雕塑创造，是他把法国著名比较解剖学者拉马克的定理进一步发扬光大，拉马克的主张是：形式服从功能，功能决定形式。这一定理派生出两个必然推论：功能改变，形式当然也随之改变；还有，新的功能不能通过旧形式来表达。格里诺发现，这一定理也适用于有机界的任何形式，包括人类创造的各种形式。他指出，与他同时代的画家的许多重要艺术作品，亦即新时代那些原创画家和他们的作品，并非折衷主义装饰和折衷主义建筑的现代样本，而是表现了新型工具和机器的刚健形态，丝毫不留恋任何历史内容而全然属于当今新时代；这些形态完全服从现代社会生活的要

---

[1] 贾夫斯，James Jackson Jarves, 1818—1888，美国艺术品收藏家、作家和评论家。曾经创办和主编夏威夷第一份报纸《波利尼西亚人》(1840—1848)，著作有《夏威夷群岛史》(1843—1847)。1851年去佛罗伦萨搜集意大利中世纪绘画，1871年出售给耶鲁大学。撰写过有关意大利美术和绘画的书籍，以及藏品目录。——译者注

求。大家看到,无论是我们美国的斧头、美国的钟表、尖头快速帆船(clipper-ship)等等,从这些器具和机器每一根线条里你都能道出,功能,或者必要性,在其中发挥着决定性作用。它们没有装饰,也不需要任何装饰物,可能一些遗存下来的快船舷尖上那人形雕像或许是个例外。这就如同人的裸体形象,如果发育良好、均衡匀称,那是无需装饰、无需衣装来美化的。因为,什么是美? 美,是"功能的表达"(the promise of function)。

而格里诺就是这样表述的,他的这些思想,简直是令人又惊又喜。而且,按照格里诺的一些继承者的看法,比如路易斯·沙利文——他们就完全可能一股脑地吸收了格里诺这些新思想,他们认为这一学说为现代建筑提供了新起点。然而,直至 20 世纪,建筑的功能主义运动却甩开了建筑师径自发展,而不是靠他们的自觉努力。结果,19 世纪一些新的重要建筑成果,往往都是一些工程师的作品:比如 1851 年建成的水晶宫,1883 年完工的纽约布鲁克林大桥,1889 年完成的巴黎机器会展大厅,就几乎都是工程技术作品。当然,这些作品里也还残存一些早期表现主义元素的痕迹,比如卢布林的优秀作品中,他就选用了哥特式的石拱作为窗间扶壁和角柱,上顶仍覆有古典花檐板的余韵。

虽然这些新技术工程表达了一定程度的直爽明快,某种刚健有力和简洁纯朴,但这些品格却并非新工程师们这些作品所独有的,甚至也不是工业化过程的自动产物。简洁、纯朴,这些品格,也深深扎根于人类精神之中。千方百计蜕掉自己身上的古怪象征,不用任何形式的装饰,简化表现形式,包括语言都精减到最低限度,如果无话可说就保持沉默——这一切意愿的背后,则另有所寓:那就是人类生活的宗教含义。这些东西,不幸,研究建筑的人则迄今尚未予以透彻研究。事实上,建筑学的新功能主义,却是从新的宗教激情中吸收到了这些东西,从公谊会(Society of Friends)①教友的激情中学到了这些东西;这些纯真的基督教信徒曾经力图回归早期基督教会那种本源的纯真无邪,拒绝任何形式的浮夸和矫饰,包括服饰和言语;认为夸张和美化是对内心精神纯洁的玷污和毁损。于是,他们选择直截了当、朴实无华、实事求是、恭谨自谦、刚健有力、纯正诚实……这些品格都极大地影响了同时代人群的精神思想和生活方式。渐渐地,衣着服饰和言谈举止方面的这种民主和简朴风范也传播给了建筑学界。不幸,这些可贵品格却在我们当今时代再次消失;如今,到处见到各种技术手段的大量雕琢夸饰,取代了以往更显而易见的种种象征主义繁冗的表现形式……

---

① 公谊会,Society of Friends,基督新教的一个教派,也叫做贵格会,1650 年由英国人乔治·福克斯创立,倡导和平主义,反对一切形式的战争和暴力。——译者注

可见，格里诺这一主张的确是值得尊敬的。但是，它失之偏颇。因为，它在很大程度上未能公正对待人类其他一些价值观，这类观念的根源不是客观世界和活动成果，而是主观世界和生活质量，而这些正是建筑师应该努力予以改进和加强的。即使是机械功能本身，也仍然是建立在人类的某些价值观念基础上：比如，要求秩序、要求安全、要求权力，等等。但是，如果认同这类价值观念在任何情况下都是压倒一切的，进而否定人类其他品格的必要性，那就意味着要把人类本性仅局限于少数功能，其适应机器的需要。

说到这里，如果我们把格里诺的建筑功能主义理论与英国建筑艺术理论家、社会改革家和文学评论家约翰·腊斯金(John Ruskin, 1819—1900)在他的《建筑的七盏明灯》一书中所规定的建筑概念互相做个对比，或许很有受益。与普遍存在的曲解相反，腊斯金非常了解、也很尊重维多利亚时代那些结构功能方面和实用项目中的成就。包括他对于新建的铁路车站那些野蛮效果的批评，尽管语调透出狂妄幼稚，所说的话还是出于善意，关心铁路带来的废料污染、土壤侵蚀、蒸汽污染；但并未将这些缺点与工业化的效率混为一谈。不过，腊斯金坚持说，盖房子是一回事，建筑是另一回事。按照他的理论，只有当构筑物融合了独特的雕塑和绘画作品，因而得到充实和强化之后，房子才会变成建筑。

腊斯金的这种建筑理论认为，建筑必须依附于非建筑艺术的象征主义贡献；如果就依照腊斯金这样的表述，这样的理论在我看来，完全是错误的，当然也是完全无法与格里诺的功能主义概念形成妥协的。不过他的理论有助于突出建筑的表现主义和象征主义内容，并且强调其重要性。只要你把两种建筑物的图景互相调换对比，以宽泛的建筑概念去替换单纯的无修饰的建筑物概念，以壁画雕塑琳琅满目的建筑景象替换限制使用绘画和雕塑的简单结局，立即就能看出腊斯金主张中的基本真理性。建筑师通过选择建筑材料、结构章法、选择色彩、明暗转换、平面的丰富配置和变换使用，又在必要的地方采用雕塑和装饰来强化艺术效果，建筑师通过这种种努力，事实上已经把他这建筑物变成一张特殊的绘画，一张多维的动画；这动画的效果、特性，都会随时随地，随季节变换，随着观览者和居住者的不同职能、行为而时刻发生着改变。同样，建筑师能在一幢建筑物内建造出一件特有的雕塑艺术作品，人们不仅能够从外部观览它，还能走进去观赏它，在这雕塑形式的内部，步移景换，虚实交替，美不胜收，建筑产生的强烈审美效果超过了任何其他艺术。英国雕塑家亨利·摩尔(Henry Moore, 1898—1986)那些大胆的革新作品，按照自然形体和节奏原则而不用几何形体创作的抽象雕塑作品，像石雕《母子》，木雕《两个形体》，铅雕《新娘》等等，都是建筑审美中最为公认的作品。而建筑师则可以通过选用适当建筑材料,通过随意变换手法,自由调配总体结构布置,不断调整规划,提高整体形象,强调其中的特殊蕴义,突出表现其特殊价值理念,唯有这样,建筑物才能被赋予充分的表现力,也唯有这样,建筑也才能脱离构筑物,超脱出工程技术,成其为建筑。这时,腊斯金与格里诺,象征美与功能美,才能互相妥协,实现统一。

如今,无论当今技术进步有多快,我们对于艺术表现的需要都是一个常数,每种文化中都如此。没有艺术表现,人类生活就将无法延续,生活戏剧的情节将毫无意义,变成完全空虚的东西。生活必需有意义、有价值、有目的;否则人类就将死亡,而且是站着死去而并不躺倒,眼睛睁着却完全看不见,耳朵张开却听不到,嘴唇掀动而无语言。而且,人类不可能依靠任何机械手段复制旧的象征物来实现生命的重要意义。我们与古代文明的沟通交往,只能是精神意义的东西。我们从古代吸收的每一件遗产,都须经过消化和同化而完全为我们所利用,转化在我们的骨肉之中。所以,每一代文明都有其各自的生活方式。但是,由于必须为自己的工作和岁月找到意义和价值,因而我们这一代历史文明,同样也不能缺少自己特有的象征建筑,就像以往任何一代历史文明都有它们各自的标志性建筑一样。

接下来,我们就发现,象征主义的艺术表现,在被形式服从功能这一信条从前门赶出去之后,却又从后门跑进来了。到此为止,功能主义者们的自觉努力,从格里诺、沙利文,再到阿多尔夫·鲁斯和格罗皮厄斯,已经把象征主义的任何一种历史的,或者古老的表现形式,都赶尽杀绝了。他们确立了一种既成事实,就是一幢现代建筑物,不能是古埃及的仿制品,不能模仿古希腊,不能模仿中世纪,也不能模仿文艺复兴,同样,也不能模仿一堆大杂烩。这样,他们的新建筑物不是经过乔装打扮的传统形式,仅仅增添了些现代管路系统和电梯设施之类的点缀。这些现代建筑是赤裸裸的,干净利索的,完全没有多余装饰物的;但是仍有表现能力,仍然在讲述自己的故事。它们仍然不仅仅是机器的简单产物。它们静静地传达出一种信息,告诉人们,机器本身也可以成为顶礼膜拜的对象;告诉人们,一个看不起形象符号、诋毁形象符号的时代,仍然可能会去崇拜电动机,去崇拜伟大力量的某种象征物,就像是先锋派戏剧的创始者尤金·奥尼尔(Eugene O'neill, 1888—1953)戏剧作品里的男主人公那样;奥尼尔认为,剧场是表达严肃思想的场所,更何况希腊悲剧的内容必将重现人间。实际上,情感和心绪,这些东西历来都依附于有机载体,依附于人物,依附于政治或者宗教概念来表达。而如今居然被引导到机器形式之中了,这些新形式不仅表达了功能,而且活跃于功能之中,还为功能欢呼雀跃,居然能把新环境中那些数学的和非人格的层面,都一一戏剧化了。因而顺理成章的,这些新建筑物也就成了象征主义的构筑物(symbolic structures)。

　　这里，我要说的是，最近这二三十年那些伪装的严格功能主义作品，实际上许多都是某种心理学意义的神物崇拜或恋物癖，如若还算不上宗教意义上的同类物。这是试图把电动机当作崇拜偶像，替代圣母马利亚用来象征慈爱与忠诚，如果我可以在此借用亨利·亚当斯(Henry Adams, 1838—1918，美国历史学家和教育家。——译者注)常用的实例。可见，既然真正的功能主义者和恋物癖两者都已采用了同种技术作为表达手段，那就必须独具慧眼才能在一看之下区分出两者的差别。当然，要鉴别建筑本身则需稍微细致些，才能看出这一建筑是否站得住脚，并担当其职责；或者看出，那不过是个好看的幻影和假冒，而是被摆放在那里来完成某种职责。简单地说，有人低估了人类特性，尤其，他们让人类感情和情操臣服于纯智力，却靠夸大机器的价值来弥补自己这些错误。在他们看来，在一个由轰动事件和物质力量构成的无意义的世界里，单靠机器就足以能体现人类生活的目的了。因而，他们的机器便成了沉思默想的象征，而不是使用的工具；他们错误地把机器当成现代人类生活的全部意义。如今人们很容易犯这类错误，道理在于，如今物质世界的建成，绝大部分依靠了数学和物理学的研究成果和种种技术发明。因而，如今几乎所有的诚实建筑都或多或少地反映了这种支配，都默认了这一巨大技术资源。不去这样做，是很难很难的。

　　自然，若透过当今时代的各种建筑形式去深入体察，就会发现，这其中还有某些综合的观察角度，还有某种共同的思维方法，有某种共同的技术手段，都值得思考。仅只认为机器一个因素独自控制了20世纪建筑的从象征到功能的全部形式，这一见解还不足以提供真知灼见让人们认清机械化的紧迫危险，也无从认清当前很有必要让人类的其他动机和目的重新回归社会文明的中心位置。我们可以认同，海滨的房子，其造型应该像大海里的航船，勒柯布西埃就是这样设计的；一栋楼房就应该像是一个立体画面，或者抽象建筑画；但这些处理办法根本不能成为功能主义的前提。机器，作为一种象征物，完全可以体现19世纪工业化早期那种偏颇的、失衡的文化。如今，到了1951年我们认识到，机器仅只代表着人类精神中很有限的一部分内容，这一点，人们在1851年是不可能认识到的。如今的时代，不仅属于法拉第、克拉克·麦克斯威尔(Clerk Maxwell)和爱因斯坦，这个时代还属于达尔文、马克思、克鲁泡特金，属于弗洛伊德、伯格森、杜威、帕特里克·格迪斯，属于汤因比……一句话，我们这个时代，是一个深入的精神分析和心理探索的时代，是社会责任空前提高的时代。如今有了生物学、社会学、心理学等学科的巨大成就，我们终于开始逐步理解了，什么是完整的人和人类。因而，建筑师就应该大力体现这一理解和觉悟，在体现机械效能的同时，也努力去展示经济学、效能、抽象机械形式以外的种种人类内涵。

现代人类拥有一个多层面的世界,这个世界中,人类主观体验的兴趣、价值、感情、情操等因素,并不亚于客观世界里物质环境的作用。因而,滋养人类生命和灵性,比扩大权力、多生产标准化商品更为重要;但不幸,如今人类却把后面这些内容本身当作了生活的目的。如今,古希腊的神庙、文艺复兴时代的宫殿,都已不能代表我们的文化;机器,同样,也不能充分体现我们的文化。恰恰相反,我们知道,我们的几乎无力自拔地专注于机器那冷冰冰的秩序,这本身就显露了自身的软弱,表明我们情操上不安,感情上压抑,或者,表明我们人类已经从社会生活的要求中全面退缩了。在这样一个全新的时代和全新的局面中,坚持把机器当作宗教般的迷信崇拜,无非表明自己无力诠释当今时代的种种难题和危险。从这个意义上说,勒柯布西埃出版他的论战性著作《走向现代建筑》,是个不可低估的反动影响:它是一种倒退,而不是前瞻。

92　　　前面说了这么多,并非要证明,形式服从功能这个信条是在误导人。千错万错,错在对这个公式的理解和使用过于狭隘。事实上,功能主义必须服从两个主要的限定条件:首先,不能仅仅用机械学的概念来理解功能,把它仅仅理解为建筑物的物理学功能。新的技术手段和设备以及机械功能,当然都要求新的表现形式;但是,新的社会目的和新的心理洞察力,同样要求新的表现形式。建筑物除了自身那些物理学要素之外,还有许多因素会影响到使用者的健康水平、舒适程度和愉悦感。所以,如果考虑到人性的全部特征和需要,具备表达或者象征意义,也就成为建筑物的基本属性和主要标准之一了。而且,所要履行的功能越是复杂,其所要求的形式便越丰富、越巧妙。换句话说,而且顺便也引出了第二个限定条件,就是:表达意义本身,其实也就是建筑的首要功能之一。

比如,姑且从建筑物的卫生保健设施的层面来分析,建筑师可能仔细计算了需要多少立方英尺空间才能向公共大厅里 1000 人提供足够的空气;或者,借助音响效果的准确计算,加上一点点运气,它还可以设计出一个大厅,其中的每一位听众都能最大限度地听清楚那些必要的声讯。但是,建筑师在做完这一切科学计算之后,他还需要从其他角度来重新审视和掂酌这些数据,看看这样的建筑空间和形态会对人类灵魂可能产生哪些影响。中世纪的大教堂里,当时的经济背景下,舒适和良好的音响效果通通让给了教堂的堂皇和神秘氛围,这些都是设计出来震慑信众的。在中世纪文化的大背景下,这样的安排既是有效的象征主义又是真实的功能主义。在文艺复兴时代等第森严的贵族社会中,音乐本身服从于上层贵族家庭盛装游行的豪华排场,游行的目的是炫耀财富和地位,相互攀比对照,让他人和公众羡慕不已。这种局面中,新古典主义歌剧院的马蹄形剧场形式,虽然音响效果很差,却能保障包厢观众的良好视野;这样的安排,就表达当时社会文化框架内这些显贵的重要社会地位来说,同样恰如其分地体现了建筑物的应有功能。

换言之,每一幢建筑物,除满足生活中物质和机械职能之外,还须担负使用者特有的文化职能和心理目标。因此,有机含义的功能主义,不能仅仅满足于实现了机械功能,或者满足了人们生理需求后,就止步不前了。正因如此,英国在重建众议院的时候,温斯顿·丘吉尔先生就很明智地提出,议会里的坐席空间宜略小于议员实际人数;这样,在出席人数正常的情况下,就能保持议会辩论过程中一种紧密和亲近氛围。丘吉尔这一提议十分聪明,非常符合议会大厅墙壁上那些中世纪装饰,虽然这些浮华矫饰的装潢图形已十分古拙失当。英国就是这样,直至当今他们的议会大厅里仍然顽固地保持着一些传统仪式,比如,演讲人还要拿着象征权威的权杖,很让现代人感到无所适从。虽然一些慧眼独具的建筑师或许能用某种办法去呼应这种传统仪式,比如,靠一件独特的雕塑,等等。

到了 20 世纪 20 年代,随着勒柯布西埃的首创和影响日益广泛,机械化符号语言,以及种种背离人性特征的做法,被当作包罗万象的原料用在现代建筑之中。这种局面下,佛朗克·劳埃德·莱特的建筑开始遭受到相当多武断而激烈的批评、诋毁和贬低。不过,这种贬抑的更深层原因,还是由于莱特的建筑作品在质量上要远胜于勒柯布西埃学派。莱特的建筑设计作品中,无论主观因素或者象征因素,都与建筑的机械功能要求同等的重要。比如,从他早期的草原住宅设计开始,他就力图用建筑的手段来展现人类理想,让建筑的平面布局和立体形象都成为人类理想的外化,千方百计让建筑物反映出使用者丰富的人生志趣和追求。花园、田园等等,后来能够作为要素进入室内设计,其最初的驱动力乃是有机思想本身,乃是人们渴求融入大自然的原始愿望。唯其如此,莱特早期草原住宅设计中那种平阔舒展感,后来才被他用来作为表现手段介绍给了早期的区域型住宅设计,化为其中的粗大横向线条。同样原因,莱特后来的作品中,他也开始采用严格的几何形体,圆形、正六边形、螺旋形等,此类人们主观精神的种种选择倾向,作为整个建筑物占地的平面模式。结果,如后来马修·诺威基(Matthew Nowicki)①所

① 马修·诺威基,Matthew Nowicki,1919 年 6 月 26 日出生于俄罗斯赤塔市,1950 年 8 月 31 日因空难在埃及开罗附近去世,波兰建筑师、教师,也活跃于美国建筑界。父母是波兰人,幼年时期游历广泛,包括在芝加哥度过几年。从 1925 年开始在波兰华沙科技大学学习建筑(1929—1936),深受勒柯布西埃影响,但很快脱离了形式主义的束缚,在思想主张上接近了奥古斯特·佩里(Auguste Perret)的建筑思想。毕业之后留校教书,同时担任私人设计项目,他在战前的重要设计作品包括波兰里滋市行政大厦、华沙游乐体育中心(1938)。二战期间担任波兰的地下秘密教学,讲授建筑和城市规划,战后立即参与华沙的城市重建规划。——译者注

指出的,这种情况下,原来旧有的公式就被颠倒了:功能臣服于形式:人类开始对自然发号施令了。

可是,当主观的东西被过分表现,其结局往往就很不愉快了——就像文艺复兴时期建筑的效果那样,讲究中轴对称,平面和立体组合都要求平衡布局和对称规划,结果都是费力不讨好。但是,这样说仅只是承认,如果机械功能——若孤立起来看——不能满足人类生活要求的时候,这种情况下主观表现形式(若脱离了实际需要的考量)必然会变得为所欲为、主观武断、桀骜不驯,完全背离正常观念。因此,一个建筑师越是善于、敏于表现技巧和效果,就是说,如果他越是善于将"楼房"转化为"建筑",那么,他就越需要有自知之明,越需要自控自律;尤其,他就越需要把自己内心的愿望服从于用户的个性和追求。

就后面这种情况而言,佛朗克·劳埃德·莱特的建筑作品有时候也并非无懈可击。当然,莱特绝少遇到这种情况:面对一位非常严厉的用户,坚持己见并敢于拒绝莱特那咄咄逼人的天才创造力,却又要求各种问题最终都能面面俱到获得圆满解决。不过,有一种情况在莱特建筑中很突出,往往是不言自明的,这就是:莱特建筑中居于统治地位的不是机器,而是人性。因此,佛朗克·劳埃德·莱特设计了那么多建筑,其中明显的标志,绝非机械学的整齐划一,而是变幻无穷的丰富多彩,这变幻万千丰富多彩,却又是莱特自身那种积极向上的个性能够掌控自如的。而且不论人们如何品头论足地挑剔他的建筑物设计,比如说,我当年就曾经提出过一些批评意见,但我们仍会发现,他的作品在当今建筑物设计当中仍不失为突出的杰作,原因是这些作品能把机械特性和人性天衣无缝地结合到一起。我们看到,形式服从功能,与功能服从形式,他常常能够交替运用,能让两种法则在必然和自由之间有韵律、有节奏地相互伴舞,在我们眼前不断展现构建与取舍的变通,客体决定自我与自我决定客体的交替运用。总之,莱特以他丰富的想象力,创造性地运用机器形象,同时却能拒绝沦为机器的奴仆而忘却自身目的;这些,他都做到了。因而,他的作品便成为呼唤未来的号角,号召技术与艺术,在一个全新的时代,最终实现联合。

然而,要求建筑物一方面必须实现其种种实际职能和实用目的,同时,又要求它富于人性表现力,充分表达其象征含义——这样一种创作境界,其实是很难实现的。只要看看如今我们近旁一幢建筑物就会相信,要建成符合这样标准的建筑物,有多么困难了:我说的近旁这建筑物,就是新近落成的联合国组织机构的秘书处大厦(Secretariat Building)。这幢宏大的钢铁、铝合金和玻璃材质的矩形高楼,通体为棱柱形,与其说是楼房,不如说是个巨大无比的玻璃镜,它能将整个曼哈顿大都会地区的都市景象都映照其中。这幢硕大无比的建筑物,一方面体现了当今技术能力的完美成就,另一方面呢,给人的感觉却又脆弱如蛛网,空灵透明如一大块玻璃板;或者,规则的几何形体又让人联想到蜂巢。为了完成这幢重要建筑,二三十位建筑精英和工程巨匠齐聚一堂,反复会商。不幸,最终为这一设计所选定的指导思想,从建筑学的思想主张来说,是一种十分狭隘、十分浅陋的思维,远不能解决该项目各种实际问题。比如说,他们决定把这幢联合国秘书处大厦建成一幢十分高耸的大楼,让它雄踞于附近楼群之上;从这一决定本身,我们可以看出两点:首先很可能,从一开始就没有很好地理解该建筑物应有的伟大象征意义;或者,完全曲解了联合国这一重要的国际组织的性质和使命。还有,若放在全纽约城的大范围来看,这幢高楼虽有 42 层,却完全无法产生任何高耸效果,因为在纽约那一大片著名楼群中,这无非是个无名小辈;一眼望去它甚至显得低于视平线,因为其所面临的水滨和高楼之间,还有段很大的坡降。而再看它与联合国大会大厦(General Assembly Building)的联系,就会发现,秘书处大厦则又显得极其高耸,几乎令人压抑,这真是咄咄怪事,除非这些建筑师们就是为了恶搞,存心要表达人所共知的一个事实:詹姆斯·伯哈姆(James Burnham)①的管理革命已经成为既成事实了,而这个真正的决定就是在联合国秘书处做出来的,而且,其决策者是一个官僚机构。

　　那么,这幢大楼是不是按照办公楼应有的概念和功能严格建造而成的呢? 有关的建筑师们,是否抓住了这个天赐良机,努力为全世界其余的办公楼展现一个理想样本:它不受任何房地产投机操作的局限,也不受任何局促建筑地块限制,还超脱出大都会的拥挤建筑群落的理想样本呢? 可惜,不幸,作为一幢巨大办公楼功能单元,这幢联合国秘书处大厦则更加乏善可陈,甚至还比不上它的象征效果。这幢建筑,正如后来它的首席建筑师所说,实际上是三栋单独的办公楼,一次迭加而成的;三幢大楼各自都有自己的电梯、通风换气设备。换句话说,从功能上讲,找不到任何理由要盖成现在的高度。另外,就为了追求一个单纯的审美目的,创造了那么大一面延续不断的玻璃墙幕立面,殊不知这要把多少钱财糟蹋到大量的清洁工作上;因为,玻璃窗之间那么多拱间墙以及窗户本身都需要清洗,清洗之外还需要养护,其耗费数量之大非同一般。此外,还有人工通风设备的巨大耗费,都会白白损耗掉宝贵资金,否则可以用于其他更有用的目的。而这还不是问题的全部。该项目的设计为了在大厦南北两端创造出类似连续大理石石

95

---

① 詹姆斯·伯哈姆,James Burnham, 1905—1987,美国著名政治理论家、前共产主义活动家,知识分子;以其 1941 年出版的《管理革命》(*The Managerial Revolution*)一书闻名学术界和美国社会,该书对于思想界和政治界产生过深远影响。——译者注

条的纯粹抽象美艺术效果——或许，还为了顺便也为女厕所窗户增大开口宽度，其原因那就谁也搞不清楚了——结果，建筑总周长大约四分之一都未能合理利用而牺牲掉了。否则，这些立面完全可以用来为办公区提供自然采光。而其功能效果又如何呢？效果就是，如此一个重要机构的工作人员，不能在很理想的办公环境工作，只能在建筑物内部许多惨淡枯燥的小方格隔间里工作，享受不到阳光、空气和外部景观。如果充分考虑了功能需要，这些条件本来都可以通过设计来满足。为一个世界规模的国际机构设计的项目，而且，该机构使命之一就是要不断改进工作人员的工作条件，居然设计出这样一种结局，真是个很丢人现眼的大败笔！因为这样一幢建筑内，许多必要功能都丢失了，工作条件恶劣，这本身就意味着其象征意义也失败了。

简言之，这幢秘书处大楼为了追求一个象征意义上的纯净美效果，牺牲掉了自身许多正当的、必要的功能要求，而其所追求的象征本身却并不具有合理的象征意义；除非我们认同这幢摩天大楼的象征意义就在于它令人信服地、又于无意之中象征着当今世界一个非常广泛的现象：生活价值正在涣散，人类文明正在解体。实际上，整栋联合国秘书处大厦，或更恰当地说，这几栋谦恭而优雅楼房组成的建筑群，本来要体现秘书处谦恭优雅的特色，它既不应该设计为纪念性建筑，也不应该设计为象征性建筑；当然，就更不该设计成纽约城里那么多商业性摩天大楼的仿制品。它应当立足于人文尺度来规划设计，在形象和高度上都将自己臣服于联合国大会大厦。办公楼在设计建造上，要充分尊重经济原则、实用的机械性功能，尤为重要的，要充分照顾到工作人员的实际需要，而不能仅仅是口惠而实不至。所以，首先，大厦的朝向应该充分考虑采光和通风，那样就不至于浪费大量资源，靠大量技术手段来补救整体上的设计错误。大厦周边还应当补植树木和花草植物、草坪绿地，那样就能在严冬和酷暑季节里提供可人的小气候环境；其间配以建筑小品，工作人员也就可以利用工间休息时间在此地进行交流、晤谈和沟通。国际组织内本应有的如此重要的活动安排场所，如今都在当前的建筑布局中丧失殆尽。眼前这幢建筑物重又陷入了纽约浮华矫饰的原有模式；实际上，大厦的建筑师们应该避免落入纽约原有窠臼，为将来所有的办公楼探索出路，创建一个新模式，以人为关怀统领一切目标，而不要去追求牟利、名望……包括机械拜物教的种种表现形式。

依照这样一个思路，联合国秘书处的职能本身，就能产生出大厦应有的象征形象和意义，无论在地位和职能上，这幢大厦都应该附属于联合国大会大厦和周围总体环境，尤其应该凸显联合国大会大厦本身的精神象征。但却恰恰相反，秘书处大厦的设计师们，仅仅为了实现一个空洞的抽象形式，一个凝然不动的几何学概念，让它反映出现代技术的空无一物和毫无目的，却把大厦的机械功能效果和人文价值都牺牲掉了；这倒暗合了如今对现代技术的真正理解。这样的设计效果表明,设计者显然没有透彻领悟,如此重要的一个国际组织的性质和使命是为了献身于和平、人类正义和改善人类生活条件。那么,大厦又体现了什么呢? 简言之,它既展示了功能主义的瘫痪,又显露出象征主义的虚无;尽管从技术上看它是簇新的,却在建筑学和人文价值上是苍白的,简直就是给伪现代概念所做的最好注脚。

实用功能和表现形式的关系,最终如何解决? 这个问题,当代建筑师当中的一个人已经有了最为接近该问题的最终答案。可惜,他于1950年在一起飞机失事中英年早逝了。这就是波兰裔的美国建筑师马修·诺威基(Matthew Nowicki)。诺威基的去世带来的损失,真可以与当年约翰·维尔邦·鲁特(John Wellborn Root)[①]同样也是英年辞世时,建筑界遭受的损失一样令人痛惜。诺威基一生短暂而精彩的四十年当中,从头到尾涉猎了现代建筑的各种形式,从20世纪之初出现在法国的以毕加索等人为代表的立体主义(cubism,把物体或人体分解为若干几何形体或立体组合),到机械功能主义、本体表现派(*Sachlichkeit*),再到以勒柯布西埃为代表的"国际风格",他都涉猎到了。由于诺威基立足于当今时代,他把标准部件、模块等等,看作现代建筑的基本法则,认为这些东西是构成现代形式的最基本原材料。因而在这类现代建筑设计模式当中,比如建造于北卡罗来纳州州府罗利市博览会的会场(State Fair Ground at Raleigh),他就采用了典型的现代形式,以抛物线的圆弧拱形,构成了会场大看台上迭次升高的曲面:大胆而壮美,真是鬼斧神工的一笔,而且与功能要求贴合得天衣无缝。

但是,诺威基也懂得,任何建筑物都会传达自己的心声,而且,这一心声还须让使用者能够领悟。因此,在为罗利市设计图书馆和博物馆拟定草案时,他考虑到这两个设施的选址都很靠近州政府和议会,就非常注重传达北卡罗来纳当地人所十分推重和崇尚的本乡本土的古典主义的优秀内容。为了在设计中迎合这种心理,他在新建筑设计中采用了人工照明,以创造出坚固石材建筑的气魄,同时让它具备现代形式,共同传达出古老建筑可爱的质感。这一手法,这种悟性,这种人文关怀,与勒柯布西埃建筑设计常常要求人们削足适履的做法适成对照。让人想起古希腊神话中的神灵普罗科库斯特斯(Procrustes),他开店招揽旅客,体长者须截下肢,体短者则抻长身材,以适应他旅店的

---

① 约翰·维尔邦·鲁特,John Wellborn Root, 1850—1891,美国芝加哥学派建筑师,擅长商业建筑设计,对于摩天大楼在高度、功能和象征表现上都有卓越贡献。曾在牛津大学学习建筑,毕业后回国与伯纳姆合作开办建筑事务所,作品有蒙托克大楼。当时为了在芝加哥软土地上建造这幢十层大厦,他采用了钢轨形成网络结构,卧入地下当作地基,让建筑载荷均匀分散到广阔地面。……参加芝加哥世界博览会期间患肺炎去世。——译者注

要求……

所以,同样,当马修·诺威基去印度为东旁遮普邦首府设计建造新都,他就没有携带任何西方现成的陈旧设计方案,而是发挥自己优异的独创和敏锐,从印度人生活方式当中汲取营养,不厌其烦地观察和吸收印度建筑上各种细小的装饰符号和语言。最后,他设计出的住宅小区单元,亲切可人而丰富多彩,采用了印度当地现代建筑特有的模式和图案,与当地景观融为一体,同时传达了印度人的人性特征和家庭生活气息。

诺威基的建筑,植根于严格的物质基础,在此基础上雄踞于实现社会层面和人性高度。他为人谦恭,富于同情心和人性关怀,真诚地尊崇生命的各种表达形式;因而,他比同时代的任何建筑师都更有条件去实现一个伟大的使命:就是,在有机与机械、局部与整体、抽象理性与鲜明个性之间,找到一种充分的妥协。所以,如果现代建筑还要继续发展、继续成熟,就应该沿着诺威基开始照亮的道路继续前进,创造丰富的形式去正确体现人类社会生活每一方面的内容,去不断追求机体与精神、实用功能与象征意义的完美结合……

第三章 城市:人类文明

> 他游历了那里民众的大小城镇,也因而知晓了他们的内心。
>
> ——荷马

导 论

芒福德建筑评论的核心概念和主要标准在于,他非常强调建筑所赖以建立的全部人文背景和环境。在他看来,一幢建筑物,除了它是个自由自在、自成一统的构筑物之外,其余则全凭它自身的美学价值任人品评。他认为,建筑不过是更大的人文环境或者自然景观中一个小小的元素。因而有灵感的建筑物,就要求有灵感的城市规划。

1923 年,芒福德带着这样一种见解,走近一群年轻建筑师、规划师、环境保护主义者,当时这些人正准备以这种全新的城市思想理论建设一批新城镇。他们成立了一个组织,就是后来的美国区域规划协会(Regional Planning Association of America, RPAA),为首的三位学者,是当时 20 世纪美国城市与区域规划界里最杰出的人物,克拉伦斯·施泰因(Clarence Stein)①、

---

① 克拉伦斯·施泰因,Clarence Stein, 1882—1975,美国建筑师,生于纽约城,就读哥伦比亚大学建筑系及巴黎的美术学院。毕业之后在 Bertram Grosvenor Goodhue 建筑事务所工作,参加了 1915 年圣迭戈的世界博览会设计工作。后与刘易斯·芒福德和亨利·莱特合作,建立了美国区域规划学会(RPAA),借此组织,把英国人埃比尼泽·霍华德的《田园城镇》里的先进思想引进美国。后来,施泰因又与莱特合作,共同设计了新泽西州的新城镇瑞德邦(Radburn, New Jersey, 1928—1932),这是一座依照田园城镇建设起来的新型郊区,其中的大型街区是社区成功设计的典型;除新泽西的 Fair Lawn 之外,还有纽约皇后区的 Sunnyside Garden 等,把居民活动场所要求,包括室外游戏和步行交通空间安排,都充分考虑在内,是社区规划设计的成功之作。施泰因的代表著是 1951 年出版的《走向美国的新城镇》(Toward New Towns for America)。——译者注

亨利·莱特(Henry Wright)[①]、本顿·麦凯(Benton MacKaye)[②]。芒福德加入这个组织一年之后,就成为这一组织的首席代言人和理论家。

芒福德和他这些 RPAA 的同事们,首先就从英国理想主义者、著名城市思想家和田园城镇运动的创始人埃比尼泽·霍华德(Ebenezer Howard)于 1898 年出版的《明天的田园城镇》(Garden City of Tomorrow)一书中为美国引进了有关田园城镇规划的先进思想。为了控制工业城市的无节制的增长发展,霍华德起草了一个城镇规划图,具体的控制办法是:把过剩人口重新安置到位于大都市外围郊区地带的中等规模城镇内,这样就能让工业城市重新回归到人文尺度。这些区域城市或者城市区域(regional cities)范围内各个城镇之间,以绿地、农场、农庄和公园用地互相隔开,以保障城镇不会继续向四周扩展。土地资源实行共有制,而城镇及其周围的地区则规划成为互相连接、依靠的整体。为了推行这种设想,霍华德本人首先在伦敦北部建设了两座这样的新城镇,就是后来脍炙人口的第一批两座田园城镇,莱奇沃思(Letchworth)和维尔文(Welwyn Garden City)。美国区域规划学会受霍华德这一成就的影响和激励,也在纽约城的管辖范围内建造了两处规划社区,就是 Sunnyside Gardens, Queens(后来的纽约皇后区)以及新泽西州的瑞德邦(Radburn)。尽管这些社区还都算不上完整的田园城市,而只能算是设计合理规划和谐的社区,却对美国和欧洲的城市规划事业产生了深远影响。

从此,芒福德对于人类未来的城市形式和质量十分关心十分热忱,正是这种兴趣激励了他去研究人类以往的城市。在本章那段开篇文字"正在消亡的城市(The Disappearing City)"中,芒福德就指出,要建设新城镇,首先就要为城市找到一个全新形象;而若不清理理解历史上健全城市具备哪些特点,若不清楚历史上人类在城市规划中所犯过的各种错误,也就无法设想出这样一个全新的城市形象。本着这样一个宗旨,也为了这样一个目标,芒福德写成了他的两本经典著作:1938 年发表的《城市文化》——这

① 亨利·莱特,Henry Wright, 1878—1936,美国景观建筑师、社区规划师,生于堪萨斯州的罗伦斯镇,在宾州大学学习建筑,被公认为美国社区改进运动的领军人物,1918 年开始担任美国海军陆战队住宅部的城镇规划师。是美国区域规划学会(RPAA)的创建者之一,长期与施泰因合作,贡献卓著。20 年代担任纽约州住宅建设和城镇规划委员会的顾问,后来担任公共工程部门的顾问,并于 30 年代在哥伦比亚大学建筑系任教,主要代表作是《美国城市社区的重新规划》(*Rehousing Urban America*, 1935)。——译者注

② 本顿·麦凯,1879—1975,美国林业专家和区域规划师。出生于康涅狄格州的斯坦佛镇,毕业于哈佛大学。曾经担任美国森林管理部门的研究人员,参与了阿巴拉契亚山系地区的交通通道的设计和建设(1921);后来又来到田纳西河流域参与区域规划(1934—1936)还参与该地区农村电气化工程的实施(1942—1945)。其主要的区域规划思想大多见于他的代表作《新探索》(*The New Exploration*)(1928)。——译者注

本书确立了芒福德的国际威望,以及二十多年之后完成的另一本巨著《城市发展史》(1961)。这是一本更为深刻、严谨的巨著,虽然这部书发表的时候,他原来对于全世界范围内的都市文明重新振兴的设想和实现的可能性,已经开始有些丧失信心了。

我们在这一章所选的片断中所见到的,是那个年轻的芒福德,也就是《城市文化》一书中那个充满信心的芒福德。正如他的所有建筑学著述一样,这本书依靠他自己过去二十多年的欧美的广泛游历中所记录的第一手资料,征引其中有关城市和城市问题的丰富的知识和札记。实际上,这本书本身就很像一座大城市,充满活力、丰富的想象力,其中所描述的种种城市景象都栩栩如生,呼之欲出。芒福德在此书中充分运用了他的洞察力和建筑学技能。然而,他的首位关注乃在于,把城市当作人类的一个社区聚落,当作演出人类丰富生活剧目的舞台或物质环境。在这本书里,如其他一切建筑评论中一样,他首要关注的是城市的社会问题,而不是它的美学价值。这座城市是人类应该选择的吗? 它能够负担人类生活的全部需要吗? 这座城市的设计有助于培养人们的步行活动和面对面交流的日常习惯吗? 这类问题都是他最感兴趣的。

《城市文化》是一本历史著作,其中所讲的历史真正汲取了经验教训,有催人猛醒的意义。全书结构致密,丰富的内容编织成一场激烈争论,论证了芒福德始终为美国区域规划学会维护的一种城市模式。书中一个贯通全篇的主题,囊括了芒福德迄今为止撰写过的一切重大问题,而其核心内容则是:研究人类那个均衡的、无中心的文明形式遭到浸蚀和被取代的过程;但取而代之的,是一个以大都市为中心的、令人感到压迫的新型文明;这种文明形式体现了权力、人口和文化的空前集中。芒福德此处的论述,从描述一座中世纪城市开始。而且,这里是将其当作田园城镇概念更早的古老版本来讲述:这是一处结构设计紧凑的社区,规模适度,周围是开阔的乡野……文章接着讲述了人类城市文化史上随后发生的事情,如何丢失了美丽景色,以及如何陷入秩序混乱和道德困扰的漫长历程。

芒福德此处关于中世纪城市的描述是富于启发和令人信服;有些段落带有史诗大事件叙事的艺术魅力;其中最令人爱不释手的章节,还是他对于中世纪皇城和巴洛克宫廷的描写。这些篇章大量征引了德国哲学家、纯历史主义者奥斯瓦尔德·斯本格勒(Oswald Spengler, 1880—1936)的研究成果,借用奥斯瓦尔德关于任何历史文明都有其发生、发展、成熟、死亡的生命周期的著名学说,芒福德潜心研究了 15 世纪到 18 世纪三百年的西方帝国的历史变迁,找到了历史运动的一些共同规律:从普遍性(universality,也译包罗万象、无所不能……)走向均一性(uniformity,也译千篇一律,平淡无奇,甚至可理解为从内涵丰富走向徒有其表,流于肤浅),从地方割据走向中央一统;从上帝的绝对权威走向世俗统治和民族国家政权。芒福德对于巴洛克城市做了强有力的、言之有据的批判,尽管或许某些文字失之偏激,这些论述都很值得细心研读。道理在于,正是从诞生了巴洛克城市的母文化当中,芒福德找出了当代许多问题的总根源,而这些问题直至20世纪仍然继续折磨着人类的城市和人类文明。

芒福德在20年代经常光顾华盛顿哥伦比亚特区(Washington D. C.),他在这座城市中发现,其巴洛克式的都市规划中多处重复了古代巴洛克思想的错误,结果令一些设计索然无味。华盛顿的设计过于在意展示效果和景观堂皇,它关注车辆交通而把邻里需要和人文尺度弃之不顾。为此,芒福德在一次游览之后,愤怒地写下,"其总体框架构思堪称绝妙,但是,一座城市仅靠政府就能生存吗?"

也是在《城市文化》这本书里,芒福德指出:20世纪一些城市规划师,比如勒柯布西埃等,继续继承古代巴洛克建筑师的衣钵,似乎感觉这种包罗万象的规划方案,喜爱其中那种彰显气派、不可一世的风范,这种风范能赋予他们权力,将都市建设中一切小的、不事铺张浪费的项目都赶尽杀绝。不过,芒福德在此书的结尾仍怀希望,他呼吁为人类建造一种新型城市,这种城市要比中世纪的法国哲学家、神学家阿比拉尔(Abelard)和意大利神学家、哲学家阿奎纳(Aquinas)时代的城市都更加贴近人类生活要求。阅读这一长篇、复杂的论述,我们一次又一次地看到,忧心忡忡、绝望愤怒,与执著坚定、乐观积极,都奇妙地混杂在一起,而这正是芒福德的个性特色。

城市的本质

104

城市——如人们从历史上所观察到的那样——就是人类社会权力和历史文化所形成的一种最大限度的汇聚体。在城市这种地方,人类社会生活散射出来的一条条互不相同的光束,以及它所焕发出的光彩,都会在这里汇集聚焦,最终凝聚成人类社会的效能和实际意义。所以,城市就成为一种象征形式,象征着人类社会中种种关系的总和:它既是神圣精神世界——庙宇的所在,又是世俗物质世界——市场——的所在;它既是法庭的所在,又是研求知识的科学团体的所在。城市这个环境可以促使人类文明的生成物不断增多、不断丰富。城市这个环境也会促使人类经验不断化育出有生命含义的(viable)符号和象征,化育出人类的各种行为模式,化育出有序化的体制、制度。城市这个环境可以集中展现人类文明的全部重要含义;同样,城市这个环境,也让各民族各时期的时令庆典和仪节活动,绽放成为一幕幕栩栩如生的历史事件和戏剧性场面,映现出一个全新的而又有自主意识的人类社会。

古往今来多少城市都是大地的产儿。它们都折射出农民征服大地时所表现的勤劳智慧。农民翻耕土地以求收获作物,农民把畜群赶进围栏以求安全,农民调来水源以求滋润田禾,农民建造谷囤粮仓以求贮存收获物……所以,从技术角度看,城市不过是把农民营造大地的这种种技能统统推向一个新的高度。城市就是这种安居乐业生活的一种象征,这种生活是随着永久性农耕园地的形成而开始实现的:只有当有了永久性的庇护所、永久性的生产手段和生产形式的时候——比如果园、葡萄园和灌溉设施,以及永久性的保存和贮藏手段设施——人类才形成了这种安居乐业的生活方式。

乡村生活的每一个方面都对城市的诞生和存在有所贡献。农民、牧人、樵夫、矿工们的知识经验,都会通过城市转化成为——或者"升华(etherealized)"成为——丰富多彩的成分而在人类文明遗产中流传久远:这个人贡献了纺织品和奶油,那个人贡献了壕沟、堤坝、木制水管和制陶旋床,第三个人又贡献了金属制品和珠宝首饰,等等。这些经验最终都转化成为城市生活中的各种要素和手段。这些东西也增强了城市生活的经济基础,为城市的日常生活提供了技艺和智慧。来自不同疆域、不同部族、不同类型的生产方式当中最为精华部分,都会在城市环境中得到浓缩,这些东西因而才更有可能彼此进行交融和实现新的组合。最终这种城市效能,在它们原来各自狭小而孤立的诞生环境中是根本无从实现的。

古往今来多少座城市又无一不是时间的产儿。城市是一座座巨大的铸模,多少人终生的经验积累都在其中冷却着、凝结着,又通过艺术手段被赋予永恒的形式;否则的话,多少历史事件对于今人根本无从知晓,更谈不上延续和推陈出新,谈不上感召更多的人继续广泛参与。在城市环境中,时间变得可以看得见、摸得着。建筑物、纪念碑以及公共要道、大街小巷,样样都比书写的文字记载更加公开而真实,样样都比乡村里分散的人工物更容易被大众观察到、注意到。甚至对于那些很无知、很冷漠的人们,城市的种种影像也会在他们的心目中留下生动印象。历史文化遗迹的保护已经是当今城市中一项重要事实。历史文化遗迹遗产一代代保护下来了,时间就会向时间挑战,时间就会与时间发生冲撞:以往历史上的各种文化习俗、价值观念、生活理想,都因此流转到来世;于是乎,城市以不同的历史时间层次把一个个世代的具体特征都依次贯串了起来。就这样连续积累,一层叠一层,以往的时间记录不断积存在城市之中,直至城市生活本身都感到透不过气的威胁:于是乎,纯粹出于保护的目的,现代人发明了博物馆。

设想,若离开了城市的丰富时间结构特性,城市自身能够在很大程度上逃脱那种"唯有现在"的悲惨局面吗? 如若没有城市在时间上的丰富性,城市就只能面临一种单调的未来,就只能听到历史上听过多次的单调音响节奏在未来的乏味重奏。而事实上,城市通过自身以时间和空间合成的丰富而复杂的交响变奏,一如通过城市中社会劳动分工协作,城市给自己的生命赋予了交响乐般的品格:各种专业化的人类才俊,各种专业化的乐器手段,产生了宏亮的和声效果,这效果是任何单一乐器都无法单独做到的,无论是音量或是音质上。

古往今来多少城市又莫不缘起于人类的社会需求,同时又极大地丰富了这些需求的类型及其表达方法。在城市的作用下,远方传入的各种社会力量和影响同本地的同类物相互交融。与它们的融合和谐相比,它们之间的冲突也具有同等重要意义。在城市当中,通过市场、聚会场所等介质的交融手段的浓缩强化,人类的生存方式逐渐形成了各种替代形式:乡村中根深蒂固的循规蹈矩渐渐地不再具有强制性;祖传的生活目标渐渐地不再是唯一的生存需求满足:异国他乡到来的男男女女,异国他乡传入的新奇事物,闻所未闻的神灵仙子,无不逐渐瓦解着血缘纽带和邻里联系。一艘远方的帆船驶入城市停泊,一支骆驼商队来到城市歇息,都可能为本地毛织物带来新染料,给制陶工的餐盘带来新奇釉彩,给长途通讯带来其所需用的新式文字符号体系,甚或还会带来有关人类命运的新思想。

城市环境中,机械学方面的每一次新奇的应用发明都会产生相应的社会结果;因为机械学方面的发明才能和成果,往往引发新的社会需求;而这些新需求会促使产业和政府循求新途径进行试验。比如,起初,人们需要建造一处共同设防的据点作为庇护所,以抵御猛兽侵袭,这种需求就把本地的乡村住民吸引到山坡上的堡垒要塞中来居住了。他们在求得共同防御效果的同时,就要将自己混同于其他群体。起初这是迫不得已的,但久而久之,相互交往,以至广泛合作的可能性都因此大大增加。这种实际过程促使独自隐匿的、巢穴般安谧的乡村逐步过渡到统一化管理的城市,于是人类有了更高的成就空间,更远大的发展前景。至此,各种经验集体共享的结果,加上理性批判的激励,就把乡村社会中重大仪式和节日庆典转化为更富有强大想象力的悲剧形式:经验不仅仅被深化了,并在这个过程中被更广泛地传播开来。同时,在另外的某个平原地区,金匠们原来施用于珍贵物品的消极的储藏方式,则在城市社会需求压力和市场机会的双重作用下,逐渐变成了资本主义的强有力的工具手段——银行,它既借出资金又储蓄资金,把资本投入流通领域,并最终主宰了贸易和生产的全过程。

城市是自然界万物事实中的一种,从这个概念上说,它与一处洞穴、一串游弋的鲭鱼或者一座蚁冢,并无差别。但是,它同时又是一座有灵性的艺术品,在它的共享的社会框架内,包含有众多比较简单、比较个性化的艺术形式。人类的精神思想是在城市环境中逐渐成型的,反过来,城市的形式又限定着人类的精神思想;因为空间——像时间一样——同样在城市环境中被艺术化地予以重新安排:城市的边界线的走向,天际线上城市剪影的高低错落,地平线上城市形象的低定位及高耸峰巅……这样,通过对自然空域的取舍,城市就把某个历史文化和某个历史时代,各自对于这座城市的存在这一基本事实曾经采取过什么态度,通通记录了下来:建筑物的穹隆、尖塔、轩敞的大道、幽秘的庭院,都讲述着这样的故事,不仅讲述着城市的各种不同的物质设施,还讲述着有关人类命运的各种不同观念和思想。所以,城市既是人类解决共同生活问题的一种物质手段;同时,城市又是一种象征符号,记载了这种优良环境中培育出来的共同理想和目的,以及思想情感的一致性。所以,如同人类所创造的语言本身一样,城市也是人类最了不起的艺术创造。

　　通过对空间的具体而形象的利用、控制,城市自身不仅负载了实用的生产活动功能,而且为居民的日常交往提供了场所:城市,作为集体的艺术作品,它这种经常性效能在托马斯·曼(Thomas Mann)①的讲话中有很经典的论述。托马斯·曼在吕贝克城(Lubeck)建成周年纪念庆典仪式上的讲话中曾经说:……一旦城市不再是艺术和秩序的象征物时,城市就会发挥一种完全相反的作用,它会让社会解体,令碎片化的现象更为泛化。试想,在城市的密集杂乱的居住区之中,各种罪孽和缺德的恶行会传播得更快;而在城市的石头建筑物上,这种反社会的事实会牢固地渗透进去,而不会被轻易抹掉;发生这种情形不是城市生活的光荣,这种光荣曾经唤醒了一些圣贤、先知的愤怒,如耶利米(Jeremiah,《圣经》中希伯来人的先知,疾恶如仇,曾经预言作恶者的未来。——译者注)、萨佛诺罗拉(全名字是 Girolamo Savonarola, 1452—1498,意大利僧侣,宗教改革者、殉道者,文艺复兴运动的思想启蒙者之一。——译者注)、卢梭(Rousseau)和英国19 世纪的艺术评论家、社会改革家腊斯金(John Ruskin, 1819—1900)等人。

　　那么,又是什么东西把乡村生活中的消极的农业制度转变成为城市生活中的积极体制的呢? 城乡二者的差异不仅仅是人口数量和密度的差别,也不仅仅是经济活动资源的差别。因为这其中任何因素都可以发挥积极的媒介作用,促使本地的交往活动扩大到外地,促使它们必须与外界联合、合作、交流、沟通,并形成共同意志;而且,任何因素都可以为不同家庭、家族和职业团体创造成一种潜在的共同行为模式,一种共享的物

107

---

① 托马斯·曼,Thomas Mann, 1875—1955,德国小说家,作品揭露了资本主义早期社会的腐朽衰败。代表作为《勃登布鲁克一家》《魔山》,1933 年因抨击纳粹政策被迫流亡国外,1944 年入美籍,1929 年获得诺贝尔文学奖。——译者注

质结构形态,最终使得这些家族、家庭和社团构成了城市。这里,一个重要原因是:这些机会和活动,在基于传统标准和日常面对面接触交往的首属群体(primary group)之上,又叠加了次级群体(secondary group)的更为职业化的功能和更为功利性利益;而对于次级群体来说,它的目的不是固有的,而是有选择性的,它的成员资格和活动也是具有选择性的,也正因如此,这种群体无时无刻不产生着专门化和社会分化的效应。

历史地看,人类文明经过自狩猎文化向农耕文化的过渡,人口增加,有可能促成了乡村社会向城市社会的转变;贸易通道的拓展,以及职业种类的增多,也都有可能发挥促进作用。但是,仅仅从城市的经济基础层面是没有办法去发现城市的本质的。因为,城市更主要是一种社会意义上的新事物。城市的标志物是它那目的性很鲜明的、无比丰富的社会构造。城市体现了自然环境人化,以及人文遗产自然化的最大限度的可能性;城市赋予前者(自然环境)以人文形态,而又以永恒的、集体形态使得后者(人文遗产)物化或者外化。

因此,英国生物学家、社会学家、区域规划的先驱人物之一,格迪斯(Patrick Geddes)和布兰福德(Branford)都曾指出说,"关于城市,一个最核心最重要的事实是,城市,作为一种社会器官,通过它的运行职能实现着社会的转化进程。城市积累着、包蕴着本地区的人文遗产,同时又以某种形式、某种程度融汇了更大范围内的文化遗产——包括一个地域、一个国度、一个种族、一种宗教,乃至全人类的文化遗产。因此,城市的含义一方面是一个个具有个性的城市个体——它像是一本形象指南,对你讲述其所在地区的现实生活和历史记录;另一方面,总括而言,城市又成为人类文明的象征和标志——人类文明正是由一座座富有个性的具体城市构成的。"

城市的消亡

如今,大家都不满意城市目前的状况和形式。无论作为一种运行机制,作为社会介质,或是作为一件艺术作品,如今的城市都无法实现现代文明所呼唤的伟大期望,甚至不能满足人类一些最基本的合理需求。然而,建造城市结构的各种机械手段和过程却达到了空前地步。如今,即使一座小城市掌控的能量和资源总量,都足以让古埃及金字塔时代法老们瞠目结舌,羡慕不已。我们可能都有过这样的体验,开车接近一些大都市,如纽约、费城、旧金山时,假如都市灯火通明,而你此时的位置又不远不近,刚好能够总览前方都市楼群全貌,你会发现,这些大都城都流光溢彩,一派全新景象,甚至会让名城威尼斯和佛罗伦萨自愧弗如；仿佛，一个全新的都市形式真的已经找到，问题已经解决了。

但是，如果你继续前行，更加接近这座大都市时很快会发现，这城市，作为一个有机整体，如今已经所余无几。它一些好的形态和良好建筑物，现在只偶见于一些零散地段。都市其余部分，包括摇曳灯火，五光十色，雾影绰绰，都会给驾车者带来视觉快感，让他来不及详察建筑物的细部情况。可是一见到大街上车水马龙、交通阻塞的样子，你这幻觉会突然消失。再加上一幢幢大厦玻璃幕墙那些空无一物的巨大立面，连同建筑物上姹紫嫣红争奇斗艳的巨大广告牌，以及都市复兴计划中新建成的一排排长方形高层建筑……稍事观察就能看出它们的呆板、单调。这些都会让你的都市幻影顷刻消泯。简言之，这些新建成的楼房和居住区，无一不是缺乏审美特点，缺乏人情味。其可取之处，大约只是卫生方面起码的肤浅要求，以及干巴巴的机械秩序和形式。

如今美国每座大城市里都在加快速度进行都市改造，因而将州政府的财经资源与合法权力都交托给私人投资者和营造商。而改造的结果，无论从建筑学或者社会学来看，却让城市丧失了特点和个性。结果，一些非常糟糕的居住区，假如经年累月由人类参与互动和选择改造之后，反倒显得更宝贵，即使它仍然丑陋，即使它仍然杂乱无章。

以往的历史上，无论人们如何改造、处置他们的城市，这些城市都仍然保持自己明显的整体性，终究还能够把历史上积累的社区生活方方面面统合成一个整体。当然，其统合方式可能会比以往更加复杂。城市的外观和形式也都还能记录历史上一些有理想价值、值得纪念、值得称道的事情。如今，城市刚硬的机械秩序将都市社会的丰富性取而代之。都市总装配线上生产出来的城市标准单元产品，源源不断地扩展、延伸着城市的物质结构，同时却又无时无刻不损毁着都市生活的内容和意义。因而，如今美国城镇化飞速发展时期，就出现了一个自相矛盾的概念：也就是说，城市反而在它快速发展的时期被彻底抹煞掉了。一些大思想家，仍然死抱着 19 世纪陈旧思维，坚持物质无限扩展的意识形态，奇怪地欢呼说，这样的成果就是"进步"。

所以，我们的确该重新慎重考虑都市设计的全部过程了。我们该问问自己，如果要城市回归其本来特色，让它重新焕发建筑学的魅力光彩，重新具有经济学的可行性，该采取哪些措施，才能让人们不必为了维持城市运行而不得不把城市基本属性都牺牲给城市种种必要的机械手段？所以，建筑师的问题还是那个老问题——套用凯文·林奇(Kevin Lynch)的原话——仍然是如何让城镇能在视觉上"刺激想象"，让人见到城市就浮想联翩。诚然，无论是建筑师或是规划师，仅凭他们自己的专业能力，都不能为都市社区创造或者改造出良好生活所需的环境条件。但是，他们自己对这些问题思想上认

109

识上的重新定位、调整,却是一个必要条件。或许,以此为开端,可以促成一个范围更广泛的改革,让其他行业、团体、机构最终都来参与其中。

19世纪,所有工业化国家的城镇化都快速发展,城市数量增多,规模扩大;但是,这个时期恰恰又是历史上以往的城市建造者——包括国王、大公、主教以及行业公会等等——纷纷退出历史舞台的时刻。这样的角色更替,让城市建设所依据的传统原则,非但得不到继承、修改和完善,还遭到市政当局和营造商企业家们的粗暴遗弃。

真正有价值的市政改进,体现在19世纪城市的内部组织系统:自从古代苏美尔、克里特、罗马帝国的城市和宫廷开始采用排水管系统、管道输水系统、冲水厕所等等设施好久以来,这确实要算是第一批实质性的市政大进步。但是不幸,这些新举措,包括卫生、保洁和通讯新设施,对于城市外观形象却贡献甚微。不仅如此,当铁路、高架铁路、有轨电车、大力改进了交通设施的同时,也制造了视觉混乱和噪声,若再加上铁路交叉口和车辆编组场地,则把优美的都市空间切割得支离破碎,正如当今大量高速公路和大片停车场无情地毁坏了都市秩序一样。无论在地下或者地上的都市里,这类机械化设施的效益都伴随着视觉形象的破坏。除一些副产品,如一座优美铁路小站,一座大铁

桥,可算偶然的例外。

结果,19世纪都市里建筑物的巨大群集,很长时期一直杂乱无章,也不讲究造型美,即使是自诩机械化程度甚高,很有效。甚至至今,公众若想要求市容改进,要么回到古老的中古时代、古典主义、文艺复兴时代的各种范式之中,而除了规模,其他丝毫不变;若不然就是完全依照工业时代的机械化理念来革新旧制,创造出集团性的"水晶宫",天才的科幻作家威尔斯(H. G. Wells)正是这样描述的;而且,就连埃比尼泽·霍华德最早也曾经提出过要为田园城镇建立购物中心。整个美国,尽管19世纪90年代实行了城市美化运动(City Beautiful Movement),当时城市进步的评价标准,无非就是高楼、大街、纵深街景⋯⋯似乎,若是更高、更宽、更长了,就算更好了。

时至如今,市政当局提出的改进城市景观建议,常常难免落入原有窠臼:采用纯机械思维方式来改造城市,于是就硬让高速公路穿越市区,摩天大楼建造得又多又密,提供可以移动的人行便道、建造车库、地下居住地、引导城市呈线性拓展,形成长条带状城区,或者,听任一些伶牙俐齿的理论家的建议,在整个城区建造金属或塑料材质穹隆屋顶,试图整体控制整个地区的气候使之均衡化,认为均衡的环境条件才是最理想的,等等花招,不一而足。总之,城市建设若是失去主旨,不去考虑城市如何实现人类功能和目的这些根本问题,上述种种补救措施,无论如何努力,无非显现出建筑师们想象力何

等贫乏。尤其因为，那样建造出的所谓城市地区，形同城市机体的腐败肌肉组织碎块，是任何地方都能生产出来的。而且，只要有利可图，要多少，就有多少。如今我们见到的，正是这一进程的巅峰时刻……

破坏实例很多，也很剧烈。随便举个例证，就是打着"现代规划工程"的幌子大力推行的公路改造计划；这些项目大多铺张浪费，造价高昂；如今流经巴黎市区的塞纳河两岸建造的高速公路项目，名为改进城市质量，其实适得其反。正如波士顿和剑桥两城附近的情况：那里建造了高速公路，但人们却再也无法方便进入查尔斯河流地带那些最好玩的游戏场所。这些交通改造规划暂时改善了汽车交通，但却永远破坏了人的活动方便和生活享受。如今在北美和欧洲几乎每一座城市的郊区地带，都在进行郊区改造规划，大规模的高耸公寓楼房，力图模仿再造原有地区城市特色而又往往文不对题。大量现代化建筑物将原有城市文脉取而代之，出现一片片灰色的、杂乱无章、互不相关，貌似城市机体的东西(urbanoid tissue)。

这种城镇化不讲求章法，来势凶猛而又极富破坏，如今几乎已经遍地开花。在城镇化名目下，形形色色的都市更新建设项目，以及改头换面郊区建设开发计划，都雷厉风行地实施起来，但是两者却都有严重破坏后果。这些项目的操办人缺乏历史知识和社会学知识，缺乏远大眼光，完全不了解都市的本质。他们理解的城市，无非是把大量的消费者群集在一起，再设法让他们能够很快地到达制造业中心和销售中心，去工作，或去消费。

如果这样的理论是充分正确的，那就无法解释为什么在过去一个多世代里许多大都市中心地区的人口都纷纷外迁；也更无法解释，为什么与此同时几乎每个大城市外围都形成绵延无际的低密度人口分布区，而且仍在飞速扩展；你无法解释为什么人们会逃离城市提供的工作和文化生活机会。而提供这些便捷机会不正是大都市本来的特色吗？其实原因很简单，这种状况下的城市、村落和乡村地区，都从原来有个性、有特色、有情调的明确实体，蜕变为如今清一色的均质化人口群集。这其中显现出，建筑的主要功能之一，建筑的象征意义，建筑表达人类理想的表达功能，完全消失了。

过去这二三十年里(**本文发表于 1962 年，所以这里是指 1930 年以后。——译者按**)，有关城市的论著和文献大量涌现，大多论及城市经济和社会分析，深度广度都有限，主要针对都市生活一些辅助性内容和表面现象进行技术分析，这些作品绝大多数缺乏对于城市进行建筑学和社会学的深入解析。他们承认都市生活方式发生了巨大变迁，承认技术进步带来都市结构和形式的巨大改变。但是，他们天真地认为，已经观察

111

到的变化过程本身是不会再变化了;换言之,没有人阻碍、中止或者改变这些变化,更没有将其引导到更综合的框架之中,使之能具体表达人类一些更重要基本需求,从而改变变化过程自身的价值和意义。

还有些人为这种茫然无序的都市活力进行辩解。在他们看来,如今城市迅猛发展过程的唯一控制办法,就是加快其速度、拓展其领域。也有人支持让城市放任自流,他们认为如今城市形成这种混乱和挫折,其实就是城市生活自身固有的要素。因此,他们著作当中,要么轻描淡写,要么就带着神经质的紧张将各种都市问题一笔勾销,包括暴力、犯罪、缺乏运动有损健康、毒品、大气污染。

这些文献无疑都试图揭示西方城市社会生活中各种要素及其运作方式,包括经济过程和技术过程。他们提出的种种看法和主张,可能有助于负责日常操作的市政管理当局制定各种计划,包括制定五年计划。但是,这样的理论却大大强化了、加速了当今都市生活中正在发生的种种破坏过程。从建筑师和城市规划师的角度来看,他们对于城市的分析,如果是建立在城市总体模型概念之上,就会很有用;而现在的问题是,目前的城市恰恰缺乏这样一个主导思想。

112　　　思想(idea)或者概念这个词语,来自于希腊文的"形象(image)"。而如今提出的城市问题解决方案,几乎都缺乏一个形象(imageless),以至于美国的都市规划院校在过去十五年时间里培养出来的全是些市政管理官员、统计学家、交通专家。由于不懂得现代城市的正确形象,这些现代的"专门家们",便不知不觉地陷入种种十分苍白无力的套话里,包括勒柯布西耶给巴黎设计的沃森方案(Voisin Plan)。而这样的规划方案,从人类生活角度来看,是无功能、无目的的。其执行结果,就是大都市社会的通盘解体,结果形成了法国地理学家让·古特曼(Jean Gottmann)以其抽象概念所说出的"Megalopolis"(巨型城市)。这或许要算是城市研究词汇学中一切有关无形象城市(imageless urban)当中最新奇的一个词语了。但很不幸,许多不理解都市生活目的的人,仍在竞相效法,居然以这种抽象语汇来代表未来城市的新形式。

如今到处都能感觉到这种醒目的现代城市设计名义下发生的破坏效果,其突出特点是空虚和枯燥,几乎到处如此。因此,加拿大女作家简·雅各布斯(Jane Jacobs)在其所撰写的《美国大都市的生与死》(The Death and Life of Great American Cities)中敏锐地注意到人类都市生活中那些含义丰富的方面,并予以珍视。她的书籍唤醒了人们对都市建设质量的关注。书中这些有益内容,又与作者批评的现象形成对比,都很值得一读。供人们观察和思考"都市更新项目"和标准化环境中建成的高楼环境内,人性内容的严重缺位。

目前基本情况是,时值 20 世纪了,城市规划界还没有找到一个崭新的全方位城市形象。部分原因在于,我们还没有深入探讨过现代文明应该具备的全部价值理念、功能、方向和目标。我们还没有把这些东西与许多虚假的价值观彻底分开,更没有将其与城市里自发的剧变过程划清界线,那些自发过程正给促成这一机制的人带来权势和暴利,而他们却置城市质量于不顾。

如今人们普遍接受的城市新形象,实际上恰恰是两种反城市的形式:首先一个,就是大量兴建一模一样的高耸的建筑物,其外形几乎完全一样;其内部无论是用作办公楼、工厂、管理中枢,或是家庭住房,处境都一样,都陷身于交通干道、高速公路、停车场、车库所构成的一大堆纠缠不清的意大利面条似的乱糟糟团块里。另一个,就是作为城市的补充形式,仍然是与城市对立的形象,就是一些分散隔离的城市地区,孤自独立,富有浪漫主义气息,常被人称之为郊区。实际上,这些地带早就与 19 世纪郊区形式无缘了,甚至于也不具备整齐的平面规划特有的紧凑、协调一致的特征。弗朗克·劳埃德·莱特在广亩城市(Broadacre City)规划方案中就曾提出过采用这种郊区规划形态。总之,城市作为人类交往互动的介质,作为上演社会大戏剧的舞台,如今正在它的快速发展阶段加速从人们视野中消失。

所以,无论是建筑师或是规划师,假如想在将来干出成绩,他们就必须深入理解,是哪些历史因素和势力造成了城市这第一次的流产……

中世纪城市①

113

到 13 世纪的时候,中世纪城市的各种主要形态都已发育完备,开始固定下来;接踵而至的,是这些城市一系列细节的发育和完善。当然,此时已经形成并开始支配城镇的新制度,当然也就开始蚕食、削弱着中古时代修道院、城堡由来已久的古老影响。因而,接续而来的三个世纪,其主题就不再是权威、出世、安全,而代之以新兴的自由、参与、挑战和冒险。随即到来的十字军东征、传教布道、地理大发现等等,就揭开了一个新的、更加广阔的世界。

新的活跃元素进入城镇生活,也带来了紧张和压力,体现在新建的哥特式大教堂的

---

① 原书编者按:这一片断由几个段落组合而成,这些段落分别选自《城市发展史》中的"中世纪城镇的居家环境"一章中一些并不连贯的几个段落。

厚重的建筑结构之中。而这个时期的城镇和教堂都牺牲掉了厚重的墙垣,让明亮阳光直泻建筑物的内部。观察这个时期的城镇,特别在城镇边缘地带到处可见这种生机勃勃的活力元素,无论是环绕城镇边缘的一架架风车之间,或者在城镇中心地带,随着新型传教团以及基督新教教徒们,在城镇生活理想的感召之下,建立起修道院和修女院,从这些变化中都可感觉到这种新城市活力的存在。

笼统地看,中世纪城镇有三种模式,这三种模式各自分别对应着:历史事件起源、特殊的地理环境、经过有意识发展模式而成。这些城镇模式,无论哪一种的后面,仍然是有个古老的农村起源,比如我们所见到的,沿街村落(Street village),路口村落(crossroad village),圆形村落(round village),以及单纯人群聚落形成的村落(commons villages)。若用个图解,则分别可以标注上这样的符号:=,+,×,以及0等。

罗马帝国时代遗留下来的城镇,大多依然保留着原有的长方形规制,这是本地街区整齐组合而形成的特色,而各个街区则围绕着最早的城镇中心,还会有一座城堡或修道院点缀其间,并略微改变了城镇用地均匀切割的布局。有些城镇则是过去历史时期里,环绕修道院或城堡附近的一个村落或者几个村落逐步缓慢形成的;这样的城镇往往适应地形地貌特征自然发展,世世代代下来变化很少,依然保持着原有风貌与格局,循此甚至可以一直上溯到村庄诞生的根源性历史偶发事件,让你清楚看出这类城镇的形成不是有意识选择的产物。

第二类城镇往往被认作唯一真正的中世纪城镇,一些历史学者甚至不同意把这类城镇真实的结构形态称作城镇规划的作品。还有些人看到这些城镇当中的道路弯弯曲曲,就认为那不过是古代放牛小路延续应用的结果;而他们却没有看到,牛走出来的路,在崎岖起伏的山丘环境下,往往倒是最经济最实惠的选择,要比人设计出来的任何不讲变通的直线道路系统都更合理。最后一点,中世纪许多城镇其实都是为了向外开拓殖民地预先规划设计而成的;实际情况常常是这样(虽非永远如此),设计出严谨的跳棋棋盘的规划模式,中心地带留出空地作为市场或公共聚会场所。上述三种模式,统统都是中世纪的。在这三种形式基础上,各自分开或者相互综合,就产生出了千变万化的城市形式。

诚然,你会看到,中世纪刚刚开始时,曾一度偏重于采用很规矩的平面几何形城镇规划形式。主要体现为,城市用地以矩形小块分区单元为基础,这情形尤其清楚见于9世纪修建的圣高尔修道院(Monastery of St. Gall)的理想化平面规划图。还有,肯尼思·科南特(Kenneth Conant)也指出,法国中部城镇克鲁尼(Cluny)城区内最早的那组建筑物当中,每一幢建筑的平面布局也都是长方形,而这些建筑物则又集中在一个边长

300 英尺的正方形区域内。由此可见,德国哲学家和历史家奥斯瓦尔德·斯本格勒(Oswald Spengler)的论点就有些经不住推敲了:他认为跳棋棋盘这种规划形式是个纯净的好证据,标志着一种文化终于定型、固化为一种成熟的历史文明;这样的结论显然是推论过宽了。虽然说后来新建城镇的用地规划形式都具有平面几何的整齐特征;但这并不能因此就得出结论说,这类新建城市,就都像蒙巴泽城(Montpazier)那种古罗马营盘城镇①那样,永远会配备一个矩形轮廓的城镇总体规划格局。有时候,在一个圆形界墙以内,会摆放许多矩形地块;又有的时候,一个基本整齐的矩形城镇轮廓,又会因为当地地形地貌起伏变化以及其他自然界限等条件,很明智地进行适当修改调整;法国境内的蒙特斯盖(Montsegur)和科德城镇(Cordes)就属于这样的例证。

这里我之所以特别强调这些内容,是因为许久以来对棋盘格规划或者格栅网状规划形式不断遭受许多误导人的主观臆测和解释。有时候,这类规划形式被认作为典型的美国形式,或者新大陆模式,是美国特有的。又有些时候,在述及共产党当权时代之前的北平时,却又把这一光辉卓越的城市规划范例说成纯粹就是百无一用的沉闷典型。犯此类错误的人,甚至包括城市规划专业的理论家,其原因就在于:他们忽略了同原形态(homologous forms)与相似形态(analogous forms)之间的本质差异,而这一点就连生物系的学生都不会混淆的。在不同文化当中,相似的形态不一定就具有相似的含义;同样,相同的功能,却又往往会表现为不同形式······以矩形为例,对于意大利西部的伊特拉斯坎(Etruscan)教士眼中,矩形是一种含义;在希波达莫斯(Hippodamus)②看来,这是另一种含义;而对于罗马军团夜间宿营,挖掘地面安营扎寨,采用矩形又是因为第三种含义;1811 年纽约城市规划委员会的委员们采用的是矩形的第四种含义,因为只有这种方案才能预先保留最大数量的建筑用地块。这里,矩形应用的第一种含义,是为了体现宇宙法则;而最后一种用法,则纯粹出为了牟取不动产投机可能获得的最大利益。

115

① 营盘城镇,bastide,又译作堡垒城镇,在欧洲、北非和西亚地区,系古罗马帝国时代遗留下来的城镇形式之一,一直延续到中世纪都是有边防职能的城市,特别是到了 12—14 世纪,英国、法国共有 200 多个这样的城镇。到了英国国王爱德华一世时期,又大力提倡兴建这类城市,并且采用长方形的规划格局。蒙巴泽城,Montpazier,位于法国多尔多涅地区,建于 1285 年,是堡垒城市当中最有名的,外形轮廓和居住区都规划成长方形,几乎是对称布局。——译者注

② 希波达莫斯,Hippodamus,号称古希腊米利都城多才多艺的希波达莫斯,498 BC — 408 BC,古希腊建筑师、城市规划师、医生、数学家、气象学家、哲学家,被认为是城市规划科学的始祖人物,棋盘格市规划形式因而也用他的名字来命名。他本人就出生于米利都,生活在公元前 5 世纪,正逢希腊古典文化上升时期。他开创的古希腊城市规划形式的特点是规则整齐,与当时希腊风行的混乱、错综复杂的都市形式(包括雅典城),都形成了鲜明对照。后人认为从他开始首创了这样的思想观念,亦即:良好的城市规划能够首先从形式上保障一个社群拥有明确而合理的社会秩序。——译者注

　　的确有正当理由认为,中世纪的城镇规划不够严整规则,往往不够正规化。其道理在于,那时候常常利用崎岖不平的山石地面来修建城镇,目的就是为了有利于建造城防工事,这种情形一直持续到 16 世纪加农火炮发明投入使用之后。由于当时不必考虑修建轮式车辆需要的道路交通,也不必考虑铺设供水管和排水管的需要而将地面削平,因而因地势造型的施工规划就比整块地面取平要经济得多,看看意大利古城锡耶纳(Siena)的倾斜的广场,就会一目了然了。不仅如此,利用贫瘠的山石地面修造城市,还有助于勤奋刻苦的市民不至去挤占比较富饶而宝贵的农业用地,这些土地常位于地势较低的河滨地带。

　　在有机规划当中,城市发展建设是一环扣一环,一项接一项,起笔若抓住要领占尽先机,后来就能在设计中激发出有生力量,占据主动完成佳作。这是预先规划好的方案中所无法预期的,不仅如此,甚至还可能将其忽略掉或者排斥在设计方案之外。中世纪许多城镇如今显现出来的不规则特点,大多来源于一些穿城而过的小溪流已经随岁月而掩埋掉了,树木被砍伐掉了,一些古老的田埂曾经是农田地界的标志。这些分割的地块、地界、永久性的权力形式的最终确立,都标志着由来已久的财产所有权状况和常规习惯,而且是很难予以抹煞的。

　　有机的城镇规划并不是从一个预先形成的目标出发,一种社会需求形成了,它就应运而生,又随新需要而不断发展;随新的机遇而适时丰富更新,经过一系列的调整综合,最终产物本身变得越来越协调一致、紧凑致密,同时又体现出自身明确的目的性,因而最终生成一个极其综合丰富的城镇设计产品,并不比任何预先规划的几何形方案更逊色。意大利北部锡耶纳那样的城镇就可以作为有机规划的范例,它很好地解释了这一有机发展过程日臻完美的机理。虽然说,这一过程的最终产物在设计之初是无法清楚预见的,但这并不意味着规划的每一步都没有倾注苦心匠意和深思熟虑;更不能说这种有机规划过程不可能最终产生出一个高度协调统一、整合完好的城市设计产品。

　　有些人摈弃有机规划,认为这样做根本就称不上城市规划的名目;他们实际上是将形式主义、规则性与目的性混为一谈,又分不清楚什么是不规则,什么是知识水平的混乱和技术尚不完备,并往往把这些不同的东西混为一谈了。中世纪的许多城镇的成功范例,就驳倒了这种拘泥于形式主义的种种误解和错觉。中世纪城镇尽管形式多样,五花八门,他们却无一例外地都包含一个统一一形制;而且,它们那些错综变化和不规则特色,通常不仅体现了健全的做法,而且往往十分巧妙含蓄地将日常功能需要与视觉上的美学欣赏性杂糅在一起。

　　每一座中世纪城镇都诞生于一个特定的环境,因而就像星座一样,将各种社会力量组合在一起，完成了城镇社会特有那种整合效果；它通过这种特有的城镇规划形式，还为种种社会问题提供了出路。这种城镇社会对于自身的存在和生活的目的性具有高度共识；这共识是如此完美，以至于城镇规划细节上的种种变化，恰恰是为了成全城镇总体的协调一致。所以，如今我们逐一观察中世纪城镇，当你观察到第一百座城镇的时候，这种高度一致的社会共识会让你产生这样的感觉：似乎，当时已经有一种很清醒很自觉的理论指导着当时的城镇规划。事实上，那样一种社会和谐景象，则远非有意识的城镇规划工作所能生成的。但是，临近中世纪即将结束的时候，这种规划划过程中所包含的理性内容，被阿尔贝蒂（Leone Battista Alberti）①写入了他的《建筑十书》（De Re Edificatori）这部重要著作，该书融合了作者精湛的才智和缜密思考。

　　无论从哪个方面来看，阿尔贝蒂都是一位典型的中世纪城市学家。它关注城镇的功能实效，关注本地化的生产事业和商业设施，还关注蜿蜒曲折的街道走向……正如皮埃尔·拉维丹（Pierre Lavedan）所说，"他只不过是把眼前所见事务中那些最值得嘉许的内容都一一记载在案就是了。"所以，即使是蜿蜒曲折的街巷，阿尔贝蒂的记载也是为它们辩护，他着眼于游走其中虽远望不成却又有步移景换的乐趣。他的记载非常尊重祖先们留下来的遗产，注重详细记录和表达前人已经确认了的和十分珍视的好东西。事实上，一条微弯的曲线就是一个步行者会留下的自然足迹。假如你行走在开阔的雪地旷野里，回头看看你的脚印就会发现这种倾向，除非你克制自己不去回头观看。不过，步行者一旦留下这样的足迹之后，这种微弯的街巷的乐趣就在于，它从此便要构成中世纪和文艺复兴时期城镇内建筑物的主要特色之一。比如，如今你在牛津城镇的高街（High Street in Oxford）所见到的主要特征。这种街巷里，一株大树，枝叶扶疏，还偶尔伸出墙外，会为街景频添意趣，就远胜于整条有拱廊的街道。

　　中世纪城镇里这种有机的圆弧曲线的另一个根源，就是有意要强调市中心的核心作用。拉维丹甚至这样说过，"中世纪城镇文化中一个最基本的事实，就是城市的结构形式要体现出让所有的线条都聚汇到一个中心，因而城市的外轮廓就往往是圆形的；这大约就是现代的城市规划理论家们所说的辐射状同心圆的城市规划思想。"遗憾的是，"辐射状同心圆"这个词语，却让人常常联想起蜘蛛网。但是，事实上，我们在大多数情况下看到的情形是这样：一些中世纪城镇的中心区或者核心地带周围，往往环绕着一系

────────────────

① 阿尔贝蒂，Leone Battista Alberti, 1404—1472，意大利文艺复兴时期的人文主义思想的重要代表人物，诗人、艺术家、学者、语言学家、建筑师、理论家，还从事了制图学和密码学研究。早年接受多种教育，精通拉丁文，博学多闻，贡献卓著。其人生后二十年中曾在九项重要建筑当中发挥了他的聪明才智。代表著作有《家庭》、《绘画》、《建筑十书》，等等。——译者注

列不规则的圆环,这些圆环就构成一种封围环境,形成类似保卫核心地区的格局和效果。同时,你通过曲折迂回的小道儿,却又能十分便捷地到达中心地带。一般规律是这样:假若在一个古城内发现了某个地方很类似一条连续不断的环形街道,那么,那里原来一定有过一道城墙,而如今已被拆毁。即使是在法国的波居斯(Bergues)那样的小城镇里,也是这种情况;在布卢(Bleau)编订的大地图册中可以看出,这小城镇位于敦刻尔克以南,靠近比利时边界,最初由弗兰德斯人为抵御北欧人入侵,建成于 882 年,城镇很古老。这座小镇只有三条街道交汇于市镇中心,该中心地区简直具备平面几何学的精确特点。这样一种规划格局的最终形成,是由于有两种相反相成的力量互相综合的结果:一种力量就是城市的吸引力,另一种是城市自身的保卫需要。该城市的公共建筑物和开放空间、广场等等,都设立在蜿蜒曲折扑朔迷离的街道和层层建筑物背面,因而十分安全;而熟悉内情的人,却可以穿过小巷悠然信步来到这些隐蔽的广场和公共场所。后来,是那些巴洛克城市规划师们处心积虑地要纠正和压倒中世纪城市的这种格局,让条条大道直通市中心,比如星光型城市规划思想,就是这样做的。当然,事有凑巧,阿尔贝蒂本人就曾经预料到会出现这种新的巴洛克城市规划形式,而且认为,它的出现标志着大众的公共权力开始集中到专制君王的中央集权机构手中。

中世纪城镇规划的决定性支配因素,无论是在科隆那样的罗马帝国时期基础上形成的古代名城,或者是像索尔兹别里(Salisbury)那样的新兴城镇,都同样适用。城墙、城门、市中心,这几个要点,就决定了整座城镇环状格局外轮廓的主线。城墙以外一般还有壕堑或者护城河,这些都让整座城镇形如孤岛。人们景仰城墙,一如人们仰望教堂高耸的尖顶,都是当作一种象征物来崇拜,而不仅仅是当作军事设施看待。在中世纪的时代,人们的精神世界乐意接受一个定义鲜明的宇宙:结结实实的城墙,视野有限,极目一望,尽收眼底;就连天堂和地狱也都有个圆形边界。此外,再加上习俗规制这道无形墙垣,把经济地位不同的阶级相互区分开来,把他们分别安置在各自的位置上。可见,明确的定义和分类,乃是中世纪思维最为核心的内容。所以,当哲学上的唯名论一出现,就开始挑战阶级存在这一客观现实,而且提出一个原子构成的、万事万物互不搭界的、支离破碎的世界概念时,这实质上就从根本上摧毁了中世纪的生活秩序和城镇风格,就像重炮炮弹不断轰击古老的中世纪城墙……

城墙还有着心理学上的重要作用,这也是不该忘记的。每逢日落时分,护城河上一座座吊桥都升起,各城门都关闭上锁,城市就被封闭起来,与外部世界完全隔绝。这样一种封围状态有助于营造出一种团结统一和安全宁和的感觉。还有一件事情,含义丰富:就是我们当今一些很少有的社区,其中有个地方叫做橡树岭(Oak Ridge),也就是美国大名鼎鼎的原子能研究中心所在地,这座新城镇的居民也生活在一种类似中世纪城镇那样的环境中,他们也被"保护"了起来。本地居民逐渐习惯了,也学会了珍惜自己生存环境的"安全":除了不会受到外来入侵和袭扰,外人未经特许也不得入内,就连本地人的出入也受到严密的军事监控。这倒真是含义无穷,而又不能不令人感到不安的。

但是,仍然不能不说,在中世纪城市社区内,城墙的修建毕竟制造了一道难以逾越的鸿沟,制造了一种隔绝感;尤其在交通道路状况很差的古代,城际间的交往联络便因此而更加困难。于是乎,就像古代城市历史上经常发生的情况那样,城市社会本身团结齐心、安全宁和与一致对外的这些属性,物极必反,逐渐就突破了合理边界,转化为其对立的属性:变成了焦虑、恐惧、敌意和侵略;特别是见到相邻城市会因为自身败落而繁荣起来的时候,这种转化便愈加明显。君若不信,就请你回忆一下,光荣的佛罗伦萨怎么会突然向毗邻城市比萨和锡耶纳发起攻击的! 其实,当时城镇这种孤立状态是如此的不攻自破,以至它最终只会惩罚和制裁教会和国家发起的剥削、侵略行为;因为教会和国家运用各种势力企图扩大城墙边界,千方百计把有限的、坚固的物质城墙,化作虚幻的遥远国家疆界,力图把十分遥远的领地通通划进自己的版图,而孤立无援的城市是不会成全他们的!

结束城墙这个话题之前,还必须说说城门的重要功能和特殊作用。城镇的各个城门,不仅仅只是个开口,它更是"两个世界交汇的地方";它是城市与乡村、本地人与外来人,彼此形成分界的地方。一些主要的大城门为长途商人、朝觐香客,或者普通旅人提供了城市的第一个接待场所。于是,这一带很快形成了海关检查所、护照办理处、移民控制卡。这里洋洋大观的拱形城门,匹配上面的城墙雕楼,常常与教堂的尖顶以及市政厅遥遥相望,互相媲美。在吕贝克(Lubeck)城里恰好就能看到这样的景象。在人流车流开始舒缓、滞慢下来的地方,人们往往就会卸下重负,所以靠近城门的地方往往也就是仓储设施集中的场所。同样,客店、酒店也多集中在这种关厢地区,而在邻近街巷里,手工艺工匠和商人当然就近建起了各自的作坊、店铺。

由此可见,不需要任何特殊规划措施和分区条律,城门附近的关厢地带就自然形成了城市的经济分区,这就是有机的城镇规划过程。而且,由于整个城镇不止有一座城门,进入城镇的条条大路,由于来自不同区域,其道路交通运输的性质目的也就大不相同;因而,每条道路各自都选择了最适宜的城门进入城市,这样自然也就分散了不同经济活动,也有利于形成分门别类的商业配置。这就是城市功能的有机分布过程;这样,城镇中心地带除了自身的交通活动以外,就不会受到任何外来过境交通的压力。事实上,港口 port 这个词语就来源于 portal(大门),居住在大门(portal)附近的商人,原来被

118

称为 porters(守门人),后来这个词才慢慢渡让给了他们那些地位卑微的帮工们,现在则成为英语中的词汇码头工人,或者搬运工。

最后,我们还不该忘记中世纪城墙的一个重要古老功能,这项功能在中世纪又重新回到了民众的城镇里;这就是当作休息游戏的露天场所,尤其是在夏天。即使说城墙无非只有二十英尺高,却也提供了一个优良的瞭望场所,供人们俯瞰观赏附近四周的乡村郊野。人们到这里来乘凉,可享受到城里无法享受到的凉爽和风。

城市核心与邻里居住区

任何一座城市的规划方案,仅靠着二维空间(平面关系)形式是绝对无法充分描述的;道理在于,只有通过三维关系(立体空间),亦即通过物体在空间的运动状态,以及通过四维空间关系,也就是再加上时间的流变过程,城市的功能效果和审美效果,以及它们之间的相互联系,才能活生生体现出来。这一点尤其适用于中世纪城市,因为中世纪城市的生活和活动,不仅需要在平面上扩张,更需要向上拓展。所以,为了透彻理解中世纪城市规划的奥秘,就必须逐一考察该城市中各种主导性建筑物和构筑物,包括其体量和外形,都予以详细考察;尤其要注重考察城市核心地区各种重要建筑物的分布和配置,这些要素包括:城堡、要塞、修道院、修女院、大教堂、市政厅、行业公会议事厅,等等。但是,如果要从这些元素中仅选一项作为中世纪城镇的关键性代表建筑,那么,这个角色则非主教堂莫属。正因如此,沃尔夫冈·布劳恩菲尔茨(Wolfgang Braunfels)甚至推测,当时负责督造主教堂的首席建筑师,同样会对其他公共建筑物的建造也发挥了广泛的影响。

除一些明显的例外情况,中世纪城镇里这些核心主导建筑物一般都不会孤立地伫立在空旷广场上,更没有一条正规的中轴线让你可以直接走近它。在欧洲,依照轴线布置的建筑物空间关系直至 16 世纪才开始出现,第一个实例就是佛罗伦萨城的圣十字(Santa Croce)的长长的引路。后来,到了 19 世纪,一些城镇"改革家们",看不出中世纪城镇体系和规划思想中这些突出优点,他们开始把大教堂周围和附近的小建筑物统统予以拆除,在其邻近地面上建起了类似停车场一样的开阔空间,正如当今我们在巴黎城市内巴黎圣母院前面所见到的情形,一片灰白,空荡荡的。这种做法恰恰彻底破坏了中世纪城镇视觉上最精妙之处,这就是它的隐秘性、它的出其不意、它的起伏跌宕和变幻无穷,还有它们那些无数丰富的雕刻细节。这些丰富内容,都是需要走近来仔细观赏的。

从美学欣赏角度来看，一座中世纪城镇，就好像是一块中世纪的美丽挂毯：目光所及，你会被它的精美设计和丰富魅力所折服，你会在这整块纺织品面前不断地走近前来，又退后开去，远观近察，反反复复地观察不已，赞赏不已。你会长久地留连于一朵鲜花、一只动物，或是一个人物头像；在最喜爱的地方，你索性会长久地徘徊不去，然后你会循原路折返，在仔细看完全部细节之后，再来看这艺术品的全貌，彻底看清了图案中每一个笔触，你才会对整个设计融会贯通，而绝不可能看上一眼就能把握住全貌。可是，在巴洛克专家们的眼中，这些中世纪城镇形式的最精妙之处，仅仅是些斗折蛇形的安排；其中迭次揭开逐步展现街景的苦心匠意，在他们看来则全无味道，全是徒劳的。反过来看，若以中世纪的眼光去看巴洛克的城市规划设计，则感觉其形式过于直截了当，令人难以接受，而且过于讲求统一，过于规整呆板。总之，你说不出哪一种角度或者方式，才是观察中世纪城镇建筑物的最佳或最"正确"的选择。因为，夏尔特尔大教堂（Chartres Cathedral）最美的立面是它的南面；而巴黎圣母院则最适宜在塞纳河彼岸遥遥相望，看它的背面；不过，这个配备了周围的青翠绿地的景致，是一直到19世纪才最终形成的。

但是，也有些例外情况。也有为数不多的附属于修道院的小礼拜堂，则是些孤零零的建筑物，更不要说难以计数的乡村小教堂，它们四周都是空旷绿色原野，自身超脱于繁忙喧闹的城镇生活以外。索尔兹别里（Salisbury）和坎特伯雷（Canterbury）两处教堂，就其大片绿地和铺张用地情况来看，简直就像地处郊区一样。而比萨城里的公墓教堂（Campo Santo）也有同样宽敞的绿地，四周没有其他建筑物，原因是这些教堂周围的土地原本就是教堂墓地。

总括来看，从任何意义来说，主教堂都是中世纪城镇的最核心的建筑物，但是这个归纳并不包含城镇的几何学含义。道理在于，由于主教堂总是引来众多人群，教堂主建筑前面就往往设有前院，以便为信众提供出入便利。神学思想规定了教堂建筑物的基本朝向，其神坛位置面向东方，因而教堂建筑的实际摆放方位，往往与中规中矩的城镇街道走向和布局互不匹配，教堂与街巷之间往往会有个不规则的偏角。如果你发现主教堂前面，突然展现出一个市场，它占据一块方形广场或者楔形空地，而且就在教堂附近隆兴营业；那么，你千万不要按照当今的市场概念和价值观来理解当时的市场。因为，当时的市场与如今的市场作用和营业方式很不一样，当时的市场有时间限制规定，并不经常开放；经常而有规律地提供服务的场所恰是教堂，而非市场。至于说到城市最初的缘起和发展中，市场选择靠近教堂的地方设点落户，那是因为教堂才是居民们经常聚集的地方。

那么,如何理解当时教堂的作用呢?不妨可以理解为如今的社区中心(community center):当时的教堂还并未过于神圣化,盛大节日可以在这里举行餐会,也可以上演宗教戏剧,还可以作为讲坛,让教会学校的学者们在节日里发表演讲、开展辩论或者学术争鸣。不仅如此,更早些时候,这里还能当作储存贵重物品的保险箱,把一些书契文件或者贵重宝贝,储存在神坛后面保管起来。这里是非常安全的地方,当然恐怕也只是防君子不防小人,那些不法之徒仍会觊觎这里。

教堂前面人来人往,穿梭不断;各种方式来的都有,有时是一人孤零零到来,有时候是二三十人,有时候则成百上千人走街串巷齐聚教堂门前。这里既是启程出发的地点,又是返回时的归宿。如果事情不是这样的,那么就无法解释为什么许多人口不足一万人的小城镇,居然都能够斥巨资建造起如此豪华精美的大教堂:如德国的班贝格主教堂(Bamberg)、英国的达勒姆主教堂(Durham)、法国的亚眠寺主教堂(Amiens)、法国的布维斯主教堂(Beauvais),以及意大利的阿西西主教堂(Assissi)。而如今呢?如今这种规模的社区,纵然有各种机械化设施,也有可观的资本积累,即使是想要建造一些价格低廉的、预制构件的教区居住房屋,如今再为此善举集资,已经也很困难了。

至于说中世纪城镇环境内的开放空间,甚至包括大型市场和教堂附近广场,其形式虽然也是五花八门,应有尽有,但却唯独绝对不是正规的广场。特别是在一些自然发展起来的有机城镇当中,这类开放场所的用地形式,往往是很不规则的形状:三角形、多边形、圆形、椭圆形、锯齿形,乃至弯曲的都有。道理也很简单,因为四周建筑物出现在先,势必预先就限定了这些开放空间的用地,市场形态也就只能是被动的选择了。有时候,市场本身其实就是一条街道的拓宽,在布雷塞尔城里和布莱梅城,以及在佩罗其亚(Perugia)和锡耶纳,都有一些实例明确显示出,那里空间范围足够大,除了足够安置一定数量的商摊,还能提供公共集会和庆典仪式场所。可见,这里的市场,实际上是重新恢复了最早的希腊古雅典和古罗马时期的讲坛,或者城邦广场(Agora)固有的多种职能。

行业公会也在市场地区纷纷建立,由此为神秘戏剧的演出搭建了舞台:对犯罪分子或者异教徒的野蛮惩罚也常常是在这里举行的,使用了包括绞刑架和火刑柱这样的刑具。同样也是在这里,中世纪历史临近结束的时候,封建时代的一些武术技能开始演变成城市体育活动,于是体育竞赛也在这里举行。有时候,市场还会衍生出它的附属领地,两者通过一条小巷相连,帕尔玛(Parma)就是无数例证中的一个;帕尔玛如今是意大利北部,波河平原南缘的城市,公元前183年形成城市之前只是个农产品集散地,尤以产奶酪著名。市场的一些干货、金属制品和杂货,由于自然原因,常与食品市场自身分开,可以另外保管储存。如今有许多这样的小广场,比如威尼斯的圣马可广场(Piazzetta San Marco),其中精美的建筑艺术会令我们称羡不已。其实,这广场最初完全是从实用角度开凿而成,本来是作为肉类销售市场用的。

中世纪城镇中,主教堂和市政厅都是核心建筑物,其体量和高度都体现出建筑物自身的重要象征意义和品格。除此以外,中世纪的建筑师们还十分注意保持人文尺度。比如说,一所救济院就营造成只能容纳7—10人,修女院开始的规模只有十一二个人的容量,医院规模很小,但是分布比较普遍,约每两三千居民拥有一所医院,一般不建造为全城居民服务的大型医院。因此,教区教堂的数量也随城镇的扩展而逐步增多,而不是让市中心的少数教堂越建越大。根据费茨·斯蒂芬(Fits Stephen)的研究,12世纪的伦敦有13所圣方济会修女教堂,以及126处教区小型教堂,为两万五千人口提供服务。约翰·斯托(John Stow)则注意到,两三个世纪之后,伦敦的26个教区,每个教区有少则两所,多则七所教堂。

中世纪城市基本社会功能的这种离散化趋向,不仅避免了机构重叠拥挤,还避免了不必要的交通流量,而且能让整座城镇规模保持稳定在一定水平。对比来看,后来北方城市出现的一些做法,比如说,随意扩大自治居民的住宅面积,波洛尼亚城(Bologna)恣意扩大自治市民的住宅面积,或者圣吉米纳诺城(San Gimignano)则竞相扩大城防要塞规模,这些做法就是人文尺度感的逐步丧失,实际上则是社会病态的表征。小型建筑物,小规模的人口,亲密的邻里关系,这些特点都让当时的城镇具有了中世纪文化特有的氛围和品质,让人们的生活很有质量,这些都与后来出现的大规模的人口聚落,大型组织制度完全不同;这些品格很能说明中世纪城镇生生不息的创造力源泉。

121

中世纪街道在城镇中的地位,与后来车辆交通时代的街道的地位和情况大不一样。我们往往以为,城里的住宅是沿着预先安排好的街道两旁修建的,实则不尽然。中世纪城镇所处的地面环境往往很不规则,立地条件不尽理想,这种情况下形成的城镇,街道和房屋建成的先后关系,往往正好相反。道理在于,首先是一些贸易和制造业的形成组合形式,或者再加上其管理组织机构的建筑物,共同形成一些自给自足的居住区或"城镇孤岛"。这种格局中建筑物的安排方式,往往还来不及考虑与外界交通的关系。因而,"岛内"联系,以及与"岛外"的联系,以及居民的日常出入,就靠步行道路来维系。因此,所谓的"交通网"这个概念,也就如经常不断的车辆交通一样,当时都还没有出现。这些城市孤岛,本来是围绕城堡、修道院、学院逐步形成的,某些城市还形成了较为专门化的生产事业,比如威尼斯的兵工厂,这些因素出现之后,城镇原来那种人口规模小、居住区紧凑的格局也就随之被逐步打破了。

　　在中世纪时期的新兴城镇里,主要街道与次要街道往往被绘图员互相区分开来,所谓主要街道就是马车通道;而在整齐的堡垒城镇蒙巴泽(Montpazier),就像许多个世纪之后的费城那样,居民住宅常常前面后面都面临街道,前面是宽 24 英尺的通衢大道,后面则是宽 7 英尺的小街道。但笼统地说,当时街道的主要功能是流行行人,车辆交通功能还属于次要的。当时的街道不仅狭窄,而且多急弯,常常还有许多死胡同。当道路系统还很狭窄弯曲的时候,或者进入死胡同之后,这样的城市规划不仅能消减风力和风速,也能减少泥土地的扬尘面积。

　　中世纪城镇居民来这里寻求避寒,不选择又宽又直的通衢大道,而依靠弯弯曲曲的街巷来躲避严冬寒风,这都不是偶然的。正因为街道狭窄避风,才让冬季里的户外活动比较舒适。同样道理,一些南方城镇里的狭窄街道往往都有长长的挑檐,就给路人提供烈日遮荫和雨天避雨的好处。沿街房屋高低错落,建筑物的形态和材料相互都略有区别,窗户和门道开口大小也都各不一样,就让每条街道都形成了自身特有的风貌。

　　阿尔贝蒂赞成宏伟壮美的城市应该有笔直宽阔的街道,这样才能增添城市的宏大气魄和伟美壮观,但他却为中世纪城市的弯弯曲曲的街巷写下了最有说服力的辩护词。他写道,"在城市的核心地带,最好还是不要笔直的街道,最好是七扭八弯,前折后返,就像河流蜿蜒曲折那样。因为那样的话,除了显得很漫长以外,还会为城镇增添魅力,还能有助于防御意外事件增强安全感。不仅如此,街巷的这种蜿蜒曲折,还能让观光客在前进的每一步都有新发现,达到步移景换的效果。每栋房屋的前门都面对大街中心,这样的布局在大都市或许会因为街面宽度过大而显得不美观,不可取;而在小型城市这样做则既美观又健康,因为每户人家都因为面对街巷而可以观看街景。"看来,任何人,包括奥地利建筑师、城市规划师,卡密罗·锡特(Camillo Sitte, 1843—1903),都没有像阿尔贝蒂那样公道地评价中世纪的城镇规划的美学意义。

　　由此可见,中世纪城镇的居住区很有特色,这也是古希腊经典城市里全无装饰物的空白墙壁所绝对没有的。可是,这些城镇仍然从古代继承了一些可喜的优点,比如,许多街巷两边仍设有拱廊,拱廊就构成了街边商店开放的铺面。这样的街边设施为行人提供了很好的保护,这比狭窄街道更要隐蔽安全。这样的设施不仅见于法国和意大利的城市中(那里可能有意识继承和建造了有圆柱的门廊形式),甚至在奥地利的因斯布鲁克城也有所见,在这座城里那条通向金顶城堡(Das Goldene Dachl)的大街上,就有这样的拱廊。有件事情我们不能忘记,就是直至 17 世纪,商业街道边上的商摊和棚户才开始得到大玻璃窗的保护,免受恶劣天气侵袭。由此可见,当时的拱廊提供的保护和屏蔽作用,对于露天经营的手工业者和商贩有多么重要,因为当时大部分的商业和服务业,甚至包括烹调,经常都是在露天操作的。所以,狭窄封闭的街巷,有拱廊的铺面,以及开放的商铺,这三个要素相互之间的关系是互补的。只有当玻璃材料的价格低廉到足以取代连拱廊,形成封闭保护的商业环境时,城市规划师才能形成新概念,有可能去考虑加宽这些城镇街道……

　　还要注意中世纪城镇的另一特点:就是居民邻里单元以及功能分区。从某种意义上说,中世纪城镇就是许多小城镇组合而成的团块,其中每一个城市都享有一定程度的自治权和自给自足的经济体系。同时,每一座小城镇又丰富着、补充着大城的整体团块。小城镇则又划分为若干个街区,每个街区都有自己的一所或者几所教堂,往往还有专门供应本地居民的市场,还有自用的水源供应,无论是一口井或者是一个泉眼。凡此种种,都是当时城市社区的特点。但是,随着城镇的发展扩大,街区规模就变得更小,原来的四个分区可能变成六个,或者更小;总之,整个城镇还是不会化解为均匀的一大块。而且往往是这样,比如在意大利的威尼斯城,那里的居民区单元会与本地教区完全一致,因而就用教堂名称来给自己的街区命名;威尼斯城这样的分区传统,一直沿用至今。

　　中世纪的城市社会,基本上是通过家庭单元和邻里关系实现社会整合;不过除此以外,还有其他划分方式作为社会整合的补充措施,这就是以职业和利益、兴趣为基础构成功能分区;因而,无论是首属群体(primary groups)或是次级群体(secondary group),也无论是礼俗社会团体(*Gemeinschaft* 也有人译作乡村社区)或是法理社会团体(*Gesellschaft* 也有人译作城市社会),就都具备了都市社会的形态①。早在 11 世纪的时候,雷根斯堡城(Regensburg)就划分为教士区、皇室区、商人区;这样的划分方法显然依靠了职业和社会地位标准,而手工业工匠以及农民就只有被排挤在城市的其余部分了。后来出现的一些大学城,如图卢兹(Toulouse)或者是牛津(Oxford),还会为城镇增添学校功能分区,而且每个区域还具有相对的自给自足经济。到了 13—18 世纪,欧洲城镇纷纷设立修女院,成为一种风气,这时候城镇里又出现了分布广泛而分散的修女院分区;这些地区与主教区不同,往往有宽敞的公园绿地,促使城镇绿地总数大量增加。举例来说,伦敦的四法学院(the Inns of Court),以及圣堂神殿(the Temple)等等,这一类古时圣堂武士聚居的地方,就构成了中世纪城镇的另一处封闭型社会分区。

123

　　可是,如此明显的功能分区,一直以来了解的却很差,甚至没有引起城市规划理论家的重视。实际上,第一批开始注意这些现象,并予以公正评价的城市规划师,就是亨

① 一般地说,村庄社会,乡村社会,农业文明,主要由首属群体构成,观念和职能划分上属礼俗社会团体。城市社会和社团则由次级群体构成,在运行特征上则注重法理规则。——译者注

利·莱特和克拉伦斯·史泰因;他们无论是对于城市功能分区的历史起源和形式,或者是其现代变体,都能予以正确说明和评价。但是,古代城市的这些职能分区,毕竟是古代城市神职地区的空间内容首次世俗化为人们日常活动的空间场所。如今看来,当城市自身的存在已经受到日益扩张的车辆交通威胁之时,中世纪城市功能分区完全游离于街道和交通干道之外这一传统,似乎有可能回归到我们的城市中来。希望这是事物在其螺旋形发展前进形式中更高层次上的重复和回归。

中世纪城镇如此协调统一,又如此精彩丰富,让我们放下这话题之前不能不最后还要提问它的规划问题:如果这些城镇都是有意识自觉努力规划建设的成果;那么,在最终实现如此高超有序和美感城镇过程中,人类的自觉努力究竟发挥了多大作用? 任何人回答这个问题时,最容易给出的答案,就是自发性创作的结果和妙手偶得。他们很容易遗忘中世纪培训学者和工匠都有了十分严格的教育制度,忽略当时教育的严密和系统性要求。须知,如同中世纪的其他任何制度和管理一样,中世纪城镇的魅力和协调统一,若没有持续努力、艰苦卓绝、严格管理、严密控制,也是绝对不可能实现的。

监督管理和控制,绝大多数情况下,都是人为活动,这是毫无疑问的。其中,施工合同之类的文书,绝大多数都是利益相关方通过面对面谈判之后,口头达成的协议;这类项目,一般来说是留不下任何历史记录的。但是,我们确实知道,锡耶纳城的市政厅在14世纪兴建的时候,市政府明令要求肯博广场周围建造起来的新楼房,都要有规格风格一致的窗户。当然,要弄清楚中世纪城市总建筑师办公室的职能内容,我们还必须到档案馆仔细查考;但是,我们确实知道,这类办公室机构在意大利就已经十分古老,很早就有了。我们不必怀疑笛卡尔(Descartes)在其《方法论》(Discourses on Method)一书中早就说过的话,"任何时候都有一类官员,其职责是负责监督、确保私人建筑物符合公共环境美观的要求。"

19世纪有些人很欣赏中世纪的艺术品,但他们认为中世纪艺术品多是些不费吹灰之力的自发即兴创作,是无艺术价值的无意识作品;实际上,像任何艺术作品一样,中世纪的城镇,也是经过苦心孤诣的城镇规划和自觉努力之后,才得以建成的。诚然,拉维丹就恰如其分地赞许中世纪城镇质量,他主要认为中世纪城镇的魅力,完全是其实用功能和象征意义和手法的副产品。但是,当时的城镇不仅缺乏规整的几何形态,同样也缺乏自觉的艺术魅力;虽然说,城市自身的组织严密性和专业水平,已经具备了足够的灵活性,容许出现新事物、自发创造和标新立异。

结果,到了18世纪时,同一个中世纪的城市规划平面图上,就囊括了罗曼式的、极端哥特式的、华丽式的、文艺复兴式的,以及巴洛克式的建筑物,都拥挤到同一条街上来了,不仅毫不减损其审美价值,而且交相辉映,相得益彰。这种审美效果的混杂,反映了不同时期社会形态的混杂。这种城镇规划方式适应了社会生活前进的要求:是向社会变迁和更新形成妥协,而不是被其粉碎和淘汰。这才是千真万确符合了功能主义和目的性这些字眼真正含义的城镇规划,道理在于,所谓城镇的功能,最关重要的含义,仍在于满足人类生存发展的最高要求。

在这种规划准则指导之下,任何人都不会去否定仍然有效的老形式,也不会去反对体现新生活目的的新形式。中世纪的建设者,并不全盘消灭或者改造各种不同风格的建筑,以求迎合流行的时髦风格,而是将新老两者融为一炉,创造出一种更丰富的风格。可是,后来的那些讲求单一风格的杂牌唯美主义规划思想,不仅制定出一些刻板刚硬的城镇规划,还在某个特定时刻武断地冻结了历史进程,同时支配了稍晚的某个历史时期;而这个时期,推重均一性而忽略综合性,重视可见社会权利而轻视看不见的社会生活进程,因而注定不会有好的结果。

控制城市的增生和扩张

许多人认为,中世纪的社会生活是清淡萧索的,中世纪城镇则是停滞不前的,实则不然。中世纪生活节奏比起 20 世纪来,当然很不一样。20 世纪的生活节奏的活力是在富有破坏性,足以毁灭人类自身;而中世纪的历史是一段经常变换,有时候还是剧烈社会变化的历史。城镇出现了,发展了,增多了……这样的过程贯串了 10 到 15 世纪的历史进程。所以我们就要问:中世纪的城镇如何适应同时期人口的日益增长? 如果这种增长达到某种极限,又该怎么办?

本来城镇发展有其自身的物质界限,这就是城墙。但是,如果说一道简单的木栅或者石头城墙足以抵御军事进攻,但却绝对抵挡不住城镇自身的扩展。从技术上说,拆毁城墙,削除城镇继续发展的障碍,或者拓展这个边界,增加城镇内部空间容量,都是件很简单的事情。事实上,许多中世纪城镇内的许多环形道路,正是这样的产物,这些环路像大树树干里的年轮一样,记录了城镇、城墙迭次被拆毁,又向外拓展的历史变迁。以佛罗伦萨为例,1172 年的工程已经是城墙的第二次拓展,而随之不到一个世纪之后,就建造了第三道环路,圈进了更大的地区。当肚皮饱胀得不得了,实在受不了的时候,佛罗伦萨的市政当局——我们就这么说吧——就得放松自己裤腰带了。

随着郊区的不断扩展,城墙也会紧随其后继续外推,不断把新发展的城市地区包围进来。特别是一些发展中城镇,就是这样做的。但是,到了 16 世纪时,火炮改进了,炮弹精准度提高,城防工事也就必须随之改进提高;这样一来,原来构造简单的城墙不断简单外延的做法已经行不通了,已经不足以抵挡炮火轰击。但即使是这个时期,中世纪城镇扩展到了最大直径的时候,其边界地带距离城中心也不会超过半英里(约合 800 米);也就是说,城里的每一项机构设施、每个朋友、亲戚、伙伴,实际上就像是近邻一样,是步行就可以造访的。因而在这样的城市里面,你总会不期然而遇地见到许多熟悉的人,这是大一些的城市里绝对不可能的,除非你预先安排约会。那个具有历史意义的爱丁堡城 1 英里的说法,是从城堡雕塔尖顶到郊区的圣十字架修道院(Holyrood Abbey)之间的极限距离。当中世纪城镇规模超越了这一极限之后,城镇,作为能够发挥功能的有机体单元,实质上就已经不复存在了。道理在于,整个城市社区的结构和构造,是一个有边界、有极限的实体。城市自身边界的瓦解,预示着更大范围内,整个文化不久也将会随之解体。

当然,中世纪城镇发展受到限制,部分原因还是受制于自然条件和社会条件,而绝非完全因为一道城墙的阻隔。比如说,水源供应和本地食品生产能力的局限、市政当局的法令和同业公会的律令限制(目的是防止外来人口无节制地来此地定居)、交通和通讯的限制,这些局限只有一些发达地区的城镇才能克服,例如低地国家荷、比、卢三个国家的城市,除旱路外还有水路可以维持繁忙的交通和通讯任务。仅仅因为迫于实际生活需要的压力,中世纪城镇的水平方向的拓展极限很快就被冲破了。结果,在中世纪城镇发展的最初几个世纪里,只能兴建新社区来容纳剩余人口,这类社区虽然常常靠在母城附近,但终究是一些较为独立的、自给自足的社会单元。而且,这种做法一直持续到17 世纪的美国东北部的新英格兰地区,许多城市还在竞相效法。比如说,查尔斯顿(Charleston)附近就逐渐形成了沃本(Woburn)、代哈·米德菲尔德(Dedham Medfield)、坎布里奇·贝尔蒙特(Cambridge Belmont)等等,这些城镇社区,都不仅只是一片片分散的房舍,而是具有城市和宗教性质的社区,他们有自己的活动中心,可以举行宗教集会,还有自己的行政管辖机构。而且,直至 19 世纪时,还有伊普斯维奇(Ipswich)在俄亥俄州建造的此类城镇社区,马利塔镇(Marietta, Ohio)。

简单地说,单单限制城市面积和人口,并未能令中世纪城镇停滞不前,控制城镇发展的幻想随之破灭了。而且,在中世纪早期,欧洲就出现了数以千计的城镇性质的居民点基地,不仅如此,一些立地条件不太好的居民点还大胆地推进到优良地带,以求克服自身发展的障碍。比如,吕贝克就为了改善自己的防御条件和贸易通航,索性就整体迁移离开了原来的地方;老城萨勒姆(Old Sarum)也一样,大举迁移离开了受风而贫瘠而且出行不便的山坡地带,来到河口地区的索尔兹别里。总体上看,当时的城镇建设,由于资金准备充足,物质条件和建设热情高涨,效果都比较好,因而很少有现代城建的实例效果堪与媲美,个别因为战争破坏的地区恢复重建项目除外。不仅如此,在这种大规模的城镇建设和发展中,参与执行和管理的,并非现如今那些唯利是图贪得无厌的房地产投机商。即使是在城市建设的投资行为中,对于长远利益的关注也远胜于眼前利益的追求。加上欧洲社会根深蒂固的封建土地意识,把土地资源看作最牢靠的保险和信用担保品,看作完全不同于流动性资产形式和类别,就有利于吸引城市建设投资;这种观念如此牢固,以至于直至现在,欧洲的这种观念仍未完全消失。

由此可见,中世纪欧洲城镇发展的一般模式,完全不同于紧随其后的那个时期内城镇人口纷纷向大型政治首都集中靠拢。中世纪城镇化的典型模式,是许多小型城市群体,以及附属的村落,相互构成积极有效的网络联系,临近的地方还有许多小镇,都星罗棋布分布在大地之上。根据法国地理学家爱丽舍·吕克律(Elisee Reclus)的研究发现,法国的村庄和城镇,原来可能分布得非常均匀而有规律性;距离市场的最远也不超过一天内能够步行往返的距离。换言之,步行者的需求是决定因素:只要能够走路,就能够到达城里。城镇形式又完全依从经济模式,无论城镇形式还是经济模式,都偏爱小型单元,便于人与人之间面对面的交流。

至于人口分布情况,事实则很明显。中世纪的城镇人口规模,一般在数千人到四万人之间;其中,四万人是 15 世纪伦敦的人口总数。早些时,巴黎、威尼斯、米兰、佛罗伦萨等城市,都曾经一度超过了十万人口的规模,但是直至 17 世纪这也还是鲜见的现象。这个时期即将结束时,纽伦堡当时已是繁荣之地,人口规模达两万人,而巴塞尔城(Basel),这座同样很重要的城市,人口却只有 8000 人。甚至在北海沿岸的低地国家荷、比、卢,那里土地肥沃,纺织业发达,处于资本主义剥削的严密控制制度之下,城镇人口情况也不例外:1412 年,伊普雷城(Ypres)只有 10376 个公民;15 世纪中叶的鲁万(Louvain)以及布鲁塞尔的人口,在 25000 人至 40000 人之间;最大的城市布鲁日,人口可能超过了 70000 人。至于德国,城市生活则集中于 150 个"大"都市,其中最大的人口也不超过 35000 人。

这些统计数字,是欧洲黑死病流行之后的那个世纪统计出来的。有些地区在那场瘟疫中损失了一半人口。但是,即使是把这些城镇人口增加一倍,与现代城市人口的规模相比较,这仍然是微小的、分散的。只有意大利的城市人口比较多一些,原因是那里有古罗马帝国的基础,加之资本主义发展也比较早。至于城镇人口开始变得拥挤,房屋建造得过于密集,房租日益高涨而居住面积缩小,以及向郊区扩散等等城市问题和情况,是在新城镇建设能力普遍下降之后才开始普遍化的。究竟是什么原因促使城市活力衰退,这些问题,我们将在以后的篇章里予以讨论。

巴洛克城市[①]

　　15 世纪至 18 世纪之间,各种文化属性构成的一种新文化聚合体,在欧洲出现了。因而欧洲的城市生活,从形式到内容,都发生了巨大改变。当时的社会生活新形势,是从几种新因素中产生出来的:一种新的经济模式,就是资本主义的重商主义;第二个就是新的政治框架,主要就是中央集权专制制度,或者说君主寡头政治,而且,往往是以国家形式出现;再一个,就是新型的意识形态,也就是衍生自经典机械物理学,只不过其中潜在的许多基本原理,其实早在古代军队和修道院时期就已经形成了。

　　不过直至 17 世纪以前,这些发展变化还是混沌不清的、犹豫不决的,且仅出现在少数地区,只在局部领域显现成效。而从 17 世纪开始,上述各要素开始聚焦,图像突然明朗化。到这一步,中世纪的秩序,纯粹因为自身内部的腐败而开始纷崩瓦解。紧接着,宗教、贸易、政治开始分道扬镳,各奔前程了。

　　要了解欧洲中世纪以后的(post medieval)城镇社会,有一种仍然时髦的说法,我们就必须十分警觉:这种说法夸赞文艺复兴,称它为一个伟大的运动,引领人类走向自由,重新建立了人的尊严……原因在于,欧洲文化的真正复兴运动,以及城镇建设和思想大发展的伟大时代,早自 12 世纪就已经开始,并且在一系列学者和作家作品中留下了里程碑式的礼赞,这些学者和作家包括:13 世纪的意大利神学家阿奎纳(Thomas Aquinas, 1225? —1274,意大利经院哲学家,其哲学主张也称作托马斯主义。——译者注),德国哲学家、阿奎纳之师、圣阿尔伯特·马格奴(Saint Albertus Magnus, 1193—1280),大名鼎鼎的意大利诗人但丁,以及意大利著名画家乔托(di Bondone Giotto, 1267—1337,意大利文艺复兴早期画家、雕塑家和建筑师,作品突破了中世纪艺术传统,创造了叙事性构图并深入到人物心理描绘,作品有《圣方济格》以及祭坛画等。——译者注)就在那次文化复兴和 15 世纪的文艺复兴之间,14 世纪欧洲发生了一次浩大自然灾难:黑死病。根据最保守的估计,死亡人数在总人口的三分之一至一半之间。到了 16 世纪时候,所

遭受的损失已经复原;但是,这场瘟疫所造成的社会断裂,却因为各地社会活力的下降

[①] 这一部分内容,选自《城市发展史》中部分章节摘编而成。有关内容包括:"巴洛克的权力结构","宫廷、阅兵场、首都",等等。——编者注

而显著增强。这种效应是每一次战争之后都会有的。

　　在接踵而至的社会解体过程中，掌控着军队、贸易通道、巨额资本积累的人，自然也就掌控了社会权力。随着军事独裁主义兴起，开始镇压大学里的学术自由传统，而且为了维护世俗统治者的利益，也开始镇压神权领域的独立自主精神。凡此种种，都仍然可以从现今世界听到回声：几乎与第一次世界大战之后俄国、德国、意大利，以及欧洲其他一些地区所发生的情形差不多。而且，与美国在第二次世界大战之后紧接着发生的情况也很类似，即使美国与欧洲在地理上相距甚为遥远。与此同时，大学从原来的学者们的国际性联合体蜕变为民族主义组织，屈从于新型暴君，抵制所谓"危险思想"，用效忠誓言束缚人的行为和言论自由，这样的进程，不仅在学术机构大学里稳步进行着，而且在教会和城市神会理，也照样办理。

　　就这样，仅仅经过了几个世纪，中世纪一些十分古老的组织制度和社会惯例，都显现出道德败坏的迹象。荷兰著名历史学家赫依曾赫(John Huizinga, 1872—1945，*荷兰著名史学家，代表著为《中世纪的消亡》，另有《明天即将降临》。1942 年被纳粹扣为人质，拘押至死。——译者注*)在其《中世纪的消亡》(The Waning of the Middle Ages)一书中，曾经以丰富的实例记述了这个深刻的社会变迁历程。根据冯·贝娄(George Anton Hugo von Below)的研究成果，15 世纪的时候，开始了有组织的赌博活动，赌博场所的房屋居然是由市政当局提供的。教会也有同样的倾向，不仅买卖官职，也出售赐福，而且迷信活动再次广泛恢复。巫师巫术活动，早在 8 世纪就曾被圣庞尼菲斯(Saint Boniface)禁止了，此时却大行其道，直至 1484 年被教会正式认可；其原因可能是此前已经存在着异教徒祭拜土地的活动，这些都有悖于基督教的道德戒律。而且，到了 17 世纪，以自然科学的精确研究和度量方法的出现为标志，成法和迫害巫师的事情就开始流传开去。而这其中一些最著名的受害者，往往就是新型的科学家和哲学家，比如，像英国哲学家、作家兼教士的约瑟夫·格兰维尔(Joseph Glanvill, 1636—1680)这样的思想家，他们都几乎同时预言了，未来的时代里，科学技术即将彻底改变人类物质世界。

　　但是，黑死病所带来的惊惶，也产生了一些非常不同的反响：人们花费极大的努力，不是去对付死亡，争取永生、安全、稳定，而是瞄准了世俗人生中能够获得或者掌握的一切。于是乎，七大不可饶恕的罪恶当中(*指骄傲、贪婪、淫欲、发怒、贪食、嫉妒、懒惰；西方宗教思想认为，犯这些罪恶的人要入地狱。——译者注*)，一夜之间，竟有六项变成了时髦的美德，而且，其大罪恶当中第一项，骄傲，竟然成为了社会的领袖人物们特有的品质，无论是账房里的，还是战场上的领袖人物。生产财富、展示财富、夺取权力、扩张权力，变成普遍的欲求和要务。本来，以往的社会好久以来也是这样做的，但是，如今却成为全社会公开的指导原则了。

从中世纪的包罗万象(medieval universality)过渡到巴洛克的千篇一律(baroque uniformity),从中世纪的地方保护主义过渡到巴洛克的中央集权体制,从中世纪时代上帝和神圣天主教教会的绝对权威过渡到世俗行政管辖和民族国家的绝对权威……这一组组对偶的两者,既是权威又都是民众集体崇拜的对象;而两者间过渡阶段的完成,经历了大约四个到五个世纪之久,才最终实现了旧的机构制度向新型机构制度的转换。我们不必单单称颂这一时期光鲜的方面,而讳言这一社会变动过程中最根本的实质问题。中世纪里,古典世界伟大遗物的重见天日和重新评价,柏拉图和维特鲁威的被发现,建筑学里恢复五种柱式的显赫地位,古董装饰所带来的感官快乐,以及纷纷建立起来的一些人物雕像……凡此种种,都给巴洛克统治权力的暴政和恣纵蒙上一层颇有美学意味的外衣。像西普里多·维特莱斯科(Hippolito Vitellesco)那样的鉴赏家,也许会去拥抱人物雕像,将其当作活人一样与之对话(根据约翰·伊芙林报道);然而,真正的活人却被巴洛克变成了机器,没有思想,只服从外来命令,俨然就是皇帝为中心的古代城市的死灰复燃。

这些新秩序后面潜藏着的趋向,直至 17 世纪才显露出来。而且,社会生活的各个方面都开始背离中世纪枢轴,并逐步在新徽志下重新形成社会组合,这个徽志就是君主。意大利政治家马基雅维利(Machiavelli, 1469—1527)主张实现政治目的可以不择手段,这个政治家在其《君主论》(Prince)一书中,就为巴洛克新政治和新城镇的规划提供了不少线索;此外,后来出现的笛卡尔,也按照巴洛克城市的统一样式,重新解释了科学技术时代即将出现的新世界。总之,到 17 世纪时,当时思想界的先驱人物,如阿尔贝蒂等人,他们的一些直觉和设想,通过巴洛克的生活方式,巴洛克规划,巴洛克花园,巴洛克城市,都一一实现了。

开放与清晰

在巴洛克组织形式完全控制社会生活的各个方面之前,曾经有个新旧交搭、相反相成而又相得益彰的过渡阶段;这个阶段,至今仍被很不幸地称为"文艺复兴"。文艺复兴这个词语已经根深蒂固,如今已经难以轻易抛弃了。然而,这个词语的含义,如同那个所谓的"工业革命"一样,都非常含混,极易引起误会。至此为止,在城镇建设方面,所谓城镇如今已经沦为一些毫无意义的圈子,还有中世纪晚期特有的杂乱拥挤,都发展到令人难以忍受的地步了。即使从日常的实用角度来看,弯曲狭窄的街道,黑暗的小巷,也难辞教唆犯的嫌疑：那不勒斯国王弗伦特（Ferrante）1475年就曾经明确指出过，狭窄的街道，威胁着国家安全。

为了能够重新自由呼吸，新来的规划师和建筑师们，又推倒了拥挤的城墙，拆毁了各地的小棚子、小摊子、老房子，将许多弯弯曲曲的小巷打通，改造成笔直的大道，或者，开辟出一个矩形广场。在许多城镇里，人们突然体验到的感觉，就仿佛长久关闭在幽暗而且吊满了蜘蛛网的小屋子里，百叶窗被突然打开时的体验。

130

但是，如果把这一时期15到16世纪的社会变迁就称之为"新生"，那么就不仅误解了这场变迁的动机，也误解了这场变迁的效果。实际上，有一种时代精神几经发展流传，已经历了几个世代，这种精神不是追求从整体上改变历史城市，而是一点一滴地营造它；这里，我们是用一种近乎平面几何学的精确方法对这种精神来予以解析。在佛罗伦萨或者都灵那样的城市里面，原有的罗马遗址和框架依然明显可见，而新出现的一切又如此有机和谐，让你觉得，似乎它就是自身历史的有机延续，而绝非完全抛弃历史。比如看看，佛罗伦萨的兰齐凉廊（Loggia dei Lanzi），这凉廊完工于1387年，从日历来看，毫无疑问，它属于中世纪，但是，从风格、形制上看，它完全属于所谓的"文艺复兴"那个时代：开放、宁和、三道圆拱形跨廊、古典的柱式……说它是"新生"的？绝不是！这是一种纯化，一种求真，一种设法回归到原来起点的大胆尝试；宛如画家，面对一块玷污了的画布，在斑驳色块之间，在凌乱形体之间重新下笔，一点一滴地力图找回的他最初画面上的素描轮廓的每一根线条。

所以，如果要求用语精确，所谓的"文艺复兴"城市，根本一座都不曾存在过。但是，的确有一片片文艺复兴风格的型制和开放空间，它们轩敞明朗，细部清晰。这些元素都美仑美奂地修饰了中世纪城市的结构、构造。如果说当时出现的新建筑物，以其无人性的庄严、厚重，中规中矩的规则感，突然打破了中世纪城市的和谐，那么，这些新元素却带来了意想不到的改进，这就是以其对比效果和反衬手法，凸显了古老街道和建筑物的美感。如若不然，这些中世纪美好的东西，反倒会消失得无影无踪，或者完全被忽略。这样做的结果，城市的主旋律仍然是中世纪的，只不过乐队增加了新乐器，于是整个城市的色调、节奏和速度，就都变化了。

这次新运动的象征物，就是笔直的街道、水平屋顶连续不断的横线、圆形拱门、规格一致元素的大量重复使用，特别包括前立面大量使用的飞檐、门楣、窗户、柱子等等。阿尔贝蒂甚至建议说，"假如街道面上房子的门都照同一样式建造，街道就会益发显得整齐高贵。两旁的房子就仿佛站立在同一条水平线上，不会显现出任何高低错落。"建筑物正立面的处理，凸显了建筑物前瞻效果中这种简洁清新的气派。但是，这种新的秩序,从未贯彻到17世纪主张的压倒一切的一致性地步;那时候,依靠严格的章典律令,千篇一律的政策法规,建成一些无尽头的街道……新时代文艺复兴建设者们,正是依靠了这种灵活性,避免了制度化的紧张刻板。所以,中世纪城镇的建设者们证明了自己从吸收中世纪城镇形制的有益经验中获益匪浅。这些灵活性体现在,比如说,圣马可广场上珊索维诺(Sansovina)设计的图书馆,就完全不是总督府(Ducal Palace)形制的照搬照抄;同样,佛罗伦萨城里的安农齐阿广场(Piazza Santissma Annunziata)周围的建筑物的高度,也只是大体上保持一致。无论文艺复兴街道的秩序规定有多严格,却永远都没有走近僵硬和压抑的死胡同。

131

意大利城市热那亚(Genoa)四巨头建造的一批新街道当中有条街道,原来就叫做新街(Strada Nuova)。根据瓦萨里给我们提供的资料,这条大街原来的设计者,是来自意大利中部城市佩鲁贾(Perugia)的尕利亚佐·阿利西(Galeazo Alessi)。最初的设计方案,是要让它成为意大利最堂皇最宽广的大街,两旁设有一系列宏伟的宫殿建筑,这些宫殿建筑,各自独立,规模宏大,足以隐藏大量兵力,当然,宫殿都有相应宏大的房间;宫殿背后都有小丘起伏的花园,宫殿和花园也都由他设计。可是,即使这条新街道比老式的胡同和小巷要宽很多,其宽度一共也只有20英尺,总长度也只有700英尺。可见,即使当时是在重要人物强大命令的重压下,热那亚城市的总体规划,从一开始也没有发生过根本性的改变。佛罗伦萨城也一样,其文艺复兴时期的宫殿建筑,多数建在古罗马和中世纪形成的狭窄街道或小巷两旁,唯一的重要例外,是河对岸的皮蒂宫(Pitti Palace),它坐落在郊区地带,但是距离老城区的罗马大道也并不遥远。

可见,16世纪的新型城市规划师们,不仅雄心有限,而且行事谨慎。也正是由于这种谦卑谨慎,才使得他们创造新型城镇时不仅能保留原有旧格局的好处,还能创造出新城镇的优良形态。新时代的城镇规划师们似乎并未用自己的规划方案去有意识糅合中世纪的老城格局;如果那样,很可能就会事与愿违,弄巧成拙。现在,将许多旧有的东西原封不动,让它屹立如故;这样,新建成的项目,自然就丰富了城市景观,创造出一种综合形式。因而,从美学效果看,就比后来建造的市区更加令人满意,更富美学效果。其最好的范例,莫过于文艺复兴时期的佛罗伦萨城里的乌菲齐宫殿群(Uffizi)两边笔直而狭长的街道。这些设计,简直为我们提供了一个图解式说明,讲清了当时这种新的城市设计思想。这些建筑物之间关系的巧妙布局安排,基本的色彩和花纹不厌其烦地大量重复,加上水平方向线条都汇聚到同一个焦点,当然很快会令人厌倦;所幸,它适时地展现了一幢别开生面的建筑,就是广场外面西格诺里故宫(old Palace of the Signory)的塔楼。

可是,一旦规划师能够按照热那亚的新街,或佛罗伦萨乌菲齐宫殿两侧街道的设计原理,自由设计整座城市时候,那么,整个城镇空间组织在美学上的局限性就立即显露出来,此外,还显露出了整组建筑有无视人类功能多样化的缺点。前一种情况——热那亚新街中,秩序仍然是社会生活的工具;后一种情况——佛罗伦萨里,则本末倒置,社会生活变成了秩序的工具了。不过,从小规模小尺度来审视,文艺复兴城市设计中的新秩序,毕竟为中世纪城镇常常增添审美效果,为它提供了某种宁静空间,例如,在热那亚的圣安农齐阿广场,就为人们提供了犹如在修道院里感觉到的那种内心宁静之美。

直至17世纪,建筑业的新传统一直采用古典形式,来再次体现新时代的直觉和情感,结果营造出一些颇有新意的开放空间:建筑环境明朗清晰,形式整齐有序。结果,古代城市不得不容忍的环境景观中视觉上的混乱开始消却,代之以整齐正规的城镇外貌。例如,罗马城七丘之一卡皮托林山上原始的、风吹日晒雨淋而斑驳的自然场所如今也铺上了石板,陡峭的羊肠小道,也改造成堂皇漂亮的一级级石头台阶。的确,文艺复兴传统的贡献,不仅包括道路的改进装饰,还有石材或者砖块的铺装道路,石材楼梯,雕像喷泉,纪念雕塑,等等。从城镇空间的垂直上升这个概念来看,喷泉向上舞动的水珠儿,一级级盘旋上升的楼梯台阶,这些革新措施,都为它们所担当的功能增添了许多空间活力。罗马城的西班牙台阶(The Spanish Steps),一度曾为花卉市场,也曾一度用作广场和斗技场,还兼有通道功能通往其上方的三位一体教堂,因而踏上这些台阶就有种苦行赎罪的体验;因而如今,这些台阶担当有精神思想解放的职能;其功效是不能靠所占有的空间大小多少,而只能用其被使用的频度来衡量。

这种风格的精神实质,还有一些残存在巴洛克时代的最佳作品之中:特别是雕像喷泉和罗马城的罗马教廷总建筑师伯尼尼(Giovanni Lorenzo Bernini, 1598—1680)所设计的许多广场之中。但是,这些设计的优美之处,以及某些规划的整齐严谨,更是被周围环境的芜杂凌乱反衬出来的。所以,等到巴洛克建筑设计的样式一旦到处流行起来,统一化,绝对化,既无对比又无回避的时候,其弱点也就暴露无遗了。结果,刻板的公式化取代了清晰,空虚取代了轩敞,浮华铺张取代了宏伟堂皇。规划师的独唱歌喉,音量可能被放大了许多倍;但是,无论如何也无法获得城市合唱队中全体合唱队员的和声效果。在城市大合唱当中,每一个合唱队员都扮演自己的角色,同时又跟从一个和谐的总谱。两种不同安排,其效果如何能一样呢?

在专业艺术评论——甚至包括城市设计评论——的狭窄领域内,上述一些从文艺复兴到巴洛克的发展变化,常常被解释为纯粹是趣味和审美眼光的变化。殊不知,真正

132

影响了城市规划思想和实践的,是当时这后面更深刻的政治和经济生活变迁。古代世界中最终导致王权城镇问世的那股力量,如今又重新出现了,而且几乎毫无二致;所不同的,或许只是其支配力更加强大有效,所产生的城镇规划方案也就更加野蛮无情,非常片面,不讲求社会合作;更无视缓慢而复杂的社会互动进程、耐心细致的社会机理经过反复试验和选择,加以调整和修正,最后臻于完美;那才是有机城镇规划方法和城市发展所真正需要的东西。如果想透彻了解 17 世纪末叶最终定形的巴洛克城镇规划的内容和实质,了解它如何创建了新型城镇住宅区,以至于如何为皇室兴建了新型居住区,我们就必须弄明白中世纪末期整个政局和社会权力是如何逐步变化和转移的。

　　由于所有这些变化和趋向,最终都会集中到巴洛克城市中这个最高首脑里来;我很久以前就选择了"巴洛克城市"这个词语来描述当时的社会——原本是用其负面的、轻蔑的含义,而不是当作很有限的建筑学术语来使用。巴洛克这个概念形成于 17 世纪,这个词语特别有用,原因在于:这个概念中同时包含了当时社会历史中两个相互矛盾对立的元素。首先是它的抽象方面,这包括数学的和方法论的内容,具体表现就是巴洛克刚直街道规划方案的完美无瑕,也体现在巴洛克城市中规中矩的平面布局,体现在巴洛克式的花园、城市景观、街景的几何学设计,让平面几何学精确严谨的这些特征表达得淋漓尽致。而与此同时呢,从巴洛克时代的绘画、雕塑作品中你还能看出它的另一个对立的元素,这就是巴洛克文化还包括以下这些内容:声色之乐、反叛精神、奢侈浮华、反对经典作风、不拘泥于形式主义、反对机械呆板,这些东西都很具体地体现在当时的服装、性生活、宗教狂热以及疯狂的政治手腕之中。这两种互相对立的元素,就共同存在于从 16 世纪到 19 世纪的整段历史时期;而且,两者互相之间,有时候各自为政互不相干;有时呢,又同处于一个更大框架内,形成相互对峙、制衡关系。

　　如此说来,我们其实可以把早期文艺复兴文化的表现形式,特别是它那些纯净特征,看作原始巴洛克(proto-baroque);而将新古典主义形式,包括从凡尔赛到圣彼得堡的辉煌成就,都看作是"晚期"巴洛克。甚至,还可以把 18 世纪复兴哥特式建筑的复兴主义者们看作(虽然这样做有些似是而非)巴洛克的反复无常的变态时期。可见,由于有这么多丰富的内容,如果你仅只把巴洛克看作纯粹是建筑风格形式发展运动过程中的一个阶段,那就过于简单化了,那么多丰富内容就将变得毫无意义。但是,由于过去几十年中巴洛克这个词语已经被滥用了,流传得到处都是;加之,巴洛克这个表示品质和属性的形容词(epithet)自身本来就有的内涵模糊和矛盾的特点,就让大家把这个词语越用越滥了……

权力观念

军队和官僚机构,是这一时期的新社会制度的左膀右臂;在这个中央集权的独裁主义体制内,这两个要素构成了支撑这个制度的精神支柱和世俗支持。这两根支柱之所以能够发挥相当大的影响,在极大程度上,要归功于资本主义工业和财政,这是一个更为浩大、广阔的权力王国。大家相比还记得,马克斯·韦伯认为,意大利诸城市在丧失了他们的自由之后,转而能够卓有成效地管理财税,这才是他们真正的新成就。新上台的寡头政治集团,是历史上第一个按照新时尚的簿记原则来管理自家财政的政治体制。以至于今天,欧洲每一个首都城市里,都能够看到意大利的财税专家和理财高手。

从商品经济发展为货币经济,这一转变极大地扩充了国家资源。租金、掠夺赃物、战利品收入,以及将专利权扩大应用到技术发明领域,这些都极大地增加了统治者国库的财富。国家疆界的扩大,意味着纳税人数的增加。首都城市人口的增加意味着土地和房屋租金价格的加大;这两者的增加,最终都意味着国库钱财的增加。不但皇室政府实现了资本主义化,他们自己还建立工业,如军火制造业、陶瓷制造业、地毯制造业等等。而且,基于贸易顺差的想法,创造了一套剥削制度,让每一个主权国家在与他国进行交换时,都可以用较少的商品换取更多的回报收入,而且用黄金结算,亦即典型的殖民主义经济学。

接着,资本主义又变成了军国主义:当贸易方面不再占有优势的时候,它依靠国家军队,这是殖民主义剥削和帝国主义侵略的基础。尤其,资本主义发展给各个部门都带来了庸人思想习惯,以及实用主义就事论事的评价标准。这是一整套的引导方法,它准确而整齐,表面上还很有效率;此前巴洛克生活那些繁复、浮华的表现形式,就曾经依赖这些方法而建立起来。新生的商人和银行家阶级,都曾经十分强调方法、秩序、程序、权力、流动性,以及一切行为习惯,假如这些东西足以增强其指挥和驾驭效果。老雅各布·福格(Jacob Fugger the Elder)甚至为自己的旅行专门设计了一套用品盒,里面装有很紧凑的,配置很到位的用餐器具,甚至没有一件是用不着的。

这一历史时期的社会秩序有个很好的标志物:就是国家铸币厂冲压硬币时候使用的铸模,这种铸模规格整齐,均匀一致;它很好地体现了当时社会逐渐现形的品质。佛罗伦萨铸造的金币,分量足,成色好,在国际社会上赢得了信誉和商业地位。追求知识的兴趣首先出现在商家的账房里,因为那里为了维持长途贸易业务中途往往设有支付代理人,因而都最需要数学和读写技能,这些都是文字记载手段所必不可少的。随后,

134

这种兴趣提升为科学追求,并且扩大到自然科学的广大领域。因而,数学、写作以及经典物理等学科,也就成为新教育体制中文法学校所开设的必修课程。回顾这一时期的有趣历史事件:著名的物理学家艾塞克・牛顿担任了铸币厂厂长职务,伦敦商人出钱于1662年帮助建立起英国皇家学会(Royal Society),赞助物理学实验,完全为倡导学术研究之宗旨。这些事件都不是偶然的。它表明,机械学上某些学科知识和专业训练,实际上是相辅相成、触类旁通的。

新资本主义嗜财如命,贪图权力无尽无休。但是,在它牟取的这些直接物质利益的背后,它对于整个感官世界的框架和概念,都在发生深刻变化。首先,新的空间观念:对于空间的重新组织,使之具有连续性,使之有序化,或者减小到最小单位,或者延伸它,把大空间的限度推得更远……是空间概念无限扩大,或者无限缩小,最后,再将空间与物质运动、与时间维度,互相联系,构想出了宏观世界和微观世界。这里才是巴洛克思想的真正伟大的胜利成果之一。

对这些概念和变化首先予以清楚表述的,是一批画家、建筑师和景观画家。为首的一些人物,包括以下几位:第一个,就是前文提到过的建筑师、艺术家、百科全书式的学者阿尔贝蒂;第二位是布鲁内莱斯基(Brunelleschi, 1377—1446),他也是意大利文艺复兴初期的建筑师,建筑作品风格典雅、宁静、清新,代表作有圣洛伦佐教堂和佛罗伦萨的圣玛丽亚教堂;第三位,是意大利文艺复兴初期佛罗伦萨画家乌切洛(Uccello, 1397—1475),他很注重透视法的运用,试图调和晚期哥特式风格与文艺复兴风格,其主要成就是三幅《圣罗马诺之战》;第四位,是意大利建筑师和建筑理论家塞里奥(Sebastiano Serlio, 1475—1554),古罗马的主要建筑理论经他传入法国,主要作品有枫丹白露宫殿大门等,都是他的代表作。这些讲佛莱芒语的现实主义者们,基于他们为先进的纺织业工作的背景,对空间有准确的领悟和把握。看来,对于空间进行合理组织的工作,一直留待15世纪的意大利人来最后完成。他们在前景框架和地平线平面这两种平面内,以数学线条互相联接,对空间进行了组合;结果不仅实现了距离、色调浓度、光强弱的互相联系,还实现了运动物体与三维透视空间的联系。这样一来,他们就把迄今为止从不相关的线条与物体,统统放在了矩形的巴洛克框架之内,以有别于中世纪绘画外框往往很不规则的惯用做法。这样的艺术构思和实践,又与政治上为了巩固政权而把领土纳入巴洛克国家版图的做法同时发生,不谋而合。只不过采用绘画直线和统一建筑线来表达匀速运动,作为一种艺术实践,是要有个发展过程的;直至这个过程完成至少一个世纪之后,才有了无限远大街上真正建筑立面的问世。

同样,把握了透视法之后,不仅取代了封闭画面和有限街景,更延伸了走向天际线的距离,让观赏者的注意力集注于逐渐远逝的平面而想穷尽它;而这时候,城墙作为城镇规划的一个显著内容,还远未被取消呢。这一创新首先为巴洛克设计堂皇的城市大道提供了审美的前奏曲。这些宽广的城市道路,最多只是采用一统方尖碑,一座拱形门,或一幢建筑物,来当作街景画面中,檐板与铺装道路延长线在远方交汇和终结的灭点。城市景观中长长的流变进程,以及空间无限而富于纵深感的街景这一类巴洛克后来经常采用的符号和特征,起初都是由画家首先发现和提供的。城市生活中,行进过程本身,要比最终抵达的目的地更显重要。比如说,观看罗马的法尔内塞府邸(Farnese Palazo)①的时候,人们更喜爱它的前院、前厅和前广场,而不甚喜爱其伫立于山顶的粗笨立面。新出现的文艺复兴式的窗框,无疑具有画框之妙;而文艺复兴文化创造的油画画框,则又是一个想象中的窗框。有了这样的了望口,肯定会让久居城市的人们暂且忘掉抬眼可见的沉闷内院景象。

假如古代画家先于笛卡尔采用坐标系统表现笛卡尔数学关系,那么,人们对时间的总体概念就会更具有数学特点。从 16 世纪开始,家庭用钟表已经开始在上层社会住户普及了。但是,在巴洛克空间观念已经引进了运动、行走、速度概念,以及速度的征服效果的同时(早些时期的运载工具,如风篷车辆、三轮车,以及后来出现的娱乐用过山车,等等都是这个时期出现的)——巴洛克的时间概念却仍然缺乏自身必要的维度定位。这时候的时间概念,仍然只是一个个瞬间的连续和积累。时间,此刻不再表现为一个叠加的、延续的进程(duree),而成为若干分、若干秒的总和。换言之,时间不再是一个有生命的东西。这样,巴洛克时间的社会体现,就是一个接一个川流不息的社会时髦和时尚习惯,年复一年不断变化更新。而在追求新奇事物的时髦社会里,此刻又发明了一种新罪恶,这就是忽略时效性。忽略时效性的产儿,就是它的现实载体——报纸。报纸一日接一日地刊载本地各种零散新闻事件,而这些事件除属于当前同一时间之外,并无其他任何明确的内在联系。如果说,事物在空间里的重复——例如,街道上的列柱,游行队伍中的士兵——还能够创造出一些新鲜含义;那么,时间维度内,所需要的就不再是重复,而是创新。至于说考古学者崇拜历史,那显然不是因为恢复了历史,而恰恰是因为靠新发现而否定了历史。真正的历史不可能再次复原,除非以全新的形式再次进入新的社会生活。

---

① 法尔内塞府邸,(Farnese Palazzo),文艺复兴鼎盛时期建筑物的主要代表,位于罗马,建于 1517—1589 年,原来由 A.桑迦洛设计,1546 年桑迦洛去世之后,有米开朗琪罗继任设计师,设计了阳台、巨型盾形纹章,正面顶层窗、檐口,以及文艺复兴鼎盛时期风格比较过于矫揉造作的内院四周建筑的顶层。室内有 A.卡拉奇所作壁画。该建筑物现在是法国大使馆。——译者注

　　可见,货币作为价值的抽象形式,空间透视法则,以及机械化了的时间,这三个元素就为巴洛克新时代社会生活的结构出一个封闭的框架。人类体验越来越被简化为这样一些简单元素,被降低为可以分裂开的、可以单独度量的东西。由来已久的柜台取代了有机生物体的做法。经验当中只有那些不会留下黑糊糊乱糟糟一团的那一部分,才是真实的;凡是不能在视觉上引起轰动效果,不能表述为机械性的有序性态的,就都不值得去表现。艺术上讲求透视和剖析,道德上实行的是耶稣会教士们系统的诡辩术,建筑上时兴轴对称、形式主义的重复出现和五种柱式的固定搭配比例,城市规划和建设上,是精致的平面几何形式的规划方案……这些,就是当时的新形式了。

　　请不要误解我的意思。这个喜欢抽象分析的时代,是个在认识能力上十分清晰明确的优秀时代。新式方法和习惯,喜欢处理数学可以分析的碎片,而不注重处理整体事物,这样就第一次提供了一种聪明的新方法去重新把握整体事物;这样的方法,有如商业上出现的复式簿记同样有用。同样,在自然科学方面,这种分析的抽象认识方法,也导致度量单位的发现,为研究和精确计量提供了方便;原因就在于,被认识的事物是被肢解的、碎片化的、不完整的。当时系统思维能力的提高,以及准确预言物理事件能力的提高,对于人类都是有贡献的:具体体现就是即将出现在 19 世纪的一系列的技术科学巨大进展。

　　可是,在社会研究方面,抽象思维习惯带来的效果却不尽如人意,甚至是灾难性的。自然科学领域里面确立起来的新秩序和新理论,却不足以描述或者解释一些重大社会事件;甚至于到了 19 世纪的时候,即使是统计分析方法中最被认可的正统成就和进展,也很少进入社会学分析的领域发挥作用。甚至连真正的男人、女人含义是什么,真正的自治市镇机关和城市是什么都不清楚;以至于法律和政府在处理问题和纠纷时候,把真实的人和实体,当作幻影和幻想的人物和实体。而狡猾的实用主义的杜撰和捏造的谬论,诸如王权神授(Divine Right)、专制政权、国家、主权等等,却被政府和法庭当作了真实的实体来对待。所谓"解放了的个体",一旦摆脱了依附概念,一旦脱离了实体和社区,就处于游离状态,不附属于任何地方和社团,成为社会势力、政权组织的一分子,不顾一切地去谋取社会权力足以支配的任何东西。为了谋求政治和经济无限权利,极限概念消失了:包括人口极限,财富极限,人口增长极限,城镇发展极限……事情就走向了反面,数量扩充成为压倒一切的东西:商人无论怎么富也不算富,国家领土再大也不算大,城市再大也不算大。人生的成功,被定义为财富的扩张。这样一种迷信,甚至于至今萦绕在当今无节制的经济发展思维模式当中……

　　为了搜罗更多的顺民——即使是更多的炮灰,更多的租金和税收的摇钱树,在这一目的上,君主们的追求和资本家是一致的。资本家也在寻找永不枯竭的市场,永不满足的消费者。强权政治与强权经济,互为补充,相得益彰。城镇发展了,消费者大量增加了,租金提高了,税收增多了,所有这些结果都不是偶然的。

　　法律、秩序、千篇一律,这些都是巴洛克首都城市的特殊产物。但是,法律的存在是为了确认既得利益阶层的地位和安全,秩序则是一种机械的秩序,它不是以血缘、社区联系、姻亲关系、感情为基础的社会联系。至于千篇一律,那是官僚主义体制制造出来的,他们的档案、卷宗、八股文章和繁文缛节,以及为了有系统地征收赋税而创制的无数规章细则。强制推行这一套生活秩序的,还有其外部手段,就是军队;其经济上的左右手是商业资本主义,典型机构是常备军、交易所、官府和法庭……

交通与道路

　　既然我是在讨论一个抽象概念的时代,就让我有意识地遵循它的这种抽象方式继续进行下去。让我先于整体来讨论局部;首先讨论大街等等……最后来讨论城市;而且是将城市作为一个审美单元,而非当作完整的社会单元来讨论。

　　大街是巴洛克城市最重要的象征和主体。要设计一座全新的巴洛克城市,并非永远都是行得通的,道理在于,若设计六条新街或某处新居住区,这个地区的性质就可以重新界定。城市规划之所以遵循线性发展特点,轮式车辆交通起了决定性作用,这个时期的做法是把用地空间划分为几何图形,目的就是为了适应城镇范围内的交通运输要求。与此同时,也是为了服务于当时社会生活习尚中最主要的价值观念趋向。须知,马车和大车正是从 16 世纪开始在城镇里逐渐普及了的。这部分原因是车轮制造技术进步,替代了老式的硬轮毂,改变了轮轴、轴缘、车轴各自分开制造的办法,还增添了第五个轮子,以操纵车辆的转向。

　　城镇引入轮式车辆起初是受到抵制的,正如三个世纪之后在城内兴建大街遭受抵制一样。原因很简单,中世纪的街道无论是规模或者延续性能方面,都不适宜车辆交通。詹姆斯·亨利·托马斯告诉我们,在英国曾经举行过强烈抗议,人们坚持认为,如果让酿酒厂的车辆驶过城市道路,这样的道路路面就很难保持经久不坏。在法国,议会央求国王在 1563 年禁止车辆在巴黎通行。18 世纪再次通过了同样的动议。但无论如何,这个时期社会的主流精神已经开始赞成、支持快速城市交通:加快交通速度、征服空间距离、热切地要求迅速抵达"某个地方",凡此种种,就都成为权势欲望的具体表现。约翰·斯托(John Stow)说,当这样一种风气开始支配伦敦城的时候,"简直整个世界就好像在轮子上奔跑!"似乎是这样:这个时候,质量、速度以及时间这三项内容,已经成为社会机体做功的三大要件了,可见,牛顿运动三定律不久之后的问世,也就不足为奇了。

大街上的直线交通运动,不仅仅产生经济效益,还可以带来愉悦感。它能给城市带来新刺激,带来新的超常体验,这些体验只有过去骑马驰骋田野,或在森林里骑马打猎的人,才能体会到。这样的视觉体验还能够增强城市的美学效果,当车辆快速驶过街道两旁整整齐齐的建筑物时,当建筑物檐板高度均匀,形成一条整齐的直线时,当这些线条都指向天际线上的同一个灭点,似乎车辆此时也在向这个灭点驶去。而你行走的时候,目光所及,各色景物琳琅满目,你看到环境的丰富性;而当你乘车时,当行进速度超过了步行,快速的运动促使周围所见到的景物不断快速重复,唯有这样才能使个体建筑物复原成原来形状,否则它一闪而过,你看不清楚。于是乎,原来静坐不动,或者随仪仗队行进中都感觉枯燥无味的景色,此刻与飞驰而过的马车构成互相陪衬的一景。

当我强调当时 17 世纪的社会对快速车辆交通迫切需求的同时,我并不想忽略比此时更早时期出现的另一种社会需求:这就是当时城市需要建设军用道路。恕我再次引用阿尔贝蒂的说法,他就把城市的主要道路与附属道路予以区分。前者他称之为——名称很重要——*viae militares*(军用道路);而且,他要求这种道路必须是笔直的;因为,凡是曾经带领过团队行经城市的不规则地区的人,都会体验到让队伍在弯弯曲曲的街巷内整齐前进有多困难,尤其是再加上街道本身就高低不平;这样,许多人就会脱离队列,整个队伍就无法保持队形。所以,为了保持游行时候的整齐队形和威武雄壮,就必须让军队的队列行进在广场上,或沿不间断的大道前行。

于是乎,新时代的城市规划师们常牢记城市中军队的特殊需要。帕拉迪奥(Palladio)就赞同阿尔贝蒂的观点,他同意沿直线规划城市道路,把道路建造得笔直而且很短,此外,他还赞同把道路加宽,以便在马车相会的时候不至互相影响。他还说,"如果城市道路建造得很宽,到处的宽度都一致,这样就便于使用。也就是说,道路任何地段都不会阻塞队伍正常行进。"这种宽度一致、规模浩大的大街,后来就成为新城市居住区的一大祸害,不仅如此,还极大地增加了建造成本,原因仅仅在于军事需要。

帕拉迪奥对于新型军事大道还有进一步的界定,同样也很有意思:他指出,"军事大道与非军事大道的不同之处,在于军事大道直接穿过城市中心,而且能够形成不同城市之间的联接,同时,还能为城市所有通勤者和各种车辆的通行提供便利,当然,军队也可以行军。"可见,帕拉迪奥的着眼点,是单纯讨论军事交通要道,因为非军事道路的建造和管理原则,也都要仿照军事大道的同样要求来办理。当然,两者越是相同一致,"也就越容易操控和管理"。考虑到军队对于统治阶级的重要作用,新城市规划中道路的设计建造占据如此重要地位,也就不足为奇了:从阿尔贝蒂规划中道路布局突变,直至最终豪斯曼为巴黎设计的林荫大道,莫不如此。

士兵们整齐的队形,笔直的行列,其美学效果又被道路的笔直和整齐成倍增强了。严整的军阵,无疑为权力增添了张力。这样一支队伍会让人感觉到,他们能够摧毁铜墙铁壁,所向披靡。这恰恰是士兵和君王想要制造的印象,也是他们想要向百姓灌输的信仰。这样一种印象很容易让百姓驯顺守法,不敢起来与当局较量,原因在于一旦真正较量起来,军队的结局很可能是最糟糕的。还有,在不规则不整齐的街道上,到处散落着大块鹅卵石,到处都有可以躲藏的角落,军队的火器无以施其伎。手无寸铁而瞬间可以形成组织的民众,很可能会自发组织起来,拥有许多有利条件,而士兵们则无法对街道角落开枪,也无法躲避屋顶上烟囱后面密集飞来的转头石块,军队的调度和部署都是需要相当大空间的。中世纪的巴黎街道,不是成为了城市自由民最后的据点之一了吗?拿破仑三世下令拓宽街道,打通死胡同,甚至拆光整个一个居住区,就为了建造一条宽广的林荫大道,这是不足为奇的,原因在于这是防止民众从城市内部起义的最好自卫办法。如果强制和高压统治无法赢得民心,那就只好适当改造城市环境来严加防范了。

新型城市当中,更确切地说,在添加了许多正规新建筑物的旧城市中心区,建筑物构成了大街的基本走向和格局,而且,这些大街基本上就成为阅兵仪式的举办场地。喜欢观光的人可以聚集到这里来,或伫立在便道上,或者依在窗前,来观看军队的集合整队,行进,操练,以及演习凯旋阅兵;人们观看这些表演,同时也被吓得不敢反抗。大街两旁的建筑物排列得整整齐齐,好像立定不动的士兵行列,士兵们组成的一个个方阵,沿着大街前进,整齐威武,这就成为一幢幢移动着的建筑物。观众们立定不动,社会生活就在他们眼前不断进行下去,无需获得他们同意和认可,也不需他们协助。观众可以尽情观看,但是如果想开口说话,或者想离开站立的地方,最好还是首先申请,获准之后再行动。

中世纪城镇里的居民们,无论是上层阶级还是下层阶级,在大街上,或者市场里,都是混挤在一起的,如同他们在教堂里一样。一些有钱人即使骑在马上,他也得耐心等待着前面荷担提篮的穷人,或者柱杖慢慢前行的盲人乞丐,都渐渐走过之后,自己才能通过。而如今呢,有了宽阔通衢的大道之后,上层阶级和下层阶级之间的裂解开始在城市中定形:有钱人开车,穷人走路;有钱人在市中心的中轴路上隆隆驰骋,而穷人则在城市边缘地带,站立在路旁排水沟边上,艰难行走。久而久之,在这路旁便为普通行人安排了人行便道(sidewalk)。有钱人吹胡子瞪眼,穷人目瞪口呆:傲慢无礼的人靠欺压贫贱者养肥了自己。

从此,有钱有势阶层的终日炫耀展示,招摇过市,便成为巴洛克城市里每天上演的主戏:能很容易想象到,当时街巷里的市井生活,匆匆忙忙,光怪陆离,同时又费时费事;头顶竹筐走街串巷为肉店老板送货的小厮,出门随便逛大街闲逛的退休商人,衣着光鲜的主妇们,新奇物品漫天要价就地还钱的日常交易,甚至还有那些饱食终日无所用心的乌合之众,他们一副寒酸,露出难以掩饰的悲惨处境,令人联想起帝国时期罗马城里那些破落了的食客……

"小心马车!"18世纪的默西埃在《巴黎景色》一书中这样叫嚷着,"前面来的是穿黑外套的医生,他乘坐一辆马车,舞蹈大师乘坐在他的单马篷车里,斗剑大师乘坐在他的双驾马车里。六匹马后面驰骋的,是王公贵族的豪华马车。你看,他们都飞驰如风,好像奔驰在空旷的田野上……这些趾高气扬作威作福的贵人们,飞奔的马车隆隆驶过石头路面,路面浸染着无辜牺牲者的鲜血。"不要以为这是危言耸听,夸大了当时交通的危险:在法国,17世纪因马车伤害造成每年死亡人数超过了紧接其后的火车伤亡人数。飞快的马车加快了生活节奏,这样的飞速城市交通,这样浮光掠影式的刺激和冒险,是独裁政治无情铁律为人生提供的一种心理上的糖衣苦药丸。在巴洛克都市里,你尽管可以说"马车行驶得很快,"但是正如人们对于法西斯时期的意大利也曾经说过的话,"火车行驶得倒是还准时"。

这种专制统治制度中,只有一种人感觉很惬意:这就是富人。为了有钱人的享乐,就建造了宽阔的大街,铺设了光滑平坦的路面,他们的四轮马车上还加装了弹簧和减震垫,连士兵们的操演行军,也都是为了保卫这些富贵阶层。当时养一匹马,拥有一辆马车,就成为商业界或社会名流中成功人士必不可少的标志,而如果养了整整一马厩的马匹,那就毫无疑问是富豪之家了。18世纪的巴洛克城市里,那些宽阔大街和广场背面一些不大显眼的角落里,悄然兴建了马厩,那里散发出阵阵的稻草香和马粪混杂的气息。假如黎明时分再也听不到雀鸟鸣唱,那么在夜里,从敞开的后窗仍能听见名贵品种马匹无休止的舞步声;这些声响说明,这个马背上的阶层,已经掌控了当时的城市生活……

城市功能沦为城市残余物

前面已经指出,中世纪城市已经被新型规划断送给了富人的城市交通。城市的基本单元,不再是邻里住区或小区,而是一个街道或街区。宽广均匀的大街,把喧闹的交通一直带进了原先十分幽静、自适的居住区。随之而来的,使商业活动的分布会跟随交通干道的走向继续延伸,而不再考虑居民点的分布和提供商品供应的便利;结果,原来居民可以在市场聚集和互相见面的便利也就不复存在。当然,在一些不太受巴洛克思维方式影响的城市,诸如伦敦,就不像许多欧洲首都城市,那里的居民仍然保留着在市场互相聚会的古老传统。在巴洛克的城市规划方案中,人们的居住空间居然是被当作城市功能的一种残余物来看待的,也就是说,要在大街规划完毕之后,看还能给住房和街区剩余出多少用地,地块的形状和大小,以及街区享有多大进深。

　　一方面轻视除交通以外的其他交通功能,另一方面,又过分重视几何图形,如:新弗罗伊登施塔特的广场,帕尔玛诺瓦九边形、放射形同心圆的街道,部分像星光形的卡尔斯鲁厄(Karlsruhe)。这是什么意思?抽象的图形又规范了社会内容。城市社会的组织机构和制度丧失了产生城市规划的能力:规划的职能毋宁说是在组织机构和制度中体现君主的旨意。当然,的确有少数规划属于例外。但是,天啊!它们一样也只是纸上画画,墙上挂挂!菲拉力塔(Filarete)理想的星形规划也是个例外,这个规划的中心是个长方形,大教堂和皇宫安排在长方形的两条短的边上,商人区和食品市场安排在长方形的两条长的边上。至于功能上,也仿效中世纪的城镇,16 条放射出来的街道上每一条都有个副广场(secondary place),其中 8 个安排有教区教堂,另外 8 个留作专业商品市场,如木材市、稻草市场、谷类市场、酒类市场。这样一种规划方式十分关心教区里的日常生活内容,如果说它的轮廓是巴洛克的,那么它的内容和精神仍然是中世纪的。不用说,菲拉力塔的理想城市根本从未建成过,这样的规划思想现在既无权威也无影响。君主和他的臣属们自有别的考虑。

　　让城市的生活内容从属于城市的外观形式,这就是典型的巴洛克思想方法。但是,它造成的经济上的耗费几乎与社会损失一样高昂。如果地形不规则,不管要耗费多大人力物力,一定要把土地搞得平平整整,以便能按照规划进行建设,大街必须笔直,不能转弯,也不能为了保护一所珍贵的古建筑或一棵稀有的古树而使大街的宽度稍有调整而减少几英尺。交通和几何图形在与人类利益发生矛盾时,前者总得到优先考虑。在高低不平的地方按巴洛克规划进行建设是如此之难,以至于大多数新城市都选择平坦地方建设。有时候规划师确曾放弃了原先规划,如罗马规划中从人民广场放射出来的一条大街要穿过一座小山的山腰,而这座小山的岩石实在太坚实,难以穿过(事实上,规划师在规划之前是否劳他大驾去现场查看过,很值得怀疑;在这种式样的规划中,这是一种并不少见的疏忽)。

　　佛朗西斯科·马提尼(Francesco Martini)确曾独创了应用球面几何学来修改他的理想规划,适应弯曲的山坡地面设计道路走向,减缓路面坡度。但是,即使是这种想利用三维空间的大胆尝试,要求设计师处理的曲面,也要比自然界里的实际曲面要规整得

142

多。不仅如此,还有巴洛克城市规划方法无视具体的地形地貌特征,这就自然大大增加了城市发展的成本;而且,随着城市里车辆增加,道路需要拓宽、延伸,以及路面需要铺设,这都会大大增加了市政支出。为此,教皇西克斯四世(Pope Sixtus IV)在1480年颁发了一些聪明的法令,开始向那些从加宽道路中获得了好处的住户征收附加税。不幸的是,这个好办法,像其他卓越的创新办法(如征用私人土地以拓宽街道等)一样,在19世纪末以前一直没有被别的城市当局重视。

但这并不等于说,几何图形在规划中完全不能发挥有用的作用:事情正相反。像我们当今这样一个时代,屈从于纯粹变化无常的、毫无目的的"自由形式",也许不久将不得不回来重新欣赏较为规矩的形式和约束,及其明白易懂的简单式样和合理的规约。几何在规划中的作用,是起到澄清和指导作用。像其他种类有用的抽象概念一样,它的完整性和多样性,必须依照具体情况而定,当后者走向逃脱生活规约的某些方面时,就应让位于特殊的需要。在一个迅速多变,传统习惯已经不能起到足够指导作用的时期,几何图形也许可以作为一种权宜之计来产生至少外形上的一致。不幸的是,巴洛克的规划师们,自以为他们的式样是永恒不变的。他们不仅严密组织了空间,而且还想冻结时间。他们无情地拆除旧的,同时又顽固地拒绝新的,因为除了他们自己的式样外,他们对其他一切式样,一律予以排斥。

简而言之,巴洛克规划是一气呵成的。它必须一下笔就设计好,而且是永远固定不变的,像天方夜谭中的神怪一夜之间所做的那样。这样的一个规划,要求有一个建筑上的专制权威,并且专门为一个专制君主效劳;这个专制君主又能长命百岁,能在他的有生之年完成他们的设想。若想改变这种形式的规划以及介绍引进另一种形式的新风格,无异是破坏其美学的支柱。即使是巴洛克规划肤浅的内容,也必须用严格的行政管理法规才能保留下来。而哪里想要维持和保留这些东西,如巴黎,哪里也许就得在几个世代,甚至几个世纪里,表面上保持好这个式样。

17世纪对于外观整齐一致的那种感情,也许被笛卡尔总结得最好,他是那个时代最有代表性的思想家;还因为,他是个军人,同时又是个数学家、哲学家。笛卡尔说:我们可以看出,由一个设计师设计建成的大厦,比几个设计师共同设计建成的大厦,要优美漂亮得多,而且使用起来也要方便得多——所以同样,那些最早是小村子而后来逐渐发展扩大为大城市的古老城市,比起由一个专业设计师在空地上自由规划,整整齐齐新建起来的城市,常常要差得多。因此,从建筑物的个体美观上考虑,虽然老城市里几所建筑物可能与新建城市里几所建筑物一样美,或者超过后者,但是从整体上相比,可能看出,老城市里的这些建筑物,安排得很凌乱。这里一座大建筑,那里一所小房子,有时不分青红皂白,把许多不同的建筑物排列到一起,街道又歪歪斜斜,弯弯曲曲;所有这些,令人一看就觉得这样的安排,是偶然机遇的产物,绝不是人类在理性指导下有意识的安排。虽然这样凌乱,不过过去还总是有官员在负责监督,让私人建筑物要为城市增光添彩,如果我们考虑到这一点,那我们就容易理解:凭借他人的物力而要实现高度完美,那是多么困难哪。

　　两种思想体系,有机的与机械的,在这里成为最鲜明的对照。前者从总的情况出发,后者为了一个欺人的思想体系(他们认为这种思想体系比生活本身还重要)而把生活中的许多事实简单化了。前者凭借他人的物力与他们共同合作,合作得很好,也许是指导他们,但首先是承认他们存在,了解他们的目的;而后者,巴洛克专制君主那一套,是坚持他的法律、他的制度、他的社会,由一位听他指挥的专业权威去贯彻它的意志,强加于人。对于那些在巴洛克生活圈内的人来说,对朝廷大臣财政家们来说,这种均匀整齐的式样在功效是有机的,因为他代表了他们自己阶级创造的社会准则;但是,对在巴洛克生活圈外的人们来说,这是否定现实。

　　这种思想方法的最精华部分,巴洛克设计中最突出的象征,巴洛克规划中最能体现它的最脆弱而最富有创造性的象征物,是 17 世纪时布置的整齐的小花园或公园。这是把空间均匀整齐地组合成一幅几何图案,在这幅几何图案中,自然的生长繁荣只不过是次要的花纹:如此多的地毯、糊墙纸和天花板装饰,用这许多非自然的材料,巧妙地拼凑在一起。修剪整齐的林荫小道,路上的树变成一道整齐的绿色的墙、修剪整齐的篱笆。总之,是为了图案的外观整齐,不惜把生物损坏变形——好像削足适履的能手普罗克拉斯提斯(Procrustes)头脑中增添了蒲桑(Poussin,1594—1665,17 *世纪法国名画家。——译者注*)的想象力。

　　要了解巴洛克规划最终的局限性,除宫廷生活方式外,它一概不考虑其他任何生活方式。人们一定要问:它对城市的基层细胞究竟提供了些什么? 在居民生活邻里中,它什么也没有提供。它的规划没有为当地市场和学校留出一块空地,它的大广场中的小公园,除了有权进入的人们外,也没有为邻里内的儿童开辟出一处小小游乐场所。至于城市一些公共事业机构,它们是附属于君主王宫的。而这种城市基层细胞的理论正好是帕拉第奥提出的:

　　现在回过来谈谈一些主要的广场,那些应当与庄严富丽的王宫相毗连的广场,或者与各国首脑聚会的场所相毗连的广场,现在的国家都是君主国或共和国。国库或公家储放金钱和珍贵物品的金库,应该靠近这些广场,还有监狱也应该在一起。监狱里的人古时一般分为三类:一是道德败坏的人或是不正派的人——我们把傻子和疯子划归到这样的一类了;另外一种是欠债的人——第三种是卖国贼或坏人。

王宫、国库、监狱、疯人院——还有什么别的东西能比这四大建筑更能完全概括这新制度或更好地代表它政治生活的主要特征吗?这四大建筑是占主要地位的。在它们之间是一片单调而毫无生机的机械重复的房屋立面,在这立面的后面,被遗忘、被抛弃的社会生活的那一部分,正不知怎样地在苟延残喘着。

巴洛克秩序的残余

巴洛克对于权力的迷信和崇拜的狂热,甚至超过了中世纪的意识形态控制。它不但要顽强地存续下去,更要向社会生活的一切领域延伸。不但在国家权力结构中创造出了拿破仑,在商业和金融领域也同样创造了巨头。不过,巴洛克早期实施者曾经拥有的那种审美情趣,由于僵化而日益消失殆尽。通过民主这个活动方式,巴洛克的专制主义加进了对社会的控制:我们一定不要忘记强迫全国男子服兵役这件事情。过去封建时代也有服兵役,那是一年仅仅服兵役几个月,但是从法兰西革命开始,服兵役的期限延长到了若干年。自从金字塔建造者的时代结束,当今还没有一个专制君主敢于把这种普遍化的强制做法强加给民众,因为那样做简直是很难行得通了。

军队、政府,以及资本主义企业,相继承袭了巴洛克制度中特有的精神和形式。特别是政府规划设计中,巴洛克的形式一直占有主导地位。虽然19世纪欧洲的市政厅常常按照中世纪的形式建造,但从维也纳到曼彻斯特,议会大厦和政府办公大楼,都是按照巴洛克风格建造,沉闷单调而又飞扬跋扈(唯一例外可能是位于西敏寺的英国议会大厦)。就连向日耳曼精神的野蛮神灵倒退的纳粹主义的疯狂代表,也把它当作灭绝人性的权利幻想注塑到一个典型的极其空洞的形式中去。

在巴黎、马德里、圣彼得堡、维也纳和柏林,巴洛克的建筑和规划风格,不但能延绵不尽,而且有大规模应用的机会。18世纪以后,皇室居住城市是不再建了,但是,重要的首都城市在发展和扩大过程中仍然遵循着巴洛克总的方向路线,完全不考虑人们保存并且虔诚向往的国家纪念性建筑物和神圣场所蕴藏着的珍贵历史价值。19世纪的巴黎城市努力保护了一些巴洛克城市规划的最伟大的成就;这个实例也证明了,人类城市文化的历史性内涵能够创造出一种经久不衰的模式,这种模式不能简单地就其时间框架来归类于某一历史时期,其原因前面已经讲过。

在巴黎,拿破仑一世和拿破仑三世两位历史性领袖,都运用过巴洛克手法。他们为了改善巴黎,各自扩大并实施了巴黎规划,这一点他们的前任领袖们是望尘莫及的。这些统治者充分运用他们掌握的实权,这种风格本身就保持了许多巴洛克的活力。1665年科尔贝尔(Colbert)的巴黎规划,强调控制建设和扩大,而这些比他们前任君主更加保皇主义的新统治者却极其赞成发展和扩大。他们的主张很迎合银行家和投机家的心愿,因为随着城市的发展和扩大,这些人能够从房地产事业中获利不少。

一直到 20 世纪,城市规划主要都是在搞巴洛克规划,至少在大都市中是这样的,从东京和新德里到旧金山都是如此。这些规划中最宏伟的要算博汉姆(Burnham)和贝内特(Bennett)制定的芝加哥规划,在这个城市中有许多公园、林荫道和对角线大街,滨河地带没有工厂和铁路。但在芝加哥规划中,像别的巴洛克城市规划一样,你一定会看到典型的巴洛克规划缺点:不重视一个邻里单元的整体性,不关心家庭住房,也不太懂得把商业和工业作为城市不可缺少的一部分来安排好。同样,旧金山中心的设计,像克利夫兰和斯普林菲尔德的市中心一样,对市中心周围的街头景色没有去管理——当然也就公然否定了对它的需求。

146

巴洛克规划中有些最好的和最坏的典型例子不是在当时就能看出来的,这要在时过境迁,等到它们不再适合于建造他们的时代之后才能显示出来。如果没有君主的权力和巨大的基本建设资金,以及对周围地区的严格控制,巴洛克规划无法应付日益膨胀的城市及其混乱竞争的各种企业。因为在巴洛克的城市设计中,实际上,有而不完整,不一定就聊胜于无;存在,可能比不存在更差:规划中未能完成的,以及规划未能积极影响的部分,本身就说明了巴洛克规划的弱点。

除了巴洛克的形式与现代化城市的目的和功能不协调外,还有一个弱点从未被后来的巴洛克规划的拥护者所理解。这类规划的宏伟的外貌是建立在对城市实际需要的无知或轻视上的,它甚至无视交通上的需要。正因为这样,巴洛克规划最引人注目的贡献,即那笔直的、长长的、宽阔的大街,虽然能够迅速沟通远处的交通,但其宽阔程度却为大街两面的通行设置了一重障碍了;直到近来有了交通信号灯,人们要穿过这样宽的马路,即使马路中间设置了行人安全岛,仍然很危险。

就买东西而言,17 世纪后,逛街购物已经是一项重要的娱乐和消遣,这些活动多见于一些狭窄的车辆交通不太多的街道,如伦敦的新的和老的邦德街,阿姆斯特丹的卡尔夫大街,布宜诺斯艾利斯的卡尔佛罗里达大街等,都是最为繁华热闹的大街。假如街道成了障碍,那我们对如此宽阔的戴高乐广场又该怎样评价呢? 在这个广场徒步环行一圈,不亚于一次上山朝圣。为了这样的奢华生活方式,还需每天做出如此大量的牺牲,实在得不偿失。

巴洛克城市规划如此长期而且积极广泛地控制了规划师们的思维方法,那么,到底错在哪里？该谁来负责？为什么许许多多看起来很现代化的规划方案，实际上却充满了巴洛克精神思想：一样的铺张浪费，一样的藐视人类需要，一样的空洞乏味，虽然宽阔的大街变成了高速路，虽然大环岛变成了苜蓿叶状的立交桥……为什么如此巴洛克式的城市规划思维和实践，依然无尽无休？这一切现象的后面，是对于那个支配社会的不合格权力（unqualified power）存在着各种想当然的误解——和迷信。巴洛克医生开药方的时候，很有些类似过去老式医生的权威架式，他们无论对什么样的病人，什么样的症状和病因，都一挥而就毫无例外地开出剧烈的泻药。这样的药品无疑会有效，有些甚至还很快就有明显疗效，甚至能要命。

假如你把整齐精美的巴洛克几何形规划方案，与罗兰·尼古拉斯（Rolan Nicholas）为重建曼彻斯特时候提出的一片片逐一改造更新施工方案（piecemeal）相比较，你就会发现，巴洛克规划采用行政命令手段取得的外表上的美观，实在是非常华而不实的。假如当时有足够知识背景，又有充足的想象力，曼彻斯特的城市规划师们是有可能实施一种完满得多的城市规划方案，并且其结果会好于尼克拉斯的逐一施工方案；他是采用强制办法，把其他地方急需的财力物力资源强征到某一个地区，先把该地区拆个精光，然后贯穿一条新型大街以及相毗连的大型建筑物，整个城市照此办法逐一逐块大规模重建。不难看出，巴洛克这种做法中有种炫耀式的果敢，这就使之锋芒毕现；其锋芒所向，一切本该仔细斟酌的生物学资源、社会资源、经济资源，统统都难逃厄运。

然而，在丹尼尔·博汉姆的著名论断中，仍然包含着一个十分深刻的人文主义见解，他说："不要搞小型规划，因为小型规划不足以激动人心。"常常有这样的情形，你采用一片片逐步解决问题的办法，往往会遭遇难以克服的困难，而巴洛克唯美主义的大刀阔斧，无情凌驾于一切历史遗迹之上的做法，却能解决问题。有位中世纪文化研究专家，W. R. 莱舍彼（W. R. Lethaby），他就十分支持现实生活中尽量使用实用的本土语言，不要装腔作势搔首弄姿，没有人会因此谴责他对于巴洛克文化的偏爱，而且情况刚好相反。然而，当你面对伦敦城市中心杂乱无章四面扩张的状况，道路狭窄又乱成一团，缺乏明智的选择和秩序，用他的话来说，就仿佛伦敦雾一样飘荡无形，为此他提出了黄金弓形规划方案（The Golden Bow）。弯曲的泰晤士河构成微微弯曲的弓背，弓形两端，一端是圣保罗教堂，另一端是西敏寺教堂。搭在弓上的箭是一条新开辟的大道，该大道飞跨滑铁卢大桥，直插伦敦心脏，指向不列颠博物馆。

这是个大胆解决办法，其妙处正如纳什（John Nash）打算建造摄政大街一举切开混乱的城市地区。黄金弓形规划并不模仿豪斯曼的巴黎规划方案，并不打算建造对称的宽阔道路网，也不准备建造对角线交通大道。的确，莱舍彼详细叙述过，这支箭会开发出泰晤士河上的景色,这条大道应该是一条风景优美的人行大道,不准许车辆通行。但是,它采用这个方法创造性地从城市的最混乱地区切割开来,几乎像外科手术一样从溃烂化脓的伤口上割开已经坏死的组织。这当然不是巴洛克典型的手法,而是文艺复兴时期规划师们的做法,只是在更大范围内,更长的距离上,使用更大的力量去运用这种手法。对于这些,17 世纪的设计师们早已习惯了。但是,若把巴洛克的规划方法运用于整个现代化大城市,会有什么结果呢? 我们可以从华盛顿的规划方案中去寻找答案,这个城市的规划就是巴洛克方法运用于整座城市的典型例证。

华盛顿哥伦比亚特区的教训^①

凡尔赛宫终于设计、建造成为最堂皇的(如果不是规模最大的)宫廷"新城",而仅仅一个世纪之后,皮埃尔·查尔斯·朗方少校(Pierre Charles L'Enfant, 1754—1825,美国建筑师,工程师,提出华盛顿改造规划,由于坚持执行规划要求拆除权贵者的房产,第二年即遭免职。——译者注)于 1791 年提交了华盛顿城规划书之后,建筑和规划界的情形就迥然两异了。与此同时,西方社会的政治秩序也经历了从上到下的彻底振荡。此间的三次大革命,英国革命、美国革命以及法国大革命,已经彻底铲除了中央集权不可动摇的整套体制,这种体制以一个大权独揽的君主人物为总代表,其飞扬跋扈傲慢自负的程度,堪与其古埃及祖师爷原型媲美。专制统治彻底崩坍之后,封建土地制度也随之废除,国家世俗化进程开始,封建行业公会和市政府强加的各种限制条款,也统统废除掉了;随之发生的,还有行业公会本身也被取消了。城市这时候开始发生转变,从原有的自治地位转变为依附身份,其权力皆由民族国家授予,当然也可以随时收回。

假如有什么因素足以促使巴洛克模式发生变化,我们设想最合适的答案,莫过于此时发生在国家政治生活中的彻头彻尾的重建和改变进程。尤其在美国这个共和国建国之初几年,当国家权力范围尚未明确界定,仍然模糊不清的时候,这个时候的地方政权仍然享有许多特权和豁免权,中央政府很受限制,新社会思想面临很大发展空间。但

---

① 华盛顿的全名是"华盛顿哥伦比亚特区" Washington D. C. 。其中 D. C. 是 District of Columbia 哥伦比亚特区的缩写。这个命名是为了纪念美国历史上第一位总统乔治·华盛顿,以及 1492 年发现了美洲新大陆的意大利航海家哥伦布。其面积为 69 平方英里,大约合 178 平方公里。现在有些场合叫做华盛顿,有时候叫特区,有时候又叫做"联邦区"或者"哥伦比亚行政区",名称不一。但总之,都是指这 178 平方公里的范围。——译者注

是,后来发生的情况如何呢?

立国之后要建新都,征求设计方案。华盛顿作为联邦政府的所在地,找来了一位法国工程师,这是位很称职的人选。后来的进程表明,他的才干和远见卓识连他当时的上级和同行们也都未曾充分认识到。的确如此,若考虑到他年轻而缺乏经验,他就更是个天才人物。当时朗方相信,用他自己的话来说,"……这整个地区的把握和开发建设模式,首先是要给子孙后代留下一个伟大的思想,这就是爱国主义思想。"所以,即使是首都地区的广场上也要树立一些伟人雕象,"以便感召后代青年,能够继续按照这些圣贤先哲和英雄人物所开创的道路继续前进。还要让他们知道,他们的国家认为,这些人物是值得纪念的"。

朗方个人具有强烈的共和意识,尽管如此,他为新都提出的规划方案,从各个方面看,仍与独裁制度下的建筑师和仆从人物所设想的产物几乎毫无二致。可能,他给新时代带来的东西,只有旧时代的强制高压指令下产生的静态形象。唯一与过去不同的,就是去掉了 16 世纪的堡垒,道理很简单,那时候显然已经不需要军事防御。碰巧,这个疏忽却颇令人窘困,因为单凭这种防御工事,在后来的 1812—1814 年的美英战争中,华盛顿的公共建筑物完全可以免予被英军破坏。除了这一点之外,华盛顿规划完全就是个典型写照,显示出标准的巴洛克的原理如何运用到一个全新的场合。

朗方是个真正有规划师眼光的人,他一开始就不是先做道路规划,而首先着手主要建筑物和广场的规划设计。然后,在这些建筑物和广场基点之间,他再设计出"直接往来的交通线和大街";而且,其目标不仅仅是沟通各基点,更在于"同时,还要在整体形象中保留景观交互映照的视觉效果",特别注意让交通沿线的景观效果令人心旷神怡。这样一来,新都华盛顿便设计成了无数纵横交错的交通网的组合,其中的主要大道都有巴黎爱丽舍田园大道那么宽,主要大街有 160 英尺宽,包括中央的 80 英尺宽的行车道,两侧都有 30 英尺宽的栽植了花草树木的砾石路面,以及 10 英尺的铺设路面的人行便道。次要一些的街道,比如一些通向巩固建筑物或者通向市场的道路,宽度也有 130 英尺。其余的街道,宽度分别在 110 英尺到 90 英尺不等。其气派超过了 1811 年纽约为曼哈顿地区规划的最大的十字路口宽度,其气概超过了当时世界其他任何地方的历史名城。

毫无疑问,正是因为这块场地上没有任何建筑物,才让朗方能够对大型街道皆如此虔诚恭敬。但是,它规划的街道系统,规模大小不一,一点不像佩恩为费城规划的街道系统,都那么均匀一致。许多交汇对角线构成了许多形状、规模都很不规则的街区,这些街区会依照其规模大小分别派用场,对此朗方未予一一厘定。仅仅从街区和街道的千差万别来看,这就不会是书斋里的画图规划作品。具体设想中,朗方能够把规划元素联系于城市生活中的人们的日常活动功能要求。

当我们充分肯定朗方丰富想象力的同时，也要看到，他也未能逃出巴洛克常有的牺牲，这就是让城市的许多职能都损失在空间要求、显赫位置，以及交通需要。他指定的华盛顿规划面积有 60000 多英亩，其中 3606 英亩作为公路用地，而公共建筑物和预留地只有 541 英亩。无论用哪一种标准来衡量，交通与建筑物，动态空间与静态空间的比例，都是荒谬可笑的。城市宝贵的土地资源如此被浪费掉，或许只有现代工程师的做法才能与朗方相比，他们浪费的土地惊人，用来规划交通路口。

结果，只有 1964 英亩的土地用于街区建筑物的建设，不足公路用地的三分之二，以及可以划分为 20272 个住宅建筑用地块。就算每块地面居住 6 人，而且就算每块地都作为住宅用地来使用，全市也只能安排 12 万人居住，而其道路网络是按照 50 万城市人口来规划的。而其规划的容量，用它的原话来说，大约在 10 万人左右。

这也说明，朗方的局限性，与其说是想象力不足，不如说他理所当然接受的那个思想体系的固有缺陷。即使居住密度和交通流量都达到了朗方设计中的预想，也只能为他的土地浪费开脱，而不能认为他当初那样分配土地是合理的。因为等到居住密度和交通流量都达到了预想水平，事情就变得很清楚：一旦交通变成城市规划的首要关注，交通用地需求就会没完没了，交通拥挤也就再也无法避免，自然也就无法进一步提高居住密度以容纳更多居民，当然也就谈不上提供更多税款来支付巨大的市政开支。

从表面上看，华盛顿具有宏伟壮丽的巴洛克规划的一切特点：公共建筑布点合理，大街宽阔，轴线型布局，建设尺度宏伟巨大，丰富的绿化，等等。以往的任何一座大城市都不足以作为朗方构思新都设计的参照系，就连圣彼得堡也不行。就是这样的条件下，朗方成功地运用巴洛克的思想和方法，设计出了一个崭新的伟大首都。他注意到阿尔贝蒂的名言："城市，或者更好说，城市所在的地区，就是最大、也最重要的公共建筑物。"不仅如此，华盛顿本来是一块荒芜的洼地，周围就是波多马克河湾的沼泽地，并被一条叫做台伯(Tiber)河的支流所切割，这条小河不久就被改造为污水沟。框架有了，还缺乏内容。最主要的是缺少权力，缺少可以实施计划的权威力量。设想都在纸上，不过还没成事实。

这种失败尤其令人痛心，因为自从伍兹(Woods)受命在极其困难的条件下设计泉水之城巴斯以来，还没有任何一个如此热衷于困难场地条件下的建设设计。朗方没有简单排除这些困难，而是试图因地制宜巧为利用这些具体环境条件。于是他的规划中提出，引台伯河水流下国会山像小瀑布一样自上而下分级流淌，这可真要与伯尼尼的一较高下了。朗方从重要公共建筑物定点选址入手，非常巧妙地确定了首都的几个重要联

150

151

结中心点(civic cores)的位置,景观观赏点的位置,从而把最吸引人的景观安排在最重要的环境里。甚至他关于市中心林荫大道(The Mall)和宾夕法尼亚大道空间关系的设想,虽然后来告吹了,却与莱舍彼金色弓形规划方案具有异曲同工之妙。他是在完成了主要的公共建筑物的布局摆放之后,才着手规划安排这些建筑物区间内的众多街道和街区。联邦政府的各种建筑物,连同一所不分教派举行公众仪式的教堂建筑,以及本地机构的用地,包括学校和学院等等,在朗方的规划方案中,都作为具有决定性作用的元素,一一予以适当安排。

显然,一个明智的、有远见的政府,是不会忽略这些别具匠心的建议,是不会将这些选址弃之不用的。相反,它应该买下这整块 178 平方公里的哥伦比亚特区,然后再把土地使用要素(land essentials),出租给——而不是出售给——开发商当作国家首都来经营。可见,如果不拥有公共权力来控制这块土地,朗方少校的这些设想,甚至来不及等到敌军的迎面对阵,就会败下阵来。

即使如今看来,朗方的许多宏大构思,也仅只是局部地实现了;而且,是由于 1901 年麦克米伦委员会(McMillan Commission)[①]的远见和努力。朗方的一些其他建议表明,一些规划内容,如果仅图好看,而缺乏实用功能支撑作为基础,是不会有生命力的,其具体实例就是林荫大道(The Mall,这是位于美国首都华盛顿中心的类似广场的东西向宽阔大道。它东起国会大厦,西至林肯纪念堂,全长大约 3 公里,南北宽 1.8 公里;中央位置矗立着高耸的华盛顿方尖碑。广场遍植树木、花草,其南北两侧建立了一系列的博物馆、美术馆;该大道不准车辆通行,只准人们散步观览。——译者注)。现在的林荫大道实际上是一条绿带,发挥着防火隔离带的作用,把本该密切一些的地区互相隔离,拉开了距离。首都城市开始建造时候,这座城市还年幼,还没有能力去履行成年城市担当的职能;及至它成熟了,准备好了的时候,时代风尚又无可挽回地发生了改变,原有设想已无法实施补救。

即使是联邦政府的各种建筑物,由于行政部门和立法部门分别处于宏伟轴线两端(实际上白宫和国会山不在同一轴线上,但两处的确相距遥远。——译者注),因而难以形成可观的视觉效果。结果,只有穹顶的国会大厦,因其堂皇外观和庞大体量,能以克

[①] 麦克米伦委员会,McMillan Commission of 1901。该机构是 1792 年制定华盛顿规划之后建立的第一个规划管理和执行部门,它提出的一个市中心规划方案,符合朗方当年的规划思想。其后六十年中,华盛顿的发展建设就一直遵循着这个规划。麦克米伦委员会的工作,后来由全国美术委员会和负责首都公园规划和管理的部门接任。1952 年,美国国会通过法令,才成立了现在的美国全国首都规划和管理委员会。——译者注

服朗方如此热衷的长距离规划的缺点,高高耸立于轴线一端,很远就可以看见。朗方为了虔诚地体现美国宪法中三权分立这个理念,使用了宾夕法尼亚大街为轴线,特意把权力结构中立法、司法和行政三个部门安排在该轴线的三个显著地点上。可惜,在这一点上他做得太过分了。所以,即使是从一开头宾夕法尼亚大街上安排了一系列整齐一致的联邦政府办公楼,就像后来 1930 年至 1937 年间在此建造了十几栋联邦政府的办公楼,形成联邦三角区,而整个这一地区仍然显得过于沉闷。

至于中央部位的林荫大道,朗方认为,其两旁是外国使节住宅取得理想地段,但是他把林荫大道规划的太宽了,成为一条长长的绿化带,大道两旁的住宅也被树木遮挡了视线。实际上这里大约是华盛顿全市唯一适合安排 10—15 层住宅楼的地段,那样的话就可以弥补空间上的空旷荒凉,并完善华盛顿的其他部分,使之更加符合人文尺度。

在其黄金时代,巴洛克规划的力度,体现在城市的平面规划、城市三维结构规划——或至少是与建筑物的立面——同时进行的。在卡尔斯鲁厄,在凡尔赛和圣彼得堡,规划和建筑施工都是同时进行的。但是到了朗方的时代,情况就不一样了,纸上的规划对于内容没有一点影响,决定规划存亡的力量不在规划师手中,也不在委托他制定规划的人手中。新生的美国政府,经济拮据,犹豫不决,放任自流,完全将自己交托给自由竞争的新哲学,结果让该规划中所包含的崇高政治理想大都胎死腹中。

后来华盛顿发生的情况,就自不待言了。朗方的大胆设想被粗暴剿杀了,而且,仿佛这还不够,随即,乱七八糟的建筑物,东一处,西一处,非常零乱地建造起来,阻挡了视线,破坏了景观效果。即使直至今天,就在国会大厦周围,一些散乱建筑物,如同"城市湿疹"一样,随意连接成片,这些东西如果当局真的无法拆除,即使是巴洛克建筑师来处理这个问题,也会采用一堵高墙来暂且遮挡。显然,后来的规划本身已经无力产生出朗方原来梦想的城市:排列整齐的房屋,石灰石的白色立面闪闪发光,整齐划一的长长檐线……1842 年,当英国著名作家查尔斯·狄更斯访问美国首都华盛顿的时候,对于他所看到的城市,他说,"……大街很宽阔,但是看不出这些大街何去何从,街道有一英里长,但是只是没有房屋,也没有配套道路,没有行人和居民;公众建筑物内却没有公众,所以说不上是完整的建筑物;通衢大道之上满是装饰物,这些装饰物却缺乏通衢大道本身应有的景象来名副其实。"

朗方在设想整座城市时,再设想它完工以后的面貌时,是非常大胆,敢于想象的。就巴洛克的设想、目的、效果而言,朗方把这座城市规划得极为高超,就仿佛大卫的油画作品,整座城市琳琅满目,充满共和思想的象征物。但是,他忘记了他所领受的任务还有一些严格限制。他也忽略了一个事实,这就是它本身不可能建成他所规划和热爱的城市,不仅如此,即使是那些同时代的政治领袖们,也缺乏足够的权威来完满实施这一项目,虽然这会令他们无比怀念古希腊传记作家蒲鲁塔克(Plutarch)笔下那些优秀古代英雄人物们。再者,美国这个新建的国家,也至少需要半个世纪的成长过程,逐步统一、繁荣之后,才能着手逐步实施这个宏伟规划,把它建设得初具规模;另一方面看,由于他这个规划过于完美,如此宏伟壮丽又覆盖得如此全面,以至于完全没有可能来设想另一途径,从有限范围内入手开始建造一些小规模的建设项目。

实际上,朗方忘记了,巴洛克关于世界的概念有个致命障碍,这就是时间。巴洛克机械性的思维框架,不容许事物生长发育,不容许变化发展,不容许适应和改造,更不容许创新和更替。这样一种发号施令的运作方式,已经实施就将永远奏效,但仅仅限于它自己生存的时代范围以内。假如朗方当初尊重、遵守这些狭隘限制,他或许至少可以在联邦政府主要办公建筑物的定位这样的问题上获得成功,就像杰佛逊当年首先是弗吉尼亚大学校园里那样获得成功一样。可惜,由于他想把样样事情都做得完满无缺,结果,就连可能成功的很小一块也丧失掉了。

只有两件事情,让朗方的规划没有完全落空:一件事是亚历山大·罗比·舍珀德(Alexander Robey Shepherd)在美国南北战争之后对于公共社会管理所作的一系列重大改革。这位执政官被尊为舍珀德老板,与建设巴黎的豪斯曼几乎属于同一时代,而且具有实施巴洛克规划所需要的独断专行权威。幸好,舍珀德也颇具有想象力,能够理解和实施朗方所规定的街道宽度,以及种植树木等等规划要求。这些树木让城市的平面规划具有了第三维度上的稳定立体感,它们构成了一道自然生态的绿色凉廊,几乎一年四季长青不凋,遮盖了华盛顿的许多丑陋建筑物,大大改善了都市景观,同时又不减损一些最美丽最宏伟的建筑的美学效果。但是,在一些缺乏树林遮挡的大道上,放眼一望,仍然满目凌乱不堪。

另一件挽救了朗方规划的事情,就得说是后来出现的大量车辆交通,这些车辆为朗方的宽阔街道提供了足够理由,当然这是汽车时代到来之后的事情了。虽然这个事情丝毫都不能增加这一规划的美感效果。现在,机动车赶上了当初规划的目标,成群地拥挤在城市主干道上停滞不动,如停车场一般的车辆,组成了一道铜墙铁壁,遮挡了青草绿树;这时候的首都华盛顿,就像个试验站一样提出了个问题来进行测试:一座全心全意满足车辆要求的而规划的城市,还能够履行城市的其他职能和目的吗?

测试结果,华盛顿已经给出了明确答案;而且将越来越清楚明确,随着开通更多的快速路,必将严重破坏城市景色,还阻挡了一切途径让城市无法通向更加美好的前景。这些事情证明了,当交通被当作了城市的主要功能,将其放置在高于其他一切功能的位置上时,那么,连交通道路自己的本来功能,比如促进社会交往,实现朋友的聚会等等,也将无法实现。私人汽车可以在城内各处行走,随意停车,这种擅自规定的权利,无异于为破坏城市良好运行大开绿灯。朗方的规划由于导致了大量交通,目前正自食恶果。

但是请注意:华盛顿优美的居住区不是安排在宽阔宏伟的大道两旁,那里噪声喧嚷,充满有毒气体。所以,最优美的居住区安排在了乔治城(Georgetown),那里街道狭窄,布局紧凑,规模不大,但却足以安排下 19 世纪的工匠、商人、技术工人的居住场所。这个地方在过去二三十年内,已经改造成为上层人士的居住区了。如今在这个地带,人们仍然可以见到一些优雅而舒适、适于家居的人文尺度,而不是巨大宽阔的巴洛克尺度。

然而,虽然如此,华盛顿毕竟仍然要算是巴洛克规划的典型样本。假如当初华盛顿的建设能够 20 年内一气呵成,完全建满一排排整齐一律的建筑物,而且都住上了人,那么,这个城市或许能成为都市规划师才艺智慧所创造的一个奇迹,成为巴洛克时代的诀别之作。但是若做不到这一点,那么它的宽阔,它的豪华,就只能带来混乱;因为,在当时的华盛顿,既缺乏专制权力,又没有共和主义的训练和纪律,更没有社会公众对于公共事业的热心支持,所以,错误不在于朗方一人,更在于负责贯彻执行朗方规划方案的那些人们:首先则是华盛顿总统本人,这位总统尊重当地的大财主、大地主,丹尼尔·卡罗尔(Daniel Carroll)的地位和财富,超过了尊重朗方的规划方案。

朗方坚持执行规划必须拆除当地大地主的某处产业,而被辞退了。朗方的被辞退是一个讯号,它表明:真正控制、支配首都发展的,不是政府,而是城市土地拥有者和商业投机者。这一点,朗方是有认识的;用他自己的话来说,就是:“首都城市不像其他城市,它的发育营养不能依靠交易中心,而要依靠大量公共建筑物。”而商人和投机者的足迹和行径,却无情地践踏了朗方规划思想中一切最优良的特色,仅仅留下了惨白无力的轮廓线。如今,评价朗方,我感觉,除了他未能掌控当时实际社会势力,致使自己的规划遭遇了灭顶之灾,除此以外,我还找不到任何一个城市规划师,能够像他那样如此出色地把握好地形、交通、纪念碑、公共建筑物各要素之间的相互关系,我一个也找不到,即使包括豪斯曼团队在内,一个也找不到。当时唯一缺少的,就是一个足够负责任的政治控制手段,去取代当时实际存在的那个非常自负的而又极不负责任的专制主义。可话说回来,那个任务可就是城市规划范围内的事情了。

就此而言,伟大的首都华盛顿的规划遭受玷污,这件事情有个象征意义,象征了巴洛克全盘构想的最终命运,如它自身曾影响过城市人类生活一样。在一个动荡多变的时代,巴洛克思想坚持外部形式的整齐一律,这至少会把一种共同标准强加给这个速变的时代,还会提醒上层阶级居民他们实际上是与公共社会生活有一种互为依存的关系。在欧洲,一系列的建筑法规已经规定了建筑施工标准,限制建筑物高度、各种最低的施工标准,这就限制了通过降低标准来进行竞争。在英国(而美国尤甚),19 世纪的领导人视这些标准为讨厌。因而英国在 1774 年通过的比较明智的建筑法案竟然被称为"黑色法案"(Black Act),其实是把这个词汇当作官僚压制和单调死板的同义语。商业和工业领域的新领袖们,他们自己在挣脱了巴洛克时尚的束缚之后,又在自由的名义下,开始倡导投机冒险和不要计划的竞争。结果,当 19 世纪西方世界城镇化大潮开始到来之时,很快出现一派离奇景象:资本主义企业冒险事业制造的风暴中,大地景观上出现的,是一堆堆的城市碎屑和漂浮物⋯⋯城市本身却相继被湮没,消失不见了!

第四章 城市的未来

市政学作为一项艺术,其任务不在于设想出面面俱到而又完全不可能的理想国;它的任务在于把每个地方都尽最大努力建设得最好,尤其是人类生存的地方。

——帕特里克·格迪斯

导　论

刘易斯·芒福德的全部著作中,到处可以见到历史、现在与未来的积极互动。这一点,在他那部考察城市文明的登峰造极之作《城市发展史》当中尤为明显。这是一部以社会预警形式展示出的人类文明史,其中几乎每一页都包含着教训、妙论以及改革更新的种种建议。然而,无论在任何地方,芒福德都不曾给出一座完美无缺理想城市的完备形象。他一贯认为,这样的城市根本就不存在,也不可能存在。而且,他常常说,任何情况下,"生活本身都要比空想更为理想"[1]。这里面,芒福德对于未来城市的发展究竟有哪些影响,或许只有建筑师哈里·威斯(Harry M. Weese)最近所说的话,为我们提供了最好的解读,他说:"……芒福德讲到了价值观念,讲到了创造理想家园,讲到了人类与自然和谐共处,讲到了家庭生活,也讲到人类的自律。""他不同于理想国的各种规划师,他提出了问题和看法,但是并没有给出答案,而是为我们阐明了,在人性化城市中的优良生活,应该具备哪样一些美好品格。"[2]

有一种类型的城市规划,芒福德津津乐道,他称之为"有机规划"。老实说,这样一个术语,十分狡猾,很让人捉摸不定。可是,这又是他能够找到的表达最准确的词语。实际上,他心中所想的东西,可能几乎完全无法界定;因为,有机规划这个概念,会给未来留下太多的内容和任务。

在芒福德看来,城市,是人类文明的累进过程的产物,是无数个世代努力创造的最终结晶。一座非常可爱的历史名城,比如锡耶纳,就集中了许多集体艺术作品;是许许多多个世纪的细小变化,经过积累和继承,让这座城市如此丰富,如此能够激励人心。可见,真正能够激励人心的城市,建筑学上极富表现力、文化内涵又如此丰富的城市,没有一座是经过一个世代就能够建成的,没有一座是由哪一个建筑师建成的,或者,是在某一种建筑理念指导之下建成的。没有,一座也没有。真实情况往往是,一座城市之美,与城市内涵之丰富,都是由时间——而不是规划师——创造出来的。

尽管如此,芒福德仍然强调,城市规划必须有深思熟虑的原则作为指导,这些原则包含了社会学的、生物学的,以及美学的丰富内容。在本章文字的开篇《现代化城市的理想形式》一节文字中,芒福德以最精炼的方式综合、总结出这些原则和目的应该包含的基本内容。

158 这节文字中,他为田园城市概念作了铿锵有力的辩护。但是,他在这里所讲述的并不是埃比尼泽·霍华德那个著名田园城市概念(参见本书前面原文页码第101页),而是他自己所设想的田园城镇。第二次世界大战开始前,芒福德曾经简短地参观过霍华德在英国建造的两座试验性的田园城市,莱奇沃思(Letchworth)和维尔文(Welwyn),但是直至50年代,他才有机会结合实践情况详细考察了霍华德的田园城市概念和学说,那是由于他有机会又一次去英国参观英国政府在伦敦城郊外着手兴建的新城镇。当时他的所见令他大为震惊和失望。按照他的评价,英国政府兴建的新城镇缺乏必要的丰富文化内涵,缺乏活跃气氛,更缺乏古老历史名城所具有的优雅的建筑形态;更有甚者,这些所谓新城镇,看起来根本就不像城市。英国规划师们,为了应对英国工业城市中心地带居住紧张拥挤的状况采取兴办新城的做法是可以理解的,但是,他们为实现建筑环境私密性和开放空间,牺牲了城市的许多良好品质,包括社会交往职能、社区亲密性,等等。在他们规划设计的田园城市当中,Garden(菜园、花园、园田)将城市取而代之!而且,颇有讽刺意味的是,这些规划师们当中,竟有许多都是紧紧追随芒福德思想主张的人。[3]

许多人认为,芒福德有些不讲条件地为田园城市辩护;事实上,芒福德的确是英国新城镇运动最早的,也是眼光最锐利的批评者之一。虽然如此,他却从未对田园城市的理念本身丧失过信心。进入60年代之后,他不止一次敦促美国联邦政府开始兴办大规模的新城镇建设计划,同时对于一些老城镇地区开始重建工作;为此,位于瑞德邦(Radburn)的美国区域规划协会提供了许多具体建议。芒福德还倡议,只要是可能的地方,都应该恢复城市地区的邻里组织,把他们建设成类似校园的"大型街区"

(superblocks)，让它们避开车辆交通线，许多房舍和建筑物都可以围拢来，朝向内部，避开街巷道路，共享一处公园或者田园。

芒福德支持区域性城市的立场，让他与20世纪城市规划界两位著名思想家发生了直接冲突，一位是勒柯布西埃，另一位就是加拿大女作家琴恩·雅各布斯(Jane Jacobs)。其中尤其是勒柯布西埃，让芒福德忍不住用最大火力口诛笔伐。原因在于，正是这位勒柯布西埃，及其指挥之下的追随者们，对待纽约州的公共建筑，其残暴做法犹如沙皇，直接地，阴险地，破坏了现代城市的建筑，造成难以纠正的影响。虽然，勒柯布西埃后来的职业生涯中已经放弃了其早期关于城市设计的某些粗暴蛮横论点，芒福德的批评仍然主要集注于早期勒柯布西埃的思想主张痛加挞伐。例如，勒柯布西埃在他很流毒甚广的"沃森"规划(Voisin 1922—1925)中，提议彻底拆毁巴黎城内历史中心地区的居住拥挤地带，除了核心地区的纪念碑，其余什么东西都不保留。然后在这样的地面上建造一系列高耸办公楼和单元住宅楼房，由这些元素组成一个光怪陆离的新城市；这些建筑物之间互相隔开很远，让出大面积绿地，这样，每一幢玻璃盒子般的高大建筑就都能享受开阔视野和绿地空间。可见，勒柯布西埃的所谓新型放射状城市，就是一些高耸办公楼建筑，开阔的公园以及高速公路。但是在芒福德看来，这无非就是罗伯特·摩西关于纽约城的宏伟设想。1962年，芒福德写道，勒柯布西埃的"想象力如同轧路机一样，隆隆滚过城市更新规划的计划书"，是如此热切，而又如此迫不及待地拆毁了许多根基深厚的城市邻里地区，就为了建成他自己的未来城市，他当时一定是想以罗伯特·摩西的做法为楷模。[4]

芒福德抨击道，罗伯特·摩西自己——以及通过他的示范作用——对纽约和其他城市所起的破坏作用，超过了当代任何人：他把多层的高速路直接引进纽约城的心腹地带，让穷人回迁入令人沮丧萎顿的水泥塔楼，这些都是摩西所为！40年代至60年代的二十年中，摩西所提出的每项高速路和都市改造的重大建设项目，芒福德都进行了针锋相对的斗争。但是所有这些斗争，几乎都失败了。与此同时，他产生的实际作用则在于帮助我们慢慢改变了思想认识，让我们冷静思考、重新认识高速路、大规模运输手段，以及市区更新改造计划。这些变化最终导致了政策的重大调整，尽管还不完全符合他在《纽约客》等杂志上所反复呼吁倡导的综合改革办法。近代这么多年以来，我们干了如此多的毁坏城市的事情，只有刘易斯·芒福德堪称美国城市的良心。

在与罗伯特·摩西的一系列辩论和斗争中，芒福德有一位坚强的同盟者，这就是琴恩·雅各布斯，她是《美国大都市的生与死》一书的作者[5]，这本有关城市研究的著作影响甚广。然而，雅各布斯的这本书却集中代表了与芒福德学说相对立的反对势力意见。

159

有趣的是,这些反对意见,恰形成于 60 年代芒福德作为城市评论家的声望到达顶峰的时代。雅各布斯支持城市的格网状街道网络的标准城市规划方案,反对芒福德倡导的内向封闭式大型街区规划方案。她认为,如果要让城市成为安全可靠的地方,就需要街道,需要在许多街道上有人来人往,从事各种活动。她争辩说,有人活动的街道,才是比较安全的地方;因为有许多人在了望、观察,而在一些死胡同里,以及一些大型街区里,才是容易引来罪犯的地方。雅各布斯还支持城市人口高密度居住,至少比芒福德能够容忍的密度要高得多,说一座城市当中最为危险的地方,恰恰是人口密度最低的那些邻里社区。不过,芒福德写了篇文章驳斥她,该文居高临下题目定为《城市癌症的居家疗法》(Home Remedies for Urban Cancer),文章中把他们双方的分歧厘定得很清楚,说这分歧远不只限于人口密度和邻里设计问题上的不一致;而是有序与无序之争,是有规矩的、严格依照规划的城市发展与随意性的、偶然性瞎猫碰死老鼠式的城市发展方法之争。而这些关于秩序和规矩的主题,恰是芒福德十分成熟的城市分析中讨论已久的论题了。

芒福德认为,纽约城的前途,应该走一条更加有序的,分散式发展的道路;为清楚表达自己这一思想,他撰写了"回归循环,更新生活"(Restored Circulation, Renewed Life)一文,用以回答罗伯特·摩西和雅各布斯。文中指出,真正的城市规划必定是区域性的规划,在紧接着发表的另一篇论文里,芒福德进一步廓清,区域规划的目标在于促进居住和生活习惯的改变,而不仅仅在于变更居住地点。他说,区域规划的实施能够掀起一场运动,促进居民们安居乐业、和衷共济的生活方式,同时还能强化公众对于自然资源环境的关注。

这些内容,其实就是芒福德第一本著作《理想国的故事》(The Story of Utopias)当中最初提倡的主题。他在那本书里倡导一种新的社会主张,一种忠于规模尺度、均衡和谐、经济富足的社会哲学;而不是去追求无节制的经济繁荣和成就。可见,芒福德从来把精神素养和价值观改进当作城市发展追求的首位目标。良好的区域规划和城市建筑无疑都是重要的,但是,能不能在人类文明总框架中获得些许有价值的进步,终究还是取决于人类能不能在自身的价值观念上,在心理结构上发生一些根本性的转变。[6]在《理想国的故事》一书中,芒福德宣扬了一种新的人文主义,一种有机方式的思维方法和行为模式,这种思维和行动方式的基础,在于承认"内心世界和外部世界,主观世界和客观世界,这也就是人类每一个个体的直觉所熟知的世界,也就是为科学所证实和描述为完整体验(的世界)。"[7]对此,某些激进主义人士认为,像这样的价值观念的根本变更,只有在革命完成之后才能发生;而芒福德认为,价值观念的改变,其本身就是一场革命。

芒福德倡导以新型的人文主义来整合人类社会,这一主张也就直接给他提出一个任务,就是论证"区域性考察"的重要性,继而让区域性考察作为城市更新改造重大措施的理论基础。他这一概念来自其恩师帕特里克·格迪斯(Patrick Geddes),格迪斯要求在制定城市规划之前,必须首先做出城市本身和周围区域情况的彻底调查,要仔细考察该区域的环境和资源特征,包括历史沿革和文化遗存。芒福德强调,这种考察不仅仅是城市规划不可缺少的工具,其本身更是一种提纲挈领的思维形式,也是实践新型人文主义的一个新鲜实例。这样的调查能够把自然科学家、社会科学家以及创造性艺术家集合到一起,组织他们进入齐心协力为创建新的社会生活服务。

与格迪斯相比较而言,芒福德更突出的贡献在于,他非常强调社会改造和转变过程中创造性艺术家能发挥的巨大作用。芒福德年轻时就非常着迷社会学和文学探索,后来,他给有志有为知识分子作用的定位中,就包含有他自己这两种专业兴趣。格迪斯曾经教导他说,一个很系统化的社会学学科,本身就应该联系于良好社会生活的理想。芒福德则在其《理想国的故事》一书中宣布说,努力推进这一理想,乃是创造性艺术家的职责。任何通盘的社会改革,其第一步,也是最为重要的一步,首先是人类自身内心世界的重构。因此,有为的艺术家们,应该在这样的社会改革中勇敢负起责任,通过作品表达自己对于更加均衡的生活方式,对于精神上更加令人满意的生活方式的具体构想。随后,这样的构想才有可能被编织到区域性调查员的工作计划之中。在此基础上,他们才有可能进一步将这些艺术构想转化为形形色色的市政建设项目,再推荐给国家的各个地区和部门。这样,我们可以着手建设的,就不是一个理想世界的 Utopia(理想国,或译乌托邦,该词语的希腊文的意思是"并不存在的地方"),而是建造一个 Eutopia(希腊文的意思是"顶级的地方"。——译者注),也就是创造一个尽可能好的世界。

本章最后一节中我们见到的芒福德,已远不是原来那个血气方刚、充满自信的芒福德了。这一节的标题是"未来的抉择",我们见到,这里的芒福德对于作为改革工具的社会规划,已经有些丧失信心了。到了20世纪60年代,芒福德已经坚信,人类如今面临的迫切城市问题,大多可以追溯到文明行为的大规模崩塌,社区规章纪律、家庭亲密关系、邻里团结的崩塌。他以其最冷静的,旧约全书般的语调警告说,人类城市的解体,很可能就是社会解体的先兆[8]。然而,虽然这些语言当中毫无疑问存在着情绪和要点的逐渐转变,但是说这话的却仍然是原来那个芒福德,总喜欢用爱默生的方式,在其第一部著作中就论述道,社会发展方向的变化,取决于首先要有个道德和价值观念的转变。他在答辩雅各布斯的论文中说,无论是依靠城市规划、建筑,或者以金钱当对策来根治当今城市问题,此等举措就仿佛是"敷用自家配制的热膏药,想要治疗癌症一样……"[9]

注释：

1. Lewis Mumford to Catherine Bauer, July 1930, LM MSS.

2. Harry M. Weese, in *A Tribute to Lewis Mumford* (Cambridge, Mass.：Lincoln Institute of Land Policy, 1982), 31.

3. Mumford to Frederic J. Osborn, August 25, 1957, *The Letters of Lewis Mumford and Frederic J. Osborn：A Transatlantic Dialogue*, ed. Michael Hughes (New York：Praeger, 1971), 277‑278.

4. Mumford, "The Future of the City — Part Ⅱ：Yesterday's City of Tomorrow," *Architectural Record* 132, no. 5 (November 1962)：139‑144.

5. Jane Jacobs, *The Death and Life of Great American Cities* (New York：Random House, 1961).

6. Mumford, *Sticks and Stones：A Study of American Architecture and Civilization* (New York：Boni and Liveright, 1924), 121.

7. Mumford, "Toward a Humanist Synthesis," *The Freeman* 11 (March 2, 1921)：582‑585；Mumford, "A Modern Synthesis," *Saturday Review of Literature* 6 (April 12, 1930)：920‑921；(May 10, 1930)：1028‑1029.

8. "A Brief History of Urban Frustration," in Mumford, *The Urban Prospect* (New York：Harcourt, Brace and World, 1968).

9. Ibid. , 207.

现代城市的理想形式①

……所谓"现代城市"是无法依靠改进技术机械手段创造出来的。那种事情只有科幻作家的作品里才会有。19 世纪末期，有一批这样的作家，例如爱德华·贝拉密（Edward Bellamy, 1850—1898，美国小说家，代表作是乌托邦式的小说《回顾：2000—1887》，内容批判了资本主义的畸形社会现象。——译者注），以及 H. G. 威尔斯（Herbert George Wells, 1866—1946，英国作家和小说家，主要作品有科幻小说《时间机器》、《星际大战》，社会问题小说有《吉普斯》、《托诺-邦盖》，以及历史著作《世界史纲》，等等。——译者注），他们都用自己作品表达了对于人类未来社会，以及"未来城市"的种种设想。到了 20 世纪 20 年代，更有一批美国摩天大楼建筑师们，以充满童趣的语言，构想出了超级摩天大楼城市。这种城市当中，采光大多是人造的，按照收入水平高低来

---

① 该文原来题目是"现代城市"（Modern City）。——原编者注

划分不同的居住楼层,采用各种机械设备来维持运转,当然,这就进一步加剧了拥挤,增加了土地价格,也刺激了快速交通……

事实上,单靠建筑手段是根本无法展现一座现代城市的;因为,城市所包含的人类各种需求,包括生物学的、社会学的、个人的种种需求,都还没有调查清楚;因为城市文化的、教育的职能和目的,都还没有搞清楚;还因为,人类的全部活动还没有很好地整合成为一个和谐的整体。有一种很不成熟的社会学论调,让一群现代建筑师和规划师,在观察城市的时候居然得出结论说,认为城市只有四种职能:工作、交通、居住以及游戏。怎么能够设想,一个完备的建筑学的城市概念,能够建立在如此简单幼稚的社会学理念上呢?[1] 城市,如果还有一点点意义,它首先是人类整体性的表达和象征,是通过建筑表达出来的人类本性和志向。这里所说的人类整体性,不是个简单、肤浅的概念,它来自于人类无比丰富的兴趣、活动、追求,也来自人类丰富的劳动分工,来自人类分门别类的社会组织、机构、制度、习惯等等,还来自人类无尽无休的潜在能力,这种能力其实早就潜伏在人类原始村落之中,只是当时尚未得到机会发展、体现。

那么,人类的永恒的需求,又包括哪些内容呢? 若想满足这些需求,城市自身该具备哪些集体手段,才能逐一实现这些要求呢? 当我们勘察一块场地,或者准备投石下料之前,总得要在一些基本问题上暂时达成一致形成共识吧? 这些问题就包括:人类的基本属性,以及人类当今文化中的价值理念及其潜在问题。

从历史过程来看,城市起源于乡村;所谓乡村,就是一群住户簇拥在一起,依附于土地为生。这其中,饮食生计生儿育女,密切的邻里合作,是乡村生活两项最基本的要素。极目一望,天际线并不宽广,生活日复一日年复一年,周而复始,让成长中的孩子有了安全感,也让成年人形成了社会团结的基础,这就是他们相互之间完全一致的思想观念。家庭和邻里关系构成其他一些社会联系的基础;家庭和邻里关系这种社会单元,也被美国社会学家库利(Charles Horton Cooley, 1864—1929,曾任密西根大学教授,根据观察人在组织性态中的行为实质和心理形成过程,提出了社会道德统一的基础是忠诚、公正和自由等元素;著作有《社会组织》、《社会历程》、《人性与社会秩序》,等等。——译者注)称之为"首属群体"。这样的社区,共享同一块生存场地,其成员要求饮食营养、生儿育女的生物学需求又完全相同,这就形成了社区统一的共同生活目的。生活利益和需求的一致性,要求成员间进行面对面的交流沟通;原因在于,这个时期社区价值观念的

---

[1] 芒福德此处影射了20世纪30年代通过的《雅典宪章》,其中规定的城市基本职能,就是这四项。——译者注

交流沟通,大多不是经过中介性的符号或者象征物,而是通过语言、手势、日常惯例等等来直接进行的。所以,这个时期最基本的邻里单位,其所占有的面积范围,大体上不超过一个小孩子的每天正常活动半径,或者——用现代的话语来说——不超过一个母亲推着婴儿车能够轻松完成的活动半径范围。这样,原始人群自然聚落的规模,大体上只有 250—1000 人的样子。显然,这样一种社会组织及其经济职能,都是直接属于家庭组织所特有的那些活动和职能。

这种邻里组织中的核心成员,是母亲和孩子。而且,出离家庭范围之外的首次社会组织生活分化,就发生在儿童们的玩耍团体之中,发生在当时的"育儿学校"团体当中。这种社区内的全部空间联系,都必须限定在步行距离之内,甚至要限定在爬行距离之内。可见,我们的建筑师们,在他们制定环境处理手法的时候,从这里可以获得的启发就在于:安全、清静、没有危险因素、亲密联系很方便,以及有机会进行自然而然的会面和交往,而无需特别费力,也不必求助机械手段的参与。佛朗克·劳埃德·莱特提出的布洛德克城(Broadacre City)模型当中,每家每户都占地一英亩[①],这样宽广的占地就把首属群体成员的联系范围局限于一个很小范围的邻居以内,更大范围内,即使是非常随意的会面,非常短暂的会面,也不得不使用汽车交通……

从建筑学上来看,这样的首属群体所在的邻里单元,要求一处封闭的私人花园,若干习惯固定景点——一丛树木、一眼喷泉,或凉亭、攀援植物的棚架,这样的地方可供母亲们来散心,舒展心胸,来这里聊天,做针线活儿,照看孩子们,而不必永远蜗居在家庭小环境中。当建筑物一排排间隔开来,方位又朝阳,这时候,长远方向的景物往往难以一眼望穿,会被一些阳台、胸墙、棚架、栏杆,以及花木绿茵等遮挡了视线。这样的地方,可以容纳蹒跚学步的孩子们行走玩耍,还能因为前景环境中景物丰富而增添视觉美感。在这一点上,建筑师有许多地方可以从中世纪城市设计中注重"内部联系"的做法中借鉴到许多优点和经验,他们这样做,体现了对首属群体内亲密人际关系的重视,甚至于重视到了不吝夸张的程度。这样一种亲密关系的表达,或许,最佳范例莫过于马修·诺维基(Mathew Nowicki)对于印度东旁遮普邦拟议中的首府城市中的邻里单元设计方案

---

① 莱特于 1932 年发表了《城市的消失》,数年之后就提出了广亩城市(Broadacre City)这个设想。由他指导学生通过实习劳动,制作了一个 12 英尺见方(3.7 米见方)的按比例的沙盘模型,用以体现一个占地四英亩的新型社区。其中每家每户都从联邦政府的土地储备部门获得一英亩宅基地,莱特自己又设计了各种配套设施,包括车站,办公楼,单元住宅楼,等等。该范围内主要靠汽车交通联系,步行范围仅限于一英亩的居住区内。这个设想是作为与城市的一种对立物提出来的;也是他自己所设想的新型郊区的一个大胆尝试。遭到不少非议,但也为后来的新社区设计提供了思路,包括奥姆斯特德等人的一些新型社区,都吸收了其中的许多有益成分。——译者注

所作的相关研究。

　　社区成员的认同感本能地起源于村庄,而与之相对立的,另一种更为注重理性的成员间纽带联系,则起源于现代大都市的邻里单元。这是一种非血缘非嫡亲的关系,是一些无特定身份的、孤独成员之间的联系;这正是现代化大都市典型的病态产物。而且,这种疏离感的人际关系,又被大都市里各种做法进一步强化放大,包括人为地把每一天都搞得很机械,整齐划一;也包括把每个居住区都设计得难以区分,邻里单元失去了边界,邻里建筑没有特色,毫无个性,等等做法,都进一步强化了这种疏远淡漠的人际联系。这样的城市当中,唯有大规模的活动当中,诸如橄榄球赛、汽车拉力赛、游行示威等等,人们才会产生一些自发的反应,他们会在车赛球赛这样的场合暂且感到自己有了邻居,有了伙伴,有了共识者。实际上,法西斯主义,无论其公开形式或隐秘形式,其力量之源泉,就部分地来自巧妙地利用了人们需要团结和同情,将其导向商业或政治上有利可图的形式。面前有许多时髦提议都很受到勒柯布西埃的追捧,这就是把家庭和住户都放归到单元住宅楼房中去,马赛、鹿特丹、纽约城等等,都正在实施这样的计划。殊不知这样做完全无视首属群体的特性和各种需要,并且在创建人工环境当中完全遗忘了人文尺度。这样的大型单元当中,儿童们必须编组成团队形式,放置在警觉的成年管理人员眼皮底下严加看管。而良好的邻里单元规划设计的要义则在于,要为他们提供最大限度的活动自由空间,加上物质环境的安全可靠。

　　住区邻里单元内,显眼的房屋,规模适度的花园,都是一些重要措施,能够保证为邻里儿童成长提供安全和稳定环境。加上邻里住区的规划设计方案,更能够保证让这些特点扩大到更多范围。如今更多的人接受了这一看法,这无疑会促使郊区建设中也会提出同样要求。然而不幸的是,在低于最高收入水平的群体也提出类似要求之后,他们在自己社区中所见到的那些为解决问题而建成的建筑作品,简直是对他们所怀热望的漫画般的嘲讽。

　　当然,城市不仅仅是许多首属群体和邻里的简单组合;即使有十万个家庭如此方式组合到一起,也无法构成一座城市。原因在于,与乡村对照来看,城市是首属群体,还有次级群体,相互联合的产物;还是本能性社区以及有目的的组合,两者聚集结合的产物。具体来说,一个人可以凭自己的出生地、居住地来确定其乡村社区成员的资格;而成为一个城市社会的成员,从历史上看,却是可以通过自己的选择,通过自己从事某种职业,通过经常去某个教堂,或者参与某个兄弟会组织、工会,通过录取进入某所学校,或者通过成立一个公司、建立一所工厂,等等——简单地说,就是通过把自己与利益相同的人联结起来,进而去追求自己更为专门的特殊目的。于是,本来乡村生活的简单旋律,就变成了复杂的四声部的城市对位和弦总乐谱:包括了生物学的、经济的、政治的以及教育的主题,共同编织成更高级的,却又不那么稳定的整体城市社会。社会多元性、各种冲突、社会分化、自觉形成的组织、各种合作形式,都体现了城市社会生活的特征。这里要强调指出,在城市自身作为社会的外壳和象征物,尚不能奋力维护自身整体性的时候,上面所说的这种社会分化对于城市社会就有可能产生致命的后果。

　　设想一下,一座城市也可以建造在地下,或者也可以设想在一个封闭的巨型的、内部不加分割的玻璃盒子里面,根本不开设窗户,与外部世界完全隔绝。事实上,上面所说的两种设想都作为提案被提出来了。但是,这样的所谓城市当中,缺少了社会发育的一个基本元素,这就是其社会内容、活动以及存在意义的美学象征物。道理在于,城市作为一个建筑实体,其任务之一,就是要展示其内部社会团体的生活活动情景,赋予这些活动以适当形式,以便承载和实现这些活动的实际目的;除此之外,还要通过各种建筑设计来强化城市的潜在含义。更为重要的是,城市乃是各种永恒社会关系的集体象征。城市当中各种单体建筑物和构筑物的规划设计,本身就是一项重大贡献,目的在于更好地服务于自身的实际功能;而且,城市规划中这些建筑构筑物互相之间的联系,还能够形成一种强大手段,共同促进城市社会的进一步团结。这种效应首先体现在人们日常生活在精神上获得的都市景观印象,其次体现在这些建筑物共同发挥的具体职能和作用。城市是社会结构和秩序的外部体现,但是,在城市完全建成之前,这样的有序性是绝不会自行上升到具有自我意识程度的,更说不上去自我展现。

　　城市本身不仅包含了各种重要的社会功能,这些社会功能还在寻求自身的表达,要求有表现的路径。其中,建筑学和城市规划就是两种明显的介质,可以传达出一种文化的全部内涵。城市里的每一代人都在自己营造的建筑中写下了自己的传记。而在城市当中,每一种文化又都扼要体现出贯穿于城市各种活动中的统一思想。假如没有城市的这种整合效果,即使是最小规模的城市所具有的那种丰富和复杂,也足以令观察者晕头转向;而有了这种整合效果,人们就能于一瞥之中洞察一切,就像你能够从脸色神情看出一个人的健康状况、身份地位、教育和职业背景,甚至于还能看出他的学养、造诣和成就。中世纪城市在上帝眼皮底下表达出的内容,是"保护";巴洛克城市在君王的袒护之下表达的内容是"权力"。工业时代的城市表达的主题是"生产",而且不顾人类将为此支付什么样的成本。美国的大都会地区表达的内容是"金融",说金融可以主宰一切。都市的侧影形象如何,街景效果,城市的高度和细节,凡此种种都表达了上述一些基本的,又是综合的内容。现在我们要考虑现代城市的理想形式了,首先该关注的是,如何超越迄今已有的全部文化,寻找到一种更加综合的形式,以便更加充分地表达、体现出人类的全部需求。

如何实现城市的均衡发展

自从 19 世纪中叶以来,城市规划大部分沦为到处修修补补的工作。第一个把城市看作社会整合手段,全面审视其全部要件的人,是个既非建筑师也非规划师的人,此人就是《明日的田园城市》(Garden City of Tomorrow)一书的作者,埃比尼泽·霍华德爵士 (Sir Ebenezer Howard)。这本书首次发表时,书名是《明天:通往真正改革的和平道路》(Tomorrow:A Peaceful Path to Real Reform)。作者霍华德是个发明家,既在技术领域有所发明创新,又在社会领域有所创新。他的才干和想象力,不仅实现了机械领域内的技术改进,同样还应用于社会和城市建设之中,获得显著成效。

本来,霍华德的想法并不直接涉及城市规划中的人工物质环境问题,也不涉及到建筑形式问题。他最初的关注,起始于思索人类社会与新兴产业、城市用地之间的关系问题,并且认为这些问题都是根本的社会问题。从这一点出发,他开始思考,能不能创造一种新兴的城乡一体化的模式(rural-urban pattern),而且,结合 20 世纪政治和经济发展的实际情况,重新解释和解决人类生活的基本需求问题。本着这样一个基本思想方法,霍华德提出了一个基本构想的原则意见,在此基础上再去形成建筑学的理念。第一个出来实施这个抽象理念,赋予它具体建筑形式的建筑师,就是法国的托尼·加尼埃 (Tony Garnier, 1869—1948,*法国 20 世纪建筑事业先驱,以创建了具有远见的工业城市和理论著称。——译者注*)。这个加尼埃出版了一本书,《一座工业城市》,其中所表现出的美学新意和结构清晰这些特点,甚至比后来建成的第一座真正的"田园城市"莱奇沃思本身都更加接近霍华德原来的构想;莱奇沃思这座田园城市,是在霍华德著作的第一版出版五年之后才建成的。

霍华德的第一个贡献,是提出了有必要限制城市的人口规模和用地规模。他意识到,城市的无节制增长和扩张,不仅会导致城市自身内部的衰朽,还会造成宝贵农业用地的永久性损失,同时伴随着农业和农村社会生活资源的持续损耗。霍华德还意识到,城市当中实际上存在类似细胞生长受到限制这种生物学领域的现象,尽管他没有使用这个生物学的比喻说法。他认为,每个细胞都有其生长规范和发育极限,如果超越了这个规范和极限,容纳细胞质的胞壁就会裂解,此时唯一出路是细胞发育导致新细胞的繁殖增生过程。当一个细胞发育到最佳状态时,其细胞核便裂解为两个,形成两个细胞。而人类的城市并非有机生物,因而它的发展不存在任何自然制约,除非考虑到必须依靠

166

有限的水源和食品供应。但是,城市面临一个社会极限;这种极限的标志,就是城市自身功能的流失,社会解体,以及倒退到原始状态的社会水平上去。而很不幸,这样的极限已经在现代城市的超常发展中屡次被超越了。

霍华德指出,城市首先要具备一定的规模,才能确保它有必要容量和丰富性,以容纳各种产业和商业活动,以及社会生活。城市不应该仅只是工业蜂房,也不应该仅仅当作浩大无比的市场,不应该仅仅只是宿舍;相反,城市应该以新鲜的组织形式包容所有这些职能,甚至还应该包括农业活动;对此,他使用了一个略微有些令人迷乱的名称:田园城市。请注意,霍华德在这里并无意要回归一种"简单纯朴的生活",也无意回归到一种更加原始经济形态。相反,他在思考如何实现更高级的生产和生活方式。他相信,一座城市的规模应该足够宏大,能以实现必要劳动分工基础上的复杂社会大联合与协作;但却不能过于宏大,以至于干扰了,或者阻碍了这些职能的正常发挥。而当今有些大都市恰恰陷入这种境遇:规模过大,即使是单单考察其经济活动一项。霍华德的理想模式当中,田园城市计划容纳32000人,其中有2000人是周边绿地上农业生产需要吸纳的劳动力。整个占地面积大约6000英亩,其中1000英亩为城市建设本身的用地;总体的人口密度为每英亩30人,城市地区居住密度为每英亩约90—95人。

1904年,莱奇沃思城,1919年,维尔文城,两座田园城市相继建成。但是这两座新城市,没有一个是严格依照霍华德的总体公式建造的,两座城市都发展过快,到了1947年就已经达到32000人了。同时,英国的新城镇建设政策开始普遍实施,原来构想的人口规模,是依照合理猜测制定的,而不是依照统计数据分析的结果,所以就根据新情况重新调整增加到60000人。美国的经验表明,城市的规模和其他特性之间存在某种粗略的相关联系。人口超过25000人的城市,无法充分增殖自身人口,虽然超过50000人的城市,其人口净增殖率仍然接近1.0,足以维持自身作为一个充裕的生物学环境。因而,城市社区的合理的人口规模,必须经过试验方法才能最终确定。而且,很可能还有区域因素、文化因素,都可能导致很可观的差异。

霍华德的重要贡献在于,他提出了限定城市的人口规模、面积规模、用地密度,这些理念在城市的建设理论和实践当中都是重要的第一步。我们观察比较一下,就会很有趣的发现,雷昂纳多·达·芬奇早就看出,16世纪之初的意大利的米兰城,由于过度发展因而出现了拥挤、衰败和堕落。blight的坏处,当中是破天荒的第一次。于是他提出建议,把米兰城多余的30万人,迁移到另外十座城市中,每座城市分别容纳3万人。达芬奇的思想,不仅超前于霍华德,而且最后提议的数字几乎与他完全一致。城市一旦达到了理想的规模,它的进一步发展就不再是面积的延伸,而是人口的增殖,这时候就需要规划另一个平衡的城市社区了。这种限定城市规模的方法,有助于克服无限扩张所带来的最严重后果之一,就是城市周边地区的飞速发展,其速度大大超过了核心地带的发展。结果,随着时间的推移,无节制的扩张又会在城市周边地区产生出文化和社会贫穷的特有证据:中心城市以外的地区——从缺乏许多基本社会需求来看——形成窘困地带。

　　给城市发展制定出一个有机极限,这是一个很现代的想法,也是霍华德提出来的。一个世代以前,比霍华德更早些时候,英国艺术评论家和社会改革家约翰·拉斯金也曾经提出,城市的边界应当用建造城墙的办法予以清楚界定,中世纪的城市就是这样做的;但是,城墙也曾一度当作开放的甬道,发挥过它的另一种用途。对此,拉斯金未予评论,也没有进一步说明他为什么要倡议建造如此耗资巨大的设施。霍华德把城墙这一古老概念,填充了新的现代化功能的内涵:将其改造为水平方向上的绿地。他在这里设想出一道永久性绿地,用作蔬菜种植和销售市场、农业学校,以及其他与农村相关的用途。为了保障田园城市内部发展及其外部绿带的经久使用,他建议把土地的永久所有权交托给土地的直接开发公司,或交给土地开发直接相关的市政部门。这样,让土地所有权为公共所有,这样一个关键因素,不仅能保证城市规划的完整实施,而且,作为一项明文规定,还能保证城市社区取得的公共营利,就能以土地增值的形式归还给社区全体公众,而不是归还给某个个体地主。

　　在霍华德看来,让土地保持在社会控制手段之下,这一措施具有至关重要的意义。尽管田园城市的具体建设工作中,他必须依赖个体企业,而且他通过两座田园城市的设计规划建设,表现了勇敢的首创精神。实践当中他认识到,土地资源是一种根本不同于任何种类的资源品类。再者,他认识到,只要控制了土地,也就控制了城市人口密度。在此基础上,霍华德提出,将土地交托给一个对于大众公益事业非常负责任的公众团体来管理。他的结论是,假如指望通过个体投机商人的"自由行动"来促进实现城市的秩序、凝聚力、社会远见、社会责任……这样的想法,无异于希望通过随意扔石头就能建成房屋一样的滑稽可笑。

　　简单地说,霍华德很聪明地看出,城市设计,实质上是经济问题加上政治问题。在有统一管理和控制的地方,就便于实现有序发展。操作者不是在有无控制之间进行选择,而是在——随心所欲专横霸道的、片面的控制,和通过有责任心的权威部门,代表全体社区来实施控制——这两者之间进行选择。18世纪的王公贵族和土地地主,通过自封为负责人,制定出文明的城镇规划,而且,他们的规划效果,从许多意义看,却已经超越出缺乏远见的私利关注;而19世纪的个体私人财主们,却不仅把社会权力裂成无数碎片,而且为追求个人私利摈弃了任何更高的追求。这样的制度,尽管被叫做自由制度,实际上是专制君主式的,单方面的控制,常常公开地与公共利益作对,而且比君主权力更加无法无天,更加难以遏制,因为它已经扩散到更广大的范围内。依靠城市设计实现城市社会的有序化,这样的效果有待于经济权力和民主政治责任两者形成联合统一;而霍华德方案的可贵贡献也正在于此。只有当经济与政治实现了可靠的联合,才有可能——真正从美学意义上和建筑学意义上——去设计一座城市。

　　这第三项贡献,也是最为重要的一项贡献,就是霍华德所提出的均衡发展的城市社区。它相对而言自成一体,规模适度,不大不小,足够依靠自己的资源和活动提供全体居民的日常需要。田园城市不是任何意义上的"住宅建造计划",不是宿舍构成的郊区,不是经贸庄园,也不是工业卫星城……都不是的;相反,田园城市是把上面所有这些分散的职能,连同教育培训、文娱活动、行政管理统统整合到一起。而且,保持自身的均衡和完整,这始终都是任何有机体的精髓要义。

　　然而,霍华德的继承者们在强调田园城镇自成一体特点的同时,却忽略了霍华德另外两个同样重要的贡献,这也是完整田园城市概念所不可或缺的。第一个,就是霍华德把整座城市划分为六个地区,或者六块邻里单元,因为他意识到,城市范围内很有必要进一步划分为更细小的组织单位。他提出这一提议,并且预言了后世的社会学工作和城市规划都会有新发现;比如在美国,在时间成熟的时候,适时开展了社区中心运动和社会单元规划工作,这些活动都强调有必要结合本地邻里单元和在家庭水平上,制定出自成一体的完善社区规划;两项活动都源于最初提议建立聚落住宅的首创精神。第二个贡献似乎更重要一些,就是霍华德认为,一座城市无论发展得多么均衡,永远也无法做到完全的自成一体。他指出,一个好办法就是一组田园城市以公路连成一气,其中的每一座城市都具有其他城市所不具备的资源和特点,这样可以形成互补关系,互通有无。这样组合起来之后,这些"社会组合城市"(social cities)就会在功能上等同于如今无比拥挤的大都会地区了。

　　这里,我想着重介绍一下他的远见卓识。本来,均衡发展乃是一切有机生命的必要特性,但就其本性而言,这种均衡永远都是不完备的。一个个体生命的均衡,不可能靠自身永远维持稳定不变;他还需要亲族,需要朋友,需要同志、同事等等,即使是为了保持自己内心的平衡,这一切都是不可缺少的。可见,单独监禁,或者长期孤独,都是一件很恐怖的事情,是很不道德的做法。所以,同样,居家环境的社区,或许会从小孩子的感觉来说,已经十分完备了。实际上,成年人会感觉它并不完备,并不应有尽有。甚至于青春期少年,也会跑出这个熟悉的环境去寻求他们所渴望的冒险和新鲜体验,他们需要离开自己直接的生长邻里社区环境,才能升入初中去当中学生。一般来说,一个3万至6万居民的均衡社区,已经能够解决其居民成员的大部分日常生活需要,但是仍然有一大块活动内容无法尽收其中,这些活动大多是些不常有的,较为特殊的,专业化比较强的内容,比如某些娱乐活动、歌剧演唱会、专业化较强的外科内科医疗服务、综合性百货商店,等等;这些活动都包含有专门化的性质,需要更多的人口基数来支持,需要较高的教育培训作为基础,更需要广泛的社会合作。而且,即使是这样的均衡社区,仍然不是最终的、最高的:人类的某些活动甚至还需要整个地区的支持,而这些活动本身又需要国际合作,尽管这些协作仍是间歇性的、有选择的。

对于一个社区来说,无论其规模多大,也无法完全做到自给自足。现代城市规划的根本任务在于,如何构想出一系列能够相对独立而又自成一体的邻里单元,每个单元同时又都有个开放通道,可直接联系其上一级更大、更综合的社区;这样,最终,它就纳入了一种清晰可靠而又有层级性的结构秩序,能够逐级满足从儿童到成年人的各种生活需求,满足日常生活的直接需要,从联系邻居、朋友、家庭、同事,直至偶然一遇的、需召集世界各地男女参与支持的活动;或者,还能联系到需要各地专业人士和团体互相协作交流的特别专业活动。如今,这样的社区每一个都需要实现均衡,每一个都需要事先基本上的相对独立、自成一体,每一个都需要通过建筑学手段来体现其完整型。然而,他们自身职能的发挥,自身的发展增长,却需要从其他社区吸收特有资源和有利条件,尤其是特殊的人才。这就需要一种更广阔的联合,一种更加综合的均衡关系,并通过象征手段予以适当表达。如今,我们许多大都市的超大发展,它们仅凭自身庞大面积,以及狭小范围内罗列各种要素所实现的东西,却付出了沉重的社会解体之代价;如今,本着上述思想,只要通过有序设计的单元就可以实现了。家庭团体,邻里单元,田园城市,"城镇团块"(town cluster),区域性城市,所有这些相对独立自成一体的单元,都是现代城市的组成要素。它们之间存在着明显的,以及不明显的复杂联系。建筑师、社区规划师、工程师们,以及区域规划师们的任务,就是要界定这些关系的内容和性质,予以妥善安排。

不过,现代社会学和技术科学对于城市概念本身的主要贡献就在于:城镇与乡村之间,以及城和乡所保留的社会遗产各个组成部分之间,有可能形成一种更加充分的整合形式;这样的构想,起初是《乌托邦》一书的作者托马斯·摩尔爵士首先想到的。所以,无论任何规划方案,假如不能促进城乡生活方式之间有节律的互动,若不能把田园、公园、娱乐空间等等,统统引入城市中心地带,如果不能让最僻远最孤独地区的乡下人也能来参与和共同享受文化、教育、娱乐、机体智力的资源……那么,任什么样的规划思想,都绝说不上是正确理解和对待现代人类具有的巨大潜能。就创建城镇和区域和谐社会而言,当今世界各国中,大约只有荷兰人的城镇规划传统,真正做出了最突出的成绩。

现代城市的理想形式与轮廓

现在,我们就有可能用较为具体的语言来界定现代城市的某些功能和特性了:

细胞学特性(Cellular Character):现代城市系由一系列互相关联的细胞组成,其中每一个细胞又都是均衡的、一定程度上自成一体的,同时又隶属于一个范围更广阔的整体社会。现代城市不能理解为一些公路、街道、公共场所,这些东西都是可以无限延长的。也不能理解为密集扎堆儿的建筑物,间或有一些公共绿地点缀其间。从空中看,现代城市的平面形象,不是由公路、道路和建筑物构成的图形,而是由许多公园、田园等开放空间组成的,其间偶尔会有建筑物融入其中。

把城市发展限定在最佳规模上,这样一个原则,不仅关系到城市的经济和社会功能,更制约着全部规划过程,当然也就限定了各种不同楼房是高是低的每一种抉择。家庭和邻里住宅区是城市的最基本的细胞,因而城市本身必须通过规划方案,确保把这些基本的细胞单元,包括家庭、房舍、居住区等等,都联成一体;同时,依照其职能不同予以区分,再采用适当建筑手法进一步予以界定。虽然这样的城市必定会有不同的功能分区,包括商业、工业、居住、文化、市政功能等等,现代的城市规划工作绝对不可将自己混同于分区制(zoning,*亦即城市规划当中划分成为工厂区、住宅区、商业区等的做法。——译者注*)。这个所谓的分区制度,依其在美国的实践来看,是想靠立法手段来达到非城市规划不能实现的效果。但是,这样的做法,过于粗疏,又过于灵活;有时候又不加区分一律看待,过于笼统,有时候又选择性太强。

这种分区制最糟糕的罪过,恐怕在于它违反了邻里规划的基本属性,也就是每一个单元都必须规划得均衡有序。因为,这些所谓邻里单元,其实就是一座缩小了的城市。因此,每一个邻里单元就必须有地方能容纳本地区的工业、行政管理、政治、教育,以及居家环境的必要设施,并配备各自的专门职能。由此看来,所谓居住区,绝不仅仅是许多住宅的简单集合,形成所谓居住区独自的分割形式。它还应当配备零售商店、汽配修车行、各种小作坊,以适应本地居民日常的直接急需。简单地说,一个邻里就应当作为一个典型的人类社区来规划设计,能够最大限度体现和连接更广大范围内社会内容的丰富与合作;同时,它自身又是这更大范围的一个组成部分。这一原则同样适用于工厂区的规划和设计。工厂区如果遵循这样的原则进行规划设计,这样的工厂区就不仅配备有交通运输和物资储备设施和场地,还一定会为工人提供午餐时的休闲场所和娱乐设施,还有工余时间的运动场。不仅如此,它还会考虑工人的政治生活需要,提供适合的集会场所,还有开展讨论和举行大会的礼堂。总之,如此设计的城市里,包罗了人类的全部属性;试想,有了这样的城市,以往三百年来在军国主义—工业主义生产和社会模式中所产生出来的人类本性遭受压抑、分割、无依无靠的局面,就一定会被取代;取而代之的,是为人类的完整形象而设计的物质构造,它能满足人类生活每个层面的需求。

社会结构: 在邻里单元,或行政辖区(precinct)的定义当中,有一项根本内容,就是社会内核;这内核当然还包括其服务于本地政治、教育、宗教的全部组织制度和惯例。假如这内核的全部职能尚未体现在规划方案之中,并且落实到一个中心场所,这样的住区规划就不能说是设计好了。形象地说,这些组织制度和惯例,就像细胞核中的染色体一样,传递着社会遗产的信息。因而,在为它们提供活动场所的时候,必须同时尊重它们的实际功能及其象征含义。西格弗里德·基迪昂(Sigfried Giedion)称之为纪念意义或不朽价值(monumentality)的事物……一定程度上就在于人们把思想、金钱、热爱奉献出来用于创造这样的建筑物……

这并不是说,社区当中一切较高级的职能都必须集中在一个狭小的市中心的广场或者中心地带:人类社会组织体制中固有的生态学联系,也像植物群落不同物种之间的联系同样的明显。比如说,学校和图书馆,这两个机构就属同一文化类型,而在学校和影剧院之间就不存在这种亲缘关系;后者应与一群商店排列在一起,而商店则又应该与茶馆、酒吧、饭馆等等,组合在一起,檀香山的崴基吉规划(Waikiki Development at Honolulu)就是这样安排的。建筑师在安排这样的社区核心地带时,应该极力避免出现封闭的规划形式,因为封闭模式不能吸引经济发展,也不能聚集城市功能。即使是某个社区规划当中要求制定出一定的发展规则,无论怎么计算也无法绝对控制未来某种特定功能的兴衰。因而,城市开放空间的规划必须提供必要的安全因素,尤其因为,临时补充城市设施,这本身就是件很昂贵的事情。

细胞边界: 城市细胞的边界,如同城市本身的边界一样,都必须予以明确界定。当今有两种很现代化的办法可以确定这些界限,两种办法都符合城市的功能要求,同时又明显易察。其中一个办法是,利用过境交通道路路线,规划这种通道目的常常是为了连贯一系列的社区邻里单元。以往的时代里,常常利用一条河流,沿两岸建造房屋,河流形成自然区分;如今的交通线不必效法过去以河流分界的做法,而可以开辟更广阔的用处;而主要干道与建筑物必须彻底分开,这样既可以保证道路本身的交通速度和安全,

172

同时又可以保证建筑物地区避免拥挤、危险和交通噪声。进入干道的辅助性道路和小路,可以逐级消减交通流量,最后进入居住区的核心地带到达终点。这样就可以避免陈旧的规划方案中道路网不加区分的做法所造成的经济浪费。

另一个确定邻里地区边界的方法,是利用公园的带状绿地;也就是采用隶属于城市总体绿地系统的本地绿化带,作为细胞间质组织(interstitial issue),来分割邻里界限。这样可以形成一种很理想的局面,只要靠步行就可以从城市一端走到另一端,而无须平面穿越主要交通干道。因而,这样的绿化带要游离于交通要道之外,或者采取与其平行的形式。无论采用哪种形式,都能确保走向重要建筑物的通道上,首先见到的都是一片青葱碧绿;而且,社区的每个开放景观内,视觉终点上也都是满目青翠。这样,即使是建筑物本身比较粗劣,如新泽西州的瑞德邦(Radburn),而其周围不断进入眼帘的公园绿地,将许多大型街区串联起来,其审美效果也会为本地社区频添魅力。

有些城市采用了在城市内部地区建造的绿化地带,有些地方的城市又因为市政所有权许可,或者因为实行了城市用地的分区制,建立了环绕城市周边的绿化地带,那样就会将整个乡村地带置于步行或自行车可以方便抵达的范围之内。凡是这样的地方,就没有必要设置中央公园了。可以采用一些小规模的花园、运动场、游乐场所等等,分散地配置给各邻里单元。至于公园地区的其他功效,都可以由绿化带和开放乡村地区来弥补。总之,如果把一座城市理解为许多邻里单元和各种功能分区的组合体,在这样的城市里,也就没有所谓唯一的市中心(single center),因而也就没有必要建立一个独一无二的重要地点,来体现主要轴线上的视觉终点。因为,必要时候,这种城市的任何地方都可以作为市中心,来举办一些专门活动为整个城市服务。这样,整个城市就形成一种交替性的社会功能轴线,完全符合相对论的原则。但是,这种很好的机制,却很可能被向心集中式的、等级制的计划方案所歪曲和篡改。

城市设计的规模尺度

这是一种新型的城市规划,它将城市空间的交通功能和居住功能都充分专门化,从而改变了城市生活节奏,这种节奏的改变又进而传递到建筑效果之中。比如说,交通速度的变化,从过境交通的平均安全速度每小时45英里,逐次递减为每小时最多4英里的行走速度,再进一步进入市中心的爬行速度或者索性静止不动,这些现实都需一一转化为适当的建筑设计形式。停车场、车库、加油站等地周边的空白墙壁,除偶尔出现的电线杆或者指路牌,都可以与高速行进状态相互匹配。这个实例告诉我们,每种建筑形式都须标准化,从而以其轮廓和形态表达出它的固有功能。主要交通干道两侧所经常见到的,就是树木植物的不断重复,而且缺少要点。而当走入另一种极端的情况下,就会见到某种极其丰富、多变、无数细节的错综复杂,特别是花园和街道景观的处理手法上,这些都体现了邻里社区单元的设计要求。可是,有些做法是试图将交通线的美学效果强加给住区邻里的建筑环境,结果适得其反,反而创造出一片片大而无当的空白地带,真正乏善可陈,完全无法被称为现代建筑。

　　传统形象中,唯一可以体现这种有序性新设计的,就是美国某些校园和伦敦的四所律师学院(Inns of Court)。但无论哪种情况,都主要想强调它们的建筑物与过境交通完全隔离开:作为规划当中要素之一的建筑物立面,其平面感觉消失了,而建筑物的立体形象,因其景深、侧影及立面的综合效应,得以再次凸现出来,丰富了城市的形象。这样的建筑物即使是排列成行,例如洛杉矶的保尔德温山村(Baldwin Hill Village),由于可以从很多不同方向接近它,视角丰富,其立体效果仍然能够体现建筑的特色。由于把邻里住区作为一个完整单元来规划设计,因而也就有可能把自然环境与建筑群落作为一个整体来一并处理。

174

　　城市设计中的这个单元设计原则(unit principle)开始贯彻到新城市设计的每个方面。比如当今的购物中心,就力求避免以往随交通线无限延长,形成典型的发带型发展模式(ribbon development),转而采取避开交通干线,设计成一个紧凑的单元模式,只配备一个专门空间作停车场。首先实现这种做法的,有加利福尼亚和西尔斯(Sears)的新市场,商业区都可驾车直接进入;还有若波克(Roebuck)郊区的零售商店。但是当考文垂市也考虑建立类似的集体商业中心区时,当地商人们却极力反对,否定了同样的建造方案,主张引入过境交通道路,把自己的商业中心一分两半。而殊不知这样做其实是在束缚自己的商业活动,而非促进商业贸易。原因在于,想要销售顺利,必须让商店区内有便捷的购物通道,而不需要设置过境交通道路。因为购物都靠走路,即使在旧式城市狭窄的商业街里,比如邦德大街、麦迪逊大街,以及阿姆斯特丹或者布宜诺斯艾利斯城市的其他商业街道里,即使是很古老了,如今仍然是非常繁华热闹的地区,商业销售活动效率很高。许多商业店铺围拢来,整齐而紧凑地排列在一个狭长广场周边,广场自身则与主要交通干道成直角相交,广场的出口一端设置停车场地;这样一种布局就是现代设计中的一个基本安排——这种形式容许进一步变通,按照网格形状或者一连串的扇贝形状安排,进一步调整变换。帕特里克·阿伯克隆比提交给大伦敦的报告书中就提议建造这样的商业中心,他的建议就是此类总体设计的成功范例之一。英国的新城镇当中有一座城市,斯迪文纳什(Stevenage)就设计建造了这样的商业中心。

旧城的重新规划，与新城的建设开发工作一样，如果及时地认识到规划工作的真正单元不是道路，不是街巷，不是建筑物，而是邻里住区，那么，工作就会有许多很不同的结果。一片片拼凑的建设方案，或者不断修正不断调整的建设方案，都是很浪费的工作方法，当然不能令人满意。依照现代设计原则来进行有效的旧城改建工作，为此一些居住区必须推倒重来，整体重建。不论纽约城的洛克菲勒中心，或是伦敦的兰姆斯别里邻里住区等地有什么优点，其重要根源之一，都是由于采取了这种协调一致的整体行动。一旦这种美学上的协调一致性能够在相当广阔的一片城市地区确立起来——比如伦敦的布鲁姆斯别里(Bloomsbury)——建筑物就能够抵制城市地区面貌变坏。从另一方面说，如果从一开始就不是这样操作的，那么，城市地区许多零乱和败坏现象，都很容易滋生，并迅速蔓延。

当一座城市按照居住区为单元进行规划和建设的时候，它就能够保持良好品质，具有视觉上的连贯一致，还能避免巴洛克那些坏习惯：否认时间，否认历史变化，不容许景观上出现任何对立物体和景点。即使是人口较少的两万人的小城市里，也不会仅只能发现孤零零一种建筑形式和传统；相反，历史上每一个时代都会留下自己的象征物，都会有自身的表现形式，这恰恰体现了建筑学的生命力。的确，假如一座城市能把它最优秀的遗产和历史象征形式都能保存下来，这将会创造出一种时间上的连贯性，因而它可以拒绝拆毁重建的所谓最综合的城市发展计划，在这类建筑物尚且能够使用的时候，尽量保存它们，即使是损失了表面上的统一性。一个有机规划总是找到空间来容纳这种处理办法的，就像法国的园艺师会把一朵褪色的鲜花，非常聪明地摆放在他的十分和谐的床铺上，用以增强整体的和谐气息。城镇如果按照居住区为单元来规划建造，例如现代的阿姆斯特丹就是这样做的，这样每一个居住区就都会保留自身特色；整座城市也因此而愈加丰富，同时又具有总体的协调一致。

最后还有一项内容，也涉及到人类本性，很值得一提。人类的某些本性，是要靠互相协作，交流沟通，参与和团结来予以强化的；毫无疑问，这些活动和功能都是人类要组成团体才能顺利进行的；而城市首先就是能够容纳这种功能的物质环境，这些功能还能在城市当中获得自己的象征体现。但是，如果想让人类这种联系和组合状态保持经久，那么，人类本性的另一个方面也不应被忽略：这就是人类的出世状态、离群索居、保持私密性、独处参悟、内心世界……现代规划当中常见的错误之一，就是把人类仅仅理解为纯粹的外向型生物，似乎他的生命只有靠外部刺激才能兴旺发达，完全没有考虑人类也需要有独处的时间和空间，但是这些在现代城市规划中却都找不到。金鱼生活在金鱼缸里,就像人类生活在岩洞里,一点都不会更感到自由。要让人类生活得愉快幸福,就要给他们提供不断变换的环境和条件,让他们能在两者之间不断转换——光明与黑暗,社交与独处,入世与出世。伦敦或者巴黎这样的大都市,其魅力之一就在于,它能通过自身缓慢而有机的发展变化,提供能够满足人类这两种需求的环境条件。试看西敏寺教堂环境内,那宽阔的甬道,雅致的庭园,以及公共空间,人们在这里获得极大享受;对比来看,伦敦还有弯曲的小巷,背静的后街、小胡同,那里僻静得好像修道院里的隐居地。小孩子也表现出需要独处场所,良好的幼儿园就会提供儿童独自休憩的木架或者小隔间,让他们在需要的时候享受一下轻松自在。总之,只要承认人们也有离群索居的需要,就会在环境中产生出适当的公共设施,奥姆斯特德为此就在中央公园里设计了类似的逍遥路(Ramble),供人们享受自在轻松。一座城市假如没有这种僻静场所和小路,那么,恋人和思想家,就会发觉自己在城市里无处容身。

　　简单地说,如果我们承认和尊重人类本性,那么城市规划所建立起来的秩序,就应该是一种十分完备的秩序:它必须尊重人类的一切需求和人性的各个方面,公正对待人类各种需求。它就不会让生命的主要内容臣服于房地产开发商的谋利行为,臣服于交通运输公司千方百计制造的越来越拥挤的交通状况。现代城市规划师会遵循着爱默生留给我们的戒律:在低水平上俭省,在高水平上消费。并且,在严格实现标准化、理性化、精简节约的同时,还注意消除和减少附属性技术设施。这样,规划师们就会为了维护生命的积极功能竭尽全力实现上述目标,同时他们心目中又有一个更为宏大的远景:努力实现人类的自由、自发性以及艺术。

明天,城市会消失吗?[①]

176

　　……既然城市环境内已经有那么多恶劣品质、不当行为、歪风邪气,那么,最重要的逃避手段,就是只能是躲避到郊区去。一个多世纪以来,许多家庭甘心牺牲掉城市社会的各种丰裕条件,却在郊区环境中大获收益;这里的物质环境,无论从生物学来看,或是风光景物,都具有当今城市可望不可及的优点:阳光充足、一尘不染的纯净空气、没有任何机械声响、草坪、菜园、花圃,一望四绿,可以随处游走散步、野餐;不仅如

---

① 这一节文字的原文标题是:Yesterday's city of Tomorrow,若直译,就是"明天的昨日城市"。实际内容是以勒柯布西埃城市概念为中心的城市理论深刻批判和反思。探索城市发展过程中继承与发展的联系。

此,还有单家独户的住宅,专门设计出来供自家人享用,一景一物,无不符合自家个性所好。

去农村环境里亲近自然,这样一种激情兴奋,又是谁培养激发出来的呢?这就还得归功于浪漫主义运动的文学作品,大约可以从法国的卢梭(Rousseau)①算起直至美国的梭罗(Thoreau)②。但是,却并非仅仅起源于此时。须知,15世纪和16世纪欧洲的佛罗伦萨、罗马、威尼斯等城市里的富户人家,无须等到后来才有的浪漫主义运动或铁路时代的到来,才开始去建造他们的乡村别墅,不必的! 他们在一些小村镇里,像菲索尔(Fiesole)、弗拉斯卡迪(Frascati)、布连塔(Brenta)等地,很早就建造了许多著名别墅。到了这种生活要求和激情冲动,以及实现这些愿望的手段,都变得很普通很普遍了,现代社会的时代就开始了。

结果证实,大规模逃避到郊区这一行动的最终产物,是一种并非城市性质的东西(non-city),如果说还不是反城市的东西(anti-city);原因就在于,人们所自我陶醉的这种环境,非常的封闭隔离,孤独无助。可是,尽管如此,我们还是不能低估它的建筑效果及其巨大的人文主义吸引力。事实上,只有把这两种因素都充分研究考虑之后,才有可能为眼前朦胧出现的城市设想出一种足够分明的形象。从威廉·莫里斯的红房子,到 H. H. 理查德森和 W. R. 爱默生及其同事们的木瓦顶房屋,从佛朗克·劳埃德·莱特的草原小屋,直至沃伊奇(Charles Francis Voysey)③,帕克,以及伯利·斯各特,从奥姆斯特德的河滨住宅,罗兰·帕克直至雷蒙德·乌汶(Raymond Unwin)的汉普斯特德的田园郊区,各种类型的新式住宅建筑和规划,绝大多数都诞生与郊区环境之中。这一论断至今仍然适用;而且,不仅见诸住宅,就连商店购物中心、学校校园建筑、工业园区也包括在内。除了纯粹的工业建筑之外——比如曼彻斯特的棉纺织工业工厂以及芝加哥城市早期的摩天大楼——再没有什么其他人工环境,能够如郊区建筑环境的创造,如此令人丰富,如此令人鼓舞了。

---

① 卢梭,Jean Jacques Rousseau,1712—1778,法国思想家、文学家;其思想和著作对于法国大革命和 19 世纪欧洲浪漫主义文学产生了不可估量的积极影响。在社会观方面,他主张民众经过协议订立契约,建立公民社会;在教育观念方面,他主张回归自然,让儿童身心在自然环境中自由发展,建立的健康有益的教育指导思想。著作有《民约论》、小说《艾米尔》、自传体的《忏悔录》。——译者注

② 梭罗,Henry David Thoreau,1817—1862,美国作家,超验主义运动的代表人物之一,主张回归自然,代表作有《沃尔登的林中生活》反对蓄奴制度和美国侵略墨西哥的战争,他的《论公民的不服从》一文,产生过巨大影响。——译者注。

③ 沃伊奇,Charles Francis Voysey,1857—1941,英国建筑师、设计师,先后从师普钦和拉斯金,将他们的理论应用到简单而实用的小型住宅之中,特点是形体低矮而狭长,白而粗糙的墙面,屋顶高耸,烟囱厚实,注重细节装饰和设计,该风格的设计广为他人效仿。——译者注。

　　所以,尽管目前郊区最初的生活理想价值正迅速消失在日益扩展的所谓的集合城市(conurbation)之中,它身后留下的形象仍然继续影响着当今的城市规划事业。这个形象,就是一种新型的城市,一种"公园里的城市(City in a Park)",这种城市肌体,与以往十分拥挤的城市相比较,其构造纹理更加开放;城市的全体居民(而不只限于身份显贵的少数居民)都拥有永久性的通道,可以很方便的到达田园或者公园。郊区的这种影响,已经表现在现代城市的三种不同概念之中了,并且得到三位杰出的建筑师和规划师的大力提倡,他们是雷蒙德·乌汶、佛朗克·劳埃德·莱特,以及勒柯布西埃。虽然他们三位在出身背景和人生志向上差异悬殊,而他们三位所代表的理念却又一个共同的特性,都无条件地要求扩大空间。在这篇文章里,我限定自己仅只讲述勒柯布西埃。我认为,假如空间、速度、大批量生产方式、官僚主义的组织机构等,仅只靠这些因素就能够组成现代化大都市的崭新形象,那么,我相信勒柯布西埃一个人就已经完全办到了,他一人把全部问题都解决了。

　　以往三十年里,对于勒柯布西埃这位独一无二的天才人物,对于他在建筑领域内的试验性成就,曾经有过一场强大的宣传运动。多数建筑师,毫无疑问也包括绝大多数建筑和城市规划院校,都受到了这场强大宣传的深刻影响。所以,假如讨论到未来的城市,假如有人提出一种貌似新鲜独特的见解,那么,此人一定就是这位令人敬畏的领袖人物。尽管这些概念如今已经经历了种种变迁,建筑领域内从理论到实践也随之发生了相应变化,但是,其中的某些主要特征至今仍然凸现,而且恐怕还将要继续产生影响,即使其创造者已经放弃了某些论点。而且,即使没有一座城市——恐怕除了昌迪加尔(Chandigarh)[①]——完全符合他的思想影响,而他的理论和主张却流窜入我们时代的纹络构造,以至于它的碎片散播得到处都是。

　　勒柯布西埃能够产生这么强大的直接的影响,主要原因在于:本来建筑与城市规划,这两个专业领域都各有各的指导思想,而勒柯布西埃则把这两种建筑学思想概念综合到了一起。结果构成了一种机械手段构造的,标准化的,官僚主义的,"人工手段加工出来的",技术上完美至极的生存环境;而且,为中和、抵消这些特点,自然环境则被处理为视觉上的开放空间,也提供阳光日照和纯净空气,以及,绿树成荫,以及各种景观,

---

① 昌迪加尔,Chandigarh,印度西北诸城市,中央政府直属区域,又是旁遮普邦和哈里亚纳邦的首府。面积114平方公里,人口约50万人,早先由瑞士工程师和印度工程师联合规划,市区划分为30个长方形格网状,行政区位于北端,西部为大学区,东部为工业区,市中心有广阔绿色空地,还有宽窄不一的道路系统。工业制造有纺织业,缝纫机制造和零配件生产,玻璃制造,科学仪器制造,航空站等等。——译者注

等等。

勒柯布西埃的思想主张对于其同时代人的吸引力之一在于,他在把这两种思想概念综合起来的同时,不再考虑城市的本质,不再注意城市社会机体上层出不穷的有序构造,包括:社团、集体、俱乐部、组织、机构,等等;他对这些方面的关注程度,还不如房地产投机商,也不如市政工程师。简单说,他囊括了现代城市的一切特征,唯独遗漏了城市的社会本质和文明本质……

勒柯布西埃在他第一篇论述未来城市的演讲当中,过分强调了未来城市中新型机械设备的重要性,他把城市的进步等同于城市的几何学形式和秩序、沿直线发展的规划、机械的官僚组织。勒柯布西埃着迷于现代的钢筋水泥建筑的巨大潜力,他首先仿照巴黎模式为现代城市设想了一幅图景,将其转化为自己的新形象:这个形象包括许多栋自成一体的 60 层高的办公楼,都独自站立在开阔空间之中,构成这里的核心特色,外面则围绕着若干条不同层次上的高速交通道路,都通向这些中心大厦,再向外,则是一系列的单元楼房,高度均匀一致,都环绕着核心地带官僚办公中心区构成无差异分化的居住区。这种新型单元能够容纳 300 万居民,相当于巴黎人口。勒柯布西埃 1922—1925 年的沃森规划(Voisin plan),就是很生硬地强加给巴黎市中心的:他提议拆毁巴黎城具有历史意义的市中心,理由是这里混乱、肮脏、容易引起传染病,等等;仅只保留下一些古老的纪念碑,而将其一切千差万别的城市文化活动,不分青红皂白一律用整齐一致的建筑、构筑物包装起来。

勒柯布西埃果断地拆除了巴黎的历史性居住区,代之以高耸而孤立的办公楼,他的想象力就像是压路机一样,从城市更新项目上一碾而过。在提高效率的名目下,他不去具体分析一些建筑物的实际功能和目的,就硬性规定了他们的属性和职能;同样,也不顾许多历史性建筑的价值,不惜牺牲他们各自的特点和个性,不惜牺牲掉它们在历史过程中所形成的社会生活延续性。简言之,他完全无视城市的主要基本职能,他不懂得城市是要在不断变迁当中又能将明显物质结构中所承载的历史联系都保存下来,保存历史上丰富多彩的社会文化内容,从而丰富未来的城市社会。不错,勒柯布西埃的确小心谨慎地提出了保留少量的、孤立的历史性建筑作为一些孤立的历史纪念物,但是他却忽略了一个事实,亦即这样做的过程中,一旦这些建筑物被与其承担的活动和社会联系分割开来,其中相当多的文化价值和历史意义仍会流失掉。换言之,这里真正缺少的不是空间,而是人,是从事各种活动的人;缺少了这些,是无法正确展示历史的。

勒柯布西埃还强调城市设计中的纵向的、立体的因素,而忽视了水平方向的元素;他不仅极其陶醉于技术手段的巨大潜能,还心驰神往地要去好好利用笛卡尔的数学手法体现美国摩天大楼的僵硬刚直。虽然他自己尚未充分意识到,实际上他已经回归到了芝加哥城早期的摩天大楼时代。他不仅去掉了浪漫主义的尖顶,以及后来才有的塔尖,还消除了视觉上的杂乱和拥挤。他的创新之一,是把城市建筑的新高度与建筑物之间的宏伟壮丽开放空间,两者以公园形式实现了有机结合;这是以往任何时候都未曾认真尝试过的。

勒柯布西埃这一简单鲁莽的举动,就把许许多多细小,却又不那么细小的城市活动所构成的复杂文化纹理,一下子都清除掉了;这些后动,从经济性质来说,是无法布置在高楼环境里面的。不只如此,还扫除掉了某些城市职能,这些职能也都只能在人们街头邂逅相遇时才能发生,才能凑趣;这当然就需要芸芸众生日常生活和工作当中顺便参与其中,如今则已经不可能了。

勒柯布西埃扶摇直上的摩天大楼,实在是没有存在的理由,除了技术条件许可建造它们这个原因以外。他所设计的城市中心地带的广阔开放空间,同样也没有存在的理由,原因很简单,因为按照他所设想的规模,正常工作日当中,一般行人没有理由和动机到这里办公区域去活动。由此可见,勒柯布西埃轻率地把摩天大楼的实用主义和堂皇富贵的造型与有机环境的浪漫主义形象互相联姻了,最终产物却是个无生育能力的杂种后代。

可是,或许正是勒柯布西埃这个概念中无生育能力这一特性,才是我们时代所最喜爱的东西。美国城市当中,高层大厦的出现,不仅仅是因为高楼便利商业企业的经营管理,更因为这是地价增值的一种便利手段,还能为大型建筑的高额回报,以及房地产投机提供了良机。甚至,许多商务高楼提供的电梯面积,相对于营业厅面积来说,过于狭小,目的在于增加经营盈利;即使如此,这样的高楼仍然以其铺张浪费的做法和姿态,担当着很有价值的商业广告作用。在美国,人们接受高层商务大厦,把它们当作一种标准化的替代物,以可以相互转换调配的空间单元,替代了城市功能的规划,替代了费时费事的城市环境改善和更高,那些工作无疑都费时费事,代价昂贵,用地的分配和规划都更要精确一些,设计也会更加昂贵。

勒柯布西埃是有贡献的,他调和了迄今为止难以调和的一对尖锐矛盾:一方面是城市建筑和人口高密度、房屋高租金;另一方面是,同时人们又要求建筑物采光条件,透气条件良好,还有宽广的开放空间,虽百无一用,但却看着舒服。勒柯布西埃的具体做法,就是强调建筑物之间的视觉开放效果,用以抵消高层大厦高度日增占地覆盖率较低。这一模式可以简化为一个公式到处套用,就是因为它基本上不顾人类需求的多样性,以及人类社会组织的复杂性和多元性。勒柯布西埃这一公式流毒甚广,如今城市的诸多

缺憾,大多于此公式的空前推广有直接关系。但是,若说到旧城改造项目,勒柯布西埃
这个公式的运用效果,就不能不说结果是一场灾难……

　　勒柯布西埃早年设想的城市形象,后来又得到他新的设计方案和思想的丰富补充,
从而能够在比较适中的规模上开展实施。例如,以20世纪30年代他为北非地区的小城
镇尼茅斯(Nemours)为例,就采用了几何形多米诺的组团形式,或者组合成高层的成排
板楼模式;两种形式都对后世的建筑师出身的城市规划师们的城市设计思想产生了广
泛而深远的影响。二战后的伦敦郡议会的房地产部门就记录了这一影响所产生的最好
结果,有时候,城市居住区和总体形象设计的效果,比勒柯布西埃本人想象的要更加可
人,例如鲁汉普顿小镇(Roehampton)里的阿尔顿(Alton)小区,其设计效果就难能可贵,
原因在于,那里的景观本来已经被当地业主营造的相当秀美而丰富了。但是,记录中也
不乏尖刻批评,实例之一就是,他们在另一个居住区内把组合式的排房形式强调得太过
分了。

　　从社会效益和城市形象来看,美国情况也大体相同。那里的住宅开发和标准化的
城市更新项目,大都由联邦政府倡导并获得政府支持赞助,然而大多数城市和建筑却被
设计成一些十分草率的形象。与此同时,勒柯布西埃鉴于自己早期的构思无一例外地
都是大都会模式和官僚主义气派的作品,就不断对自己早期这些构想予以纠正和更新。
于是从1945年以后,他开始正视现实,认真思考了规模比较小的、发展较为均衡的、有
比较自成一体的社区,开始把这类地区看作大都会地区的一个补充成员。在印度的旁
遮普邦首府昌迪加尔城(Chandigarh)内,他甚至从最先入手进行城市设计的阿尔伯特·
梅厄(Albert Mayer)以及马修·诺维基(Mathew Nowicki)手中接下了城市规划设计,接
续了瑞德邦模式(Radburn)的设计方案,仍然采用了一系列的大型街区的连续设计,并
在市中心设立了绿地空间和道路网(见前面有关该城市尾注)。

　　但是这座城市的宏大规模要求市民完全采用汽车交通手段,这就是城市过于开阔
之后所必然带来的烦恼问题。虽然勒柯布西埃设计的房屋很矮小,但他设计的道路很
长,而且,市中心地区的公共建筑物游离于宽阔的绿地之中,暴露在骄阳之下,酷热难
耐,更增添了行人交通的艰难。由于勒柯布西埃把新都首府的市中心的开放绿地摆错
了位置,让许多公共建筑物和纪念碑徒然孤独站立在无人光顾的地区内,形同一座陈列
在室外的博物馆。依照原本的设计构思,原来想让人们满怀虔诚来这里朝拜,来这里欣
赏,而不是让它们作为亲密的建筑伙伴终日看着日夜川流的车辆,与之为伍相伴。白白
浪费了那么多巧妙构思和苦心匠意,让建筑物的许多细节和生动形象都无法实现让人

赏心悦目、振奋精神的原本目的。由于这一规划模式过于宏大，官样文章气味十足，相比之下，它就逊色于沃尔特·伯利·格里芬(Walter Burley Griffin)的澳大利亚首都堪培拉的城市规划中采用的纯粹的郊区理念和设计方案。比较而言，已经很清楚：格里芬的方案远胜一筹。

勒柯布西埃认为，城市的商业功能、就业功能以及交通功能，只有通过专门设计出来为适应现代社会需求的建筑物和构筑物才能更有效地实现，他这想法无疑是正确的；他还认为，城市的结构形态和基本秩序，是体现城市美学欣赏价值的要素，特别是在我们当代，那么多的感官刺激和象征符号刺激，印刷符号、声讯符号、艺术造型，等等，每天每时都要制造着铺天盖地的混乱印象，假如这一切的背景上也是个混乱的形象，便愈发乱上添乱了；他这样的想法，无疑也是正确的。从他的著述中可以看出，他还认为，纽约和芝加哥的摩天大楼，若行人从行走的街道高度看去，或许就会显得不那么密集了；或者说，只要是交通道路处于流通使用状态，而且，加上阳光、纯净的大气、绿色植被，再加上城市设计的规范性和秩序感，就会给声响环境构成必不可少的重要成分，无论乡村还是城市。他这样思考问题，无疑都是正确的。

可是，勒柯布西埃忘却了一件事情，他看不起历史遗产和传统形式，这样，他的城市就不仅丧失了历史延续性，也丧失了当今时代的根基，这方面的损失有多大，他自己甚至都还没有意识到。他提出的新概念，公园中的城市(The City in a Park)，则用自己对于城市和公园功能的严重误解，再一次地误导了公众。

与我们当今无数的现代社会现实一样，勒柯布西埃所钟爱的呆板形式，无可挽救的控制了我们的时代，同样控制这个时代还有，官僚主义作风、机械论组织形式，他们的控制普遍见于商业、工业、政府组织，以及教育机构之中。这些事实就是我们当代社会无数个矫饰虚伪俗不可耐的种种讨人喜欢的特征之一。但是，在勒柯布西埃从理论上无情地破坏了城市的历史文脉之前，我们的城市仍然还具有许多形式上的丰富性，包括棋盘格规划模式中几何形体上的变幻无穷，直至勒柯布西埃出现以前，城市形式中的当家作主的官僚主义呆板，还曾经有许多人文主义的气息来补充修正办法。华尔街和中心环路上的老式摩天大楼，或许曾经肆无忌惮地预先占有空间，或许曾经吸引了人们的注意力，但是，它们却都不曾展示当今公园街(Park Avenue)上毫无个性差异的大厦群像。至于说，勒柯布西埃的"公园里的城市"这个概念直接影响下所诞生的城市构成和城市形象，城市本身简直就与郊区毫无差别，比如看看高耸办公大楼丛聚的匹兹堡城市的三角地区。即使是围绕这些高层建筑物周围的空地，就空气和光照来说，也变得毫无意义了。因为这里终日霓虹灯闪烁，终日要使用空调。这一切都足以抵消了这种规划形式的种种理由和好处了。

　　实际上,勒柯布西埃的"公园里的城市"这一概念,与现实概念上的城市职能和城市目的丝毫不沾边,同时又脱离官僚主义的城市发展过程本身,因而这样一个城市概念,其实就是郊区的概念。由于它的功能完全脱离了城市社会生活应该密切联系的其他各种职能,同时他又把如今支配大都市当中的各种势力都极其放大了,它便可以游离于城市的有机组织以外,可以随意移植到任何地方。就连勒柯布西埃的摩天大楼周围的空地上,其功能也非常含混不清,原因在于"公园里的城市"如今已经有了越来越具有吸引力,越来越具有商业价值的具体形式,所以"公园里的城市"也已经变成了"停车场里的城市"了(the City in a Park Lot)。

182　　当我们通观这个全过程之后,就可以发现,城市交通运输的自由,生活节奏的变化,各种前途和归宿的取舍,城市环境中的自发性邂逅相遇,社会性选择的幅度,商业贸易机会的骤增,一句话,丰富多彩千差万别的城市生活,就被新增添的高速公路、停车场、立体交通道路统统断送掉了。有许多新建的注释镇宅项目都取名为村,尽管其本身包容了二十多层高的摩天大楼住宅楼房,这都不是没有原因的:他们所要求的整齐一致,以及它们能够提供的社会机遇,实在是少得可怜,几乎还不如村落更丰富。就仿佛是停车场构成的汪洋大海当中的一点一簇的居住区岛屿,其居住密度可达到每居住面积英亩容纳了将近 500 名居民,而且是更大范围内的大都市地区的一个组成部分,这个大都市地区则又容纳着数千万的人口。但是,即使这么庞大的数量都集合到一起,也无法构成一座真正城市的综合性品格。

　　简而言之,这种"公园里的城市"无所作为,它既不能为城市培育和促进经常性的人际沟通和互通有无,又不能刺激商品和思想的交流;既不能培育城市生活的最生动表现,也就是城市集体生活环境中人们之间的相互对话,这种沟通交流对话,其本身就足以增进城市生活的活力和意义。这样一座城市,从建筑学概念来看,它空洞无物,一无是处;徒然映出它自身包容着的唯一与之配衬的单调乏味的社会生活:从顶端向下,是一贯到底的严密控制,以及一贯到底的全社会性的驯顺一致,毫无生命的个性可言。

　　勒柯布西埃所构思的城市形象,仍然常常被人们奉为现代城市设计的名言经典,而事实上,它综合了 19 世纪三个重要错误,这些错误概念已经毁灭了人类城市自从诞生之日就有的经典形象,反而代之以一连串的城市和郊区环境内的荒芜之地,代之以完全违反人类城市文明的东西(anti-cities)。

　　第一个错误,就是对于机械化和标准化评价过高,而且将这些本来是手段的东西当成了目的,完全遗忘了这些手段应当用来为人类目的服务。第二个错误,就是从理论上否定了、毁坏了历史文化的古迹和遗痕,不去想方设法保存当今与过去的每一点物质联系,以及其他明显可见的建筑构筑物;进而过于夸大了当今的重要性,甚至声言,即使是当今社会可能创造出来的永恒价值,也要统统予以毁灭;丝毫也不看重,以至于拒绝可能从错误当中汲取的教训。所谓"城市容器一次性用品"(disposable urban container)的错误,正在于此!最后一个错误,勒柯布西埃把他克服城市环境内过分拥挤的必要对策推向了极端:采用了过分疏解各项设施,不惜浪费大片土地,把本该密切联系的职能和设施荒唐地分割开来,酿成又一个错误。结果,由于地理位置上相距遥遥,这些职能无法密切互补,损害了城市的日常生活。

如今人们已经开始对勒柯布西埃的对于城市的一些主要论述进行了较为充分的反思和修正,从而开始认清楚他这些理论中的社会局限性和美学局限性;这两个方面其实是不可分割的。勒柯布西埃所规划的这些视觉上的开放空间,与城市的功能上的开放空间之间毫无联系;我这里所说的功能上的开放空间,是指非视觉目的的空间效果,是人们用来会面谈话的开阔场地,是儿童们游戏的地方,从事园艺活动的场所,散步的甬道,情人们谈情说爱的角落,市户外休闲娱乐的空间。设想,假如一个地区的居住密度高达每英亩 250—500 人(约合每平方公里 62500 到 130000 人的密度。——译者注),这样的地方采用勒柯布西埃建筑低密度手法实现的所谓视野轩敞、空间宏阔,无非只是守财奴的思维和实效。

这么多的高层多米诺式的楼房,从审美上看去单调乏味;它实际上反映出社会组织军团式组合形态本身的机械简单。这样的多米诺式的建筑群落,当然说不上以建筑形态去体现复合式人类社区内才会具备的丰富性和活力水平。它们传达出来的通篇都是整齐一致,千篇一律……人类本性具备的自由精神,家族亲情和亲密联系,对于自然环境自发又自然而然的利用,以及建筑学作品本身产生出的个性特征,这些本来在郊区老式的小火车站里都有很优秀的体现,如今则丧失殆尽,都白白流失掉了,什么回报也没换回来。

总之,"公园里的城市",这个概念,按照了勒柯布西埃的追随者们的理解,只是死路一条。然而,它的基本要素,比如采用巧妙手法利用当今科学技术成果和设备,尊重自然环境和条件,重视儿童的保健与养育,却值得更好地运用到未来城市当中去。而无论是高层建筑物、立体交通设备、空间分割的办法、纵横交错的高速道路和地下铁路,或者是大型停车场,都不能有助于产生出一个完备的人类社区,当然就说不上让人类充分利用现代文明能够提供的各种便利条件,也更说不上把这些要素都组合成名副其实的城市形态。即使是将这一切都依照有序方式连成一气,它们仍然无法构成一座城市。建筑师们首先要深入了解城市的本质和功能,了解城市作为实现人类最大限度的和衷共济的手段,城市能够用很具体、很现实的构造和形式把人类各种创造性努力成果都一一积累下来,真正认识了这一切之后,建筑师才说得上以自己的业务去为客户们服务,也才有资格去为新型城市的实现贡献自己的一份力量。

膏药敷癌,聊胜于无:与雅各布斯商榷

自从 1948 年国家城市更新法案(Urban Renewal Act)通过之日开始,我们美国的许多城市便开始遭受到一系列巨大的建筑行动的轮番轰击,这些行动都是由联邦政府资助和支持的。这些规模浩大的建设行动,对于城市质量的改进收益甚少。从联邦政府的巨额赈济当中获益的人,可惜不是原来居住在贫民窟里的人,而是新来的投资者和新迁移来的住户。在清除贫民窟的名义之下,纽约市行政区内许多居住区都被连根铲除了,居住其中的居民们,连同他们的销售店老板,多年为他们服务的酒店和旅店主人,都被一脚踢开,居住到更为贫寒的地区;其实他们原来这些居住区,只要稍微投入一些财力物力加以修缮,是完全可以居住的。

有些住宅开发项目是由市政部门主导的,其设计建造的目的是为了安置贫民窟地区搬迁出来的居民,或者同等低收入水平的居民,即使是在这样的项目中,其设计产生的物质环境某些方面有所改进,而居民的社会环境和状况却由于进一步的社会分层而恶化了,这主要是指按照收入水平来划分阶层。联邦政府和大城市市政部门所最喜爱采用的标准住宅形式,就是高层的成排楼房。大多是一些十层至二十层高的建筑,单调而灰暗。当然,比较来看,原来纽约旧法经济适用住宅(Old Law Tenements of New York)开发项目以及 1901 年新法经济适用住宅(New Law Tenements)覆盖了布朗克斯(Bronx)和纽约西北郊地区 1930 年的新城住宅区;若与这两个住宅项目相比较,上述的新住宅表面上看,无疑都有了很大进步。最后开发的这些住宅,进深都只有两个房间。所有的单元住宅通透条件良好,都有朝向户外的开口。建筑布局良好,开间较大,围绕一小型游乐空间成环形建造,随处还有一些小块草地,还配备了座椅。建筑物不仅四面透光,阳光充足,空气新鲜;而且由于采用了水泥地面,砖石墙体,因而还能防虫防蚊防坏蛋,还配备了蒸汽供暖,冷热水供应,标准的卫生间洗浴设备,几乎样样俱全,如果再配备上宽大的房间和加装大衣橱的门厅,简直与富裕人家毫无二致。实际上,缺少了后面所说的两样,作为节省措施,的确很不明智。这样的布置增加了承租人的开销,他们

得购置一块又一块的帘幕。

这样的住宅成效真是来之不易,包括其中各种卫生设施的明显优点。在过去几乎一个世纪的时间里,对于大都市——尤其是纽约城里——的低收入阶层民众的住宅状况,做了不知多少调查和研究。1835 年,纽约城在樱桃树街(Cherry Street)上建起了第一处贫民窟,还特意设计得非常拥挤。此后不久,纽约城的卫生部门官员就注意到一个现象:这里的婴儿死亡率高得出奇,而且穷人当中的传染病发病率也很高,这位官员得出结论,认为这与住宅过度密集有关,房间过于密集,建筑地块过于密集,通风不好,没有自来水,也没有室内厕所。尽管 19 世纪曾经被广泛地夸称为"大进步的一百年",但在这一百年的大多数时间内,尤其在大城市内,住宅条件实际上是恶化了,包括对于上层阶级也是如此。直至许许多多的医生、卫生工作者、住宅改革家、建筑师做出了持续的大量的努力之后,立法部门才厘定出住宅质量的最低标准,包括采光、通风、建筑安全和完整性,以及宜居水平。

但是很不幸,住宅建成之后不久发现,住宅改进了,房价和租金都会提高;而若维持到让贫困阶层能够承受的房价和租金水平,那么任何开发商都不乐意来投资,因为无利可图。问题又回到了原来水平:只有拥挤的贫民窟内,房屋租赁才是最有利可图的事业。而当时城市面临十分紧迫的住宅问题,以及经济和卫生难题,以至于到最后政府终于落实了大规模的资助款项之后,为低收入阶层建造良好住宅这一事业,已经没有其他选择,只能立足改进物质环境这一主导的核心概念。结果,我们当今这么多高层建筑物和摩天大楼的建设项目,都面对一个不得不解决的迫切问题:如何消除一个世纪之久的住宅短缺,如何解救长期围困在狭窄、窘迫环境中的大量贫民,提供更多空间,以便把他们从每英亩 300 至 700 人的灾难性居住密度中解救出来。若以完善的卫生条件为前提,这一任务只能被局限在很有限的建筑地区范围之内。那么,如何才能提供这样的地区范围呢? 只有通过楼层高占地少的高层建筑才能实现。结果,就造成了如今大都市内,包括曼哈顿地区幽暗遮光地段越来越多,都是高层楼房阴森森的密实墙体造成的。

可见,这些建筑物本身并无过失可言,就是客气一点说,有些太臭了(they stink)!更加糟糕的是,居住几年过后,其中有些楼房内已经臭气难闻,以至于让一些孩子们,或因调皮捣蛋或因气味难堪,有些孩子竟然在电梯里便溺。年轻人还用自动电梯当作恶作剧的绝佳用具,他们或者把电梯折腾得无法正常使用,或者弄得打不开门,故意难为成年人和老年人。大伦敦城市市政厅的官员们曾经对我说,伦敦的高层楼内也发生过同样的事情,讲述了城市高层建筑的美学追求和电梯里的青少年精神文明之间的矛盾。由于高层成排楼房建筑结构本身的局限,其中的居民们得不到邻居和路人等公众视野

186

内的监督和保护,特别是在电梯内。因而,一些住宅项目完工之后,随意犯罪、暴力、强奸、甚至杀人的几率都呈上升态势,一些大城市内社会治安水平下降,已成普遍的、明显的趋势。居民的日常生活,除了要遵守强制性的官僚规章制度以外,还辗转于额外负担中。有一条规定,虽新近被取消了,内容却很离奇:城市概念和更新建设项目不允许配置商业销售设施,以替代被取消了的街头零售店。结果,家庭主妇只能荷担提篮走很远的路去采购,再无方便机会派家中小孩子去街角的小商店代为购物了。

简言之,新建住宅在采光、通风换气、视野开阔、等等方面,无疑都远远超过了公园街上富人们住的拥挤超级贫民窟,虽然说卫生条件的改进是以往街头购物的便利所无法比拟的,但是,新建住宅内的其他许多便利条件和机会,却都下降到了更低的水平。

我常常在《纽约客》杂志上发表文章,指出纽约城市的公共住宅建设中这些不足之处。甚至于早在 1942 年,当第一批高层住宅项目之一,海军造船厂的公共住宅,在布鲁克林开工兴建之时,我就曾经预言过,这个地方一定会变成一个贫民窟,如今果然已经是一处恶名昭著的贫民窟了。不过,此后一直关注和考察了当今这些公共住宅项目,注意到它们的严重凄惨后果,而且能够将其形诸文字的人,就是琴恩·雅各布斯(Jane Jacobs)。她所发表的《美国大城市的生与死》(The Life and Death of Great American Cities)一书,过去一年当中已经成了这个国家茶余饭后餐桌上的热门话题。虽然她列举的都市住宅区建设可嘉例证 主要都采自纽约城——的确,大多数采自纽约城几个狭小地区的小型住宅项目——而她所指出的一系列著名失败案例,则有广泛的代表性。

几年前,雅各布斯夫人来到哈佛大学,走进一群城市规划家学术会议的堂皇会堂。那里,像往常一样,正被各种满天乱飞的难懂专业术语搅和得乌烟瘴气,她则像一阵清风,从海岸吹向海面,拨云见日,清楚地讲述了一个情况,很富戏剧性,而又毫不歪曲夸张。这就是:为实施大规模城市改造工程,动员了大批邻里居民拆迁离开家园。她进而指出了一个事实,也是许多规划师们和城市管理官员都很漠不关心的事实,这就是:社区邻里不仅仅只是一堆建筑物,而是由社会联系构成的有机组织构造,是一团温暖的情感,其中有许多熟悉的面孔,有医生、牧师、肉食店老板、面包房师傅、做蜡烛的工匠,这一切印象都紧紧地联系着"家园"这个概念。雅各布斯夫人说,后来开发和提供的有卫生设施和蒸汽供暖设备的单元住宅楼房,并无法补偿他们所丧失的东西,这些东西包括,温情脉脉的邻居朋友,即使是仍然居住在容易生虫的,只有冷水供应的潮湿住宅里;还包括两人各在楼房风井一端的亲密谈话,女人带领孩子走过街巷,城市景色会随着步履慢慢变换,女人向药剂师倾诉自己与丈夫呕气;还有,购买橘子或马铃薯时候总要稍带几句不轻不重的打情骂俏;寒来暑往,家庭主妇们毫无不便,这样的地方,它不仅仅是个物质环境中的庇护所呀! 而如今,以社会工作者或者心理咨询师们提供的专业性建议,就轻易偷换掉多年积累的邻里亲情,企望用以偏概全的所谓心理治疗法,去解决社会迁移和分割所带来的伤痛和伤疤;这样做,其实丝毫都代替不了真正的社会进步和社区效益。

　　总之,许多人都感觉到了这种忧虑和疑惑,并且有所表达;雅各布斯夫人则将其予以集中表达,只不过她更深入地看到,不论是拆迁中被收缴房屋离去的住户,或是获准回迁的住户,都面临着很严重的城市社会问题;那些回迁户发现自己是回到一个均质性(homogenized)社区,回到千篇一律的、毫无生命能力的兵营般的住房来居住。据说,这些兵营般的房屋符合官僚主义组织模式,又便于金融财政的投机取巧敲诈勒索,还具备行政管辖的种种便利,而唯独没有充分考虑个人和家庭生活的丰富需求。因此,这种住宅给人们带来的,实际上是一种人性空虚,恰好匹配了新建筑本身的空虚。即使原社区尚有一些能够体现本地社会生活价值的宝贵的地标性建筑物,也会在此过程中予以拆除,就为了便于该建设项目能够不受任何牵挂地"从一张白纸开始"。

　　雅各布斯夫人这些尖锐批评确立了她不可小视的地位。从此,一种新型"专家"出现了,成为先进城市规划领域内一种非常新颖的现象,而且让人很不能理解。原因是,这些思想家地将自己研究的问题小心翼翼地限定在电脑能够回答的范围以内,却完全忽略人文主义应有的内容以及现实环境中人类的实际处境。这位杰出女性,她在观察评价大型住宅项目的时候,不仅仅用了自己的眼睛;更可嘉的,还用了她自己的良心去鉴定这些项目给人类究竟带来了怎样的后果。实际上她是在说,这些顶级兵营,如今凸现于城市天际线的高端,把脚下街巷都掩盖在阴影里,实际上却是些完全不适合人类居住的东西……

　　既然,一个如此富有创见、思维明确清晰的头脑,人们自然希望看到她出版一本好书,无愧于她那种大手笔大气魄。可是,本来她的哈佛演讲可以采用"理性与明智"(Sense and Sensibility)作为标题的,而她推出的大作《美国大都市的生与死》一书,反倒更该用《傲慢与偏见》来作副标题。该书中,她原来那些精明锐利辛辣的见解倒都还在,也批评了新式住宅否定人性需求的种种设计错误。不仅如此,还添加了她本人的敏锐观察以及政治体验,进一步分析了人类在城市环境中的整体活动,这些都是可嘉的。但是,这一部很好的建设性的分析著作,却新添了另一种很值得怀疑的论调,把她个人对于美国大城市的观察体验,东一片、西一片拼凑起来,凑成了美国大城市从诞生到死亡的很笼统抽象的理论。这种经过新外衣包裹的城市理论,虽说并不像皇帝的新衣那样空洞无物,却仍然显露出作者赤裸裸的无知,以致破坏了雅各布斯夫人先前许多正当的见解和言论。也难怪,她此书中对城市规划工作的许多大胆意见是基于错误的资料,许多推论证据不足,其中一些观点自相矛盾,某些误解令人惊讶。这样就让人很难称赞她这本出版物了。

在给雅各布斯夫人这部作品做出完整、公道评价之先,我首先得就此书第一章说一些感想。原因在于,这一章当中,雅各布斯夫人,即使对待她自己,也很不公正了。颇具讽刺意味的是,这位反对城市更新项目的大无畏斗士,原来她自己竟然拥有一个巨大的私人城市更新项目。如同一伙建筑工人,驾驶着推土机夷平场地,居住区无论好坏,一律予以清除。她书中把一个世纪以来城市规划专业中许多好的革新进步内容,连同每一个有竞争力的思想理论,也都清除掉了。甚至连个装模作样的客观评述也没有。她反对缺乏生命力的高层建筑项目,这一点上她很明智。可是,她更反对当今城镇住宅区规划中一些很好的成功实例,例如,匹兹堡城的查塔姆村(Chatham Village),她似乎完全不理解这一项目的价值、实质、目的,当然也就更无从理解其中成就。凡是她认为违反自己看法的城市规划方案,她都拒绝接受,拒绝去理解;这就导致她说出许多惊人之语,甚至于还想方设法消灭任何可能的对手,把任何敢于采用其他方法改善城市设计的人,都看作城市的死敌。为了消灭她最危险的论敌,她把斗争矛头对准了可敬的埃比尼泽·霍华德爵士,也就是英国新城镇或者田园城镇运动的缔造者。对于任何一位稍微了解霍华德个人传奇经历的人来说,雅各布斯对待他的态度,简直滑稽可笑(comic)。可巧,霍华德爵士一生最后二十五年,都献给了改善人类城市环境的伟大事业,依靠认真的实验孜孜不倦寻求城市的正确形式、最佳面积、最佳人口规模。更可贵的,他还思考了城市的需求、目的,与农村环境中的需求与目的之间,如何建立联系,实现平衡。从而在"田园城市"这个标题下,他给城市建设引入了两种非常重要的概念:一个就是,一座城市的面积和人口,都是有其职能极限的;另一个重要概念,就是必须给城市提供更多的小镇,以便维持人口的持续发展增长;这些小镇将来能形成所谓"村镇群"(town clusters),从而发挥出大城市才有的复杂职能。而且,还避免失掉娱乐用的开放空间,更不必放弃城镇之间农业活动的开阔用地。

而雅各布斯夫人坚持认为,埃比尼泽·霍华德"提出的一些城市思想和主张,令人头晕目眩,大而无当,破坏了城市本身。他设想出的解决城市功能的办法,是从城市整个肌体当中筛选某些职能,分别予以分类和剔除,然后再依照各有归属的原则为每种职能都安排出各自的职能环境。就是说,每种职能都各自的功能空间。他很注重提供完善的住宅,认为这是城市社会的核心问题。为此,其他任何事物都是次要的,补充的,附属性的"。我真没见过任何比她这说法更加背离真相的论调了。雅各布斯夫人乖张蛮横的曲解,明显违背霍华德为田园城镇抽象出的清晰公式:均衡发展、全面丰富多样的文明社区。城市规划工作中几乎任何一项改进,雅各布斯夫人都很不喜欢。她这种极端蔑视的情绪化倾向,以同样手法集中表现在她书中一系列包罗万象到处使用的形容词里:"Radiant(辐射状的),Garden City(田园城市),Beautiful(美化)"。可是,显然,无论辐射形式(阳光),或花园,或开阔地,或美,这类概念,在雅各布斯夫人关于大城市的设想中都找不到到应有的位置。

　　雅各布斯夫人历史知识之匮乏,以及,多么欠缺一个学者的应有风度,我这里就不打算多说了。但需指出,她书里经常显露出,她常常无视许多不言自明的客观事实。有位英国评论家曾非常客气地说,她极其粗枝大叶不守规矩(enfant terrible);极其也罢,不极其也罢,雅各布斯夫人如今已是城市改造运动中一位显眼人物,拥有大量不动脑筋、不加分析和批评的追随者,其中不乏规划学界著名教授,如查尔斯·阿勃拉姆斯(Charles Abrams)等人,这些人热烈赞扬她的著作,简直奉为圣谕,字字句句都要接受。

　　一开篇,作者雅各布斯夫人就这样自白:"本书尖锐地抨击了当今城市规划和城市改建工作。"在美国,城市更新改造活动正如滚滚春潮,早把纽约和其他大都市都改造、缩小成一些大而无当的地区,除了高耸楼房之外无任何其他含义了。所以,现在就这些现象写出一本包罗万象的规划专业分析和评述,显然已经为时过晚。然而,若有人独具慧眼,认真审视这些现象和局面,也算是上天赐予的良机厚礼。但很不幸,作者对当今城市规划的批评意见,却仅只限于一些有关大都市实质、功能、结构的离奇见解。而人行便道、街道、邻里生活等等城市构造,无论其规划设计如何混乱、杂乱无章、配置随意……终究都仍然是朝气蓬勃的都市生活最核心的内容啊。而作者全部论述中唯一关心的,就是美国大都市里的暴力和犯罪问题,以及如何采取防御措施。

　　总之,透过这些内容,人们可以发现,虽然雅各布斯夫人这部书籍使用了十分庞大而又空洞的标题《美国大城市的生与死》,而她所关注的实际内容却让她无法对大都市——无论是活的还是死的——提出全面而中肯的见解。她是使用一个支离破碎的方式和视角来观察城市和城市生活,尤其用这种方法去观察她所久居的,而又评价过高的格林尼治村(Greenwich Village)①,甚至包括村中一些破败细节和碎片。她对纽约城市

① 格林尼治村,Greenwich Village,美国纽约市下属的曼哈顿居民区,原先为殖民时期村庄。1910 年之后成为不信奉英国国教的作家、艺术家、大学生、风流名士、骚人墨客聚会之地。20 世纪 80 年代建起了高层住宅楼房,大部分地段变成了时髦街区。原居民多已迁往东部地势较低的伊斯特村。格林尼治村素以狭窄弯曲的街道、老式的房子、外国餐馆、古玩店、实验剧场、标新立异的夜总会为其突出特色。村中心的华盛顿广场四周耸立着 1895 年建成的华盛顿拱门,以及纽约大学的建筑群。——译者注

的规模津津乐道,认为如此规模保障了城市社会生活的丰富性,却忽略了如此规模之下人们每天花费在公共汽车、地下铁路交通中数百万人工小时的高昂代价。当然,她也更看不到远途通勤者依靠自驾车和铁路交通花费的更长的交通里程。同样,她也忽略了一排排绵延数平方英里无尽无休的完全相同的建筑群,从布鲁克林一直延伸到皇后区,又从皇后区延伸到长岛。难道这些水泥森林与她所津津乐道的村镇居住区的社会丰富性,还有任何相同之处吗?

　　依照雅各布斯夫人玫瑰色的眼光来看,格林尼治村的居民每天去上班的路上,简直享受着芭蕾舞者才具备的优美。到底怎么个优美? 作者没有说明,既没有形容词,又没对每天去地铁车站一路上情形做任何生动描绘,更没有描绘乘坐地铁一路上紧张扭打、拥挤封闭等等状况。她承认城市地区内存在着"灰色地带",景色非常简单,形象极其单调。但是,她却十分教条地将此现象归结为居住人口密度过低。其实,且以 1904 年以后的布朗克斯地区(Bronx)为例,这里已经是灰色地带中最为灰暗的地区,而当时已经是个高密度居住人口行政区了。还有,作者忽略了大城市里大多数居民们可怕的监狱般的生活节奏,而且毫无改变的可能。那里那种可怕的拥挤状态,在一定程度上可以解释如今居民当中某些明显的侵略攻击性反应行为。雅各布斯夫人笔下描绘的美国大都市生活,参照系使用了格林尼治村的俭朴生活方式作为全部背景材料。但须知,格林尼治村只是个特例,因为它是个具有历史意义的,几乎独一无二的历史性住区。这村子好久以来已是死水一潭,缺乏活力,很少变化,因而才保全了许多如此良好的特点。

　　而对于葛岭邦特(Greenpoint)、伊利低地(Erie Basin)、哈莱姆区(Harlem)、弗莱特布什(Flatbush)、卡纳西(Canarsie)等地的住宅区,雅各布斯夫人的分析则根本未予涉及。城市暴力甚至已经侵入到了哥伦比亚大学周边地区,作者也未对这一迷乱现象进一步追根溯源。许多城市现象是高层楼房问世之前就有的,假如雅各布斯夫人清楚这一点,她就不会错误地认为茅宁塞德高地(Morningside Heights)的犯罪率是近年来城市规划或者兴建大型街区,或者城市功能隔离造成的后果了。不仅如此,假如她能到哈莱姆地区独自穿行一趟,回来之后就会修改自己的著作,就再不会轻率地夸称居住高密度有各种好处了;也就再也不会津津乐道行人往来如织的街道,阡陌交通纵横贯穿的布局,以及每个住宅区内各种基本经济活动齐备,互相配合混杂的安置了。因为她设想的这些"理想条件",哈莱姆区其实早已应有尽有,却未见她所料想到的理想疗效。

　　可是,雅各布斯夫人的表演,在这本书第一页就露了底。她介绍了她为城市规划工作厘定的新原则,说:"我主要来描述一些普普通通的事物,比如说,什么样的街道比较安全,什么样的街道不安全;城市里面有些公园特别好,有些不好,甚至是罪恶陷阱、死亡陷阱,原因何在……"这一句话就泄露了,居住在她万般钟爱的大都市里,会摆脱不掉恐惧和害怕。而且,如每个纽约人都知道的,有许多理由都会让她害怕啊! 作者内心恰恰潜藏着这类恶感和成见(animus),她对真正邻里生活质量的种种最敏感解释,许多就是在此基础上产生的。她这些恶感和成见也就派生出她一系列外行的、禁不住仔细推敲的城市规划建议。

在她看来,现代城市规划的主要毛病之一,在于营造了大型街区致使街道数量大大减少,避让过境车辆交通,把本地空间几乎都让给行人交通和活动;又把以往不必要的铺装道路等预留空间改造成儿童游乐场地,或配备长椅、花坛等当作成人休息场地。把车辆交通与行人通行道路两相隔绝,等等。所有这些做法,都违反了她有关安全亲密邻里的私人指示。也就是说,她建议,要增加十字路口数量,大大拓宽人行便道,减少其他种种开放空间,给目前完全由居民使用的街面开设各种店铺及服务项目。可见,街道是她的专利性用品,专门用来替代传统的充裕公共聚会场所职能,这种职能曾是城市从来就引以为豪的。

雅各布斯夫人如此热衷于把均衡社区邻里才有的种种城市活动和功能,一律安置到街道上,其目的何在呢? 答案很简单,我重复一遍:她的理想城市,主要就是一种预防犯罪的组织形式。对于她来说,预防犯罪和暴力的最好办法,就是将经济活动、社会活动,无论在一天的任何时刻,都充分混合起来,让街道上时时刻刻都有行人。这样,每个店铺老板,每一家住户,由于不得不照料自家的临街生意或娱乐活动,而担当着守望者、警察的角色。因为,店主人明白哪个人值得信赖,哪个人不值得信赖;哪个是违法者,哪个是守法户;哪个人可以进来喝杯咖啡,哪个则绝对不行……

191

此时此刻,我该以什么身份来判断雅各布斯夫人对城市问题的解释和规划主张的呢? 我是土生土长的,传宗接代的纽约人;我成长过程中走遍了曼哈顿的每条街巷,走遍了几乎每种邻里住区。每一种房子我都居住过,包括从纽约西区的私人排房子,直至依据旧住宅项目法开发的铁路哑铃形住宅(Old Law dumbbell railroad flat);从华盛顿广场旁边阴暗潮湿没有电梯的单元楼房,到东区酒店里第30层的套房;从布鲁克林高地上没有商店的排房街区,以及同一邻里中下为食堂、上为两居室的单元房子,那里的窗户终日冒出呛人的油烟气;而同时呢,这里却随时可以找到裁缝、洗衣坊、花匠、零售店、餐馆,等等。这里有雅各布斯夫人津津乐道的构成"都市生活的活跃"的各种重要部件。可是,如同我的绝大多数同城居民一样,我仍然十分冥顽不化,宁可选择西克斯街(Hicks Street)上那些有后花园的安静小宅院,那里举目可见小教堂……也不会选择20年代里那些黑暗肮脏的克林顿大街(Clinton Street)上所谓的"活跃环境"。当然,最后,我还在后来新开发的著名的阳光花园(Sunnyside Garden)住过十年,也就是依照雅各布斯夫人很看不起的规划概念建成的那个住宅区,这里的设计建造很谦恭地为低收入阶层设想,包含了多种户型,包括一户、两户、三户,直至多户共同居住的住宅和套房;还有私家花园,还有公共开放空间,外加运动场,会客室,还有幼儿园和幼儿学校。这虽还不是理想国,但却比纽约城当今一切邻里都要好,就连雅各布斯夫人那平和宁静的格林尼治村也远远比不上。

我在这里居住的时间超过了50年,假如是对一位未曾在这里住过50年的外来人(Scranton,本意为钢铁公司老板姓氏,这里意指来自宾夕法尼亚东北部钢铁企业地区的外来户。——译者注)讲话,我须提醒雅各布斯夫人,这座城市的许多方面,在过去大半个世纪的时间里,论经济是最活跃健全的,论社会人文也是最安全可靠的。而雅各布斯夫人却因这些地区不符合她个人的标准,就大加贬斥挞伐,殊不知这完全不符合历史实情。我还得告诉她,从我青少年时代在城里居住的全部经历中,早在50多年前,就已经有些暴徒阿飞团伙时不时的来袭扰了。记得,每当西区第98街的团伙来侵犯我们地区时,我们总是逃跑,到处找避难所。不过当时,他们更凶狠、更为致命的活动,大多还仅局限在他们自己的小贫民窟以及周边地段,比如大食堂(Hell Kitchen)或者煤气厂(Gas House District)附近地段。只要有警察值班,夜间就连妇女也可以放心大胆地步行穿行在居住区街道单独回家。而且,说出来或许你们不信,这位妇女当时还可以委托警察护送她回家。至于说,雅各布斯夫人所害怕的公园地带,说这些地方容易招致犯罪活动,还贬低说这里仅只适合作为娱乐场所,还莫名其妙地说,如今人们已经无法安全使用这些地方了。她实际上是把1935年以前的状态当作了一种长期慢性病了。其实,直至针对白人的暴力犯罪猖獗时代(the Age of Extermination)到来之前,白天任何时间,800英亩的纽约中央公园,任你穿行,而不必害怕有人攻击骚扰。

当然,如今一些公园已经沦为废墟,乱糟糟一片,用处不大了。这并不是规划师们的错误;包括弗里德里克·洛·奥姆斯特德所建造的河滨车道(Riverside Drive)、阳光公园、圣尼古拉斯公园等等。这些公园如今空旷寂寥,原因正在于雅各布斯夫人没有看见的一些根源:其中包括当今大都市整体生活方式的日益病态化。这种病态化趋势与城市的各种弊病密切相关:发展过度、规模过大、无目的的物质消费主义、城市拥挤、浑浑噩噩杂乱无章。可是,这些丑陋的东西,反倒是作者极力推崇的,认为这些才是构成城市活力的元素。我们不仅能从犯罪率和精神失常的统计数字中看出城市的这些邪恶状况,更能从现在用来购买麻醉剂、止痛药、兴奋剂、催眠剂、镇定剂等等的巨额花费中看到这些邪恶状况。因为城市居民们那些更加精神错乱、神智癫狂的统治者们和科学顾问们,似乎已经看出人类面临这样一个难以摆脱的最终结局便用种种药剂来麻醉和控制大城市的居民们,让他们摆脱恐惧,不至于在日常生活中陷于绝望境地。由于缺乏一个理性的生活目的,缺乏一个理想的目标,我们大城市的居民们如今只能永无止境地"等待着戈多"的到来(Waiting for Godot,法国的一部两幕戏构成的悲喜剧作品,讲述等待一个永远不会到来的人。——译者注)。

雅各布斯夫人充其量也仅仅只是讲清楚了一些小型的,温馨惬意的城市地区。她弄明白了,要保证邻里地区的生活质量,一定要维护本地城市建设和设计工作中的人文尺度。原因是,人文尺度能够培养出同一居住环境当中良好的人际关系,这些人每天可以直接见面,无需依靠中间媒介,他们彼此了解各自的身份、地位,享有共同的利益,即使不用交换言语,也能达成共识。然而,这种归属感,并不依赖热气腾腾活跃的大都市社会,而是依存于稳定、延续的村落社会。是村落社会特有的美德培育了这种归属感。如今,这种美德依旧是格林尼治村的地方社会特色。格林尼治村是纽约城辖属的一个地区,雅各布斯夫人偏爱这一地区,把它评价为健康的城市生活和活动楷模。其实,早在19世纪初,纽约城这一地区,也就是老九区,边界就规划得非常清楚,很有个性。以至于1811年的城市规划委员会,尽管到处强制推行他们那种具有几何学精确性的棋盘格式规划方案,到了格林尼治村这里,却未敢轻易变更已有格局。

这种村社式均一社区里,大部分建筑物是些两三层的红砂岩楼房,前面常有白色凉廊,其中瓦里柯街和国王街上(Varick and King Streets),一些最优秀的建筑在第七街道路延伸项目中早就被拆除了。我有位老朋友回忆起来告诉我说,当时一些最忠实的本地居民坚持不搬迁,不离开这里,原因之一就是老房子的居民都从后花园一个公用的手动轧水机取水,远比当今供水设施价格低廉。这个具有历史价值的城市飞地,形象地说,就像城市化高速发展大潮中遗留下来的后院荒草丛生的死水洼,它保留了雅各布斯夫人所赞颂不已的优点和特色,包括短小的街巷等等。假如这些地段也随城市发展同样变成十分"活跃"(dynamic)的地区,那么它早就丧失掉上述这些特色了。这个村庄地区的两个明显特点,就狠狠地嘲讽了雅各布斯夫人所倡导的城镇规划新原则。一个是这里本来就很低的人口密度,另一个就是定义明确的建筑风格。这里的建筑环境优美,别具一格,与其他地区红砂岩立面房屋建筑风格迥然不同。这种红砂岩房屋后来日渐兴盛,广为传播,已经跃然成为城市的主导风格了。简单说,老格林尼治村的建筑格局连贯完整,内容充实,边界清楚。英国新城镇运动中新规划建成的小镇,其完备整齐,也无非如此。

雅各布斯夫人一方面理解和赞美城市邻里亲密生活的价值理念,另一方面又几乎无条件崇拜赞赏大都市生活又大又活的特色;这两者在她笔下处于无法调和的矛盾状态。原因在于,她不懂得可以使用城市设计中的许多原则和手法,让两者这些矛盾而互补品格实现协调整合。高活力、高密度、丰富性,这些内容似乎已经成了雅各布斯夫人有关健全大城市规划设计的终极价值和终极标准。可是,她似乎从来不让自己停下来深思一下,当今一系列新事物的最终,还有个很不幸的内容,就是城市社会的解体。而这一点,她恰好没有看到。可是,由于她关注本地生活习惯和预定俗成的乡规民约,这些因素引导她走入正确方向,去克服城市社会解体的进程:包括承认邻里是城市生活最有活力的单元,这个城市单元应当具有内心平衡和精神生活,保持这种精神生活的稳定和连续性对于重建城市社区是必不可少的。道理在于,这种社区如今已在大城市沧桑巨变的(cataclysmic)经济发展中被彻底破坏掉了。而这"沧桑巨变"不正是雅各布斯夫人最喜爱的形容词吗?

　　她承认,城市本不仅仅是建筑物的堆积。但她却未能理解,城市社会邻里单元则不仅仅意味着街道和街道上的活动。她所提议建设的新型街道体系,让南北街道上的十字交叉路口增加到两倍,对于邻里社会功能的发挥不会起到任何可观效果。因为社区邻里这些固有的社会功能,本该属于学校、教堂、市场、医疗所、公园、图书馆、小酒馆、饮食店,以及剧场,本该由这些部门来履行。而雅各布斯夫人的城市构想中,不想采用这些城市活动规则而有序的分布,也不想利用这些设施的美好设计和建造形式,而宁愿维持城市里现存的并非完全可靠的分布方式。无怪乎她会反对克拉伦斯·史泰因和亨利·莱特的杰出规划作品,这些规划师先驱们,通过他们的成功实践及一系列作品,包括纽约长岛的阳光花园,新泽西的拉德本,以及匹兹堡的查塔姆村(Chatham)等等,一再展示了一个道理:假如预先深思熟虑,周详规划,这样建成的均质性邻里社区,较之她主张的那种放任自流随意形成的社区,真不知要优越多少倍。

　　还有,在雅各布斯夫人极为赞赏的多维度构成的城市概念当中,城市的美学价值却不见了。然而,正是城市地区内大教堂和宫殿的魅力,大型修道院或者大学建筑的有序性,如牛津和剑桥的大学校区,以及诸如巴黎、伦敦、罗马、爱丁堡等地城市广场的宁静和开阔,正是这些要素真正保全了大城市中心地区的庄严神圣,而且一连许多个世纪都不曾消失或改变。与此同时,同样是在这些城市中,那些肮脏、萎琐、黑暗地带的唯利是图"活跃运行",却常显露出其违反经济、不讲效率而又自我毁灭的实质。

　　对于如今采用什么发展模式才最适宜城市的更新,才能最妥善解决城市杂乱无章这个问题,雅各布斯夫人并不过问。相反,她只提问:已有的贫民窟和城市衰败地区,在什么条件下才能两全其美:既保全其人性化的亲密生活特点,又不明显改变其物质环境结构和生活方式?而她提供的解决方案则过于简单。从中看不出她的眼睛曾被城市的丑陋、混乱、肮脏所刺痛,看不出她的耳朵忍受不了曾十分安静的邻里住区里呼啸穿行的卡车,也看不出她的鼻子不愿意接受那些不见阳光且通风不良的住宅里冒出的臭气。在这样的贫民窟里,唯有居住拥挤密度标准一项,符合了她提出的居住密度理想标准。假如把人们安置到如此拥挤的住宅区里居住,而且,这样的住宅还不能建在大型街区(superblock)里,这里还必须有城市各种功能和活动的任意偶然的组合形式,只有在这种情况下,雅各布斯夫人所提出的种种社会的和美学的要求才能全部满足。她有一句很简单的话语,最集中地表露了她的信念:"城市不能是一件艺术品。"对此,历史名城的居民们要注意了,佛罗伦萨、锡耶纳、威尼斯、都灵的居民们,都要洗耳恭听了! 不过呢,雅各布斯夫人对此还有自己自鸣得意的说法:假如这地方美得像艺术品,那么,它就不算个城市,也从来就不曾是座城市。

　　良好的物质环境和秀美设计诚然不是城市规划的全部内容。但这不等于说它们就无关紧要,甚或根本就不构成规划的内容。这是两码事。而实际情况是,雅各布斯夫人却从前一种尚可成立的论点跳到了后面这种莫名奇妙的论点。须知,城市的秀美壮丽、整齐有序、宽阔轩敞、目的明确这些特点,即使并不直接促进城市活力,不增加商品流通,不直接减少犯罪和暴力,却直接作用于人们的精神世界! 这样的城市肌理,不幸,雅各布斯夫人似乎完全没有想到。这倒真是一种野蛮加复仇心理的反文化腔调。

　　那么,雅各布斯夫人,作为关注大都市发展的一位城市理论家,所提出的最新奇独到的意见就是,将城市组织混乱这种长期慢性病症——过分拥挤——转化为一种疗救办法。具体做法,竟然是故意放大这种病症的范围。她有个颠扑不破的信念,即使是面对反面证据也决不动摇:她坚定相信,拥挤和混乱不仅是大都市生活的常态,还是其最理想的生活状态。但是,如今生物科学界已明确发现的一个事实就是,过分拥挤的寄居地区,即使是对于动物,也会制造出心理紧张的环境。这种环境状态的突出特点,就是焦虑和敌意。因而,即使对于动物的健康来说,充足的活动空间也是一种普遍适用的要求。而由于她的全套论点是建立在信赖人口高密度聚居这样一个十分顽固的基点之上,这就使她一些本来还健全的意见也因而遭受损害。

　　然而,尽管存在盲点和疏失,这本书仍对城市复杂的社会活动贡献了许多很有价值的见解;尤其关于城市功能,特别是一些发展到一定庞大规模和复杂程度,而又具有一定秩序的大都市,其城市功能的发挥和兴盛,的确不仅要靠城市规划,更要靠社会机遇,要靠人与人之间的交流互动。雅各布斯夫人看到了这些交流互动功效可能给城市带来的巨大价值。她这种视角就完全不同于一些大型公司和研究机构纷纷逃窜到郊区,只希图接近他们自己的高尔夫球场、私人飞机场或自家小型乡村家园田亩。通过观察或者体验她也看到了,城市社会生活的核心成分,仍然是那些自发形成的首属群体,包括家庭和邻里。而且,城市后来形成的种种复杂社会组合和社会生活,全都依附在这些首属群体基础之上。还有,尽管她不喜欢有规划的"邻里单元"这个概念,她却也采纳了克拉伦斯·佩里(Clarence Perry)的意见作为她自己模范邻里居住区的正常规模标准。20世纪 20 年代,佩里在为纽约区域规划做研究时无意中发现,这类聚居单元的适度规模大约应在 5,000 人。雅各布斯夫人说,"假如我们把城市邻里单元看作社会自治的正规组织器官,那样,我们就有了坚实依靠。我们在城市邻里问题上的失败,说到底,是在城市地方社会自治实践问题上的失败。因而,我们的成功,也就是对于地方社会自治的成功。这里我所说的地方自治,是就其最广泛含义而言,意思既包含了正式管理,又包括了非正式的社会管理。"……

……另外,针对大城市社区内社会道德沦丧状态的道德重建的长期工作任务,她的主张则是完全正确的:家庭和邻里组织结构的稳定、巩固,才是其他更高形式道德的基本源泉。一旦缺失了家庭和邻里的道德基础,文明的整个大厦就要遭受到威胁。当人们之间再也不相互关怀爱护,仅仅由于我们大家都变成了电脑上的数字或社会安全卡片号码,城市生活那精巧致密的网络结构,也就崩塌瓦解了。假如拒绝恢复家庭邻里价值,假如不全面发展城市社会,假如放任城市虚无化的发展进程,那么很可能,继之而来的,就是沸腾滚烫的敌意社会,不仅包含青少年犯罪,也包括成年人犯罪。

因而,雅各布斯夫人对都市生活最小单元的关注则是精辟的,切中要害的……她有足够的政治经验能看出,城市,仅仅由于规模过大,就已经发展失控了;首先是让它自身的居民们无法控制了。不仅如此,由于城市规模过大,接着就是规划失当和管理失当。原因在于,这样的城市完全没有任何整合器官足以制订政策或者做出决定,甚至没有能力与市长、城市规划部门、居住区首领、先哲圣贤人物等所提出的任何提案进行争论、抗衡;原因在于,本地区能够施加的压力既微弱又分散,花费很大力气而收效甚微,何况不依靠专门组织根本无法操作。最终结果往往是,我们政府管理部门这一方,就只能俯首贴耳的顺从其他更强大的金融势力,听凭他们毫不关心公众福利的所作所为。

雅各布斯夫人很清楚,只有在本地居民社会基础上重建地方政治秩序,才能促使公共事物官员尽职负责,才能有效避免官员鲁莽行事,反复无常,改变社区邻里的现行规则去适应房屋租赁机构、大型承包商及富人房客的利益,而忽略原来住民的利益。所以她提议,要建立新型的邻里社会单元组织的管理机构,仿照英国的自治市(borough)的形式,不搞纯粹形式主义的大型居民集会的地区划分,而着眼于这种组织作为经济和社会单元必备的凝聚性和整体性。这些单元要致力于促进城市功能的普及化,原来一些被驱赶到城市边沿或特殊城市飞地的各种城市职能——比如,做衣服的都集中到了纽约七马路的制衣地区——都应该广泛分布到各地这种地方自治的居住单元里来。雅各布斯夫人建议,对于一些规模较小的都市,其居住单元的理想人口规模应该在 3 万人,至于一些大都市,例如芝加哥和纽约,可以选择 10 万人的规模作邻里人口上限。她还认为,为了把这种自治村镇建成真正活跃的城市社会实体,还必须在这类小型中心范围内建设相应的工业和商业设施。

　　这就让我不禁暗自窃喜了！因为我马上就要指出:她给城市自治地区规定的这 3 万人规模,恰与埃比尼泽·霍华德最初给田园城市所暂定的人口规模不谋而合！城市人口规模这问题,就像是雅各布斯夫人私人城市情景戏剧中一个调皮的大坏蛋。可见,还是聪明的霍华德先于她想到了这答案。我倒并不为此小看了雅各布斯夫人。但是,大不列颠的伦敦规划委员会,其成员包括鼎鼎大名的城市政府专家威廉·罗宾逊教授(Prof. William Robinson),他新近得出结论,10 万人至 25 万人才是大伦敦都市辖区内自治村镇的理想人口规模。可见,假如雅各布斯夫人给自治村镇规定的理想人口规模如果发生错误,那么,她支持小型单元的论点也就站不住脚了。这样雅各布斯夫人便成为埃比尼泽·霍华德很不情愿的同盟军,为此我向她敬礼。

　　雅各布斯夫人天真地以为,假如没有紧张和拥挤,大城市社会就会失去复杂性和多样性,而殊不知如今的紧张和拥挤已经把城市居民驱赶到周边郊区地带去了,形成了城市空心化。如今,即使把城市人口密度降低到她所认可水平的四分之一,也找不到应有的安适感,结果数百万人不得不放弃了城市生活才有的快乐和刺激,逃奔到郊区。要知道,如今是数以百万计的普通人开始向往郊区生活,而不仅仅是那些疯狂仇恨城市,陷入田园牧歌梦想的少数人。可见,如今是这历时一个世纪之久的郊区大逃亡,造成了大都市的社区破败和濒死境地,而不是大型街区或者田园城镇造成了这种后果。雅各布斯夫人怎就能对这令人瞠目结舌的现象视而不见呢?

　　大量人口流向周边农村地区,去寻求工业机械化时代以前每座城市都有的各种引以为豪的东西……这种趋势怎么造成的呢? 这是由都市最为活跃的敌人造成的,这个敌人就是预算过度的高速公路建设项目,它们以其纵横交错的高速路把城市地区切割得千疮百孔,又把许多城市中心地区改变成了停车场。离开城市的人,是为了躲避都市里青面獠牙的暴力,躲避贩毒现象,躲避过度泛滥的声色之乐,躲避团伙行动组织的胡作非为,这些乱相如今已侵害到孩子生活之中。不仅如此,郊区大逃亡还寻求找到至少在夜间可得暂时小憩的地方,以便躲避无所不在的官僚主义的管理模式和制度。停车计时,请打孔! 小心脚下! 管住你的狗! 不许随地吐痰! 此处不许停车! 排队购票! 跟上! 不准践踏草坪! 沿绿色标线行进! 等候下一班火车! 现在购买,稍后付款! 不准敲打设备! 后果自负! 逃出去的大城市难民们,还来不及实现幻想,来不及尽情享受自由、安全和正常的家庭生活,就发觉由于地价上涨、房租上涨,接着这里也建起了高层住宅楼,铺设了柏油混凝土的停车场;同样也困在臭气熏天的交通阻塞的汽车流当中。但是他们的反应证明了他们自己自发的活力,证明了他们更加渴望自治社区;但这样的愿望和渴求,却在他们作为拥挤、浩大、丧失人性的大都市蜂房成员一生的绝大多数时间内,都被彻底毁灭了。说来也奇怪,这个持续不断地把自己居民驱赶到郊区去的大都市,恰恰就是被雅各布斯夫人优雅地赞颂为"富有活力"的大都市! 她忘记了,有机世界当中,没有什么东西比癌细胞的生长更富有活力了。

可是,假如把雅各布斯夫人这部著作——《美国大城市的生与死》——看作现代城市规划工作的总括批评;那么,我们发现,它是理性思考与感性描述的奇妙混合,是专业判断与女学生明显大错的奇妙混合。那么,这本书怎么就会成了解释美国城市发展和城市更新工作中各种重大问题的集大成的呢? 它的标题不就是这样大言不惭地明确指向这些问题的吗? 这里,雅各布斯夫人思想的锋芒又一次指向正确方向,针对着一些从未充分理解,或被严重误解的重大城市问题。作者比任何人都更加理解大城市的复杂性,以及这种复杂性的效果,包括城市劳动分工、职业分化、利益分化、可贵的种族多样性、文化多样性、民族多样性,等等,这些宝贵因素都要参与到城市的日常生活当中去。她承认,操作这样一个复杂的、多维度的社会复合体,决不能像操作一架功能单一的简单机器那样简单。她说,"越来越多的人开始认识到,城市的问题是个高度组织化的综合体所特有的问题。这样一个有机体当中,配备着各种各样完整的、显然是结构致密而复杂的相互联接;这些关系我们尚未充分认识,但却是完全可以认识的。"

这段话真讲得好极了! 但是,作者忘记了,一切有机生命的本质特征在于,为了能够维持自身这种多样性和平衡,该有机体就绝不能超越本物种的基本规范。任何一种生态学意义上的组合关系,最终都要达到它的"巅峰状态"(climax stage),超越了这个状态,任何生长发展都无法摆脱走向衰败的终极命运。

雅各布斯夫人在抽象概念上承认有机体的复杂性。尽管如此,她对城市和邻里生态环境的理解却仍然非常欠缺。她断然无视其中一切要素,仅只关注孤立分割的局部地方环境,除此以外其他一概不予考虑。然而,当今大城市的过度发展已经完全破坏了有机体自身专有的环境质量;没有这些质量,环境本身就不再宜人可居,当然也就谈不上进一步持续发展。她所支持的超大规模大都市里的高密度和拥挤有个明显后果,就是:人类肌体本身已经开始遭受各种毒害,包括一氧化碳,以及空气中已知的两百多种致癌物质,城市上空污染层遮盖了活跃的紫外线,人类生活垃圾和工业废弃物污染了溪水和海滨,那里曾经是打鱼和游泳的绝佳场所。而凡此种种,作者都不予理会。这种态度,要比失察更加危险。因为,这是在故意的置若罔闻。

雅各布斯夫人令人赞赏地引用了卡尔·曼宁格博士(Dr. Karl Menninger)的话,认为治疗犯罪的最好办法,包括"与他人大量接触、走路,甚至包括苦重的劳动、撒欢儿的游乐……"可是,在她所宣扬的那种拥挤的、团成一堆的城市环境里,根本找不到足够人们撒欢儿游乐的场地空间,何况大城市单调枯燥的管理制度让你完全没有机会得到解脱。从美索不达米亚的古城乌尔(Ur,巴比伦尼亚古国南部奴隶制城邦,位于伊拉克境内幼发拉底河下游右岸,距今已经五千余年——译者注)时代以来,城市居民若想去乡下、去郊区,从来都是很容易很便当的事情。在郊区和乡下环境里,他们本来想杀人的冲动和野性,通过采集、挖掘作业和活动,通过猎杀有害动物,就可以逐渐消除掉。郊区环境里,他们想舒展筋骨的本能自发要求,通过游泳、划船、爬山,都可以获得满足,而无须玩弄刀枪棍棒、佩带黄铜护手去徒手打斗,也无须吵闹喧哗。很久以前,爱默生也曾经设想,利用草原或者林地小屋环境,针对乡村青少年的调皮捣蛋进行行为治疗。当时他们还没有如今所谓青少年犯罪的说法。

如今,大城市已经达到的规模,又早就被纽约、芝加哥、东京、伦敦、莫斯科之类的大都市大大超过了。这种情况下,大都市都会面临压力,就要把自己的活动扩张推广到更广阔的容器中去,这个容器就是区域(region)。原来促使城市诞生成型的各种古老社会势力,如今则正以其疯狂的活力,自动地摧残、侵凌着城市,威胁着要毁灭整个国家和大陆。这样的背景上,仅只给主要交通干道提供警力预防犯罪,就显得过于微不足道了。因为,暴力和邪恶行径本身,从来是更严重得多的社会失范状态的前兆。而这些社会失范状态恰是雅各布斯夫人拒绝考量的。原因是这些问题挑战了她本人对"美国大城市"种种感情色彩浓厚的玫瑰色愿景。

假如把当今大都市发展过度、过分拥挤这一状况归罪于城市的超大尺度(monumental scale)的规划设计,归罪于城市更新项目当中缺少了人文关怀,那么,我们就未免本末倒置了。原因在于,这样的意见会转移注意力,让人们看不见全部大城市文明所面临的一个严峻的、无所不在的现实。当今大都市社会里铺天盖地的经济—社会势力和技术力量,已从城市文明生态整体上离散开去,当然也就不再服从道德戒律,不再遵守社会守则和宗教理想。可是,这些守则和理想,无论有多不完美,都曾经把城市社会置于一定程度的控制管理之下,都曾成功地减少了城市中各种潜在的破坏势力。

那些建造核武器和火箭的人,制订着宇宙探索的发射计划,他们获得的权力是没有边界限定的。同样,那些建造大量高速路,以便销售更多汽车、更多汽油、更多的筑路机械,那些把五花八门的毒品、镇定剂、药品、生物制剂,一股脑地推向市场,丝毫不考虑对于景观和大地的最终后果,更不考虑对于有机生命的严重后果……他们获得的权力,同样也是没有边界限定的! 就在权力的这种空前快速猛烈的膨胀之下,由于除了自身膨胀之外毫无其他目标,结局就正如亨利·亚当斯(Henry Adams)半个多世纪以前就以其先见之明所预料到的,"法律,作为统管一切的规则,将会消失掉,而让位给权势。道德将变为警察,社会解体战胜了社会整合。"当今大都市这种快速膨胀规模失控的现状,既是这种权力失控的象征,又是它的代理人和帮凶……

……所以说,如今,城市规划的任何建议都是没有实际意义的,除非它能体现人类目的的实际功能——包括自我选择、自我约束、自我指导等等重要内容。就像亨利·亚当斯半个世纪之前非常聪明地指出的,努力去主导这种无节制的、自我扩张的势力,已经成为当今人类文明面临的中心任务。而雅各布斯夫人却非常愚蠢地相信,通过几条规划手段,就能消灭城市社会混乱无序生活方式的可怕副产品。当然,她就更可以同样愚蠢地相信,是由于充分供应空地,进而建造了许多超大型街区,才造成了当今城市的种种病态现象。

假如想让我们的城市文明避免越来越严重的解体、崩溃和死亡,我们就不得不从头开始来重建文明。当然,任务将远不仅限于重新规划街道,不仅仅限于住宅项目的进一步人性化,也不仅限于把经济活动配置到更广泛的地理环境中去。由于这样一个全面的改造将涉及社会生活的方方面面,城市政治和规划当然会发挥非常积极的、重要的作用。但是,如今特别应当鼓励的,是那些有综合能力的、稳定的、有凝聚力的、首尾连贯一致的、组织化能力强的社会势力,而不是那些过分活跃(over dynamic)的势力。

当今社会的自动破坏进程,是不能设想从顶端予以控制的。唯一办法是从最小单元入手,迭次上升,给它们依次注入生命活力和主动性。包括把每个人当作一个负责任的个体,包括把每个邻里社区当作文明的基本器官,不仅是社会生活层面的,同样也是道德行为层面的基本器官,来予以关注。最后,也包括把城市看作社会生活的有机实体,将其放在与其他大大小小城市互相关联的生态平衡结构之中,放在它们共生共荣的更大区域之中,给它们一一注入生命活力和主动性。所以,针对这一问题的最简单、最迅速而又纯粹是本地化的解决方案,其最好不过的处方,即敷用自家秘炼软膏来医疗不治之症。如此看,《美国大城市的生与死》这本书中种种所谓非常"别出心裁(original)"的雅各布斯式提议(Jacobsean proposals)的全部内容,恐怕无非就这些东西吧?

恢复沟通，更新生活

对于治理纽约的城市交通拥挤，专家给出了许多妙计。不过其中多数意见都基于这样一种天真的认识，似乎只要是增加现有交通道路的容量，增加进出城市道路的数量，给车辆提供更多更大的郊外停车场，首先让车辆不必进入市区……这样，问题就能够解决了。但是，这就像裁缝对于肥胖的补救办法一样，无非放开裤子缝线，松开腰带，等等。这些做法对于消减导致脂肪积累的贪婪胃口，当然无济于事！

我们却还准备砍伐更多的树木为容纳更多的汽车腾出地方，或者开辟一处新的高速路立交桥……在我们下手这样做之先，是否该看看过去三十年里曼哈顿所发生的巨大变化——这座城市正持续不断地越长越高，越密集，越复杂，越闭塞，越凝滞，越混乱，它的混乱糟杂已凝固成一团癫狂错乱的高楼，伫立在僵硬不动的城市框架内，完全脱离出当今时代要求。我们给城市中心地带建筑的高度规定了法定界限标准，而这些标准过于软弱，结果徒然鼓励了交通已然十分拥挤濒于瘫痪的地段也竟相建起了高层建筑；我们致力于消灭居住拥挤的贫民窟，代之以公众住宅开发项目，结果新地段的居住密度高达每英亩 450 人，几乎是城市平均居住人口密度的两倍。我们的一贯做法和政策行为表明，似乎觉得土地上安置的居住人口数量，与街道和交通干道上出现的交通拥挤状况，两者之间没有必然联系。

我们不应该去追求汽车设施的最大化，相反，应该去追求城市生活设施的最大化，包括公园、运动场、学校、剧场、大学、音乐厅，当然更不必说还包括夜间能够安眠的场所，醒来能够看见浴满阳光的景色。这些东西远比经常使用汽车所带来的任何好处都更加宝贵。要实现这样的根本变革，我们就不得不为整个城市的基本模式设想出一个根本改变。居住人口高密度的城市是没有生命力的，萎缩的，遭人唾弃的，这已经是个很清楚的事实了。如果打算让城市重新恢复成可居的地方，假如打算让城市交通降低到可以通行的水平，那么，我们的城市就必须振作全部力量，勇敢迎接挑战，创造出一个真正的新型大都市模型，而不是这种模型的零零碎碎综合，就像纽约下东区那些含糊不清的公共住宅项目所体现的样子。

当今城市问题的困难，相当大一部分都来自一种交通手段的过分应用，这就是私人小汽车。顺便说，这种现象无论是在建筑物比较低矮的城市伦敦，或是高楼林立的纽约，都同样明显。而私人小汽车这种交通手段，恰恰是以其运输的人数为基础来运行的,因而非常浪费城市交通空间。更由于我们显然已经确定无疑地认为,私人小汽车想有神圣权利,想到哪里就可以到哪里,想在哪里停车就可以在哪里停车,想维持什么状态就可以维持这个状态,只要其拥有者乐意。这样,我们也就忽略了其他交通手段,甚至于让一些大运载量的公共交通设施流于失效,与此同时,城市政府和州政府花费天文数字的公共资财,为私人小汽车提供额外便利。对于这种严重偏向的交通使用状况,主要的纠正办法就是,重新发展如今遭到极大漠视的交通手段:大力发展公共车辆和提倡私人步行;这两种手段都是大运载量交通的基本内容。所以,一个良好的城市规划方案里,一定是在适合的地点场合,采用一定适合的交通手段,而且应用到适当的程度。这些手段包括步行、上下电梯、私人小汽车、公共地面交通车辆、地下铁路,还有更长距离交通所采用的铁路客运。上述这样一个罗列顺序,符合这些手段的依次递增的速度和运输能力。只有在城市规划当中充分合理采用了每一种交通方式,并使之相互配合,才能保障和维持城市的有效交通。比如说,当一个城市的上下电梯交通使用得过头了,这一定会造成那里大量的高楼聚集,以至于无论花多大力量发展地面交通,也无法应对继之而来的大量地面交通量,当然还不可避免带来难以承受的交通巅峰时刻。另一方面,假如当今聚集在中环地带和市中心的大量企业和商店能够疏散出去,就一定能减轻市中心的压力和负担,而且,许多长途驾车来购物的人,又会重新变成步行购物者了。在这方面,规划师马西(Macy)在弗莱特布什(Flatbush),以及布鲁明戴尔(Bloomingdale)在新水乡(Fresh Meadows),不是都有很成功的先例了吗?

早些时,我曾经设想,所有的城市地区最终有可能做到一律禁止行驶私人小汽车。不要以为我这话纯粹是异想天开。华尔街地区不是已经实现这个做法了么?而且,曼哈顿的游览街道,不是也已经很久就禁止过境交通了么?……那里的五马路(Fifty Avenue,曼哈顿最繁华的街道之一。——译者注)在车辆限行的时刻,完全是贡献给了日常生活的使用目的,如今在三十四街至五十九街区段已经改成了步行街。车辆限行之后,这些街道就能够变成非常惬意的购物街区,如同阿姆斯特丹的卡尔沃大街或布宜诺斯艾利斯的弗洛里达大街,都非常便利购物游览,简直是行人的天堂。重新规划纽约的城市布局,让行人真正能够享受城市经济的便利,这在一个世代以前简直是一种奢望。但是,如果打算行人重新回归城市,那么出于为他们的健康和安全考虑,就有必要把行人通行的道路封闭隔绝,与行车道路完全分开。这样安排的道理很简单,就如同不准车辆进入它们本不隶属的地区,同时还为它们提供便捷条件,让它们快速进入其隶属地区……

将行人与车辆的交通互相分流这个原则,要求全部邻里的规划一次完成。规划时把这个原则称之为瑞德邦思想,因为这是新泽西的瑞德邦社区规划完成之后才得以普及的概念。但是实际上,早在中世纪威尼斯城的规划方案中就已经包含了这个概念,他们的运河把快速交通传递给了另一个时代。直至1928年瑞德邦规划完成之前,规划界当中几乎无人能够理解,尽管威尼斯的城市也拥挤也衰败却魅力依旧,其中一个奥秘就在于,这座城市是依照每个邻里社区为基本单元来规划的。这样就充分照顾了步行者的便利,而且可以免受嘈杂混乱的车辆交通威胁干扰;假如要从一个地方到城市另一个地方去,只需要乘坐另一种完全不同的交通工具,而且从来不受行人交通干扰,也不会干扰行人。莱昂纳多·达·芬奇因而想起采用同样办法,将行人和车辆交通分别安置,来解决米兰城市的交通拥堵问题。现代城市规划当中首先采用这个办法并且收到成效的,就是奥姆斯特德和沃克斯(Vaux),他们两个在纽约中央公园建设当中,按照这个原则制定了很出色的规划。他们提供的方案,把行人、骑马的人、四轮马车的交通道路都予以分别安置,更不用说把商业交通手段限定在横向的"快速路"范围内。这样安排的结果,加上采用天桥和地下通道等手段,就把道路交叉路口数量减少到最低限度。如果审查中央公园的最初感化方案,你就会发现,实际上是在审查一个现代城市规划方案。而且,假如你步行穿过林荫路,仔细观察周围交通的流向和安排,你还得想像道路两旁每隔一段就能看见的建筑物,互相关联组成群体,这就是大型街区的建造原则,理想大型城市将其作为用地分配方案当中的最小单元;完全不同于纽约城的标准街区划分办法,其规模过于窄小,很是影响了大都市的有效改造计划。举例来说,剑桥地区的哈佛校园(Harvard Yard)就算一个大型街区;而且,剑桥地区范围内,包含了许许多多19世纪中叶风格的大型街区,其用地精简的通道和宽阔的花园,完全不同于常见的浪费空间的棋盘格街道规划方案,巧妙地实现了疏密相间效果,有效防止了过度拥挤。还有洛克菲勒中心,也是一处非典型的大型街区,虽说完全不是一个最佳范例,原因在于其行人通道全部潜入地下了。它保持了棋盘格街道规划的基本格局,事实上还在中心地带增加了一条纵贯南北的通道,它至少安排了一群互相关联照应的办公楼建筑,同时还给行人预留出足够的通行空间,与原来匆忙杂乱的城市街区相比较,明显地优越得多。

这种所谓超大型街区(superblock),可能是一所统一的校园,或一个专门事业的领地,亦即所谓precinct,英国人就是这么称呼的,比如寺庙、教堂领地等等。总之,这个大型街区如今已经变成了城市规划中的基本单元了。现代规划方法已经不再让建筑物面朝街道,也不再沿街道排列商店、办公室等等;而是单独安排车辆交通,把相关建筑物组合成为一个团块,放入校园或者统一的专业工作地区内,而且尺度规模充分考虑步行者的便利,每种必要设施齐备,布置集中,使用便利。

这种制度化的做法,把城市看作若干邻里社区和专门地区的组合来规划设计,每部交通最小化,外部交通则隔绝在外,这种做法也适用于古老城市。

但是,任何私人机构,甚至包括财大气粗的人寿保险公司,都不能承担这个组合任务,把纽约的相关事业,部门,工业和居住区组合起来,以便利他们的活动以及减少城市长距离交通的消耗;原因在于,这样的项目不仅涉及巨额投资,还涉及到全面调动公共权力。目前,市政当局尚未合法授权,通过征地取得土地使用权用于城市的改造和开发项目。唯一能够在整个地区范围内享有公共权力的部门,就是纽约港务局(Port Authority),它能够处理包括交通在内的各种难题。但是很不幸,这个部门依仗得天独厚有利条件贪利自肥,它牟取私利的积极性远胜于承担公共义务,因而它作为跨州工业和市政项目的规划者已经很不称职。因而,它不仅不致力于解决交通问题,反而制造交通拥挤并从中牟利,它建造的每一处隧道和桥梁都是这种交通拥堵和征收费用的地方。为了能够制定一个良好的规划方案建设一座漂亮的、永久性的宜居城市,以取代当前城市改造中这种头痛医头脚痛医脚的种种变通权宜之计,市政当局需要足够的合法权力取得土地和开发土地,以便实现城市的各种功能和目的。还要通过合法手段强化市政当局,使之有能力合理规划和开发邻里住区,解决低收入阶层以及其他阶层的需求。还要规划商业地区,不仅参照洛克菲勒中心的成功经验,还要在内容和质量上超过它。

纽约城已经深深陷入到各种拥挤之中,加上房地产增值、征税制度、预算压力等等,这些因素统统汇入到一个总体政策之中,又共同制造了新的城市拥挤。所以,在纽约这样一个城市中,想要推行一个真正的城市规划,只能慢慢来,而且特别需要教育群众。通过纽约城市的重新设计,我们就能够继续实行前人一些成功先例,比如许久以前约翰·提尔德斯利(John Tildsley,*纽约地区一公立学校的副校长,著有《美国中学的巨大浪费》一书。——译者注*)校长在其任内所倡导的,而又被规划师们忽略了的办法;他主张把公立学校设置在市区内,这样就便于学生在上学和放学途中的通行。商业中心和商业区也应该依照同样原则设置在周边地区,一些城市机构无需一律迁往遥远的郊区,可以转移到邻里社区的边沿地带;更不要分布过于集中,以至造成纽约五十九马路以南地带每天都有四百万人进进出出城市的交通流量。

如果能按照这种新方案重新规划曼哈顿,这个地区将会是一种何等面貌? 再过三十年,若仅观察城市侧影就将很难看不出差别了。从远处看,它仍将是一大团钢铁、石料的奇妙堆积物,落日时分从布鲁克林大桥或特里波罗大桥(Triborough Bridge)方向看去,美不胜收。但是随着时间推移,城市中心和中环地带巨大的成排建筑群,都将让位给新型建筑物,这些新建筑物一律不超过十五层高,包括办公大楼,而且相互间隔拉开,大多安置在靠近大型交通干道或车站处。另外还有,这些地区内部林木葱郁,芳草鲜美,很有巴黎城市林荫大道的意趣。城市里再也没有了如今常有的恶臭和噪声,这些糟糕的东西已把城市咖啡店弄得无法久留,无法尽情享用。这些新型住宅区将都有自己的形式和特色,还有本地的社会中心,包含有商店、市场、餐馆、教堂、学校,等等。而且,今后这些设施将不再沿本地过境交通道路随意分布。大约如今靠自驾车远途进城的人,届时就都会悠然自得地步行来上班了,就像如今幸运的纽约东区人口靠步行就可以去中环地带上班一样,虽然他们的步行过程当中难免遭受一氧化碳废气的折磨。大量的车辆交通流,再也不会慢吞吞凝滞般地拥塞在道路上,而是沿新型交通线路飞速驰骋,包括穿城而过的快速路;只有少数商务车辆最后获准进入邻里社区,执行供应和输送服务。曼哈顿的白昼人口也会减少,但是随着城市更加适宜居住,随着五马路以北和二十三街道以南范围内居住区逐步恢复活力,这里的常住居民会略有增加。这时候,人们会重新考虑在城市环境里养育孩子,而不必经常担心有施用迷幻药的商贩、青少年犯罪、精神病患者,以及当今青年人大白天穿过城市公园往往也会遭遇的各种危险。

我这里并不是说,仅凭市政当局一家的力量就足以实现这样的改进了,因为,假如政府部门,比如公路建设当局或是私人企业,仍然通过种种途径继续增加纽约城市内外地区的拥挤,那么,任何内部矫正拥挤的措施也是不能奏效的。唯有疏散城市功能的整体计划在更广阔的范围内付诸实施,城市才有希望。有一种城市规划,其效能中止在大都市圈的边沿,超越这个边界就不发生效用了。这样的规划就如同市政府的有限权力一样的没有用处,因为它同样也中止在法定边界上。道理在于,这样的规划工作忘记了一个基本事实:当今城市面临完全新的范围概念和距离概念,以往在城市范围内能够解决的问题,如今却要涉及到非常广阔领域的协同努力和社会公共政策。我们一定不能仅仅思考、关注纽约大城市周边卫星城社区的建设问题,而一定要克服公路工程师们历来的不良癖好,他们总是要把本来好好的具有个性又相对独立性的城镇和乡村社区,千方百计聚集凝结成失去活力的城市团块,仿佛非如此不能罢休。新办法将是一种高瞻远瞩的思维和战略,假如这种思维会让哪一人头疼了,让他感觉不喜欢,那么,他尽可以去交换成另一种头疼,也就是我们当今面临的头疼问题;这个纽约城市,如今居住着不断地进进出出而又非常拥挤的人口,城市社会日益道德沦丧,超高速公路系统上拥挤的满是急惶惶想逃出城市的人们,而他们并不是为了逃避灾难,而是千方百计要逃出城市——可悲的是,这座城市,本来恰恰是能够给他们带来诸多好处和生活乐趣的……

人类文明的区域框架形式

区域——生存空间

城市的希望和未来不在城市本身,而要到城市以外去寻求。当你集中注意力观察思考城市社会的时候——须知,当今有一半以上的美国人居住在城市里了——你便会感觉到,这城市的未来立即黯淡下来了。可是,当你把放大镜放到一边,因为你从放大镜中看到了,比如说,百老汇和四十二大街上种种难以解决的问题;另外拿起一个缩小镜,重新来观察纽约城市四周的广大区域,这时候,纽约城市便缩小为一个小小的聚焦位置。这时候你会看到,山岳地区各郡的广袤的森林资源,纽约州中部地带峡谷地区的水力资源,康涅狄格州的绵延千里的农田,新泽西州境内酸果蔓等野生植物丛生的沼泽地,总之,整个视野内充满了无尽的资源。可是,假如你把这一切仅仅看作是纽约城市的臣属,只配给纽约城称臣纳贡,依照这样的概念去追踪和强化这一网络上的条条线索,以便让位居中心城市的大蜘蛛坐享其成,毫无危机感,那么,你就又一次失去了解决问题的方向和线索。假如你把区域看作一个整体,而将城市看作只是其中的一个组成部分,那么,这种观点或者还可能带来希望。

这倒不仅仅是因为我们非常希望获得一个更好的环境,更因为改造城市已经势在必行,才让我们不得不改换一种看问题的方法。因为,如今城市的确已经发展得太大了:一边是城市超大型的发展,另一边则是住宅从外观到内部质量难以维持的捉襟见肘;一边是城市的豪华和昂贵,一边是财力短缺,无法经营管理好城市;一边是城市过度增长,一边是社会治安难以维持;城市发展过大,难以在其中实现就业;还有,城市如今已经逃不出去,即使终于等到假期休息日想要出去休闲,常常感觉插翅难飞。种种社会势力联手共同创造了当今大都市,而当你让这些势力想办法一劳永逸地改进大都市社会环境的时候,它们却回答说对此感到无能为力。我们当今城市规划的种种做法,都大大落后于社会需求;因为,这些规划手段对于难以支撑的城市社会发展现状,都拿不出妥善的解决办法。一句话,套用格迪斯教授的话来说,就是规划师们正源源不断地提供着糟而又糟的东西。

区域规划的情形则完全不是这样。区域规划的命题,不是设想可以把多大范围放置在城市的保护圈之中,而是正相反,它考虑如何合理分布该区域的人口,以及城市文明设施,以便逐步激励、促进和形成全区域社会生活的生动、协调和富于创造性的目标。当然,这里所说的区域,是指从地理单元的整体性而言,能体现气候、土壤、植被、产业、文化等等,都具有某种程度的整体性地区。所以,区域规划工作者的目标,是要通过规划的建设,让该区域的全部场所和资源,从林区到城市,从高原到水乡,都能健全发展;人口得到合理分布,以便合理利用资源,而不是窒息资源,或者破坏自然资源和各种有利条件。区域规划把人口、产业、土地等等,都看作一个个单元。它不采用零星琐碎而又十分吃力的修修补补,让拥挤的城市地区生活变得略微勉强能够忍受一些,而是着眼于定义新开发的城市中心需要什么生活设施,以及该如何配备。区域规划工作者不仅仅着眼于整个农村地区如何逐步自动地实现城镇化,它同样更着眼于我们大大小小城市中那些砖石废料如何逐步实现农村化……因此,区域规划运动的城市文明目标,可以非常精确地用田园城镇运动的核心概念,来集中予以概括。

说起区域规划,可能有上百种方法……但是,无论哪种方法,一个万变不离其宗的东西就是:它总要千方百计促进实现生活的丰富和多样化,而且,不管是在该区域的哪个角落。假如让生活失去了乐趣,无论什么样的产业,也无论是什么样的城市,都不是我们所要的。假如我们所创建的社区内,求婚也要偷偷摸摸,孩子沦为不受欢迎的累赘,学校教育也因缺少亲近自然和脱离实际职业训练,变成僵化刻板的教条,假如人们不靠汽车就找不到消遣和游乐,假如人们不彻底忘掉真实日常生活就无法快乐……那么,这样的社区能充分证明我们科学和发明的种种现代化进步成果,还有什么正当的内容吗?

如今,少数有钱人忙不迭地到郊区盖房居住,因而也引得专业人员中一些小康人家也竞相仿效,纷纷迁到郊区;而一些没有好办法可想的贫穷人家,则索性选择在大道边上建造起简易平房就地居住,根本不顾虑有碍安全不利于健康……上述这些现象非常普遍,而且心情急切。实际上,这些人在当今这类总趋势中处于领先的前卫地位,他们想方设法要找回生活中一些丢失的乐趣。目前,这样一个大规模的集体出离城市的行为,都还处于一种盲动状态,而且……其所期望的目标,许多都还是虚无缥缈、不可靠的;原因在于,如今在大都市外围广大乡村地区风行开来的这种匆忙杂乱的发展模式,实际上是在破坏景观,根本无法长远地满足如饥似渴城市人口的要求。美国的社区规划运动,以及英国的田园城镇规划运动,都属于一些积极的尝试,目标是要建立一些较为健康有益的生存环境——不是些暂且栖身的权宜之计,而是为人类生存和文化构筑永久性场所。这些场所,从其各种有利条件和设施看,都是城市性质;而从其处境和立地条件看,又是永恒的农村。这种旨在建立田园城镇的运动,实质上是为了追求人类文明的一种新形式,这种形式要更优越于这一代创造了如今拥挤大都市的当今文明。因此,它不仅意味着生活场所的改变,更意味着生存目的的改变。我们当今拥挤不堪的城市地区,都是因为把机械科学和数学科学的成果,粗鄙地应用于社会发展而造成的。而田园城镇运动则体现了一些较为人性化的技艺和学科的充分发展成果,这些学科包括:生物学、医学、精神病学、教育学、建筑学,等等。虽然现代工程技术,已经创造了诸如芝加哥、纽约等,在物质环境上无比优越于古代雅典的现代化大都市,但是,其中纵横交错的地下铁路网络,以及鳞次栉比的高楼楼群,却并不比穴居时代能更有效地实现完备生存方式。因此,我们可以料想,明天的人类城市,不仅应包括当今机械技术成果中一切必要的好东西,还应包含这种单一性生存方式(one-sided existence)中所缺少的好东西;还要包含 5 世纪的雅典,以及 13 世纪的佛罗伦萨所拥有的好东西,尽管这些城市在物质环境上还有许多粗陋的地方……

　　区域规划是一种新型保全运动(New Conservation),他倡导保全人类的优良价值体系,并且连同自然遗产和资源一并予以保护。区域规划把人口稀少的农村地区和拥挤的城市地区,看作密切相关的要素。区域规划的主张还认为,我们浪费了大量宝贵时间和精力,因为我们忽视了区域境内的大量资源和潜力;也就是说,我们已把纵贯东西南北大铁路之间的广袤地区及其资源,统统遗忘了。那么,区域规划该包含些什么任务呢?它要建立永久的农业,而不是搜刮耕地式的耕作方法;它要建立永继利用的林业,而不是单纯的木材砍伐;它要建立永恒的人类社区,从而去追求人类的生活理念:忠于自由,追求幸福,而不是建立一些短期宿营式的流民聚落(camps and squatter settlement),它要建设永久的、稳固的建筑物,而不是零打碎敲、匆匆上马的社区建设项目……这些都是区域规划应该包括进去的东西。

　　从上述简短的总括当中,接下来的内容就很清楚了:区域规划不同于城市规划,区域规划提出的问题,不仅仅限于自己专业关注的领域,它更是一种思维方式,是一种程序性的方法问题;而相对来讲,区域规划本身,则只是实现目的过程中一个较为次要的技术工具手段而已……

区域规划

　　……若想给出区域规划的定义,最好的办法莫过于,是先确定区域的定义,先弄清楚"区域"何意。

　　进入18世纪之后,中世纪里曾经红极一时的许多法人组织和团体,到此开始衰败,乃至最终瓦解。按照18世纪的先进思想家看来,整个人类是无数个体组成的一个非常庞大的组合体;是个无差别的、再无进一步分化的整体。如果说,人类个体还曾在进一步分化的团体中拥有历史的、政治的身份,这个身份就只能是他们在国家组织中获得的成员资格。在这样一个政治大框架中,城市和区域自然就都丧失了自己独立的身份。从理论上说,它们也就成了国家的臣属物;而且,一味强调国家地位的结果,城市和区域,作为一种自然组合形态,往往就被完全忽视了。后来,由于1789年爆发了法国大革命,后果之一就是,历史上由来已久的区域,遭到随意拆分,区域被裂解为一系列的行政部门,根本不考虑历史上形成的边界状况和隶属关系。

　　从北美东海岸开始的将近一个世纪的殖民化进程中,这种随意圈划边界的习惯做法,达到了登峰造极的程度。常常是就只用直尺在地图上随意圈划分割,根本不考虑人类聚落合理分布和发展的实际可能性,所以至今人们见到美国特有的大量直线边界。这一方面是因为非常匆忙,非常急切想把土地分割开来,还因为当时根本不了解自然资源的实际分布状况,更因为当时奉行的政治理论,总是试图凌驾于自然事实之上。这样,当时划定的州界,甚至连同为建造住宅划分出的小块土地(subdivision)和居民村的划分,索性就依照面积1平方英里(section,等于640英亩的面积),或四分之一平方英里(quarter-section),这样的概念来划分,丝毫不尊重自然状况和社会发展的既成事实。我们美国的许多州界还利用河流来做界线,他们哪管19世纪的地理学家把河流定义为水面交通线,是交往沟通的媒介,而不是地区间的障碍。结果,除暂时用于军事目的之外,这真是一切可能的边界划分办法中最糟糕的划分办法了;但是作为军事分界线,又会因为飞机的广泛应用而归于无效。

　　当今世界许多大国,连同它们辖属下的更多行政区域,其边界状况都是各种政治势力和历史事件的产物。但是这些政治势力和历史事件,相对于所在地区自身更深层的历史、地理、社会和经济的现实情况而言,只具有短暂的、偶然的影响力。所以,这些地区的边界状况,就其多数而言,形成时间早于我们如今的科学知识;当然,也要早于当今促使整个世界成为一体的先进交通和通讯手段,这些先进手段如今已经实现了全球许多基本目的。

　　可是,事实上,作为人类生存单元的区域概念,早在我们所知道的政治国家概念诞生、形成之前就已经存在很久了。而且,尽管遭受冷模、歧视,被盛气凌人的政治理论多次无情摧残,这样的区域却仍然继续存在。但是,毕竟是到了人文地理学诞生、发展、完备之后,这样的区域概念才获得了存在的理论基础。这才不过是将近一百年以来的学术发展的成果,而且要感谢一系列的伟大思想家,像德国的洪堡(Humboldt, 1769—1859,德国自然科学家、自然地理学家、近代地质学、气候学、地磁学、生态学等学科的创始人之一。主要著作有三十卷本的《1799—1804 新大陆亚热带区域旅行日记》等等。——译者注)、法国的巴约(Buyot)、美国的乔治·马什(George Perkins Marsh),还有继之而来的里特(Ritter)、瑞克鲁斯(Reclus)、布兰奇(Vidal de la Blache)、拉伯雷(Le Play)、赫伯逊(Herbertson)、格迪斯(Geddes)、芬曼(Fenneman)、马克·杰佛逊(Mark Jerfferson)、莱瑟尔·史密斯(J. Russell Smith)等人,都是不该遗忘的。

地理学家提供的知识告诉我们,人类不是随意扩散和分布人口的,人口的流动和分布,并不是杂乱无章、毫无规制地形成一些无差别的群体,原因之一就是,地球表面的特性,就决定了人口不可能这样任意扩散流动。地表的主要大陆,都会自然地进一步划分为更小的单元,每个单元又因为潜在的地质结构差异具有不同特性、特征:分别表现在气候、土壤、植被状况,以及动植物构成和矿物资源沉积,等等。这样自然形成的每一个区域内,人类都会依据当地环境条件,形成特有的社会生活方式和生产方式。这些特征当然也是以往本地文化积累长期改造的结果,也是与其他地区民族交往互动、相互影响的结果。因为,任何区域都不是,也不可能是绝对孤立的;即使是与遥远的邻居之间,也会存在千丝万缕的联系。即使是非常原始的部族之间,在非常原始的文化时代,在处于自给自足的经济时代,也是如此。试想,古代的燧石、玉器、盐巴等等产品,即使是在非常远古人类文明刚刚破晓的时代,不是也都曾越过千山万水,经过多少人转手,才找到最后那位消费者和使用者的吗?

但是,一些地质学因素和环境特点,会给每种生产最为经济有效的运作范围都设定出一个合理边框,并且会对某些活动产生有利的影响。而这些特点,反过来,则又会规定着当地人的生活习俗和组织制度。就这个概念来说,可能一些矿区范围内却没有采矿工人,正如一些盛产桑叶的地区却无蚕桑农事一样。狩猎者在某个地区从事狩猎活动,收获低微,难以维持自身生计。而这个地区,若在高度发达的社会文化环境里,发展灌溉事业和社会协作,一定能获得很好的农业收成。这是毫无争议的,特别是一些民族学和人种学者,比较文化人类学者等等,就更能详尽地说明这一点。可是,在一些居住、殖民已经相当长久的区域内,该地区资源环境的潜在可能性已经探索得很清楚了,能够利用的条件基本上都已充分利用开发过了。这样的区域,除自身一些特有的优势条件足以支撑一定的产业之外,当然,它还能提供人类生存的一个共同的基本条件:提供人们呼吸所需的空气,饥渴难耐的是饮水和食粮,还有供人们观赏了望的大地景观,以及,这个地区特有的经验积累和社会习俗背景……这些条件和因素,就会团结当地居民,并且让他们逐步形成与其他地区社会成员的明显差别。

这样的分化过程形成的区域差异,与人类文化普遍性的事实并不发生矛盾,它并不否认各个地区之间那些普遍性的内容……正相反,国际间重要商道和交通要道的存在,一些主要宗教,如伊斯兰教和基督教的传播和发展,或者,像一些重要技术的普及和传播,比如:西方先进科学和工业技术、机械发明的传播和应用;以及人类一些共享的思想和兴趣,同样也会迅速传播和扩散,等等。这些因素和情况似乎都在向我们证明,区域的边界,在这些普遍价值的迅速扩散面前,一个接一个地崩溃瓦解着。并且,全人类共同生活的一个更加广阔的基础却从中逐步确立起来。这种局面下,不适当地强调区域特点,甚至否认这种大势所趋的发展势头,这样的区域论调是荒谬、愚蠢、自相矛盾的。原因在于,上述一些具有这些普遍意义的文化要素的存在和扩散,并不消减区域的重要性,更不能消灭区域社会生活存在的基本事实,而只是把各个地区团结了起来,结成一个更加宽广、更加丰富的整体。在社会生活当中,一个人必须建立自己的身份,拥有自己的核心位置,然后才能与他人进行有效的沟通和交往。同样,这个道理也适用于不同区域之间的相互关系。只有按照某些民族国家倡导的那种所谓"政治挂帅、无所不能"的危险而疯狂的理论,才会在自家政治版图范围内,实行所谓自力更生丰衣足食的主张。而如今有些国家正是在这样做的!实际上,这样的鬼主意只能是在战争时期,才可以暂且实行,而且时间不能太长;因为,那会给它治下的人民带来惨痛牺牲!

可见,区域的存在……不仅有其自然基础,而且长期以来也是个社会现实。但是,区域这个词汇,是不能任意使用的,它不能拓展到任意大的范围内。一座城市,假如用一个半径 5 英里的距离划定一个范围,这座城市就不再是一座城市了;假如它再用一个 50 英里的半径圈围起来,那它就成为一个区域了。所以,我们的确需要一个专门词语来概括如今的地域广阔的都市聚集地带(large urban agglomeration),不论是那些已经存在的,或是即将诞生的。不过,无论如何,把它们称作"区域",则绝对不合适……在我们找到适合的词语之前,可以把这样的集合体姑且称作"大都市地区(metropolitan area)"。若是为这样一个广大地区作规划,虽然其半径已经两倍于一个都市,却仍然只能叫做都市规划(metropolitan planning),而不能叫做区域规划,只不过是更大范围内的城市规划(city planning),而不是任何意义上的区域发展规划。这是不是说,区域规划当中包含着都市规划当中所没有的内容和要素呢?对,这正是我要说的意思。下面,我们就来看看区域规划当中包含了哪些要素:

区域规划中第一个很不同的要素就是,它既包括了城市、乡村,也包括了永久性的

212

农业地区;这些地带一律都被视作区域的组成部分或领属范围。而都市规划就不一样了,都市规划会把都市周围的开放农业地带看作命中注定要被都市蚕食掉的部分,随着都市人口必然的发展扩大,这些地带会成为未来发展的补充地带。而区域规划工作者所追求的,是保持农业地区(连同该地区内的原始背景状态)与城市环境之间的平衡。既要让城市的人们能够方便地到乡村去,同样又要让乡村的人能够便利地到城里来,享用城市文化的一切便利;这些都是区域规划工作者的文化和教育所决定的、所要求的。但是,却有一种都市发展模式让这种城乡之间综合均衡的交往变得非常困难、枯燥无味,且没有益处;如此一种短视的都市发展模式和前景,按照区域规划的主张看来,都必须极力避免。都市扩张主义实际上是另一种形式的土地掠夺和榨取行为(land skinning)。都市规划只着眼于都市发展本身的利益,为了土地增值,为了金融投机和竞争,都市扩张主义者们无视城市立地条件和土壤容量的自然极限,就向广大农村地带无休止的推广一种千篇一律的城市模式和组织形式。

殊不知这种城市模式,就其境内的绝大部分地区而言,都缺少唯独都市中心地带才会拥有的文化优势和金融商业便利;因此,这样的城市地区,与遥远距离以外的荒凉农村地带相比较,也并无优势可言。但是,都市所制造的密集人口却会增加和鼓励城市中心地带的金融价值。另一方面看,区域规划工作的重点和起点,都不是把城市作为起点单元来开展规划,而是注重整个区域的整体性,注重把该区域内每一种潜在能力都能发挥到极致,以利于区域自身的良好发育和运作。这并不是说要用均一的、毫无差异的城市材料去填充区域的每一个空间;另外,也不一定是说,只是孤立的只要疏散大都市。不过,它的确可能要筛选人口和迁移人口,把当今过分拥挤的都市人口,经过筛选之后,尽量迁移到更有利的地区去。大都市以往的情况是,无论怎么规划,都市依旧会按照它历来的方向继续发展下去;这几乎就等于说,规划工作是软弱无力的,其所超生的效果和结局,在没有规划的情况下,照样都会一一产生。

区域规划思想的第二个要素就是,它注重环境的均衡质量,以及社会生活的安居乐业状态。事实证明,过去一个世纪内的城市发展和殖民过程中,这两个要点——环境平衡与安居乐业——都被忽略了。我们创造了大型煤炭生产基地,创造了金融大都会,千方百计从土地里榨取出煤炭和钢铁,千方百计实现和提高产业的组织化程度,以便实现投资者获得利润回报的最大化。在仅仅关注这些非常有限的生产目的的同时,我们忘记了也应该创造和谐有序的环境、健康美丽的人生、优美可人的景观。当我们的大都市生产出这个世界闻所未闻的大量铸铁、煤炭、纺织品、化工产品,以及金钱的同时,我们的城市同样也产生出骇人听闻的人类苦难、堕落、颓废、肮脏和污秽,这些坏东西无情地嘲讽了我们那些美丽言词遮掩下的所谓社会进步和大众启蒙。

我们所创造的环境,从一个非常有限的——这个局限性实在是太大了,所以这里必须一再强调"非常"这个短语——非常有限的范围内来看是良好的;因为这个环境有利于机器生产,有利于赚钱,却不利于人类生存。这不是一种生动活泼、有教育作用又有娱乐功能的环境。其中的艺术、文化、娱乐等,所有这些生活的基本元素,直至被发现缺少时才被想起来。但这些要素中,许多都在一味追求工业生产效益中被毁坏了:包括个人生活的资源和社区生活的资源;其中,个人健康和智力都因为牟取物质收益而丧失掉了。工业时代的先锋人士在榨取了土壤之后,就离开这里继续去榨取其他地方了;矿山主人把矿产资源采掘干净之后,又到另外的地方去继续开采了;伐木商人把阿巴拉契亚山脉的林业资源砍伐干净之后,也跑到另外的地方去继续砍伐了。所有这些社会生产方式,都在它们行经的地方留下满目疮痍和废墟。而区域规划专业工作者指出,任何类型的人类文明,都不可能在这种不稳定的、游牧式的基础上长久持续。长久的文明需要一种安定居住的生活方式(settled life),要建立在持续不断维护环境的基础之上,如果从环境中取走了一种东西,就必须用另一种来补充。区域规划非常关注乡村聚落的供给问题;因而乡村聚落反过来也会以其平衡的生活方式和资源的均衡利用维护着整体区域的均衡。而失去了环境自身的均衡,无论是生活方式的均衡或是资源利用的均衡,则都是不可能的。

接下来,我们就要讨论到,一个新型区域理论中的一个重要概念,也就是所谓的区域城市的概念(regional city)。那么,城市的适度规模,究竟多大才最好呢?……关于这个问题,我们目前还没有足够的知识来回答,维持我们今天的生活方式,需要多少座不同类型的城市、多少卫星城、多少个村落……这些问题,我们还回答不了;也不知道所有这些不同类型聚落当中的最佳人口规模标准。但是,我们却可能给自己提出这些问题,并且至少知道该向哪个方向去找答案。

很清楚,一个城市的规模,不能仅依据其实际上或潜在的边界来确定。因为任何人,只要有足够的雄心魄力,只要有一个足够大的圆规,他就可以按照大都市规划中的普遍做法,得出一个逻辑结论:以1000英里为半径,以芝加哥城为圆心画一个圆圈,然后说这就是芝加哥城的潜在范围。芝加哥城外环路以外的这个区域,可以在未来一千年内持续发展,完全填充起来。不,这样做是不对的;城市的规模不是仅仅靠表面上能填充多大范围就能确定的;它更关系到城市必须具备的社会组织惯例和必须履行的文化职能。粗浅地说,城市之所以能够从农村地区中分化出来,形成自身特有的职能结构和形态,首先是由于有市场中心,由于有工业制造业,由于它具有一些机构和组织,能给居民提供文化娱乐和教育服务。农庄、市场、制造业,这些是城市存在的基础条件;但是,其目的,正如亚里士多德所说,是为了培植一种高尚的生活。这样在其居民人口和城市组织机构之间,就构成一种确定的联系。举例来说,1200户的人口就能维持一所现代的公立小学,如果居民户数增加了一倍,那么学校数量也要增加一倍。维持一所高级中学,无疑就需要更多的户数,若想办一所学院或者大学,那就必须突破本地区的局限,到更大范围内去动员更多的人口资源。维持其他职能部门也是同样道理:5万人口足以维持一所设备良好的妇产科医院,但若要维持一所癌症专科医院,那一定需要多得多的人口群落才能提供足够的病例,以便维持一所医院的正常运行。可见,在现代交通和通讯技术如此发达的今天,任何城市都没有必要独自去建立面面俱到的职能机构,即使是纽约也未能做到这一点。有一些手术,如果你需要最佳的技术服务,你或许要去罗彻斯特、明尼苏达、约翰斯·霍普金斯医院(Johns Hopkins University,霍普金斯大学的医学院很著名,在巴尔的摩。——译者注)。正如要看一些精美的艺术品,你就得去佛罗伦萨、马德里或阿姆斯特丹,这都是一个道理。

如今,城市社区一些共同的主要职能已经比较普及了,人口规模在5000到10万之间的城市聚落,都能顺利履行这些共同职能,而绝不会比规模巨大的大都市更差,而且质量还往往更好。不过,的确有一些专门的职能和组织是要求较大的人口基数的,小型社区若建立这类组织就显得用处不大,但完全没有又不行;这样,就应该在区域背景上来考虑安置这种职能机构。这就意味着一个区域的规划模式应该是各种城镇组成的星座式集群,相互之间用公园、绿地、永久性农业地区分隔开来,而同时又都在区域权威部门统一指挥之下构成一个整体,服务于共同的生存发展目标。其中的每一座城市,都具备本地日常生活所需的各种必要职能和组织机构,诸如商店、学校、大礼堂、剧场、教堂、俱乐部,等等。此外,每一个地方中心城市还发展一些专门化的文化职能和社会生活机构,例如说,某一座城市要建立自然历史的博物馆,另一座城市则要建立区域广播中心,第三座城市则要建立一座大学,等等。由于现代化的交通和通讯手段非常先进方便,大都市各种职能高度密集和集结的状况不仅没有必要,也显得很不便利了。相反,有了高速公路和通讯手段,就有条件按照上述联结方式建立起新型的城市组合。在这种组合形式中,每一座城市至少担当着本区域的某一种职能的中心角色,而任何城市都不必煞费苦心要成为该区域内无所不能的中心。不采用这种区域城市的模式,就无法消灭当前大都市内中心地区的拥挤,也无法克服当今资源和环境的巨大浪费和负担,因为我们当今采用的是一种治标不治本的办法,只能暂时减轻都市拥挤,而这种头痛医头脚痛医脚的权宜之计,很快就会被新一轮的拥挤所吞没,从而还要筹划新措施,付出更加高昂的代价。若能实现新模式的区域城市组合，以往大都市里大量人口聚集才会有的种种明显好处，就会更加突出地体现在新型区域城市的协调配合良好的城镇网络之中。对比城市规划师来看，区域规划师的任务更着重于为城市发展建立新的标准和模式，更着重于为区域和城市的运作寻找新的途径和方法。如何去发现和制定这些规范和模式，如何把这些发现付诸实施，让每一座城镇每一个社区，都能按照新规范运行起来，这就是区域规划师们面临的重要课题之一。

最后，区域规划与都市规划还有一个很不同的特点，就是，它非常尊重我们当今社会文明中那些正在萌发的新因素。相比较而言，大都市不仅浩大，而且非常难以操作，难以调整。大都市往往体现着各种资本组合而成的既得利益群体，因此必然很难设想让它们同意采取措施来消减它们自己的既得利益，以及改变已经确立的价值体系。而且，随着大都市体量的不断增生，它会更深地陷入以往的错误之中而难以自拔。这样，要纠正这些错误就越来越难，代价也越来越昂贵，即使是这些错误发展到无法忍受的地步。如果其他原因都不重要，仅此一个原因就足够了，它就足以解释为什么区域规划师会如此钟情于发展中小型城镇社区：它们灵活、便捷、适应性强、易于并入新环境、新的机械设备和科学手段在这里都能很快推广应用。所以，只要是有协调统一的区域管理方法和机构，上述这些优点都是大都市所无法比拟的。这条街道需要拓宽吗？假如街道两旁的建筑物只有四层楼高而不是四十层高，拓宽就会容易得多；需要建设一个飞机场吗？在纽约，飞机场到城市中心的漫长距离足以抵消飞机的高速度便捷效果，短途旅行你还不如乘坐火车。我们不是还想要利用汽车和直升飞机的好处吗？一旦离开了拥挤的城市中心，这一切应用都会更加便利。小型的工业城镇会有住宅拥挤和短缺现象，还会有贫民窟，而这一切苦难大都市也照样都有。在社区规模很小的情况下，许多条件都只会更加恶劣，原因之一是缺少公众良知和补救措施。但是，小型城镇在设法解决这些困难的过程中，却不会遭遇到大都市里才会有的巨大障碍——无论是物质环境上的，或者是财政金融方面的。

试想一下，广播、电影、飞机、电话、电力能源、汽车，所有这些现代化设施和设备，岂不都将随着把区域作为一个整体而形成城市网络结构（region-as-a-whole）从而大大提高其现代化设施的潜力，无比优越于拥挤的大都市吗？道理很清楚，由于有了这些先进设备，一些拥挤地区失去了它们独有的优越性，它们的好处也随之扩散四方因而均等化了。区域规划能够发挥积极作用，促进实现新时代的各种重要成就：大都市规划在暂时消减了大都市的无节制发展、无限扩大的灾难性后果之后，也就陷入了一筹莫展的境地。一旦区域变成了组织化的信息、知识和指挥的中心，如同区域在中世纪历史上曾经拥有的地位——以及如今在某些地区的位置那样,比如在德国、法国、西班牙等地——那么,区域超越大都市的优越性将无比清楚地展现出来。总之,区域,无论作为自然单元或者是人类社会组团,都是个客观存在的事实。区域城市和区域发展,都是完全可能的:区域规划本身只是一种尝试,就是努力不要忽视这种可能性,而是要充分运用这种可能性。无论是从财政金融的利益出发,或是从人口的抽象发展来考虑,区域城市思想理论都只是一种工具;其要实现的目的本身,才是人类社会生活应该追求的一种理想境界。

理想国的基础①

理想主义的思维方法创造出了一系列的理想国,这种思维方法历来重视主观愿望而轻视客观现实。这样,这种思想方法的主要成就,也就只能在幻想领域之内长期徘徊。这一论断不仅适用于古代的种种理想国,也同样适用于上个世纪内(**译者按:19世纪。**)一系列建筑复兴运动中所创造的各种各样的准理想国,虽然这个说法会让他们难以立即接受。

比较而言,古代理想主义思想还是比较接近现实生活的;原因在于,他们为人类设想出了较为完备的社会形态,其中包括了居住、工作、婚姻等等内容,几乎包罗了人类活动的全部领域。诚然,他们的设想和计划几乎完全是空中楼阁,因为这些计划很少诞生于现实环境之中,也没有努力创造条件去符合理想环境所提出的要求。从其乌托邦(Utopia,也就是理想国)这个名称之中就很容易看出,这个名称很富有嘲讽意味,它既可以是 Outopia,意思是"不存在的地方(noplace)",也可以是 Eutopia,意思是"很好的地方(the good place)"。因此,帕特里克·格迪斯教授就指出说,《乌托邦》一书的作者托马斯·摩尔爵士(Sir Thomas More)是一位公认的喜欢玩弄文字游戏的人。

如今是时候了,早就该把理想国的产物(utopian idola)与当今的日常真实世界放到一起,相互做个对比了。我们早就该这样做了,因为,陪伴了人类这么长久的理想国,如今正在迅速崩溃瓦解,以至于我们的精神世界也将很快陷于空虚,就仿佛是间空无一物的房屋,因为人类早已约定俗成的组织和制度正遭受着破败和毁灭的威胁。可见,人类文明的前途的确将会很黯淡,正像海尔·斯本格勒(Herr Spengler)在他的《西方文明的

---

① 原书注释:本篇论文节选自芒福德所著《理想国的故事》一书中的第十二章。这其中,芒福德使用的 idola 或者 idolum 意思都是指"空想的世界"(world of ideas)。——原书编者按语

衰落》(The Decline of the West)当中所描述的那样,除非我们能够为人类生活编制出新
的模式。而且,如今人类并不是在现实世界与理想国之间进行抉择,而是在理想国和乌
有乡之间进行选择。人类历史上已经有过几次文明,因为与人类理想倒行逆施、相背而
驰,因而失败了,破灭了。所以,除了我们自己决心去实现一个良好的世界文明,此外任
何东西都不能解救我们,都不能阻止我们步其后尘。

如果想要让西方文明的这种瓦解进程停止下来,那么,重建工作的第一步,首先是
要彻底改换我们自身的内心世界,并且给我们的知识和计划提供一个新基础。建设理
想国的关键任务,就是如何发挥人类社区的潜在能力。但是,调动和实现社区潜在能力
的这个任务,则不仅仅是一个经济学或者优生学的问题,或者伦理学的问题——而这些
正是各种专家和思想家们及其追随者们所一再强调的内容。麦克斯·毕尔(Max Beer)
在他的《英国社会主义历史》(History of British Socialism)一书中指出,培根主要想从科
学和工业技术的实践中去为人类寻找福祉。如今事情已经很清楚了,如果有科学和技
术这一点就足够了,那么我们明天就能在天堂里过上好日子。比尔继续指出说,另一
方面呢,摩尔却又仅指望着依靠社会改革和宗教伦理教育来改造社会,那么同样也很清
楚的事实就是:假如可以在不触动人们物质生活和组织习惯的前提下就实现人类灵魂
的改造,那么,无论是基督教教义、伊斯兰教教义或者佛教教义,在以往两千年中的任何时
候都有可能建立起人间天堂。所以,正如比尔所发现的,真正情况是这样:理想主义和
科学,这两者至今还各自都在各自的领域内运作,互不协调,互相对立,互相斗争。然
而,"全人类的福祉"却需要依靠这二者的联合……

人类历史上曾经有过这样的时期,理性知识界和浪漫幻想界两者并不分界而治;那
个时期里,艺术家和科学家,为了种种实际目的的缘故,都是从一个共同的视角来观察
"外部世界"。

如今我们称之为科学的东西,其原始形式,本来就是当时社会知识和信仰的共同积
累中的一个组成部分,这些知识和信仰又构成当时社区文学遗产的组成部分。从西方
文明史的情况来看,科学与知识主体逐步背离的过程,开始于柏拉图去世之后,以及亚
里士多德的自然历史集成完成之后。从那个时候开始,各门科学学科,就开始逐渐远离
开人类知识的主体,成为一些各自孤立的知识门类,并且开始采用古代先哲和圣贤所不
熟悉的一些研究方法。结果,到了 20 世纪刚刚破晓的时候,知识界的专业分化过程已
经完成,而且曾经担任过沟通、总结、集合角色的哲学,除一些难以弄懂的残存片断之
外,大多已经完全消亡了。

亚里士多德曾经把写作活动划分为两个门类:通俗写作(exoteric)与深奥题材写作(esoteric)这两个写作集群,也就是后来所谓的通俗作品和科学著作。他这样划分时,显然已经明确认可,文献章典以及研究方法,都已划分为两个不同门类了,这两个门类各自采用不同方法观察和解释世界,也用截然不同的两种方法研究问题。前一个门类即所谓的哲学家们、先知人物、诗人以及普通人采用的方法;这个门类的研究背景和基础,是人类经验的综合;它的方法,是讨论的方法和会商的方法;它的标准,是形式逻辑和辩证逻辑的标准;它的研究兴趣很具体,都是人类社会有兴趣思考的问题。凡是人间有兴趣的,无所不包。后来,随着亚历山大学派瓦解,古希腊哲学思想逐渐走向僵化,这第二个门类才渐渐形成。不过,一直到了 18 世纪,其拥护者也仍然被人称为自然哲学家,以区别于较为注重人类社会的学科群类;只是进入了 19 世纪之后,这个学术群体才被普遍地称为科学(science,主要指自然科学。——**译者注**),其实际从业者,则被称为科学家。

《斐德罗篇》(Phaedrus)当中有这样的记述,说苏格拉底解释文学的人道主义观点时候曾这样说,"你们知道吗,树木和田野不会教会我任何知识,可是城里的人却能教我学会。"可见,若要给科学的治学态度下个定义,最简便的办法就说,它索性完全不理睬城里人,而一心去研究树木、田野、星辰,以及粗犷自然界里所有的一切。假如科学也注意到了人类,那仅仅是把人类看作能行走的树木——当然,假如这里能原谅对古典引语的不敬。苏格拉底曾经说:人们啊,了解你自己! 而科学家则说,去了解人类领域以外的大自然。后来,随着科学逐步发展进步,这些态度变得愈加僵化死板,而且很不幸,在文学和自然科学之间,在人文科学和自然哲学之间,逐渐酿成一场旷日持久的对立和争论……

科学给人类提供了丰富的事实依据和资料,凭借这些资料和数据,工业家、投资者、工程师几乎试图改变整个物质世界;而且毫无疑问,当今物质世界确乎变换一新了。但是很不幸,当科学提供了丰富数据的时候,它的任务就几乎已经走到了头:你是使用你的化学药品科学知识,究竟是去治疗病人,还是试图去毒死你奶奶,在科学的立场来看,完全是个题外话,这个问题它毫无兴趣。接下来的结论就是:当科学为人类提供了改变世界的手段的同时,促使世界本身发生改变的那些根本目的,从本质上说,却与科学自身无关……

……的确,科学知识不仅提高了现代世界中生命的无限可能,它还大大加深了生命的深度。当科学的探讨脱离了正确价值观的指南,它就开始跌入了社会秩序全面非人性化的过程,过去一个世纪中,科学基本上不正是这样持续不断地跌落下去的吗? 不断有人发出呼吁，要求让每一门学科都应该依照自己的规律和方式进行研究，而不应遭受控制；这样的呼吁应该立即予以揭露和驳斥，应该立即向持这种论调的人指出，当许多科学参与战争和工业应用，并且效果是灾难性的，这样的科学研究还不应该稍加指导吗？……

220

我的看法是，如果想按照人类价值观的等级体系对各门学科进行彻底改造，那么，第一个做法就应该是，让科学首先针对一个具体的地方社区，集中研究它的各种社会问题，并提出解决方案。古代埃及的几何学，不是从年复一年重新丈量尼罗河水冲毁的地界实践当中而逐步兴盛起来的吗？新巴比伦王国迦勒底(Chaldea)的天文学，不也是为了确定农作物耕作轮换，从而不断观察季节变化当中，逐步从中确立起来的吗？那么，如今一些不完备、不科学的学科，不也应该遵循同样的道路，逐步完善吗？这样，它们就应该沿循必要途径，首先选择一个具体社区，去测量和评价其中的复杂状况和丰富资源……

科学活动有个重要功能，就是消遣；除此之外，科学的价值就主要体现在，其研究活动和成果可以解释和维持一个社区，维持一个特定区域的环境和生存条件……一些著名的人文主义思想家，如培根、安特烈(Andreae)和柏拉图等，都曾期望和描述过科学活动能发挥这种积极作用；如果要实现这种积极效果，就一定要把这一原则讲清楚，并且立即就地付诸实施。

大不列颠已经充分理解了科学活动为人类服务这一任务的迫切性。过去十年里，这种运动已经从学校开始陆续开展起来，而且延伸到学校以外。这场运动的主题之一就是"区域调查"，其发源地，我相信，就是爱丁堡的瞭望塔(The Outlook Tower in Edinburg)，这个地点和他的活动，早在二十多年前就被很恰当地称为"全世界第一个社会学实验室"。

这个区域调查运动的目标，是选定一块地理学概念上的区域范围，对其每个方面进行深入调查研究。这与我们所熟悉的美国进行的社会调查项目很不一样，其主要区别在于：我们的调查研究着重看社会问题；而英国的区域调查，着眼于考察该区域各个方面的现状。而且，比较而言，它在极大程度上要比美国的社会调查更加着重了解该区域的自然状况和环境特点。这样，参与考察的专家，就包括了方方面面的学者，除了地理学家和地质学家之外，还有动物学者、生态学者、博物学者，还有从历史发展方面看问题的文化人类学者和考古学者，以及历史学家。把他们的看法都集合到一起，就构成了该区域的综合考察情况。简单地说，这个区域考察的目的，正是要设法把各个专业对于该地区的专业了解"知识",尽可能全面地综合起来。

　　这样,这种区域考察所得出的专业结论,就具有这样一些特点:紧密联系、首尾一贯,切中要害而又简洁明了。这些特点是任何孤立学科都不可能具备的。还有,其最终考察结论的表述方法也很别致:它能让社区每一个成员立即阅读和理解,只要这个成员具备起码的教育基础;这样,它与其他孤立专业学科的结论只能被其专家所垄断,当作自家祖传私产的情况,就完全不一样了。特别是,这种知识并不是"调查主体"才具备的知识,它不是互相孤立的、互相无关的、针插不进、水泼不进的知识碎块,而是该范围内整个区域的详尽情况,包括各个方面情况的详尽描述,因而,其中一些相互关系也表述得一清二楚,包括工作就业层面与土壤层面的相互关系,娱乐层面与工作劳动层面的互相关系,等等,都表述得简洁明确,很有说服力。这样调查得出的知识,内容明确,有根有据,地区针对性很强,连同其通俗的表述方法,都是美国一些空想理论和建设计划所缺少的;而且,正因为缺少了这些正确知识,我们的空想理论和建设计划,始终处于片面、无知,而又抽象的状态——总是空对空,纸上谈兵;公文纸上形成建设计划,又讨论如何建设一个纸糊的世界。

　　好久以来,我们面临的局面就是这样:一方面是工程技术人员和各种专家,他们总是一味重视图书馆和实验室,另一方面,还有工地和田野里积极劳动的工人,他们却时时刻刻向往着生活在其中的城市与地区……如今的区域调查,就仿佛一座桥梁,在这两种人之间构建起一种联结和沟通手段。有了这样的联系和沟通手段,我们的理想城市和建设计划,就能建立在较为可靠的实事求是的基础之上了,这也是科学家们所要求和希望的目标。同时,科学本身也会接受人文价值和标准对它的培育和重建,这些人文价值和标准体现在本地区的社会理想和需求之中。所以,只有跨出这第一步,才有希望从当前困境和僵局真正走出来。我们必须回归到真实世界里来,正视现实,调查情况,全面了解和把握复杂情况,这样才能让我们理想中的空中楼阁,真正建立在坚实基础之上。

　　用新的价值观给科学重新定向,这样做很必要,也很重要;但是仅只改造了科学则仍然很不够。知识只是工作机具,还不是动力机具。如果我们了解了世界,却不能与它一起协调运作,那么,工业文明制造了那么多精制巧妙、别出心裁的机器,我们却又无法得心应手地掌控它们,使之服务于积极目的,面对这种盲目的实用主义哲学,我们岂不感到有愧、有罪吗?

　　如今,支配着人类行动的,除人类自身的本能冲动,就是形形色色感情色彩浓厚的种种模型方案,还有各种荒诞不经的思想;这些思想如此荒诞,只有梦游者才想得出来!人类每提出一个模型和思想主张,都扩大着人类生存环境的概念,也就让人类的行为要接受新环境条件的指导和制约,同时准备享受这个异想天开的新世界。无论马克思主义对于社会的分析和结论有多么粗糙、不成熟,它的结论至少具有一个优点,就是:它至少提出了一个梦想,这就是想象中有产者和无产者之间一场空前浩大的争斗,每个工人阶级成员都会参与其中,并积极为之战斗。若没有这些梦想,社会科学的种种进步,就会显得不够顺理成章,会显得陈旧过时了,正如物理科学成果曾经应用于人类物质世界的状况那样。那个时候,由于缺少一套真正的价值观念和评价体系,一粒平淡无奇的专利衣领纽扣,往往会被看成与金属钨丝同样重要,只要是这粒纽扣能够为其发明者带来巨额财富和金钱收益……

222

我目前看法是:科学研究和艺术创造两者目前这种互相脱离状态,以及人类的认知和幻想的分离,理性活动和感性活动的互相分离,其中并找不到一个符合逻辑的解释。其实,两者的分离只是提供了一种便利;因为,这些活动本身都只是些不同的创造方式;人类正是凭借这些方式,从自己的原始混沌中创造出了有序世界。这就是人文主义的世界观……

现在,我们必须来讨论一下现代世界环境当中艺术如何发展的问题。中世纪文明的高峰时代,各种艺术活动相互补充、配合,构成一个有机的、有生命的整体;这种趋向在5世纪的雅典也曾经出现过。市民去音乐厅不仅仅是去听音乐,去教堂也不仅仅是为了念诵祷告词,去剧场也不仅仅是为了观看戏剧演出,去艺术画廊也不仅仅是为了欣赏绘画……那时候,一座城镇若没有一所令它夸口的大教堂,几所小教堂,那这只能算是一座微不足道的城镇。因为,这些建筑物当中,戏剧、音乐、绘画、雕塑作品,以及建筑的艺术效果,统统都组合在一起,共同营造出一种庄严氛围,服务于一个崇高目的:唤醒和改变人类的心灵、情感和灵魂,帮它们提高、净化,去接受神学关于另一世界的宗教理想。

后来到了中世纪,个人主义出现,加上新教改革主张等等运动过程当中,艺术各个门类逐渐分裂,其后果则是宗教界里大多数的人士都熟知的。从此之后,各个艺术门类——绘画、音乐、戏剧,以及其他种种,大体上就分道扬镳、各自为政了,并且各自又都依照自己的观念,构建了各自独立的世界,尽管有些过程是被迫的。在此过程中,它们艺术世界的实践活动的收益,并没有转化为全社区的总体受益,而是只满足于作为艺术家自我享受的专利品,或者顶多,还有这些艺术家们私人的保护人或者评论家的私有物品。

　　上层社会阶级垄断艺术活动,并让艺术活动与全社会的艺术活动互相脱离,久而久之,艺术就失去了自身的许多客观标准,只剩下了艺术家自身乐意使用的一些标准。这时候,艺术世界所发生的情形,再一次与科学的遭遇,简直离奇地相似了。艺术世界,在一定意义上说,这时候就是一个孤立世界了;而且,艺术创作活动的成长和荣发,曾经一度可以完全脱离开社会的愿望和情感,虽然艺术和艺术家本身都是从这个社会中产生出来的。于是乎,那个名言,"为艺术而艺术"从其实践来看也就完全变味了,简直就变成了"为艺术家而艺术"了! 艺术家一旦脱离了他的母体社会,他除了依靠自己,其他就别无选择:从此,他再也创造不出全人类都能共享的审美作品和艺术造型,而只能一心一意去编造出一些标新立异的角度,着力表现自己的个人理想。他这种视角,我姑且把它称为别具一格的视角吧……

　　不过,艺术从总体社会生活中脱离开来,却是有所收益的;而且,我不能低估这种收益。艺术家本来诞生于一定社会群体之中,如今艺术家却脱离了原来诞生他们的社会群体,并且以普通人难以达到的限度,苦心孤诣地追求着自己的艺术创作方式,却也拓宽了美学追求和审美情趣的领域;并且给绘画领域引进一种新的价值观念。即使导致这些价值理念诞生的那些母体社会的弊端都已消失,这种价值理念仍将会长久存在,正如人们可以从生病的珠母痊愈的体内取出珍珠一样。许多人在登山过程中都长时间忍受着晕眩和恶心的煎熬,及至登临山顶,眺望远近美景,其中的美感和愉快却不会因这些煎熬而有丝毫减损。而且就像探索真理的过程一样,美学价值的探索,其探索本身就是一种收获,这是现实社区环境中已经实现的价值体系中所没有的东西。我相信,从这个意义来说,一些已故的大艺术家,如塞尚(Paul Cezanne, 1839—1906,法国画家,后期印象派代表,认为自然物体均匀与简洁的几何形体类似,对同色彩各造型的运用有独到的创新。代表作有《玩纸牌者》,《圣维克图瓦山》等等。——译者注)、梵·高(van Gogh, 1853—1890,荷兰画家,后印象主义的代表人物之一,以风景画和人物画著称,用色富于表现力和激情,主要代表作有《邮递员罗兰》、《画架前的自画像》、《星夜》等等。——译者注),以及赖德(Albert Pink-ham Ryder, 1847—1917,美国画家,作品富于想象,以海景画和寓意画著名,主要代表作品有《海上辛苦工作的人》、《约拿》、《灰马上的死亡》等等。——译者注)一定会坚持自己的艺术创作园地,并使其永不没落,而且会将其提高到学术高度上。

　　虽然如此,艺术活动中,那种一味追求别具一格、唯美主义做法所带来的后果,并不亚于科学活动中的专门化趋向,所以,这种趋势同样不能忽视。从历史上看,艺术活动中唯美主义发展的结果,无非导致了美从生活中消失;这几乎是一个常识:一方面,是一些有钱有教养的少数人,衣着光鲜、眉飞色舞地欣赏评说日益精致的艺术作品和细节,其挑剔和严苛都大大超过了他们的祖先审美体验;另一方面呢,却是那些"缺胳膊少腿的大多数人(the mutilated many)",不得不居住在大都市或者荒凉的乡村小镇里,他们那里环境的简单、苍白和丑陋,简直是这个世界所从来没有过的,假如我们依照已有的历史记录和标准来判断。换句话说,虽然我们对自己内心体验和感受都已更加敏锐了,而我们的心对外界事物却生出了老茧,变得麻木不仁,对于外在世界的粗陋、浅薄和龌龊,却听之任之……

艺术家脱离了全社会……而全社会的这种缺损,却很少能从艺术自身孤立世界的进步当中获得补偿。对于社会来说,结果就是,原来一些本该由天才艺术家完成的工作任务,现在却只能让低能的人,或技艺拙劣的人来做了。于是乎,各种名不见经传的建造工人,建起了如今社区当中大量的豆腐渣工程房屋,阿猫阿狗之流的工程师,则设计了一座又一座的城镇,他们除了想到下水道、铺装道路之类的艰难项目之外,就没有为城镇设想过什么便利条件了。一些巧取豪夺而又愚昧无知的人,在商业上获得成功和发财之后,转而又到城市来给大多数市民兜售如何建设城市良好新生活的理论,等等。仅仅由于找不到合适的艺术家来承担某些建设任务,现代城市建设当中一些不得不潦草从事、粗制滥造的项目,真是多得不计其数啊!

这个归纳结论适用于整个艺术界。创造性想象和规划专业,其绝大部分都是文学和艺术的组成部分,如今这些成分对我们当今生存其中的社会环境却几乎无所贡献,而且,也不见它们在培育新人方面有什么作为,他们没有用自己创造的形象、模式,或者思想,来装备城市人类;当然,也就无从要求人们利用这些形象、模式或者思想去创造性地改造社会环境。问题在于,假如建设新生活首先需要有精神启迪和灵感,那么这些启迪和灵感不靠艺术家来提供,我们还能靠谁呢?这不是很清楚的吗?一个普通人,只有在他心中充满爱恋的一瞬间,才会偶然发现日常辛劳苦难在情感背景上焕发出的异样美。艺术家则不然,可以这样说,艺术家心中永远充满爱恋。因此他的责任,就是让这瞬间的异样美永恒不灭。艺术家在自己消魂忘我的状态中创造出来的生动形象,能够感召人们,让人们团结起来,让他们具有理想,并依据这些理想去塑造自己的生活,以及新社区的命运……

那么,接下来的结论,当然就是:我们为建设新的社会秩序设计出的种种规划,都是些非常枯燥无味的东西。首先,这些规划书的内容非常抽象,当然更没有详尽说明人类生活环境的多样性和复杂性;其二,这些规划书提不出任何生动可信的方案和模式,更

224

谈不上发动民众鼓舞民众去开创伟大的事业……

　　艺术瘫痪了,科学瘫痪了;当今人类就在这毫无秩序,拖泥带水的环境中日复一日维持着社会的运作;而无论艺术或是科学,都已无力提高人类智力和眼界,这种情况下制定的革命规划和行动方案,没有一项能帮助人类从更高视角来审视和评价当今混乱不堪的环境。不错,英国诞生了一个田园城镇运动,但其时间毕竟短暂,实践范围毕竟有限,与中世纪文明时代所创造的大量优美城镇放到一起作比较时,我们会特别清楚地看到,中世纪文明首先是创造了一个共同的理想模式。相形之下,当今的我们,却无力为每个区域的理想社会生活制定出共同的模式和方案,因而在中世纪的反衬中愈加相形见绌。由于没有共同理想和模式作为基础,当今所提出的一切恢复和重建工作计划……都是鸡零狗碎、不连贯、不完整。我们不要忘记,工业化高峰时代短时间内出现那么多千篇一律、形式单调简陋的工矿城镇,形象都与英国作家查尔斯·狄更斯笔下所描绘的焦炭城(Coketown)如出一辙,那些并不是统一法律手段下的产物啊! 相反,那是因当时产业中心的可怕环境中居住的人,个个都接受当时共同的价值理想,个个都追随同样的生活目标。更因为,当时精神思想领域的领袖人物们,如以李嘉图(Ricardo)①为代表的经济学家们,以发明家斯蒂芬逊(Stephenson)②为代表的工业家和发明家们,以及以塞缪尔·斯麦尔斯(Samuel Smiles)③为代表的民歌抒情诗人们,共同塑造着他们的思想情感和行为方式。在这种背景上,那些豆腐渣房屋工程的建造者们和工程师们,就在社区建造过程中把各种粗制滥造、各种混乱无序、各种矛盾冲突,都表现得淋漓尽致! 这些,不也是当时瘫痪的科学和瘫痪的艺术所共同营造的社会后果吗? 所以,当初给我们制造了焦炭城的社会机理和过程,照样也能给我们建造出比焦炭城强盛百倍的东西! 不过,前提是:我们人类的思想界必须革新洗面,必须彻底改换当前状况。

----

① 李嘉图,David Ricardo,1772—1823,英国经济学家,古典政治经济学的代表人物,主张自由贸易,反对谷物法,首先提出了劳动价值理论,主要著作有《政治经济学和赋税原理》、《论农业的保护》,等等。——译者注
② 斯蒂芬逊,George Stephenson,1781—1848,英国工程师,大发明家,曾经发明新型蒸汽机车(1814年)以及蒸汽鼓风法(1815年),并且修筑了世界上第一条运送旅客的由斯托克顿到林达顿(Stockton and Darlington Railway)的铁路,于1825年通车,并由自己亲自驾驶,装载80吨煤炭两小时内行驶了49英里。他的儿子,小斯蒂芬逊(Robert Stephenson,1893—1959),继承父业,成为土木工程师,协助父亲建造了多座大跨度铁路桥梁,最著名的就是北威尔士的跨梅奈海峡不列颠大桥。——译者注
③ 斯麦尔斯,Samuel Smiles,1812.12.23—1904.4.16,苏格兰作家,以维多利亚时代的价值理念为准绳,创作了《自我服务》、《性格》、《节俭》、《责任》等训诫性著作。1838—1842年在里兹主办《里兹时报》,推进社会改革,他的激进主义主张乃是哲学家边沁和密尔的功利实用主义哲学的具体体现,热忱主张以私人企业和自由贸易来促进社会进步和物质生活提高。——译者注

……乌托邦思想家们曾经使用过一些方法,以纸上谈兵的方式提出了理想社会的图景;如今这些方法同样也能用来制定出现实世界的社区改良计划。乌托邦思想家们的弱点在于,他们提出了一种假设,似乎任何一个平凡人物的梦想都能在现实社会环境中成为现实。在这方面,已有许多人留下了惨痛失败的教训,比如,法国空想社会主义者傅立叶(Fourier)、卡贝(Cabet)、赫勒卡(Hertzka),甚至包括英国社会改革家约翰·拉斯金(John Ruskin)。所以,凡是探索理想社会的人,都应该汲取教训。有许多人批评乌托邦思想,说它是错误的。但我相信,这些批评者自己的错误则恰恰在于,他们错误地以为,乌托邦思想家提出改良人间社会的任务只是一些无用的……消遣。这些反对乌托邦的批评家们,忽略了一个事实,这就是决定人类未来社会质量的各种因素中,其中有一个:就是人们对于自己的未来采取什么的态度和信仰。说到这一点,我想到约翰·杜威先生(John Dewey, 1859—1952,美国著名哲学家、教育家,实用主义哲学创始人之一,机能主义心理学的先驱人物,实用主义教育的倡导者,曾来中国多所大学讲学。主要著作有《经验与自然》、《学校与社会》、《心理学中的反射弧概念》等。——译者注)的话,他说,评价任何实践活动,一个必不可少的标准就是,实践者自己对该假说的信仰程度,这恰是直接关系到其最终能否实现的各种要素之一。

当我们提出了理想社会的模式和方法,并且准备调整自己的行为和活动,以便符合这种模式的要求,我们还要克服现实社会中的巨大惯性阻力。我相信,当年乌托邦主义者随心所欲地提出他们的美妙社会理想之时,当他们大胆假定人类也能够随心所欲地改变自己组织制度和行为习惯之时,我相信,他们是有切实依据的。不仅如此,与人类以往那些虚无缥缈的宗教理想和伦理道德治世主张相比较,乌托邦的哲学主张也许要先进得多。原因是他们充分理解,不仅有必要提出这些社会理想,更有必要给这种理想赋予适当的形式和生命……

那么,如何跨出第一步,从而能够彻底走出目前的乱局呢? 我的看法是,第一步就是首先要头脑清醒,把几个世纪以来种种乌托邦理想做一个清算,其中有些已经被证明是无生命力的,有些则简直就意味着灾难。在此清算基础上坚决摈弃掉那些假乌托邦以及种种迷惑人的社会神话。比如,民族国家的神话就不能保留,仿佛也没有什么符合逻辑的道理好讲;不过,总体而言,这个神话对于促进人类健康生活的理想并无所作为;相反,它却往往设置大量障碍,让人类无法实现良好的健康生活。所以,在当前面临长期战争、异端邪说,以及种种精神摧残破坏的现实情况下,假如继续坚持民族国家的神话,那对未来几代人来说,就如同历史上基督教对异教徒的迫害一样,同样是无知的和残忍的。同样道理,还有另外一些社会神话,例如无产阶级神话(proletarian myth),它们也公然违背常理、蔑视人伦、冒天下之大不韪;因而,假如容许它们继续存在,那么,人类生存和文明的许多价值理念就都无法保留。何况,即使从实用主义观点来看问题,也该尽早将其抛弃到垃圾场上,越快越好……

　　……上面我提出我们应该摈弃一些过时的、灾难性的社会神话,这并不是说我们应该丢弃人类喜欢创造神话的习惯。这个习惯,无论好坏,已经深入人类精神世界,成为其神髓的一部分。人类最大限度接近理性的途径,不在于抹煞神话,而在于设法将神话融入正当理性,在于改变神话,或者在这些神话产生不良作用的时候,将其变幻成另外的神话。

　　乌托邦理想是个伟大的思想传统;正确对待乌托邦神话,我们才能最大限度从中获得收益。所以,在摈弃那些障碍人类的不良社会神话的同时,我们因此而不能盲目跌入虚无主义的深渊之中。相反,我们应该用各种各样的社会理想和神话来丰富自己,壮大自己;这些神话从来都从科学和艺术活动和产品中汲取营养,从而获得鲜活形象和丰富生命力的。

　　最后,乌托邦的理想可以用来实施到这个或者那个地区,但它却绝不意味着任何意义上的自由处置全权(carte blanche),不是可以听凭任何人来任意随心所欲,心血来潮就能处置的。它其中某些轮廓线已预先固定了,某些空间也已经预先填充好了。在这一点上,古典乌托邦作家们早就有了共识:首先,土地和自然资源等等,都不可分割本地社区;而且,即使是这些资源被不同人群或者组织所经营,如在托马斯·摩尔的《乌托邦》那本书中所描述的那样,土地的增值,也就是经济租金(economic rent),也必须属于社区全体。可见,乌托邦主义者们当中有个很普遍的想法,就是既然土地是社区的公产(common possession),那么劳动也应该是一种公职,或者叫做共同职能(common function)。所以,任何人都不会因为自身享有继承特权或者尊严,因而可以游离于体力或者脑力劳动之外。最后,从埃比尼泽·霍华德的理论和实践当中,我们还可以理解,把乌托邦的理想从抽象理论化为规划和实施方案,以至于化为种种细节设计,化为城镇规划师所惯用的手段,有多么重要。这样,我们当然也就可以说,一个乌托邦理想,假如不能转化为这种具体的实施方案,那就仍然只能停留在——如俗话所说——空中楼阁的阶段……

　　……按我理解,我们不应为人类社会仅只设想一种乌托邦理想模式;如果那样做,将只能是一种非常单薄、非常匮乏而呆板的抽象模式,也是任何区域调查专业活动都绝不会赞同的,即使是在受教育而只崇尚空谈的人们当中……

　　我们一定不要忘记,仅就土地资源的特性和规模现状来看,我们这个星球的表面并不像一枚台球球面那样光洁平滑。因而,这个星球上任何一个实质性人类社区,连同其周边界限,都只能镶嵌在一个有明确地理学边界的区域范围之内;在该范围内,各种环境要素构成一个整体,包括气候、土壤、产业、社会生活以及历史遗产,共同构成这里社区生活的主导因素。我们不必匆忙设法为这些社区一齐全部立法,因为我们充分相信威廉·布莱克(William Blake)①的名言,他说:让雄狮与公牛共用同一部法律,那简直就是暴政。如今,按照邮政通讯指南给我们提供的信息,全世界共有 1500 万个社区单元。我们的乌托邦理想必然会选择其中一个社区,走进去生根发芽,并且协助这个社区建立起广泛的合作关系,联合其他一切具有共同利益和兴趣的社区,形成互利的合作网络。也完全有可能,我们的乌托邦实践计划将囊括巨大的人口群体,其规模不亚于伦敦和纽约大都市地区的人口现状。但是几乎无需说明,如此建立起来的大都市以外的广大地区,则不再会被看作类似地中海周边的工厂,仅仅负责生产农产品而已。总之,帕特里克·格迪斯说的好:在乌托邦的世界里,会有许多豪宅名邸。

　　我们的乌托邦国度里的居民们,将会很熟悉自己的环境和资源状况,还会充分意识到历史的延续性;这些都是那些生活在大都会地区抽象世界里只会通过报纸和书本了解世界实际的人们所早已丢失了的享受。届时,纽卡斯尔的人不必再来伦敦地区求购煤炭,而过去一个多世纪当中外省的人们一直就是这样做的。各地资源的利用形式都将更加直接有效,以往大都市地区控制市场牟取暴利的局面,将会彻底改观。所以,以往常常说,所谓有教养的生活,就是定居的生活方式;如今,则可以更有把握的说,在如此丰富多彩的乌托邦世界里,有教养的生活这个概念,将会以更新的方式成为现实……

　　如果说,我们的乌托邦理想世界的居民们从事日常活动的范围,可能会小于目前的大都会中心城市地区;那么,他们的精神世界则不会被局限在本地区或者本国范围之内。人类历史上的科学和技术发明的成果,破天荒第一次有可能调动起各个时代和地区的资源,都来为地区社团的精神生活服务。而且,当许多国家,如希腊、中国、英国、斯堪的纳维亚、俄罗斯等等,都能够给居民的精神生活提供生存机会的时候,理想社区的居民们怎么会百分之百地把自己局限于一个国度,而让自己退化呢?我们的理想国居民们,一定会从更加广泛的环境中吸取营养,让本地区不断吸收和同化外域文化的要

227

---

① 威廉·布莱克,William Blake, 1757—1827,英国诗人和版画家,善于利用韵文以及无韵文体抒发生活和理想。其作品风格独特,代表作有《天真之歌》和《经验之歌》等。——译者注

素,这样,就能不断补充本地区所缺乏的元素,自然环境环境就会不断丰富。

乌托邦理想主义者的最主要任务是什么? 这个问题,伏尔泰在其故事集《天真汉》(Candide)[①]当中已有最好的概括,就是:让我们精心培植自己的花园(Let us cultivate our garden.)。其实,一个真正的理想主义者,他的任务和目标,就在于驯化自己的环境(culture of his environment),而且可以十分明确无误地说,他不是要去改造和驯化别人的环境,尤其不是要去利用和剥夺他人的环境。因此,我们的理想国的规模,可以很大,也可以很小;比如,它可以从一个小村落开始,也可以囊括整个地区。正如一小块儿面肥可以让整个面团发酵一样,乌托邦生活的真正模式一旦植入某个地区,它就一定会生根发芽,荣发壮大,很快扩大到整个大陆,就像焦炭城当年曾经迅速自我复制,很快传遍了整个西方世界的情形一样。西方的社会理性化改革主张中,有个观点认为,只有当千百万人民都行动起来,乐意改变自己社会的现状时候,社会才能实现有效的改革。这样的观点其实是懒人和庸人最喜欢的观点。既然乌托邦理想计划的第一步,首先就是重新形成我们的思想和主张;所以,乌托邦的理想和主张,可以无障碍地奠定自己的基础条件,无论你在哪里。

当前最重要的任务,恰恰是首先要建起空中楼阁。作家梭罗就曾经提醒我们说,不必害怕劳而无功,不要怕白费力气。只要我们理想国的目标诞生于自己的现实具体环境之中,它就自然能形成自己坚实的物质基础。设想,假如没有一个公认的总体设计,没有一个宏伟设想,没有一个远大目标,我们的砖瓦等建筑材料,就只能躺在砖窑里睡大觉。而当人们意见不一,吵吵闹闹,这局面最终就预示着,无论他们建造起什么东西,都会迅速崩塌。所以,最后,我们还得针对所谓完美,提供一些忠告:这就是,只能逐步日臻完美。完美境界实现之日,也就是不完美现状消褪之时。

228

未来的抉择

……失败的城镇规划效果,失败的住宅建设项目,这些因素都强化了残无人道的经济剥削所带来的种种苦难。这样的后果,到了 19 世纪 30 年代,就已经被社会公众普遍

[①] 《天真汉》,Candide,是启蒙主义思想家,作家和哲学家伏尔泰的一部哲学讽刺故事集。其中讲述了纯朴的青年天真汉和他所爱慕的公主居内贡德,以及他们的老师、乐观主义的空想理论家邦葛罗斯的种种共同经历。他们经历了各种灾难,包括历史书上记载的以及虚构的,如里斯本大地震、宗教裁判所、谋杀、抢劫、战争……该书讽刺了当时兴盛的唯理性哲学的乐观主义,尤其是莱布尼茨的哲学。——译者注

认识到了。但是,社会设法铲除这些弊端的种种努力,甚至包括为社区提供各种基本卫生设施等内容,却都显得非常软弱无力,时断时续,简单肤浅,而且进度极其缓慢。在比较拥挤的城市中心地带,情况更是如此。因为那里的居住拥挤状况大大刺激了房地产价格,结果让龌龊不堪的贫民窟住宅,比起体面的中产阶级住宅区,反而更能让其房地产所有者有利可图。

在20世纪20年代,当美国区域规划协会(RPAA)成立的时候……,只有少数人开始认识到,美国大都市,以及发展中的城市,其社会生活质量当中存在一些根本错误的东西。不仅如此,城镇当局已经采取的措施力度很不够,有必要采取更加大胆有效的措施,否则这些城市就将丧失社会平衡,市容景观也将败落得无法居住和工作。当时,许多人把一些新现象错误地当成健康的社会生活以及经济繁荣的证据。不久却被证明,拥挤的街道和飚升的地价,都不过是社会运行不良的病态表征,城镇规划工作中的缺点开始显现。如今城市社区中一些显而易见的问题和缺陷,早在半个多世纪以前就已显露端倪:包括长期贫穷、败落地带、肮脏的贫民窟、少年帮派打架斗殴现象、种族暴乱、警察贪污腐败、警察的野蛮暴力(而且到达最高级别),以及城市医疗卫生、学校教育、社会治安等方面的长期绩效不佳。

不过,直至大量人口纷纷逃离城市的时候,人们才开始认识到,美国大都市中心地区社会生活的整个模式中发生了严重问题;而且,凡是有办法的人们,都纷纷抛弃城市逃往乡村,就是这一严重问题最主要的证据。事实上,他们早就开始逃离城市了,到郊区的居住区去,那里有可爱的花园,靠近树林和田野,环境宁静安全,还能享受有邻居的社会交往;这些生活品质,都是繁荣富裕的大都市中心地区早就丧失掉的了。但是,城市的管理者们却未能把这些败落现象当作警号,大力恢复和改善城市中心地区,反而抓住机会,大力兴建和提供逃出城市的手段并从中牟利,首先兴建了铁路、地下铁路、电车线路;随即又大力兴建高速路、桥梁、隧道等等,大力提倡发展小汽车。于是,自发的城市拥挤,又在同样自发的疏解拥挤的手段和城市人口疏散中,渐趋平衡了。这个过程中,城市本来作为集中的社会群集,能够提供丰富多彩社会生活的人类生存环境实体,作为能够激发灵感,提供精神享受的奇妙构造,则消失了。

大都市中心拥挤地区的生活条件越是恶化,其向外围郊区扩散人口的范围也就越是扩大。最终一座大都市外迁人口的扩散范围,与另一座大都市外迁人口的扩散范围互相汇合,形成一大片无组织形态、无规则形状、低等品质的城市性质组织构造(urban tissue);如今人们给这种形态取了个外号,叫做都市连绵区(Megalopolis,也译作巨形城市。——译者注)。这种所谓都市连绵的聚集现象,被城市社会学家们看作近年来同

229

时发生的工业技术发展趋势的产物,其实就如同大都市的外迁人口流动现象本身一样,都是技术条件变迁的产物。但是,帕特里克·格迪斯早在半个多世纪以前就发现,并且命名了一个很类似的市郊地区人口随意流动和聚集的现象;这就是英国煤炭产地附近的人口任意流动和互相聚集,形成了大片的准都市地带,格迪斯极力准确措辞,称之为聚合城市(conurbation),实际上,后来的发展趋势证明,将其称为反城市现象(anti-city)恐怕更恰当一些。后来一些观察家,有些把这些带有城市特点的聚集现象(urbanoid massing),称之为城市发展的新形式;有些则纷纷赞扬,认为这是更复杂更高级的城市替代物,尽管也更难控制,更难规划。无论如何,这其实都表明,他们根本就没有弄懂真正的城市功能是什么,根本就没有弄懂真正的城市目的何在。

不管怎么说,城市人口这种向外扩散的最终结果,与 H. G. 威尔斯在 20 世纪之初曾经未卜先知地预言过的情形一模一样。那时候他曾经在自己的著作《有关机械进步与科学发展给人类生活带来的影响一些基本预测》(Anticipations of the Reaction of Mechanical and Scientific Progress upon Human Life)当中就曾预言过这样的人口流动。不过,可惜他没有在此基础上进一步提出预警,警告这种趋势可能给人类社会带来的解体危险。然而,这样的危险趋势就在我们眼皮底下一点点成为现实了。结果我们所谓的“美国大都市社会”的居住区,如今几乎要完全裂解为两个互不相干的贫民窟世界:一方面是上层阶级的贫民窟,也设计成高层楼房,由政府资助或者无政府资助兴建而成,伫立在那里成为富裕阶层的象征符号;另一方面,就是下层阶级的贫民窟,外观上看与前者几乎毫无差别难以区分,是最低收入阶层的住宅,主要居住着黑人和波多黎各人,其大多数是从条件更差的波多黎各的首府圣胡安(San Juan)或者美国南方腹地(Deep South)①等地区逃离出来的。在这两者之间的那些比上不足、比下有余的阶层的人士们呢,则都蜂拥到郊区,去躲避城市的拥挤了。

如今许多人谈论美国当前城镇化水平的增长状况,但是假如把这些话题转换成具体条件,你就会立即理解,社会学家们是在使用很粗浅的语言讲述着人们丧失城市生活的过程(dis-urbanized),因为他们不再拥有城市,不再居住在城里,不再享有城市社会先进丰富的文化积累,或者仅仅只能作为观览客人或者暂时住客,临时来享用城市的这些社会优势:包括面对面交往、多元文化积累、探索人类的重要问题,等等。由于美国大多数的非农业人口如今都居住在郊区,无论条件更好还是更坏,而且越来越多,所以,范围

---

① 南方腹地,Deep South,主要是指美国南方最具有南方特点和保守势力控制的大片地区,主要包括南卡罗来纳、佐治亚、亚拉巴马、密西西比等州。——译者注

广大的农村地区,包括那些还在从事农业生产的地区,都的确越来越像郊区了,这是从其人口的社会构成上来看。而与此同时,那些大都市中心地区里紧抱城市居民地位不放的人们,却为此地位冒着丧失生命的危险;甚至在一些小型城镇当中也是如此,因为那里种族主义仇恨情绪猖獗。并不需要一道柏林墙来实行隔绝,在镀金的贫民窟和暗淡无光和长锈的贫民窟两者之间,是老死不相往来的;或许某些类似纽约城的斯蒂文森镇区(Stuyvesant Town)那种离奇地遗留下来的圈地范围内是个例外。无论如何,当今美国大都市内,即使是大白天里也无法避免遭遇抢劫、强奸、凶杀的危险;大都市里每个出租车司机都能给你讲述这类故事……

与此同时,在过去三十年内,美国大都市社会人口的种族构成也发生了巨大变化。都市居民迁出所造成的城市真空地带,如今正源源不断涌入一支国内新的移民大军。美国大都市社会面临的这种大量涌入的国内移民,这才体验到了欧洲社会在1870—1920这半个世纪中曾发生过的大量移民涌入所造成的巨大困难。美国由于新涌入大都市的这些人口主要是两类少数民族,他们地位低下,贫穷,缺乏教育,除了从事农业又无其他职业训练基础,数以万计的人不会讲英语,这样就很难让他们找到工作。尽管美国国会在过去数年中已经努力限制外国移民准入数量,但却无法限制或者指导国内移民的流向,也无法将其限制在大都市每个社区能以消纳和同化的水平上,更不用说通过提供工作就业机会、提供住宅和学校等办法,将其扩散到更多的社区去。

即使这些大都市自身未曾陷入目前债台高筑的窘迫境地,这些新来的移民造成的巨大困难也同样难以应付。因为,目前他们自身已经无力依靠自己财政预算来为现有人口提供足够的学校和医院,且不说足够的新型住宅。即使考虑州政府和联邦政府的资助,有足够资金提供住宅建设和房租补贴,在如此突然降临的大量移民涌入的情势之下,如在纽约或波士顿这类大都市内,大多数移民不可避免地将还是要住进那些跳蚤臭虫丛生、肮脏恶臭、拥挤不堪的住宅区里。

由于各种基础设施严重缺乏,缺少光照、新鲜空气、活动空间、私密空间、卫生设施、学校,等等必要条件和设施,这些少数民族移民人口,包括新来的和长久居住在都市里的,其生活的悲惨状况是不言而喻的。但是,市政当局却慢吞吞,长期拿不出办法解救这些窘困。这种状况无非反映出早些年代他们同样的被动处境,面对房地产经营商、银行家、保险公司对于城市现状的不满,他们也曾一筹莫展,拿不出办法改进城市管理。如今这种局面和19世纪90年代的类似情况比较,两者的不同仅仅在于,如今的新移民提出了更高的要求,更新的企望…… *231*

现代城市发展当中这类负面后果,包括犯罪率上升、青少年堕落、滥用毒品、暴力泛滥等等,都不能仅靠本地一些权宜之计补救措施来治理,因为这些问题反映了我们当代文明深层次机体上的病理症状。可是,这一观点至今遭到一些规划师们、城市管理部门负责人、社会服务工作者们的坚决抵制;他们认为这些看法是"不现实的",是"悲观失望的表现",甚至是"宣扬人间浩劫论调"等等,不一而足。他们仅只相信自己那些头痛医头脚痛医脚的疗救办法,认为这些才是改进城市社会唯一可行和可以接受的途径,而丝毫不考虑从根本上重新评价我们的制度环境,更不考虑在此基础上的更新改造。

以如此态度拒绝深入考察城市社会败坏的深层原因,而且是在大量可以支配的剩余能源、财富、知识本该用来大大改善城市社会的时候拒绝深入思考城市问题。这样的拒绝态度尤其清楚地表现在 1938 年,当我的《城市文化》一书首次出版的时候。其实,那本书当中对于城市发展的思考和研究,总体上看,内容完全是充满希望的、建设性的,读者是能够接受的。但是,一些批评家却单单挑出了其中"地狱简况"这一个篇章,硬说这是黑暗的主观臆造,不适用于美国当今的城市文化研究。"地狱简况"有些人感觉无法接受,其实在这个章节里我只不过是总结了当今城市社会生活的解体过程,以及*假如这些解体的趋势不加制止,任其延续*,城市则最终可能遭遇的命运和结局。我的这一总结,无非重申了我的导师帕特里克·格迪斯的基本预想。

实际上,格迪斯早在他这一预想中就回溯过城市发展的历史进程,将其表现为一个上升的弧线,以古希腊城邦为起点,在大都市(metropolis 或称母城)阶段升至顶点,随即,该弧线开始下降,在巨型城市(megalopolis)阶段因城市自身过度发展而遭受制约,随即进入寄生城市(parasitopolis)阶段,继而进入到病态城市(patholopolis),直至进入到终结阶段的死亡城市(necropolis),亦即死者之城。如今,有些人如此忙不迭地要诋毁格迪斯的声望和历史地位,我这个章节的文字他们显然就没有读完,他们没有看到,就在这章节的结尾部分,我论述了城市"新生的可能途径"以及"救赎的迹象"。假如他们耐心阅读了我这些论述,他们就不会如此匆忙地攻击我,硬说我依据格迪斯关于大都市过度发展的纯粹学理性的论述,就认为这个最终结局是不可避免的,是必然的,是无以疗救的。

事实上恰好相反,我已经指出,城市,由于它不仅仅是具有生物学有机特性,因而往往表现出过早的老化和衰退现象,同时也会在其生命周期的较晚阶段经历某些新生过程,因而重获生机。所以,我完全没有否定大型中心城市的价值;相反,我还说过,至少需要大约三十座大城市担当国际交往的媒介,担当世界文化的容器。但是,仅仅由于我除了看到这些正面成就,还看到并且指出了如今正在毁坏城市生活的种种负面、病态现象,一些批评家,不知道出于什么奇怪的逻辑,就把我说成是城市文明不共戴天的死敌。

在《城市文化》一书结尾的地方，我落笔的时候，已经经历过第一次世界大战浩劫和美国 30 年代大萧条，却仍然满怀信心的写道，"……我们已经能从建筑物和新社区的规划方案当中看到，机械文明带来的知识和规则，已经化为更强有力的克服困难的伟力，化为更具人性化的美满结局。我们还能从种种设想和具体方案当中看到，如今人类已经能够突破大都市现有环境阴险的局限。不错，我们有许多东西都需要拆除，我们有更多的东西需要重建。而且，基础都已经准备好了……"

如今，这些美丽言词听起来已经过于空洞了，然而其中所提出的思想内容却不失其现实价值，即使是在那个已经为时过晚的时候：因为，第二次世界大战很快就毁灭了这些天真的幻想和美梦。战争结束的时候，美国公民非但没有为建设一个更加合作的美国文明奠定基础，而且很不情愿地讲自己的命运交托给了——用美国总统艾森豪威尔的准确措词来说——美国的"军事、科学、工业的精英阶层"。但是，这个精英阶层把永久的战争状态强加给了全社会，又把大规模生产毁灭性武器的任务摆在高于促进人类福利的地位上，因此他们奠定的不是生命经济的基础，而是"反生命经济"的基础；这种经济的每个组成部分，都非常巧妙地对准着死亡。不信就看看这个体制当中，每年有57％的预算都用于军事目的，而只有 6％用于教育、医疗和其他社会福利事业。

但是，如果说我对于美国城市更新的梦想不久就完全破灭了，那么，我对城市未来那些更加阴沉的预断和猜想，却完全应验了；而且，比我料想的还要快，还要早得多！《城市文化》一书出版仅仅两年之后，欧洲大都市的中心地带，一个接一个地遭到狂轰滥炸，变为废墟。首先是波兰首都华沙和荷兰港口鹿特丹，接着就是伦敦和柏林；接下来，大屠杀传播得越来越广泛，一系列中小城市遭到毁灭。丝毫都不奇怪，这场大屠杀和灾难中惊魂未定的幸存者们，完全不觉得我对城市未来的预断过于悲观，因为我所预言的死亡者城市（Necropolis），就在他们周围眼睁睁地变成了现实。这些空袭灾难起初是纳粹德国空军制造的，后来又有同盟国空军竞相效法，也来一起狂轰滥炸共同制造了空袭灾难。所以，我的著作可能在美国几乎看不出任何影响，而后来至少纳粹德国空军和联军空军都让我关于死亡城市的预言应验了，尽管无形的道德崩溃远比有形的物质环境破坏更严重。

事实上，我关于城市研究的全部思考，几乎都集注于如何在区域规模范围内重建和复兴城市，包括旧有城市和新社区；集注在如何通过激励我们当代文明当中已经十分活跃的再生和创造过程为此目标服务；以及集注于如何为这一切措施首先奠定社会基础。正因如此，那些始终密切关注我的工作和著作的人，一旦面对这一繁重任务，也就不会感到措手不及。这也就回答了,为什么《城市文化》一书在欧洲会产生了那么深远的影响力,几乎与此书的直接价值效用简直不成比例。因为在英国人们如饥似渴的钻研、讨论这本书;不仅如此,我还听说,当头上还在丢炸弹,这本书就已经被当作教科书,在波兰规划师开办的地下建筑学校里,为未来的城市复兴培养新一代的工程师了,向他们讲授了城市发展和复兴的新概念。这样做的地区和国家,还包括荷兰、比利时、卢森堡、希腊等地。出现这种局面,一方面令人感到震撼,又如此令人充满希望,同时对我个人来说,也是一种激励,鼓舞我继续深入研究和思考问题。

这样,到了1945年,借着为艾伯克·隆比和佛硕(Forshaw)设计的大伦敦规划提意见的机会,我专门罗列出未来应该采取的步骤,我提议除建造必要新城镇外,为防止伦敦将来继续发生拥挤,作为主要措施之一,应该把本地政府和商业办公设施疏散到周邻的郊区各地,以便减轻上班通勤乘车一族每日往返伦敦中心地区的交通压力,同时还可以恢复大都市区域本身的居住区功能,而且让它具有可与郊区类比或更加优越的舒适感,还享有更好的条件加强人际沟通,而且还不会因路途花费时间精力。这样就可以在确保人文尺度基础上实现城市的重建和复兴。

这些具体提议,概括起来包括:兴建一系列新型城镇;把一些职能部门和工业设施从拥挤的中心地带迁移到相对空旷的地区;规划邻里住区,以便利家庭生活并且促进社区自治活动;建立和完善区域的权威机构,以便在更广阔范围内指导本地区城市发展工作等内容。实际上,这些具体措施,从1947年在英国就已经蓬蓬勃勃地开始实施了,只有最后那项建立区域权威机构或许算是个例外。而且,即使是最后这一项,因为它体现了大都市权威向区域范围的一个必然延伸,所以,如今这项内容也已在热烈讨论积极商榷之中。可见,不论还可能增加什么其他首创精神和修订内容,上面这些具体建议都已经被证明是实际可行的。其中的新城镇建设计划认为,大力兴建新城镇可以实现工业生产和社会生活的多方面好处,其效果是任何拥挤的大都市社会都无可企及的。然而对此提议,却有人提出异议,甚至表示轻蔑。事实上,新城镇建设运动是如此卓有成效,以至连一些精明的投机商人都垂涎三尺,受到未来地产价格增值盈利丰厚的诱惑,跃跃欲试地想要"接管"那座资格最古老的新城镇莱奇沃思(Letchworth)。无论我自己在这一计划中贡献多么微不足道,至少,我的各项提议都先于战后各国的立法和建设的实践。

可是,我有个你不可不接受的客观理由,还是要详细讲讲这个问题。这就是,我必须指出:尽管英国大力兴建了住宅,改进了城镇规划,还在欠发达地区千方百计振兴了工业生产等等,各方面都取得了巨大成就;可是,西方文明社会中到处都有的那种社会解体的总过程,以及道德败落的总趋势,在英国同样也在发生。这就不能再归结于战后时期的萧条和衰落了。三百多年来的野蛮剥削、奴役、破坏,以及种族灭绝的种种做法,已经在文明社会肌体上留下了深深印记。如今,英国的情况丝毫都不比美国更美妙,城市社会解体的种种一模一样的迹象,无论如何在英国也都大量显现了:警察的贪污腐败、乱交与性乱、超乎常规的繁衍生育过程(random reproduction,指试管婴儿,代孕母亲、种间繁育等异常的繁衍生育过程。——译者注)、公开的种族冲突和阶级对立、滥用毒品、五花八门的虐待行为、公然的犯罪行为,等等,等等。一种反对生命的邪教主张(the cult of anti-life),本来已经非常形象地体现在当代先锋派艺术和戏剧当中,如今又非常活跃地进入了大都市常规社会的每一个领域。实际上,病态城市,寄生城市,正在飞快地确立地位,同时变成当今城市社会的常态;或者说,变成了反面的天堂:那是精神病患者和罪犯们的理想环境,是玩世不恭、落魄者和道德败坏者们的理想家园。城市发展进化的最终阶段,从未像今天这样贴近我们。

可是,在任何社会的肌体中,升发之气,亦即恢复建设的过程,与沉降之气,亦即破坏性过程,两者是肩并肩地同时进行的;这趋向正如一切活体有机生命体内的情形一模一样。只要是建设性的过程一日还居于主导地位,该生物体就一日不会死亡。而且,只要它还未超出自由摄取能量和资源的边界,只要它还有自我支配和自我复制的能力,只要它不超越这些限度,该生物体就能够繁荣昌盛。而当今局面非常特别又非常危险之处在于,当致命武器和宇宙火箭的生产不需要能源的时候,那些多余的可以利用的能量和资源,却被官僚集权体制和工业技术过程吸收掉了;并且,这些体制还把城市社会的各种专业组织扩散到更加广阔的范围之内。这些分散的、各自独立的城市组织和社区,都再不能有效控制自己的命运。结果,假如出现任何问题,无论局部的或者全体的,那些失效部分,可以说,是不能就地修理的,而只能是"送回到工厂去修理"。

这些事实让我完全信服了,而且,我想,也可以说服一切不抱偏见的冷静观察者。少数民族的骚动,进而制造暴力,这些现象一而再、再而三的爆发出来,都是有其深层根源的;这些深刻根源不仅仅存在于我们那些大都市破败不堪的物质环境当中。新近又爆发了一些示威游行和骚乱反抗,这些事件在很大程度上可以解释为,是对长期以来的贫穷、压迫、贫民窟住宅、失业、社会歧视、警察敌意、族群分割等等社会弊病等等早就该爆发的激烈反应。但是,有一些城市采取了强有力的措施治理这些社会弊病,包括底特律、纽黑文城等等城市,这类城市在新近这些危机爆发时却也未能幸免,与那些冷漠懒惰,无所作为的城市,几乎毫无二致。由此看来,尽管我们还面临城市重建的繁重任务,还要把我们的城市建设成为轻松愉快、抚育生命的可爱环境,但是,这些措施和努力却绝对不是万应灵药。尽管这些努力能够增强城市的种种善美和优点,却丝毫不能消减城市的弊端和邪恶。原因在于,城市的弊端和邪恶,不是本地社会能够控制的,其根源也不仅仅是本地的。

　　有些人忙不迭地提出要求,或者满怀信心地开出处方,让联邦政府拨款,投入巨额资金改善住宅,或者兴办"模范城市计划",相信这些就是消除群体暴乱和示威游行的有效方剂,就可以能够制止青少年犯罪、成年人犯罪……实际上,他们都没有仔细观察和思考以下的证据:比如说,假如青少年犯罪问题主要是贫穷现象和社会异化所造成的,那么,为什么在宽敞、舒适的富裕白人郊区住宅区里,同样也会爆发这种问题? 这类地区的共同特色显然不是那种糟糕的物质环境。所以,若想邀请立法委员们或者规划师们立即采取措施,治疗纠正这些问题,恢复社会秩序……除了江湖医生的骗术,我们什么也得不到。我们应该仔细注意思考的,不仅仅是城市,还有我们的整个政治体制。美国富裕社会的招牌形象,整天都在取笑着、折磨着受压迫的少数群体,由于他们享受不到那份应该得到的富裕生活。但是,现实社会本身却又让富裕群体中的青年人胆战心惊,他们脑满肠肥、百无聊赖、娇纵溺爱,不劳而获、不费吹灰之力就获得的骄奢淫逸生活,徒令他们产生乏味和厌倦之感。

　　已经爆发的这些事件,都只不过是总体大爆发和集体熔岩流中一些局部表现而已。这些总体大爆发等现象,都非常突出表明,过去这五十年是人类历史上一个最为凶暴的时代。这期间,有成批的毁灭暴行和无情的种族灭绝行为,这些恶果让历史上那些最凶暴的征服者和野蛮的毁灭战争都相形见绌,包括亚述人、塔塔尔人和阿兹台克人毁灭其他民族的所作所为。所以,如今我们城市社会文明中所发生的事情,假如不以这些更大范围的惨无人道的破坏历史作为参照物,是无法理解的,更是无法控制的。维多利亚时代有些学者曾经非常乐观地把工业文明解释为人类和平和丰腴社会的可靠保障;如今,这些曾经的进步技术,却因服务于否定一切宗教和道德价值的虚无主义主张和种种侵略活动,而日益腐败,逐渐丧失了早先的进步作用。工业文明一些最为重要的成就,包括核弹、计算机、雷达、火箭、超音速飞机,等等,无一不是战争手段的副产品。现代社会的传媒手段和大众教育机构都已经非常发达,几乎已经无处不在。但是,向听众灌输暴力,几乎成了一些机构的主要职能! 可见,若是我们仍然相信在致命的有害细胞仍在整个肌体血液中流动的时候,就能够治好政治体制上的一个器官——城市——自身的疾病,这无非显露我们缺乏最基本的生理学常识。

　　如今,至少有一件事情让大家都认识清楚了,这就是:无论是以往对于城市各种弊病的诊断结论,或者是针对这些诊断开出的积极治疗促进城市健康的方案,都被证明是无效的,不合格的。所以,尽管我曾经支持过的一些建设性的规划方案至今仍然是有用的,有生命力的;而且,实施这些方案,在今天比以往任何时候都更加迫切;虽然如此,假如把这些办法当作消除城市未来团伙滋事,"组群暴乱",或希望靠这些办法来制止黑人、波多黎各人的骚乱,那就太糊涂了。整个情势还有其另一个层面,值得考虑……

有一种意见认为,继续投入大量财力,继续进行公共住宅、城市更新等等行之有效的建设项目,就能够打开新局面、新开端。实际上,这样做只能培养出新的幻想。这样做,就类似给晚期的慢性病人复用大剂量的盘尼西林,虽然早些时候通过食物疗法和外科手术,这个病人是完全能够治愈的。如今,奇迹般的快速痊愈已经完全无望,相反,唯一可能指望能够发生的奇迹,就是要有足够多的人都能认识到,当今人类生活的全部内容,都该彻底维修保养了,包括所谓"超大型都市带的技术(the technology of Megalopolis)",以及那个范围和程度都空前拓展的经济所支撑的所谓富裕社会的主导思想,统统都该彻底检查,修理了。

这个题目太大了,我无法在这里继续讲述,即使是简短概略讲述也不可能。当代许多思想家,包括斯本格勒、汤因比、施韦策(Albert Schweitzer)①等人,都对当今人类的严重局面开出了诊断意见。我本人也曾对这个题目,在自己一系列著作当中发表过广泛的见解,包括最近出版的《城市发展史》和《机器的神话》。今天这一评论即将终结的时候,我谨提出一些十分困难而又迫切的问题;这些问题,大家直至今日都还不愿意正视。这里所说的大家,既包括了持不同意见的少数族群,也包括沾沾自喜自鸣得意的社会多数群体。前者由于长期遭受歧视和劣势地位,有理由愤慨,有理由不耐烦;后者则盲目乐观,鼠目寸光。

为了对美国当今情况有更深入了解,我想,我们首先需要区分三种情况。这三种情况当中,只有一种属于有条件可以立即着手纠正的。所以,首先,我们可以把那些手边有现成办法立即予以解决的问题一一筛选出来。这些现成的办法包括:害虫害鸟控制、改进垃圾收集方法、公共交通降价、新建学校和医院、新建诊疗所;第二类问题,则是那些需要采用新的观点和视角、新的组织机构、新的研究方法和手段,而这些措施的完全实现需要一个相当长的时间过程,毕竟是紧迫问题,宜尽早采取行动。最后一项,则是一些要求重新定向的重大问题,包括人类当今文明最终目的和理想目标的重新确定方

---

① 施韦策,Albert Schweitzer, 1875—1965,德国哲学家、神学家、管风琴家、赤道非洲传教医师。因其坚定信念和实践,获 1952 年诺贝尔和平奖。主要著作有《文化哲学》、《圣徒保罗的奥秘》等。——译者注

向的问题。这些问题的最终解决,涉及到彻底改变思维方式,其影响之深远程度,不亚于从中世纪宗教精神思想转变到现代的科学技术文明的思维方式。终究前面两项任务的成功解决,最终则必然取决于后面这一重大问题的成功转变。所以,我们根本无法指望一种由科学思想指导的技术方案来解决这些问题,而且,我们必须认识到,当今人类社会令人恼恨的问题当中,许多正是由这种构造极其精致的非人性化的技术本身制造出来的,包括大量无技术能力人们失业的问题。

接下来,让我首先来谈谈这最为困难的一方面;因为,尽管目标很遥远,出发却应该立即开始。笼统地说,这一基本问题的内容,实质上,就是如何控制权力、一味追求数量、自动化的生产和消费、无目标的活力和积极性。这一问题在当今变得特别尖锐了,因为先进社会可以支配的能源总量,已被科学技术极大地放大了。尤其是,这个问题的困难程度加剧了;原因在于,人类过度地把单纯知识积累当作自己行动的指南,注重所谓科学知识,结果导致原有道德、政治、社会控制手段都接二连三地崩溃了;并且把系统的规则纪律和社会秩序,都转化成了总体国家的组织形式(corporate organizations)。如今,要想让这些组织手段和制度资源重新服务于人类的最高目的,我们就不得不将其重新置于人类崇高价值的指导之下。

但是,在任何社会当中,一旦道德制约和个人禁忌的传统体系瓦解掉了,正像整个西方社会在过去五十年当中所发生的情形那样,那么,个人与全体为敌的战争状态,也就不仅仅只是一种理论上的可能性了。托马斯·霍布斯(Thomas Hobbes)①,不就曾经很不恰当地把这种战争状态描述成原始人类社会的初始状态的吗?实际上,这样一种可能的局面已经在今人类社会中变成非常明显的现实了。而且,很不幸,霍布斯曾经希望,人类社会当中能够找到、并依赖一种组织制度,能够消除这种自相残杀的血斗。而如今却恰恰是这个组织制度,变成了轻蔑和藐视法律、破坏秩序的主要罪犯,它正在千方百计扩大社会暴力的领域,并且放大社会破坏的进程以及种族灭绝的各种可能性。实际上,警察就是最主要的罪犯,而且,他们的榜样示范作用,能够在全社会飞快传播开来。

当今美国城市面临的种种严重问题——比如白人当政还是黑人当政之争等等——几乎每一个问题都是以往三百年历史进程当中已经都预先设伏下的,在充满了各种征

---

① 托马斯·霍布斯,Thomas Hobbes, 1588—1679,英国政治哲学家,机械唯物主义者,认为哲学的对象是客观物体,排除神学在其中历来的位置,主张从运动状态揭示物质现象,维护君主专制体制,提出社会契约学说,主要著作有《利维坦》、《论物体》,等等。——译者注

服、奴役制度、殖民化、剥削制度、种族灭绝罪恶的这三百年当中,曾经反复预示过这些问题的总爆发。如今联合国组织在种族主义和博爱精神之间、在民族主义和世界主义之间,谋求实现某种平衡的各种努力,却遭遇到许多困难;而这种种困难,没有一个不是该从最小邻里居住区入手,扎扎实实去谋求最终解决的!

如今,各种恶势力违反人类基本道德,威胁着这个星球上的一切生命;我们暂时没有办法很快地、很轻易地把这些恶势力都置于人类控制之下。但是,若要控制这些邪恶势力,人类就不得不实行一些健康有益的戒律、约束、审慎;就此而言,每一个健全的、有责任心的人,都有义务从自身个人的生活开始做起,共同担当起这一重大使命。只有那些不再尊敬自主精神的人,只有那些不再相信应该而且可以掌握自己的人,才会与文明解体的汹涌恶浪"同流合污",或者,消极到只能通过"弃权"来表达他们心灰意冷的不同意见。

至于说当今城市社会面临的现实局面和问题,我们必须下定决心采取最勇敢的措施;而要这样做则首先应该认识到,必须克服民众的巨大习惯力量和惰性:确实啊,新的措施和做法,必须坚决反对当代文明当中的种种支配势力,甚至也包括科学和技术中的种种势力;这些势力,一旦等我们能够脱离开这个暴力时代的错误倾向之时,是完全能够为人类幸福做出可嘉贡献的。但是,此时此刻,我们首要的职责却是,首先看到社会衰落、溃败的种种病理表现,从而不要与社会解体的趋向和势力继续合作了。假如古代罗马人懂得这个教训,假如他们,在自己那三百年罗马和平时期,吹嘘自己不可战胜的权力和富裕的时刻认识到这种教训,他们本来可以不那么快就丧失掉统治权。

不幸啊,甚至连一些本来可以迅速解决的城市问题——只要我们愿意接受解决问题的高昂代价——如今却都无法顺利解决,徒让一些社会改良主义者的良好愿望和信仰落空了。讨论城市社会解体的问题,首先让我们来考虑如何消除社群分割,如何废除种族隔离现象。如今大量的黑人和波多黎各人移民到(纽约城的)北部社区来了,这就让一度曾经十分松散的少数民族群体,进入到密集的大都市中心飞地(enclaves)地区成为密集群体。这种情势假如继续延续下去,他们就很可能发展成都市内不幸的无产阶级多数族群。而却没有一处开放住宅或者公立学校校车会对他们敞开大门,这样他们也就无可逃遁地陷入自我孤立的境地,陷入到纯粹因为自身人口数量少而形成的自我孤立族群状态。可以设想实施一些都市更新计划,来改进这些种族和文化特殊的群体生存状态。但是,在考虑任何计划之前,我们则首先应该回答一个问题,尤其该由少数民族自己来回答的问题,就是:他们是否愿意从目前居住的邻里地区迁移出去? 是否甘于接受游离散布在范围广阔的地区内,与其他族群混合居住,因而失掉自己民族当前一

238

些文化认同,以及族群的凝聚团结状态?

假如他们选择维持在原地不动,而且保持族群数量规模,他们就得接受持续的孤立状态;而且,不仅仅是文化孤立状态,还有环境拥挤。而且连带着还有:娱乐空间不足,医疗和卫生设施和服务紧缺,等等。但是,假如他们选择迁移到很远地方去,以便能够享受良好的住宅和就业环境,包括工业或者农业工作机会,以及稳定可靠的邻里设施,那么,他们就得变成当地新城镇社会,或者郊区,或新开发的农业社区的组成部分。那样的话,他们或许需要一个世代的时间才能完全融入当地社会,无论他们作为本地公民的合法身份和地位能够多么顺利、迅速和可靠地获得。

而这样的决策,由谁来做出呢? 本地市政厅或者权威机构无法做出这种决定,华盛顿则更无能为力。因为这样的决定只能由当事人自己做出来。如今,经过了那么多试验性城镇规划和住宅计划之后,这样选择已经完全成熟可行了,选择的道路已经充分打通。然而,假如不把这种选择途径也吸收进去,成为方案本身的一部分,就绝对拟定不出明智的城市更新方案来。如今只有一件事情是确定无疑的,这就是:如果大都市的移民进程,以及大都市人口的增殖率,都继续保持在以往这些年的水平上,就将不再可能有任何补救办法来组织、遣散、重新安置都市人口,使之进入到较小城镇里去了。无论是地区而言,或是就全国而言。幸好,我们还有个很理性的计划可以重建居住区,重新安置人口……这一方案仍是个可行的选择。而且,如今比以往更加可行,原因在于,过去二十年当中,又有许多工业和商业部门,如天女散花般地迁移到郊区了,远远离开了大都市区。

可是,在这些计划的后面,至今仍然有各种潜藏的人文因素,非常细微、精巧、柔弱,非常不确定,使得人们难以迅速做出决策。疏散城市人口的政策,如今获得了知识界和实业界中一些受过教育的中产阶级黑人悄悄的支持。但是,这一政策却会让拒绝迁移出去的大都市贫民窟人口陷入缺少领导层的真空状态;结果会让这类地区的社会状况更加不如从前。除此之外,遣散人口还会造成亚文化的破坏,以往哈莱姆,以及纽约大都市其他类似的文化活动中心,已经发育出了各种脍炙人口的亚文化活动内容。如今这些亚文化活动,通过音乐、舞蹈、戏剧等等表现形式,已经成为黑人和波多黎各人的民族个性和自尊的重要源泉之一了。当然,当这些相关人口从纽约下东区自愿迁出之后,这些一度十分繁荣的、以犹太人适用的国际用语为基础的意第绪语言亚文化(Yiddish subculture),自然也就会渐渐消失掉。至今犹有一支黑人少数族群异常活跃——其人数之多少,则仁者见仁智者见智——他们就坚持抵制这种文化同化政策。但是,两种做法之中无论哪种,都还不甚分明或者简单。因此,都应该保持开放心态,听取不同意见。

可是,假如对当今少数民族居住的贫民窟和城市衰败地区进行改造和恢复性建设,使之继续容纳拥挤的人口,无论其形式是政府喜欢的高层单元楼房,还是拥挤地段的密集低矮住房,这就无异于继续建造超级的贫民窟;那将是一些缺乏良好居住条件的住宅,缺少阳光,缺少新鲜空气和露天环境,更缺少优雅的视觉享受;而这些因素恰恰正是珍妮·雅各布斯所津津乐道的。这种住宅区里,主要的游戏场所仍然是街道,虽然现如今那些街道已经十分拥挤,满是危险的车辆来往穿梭。在每英亩土地面积上按居住 300—400 人的指标设计而成的住宅区内,无论是煎锅还是炉火,都不再有令人向往的生活意味,更不用说可怕的人口规模。这些都将不再有益于人体健康或者邻里合作,也不利于养育儿童。但是,贫民窟里的居住者们,面对被赶出家园的强制手段,往往愤慨地反对强制搬迁,非常不愿意迁回到违反人性的高层单元楼房里去,这样的反抗情绪和冲突如今就经常爆发出来。因此,假如谁还要继续建造这样的楼房,那岂不是太愚蠢了吗?

任何完备的邻里住宅建设项目,其质量的核心要素,首先就应该是保障安全、健康、教育,以及保证成年人对幼年的养育和保护的环境要求。而一切高层住宅楼房建设项目,除了健康和卫生条件之外,高层楼房因其规模,以及设计中未考虑不同居住者的不同要求,因而都非常不适合青年人的使用和居住,甚至它简直是个敌视青年人的环境。原因是,几乎没有给小孩子提供任何游戏空间或者从事自己自由活动的安全有益的空间环境,或许除了组织化的运动场比赛活动是个例外。在这种居住区内,即使是爆发一些最不值一提的犯罪活动,或者少年人常有的一些荒唐无理的调皮捣蛋行为,也会立即被贴上青少年犯罪的标签。青少年在这种环境里,要时刻谨慎小心,简直动辄得咎。因此,著名诗人罗伯特·弗罗斯特(Robert Frost, 1874—1963,美国著名诗人,善于采用传统诗歌形式和口语表达新鲜内容和现代情感,作品主要描写新英格兰地区的风土人情,四次获得普利策奖。主要代表作有《白桦树》、《修墙》、以及诗歌集《山间》,等等。——译者注)居然一度向我承认,他自己就感觉到,他的青少年时代简直仿佛是在旧金山地区教养院里度过的。

由于缺乏成年人的监护,缺乏家长正常的调教,青少年对于成年人的反叛情绪又找不到适当的发泄渠道,于是现在出现了更糟糕的情况:新近爆发的城市暴乱中一个非常不吉祥的现象和特点,就是出现了大批儿童,成群结队沿街闲逛,玻璃瓶子和石块当武器,公然挑衅警察,藐视、谩骂、挑衅、打斗,不一而足;就在警察眼皮底下公然砸碎玻璃窗,抢劫商店。不过,这些现象只不过是二十多年前那些激烈行为的强化版本而已;当时,砸玻璃窗、动刀子、杀人、纵火,就已经成为"城市街道青年的精神"的典型表现了。

……青少年犯罪现象,已经不是居住在贫困住宅区被压迫的少数民族族群独有的行为。如今已经扩散到郊区的白人群体,那里的中产阶级,甚至包括上层阶级里,也发生了同样的现象。但是,两者都反映出一些潜在情况:试想,一大伙青年人无所事事,百无聊赖,精神贫乏,迷茫失落⋯⋯还有,这些状况反映出其后面掩藏着的家长指导完全缺位,以及社区教育的严重瘫痪。我们发现,在这两种族群当中,在比较年轻的成年人群体里,乱交和性乱行为,身为家长而不负责任的现象,非常普遍,已经开始威胁、破坏到一切稳定社会的基本单元——家庭。根据最近的调查统计,大都市的黑人社区当中,有一半儿童竟然不知自己的父亲是谁。这样,这些孩子不仅丧失了男性家长的监护权益和榜样示范教育,而且,他们自身对于个人贞洁的意识,以及个人身份意识,同样都遭到不同程度的破坏。

家庭解体这一悲剧,只能在一定程度上归咎于住宅条件恶化。但是,不幸,这一问题却随着立法工作中一个人性化的进步措施而加剧了,恶化了,而且是有意识而为之:新立法条款规定对独自负担孩子养育的母亲一方,提供福利救济。这样,假如这个孩子的母亲没有丈夫,那么,这一条法律就变成了对于不负责任性交行为的一种补偿。而且还会助长长期的怠惰行为。有一个这种情况下长大的女孩子,对她进行的一项调查当中,当调查员问她,长大了愿意做什么工作时,她回答说,想去画画儿(I want to draw)。调查发现,这孩子想要画的东西并不是什么图画,而是想画一张福利支票(welfare check),因为他妈妈的福利支票就是这样画出来的。这个故事显露出,这种本意在于援助母亲的补救方法,却产生了一个违反孩子道德成长的不良社会效果。

很显然,黑人和波多黎各人群当中的高失业率,以及贫困群体中的低工资水平和贫穷状况——包括有色人种,也包括白人贫困群体——已经严重影响到他们婚姻家庭的稳定,甚至于挫伤稳定婚姻;而且可能还会挫伤男性家长的家庭情感。可是,假如认为纯粹依靠政府提供更多的住宅房租补贴,也就是提供更多的福利支票,或者,改善住宅条件⋯⋯这样就能够纠正这种状况,那就会忽略了同样重要的另一面,这就是当事人方面的积极相应与合作行动。乱交和性乱这种问题,是无法靠法律手段来合法纠正的。但是,一些良好行为,比如稳定的婚姻家庭,家长谨慎负责的态度和做法,却可以正大光明地予以表彰和鼓励;其具体做法,不仅包括长年的工资,还有给负责养家糊口的父亲支付的家庭工资(family wages),法国就是这么做的;美国的做法是仿照社会安全方法来予以补贴,还有附带发放奖金,奖金发到第三个孩子出生为止。总之,这些做法都是城市更新计划本身所无法包括的。但是,只有把恢复家庭完整结构也作为住宅计划的基本目标之一,这样才称得上是一个成熟、充分的城市更新计划。

说起这个问题,假如你能够心平气和地听听新近一份研究报告,香港的这份调查报告就非常切题,很富启发意义。这报告大体上告诉我们:在基本医疗卫生条件具备之后,道德因素就比纯粹物质条件更显得重要了。在那种高度紧张拥挤的大都市里,政府给最低收入群体提供的高层住宅,其密度之高简直是美国任何住宅部门都不敢设想的。这类住宅,充其量也只能说达到了能够防鼠、防火、有卫生设施。原因是,家长和成年孩子都要出去上班,这样,年幼一些的孩子就终日被锁在房子里。从表面上看,这样恶劣的条件和处境,一定会加剧当地的居住困难和青少年犯罪问题,因为这些问题都是美国的低收入群体的高层楼房住宅中必然会有的。

241

但是,虽然香港市政部门提供的住宅中,住户家庭生活的环境和条件都远非理想,但是这些缺憾却因两个因素而大大得到补偿,这两个因素却都是美国大都市社区里所没有的。第一个,就是中国人的对于家庭生活的价值观念仍然很稳固;尊老爱幼的习俗非常普遍,这个传统维持得很好。家长多在外打工挣钱养家,很有责任心。另一个因素就是,由于贫穷困难,生活压力较大,家庭的每个成员,无论老小、长幼,都要负担责任,每个成员都要完成各自的日常工作。因而青年人既不会由于家庭解体而发生道德堕落,也不会由于终日无所事事而懈怠消沉。他们的家长也不会由于做梦发财而想入非非,不会因幻想而感觉贫困生活更加难以忍受。即使是香港的血汗工厂里的苦重劳动,也不会看起来比美国的终日无所事事更加催人道德堕落。我们曾经致力于保护未成年人免受苦重劳役的折磨;如今,保护他们免受终日无所事事的摧残,已经变得与当年维护童工权益同样重要了。为此目的,无论是保护儿童的童工问题立法条款或是工会有关规章制度,都该从合理立法角度重新思考,彻底修改了。

你可以对香港报告的这种情况持某种保留态度。不过,这种情况从美国早期的经验中也可以得到证实。因为,美国都市社会的老一代的移民当中,也曾经长期保持着很类似的情况。他们还大体上遵守着从旧大陆带来的习俗,乡村社会的忠实情感联系还很稳固,家庭成员之间也保持着牢固的亲情纽带,或者服从宗教箴言戒律、礼节仪式的约束。他们秉持这些希望和理想,基于自身对美好未来的憧憬,以及自身的勤勉、自律和自爱。19世纪贫民窟生活的物质条件无疑是很恶劣的,与当今哈莱姆地区的情况几乎完全一样,或许比瓦茨地区(Watts)还要更糟糕些。但是,他们有比较强烈的道德意识作为一种抗衡和支撑,这些因素援助他们抵制恶劣的生活条件。可惜,这种道德优势已经随着人类价值观念的总体瓦解而逐步丧失了。

我说了这么多,就是想指出一点:无论是兴建公共住宅,消除贫民窟,或是振兴邻里社区这类措施,包括给当今城市更新计划中附加更多人性化内容,这些都不足以充分克服当今城市内部发生的社会失范状态。这些失范状态本身就是病态表现,显露出人类当代文明正发生着范围更广的道德崩塌。所以,虽然说良好的城市规划,恰如纯净水一样,都是人类健康所必不可少的,却不能治疗人类的疾病,正像不能依靠水来治疗疾病一样。当今人类社会的各种特点,富裕、遥控、电子按摩……应有尽有,却丧失了许多宝贵的价值观念,所以,凡是应该恢复的好东西,当今都市更新计划都应当切实重新予以恢复。而且应该给城市少数民族社区提供的城市改造计划,同样也是社会其余部分也急需实施的。从这个意义上说,没有什么所谓的黑人问题,也没有什么所谓的波多黎各人问题,我们面临的只是一种问题:人类的问题。

　　说到这个主题,我们真应该充分注意到瑞士精神病理学家荣格博士(Dr. C. G. Jung, 1875—1961,瑞士心理学家,精神病学家,首创了分析心理学。——译者注)对于他自己人生经历的观察和分析。他在其自传《记忆、梦想与回忆》(Memories, Dreams and Refletions)一书当中,回忆和叙述了自己当年因源起于自己的无意识(unconscious)造成精神失常的一段艰难岁月。作者说,他之所以最终没有完全瓦解崩溃,真要感谢他自己自觉意识到,他还有个家庭要供养,他提醒自己,自己还是个有身份的人,是大家都十分尊敬的专业领域的一个成员,提醒自己是居住在一所不错的房子里,生活在同样熟悉和认得出来的城市之中,他在这个城市里每天还有必须完成的职责和任务……他就依靠坚守这些确定无疑的证据,最终战胜了自身内心的精神解体的趋势。

　　荣格所说的这些内容,也都是维护社会延续和人格完整的极其重要的条件。而如今,这些条件全都在崩溃瓦解,无论是在中心城市或是外围地区;不过,尤其是在最低收入的群体内,这些条件都已经最彻底地崩溃掉了。这一不幸的少数人口群体,没有正常的职业和工作,更没有从完成工作当中得来的自尊;他们所在的邻里社区和城市,已经经历了而且还在继续经历着突然而巨大的结构性变化;这些变化当中,既有好的内容,也有坏的内容。无论什么内容,则都在抹去他们所熟知的社会形态,都在消损他们的社会归属感,而他们自己则在如此浩大的消散过程中变得支离破碎。他们发觉自己没有家庭,没有财产,没有职业尊严,也没有靠自己劳动挣来的收入,没有认得出来的家园,什么都没有,没有任何东西能够帮助这些陷于孤立的,生不逢时的少数民族群体,去抵挡继之而来内心精神的最终解体。

　　当年,荣格最终没有跌入精神崩溃。在分析自己最终靠什么条件得以逃脱这一不幸结局的时候,荣格讲述和总结了历史性古典城市所具有的特殊好处;这些条件都是那些动荡不稳的、缺乏凝聚力的、松散破碎的大都市所无法比拟的。同时,在分析这一过程中,荣格博士同时明确指出,当今各种恶势力正在裂解和摧毁人类城市和文明,使之远离人性标准;而上述那些基本前提条件,同样也能用来最终克服这些恶势力。

第五章　美国愿景

凡是豪杰出现的地方，
都会爆发革命。

拉尔夫·瓦尔多·爱默生

....

导　论

　　一个创造性艺术家首先是先知和革命者，这样一个艺术家应该具有什么样的精神思想？芒福德在《乌托邦的故事》一书中，就提出了这样一个主题；而且这一主题贯穿了芒福德此后终生的研究和创作活动。在这本文笔生动的著作中，作者提出一项任务，他设想了一种新型革命。这种革命的起源和主导力量，既不是为好事谋反的政客，也不是躁动的无产阶级，而是从爱默生、惠特曼、梭罗等人思想范式中铸就的"创新者和思想家"。瓦尔特·惠特曼说过这样的话："艺术家肩负这样的使命：他要融入整个世界，向全世界宣讲美的福音书。这就是他们的使命。完人，就是完美的艺术家。"[1]这是惠特曼描写人文精神的文字，芒福德从中深受启发，并以这种精神开始了他领域宽广的职业生涯：作家，以及一个自命的革命家。

　　因而从他的创作活动一开始，芒福德就倡导人类的文化觉醒。而且他相信，这种觉醒会首先出现在美国；因为美国是个拥有无尽希望的国度。因而他和其他青年作家的使命，就是为这个新大陆的复兴时代准备觉醒的土壤。为此目的，他们需要找到一种生生不息的文化传统，作为这种复兴的摹本和支撑。但是，这个传统必须是美国自己的、本土的，芒福德在20世纪20年代发表的论文里[2]，就坚持这一主张。他认为，处在这样一个时代，美国知识分子应该把目光从欧洲转向自身，不要继续向欧洲寻求指南，要用新的眼光审视自己国家文化；他们会从中发现尚未被充分认识的强大生命力，会发现具有创新意义的光辉前途。在 20 年代与范·维克·布鲁克斯①(Van Wyck Brooks)、沃尔多·弗兰克(Waldo Frank)、保罗·罗森弗莱德(Paul Rosenfeld)、康斯坦斯·卢克(Constance Rourke)，及其他"童子军和观察家"的共事中，芒福德投身到一场运动之中，去揭示他称之为被埋没的美国文化遗产。他曾在《乌托邦的故事》一书当中倡导弘扬现代人文主义精神，这就是他为此所做出的第一批贡献。

　　几乎就在这个时候，芒福德开始了一项几乎占尽他一生的新计划——详细阐述"中世纪欧洲社会文明解体之后，西欧的精神思想领域都发生了哪些变化；并且追溯它对美国的影响"³。中年时，通过阅读约翰·罗斯金(John Ruskin)②、威廉·莫里斯(William Morris)③以及亚当·斯密(Adam Smith)④的著作，芒福德找到了一种理想化的平衡方式——一种人类情感生活与理智层面之间的平衡，这里集中体现了他对精神与物质生活的关注和研究。而且他感觉到，人类生活方式中这样一种均衡状态，在中世纪结束以及继之而来的科学和理性主义的片面性时代里，多半都已经消失不见了。

　　芒福德把自己这个主题之下的第一部著作称之为《黄金时代》。而他在书中所呼唤的这个所谓黄金时代，并非古城墙环绕、教堂尖塔高耸的中世纪欧洲，而产生了惠特曼、爱默生、梅尔维尔等著名作家和思想的美国。从这些人的著作中，他发现了一条活生生的纽带，联结着中世纪和自己所处时代的社会焦点。于是，他就一部接一部地写成了三本大胆而独到的著作:《黄金时代》、《赫尔曼·梅尔维尔》及《黑褐色的三十年》。在这些著述中，芒福德不仅清楚地描绘了美国有机世界观的兴起与衰落，还在 19 世纪中期美国文学巨匠的著述当中，找回了美国自身丰富的本土艺术传统。他当时正通过著书立说推动美国的区域建设运动，因而希望这一发现能够成为"美国区域规划协会"的创造性活动的思想和灵感源泉。芒福德有关区域理论和美国文化历史研究的一系列著作，以及像他一样的前卫艺术家们的作品一起，共同为美国文化的更新改造构筑成一道互相连接互为补充的系统工程项目。

---

① 范·维克·布鲁克斯，Van Wyck Brooks, 1886—1963，美国文学史家和评论家，著有《发现者和缔造者》丛书，追溯了 1800—1915 年的美国文学历史。——译者注
② 约翰·罗斯金，John Ruskin, 1819—1900，英国艺术评论家、社会改革家，所著《威尼斯的石头建筑》一书赞赏中世纪哥特复兴式建筑，捍卫拉斐尔前派的艺术主张，反对经济放任主义，还著有《近代画家》、《建筑的七盏灯》和《时与潮》等。——译者注
③ 威廉·莫里斯，William Morris, 1834—1896，英国诗人、画家、工艺美术家，组织社会主义联盟[1884]，创办凯尔姆斯特出版社[1890]，主要作品有诗集《地上乐园》、《社会主义歌集》、散文《乌有乡消息》等。
④ 亚当·斯密，Adam Smith, 1723—1790，英国经济学家，古典政治经济学的代表，从人性出发，研究经济问题，主张经济自由放任，反对重商主义和国家干预，主要著作有《道德情操论》、《国富论》。——译者注

《黄金时代》一书的开篇章节,就是这篇"美国国家精神的起源"。芒福德在这里讲述说,到美国定居具有承上启下的意义:它是一个漫长时代的终结,又是一个新时代的开端;标志着中世纪社会综合体的瓦解以及新的时代的到来,这个时代的显著标志,包括记录时间、科学研究、新教精神以及资本主义。当欧洲移民定居美国,随身就带来了这种新文化的种子:包括他们关注现实利益以及实用价值,各种物质生产和征服自然的成就。在他看来,困扰美国作家的问题,从一开始,就是如何在一个文化片面性社会环境中生存下去,以及如何在此基础上继续实现社会创新。他在此书中说,多数美国作家,面对这种快速发财以及投机取巧的社会文化,都不同程度不同方式上,表现为"裹足不前或瘸足前行"[4]。

为形成和发展自己论点,芒福德从他的第一位导师兼赞助者,范·维克·布鲁克斯的作品中汲取思想营养。但是,《黄金时代》一书,在如何评价美国文学的想象能力这个问题上,却提出了与布鲁克斯最初评价结论完全不同的论点。芒福德从美国文化发展序列中,发现了一段充满思想成就和整合精神的伟大时期;而布鲁克斯当时对这段时期的评价却只有失败以及一些发展不完善的人才。

赫尔曼·梅尔维尔年轻的时候,美国文化正处于芒福德所说的黄金时代。新大陆文艺复兴当中的五个领军人物——爱默生、梭罗、惠特曼、霍桑和梅尔维尔,在芒福德看来,体现了一种新的美国个性;这种个性结合了理性洞察力和感性开放精神,将自己国家全部希望和潜力都涵盖其中。这五个人中的每一个,都拥有芒福德所说的全方位视角和完整形象。这正是他最为称赞的中世纪思想中最可贵的品行。而且,虽然他们从范围宽广的欧洲文明遗产中汲取营养,却并未回归旧历史去为自己的新文化寻找摹本。他们欢迎探索精神,欢迎科学、蒸汽机、民主新概念,甚至吸收到自己作品当中当作原料,以创造出新观点,发现新的方向。这也正是芒福德希望自己同时代年轻作家和建筑师应该做的事情。

不可否认,芒福德自己对这个黄金时代已经做出了最理想的诠释。但是,我们必须记住一点:对他来说,过去的历史是没有"客观事实"的,范·维克·布鲁克斯也持此观点。[5] 每一代人都有责任,根据自身的目的来重新发现并重新塑造历史,代表更美好的未来重写历史。从这个角度看,那些能在芒福德倡导的区域运动中充当领军人物的充满创造力的艺术家们,同时也是他笔下美国历史进程中的各种主角,也就并非巧合了。他们都通过自己的生活实践和文学作品,生动地再现了人类的创造天才、均衡生活方式,自我主导的人生态度;他们非常清楚这些东西对于完整均衡的人生的丰富涵义;而在芒福德看来,这些东西却都正随当前专业化和机械化的时代潮流而迅速消失着……

代表新人类的爱默生,就曾非常推崇以上三种要素。这个黄金时代的所有作者中,爱默生对芒福德一生产生过最大、最深远的影响。显然,爱默生是青年时代芒福德非常向往的偶像式人物:这是一位道德革新者,他主要关注价值观方面的道德革新,而不陷入政治和经济生活细枝末节的重新调整;同时又是一个预言家和传教士,而并非一个策划者或是政客。像爱默生一样,芒福德对他所处时代的不平等、不公正都直言不讳,却没有加入过任何一个政治运动或是宗教教派。这样虽然局限了他,让他的影响力短期内未能完全发挥;然而却让他能够保持精神世界完好无缺,尤其让他的思想主张,在他顽强不屈、奋斗一生的事业中完全符合他要重新建立的新世界。本章最后一节的总结性论文,《新世界的希望》,就最能体现这一点。这篇文章是他在 70 岁时所著,是对美国文化的总结演说。当时的芒福德,用雪莱的话说,正在"进行一场战斗,同时间带来的衰老进行较量",无论力量对比相差多么悬殊。

注释:

1. Quoted in Justin Kaplan, *Walt Whitman*: *A Life* (New York: Simon and Schuster, 1980), 168 - 169.

2. Mumford, "The Collapse of Tomorrow", *The Freeman* 3 (July 13, 1921): 414 - 415; Mumford, "Abandoned Roads," *The Freeman* 5 (April 12, 1922), 101 - 102.

3. Mumford to Dorothy Cecilia Loch, December 8, 1925, LM MSS.

4. Mumford, "The Ordeal of Mark Twain", *Saturday Review of Literature* 9 (May 6, 1933): 473 - 475.

5. Van Wyck Brooks, "On Creating a Usable Past," *The Dial*, April 11, 1918, 338.

美国国家精神的起源

移民定居到美国,缘起于欧洲已经无法安居乐业。当欧洲在精神思想上已经如此遥远地背离了它发源地的古老理想和生活方式,以至大西洋的浩瀚水面也挡不住人们跨越这种精神鸿沟的时候,美国土地就遥遥在望了。欧洲文化的结构松懈、内容变换以及最终的分崩离析……这些现象,其实都最清楚地表现在美国土地上。但是,这种裂解过程却是在欧洲就开始了的。不仅如此,后来支配了整个新大陆社会生活场面的各种兴趣和爱好,其实也都起源于欧洲旧大陆。

新教教徒、发明家、政客、探险家,还有漂泊不定背井离乡的人,这几类人都首先出现在欧洲,后来才在新大陆联合起来,组成了复合型的美国社会。假如我们了解了这些人物类型的由来,我们也就能透彻理解美国国家精神的起源。漂洋过海移民来到大西洋彼岸定居下来,这一举动其实是一个漫长过程的登峰造极;它包括中世纪文化的解体和结束,同时也包含着另一种新文化的孕育和开端。假如说,中世纪文化的解体过程是在美国达到了最彻底程度,那么,新文化的这一更新过程,在接连到来的几个时间段内,也都曾在这个新兴国度表现得最活跃、最明显。所以说,人类到美洲冒险的最大意义不在于对物质财富永不停歇的求索,而在于开创一种真正新型的人类文化。旧大陆文化,究竟是从哪些连接点上一个接一个崩溃了的? 新的文化,又是从哪些地方开始茁壮地生长出来的? 这些问题就是本研究两个极点的位置。一些很有价值的东西,却在美国殖民过程中消亡了;它为什么会消亡? 又有些很有价值的东西,却在此过程中创造出来了,这种创造过程如何实现的? 假如我不能很清楚地回答这些问题,我想,至少我能更清晰地展现这些问题本身:我可以追溯它们,直至它们最初的历史发端,并且将其展现在它原来的社会背景之中。

250

直至 13 世纪的时候,欧洲文化对于中世纪的继承,都仍然完好无损。但是到了 17世纪末,就变成了一堆碎片了。从人们的行为当中来判断——假如不是从行业活动来观察——欧洲文化已经无法掌握社会精神思想的走向了。那么,究竟发生了什么事情呢?

如果我们把世界总结成托马斯·阿奎那(Thomas Aquinas, 1225? —1274, *中世纪意大利神学家和经院哲学家。他的哲学和神学被称为托马斯学派。——译者注*)和但丁同时代人的那个样子,那么,我们就能清楚地看到两个重要事实:当时的物质世界周围环绕着一条狭长海洋,这个世界当时还很有限。而且,这个世界的上面,很高远的地方展开来的,是辽阔的金色天穹,那里充满无尽的希望和令人向往的好事情。中世纪文化就生存在这种不朽梦幻之中。这种梦幻里面,尘寰世界,无论是城池、城堡,还是长途风尘的骆驼商队,都不过是讲述序幕的前台,而正剧本身则要等死神的帷幕垂落才会正式开场,这戏剧首先将摧毁生命的幻想,随即引出戏剧的最主要场面,这场面就是天堂本身。人类的有形世界,在整个中世纪历史阶段内,都是有限的、安全的。人们从事的各种职业都有明确规定;他们人品的优劣,也都有说明和讲述。人们享有的权益和负担的职责,虽然不无争斗,却基本上都规定好了。指导日常生活和活动的,是一整套来源于基督教有关永恒信仰的生命意义和信条,包括这样一些理念:生命不是一段生物活动过程,而是一段道德救赎期;人类本是一巨大等级制度的居中环节,下接罪恶者,上联威风凛凛的天堂之主。以及,生命——或得救或受罚——只有延续到来世才有意义可言。

所以,将近一千年来,基督教这些信仰和象征符号都指导着人类,而且在很大程度上改变了人类的行为和活动。直到后来,这些信仰和象征物一个接一个地垮掉了;一个接一个变得不再"真实"或者有趣。直至后来,那个凝聚人类和宗教的美好梦幻也逐渐消解。这过程结束之后,团结有序的基督教国家就变成了一系列独立的主权国家,而基督教本身则分裂成许多互不相容的教派。

中世纪文明是什么时候,从那些节点上,开始衰落、解体的? 目前,这个问题的答案是"随同文艺复兴一起开始的",但这仅仅是在逃避问题。还有,中世纪文化又是什么时候结束的呢? 答案是:中世纪文明的很大一部分,至今仍在继续沿用,而且已经混杂在那些继承中世纪文化的各种习俗和思想之中。但是或许,这一漫长过程的开始和结束,每个人都可以给出自己的答案。有人说这次改变的第一个迹象始于 13 世纪,它是随报时钟声一起到来的。当时,中世纪文化再也不能统治和指导欧洲地方社会组织了,因为当时教会无视当时新经验,直至终于再也不能从这些经验中汲取可借鉴的意义、因而更无力改变这些经验的本质。加之,教会在高利贷问题上的约束无力,以及未能及时应对社会对于新教内部管理集团的批评;面对科学研究的新领域和新标准却毫无准备,不能适时调整治学方法去适应新趋势;无力阻挡各国中央政府对自治城市、封建采邑和修隐寺的兼并吸收,等等。这些仅是整个衰退耻辱过程中的几例。若把上文所述每件事情都一一标明日期是不可能的,但有一点则很清楚,到 17 世纪末,上述事例中,这一项或那一项,就从欧洲全部领土上一劳永逸地消失了。在诸如英国这样一些国家,上述内容则全盘消亡了,而这些国家则因而赢得了"先进"的美称。

接下来一系列事件的发展脉络,就很容易梳理清楚了。首先报时的钟声敲响了。于是,时间概念,或者说时间维度(temporality),又重新占领了人的精神世界。13 世纪伊始,城市居民在欧洲各处建立起钟楼和钟阁,记录时间的流逝。沉浸在自己的运输和手工业活动中,城市居民开始淡忘自己在永恒时空里的可悲命运,转而为自己的城市和行会感到欣喜和自豪;同时,他还意识到时间一分钟一分钟地流逝与轮替,因而开始谋算如何更有效地利用时间。让钟表这样有规律地鸣钟报时,当时这只是人们一种天真无邪的娱乐享受,但它却带来了很重要的影响。意大利和德国南部能工巧匠发明了钟表:他们改良了木匠车床原理,并将其应用于金属,制造出了精确的机械表。这就是精密工艺技术的肇始和开端。手工艺人从测量时间入门,不久也掌握了如何测量毫米。有了钟表匠们开创的知识和技术,手工艺工人就有办法制造望远镜、显微镜、经纬仪——这些都是工具手段,它们又为未来的空间探索和度量开创了无限的可能。

人类对于时间和空间的兴趣是同步发展的。15 世纪时,地图绘制者设计出了测量和图解地球表面的新方法,而大约在哥伦布航海时代一个世代之前,他们开始用一种想象出来的经纬线标记地图。水手一旦有能力计算出他所处的时间和空间位置,整个海域就向他开放了。甚至连那些没有特殊航海技能的马可·波罗、埃里克松那种勇敢的普通人,也可以去遥远陌生的国度了。如此看来,时间和空间占据了欧洲人的精神世界。当世界是如此广阔,每片新发现的土地都充满了即使不是财富也是希望和新奇;即使没有新奇,也是一片可以自由呼吸的净土。如果是这样,为什么还要继续梦想天堂和永恒呢?所以钟声敲响了,船只启航了。有了新知识带来的安全感,欧洲人便在空间里不断拓展新的境界,而且在时间里穿梭往来自如;摒弃掉的是短暂的现世观念,如今这观念已随关于永恒的旧信仰飘散得无影无踪。考古兴趣和对于理想国的各种幻想,是欧洲文艺复兴时期历史的突出特点。在这一方面,欧洲人创造过许多形象,都体现了纯粹世俗世界实现的各种梦想,包括过去的,也包括未来的:例如,古代锡拉丘兹古城(Syracuse,位于意大利南部西西里岛东南角的古城遗址,为公元前七百年古希腊城邦;体现了城市居民的自治理想。现已被联合国开辟为文化遗产。——译者注),以及太阳城(the City of the Sun)①,同样都值得重视。

有些历史学者认为,君士坦丁堡的陷落以及希腊文学的扩散,对于上述种种演变具有决定性影响;其实不尽然,但这两件事情却与这场大变迁同期而行。显然,古希腊罗马的形象仍然为人们的精神思想提供暂时的寄托。但是,原有的牢固知识以及信念面对新局面,已经感觉远远不够了:即使不是将原有知识和信仰全然抛弃,人文主义者们也需要借助古典文学的力量填满它们留下的大片空白。欧洲人的兴趣开始从传统模式的天主教大教堂,转向古罗马建筑师维特鲁威(Vitruvius)②倡导的建筑风格。这位建筑师对人体非常感兴趣,就像个完全不信教的人。同样,达芬奇(Leonardo da Vinci)③所绘制的圣约翰画像,也距基督教原则所望甚远,以至于分毫不改就能用作酒神巴克斯的画像。圣母本身则失去了圣洁光芒。天啊!圣婴消失了,母性和责任消失了,圣母变成了

---

① 太阳城,*The City of the Sun* 一部古代哲学著作,意大利文版本成书于1602年,讲述人类最早的理想国设想,后来又以拉丁文在1623年在法兰克福出版。原作者是意大利多米尼克的哲学家托马索·坎帕尼拉(Tommaso Campanella),是在他作为异教徒遭囚禁后不久写作的,全书模仿了柏拉图《论共和》中的对话录形式,就一个新兴社会模式展开辩论,这个社会当中商品、女人、儿童,都是公有的。——译者注
② 维特鲁威(Vitruvius),公元前1世纪,古罗马建筑师,所著《建筑十书》载文艺复兴时期、巴洛克及新古典主义时期成为古典建筑的经典。——译者注
③ 列奥纳多·达·芬奇(Leonardo da Vinci),1452—1519,意大利文艺复兴时期画家、雕塑家、建筑师和工程师,在艺术和科学方面具有创造性见解和成就,代表作有《最后的晚餐》、祭坛画《岩下圣母》及肖像画《蒙娜·丽莎》等,著有《绘画论》。——译者注

爱神维纳斯。圣贤托马斯·阿奎那对于神学,是怎么评价的呢? 人们可以去阅读柏拉图的《对话录·斐多篇》(Phaedo)。亚里士多德对于自然历史有怎样的见解? 列奥纳多独自一人就在意大利托斯卡纳山里发现了化石,并由此推断说,这里曾经是海洋。这么巨大的变迁面前,只有朴实的农夫才会那么舍不得离开圣母,才会跪倒在十字架前,央求圣徒代为祈祷。但是,这些形象和观念,面对欧洲如今已经聪慧了的思想界,早已失去了控制力。这些思想家们以及这些知识分子冒险家们,早已突破现实世界与永恒观念的狭小天地,开始叩问遥远的异邦,叩问昨天真正的历史。而且,既然所谓"永恒"是一种十分十分遥远未来,而且,我们人类过一百年之后就将变得苦不堪言。那么何不就用明天来替换那个遥远的"永恒"呢?

　　但是,确有这样一些人,他们很难摆脱中世纪关于永恒的梦想和学说。所以,他们保留了这个旧梦,但却摒弃了这梦想周围原来各种光环以及信徒们的虔诚习俗和仪式,这些人就是新教教徒。作为新教徒,他们拒绝接受古代基督教精神的产品,却继承了它原始精神的本义。所以,他们相信圣餐,却不欣赏油画《最后的晚餐》。他们相信圣母玛利亚,却并不为她母爱中的人性情感所软化。他们如饥似渴的阅读古犹太人的文学著作,阅读加利利(Galilee,巴勒斯坦北部一多山地带,靠近地中海东岸。——译者注)海边发展起来的犹太教教派留下的各种传奇……同时加上他们自己的判断,而且将其中简单直白的文字当作自己宗教信仰的总论和实质。与此同时,他们忘掉各种解释,包括从先辈们直至托马斯·阿奎那那些诠释者,而把这些细化的文献融合成一部综合的整体。从此,新教徒摈弃了用著作论证道理的途径,却从著作内涵中汲取到了方法和手段,这正是从中世纪教堂中荣发起来的东西,而且从中营造出一个有关美善与崇高的独立领域。所以,从这种信仰中得以留存下来的东西,后来大约又在新教最初几代人坚贞不渝的实践当中得以浓缩和强化。——的确,恐怕任谁也无法质疑新教精神最初特有的强烈和生命力——但可惜啊! 能以留存下来的,实在是太少太少了!

　　至今,人们还能从日内瓦的新教大教堂建筑中那种朴实无华的风格里看出它起源于当年坚固的兵营建筑。这种建筑模式,后来也构成了 17 世纪爱丁堡的石材住房形式,同时也成为新英格兰地区素静礼拜堂所模仿的原型。但最终,却沦为各大城市主体街道(Main Street)两侧可悲的简陋屋棚。新教宗教仪式贫乏而俭朴,因而普遍的精神饥渴,在被压抑很久之后,终于在秘密共济会(Odd Fellows)、慈善互助会(Elks)、美国林业协会(Woodmen)、兄弟会等等教派或者组织的各种荒唐大型集会中爆发出来了。总而言之,这些要求,以往曾经在夏特洛、斯特拉斯堡、达勒姆等地牧师演说中都有过明确表达;也曾经在普罗大众身上,从化装游行的历史场景中、从画廊里、剧院里,都有明显体现。但是,所有这些要求,都被新教教徒淡化为空洞的印刷文字了。新教教徒移民到新大陆来,他们可曾受过苦难么? 一点也没有。他想从旧大陆带走的全部内容,都放在那两个封面之间一部书里携带到新大陆来了。所幸的是,对于最早的新教教徒来说,这本书包含了一整套文献。这套文献,至少还有别于其后约瑟夫·史密斯(Joseph Smith)和玛丽·贝克·艾迪(Mary Baker Eddy)合著的新教经文。然而,不幸的是,一个文明社会的日常生活实践,无论如何都无法全部容纳在这两片黑色封面之间的。所以,从许多方面来说,新教和它组织的社会运动,也就终止了它的文明化进程。

　　我们的批判眼光,常常会被文艺复兴运动所释放出的巨大能量弄得很模糊迷乱:忘记了这段时期其实很快就过去了。在一段很短的时期内,一些伟大的人文主义者,例如英国作家托马斯·莫尔(Thomas Moor)、伊拉斯谟(Erasmus)①、斯卡利杰(Scaliger)②和法国作家拉伯雷,等等;这些学者从历史的陈旧碎片中为新思想营造了一个新的家园。这种新思潮流派却是由中世纪文明里各种古老习惯风俗胶结在一起的。当时这些风俗习惯,在遭到教会和宫廷破坏和丢弃之后,却在普通农民和手工工人当中一直流传了很久很久。

　　然而,对于古代优良文化的皈依,却并不能为其信奉者增添丝毫能力去操控工作日的活动规律,因为进入历史空间去与思想大家神交,既需要能力,又需要闲暇时间和必要学识以及金钱。因而社会中的大部分人群在这场复兴中都并未担当直接角色。再者,即使裁缝和补锅匠们放弃天主教国教信仰,也只是为了迎合这个叫做新教的教派。其实从字面上也可以理解,裁缝和补锅匠不可能成为人文主义者。此外,从更高层面开说,人本主义、人道主义思想学说与各种各样的哥伦布和牛顿的新兴科学经验,也并没有直接联系;正如中世纪文化与他们没有联系是一样的。假如说,异教学者对天主教神学的批评曾经从天主教神学当中产生出了一大批思想家,却未能帮助这些思想家们找到方向,引领他们真正去追求那些真正是"新的"和"实用的"以及"即将到来的"事物。因此,从这个角度来说,文艺复兴并未成为新纪元的发射阶段:它只是见证了当时科学、

---

① 伊拉斯谟,Desiderius Erasmus,1469? —1536,荷兰人文主义学者,欧洲北方文艺复兴运动领袖;奥斯定会神父,首次编定了富有拉丁译文的希腊文本的《新约圣经》,主要著作有《愚人颂歌》。——译者注
② 斯卡利杰,Scaliger,1484—1558,意大利古典学者,医生;从事植物和语法研究,后来移居法国,曾人教区医生,主要著作有《植物论》、《拉丁语法》、《诗论》。他的儿子 Joseph Julius Scaliger 也是法国的著名人文主义者,从事古典文化和语言研究,曾经在荷兰任教,主要著作有《年代学校正》,首次将年代的确立建立科学基础上。——译者注

神话以及寓言的幻灭和瓦解。当17世纪中期,英国皇家学会在伦敦正式成立的时候,还特意排除了人文科学。而"理性科学",对于他们则无关痛痒。

欧洲人一旦放弃了中世纪的神学梦想,他的确无法靠优良文化的记忆维持太长久;何况,这些优良文化已经失去了原本的意义,何况这些文化已经无法与它们的新的时间空间观念建立任何实质性的联系。于是,欧洲人就把这些东西都抛在脑后,转而面对眼前严峻而真切的现实:如何应对刚刚展开的宏大外部世界。古来的形象,古老的梦想习俗和生活方式,在这浩大世界面前,都成了一片空白。旧有的东西,一件也依靠不上了;于是,欧洲人便从抽象形式当中寻求避难,他们把日常生活当中丰富而真实的事物,都简化为质量与运动的简单枯燥的描述。最早的科学家和自然哲学家们,就是沿着这条道路摸索前进的。他们依靠数学分析和试验方法,从日常生活经验的复杂整体当中抽引出各种现象,通过观察、分析,度量、归纳、整理,必要时还能予以重复和再现。依靠这些抽象方法,他们学会了更加准确预报天体的运行状况,也学会了非常精确地描述一块石头下落的过程,子弹的飞行状态,学会了测定桥梁荷载能力,还能确定某种"物质"当中更加细微部分的构成成分。在这种思维和氛围当中,以往的统治、权威、先例、大众认可等等观念,这些东西,全都在科学程序当中交付给了观察和数学分析方法:包括称量、度量、计时、分解、离析、等等方法,全都变成种种操作过程,都要谋求它们的最终结果。

最终,知识成为可以被检验的事物,实践过程也可以被改良。而且,假如科学家们自己过于专注研究本身而看不到观察的结果,这时候有个冷眼旁观的人,这就是16—17世纪的英国哲学家、现代文明的报晓人——弗朗西斯·培根,他非常智巧地替他们报道了科学观察的结论:科学,将会改变人类的境遇!

借助于科学这一新步骤和程序,外部世界很快被简化成为一种有规律有秩序的形态。但是,科学创造的意义和价值,却没有把道路引向人类生命的核心:这个时期科学的意义仅只适用于"物质";即使是在涉及到生命的时候,也仅只限于进行死后阶段的分析,或者遵循着笛卡尔的理论,非常主观、武断地看待人的生命现象,仿佛生命在任何条件下都是由外部环境自行决定的。在这些科学家们看来,这些抽象形式充满意义,并且非常有帮助,似乎借助这种抽象思维方法,就可以自由钻行在知识的汪洋大海之中了。然而对于绝大部分人来说,科学本身并无意义;它不关注生命体本身,转而关注它的外部环境条件,因而科学被看作一个独立的外部领域。简而言之,除了科学家之外,所有的人都感觉科学只有实用意义,科学的后果都在实际应用的领域。自然,诠释宇宙的新观点也就应运而生。但是,人们接受这种新的宇宙观,不是因为它的内在天然的合理性,而在于随它而来有许多难以反驳的证据都证明了科学的强大有力。哲学、宗教、艺术,它们当中,哪一种活动曾经给人类烤好过一块面包吗?没有,一个也没有。而科学已经做好了准备,不仅能为人类烤出面包,还能增加小麦产量、磨出面粉,取代面包师。眼见为实,这些是普通人都能看到并且感谢的发展进程。所以,到了17世纪中叶,人类已经极富想象力的把握到了科学的发展脉络和丰富含义。约瑟夫·格兰维尔(Joseph Glanville,1636—1680,苏格兰人,自封的怀疑论者,皇家学会辩护人。相信巫术和魔鬼,有人称他心灵探索之第一人。同时他又激烈反对教会的经院主义神学,提出了经验论的方法与之对抗。——译者注)在1661年写道:

> 我决不怀疑我们的后代将来会证实许多现在只是虚幻的事物,并会将他们应用到实际中。几百年以后,去南半球,甚至是去月球,有可能只是像如今去亚美利加一样不足为奇。对于我们的后辈来说,买一副翅膀飞到最遥远的地方去就像我们买双靴子去骑马旅行一样稀松平常;乘坐简陋的交通工具去遥远的东印度公司进行协商以后可以平常的像邮寄信件一样容易。令白发人返老还童,让衰竭的骨髓新生,也许不再需要奇迹就能实现;使用最新的农业技术将现有的荒芜世界变成天堂,等等,也未必不可能。

科学的抽象形式和思维过程,起源于新教神学;当时它试图把历史发展阶段的连贯性一一分离开来,加以改造,甚至加以剔除。接着,抽象思维首先在物理科学家精神活动当中成为习惯,随即这种习惯也被推广到了其他领域。

不仅如此,货币职能不断延伸,取代了物物交换的贸易和服务业;这种进程同样也发生在古文化解体的这同一时期。所以说,新教精神、自然科学,以及金融财政,在其起始阶段,都曾发挥过摧枯拉朽的作用,这一点还需要我强调么?它们将古老习惯和体制取而代之,因为这些旧东西已经日薄西山、气息奄奄,再也无力实现自内而外的社会更新。此外,还需要我再次强调这三者之间密切的历史性内部联系么?所以,假如我们发现,像牛顿这样的17世纪英国大科学家,或者是像里顿豪斯(David Rittenhouse,1732—1796,美国天文学家、发明家,首度观测到金星凌日现象并发现金星大气层,制成美国第一架望远镜,并且首开在方位测量仪当中是用天然蜘蛛网作为十字丝。——译者注)这样的18世纪的美国大科学家,都是铸币厂老板时,我们真的不要大惊小怪。同时,我们也不该忽略一个奇特的巧合:日内瓦既是法国神学家、宗教改革先驱让·加尔文(Jean Calvin)的故乡,同时又是钟表的发明和生产中心。这样的关联并不神秘,也不是人为

256

的。新的财政秩序只是新派神学和科学观点的直接产物。首先产生的是机械化的计时方法;然后是测量空间的新方法,最后,人们也开始以货币形式,广泛采用抽象方法以金钱来衡量权力,终于实现了以金钱手段来计算人类一切活动。

这种新的财政度量结算制度,把欧洲人从古老、局限的社会和经济意识当中解放了出来。再贪吃的人也无法一次吃掉一百只雄鸡;再贪杯的人也无法一次喝掉一百瓶酒。如果有人计划每天进餐都如此吃喝,他肯定不是真人。一旦他可以把潜在的雄鸡和勃艮第交换成为纸钞或者银币,他就可以指使邻居当劳工,即使以非领主身份也能够获得贵族的封地。经济活动不再仅仅同土地、庄稼、房产、大学以及城市等中世纪世界的有形实物打交道。它转为对于虚幻物的追求——金钱。有形资产和商品只是通向这一终极目的的一种手段。当扶轮国际(Rotary International,1905 年成立的群众性商业服务社团,宗旨是促进商业服务社会。因为会议轮流在各地商社举行,故名扶轮。——译者注)最早的某个成员终于喊出了"时间就是金钱"的口号时,他是从哲学角度将此二者画上了等号。但是,只要金钱意味着房子、食物、肖像画,时间只是柏格森所谓的 durée(漫长旅途。——译者注)中所指的有机生命体验的轮翻更替,那么,这二者——哪怕是在理论和思维方式上——也无法实现合并。

说这些是不是距离普通日常生活都太过遥远了? 正相反,它长驱直入到每项日常活动的总根源之中。历史上不同时期之间的区别,正如已故的英国作家哈尔莫(T. E. Hulme, 1883—1917,英国作家,以及《新时代》杂志评论员,对于现代社会研究卓有贡献。——译者注)所说,其区别在于这些不同历史时期思想意识的差异。如果我们把握住这些思想流派发展的来龙去脉,这条线索就可以引领我们走向种种更加遥远的生活领域。但是,实际情况是这样:从 17 世纪伊始,抽象思想的方法和进程,就开始侵入到了社会生活的每一个领域。没有受到影响到的幸存者,或是神学方面那些信奉正统犹太教或罗马天主教的前朝遗老,或是文学方面的那些人文主义者;又或者,则是那些新秩序的倡导者,比如拉马克、华兹华斯、歌德、孔德等人。

最后也是最清楚的一点,中世纪文化的解体最明显不过地体现在政治方面。正如物理学家审视"质量"的客观存在时,是把它从人类美学体验框架中抽离出来;同样,"个人、个体"这个概念也被政治哲学家从人类社会的怀抱中抽离了出来。由此,个体便失去了他先前同城市、家族、家庭、所属会社、学校、行会,甚至工作场所间的普遍联系,而变成了政治社会中一个新的单元。由于思想上将个人这个概念抽象化,个体的存在当然就变得像精灵或是天使一样虚无。于是,18 世纪政治考量中的最大问题就成为:我们该如何让人类个体重新回归社会? 这个问题之所以产生是因为,我们发现,不知何故,人总是生活在链条之中——正如卢梭这一措辞严厉的说法;也就是说,人永远无法脱离与他人的联系。对此,卢梭和当时主要政治哲学学派提出了巧妙的解决方案:每个个体都被赋予天生的权利,所谓天赋人权就是这样来的;他可以通过行使自己的政治权利而进入社会生活;这正如他作为一个持股人,可以通过行使自己的经济权利,进入交易机构一样。对于一个文明社会的健全运行来说,认可这一原则是十分必要的;同时,在政治生活较为开明的国家里,通过选票运作,通过由议会表达公众意愿等等途径,则可以达成这样一种社会认同。

257

　　天赋人权这一信条,首先开始冲破了欧洲历史延续链条中那个最薄弱的环节,挑战了黄袍加身一族即得利益,甚至已经准备好要宣判现存制度的破产。已经做好准备直捣巢穴,扫荡一贯被神职人员、贵族和同业公会所占领的特权阶级的传统联盟。从这一运动破坏性的一面来看,它在争取政治自由的活动中,也如同其争取自由结社、自由合同、自由探索等活动一样,它又是神志健全和充满理性的。因为它对于历史的诬蔑是真心实意的,他们的抱怨中也多少表达了公平正义的理想。然而,我们绝不能盲目看待这类思想更迭和分裂所带来的后果。最简单的概括大约就是:这一切都让美国的出现成为不可避免的了。对于从事政治评论的人来说,真正的政治秩序,是从建立自由思想和制度的那一刻开始的。但是,现在看来,这个建立的过程只是一场不可避免的外科手术,还远不是政治联盟的一种更加有机的组织形式的开端。老亨利·詹姆斯(Henry James, Sr.)在1852年就敏锐的察觉到了事情的发展。他评论道:"民主并非政治生活的一种新形式,毋宁说它体现了旧有组织形式的解体和瓦解;它只是一种还权于民的解决办法,是对以往政权的颠覆,是将权力重新交还给其最根本的主体。但是,在任何意义上,它都替代不了以往的任何其他事物。"

　　这样,我们就能更清楚看出向新大陆移民这场伟大运动终于爆发出来的思想背景了。其有关的物质根源,已经探讨得足够多了;认清其文化上的必然性,则尤其重要;这种必然性当时已经跃跃欲试了。中世纪古老文明已经崩塌,这个文明遗存仅只仍旧在"落后的"和意大利、西班牙这样的"非进步"国家中徘徊不去。而这两个国家,恰恰漂移在欧洲主流思想以外。人类的兴趣慢慢开始变得外化、抽象。他们把注意力集中到一些细枝末节的经历上,并把它推向极致。有先见之明的人被迫做出选择,要么选择外壳已经石化、内容却仍完整的古代文明,要么就选择新文明,但其起源尚浅、不够完整、不够具象,还故意无视人类合理需求和兴趣。我们的欧洲人祖先选择了后者,这样,他们就已经把一只脚踏上了美国的土地。尽管他们会受到迫害,会遭遇艰难时世,他们的政

258

府会垮台,同样,他们还会梦想世界范围的成就功勋,尽管种种……他们仍旧蜂拥到了大洋彼岸。那些同欧洲文明种种象征敢于彻底决裂的人,也正是作好完全准备最敢于来美国冒险的人,因而他们行动果敢:很快就征服了恶劣外部环境。在他们看来,余下的重要问题,就只剩下客观物质环境了。

所以,同欧洲旧文化决裂这个过程和它的最终结局,直至 19 世纪才在美国逐步显现。但是,这种决裂的直接后果,在移民进程开始之初的 150 年间,已经一点一滴的逐渐清晰了。从最初的殖民者登陆马萨诸塞、新尼德兰、弗吉尼亚和马里兰,直至少数猎民的稀疏队伍首次穿越阿勒格尼山山麓地区,他们的活动以 1775 年丹尼尔·布恩(Daniel Boone, 1734—1820,美国早期开拓者,传奇式人物,对于开辟肯塔基通道和坎伯兰临口做出了突出贡献。——译者注)具有象征意义的探索冒险为开端;全部这段很长的时期内,大西洋沿岸早期的殖民聚落始终是欧洲思想的前沿哨所。这些移民新大陆的殖民者,随身带来自己原有的道德体系和文化氛围。

在此期间,知识分子阶级思想上内在的局限性尚未外化,还没有传播到他们的社区环境中使之走了样子变得丑态百出:住房、城镇、农舍、农场,仍旧沿袭着欧洲形成的风格样式。这或许还不算是一个伟大的时代,但它却找到了以后的发展方向和模式。穿行在波士顿城里的小路上,或是路经马里兰领主们豪宅前宽阔的草坪,你简直难以设想,就在不远之外的地方,还有荒野在召唤。说老实话,其实荒野的召唤实在并不起作用:这些顽固的城里人,这些不动产持有者,这些大种植园主们,早已安于城市的文明习惯。他们即使是想到扩展,也是向海外扩张,去寻求意大利帕拉弟奥新古典主义风格的设计样式来装饰自家房屋;或者,去寻找自己中意的茶叶和鲸油,为的就是享受人生。所以,表面上看,这些人仍然延续着欧洲时代已经过了许多年的欧式生活方式。

但是这种生活方式,在美国殖民时期的第一个世纪内,却未给美国的精神思想留下丝毫沉淀。除些许散文诗行,没有留下任何文学作品;除了几首民谣哼唱和伊丽莎白时代歌谣幸存下来,无任何音乐记载;除了围绕着新教打转转儿的几条教义之外,无任何思想学说的记载。但是,随着 18 世纪到来,美国各地社区则完完全全踏入了欧洲思想圈,欧洲思想任何一种新模式都可以在美国找到对应形式。假如参阅、追随当时几位典型人物传记的来龙去脉,你定会感到引人入胜,大受启发。这时,美国一系列杰出人物都轮番登上舞台了,仿佛历史女神缪斯(the Muse of History)早已为他们登台准备好了入口和出口。他们的出场顺序安排,清楚得几乎可以图解:这些人物共同组成了欧洲精神思想的梗概脉络。实际上,这些爱德华兹们和富兰克林们,真不像活生生的人物,他们简直就是新教、科学、财政、政治的化身。

最先登上舞台的,就是乔纳森·爱德华兹(Jonathan Edwards, 1703—1758,美国基督教清教派神学家、哲学家,为正统宗教改革提供哲学论证,主张合理宗教,认为真正的德行应该立基于对上帝的爱,代表性著作是《自由意志论》。——译者注)。在美国思想发展的河流中,他要算加尔文主义的最后一位伟大诠释者。就像他的前辈柏拉图一样,爱德华兹同样为灵魂之美着迷。这让他的作品总像在恍惚之中创作出来的。但是,他当时思想的大前提是决定论(Determinism),认为人的行动不一定完全遵循主观意志,而无法摆脱独立的外部因素支配;这一点他十分清楚,却仍然在沉重良知的引领之下,冒险按照自己的思路向目的地走去,结果到最后连他自己都否定了自己的理论。爱德华兹之后,新教就失去了精神支柱。19世纪早期,它已经发展成了毫无血性的上帝一位论(Unitarianism,也译一元论,一位论,一神论。——译者注),这就使得人文主义的勇气荡然无存;或者说,它为了振兴宗教热忱、扩大信徒,已经陷入到纵欲纵酒的祭神仪式,并且借福音派基督精神的名义,躺倒在好几个肮脏的萨梯神(Satyr,希腊神话中的森林之神,性喜游乐嬉戏玩耍,好色贪杯。——译者注)之下,任其铁蹄作践自己。诚然,继爱德华兹之后,仍有几位优秀新教牧师,这是不容怀疑的。但是无论坎宁(Channing)也好,比彻(Beecher)也好,他们的成就都只建立在个人修养基础之上;况且他们都也再也不能从坚定信仰的深井汲取到思想营养了。

新教精神所发展起来的那些美德和习惯,诸如它强调勤奋、自强、节俭,强调碌碌无为和享乐至上的邪恶可怕,强调艺术活动的市侩特色与邪恶本质,凡此种种,都曾对工业革命有着不可估量的贡献。当电报技术的发明者,摩丝教授(Prof. Morse),起初是个画家;他在意大利旅行时,从他的一封书信中可以看出,一种清楚的敌意已经广泛地浸渍到他的宗教信仰之中:证言是不会因为迟到而丝毫减损其效力的。他写道:"我想弄清教会对民众、会众的意义,于是环顾教会……却发现,当时的大环境中的一切,非但没有让人们更加虔诚,反而处心积虑地要捣毁教会。人的想象力通过条条途径都表达了出来;而音乐和绘画,非但没有深入去服务宗教,还浸透到反宗教领域之中,把人心引向邪路,让人远离静思默祷,远离宗教参悟,无法了解宗教中全部真实的东西……却被引向感官诱惑。这样是无法传递任何神圣启示的,看不出其中有任何认真的意图和严肃的安排。"

从这种松懈态度开始,一步之遥,便跨入到依靠复古主义江湖骗子去推动工厂工人的宗教信念。同样,上述思想态度,距离商业热忱与宗教虔诚形成奇妙结合的时刻,也非常贴近了。基督教青年会(Y. M. C. A.)这类宗教外围组织也就是这种结合的最好象征。狄更斯笔下描绘了工业时代各种典型人物,例如:葛雷硬(Gradgrind,狄更斯小说

《艰难时世》中的人物,他只讲求实惠,把人生完全看作现金交易的过程。——译者注)、邦德俾(Bounderby,葛雷硬的助手,19世纪英国中产阶级的代表人物之一,相信自己靠勤奋发家致富,崇拜金钱和地位,而不尊重事实;一个爱自吹自擂的家伙。——译者注),以及麦昆齐(M'Choakunchild,狄更斯同名小说中的人物,见习生的一名教员——译者注),等等。这是些极其务实的人物,他们最为害怕的,包括诗歌创作,也包括夸大情感。因为他们认为,这些东西所唤醒的形象和情感,让基督教精神中熟知的那些形象和情感相形见绌,呆头呆脑。还不仅仅是说,新教伦理和科学精神,扼杀了旧时代的种种象征,它们还必定要阻挠新时代象征物的诞生和发展:因而,它们也一定是要取消冥思苦索的沉静态度,结果就让艺术和神话无从生长起来;因而,人类也就无从为自身活动找到新的实现形式。因此,新时代的领袖人物们,便把愤怒和剩余精力一股脑都投向数量化生产。工业中的新型生产方法已经创造出非常强大的生产能力,这一切让功利主义和实用主义物品都获得了空前的重要地位。上帝不是说过吗,"增殖吧,繁衍吧!"如果婴儿可以增殖、繁衍;商品为何不能?假如商品能够增生繁衍,那么,财富为何不能?于是,成功、致富,就成为基督教创造出来的奇迹;这些奇迹,又为人类充分陈述了,为什么他们会这样对待上帝。

260　　接下来这个伟大人物,也雄踞美国历史的高峰,这个人就更全面、更完整地体现了当时的各种新兴势力。放回当时背景,在当时尚且熹微的晨光来看,这是一个接受过全面、良好教养的人。他在伦敦和巴黎受欢迎的程度,可以与一系列名人媲美:包括普里斯特利(Joseph Priestley, 1733—1804,英国神学家、科学家和教育家,激烈反对三位一体等基督教教义,也曾经于1774年发现了氧气等十余种气体,对于发现和阐释植物光合作用有突出贡献。后来因为同情和支持法国大革命而被驱逐出国,1794年被迫流亡美国。——译者注)、伊拉兹马斯·达尔文(Erasmus Darwin, 1731—1802,英国医生、博物学家和诗人,著名进化论者查尔斯·达尔文的祖父,曾创办植物园和哲学会社,已经在其《植物源》、《动物生物学和生命规律》等著作中提出了有关进化论的早期设想。——译者注)这样的科学家,以及达兰贝尔(Jean le Rond d'Alembert, 1717—1783,法国数学家、物理学家和哲学家,法国百科全书合作编订人之一,著名的波浪方程式就以他的名字命名。——译者注)和霍尔巴赫(Baron d'Holbach, 1723—1789,法国—德国作家,出生于德国莱茵河畔,主要生活在巴黎。法国启蒙主义领袖人物之一,百科全书式的学者,欧洲最著名的自风无神论者。——译者注)这样的著名学者。本杰明·富兰克林成为了费城公民,原系有意而为,他完全继承了贵格教派那种朴实无华、简洁纯朴的生活方式。他以出版商的身份开始职业生涯;而且,君子爱财,取之有道,他将自己发财致富的全部经验和决窍，及时收集成箴言集锦，传给公众，这也就使他一举成名。从历史文件考察，由富兰克林专属权时代开始，富兰克林那个时代，经过萨缪尔·斯迈尔斯(Samuel Smiles)，直至最近有关提高社会地位、扩大个人资产的最新广告宣传等做法，这漫长发展线索中有个直接联系，一贯到底。假如你更中意富兰克林身上的布尔乔亚气质，而不喜欢他那些继承者们，这很可能因为你看中富兰克林的人生相对圆满而全面。如果说，他也不无金融家们收放高利贷的嗜好，那么，他同样也拥有作为真正科学家的尊严和自由意志。

富兰克林有多重身份，生意人、科学家、发明家、政治家，这些身份彼此之间不分伯仲，同等重要。但在科学领域，他最引以为豪的，是他没用自己的发现去赚过一分钱。他进行过电学试验，也发明了避雷针；他改良了壁炉结构；事实上，他去世前不久，在最后一次回美国的归乡旅途中，他还在进行壁炉结构的改良。最终，他还是一个自然神论者(Deist)，以自己的理性方式相信和验证着上帝的存在，因而，他也就彻底摆脱了18世纪灵敏的思想家们早已认之为幼稚无用的种种"哥特式幻影(gothick phantoms，是指18—19世纪流行的文学创作风格和式样，内容充满了超自然事件和恐怖故事。——译者注)"——这就意味着，他已经彻底被那时占据主流文化的抽象形式和神话所吸引：这些东西分别是：物质、金钱和政治权利。他也欣然接受了时间的机械概念：时间就是金钱；接受了空间的重要价值含义，也接受了征服空间的思想意识；为价值而去追求金钱：钱，是一定应该去赚的；但是，他却没有想到，这些，同样也是幻影。而且，过于沉湎于这些东西，会让一个人丧失其文明生活的大多数益处和收获。年轻的时候，富兰克林甚至还发明了一套设计精良的品德修养记账登录系统：由此可见，他已经把实用主义推到了极致。

作为政治家，富兰克林的智慧，无论如何评价几乎都不为过，因为他既有耐心又有原则。这时，对富兰克林时代美国思想的政治层面做出了最好概括的人，是一位新来的移民，这才是人类一位真正的朋友，他就是托马斯·潘恩(Thomas Paine, 1737—1809，美国独立战争时期的政论家，资产阶级民主主义者，发表了名作《常识》，号召北美殖民地反抗英国统治，参加北美独立战争。著作有《人的权利》、《理性时代》等等。——译者注)。他的学说最完好不过地总结了美国政治生活的全部内容。人们在辩论中，笔墨官司当中，不论出于什么论点和目的，常常要引用他，都要提起潘恩的名字，以至于很少有人仔细研读他的著作。久而久之，我们在文学史评论中常常会发现，对潘恩的一些非常非常肤浅的评断，都接二连三地塞进来了。这些滥东西，又是谁写的呢？是那些所谓的显赫人物！首先，他们无福消受健全的英式文体，更谈不上尊奉一种诚实的思维习惯和规矩，他们不会享受这种快乐！《人的权利》一书，简明得简直就像平面几何原理；我认为,其中所涵盖的内容,绝大多数对当今政治自由主义思想都仍然有效。以我看,除他之外,再没有哪个思想家,能比他更善于戳穿那些美化种种政治理论或政府界说的一层又一层道德谎言了。例如,潘恩就这样写道:

> 几乎每一种原本属于国家民族含义的东西,都被融入政府这一笼统而离奇的字眼之下并加以篡改。虽然,这个政府拒绝为自己错误承担罪责,拒绝为它制造的乱局承担后果,而面对任何一点点有财富含义的东西,它却无法勉强自己不去冒领、侵占。工业、贸易、制造业⋯⋯人类勤劳和组织化活动的一切效绩,它都巧言令色、贪天之功、窃为己有;更有甚者,它还从人性的全部内容当中抽取掉了人——作为社会的人——的全部优良品格和价值。

如此悲天悯人、愤世嫉俗的情绪,在他《人的权利》和《理性时代》等著作的很多篇章中都溢于言表、跃然纸上。潘恩来到美国的时候,已经是个成年人。他见证了一个全新历史开端的种种好处,并且深信,假如最初的原则精神能够一丝不苟地宣布给公众,那么,这个国度是能够实现这些原则的,而且,也只有在这个国度,才能逐步开始去实施它们! 于是,他就以理性的态度和人类社会改良的精神,重新总结了 18 世纪以来日渐膨胀的人希望和幻想。作为一个移民,他说到做到。他没有对任何国家先入为主的偏爱,不带任何历史偏见,因而不会特别钟爱某一社会的历史形态,正如一个人会由于特别熟悉自己而接受自己,包括自己的全部历程和错误⋯⋯潘恩不是这样,作为移民,他斩钉截铁,说一不二;通过自己的政治主张和宗教哲学,证实了自己与旧时代的彻底决裂,包括情感、社会联系、效忠精神,等等。

不幸的是,任何人,若脱离了他所处的文化背景,就很难算个真正的人了:潘恩就丢掉了将他塑造成真人的社会制度和历史文化场景。如果你仔细观察他,会发现,他其实已经悄悄为自己安置了另一种生存背景:一个用过去残存记忆中的幻影虚构而成的生存背景;不然,他会变得不安、躁动;他时而定居下来,时而又整装待发;然后又继续龟缩在家中,觉得明天无望,沉湎于过去历史的伤怀之中。独立战争之后来到美国的移民,放弃了自己的家园和祖国,换到手一部宪法和人权法案。他们也摒弃了一切将他们塑造成社会人的原有习惯和制度;这些习惯、制度,虽曾给了他们以人的身份,却没有换来任何实质性的东西,除了可以从此免遭随意错误执法和裁决的厄运。这笔你情我愿的交易当中已经显示出,他们对国内先前生存条件已经忍无可忍。但是,至于说,未来是否一定完全有利于新国度,那就是件大可怀疑的事情了。集体移民进入美国的群体,比如，像莫拉维亚人(Moravian,捷克和斯洛伐克中部一个地区,相当于南、北莫拉维亚州。——译者注)那样,他们就有时仍能想方设法保持自己有效民族文化生活方式。但是,假如是单独移民到来美国的,所谓"自由个人",他得到的却仅仅只有廉价土地和投票选举权。土地本身不用说了,尽是好处,极具诱惑;而且,谁也不会反对这种交易或者变化;不会感到其中会有任何缺失损害,只要他不转念去细想,不去细心对比老百姓对于美国国庆日7月4日著名演说的日常说法,不去与各种真实情况一一作对比,包括:奴隶交易、宪法具体条款,《外籍法》和《惩治煽乱法》、《惩治逃奴法》,等等,那么,他是能够安居乐业的。

处在18世纪历史条件下,很可能潘恩真会相信,社会文化体系,可以在没有宗教、没有国家、没有社会秩序的情况下,仍然能够继续运行。因为,当时欧洲社会就是辗转挣扎在这种境况之下。潘恩所代表的学派犯下的错误,也正在于此。因为,欧洲社会解体过程中,这些十分有害或者陈旧过时的体制,在其严重缺失之后给社会带来的职能缺位,又被工作劳动所填补;或者更确切的说,被辛劳工作所填补了。这些辛劳工作使人心身疲惫,还会让人没有精神顾及应该关心的、有助于丰富精神的活动。共和政治则更进一步助长了这一思想精神外化过程。人们开始谋求一种新的人生,谋求仅仅只靠政治就能生活,于是,民族国家就成了他们的新宗教。国旗,正如卡里顿·海斯教授(Prof. Carleton Hayes)所指出的,国旗取代了十字架,编定宪法的立国之父们,则取代了教会神父。

工业与政治在其各自主要利益领域内处于明争暗斗状态。它们这种互动关系,从潘恩以及富兰克林个人人生经历中,就得到活生生的体现。潘恩是可拆卸铁桥技术的发明人。的确,政治活动和机械工程发明,轮番交替出现在他人生征途之中。而这时候,他把铁桥设计实验放在一边,抬起头来回应埃德蒙德·伯克(Edmund Burke, 1729—1797,英国辉格党政论家,下议院议员,维护议会政治,主张对北美殖民地实行自由的解放的政策。反对法国大革命。——译者注)对于法国大革命的抨击。用他自己的话说:"美国的独立战争鼓励了发明创造,大大减少了办不成的事情……作为参与过这场极富纪念意义的法国革命的数千人中的一分子,我和我的战友们,都重回家园来享受安逸、宁静的平凡生活。但这不意味着我会就此懈怠,所以我承担了为这条河[斯凯勒河]建造单拱桥的工程。"

好一个我不会就此懈怠! 这一句话包含了多少谎言啊! 当贵族政治还处在节节高升之时,耐心的雇工们只能把他们在水力方面的才干知识用来建造人工喷泉,凡尔赛宫殿不就是这样建造的吗? 就这样,他们发明了自动下棋的机器,造出了能鸣钟报时显示时间,还会喷水,还有小鸟能唱歌摆尾的豪华钟表,还能演奏出歌剧选段……正是这些空虚但无害的创造活动,让精确技术中的新工艺第一次有了用武之地。无聊的领主们被哄得非常高兴,得到娱乐享受,生活则继续进行,仿佛什么都没有改变。但是,在新时代的自由精神里,普通人和达官显贵、名媛淑女们一样,对古老象征和文明一样的无动于衷,毫不操心自己的精神活动,唯独关注物质生活享受,以及,如何去征服外部世界。这种情况下,普通人转而开始从事发明创造活动。贪杯贪吃的傻小子们成了浪荡子,而像富兰克林和潘恩一样聪明、勤劳的人,则一门心思增加财富、改善生活,使之变得更加舒适、方便。那么,这种人生态度,信仰上说得过去吗?那就是我们的政治生活啊:相信通过正常选举,通过议会辩论,可以建立新的天堂和新的人间世界!那么,工作效率的出路呢,那就看发明创造了!总之,加入构成这一新型宗教信仰的,每一件都不是小事情!新型工具设计的方法,大大节省了劳动力,缩短了距离,通过各种途径增加社会财富。

于是乎,美国人,就像同时代欧洲人一样,既然有了自己这些发明家,同样也就开始为功利目的去征服他们的自然环境。从这时起,对想象力有特殊偏爱的人,比如莫尔斯(Morse),也就是本杰明·韦斯特(Benjamin West)的学生,像惠特尼(Whitney)或者像富尔顿(Fulton)一样的学校教师,插图画家,都毫不犹豫的放弃了艺术方面的想象创作,倒戈转向发明创造,至少也是投奔到发明创造所带来的商业剥削机会。他们深信:这种放弃是自然而然,不可避免;他们甚至没有像文艺复兴时期那些艺术家们那样觉得进退两难,无法取舍。并非美国发动或者垄断了工业革命的进程:事实上,科技专利的大发展始于1760年的英国,而这一运动的构想和发端,达·芬奇早在他的笔记本中早就记载下了。这里的要点在于,欧洲古老文化层次重叠而繁冗,况且原封不动地束缚着它身上每一个具有领导和创新才干的阶级和阶层。学者、文人、历史学家、艺术家,全都感觉不到有必要调整自身角色,没有感觉到需要专门投身于实用和实际的活动。而在美国则不同,中世纪文明的影响越来越弱,在这新国度的很多僻远地带,古老文化则甚至还根本未曾显现。在美国,大家都能感受到发明创造带来的进步;每项进步都在第一时间化为经济效益。法国作家司汤达在写 L'Amour(爱)这个词语时,说的就是美国人对安逸舒适生活的钟爱,而且,已经变成代表人生习尚的一句口头禅:他是带着些许贬低的口吻说及此事的。

如果古老文明已成一片废墟,而新文明却依然只是泡影,那么,人们的兴趣如此物质化,如此无情地剥削自然环境,刻意追求物质利益,看来也就无可避免了。新教精神、科学技术、发明创造、政治民主——所有这些制度和理念,都在否定着古老的价值观;它们还通过否定旧有的、厘定新生的，或是通过实际同化过程，统统在推动和深化新的人类活动。如此一来，欧洲解体之后新的社会秩序，很快在美洲土地上得以形成。如果19世纪的人们发觉我们美国人十分粗鲁、野蛮，这并不是因为我们生活定居在一片新大陆上；相反，是因为席卷欧洲大陆的人类文明进程，它种种有纪念意义的高峰，都还没有充分激励美国人，形成自己伟大的精神思想财富。于是，美国人的形象也就沦为赤条条的欧洲人。而到美洲来开拓殖民地的过程，公道地说，也就是欧洲文化的拓展和扩散；就是那些无力继续分享或继承欧洲文明，而改造欧洲又有心而无力的人们所掀起的一场伟大运动。总之，美国成了欧洲落魄者唯一能向往的地方；这样，即使没有摩西率领指引，他们还是飘零到这片荒野上流浪探索；同样，在这块流放地上，他们持续了很长的漂泊流亡生涯。其间，可能或无意中看到，这里居然是一片充满希望的土地。

黄金时代

19世纪早期，任何一个神志健全的人都能感觉到，在当时社会生活实际安排方式的背景上，人类已经站立在一次重大变革的门槛前。风暴尚未正式降临，遥远地平线外，工业革命滚滚雷声已隐约可闻。在美国，国土开拓先锋和产业开拓先锋们的活动尚未给美国社会带来全盘改造效应，而整个国土却到处涌现出各种人民团体，他们预见到这场革命的种种后果，已经纷纷起来抵制当时先入为主的种种做法。有些团体甚至退回到古代神权政治统治方式——比如，摩门教徒们的做法；这些团体是各种信仰的稀奇古怪混合，又夹带着惊人的经济智慧和政治权术。他们当中有些人追随法国空想社会主义者弗里叶，建立起合作性质的殖民地，试图长期生活其中。这类殖民地后来就培养出了美国人民的各种成分，其身份和能力之丰富，远远超过了只问温饱的实用主义社区。

一方面充满希望，一方面焦虑不安，紧张得连空气都在颤抖。新兴第一批工业城镇中开始出现了贫民窟。大群大群的移民，孱弱而贫困，带来各自来源不同的传统文化，改变了殖民地的权力平衡。政治变成了品质低劣而头脑灵活的坏蛋们的正当职业，他们劫掠公共资财从事社会投机。到了19世纪50年代末期，哈珀周刊（Harper's Weekly）一位社论作家，已经开始祈祷希望能出现一些专业化的社会管理者，希望他们能给大都市腐败的民主制度注入公共正义和社会良知。笼统地说，内战之后侵蚀美国社会的各种恶势力，在19世纪30至60年代之间，尚处于胚胎阶段。与此同时，一些较为古老的地区,开始收获到进入新大陆两个世纪以来的果实,这些果实都是移民来到新大陆与当地风土人情广泛接触的收获。直至人们即将完全丢弃古老习俗时,才忽然感到即将飘然远去旧物的宝贵、美丽和价值,正如恋人总是在即将分手之时才倍觉难舍难分。这时候,美国东北部新英格兰各州,移民带来祖祖辈辈习传的中世纪文明,已经蜕变为一个文化保护壳,只是这外壳已经开始干缩,仅留下浓烈的甜蜜香味儿,并在稍纵即逝的短暂时光里遗留了强烈的精神影响。生命彻底崩塌之前,人们会从自己想象中感受到它的全部沉重。就在新旧轮替的转换过程中,清教徒中逐步衍生出超验主义者(Transcendentalist)①。从此,清教徒,这个原先追求权力的思想流派(the will-to-power),这个因运而生的思想潮流——由于其意志坚定却固步自封,由于善良纯真却天地狭小——因而,逐步让位给后来追求完美主义(will-to-perfection)的思想代表。

在美国,19世纪30到60年代这个阶段,是一个社会分裂解体与梦想实现两种现象并存的时代:这一时期内,新与旧,粗犷与完美,底层与高雅,都混杂到了一起。无论是古德伊尔(Charles Goodyear, 1800—1860,橡胶硫化工艺的发明者,也就是后来轮胎的著名品牌固特异的创始人。——译者注)创造出橡胶硫化工艺的艰难曲折过程,或者是作家梭罗那种亲身体验融入大自然的大胆试验,同样都倾注了清教徒中狂热者创造革新的热忱与激情。同样,康涅狄格州的小村落,既化育出布朗森·阿尔科特(Bronson Alcott)那样的优秀校长,同时也产生过巴纳姆(Barnum)那种的坑蒙拐骗的江洋大盗。这个时期内,一面是杰出政治家布莱哈姆·扬(Brigham Young, 1801—1877,美国摩门教领袖,1849—1857年间的犹他州首任州长,曾经率领摩门教徒从中西部移民到西部大盆地,建立了盐湖城,大大促进了美国西部的开发。——译者注)出色地组成了犹他州殖民地,另一面却也有皮尔斯(Pierce, 1853—1857年的美国第十四届总统,曾经通过了维护奴隶制度的法案,采取过如今中南美洲的大型侵略活动。——译者注)以及布坎南(Buchanan, 1845—1861的美国政坛高官,担任过驻俄大使和国务卿等职位,1857—

---

① 超验主义者,超验主义,Transcendentalist, transcendentalism,原是19世纪美国唯心主义作家和哲学家松散同盟的笼统称呼。其来源大略是这样:英国新教当中的清教徒不满英国国教统治,从17世纪始就不断流亡到新大陆开创新生活、新制度。尝试过各种社会制度试验,起初,失败多而成功少。到了18、19世纪之交,一些人从怀疑上帝一位论开始,反对18世纪宗教的陈旧观念,逐步扩展到怀疑整个社会政治制度。他们转而探索了古希腊、古代印度和中国的哲学,包括柏拉图、老子,也包括德国的先验主义哲学。其基本思想特征是:相信宇宙万物实质上的统一性,相信人类固有的善良天性,以及在揭示和接受深刻真理方面,人类内在悟性强于逻辑方法和生活体验。这个思想流派积极地推动了后世大量社会改良运动,包括社会平等、正义、消除种族隔离、妇女参选、人人戒酒、信仰自由、劳工改善、等等。——译者注

1861 任美国总统。——译者注)那种平庸之辈担当总统,统治着整个国家。这一时期内,东海岸各州殖民地中的古老文化进入了它精神财富的黄金时代。而另一方面,由于领土开拓先锋时代的先天不足,由于工业家们目标的单一性,更由于内战像火山般的爆发开来,所以,直至 19 世纪 90 年代,移民人口及其理想构成的美国,除镀金时代(Gilded Age,指美国南北战争之后三十五年的和平繁荣时期,这一说法源自马克·吐温与华尔纳合写的同名小说。——译者注)几处繁荣村镇乐陶陶的生活方式之外,就表达自己诞生和存在的理由而言,几乎乏善可陈。

所以,仔细观察和思量工业时代到来之初时的粗暴和野蛮,每个有头脑的知识分子都会感觉到前景并不美妙。尽管如此,由于这个文化除了自己的东西,除了从自身抽象物质和抽象权利幻化出的反人性产品之外,它简直敌视和排斥一切外域文化。因此,这时期的主旋律仍旧是企望。内战结束之前,西进开拓的幻想大大扩大了已经笼罩东部各州的成就感。当时人们环顾世界的时候,流露出的乐观陶醉,甚至超过了英国实用主义者们惯有的洋洋自得;尽管英国这种乐观主义已经掩盖不了作家卡莱尔(Carlyle)笔下各种触目惊心的描写:那些社会变革中的大量碎屑,那些贫穷潦倒、衰败不堪,那些破破烂烂……都被工业化大潮冲到贫民窟里去了。这种景象,在大都市伦敦、伯明翰、曼彻斯特等地,简直比比皆是。

这个时期的美国,既没有卡莱尔式的批判现实主义作家,也没有拉斯金式的艺术评论家和社会改革家①;这样的人物,在当时的美国,根本不可想象。人们要么苟活在这样的氛围中,要么擒获大白鲸与它同归于尽②。但是,假如想要苟活,你就要活得没头脑,活得不要去怀疑,活得无怨无悔,不要去怨天尤人;即使是你非常藐视你的同胞们的言谈举止、行走坐卧,你还是得活在他们之中;然后,设法从自己内心尽量洁身自好,以求弥补社会的种种丑行,包括著名作家梭罗,同样也是这样生活的。超验主义可以批评僵化的文化历史,但却从来没有人怀疑过,未来会同样的僵化。人们企盼着希望,呼吸着希望,如同初秋季节走过乡村街道,会呼吸到田野上传来浓烈的香味儿,那里散发出山核桃木篝火浓烈的气息,还夹杂着焙烤面包的诱人香味儿……

这期间,爱默生在他的《美国青年》(The Young American)一文中写道,"任何人观

① 这个道理在于,作为思想家的约翰·腊斯金,特别反对经济放任主义,更反对经济一家做主的社会构想和发展模式。——译者注
② The White Whale,作者这里使用的典故来自赫尔曼·梅尔维尔小说中一个名叫莫比·迪克的大白鲸。作者在这部寓意小说中,以鲸鱼象征了人类面对的恶劣局面,以及命运的抗争,隐约地呼喊一个时代的主题。——译者注

察这个国家的时候,特别是联系到它的新生与年轻,就会产生一种期冀,期望这个国家最终会实现自己的目标:让法律和规制,在一定比例和程度上,与崇高的自然大化和谐同在……这是一个生命历史刚刚开始的国度,它有许多计划、许多伟大的设计、许多远大的设想。这个国家没有过去,所有的人,眼光都向上看,向前面看。"惠特曼也用进军号般的诗句回应了爱默生的话语,梅尔维尔1850年所写文字中流露出的豪情满怀与意气风发,也毫不逊色,他写道:"我们生前上帝已经安排好了,人们也期望我们这个种族实现伟大设想,我们灵魂中腾跃着伟大奇迹,其他国家不久就会被甩在后面。我们是世界先锋,我们是时代英雄,被派赴前无古人的伟大事业,披荆斩棘,在我们自己的新大陆里开辟出一条新路,我们青春生命中有无尽力量,我们没有经验,却有无穷智慧。"

"每一种制度和规矩,都是人类投下的长长身影。"在这个黄金时代里,美国全国上下,人类到处都把自己的形象和影子投射到大地景观之上。他们没有留下节省劳动时间的机器,没有留下重大发现,也没有留下巨额遗产用以兴建学校或者医院。他们却留下了更为纯朴也更为重要的东西:对生命和生活的勇敢信念和信心。他们把自己的形象融合到大地景观之上,这个时代养育了、陶冶了人类,这是美国历史上都不曾有也不会再有的。直至那个时代为止,美国的地方社会组织仍然有浓浓的乡野味道。及至这个时代结束的时候,地方社会就丧失了自身的基础,同时开始散播到整个大地景观之上,到处流散着新型移民,讲着怪异的语言,还带着旧大陆来的风俗习惯;彼此之间已经没有了丝毫共同点,因而很难进行亲密的沟通和交流。第一批聚落仍然保持着完整和平衡:在美国的古老殖民区域,既有农业,也有工业制造业;沿海岸地区,海上贸易为冒险者开辟了很好机遇。当乔治·提克纳(George Ticknor)[①],在19世纪第一个十年准备去德国的时候,当时只有一本德语词典,显然应该是在整个新英格兰地区。而就在此后的一个世代时间内,德国大学者歌德翻译过来了,欧洲经典大量译介过来出版了。此外,通过印度、中国、波斯的高端舶来品,大大开阔了美国人的眼界;他们原来只知道印度有凯斯密羊毛围巾,中国有茶叶……

美国商人跨海贸易,随同每一批货物都带来了新思想。美国人开始生机勃勃地生活在各种新经验当中,国土新疆界不断向前推进,与东方古老文明的交往,科技发明带来的无限希望,远洋轮船、铁路、电报、橡胶雨衣、收割机……封·贝尔(Von Baer,1792—1876,爱沙尼亚动物学家,胚胎学的奠基人,同时使地理学和人类学先驱。1834

[①] 乔治·提克纳,George Ticknor,1791—1871,美国学者,精于语言学和文学,最著名的成就是对于西班牙文学作品的研究和批评。——译者注

年开始在俄国研究地理学,发现了河岸冲刷规律,亦即后来的贝尔定律。——译者注)、法拉第、达尔文——美国人生活在产生这些新事物和巨人的时代,他们相信这些巨人,自己民族的哲学思辨能力也随之提高。当爱默生引退的时候,他怀抱着满满一大堆经验和思想退休了,这精神财富之宝贵,堪与那些伊丽莎白女王们堂而皇之地掠夺的财宝互相媲美。在日常生活周而往复的循环中,超验主义者可以抗议,说无聊的物质主义已经开始统治了这个时代;但是,稍微大胆一些,就能把这种唯物主义化为一轮新雄起的宝贵资源。

这个时代,一个极富想象力的新大陆诞生了,这同时也是人类精神思想地理世界中一个新的半球。这个世界代表了美国思想经验的顶峰,并不是它继往开来,而是以往时代为它准备了温床,后来时代则都在它面前消褪为矮小侏儒;以至于我们当今这些人,无论写作还是思维,都只不过是在继续着这些前人探索过的事情;或者,仅只是用些空虚无聊浅薄轻浮的举动,聊以自慰罢了。

当时美国的处境真是个难题,人类在这个挑战前面没有退缩,而是迎上前去。这个时期的作家并不孤立,假如说他们在商人、工业家、制造商、政客们日常联手运作中形同弃儿,假如说他们在新时代潮流面前形同落魄者,那么,他们在当时任何重大问题上都有人民陪伴,有人民来分享他们的精神体验,并且热切地追随着他们的号召。但是,假如通观当时全部文学成就,则可以说,小作家们描写的任何东西,都已无法超出大作家们早已透彻撰写过的范围了;这些文学兴趣,早就被爱默生、梭罗、梅尔维尔、惠特曼、霍桑涉猎过、记录过了。英国作家 D. H. 劳伦斯①评论中说得很好:这些作家来到了一个边沿地带。他们站立在两个世界交汇的地方。他们的精神体验当中,一部分经验让他们有能力给这场壮阔的新教运动做出一个结论:用批判的眼光看待人类、信仰、规制,这原本是新教精神的重要核心;而这样的思想和做法,如今发现自己已经山穷水复疑无路了。另一方面,从他们经验的另一部分内容中,也就是从他们扎根新大陆纯净土壤中的自由社会理想中已经产生出了新东西;而且还与新大陆良好环境密切接触,森林,大海,以及人类在这里的种种杰出成就,因而,这种经验就能够让他们跨越梅尔维尔曾经跌入的深渊,引领他们走向更新的社会理想,走向一种更新的艺术,一种更新的哲学主张。这种新社会理想的基础,要比仅局限于地中海和巴勒斯坦西亚文化根基的欧洲人的历

---

① D. H. 劳伦斯,David Herbert Lawrence, 1885—1930,英国著名作家,其作品通过描写两性关系,揭示和体现人的本能力量,表现性活动能够使人类冲破障碍、实现自我这个主题。他的风格集自然主义、现实主义和神秘主义于一体,曾经引起争议。主要代表作品有《儿子与情人》、《虹》、《卡特利夫人的情人》等。——译者注

史更为深厚;这种新型社会理想,是通过一种新型艺术和新型哲学能够充分展现出来的。

同欧洲历史这种藕断丝连的分裂,让美国人能够继续探索前进。正如美国移民后来能够容纳来自世界各地的民族成员,所以美国的历史才能充分敞开心怀,包容西方以及东方的文化,锤炼出一个共同的内核。美国人继续探索前进,而探索活动在探索的世纪里到处都很活跃:为了给民族文化找到新的基础,尼采(Nietzsche, 1844—1900,德国哲学家、诗人,唯意志论学说的主要代表,创立了"权力意志说"和"超人哲学"。——译者注)回到历史,求助苏格拉底以前的古希腊,卡莱尔返回去求助于阿波特·森孙(Abbot Samson, 1135—1211,12 世纪中晚期英国僧侣,宗教改革期间的先驱人物,在罗马教廷和英国国王复杂关系中,以及在教会组织和教堂建设,教会促进地方社会进步,慈善事业、教育、医疗、医院建设等进步中贡献卓著。——译者注),俄罗斯作家托尔斯泰和陀思妥耶夫斯基,则去追寻最早的基督教精神;音乐家瓦格纳(Wagner, 1813—1883,德国作曲家,毕生从事歌剧创作。——译者注)则回到了日耳曼民族的古老寓言;爱默生、梭罗,以及惠特曼,奋勇前进,一面依靠这些人的经验,一面利用历史文化积淀,就像伐木工人依靠林间木排小路那样,一直奔向遥远荒莽的尽头,而自己脚下始终有一个可靠的支撑。这些美国人探索了,有没有可能为文明建立一个现代的基础。而越是探索,就越加接近文化的最早起源,甚至比那些试图复古的人更加接近那些开拓性思想家和诗人。黄金时代的美国作家,他们最为重要的思想武器,就来源于他们面前展开的广阔社会生活,他们因而能够从中接触到社会遗产的任何一部分。即使再增加一千种经验,再增加五千万人口,也无法让我们更聪明了。正如爱默生所说,无论是还有更多特殊事件或者完全没有,精神成果都已经无法改变了。我们将要仔细考察的,正是美国经验当中这种精神成果;而且是在它表现最为清晰、最为充沛的阶段去考察它……

拉尔夫·瓦尔多·爱默生

这时期的伟大历史过程孕育出一批伟大思想家,他们几乎全部出生于 1800 年至 1820 年之间。而且,他们的最佳作品和重要基业也都几乎完成于内战爆发以前。假如内战的伤害未曾影响到他们,那么,他们无论如何都不会被彻底推翻、被完全丢弃,也不会被时代扭曲。这些伟大思想家们有一个领袖和旗手,他们中的核心人物,这就是拉尔夫·瓦尔多·爱默生。爱默生是美国第一位真正创建了新鲜理念的哲学家,是美国第一个有新鲜主题的诗人,也是美国第一个散文作家,他的散文写作风格,具有伊丽莎白时代的戏剧特色以及 17 世纪的规劝说教特点,因而超越了华而不实的爱迪生(Joseph Addison, 1672—1719,英国散文作家、剧作家、诗人、期刊杂志创始人之一。——译者注),以及一味拔高的江生(这里是指 Samuel Johnson,也译塞缪尔·约翰逊,1709—1784,英国作家、评论家、诗人,以及辞书编纂者。——译者注)时代。他独树一帜,因为他自身就是源泉;他是冰川,他身后流淌出湍湍山溪、白练垂流的梭罗;再向后面,则汇聚成惠特曼,如舒缓、宁静、胸怀宽广的高山湖泊……这种高处不胜寒的特殊地位,让他往往不为人所察;人们喜爱爱默生,阅读一点就非常满足,往往浅尝辄止,而忽略了只有会当凌绝顶才能一览众山小。他们忘记了,爱默生正在顶尖处俯视着下面的群峰和高原。学者们常感觉,爱默生的冷峻似曾相识。他们享受爱默生,拥有爱默生,全然将其当作了自己人,与之平列;久而久之,习以为常;而从未深入思考过,没有看清他这种冷峻实际上不是一种软弱,而是内心的坚强不屈,炽烈如火。外表看,爱默生的生活和性格特征,是谦和,是温良;仿佛,夏天,午后,远处,法意边境上勃朗峰巍峨耸立,雪峰本身看上去不过像个尖锥形的冰淇淋……他的同时代人忘记了,这个温良恭俭让的人,手中拿着皮鞭,不仅能把钱币兑换商人赶出庙门,同样还能把僧侣也赶走。

　　爱默生是一种活生生的要素,牧师、农夫、学者、强悍的新英格兰房产主,是的,可能还有精明的美国佬行商,以及机械工人,他们生活和兴趣中都填满了爱默生的思想和语言;但是,他们在现实生活中的真实意图,则根本不接近他的要求:爱默生只是从永恒意义上体现了这些人所向往和追求的东西。用爱默生的作品,我们简直可以重塑新英格兰的景观和社会;或许,大自然里只缺少几项内容,留待梭罗来做进一步补充:少许花草,以及一些新来的爱尔兰移民,他们已经开始在建造铁路了,而且不久即将占领波士顿。不过,最终留下的每一件东西,在新英格兰的重建计划书中都将具有重要意义。新英格兰的弱点,也都应有尽有:它过于书生气;以及如马格丽特·福勒(Margaret Fuller)评述爱默生时所说的,他未能充分热爱和亲吻自己的土地,而同时它又过于急躁、过于匆忙地采取了迎难而上的姿态;还有,他的居家环境过度整齐,以及他的道德持家风范过于刻板……总之,爱默生,无论坚强还是孱弱,终究他是完美的——他通过自己的思想把新英格兰的潜能以及希望,都淋漓尽致地表达了出来。

　　要对爱默生的学说做个周详备至的总结,简直不可能。因为他探索人类生活的方法和角度,太多太多了。尤其因为,他的探索深度是前人从未达到的。所以,虽然他是个柏拉图主义者,但你在他有关艺术的论文中找不到柏拉图的艺术观点;虽然,从后继者这个概念来说,他无疑也是个康德主义者,但搜遍他的伦理学著作,也找不到康德伦

269

理学原则的丝毫踪影。就利用他所掌握的历史资料中的绝大部分,爱默生摧枯拉朽,直入核心:他学说的核心部位,是这个知识分子的美德;或者说,是一种文化的赤诚(cultural nakedness),一种突破现存规则、习尚、礼制的精神和气魄;他总是竭力去发现人内心觉悟中深而又深,新而又新的内容。新教精神,在天主教教义中某些次要内容基础上,曾经勇敢地做到了这样的地步。爱默生使用的是同样方法,但他扫荡了空前广阔的领域;并且,用他对美国未来的坚定信念激励着自己和同胞;当时的美国是这样一个新颖而充满希望的国家,这个国家刚刚被赋予各种优越条件,而且没有虚名的负担。爱默生在这个历史空间探索:天主教,它整套的礼节、仪式、规制,含义究竟是什么? 进而人类其他全部礼节、仪式、规制……含义又是什么? 以及,历代王朝制度和统治,是非功过,如何评价? 人类其他全部政治制度……又当如何评价? 这样一片一片地探索追问下去,力图穷尽人类社会生活每一个重大方面。而且他的研究,层层剥皮,追根寻源,每个题目都从全新的角度重新把握;并且将其放置在他自己经历过的人生和社会环境当中来重新审视,并与他所同化吸收的经验做比观察。这样人类历史每一个组成部分就都重新再现,而且是站在同一平等高度上由他来检验:于是佛陀的精神财富,也并不逊于基督;一个哈菲兹(Hafiz,伊斯兰教信众当中对于能够背诵全部《古兰经》教徒的美称。——译者注)给他的教益,也并不亚于莎士比亚和但丁。更重要的是,现代社会生活中每个层面,都失去了其固有的价值面目。这样,当个人理想和殷念已不能再寄望于宝剑和掘铲一贯的独特能力(作者比喻政治权力和经济生产。——译者注),爱默生就把民主这一难题摆到了人类现有经验的层层高塔之下,来寻求答案:或许,新经验就在贵族政治的巅峰成就之中;何况,原有旧线条正在消褪;或者,早已完全死亡,只剩下毫无实际内容的虚名。

　　这种重新思考人生、重新思索生命世界的艰苦努力,其中包含种种含义;爱默生看出其中含义,而且仅选取适合自身的含义;这些含义艰难而繁重,他没有退缩。"最终,除了自己头脑完善、精神健全,再没有没什么神圣的东西了……我记得,我年轻时候,有位很有地位的导师,总是向我兜售教会的古老信条。最终,我不得不对他有个答复,我回答说,'你说的这些传统都很神圣,可是,与我何干,假如我拥有的完完全全是自己内心的精神生活?'我这位朋友又接着说,'可是,你这些内心召唤可能来自下界,而不是上苍……'我又回答说,'可是,在我看来,事情不是这样的;而且即使说,我是魔鬼的孩子,我也将顺从魔鬼而生活,度过一生。'除自身天性,无所谓什么神圣规律、戒律。"

　　"人生贵在运用,有生未必真生。(Life only avails, not the having lived.)"这就是爱默生这种立足自我、依靠自己学说的核心内容。这句话,也正是美国人,在其满怀信心和朝气蓬勃的年代,回敬给欧洲的豪言。当时的欧洲,恰是那种"苟活者"的天下,他们占据主流,不可一世。从某种意义上说,爱默生这个学说体现了一种野蛮的信条;但这又是一种很富有创造性的野性主义,其目标是要利用旧建筑物,但不是把它当作一种文化外壳,而是当作采料场,既不是索性将其完全抛弃,也不是可怜巴巴地企图把生机勃勃的新生活硬塞进旧形式中去。霍桑的著作《七面山墙的房子》中,有位年轻的超验主义哲学家,他就提出说,房子应该每一代人都重新建造,而不是沿袭旧规,仅仅追求安全保险,结果无法适应任何家庭的真正需要,徒然留下原有设想和建造物。他这个建议让这个毫无创新构想的时代着实吓了一大跳!原因在于,新建筑物可能要比旧有建筑更加简单粗劣,而新问题很可能还无法唤醒足够的创新意识和能力,根本无法与原有水平媲美;这正是一些必要的忠告,提醒人们注意保持谨慎,保持节制。

当时的美国正处于冒险主义的高峰时代,无论是爱默生或者是梭罗,丝毫都不胆怯。爱默生重新思考了人类社会生活,并且在他的精神思想中为人类社会构思了新形象、新结构、新组织规制,并且准备用这些东西代替被他抛弃掉的旧物。一幢建筑物的寿命是有限的,是会死亡的;一种习俗最终也会消亡废退,而这又有什么呢?人类的思维和精神则是永继不竭的,只有那些尚未醒悟的人,那些毫无想象能力而蝇营狗苟的人才会麻木不仁,他们看不懂,这些代价昂贵的装饰物品一股脑地都丢进了熔炉坩埚,而最终,这些是要被重新塑造的,什么也不会损失掉!并不是说,赤身露体非常好看,而是说衣服很便宜!何苦一个劲儿地东拼西凑,没完没了的修补旧有学说呢?须知,只要是像爱默生一样的思想家们,始终重视从人类生活中汲取源泉,思想的供应就会源源不竭!所以,爱默生大声疾呼道,"我们不会永远为几页文告、几条人命支付如此高昂的代价!我们就像小学生一样,一遍遍死记硬背祖母和老师留给我们的句型作业;随后,我们长大了,接着又继续背诵一些我们碰巧遇见的天才作家和大人物的作品,绞尽脑汁要记住他们所说的话,所用的词……随后,直至我们自己也经历了同样的事情,需要表达同样的思想、观点时候,我们感到豁然贯通,一些背诵过的词汇、句型,不知不觉地脱口而出了。以至于任何时候,只要是适当场合,出言吐语总是能够那么得体自然……所以,当我们有了新思想、新概念的时候,我们应该非常高兴地解放自己的记忆,丢掉其中沉重的精神包袱和负担,无论他们曾经多么宝贵,都应该弃之若敝屣。"

人们往往夸大了爱默生精神思想中的柏拉图主义成分,或者说,形成一种误会或者曲解,认为他生活在永恒的云雾之中。而真实情况是,爱默生思想中的柏拉图主义,并非仅仅是追随柏拉图,而是按照柏拉图的样式来生活,同时取得与他相同的思维方式。

评论家经常指责柏拉图的行为举止和处世态度,仿佛他这些姿态是消极逃避公元前 5 世纪急迫的社会问题。同样也这样指责爱默生,认为他的做法和态度,简直类似神经错乱,是因为他忍受不了美国欢腾扰攘的社会生活,想躲避出去。的确,从一定意义上看,他们两个人的确都是想要躲避现实;但是,这种逃避,就像流水进入水库,就像粮食进入谷仓,暂时贮藏为的是将来利用,因为暂时无法立即有效分配、使用。无论柏拉图或是爱默生,他们都密切深入周围社会生活,并且了解其中许多具体内容和细节。他们两个都非常清醒,完全知道所处社会制度的大换班的时代特点;他们两个也都清楚,他们身处一个社会更替的时代。因此,他们不让自己纠缠在诸如政治改革、经济生活调整等等琐碎事物里,而开始思考了一些更为宏大的问题,都在设想如何实现社会创新,都试图设想出一种模式,让各种社会具体问题能够各就各位。爱默生撰写了改革家的人类一文(Man as Reformer,爱默生 1841 年元月在波士顿对机械工程学生发表的一篇著名演讲,主题是唤醒工业时代的人类灵魂。——译者注),但是他从来不属于任何政治宗派,也不属于任何宗教派别。黑人遭受奴役的人类教训,让他痛心疾首,唤醒了他的义愤和良知,他有关“一无所知党派”的论文(Know Nothings,一无所知党,是 19 世纪四五十年代美国兴起的一种反对外来移民,特别是爱尔兰移民和天主教支配地位的政治运动。——译者注),堪称一篇杰出的口诛笔伐。但是,即使是这样重大的问题,也没有让他丢失观察思考的正确方向:比如,他也在探索如何取消让白人沦为奴隶的思想和制度,尽管白人担当着这个制度的掌控者角色。

把爱默生和柏拉图的名字联系在一起,这样做似乎有种暗示,说他是个哲学家。这种暗示中,我自己也难以找到充分的理由;同时呢,我感觉又不必为把这两个人一起并列而抱歉。当代哲学评论家多多少少都已经给他做了这样的定位;因为,表面看的话,他的形而上学部分,也就是他对存在的本质、真理以及人类知识的研究,并无独到之处。这方面,关于思维和概念世界,柏拉图和孔德都已经赋予它们以独立的现实特性。而且,把既成事实当作符号来处理,这种习惯由来已久,它如此古老,以至于当今学者西格蒙特·弗洛伊德重新使用这一手法时,居然引起广泛的轰动,人们误以为这是非常新颖的东西。然而,爱默生著作中那种赤裸裸的形而上学轮廓,对于理解其著作中思想内容整体而言,却无丝毫帮助。我认为,爱默生哲学的内容,比起他同时代的哲学家们,内容和主张都要丰富得多。然而他在这个领域内却没有获得相应的学术地位,这在很大程度上是因为,他论述的内容如此丰富,以至于在逐渐暗淡的学术之林烟霭中,人们真的认不出这就是哲学。爱默生的同时代人,无论是黑格尔、孔德、斯宾塞,不约而同地都发现了一条公式,引领他们去破解自身与众多事实的联系。他们这些哲学主张中一大弱点,都源起于人性的一大缺憾——亦即他们偏向于性错乱,例如孔德,他就把法兰西公主克劳茨尔德(Clothilde,路易十六国王的妹妹)很不适当地神化了。或者说,他们简直是些怨天尤人的残障人士,如斯宾塞,他就始终未能充分纠正自己的狭隘偏见,也从未获得更广阔的眼界,原因是他早年的专业训练背景是一名铁路工程师,这就大大封闭了他的头脑。爱默生很幸运,他生活经历健康、均衡、对称。对于托尔斯泰要追寻最伟大,最终极目标的做法,爱默生也正面响应——他不拐弯抹角,更不遮遮掩掩。在他的心目中,哲学应该恢复自己研究人类经验的本来范畴,这本来就是毕达哥拉斯和柏拉图早已为哲学规定好了的任务。

272

　　在他那个时代,爱默生的地位和建树是无与伦比的。这体现在如下事实:他不仅理解了科学事实层面的内容,还理解了科学探索活动作为方法论的真理性。他还承认思维和概念所担负的形式组合角色(formative role),他还看出"辩证法"在思维产生、形成新格式过程中的重要作用,这些格式在自然秩序中原本不存在,本没有既定形式。他说,"动物生存手段和活动的全部事实,包括性交、营养、妊娠、生育、生长,凡此种种,都是符号,都体现了物质世界流变进程进入人的灵魂这一过程;它会经历某种变化,体现某种变化,然后重新呈现为一种新的、更高的形式。"而这种流变,这种进入人类灵魂的过程,不论是过程还是最终产物,19世纪经验论和机械外部论一概不予接受,一概不予承认;而非常离奇,这些领域恰是科学与宗教长期纷争的由来和战场。这场争论当中,宗教是战败者,原因就在于宗教仅只牢牢抓住纯迷信的实验主义。假如方法论真理是真理的唯一形式,那么,所有的宗教都是迷信,所有的诗歌都是愚蠢幼稚,所有的艺术,则都是对摄影技术以及机械绘画的非常不高明的描摹和期待。

　　爱默生肯定唯物主义,也肯定辩证法;他肯定科学,也肯定神话。这种态度表明,他承认艺术家的合理存在,承认诗人、圣贤、先知的合理存在。这种态度中包含着非常重要的意义:这让他避免了一个荒唐错误,他没有蔑视科学在其正当领域当中所建立起来的秩序和力量。达尔文的《物种起源》还没有发表的时候,爱默生就已经是个进化论者了;因为,他知道的,而且很熟悉关于有机界的探索,这些探索已经发现了有机界的延续性并且将其联结为一个链条。所以,无论新发现把他带领到哪个方向,他都准备跟从,准备接受。剑桥大学的大科学家,阿加西(Agassiz,系指路易斯和亚历山大父子两人,分别是博物学家和海洋学家。生活于19世纪,对于海洋地质以及海洋生物的研究贡献卓著,也曾为珊瑚礁研究和海胆的重新排列惊讶不已。——译者注)也准备接受自己研究当中的这些发现;但是,这个大科学家竟然很害怕这些发现,因为受到自身路德教派因信称义的基督教精神影响,他坚决认为这些现象不存在于自然界,而仅存于上帝的精神之中。阿加西的固执并不让爱默生感到意外,更没有感到不安。在他看来,这种"上帝"始终就在履行着这种职能,始终在推动物质世界转化为人的灵魂,自然界这种流变过程永继不竭。他的哲学中,自然界不存在任何令他无法接受的事物,一切尽在大自然有序框架和层级结构之内。对于爱默生来说,物质和精神,并不是一对不共戴天的死敌,两者都是人类精神不同阶段、不同层面的表现;物质能够进入精神,进而变成符号,变成形象;精神也能进入物质,令其生成某种形态。而形象、形式和符号,因而也就成为人类赖以生存和完成生命过程的基本材料。就此而言,就见解的透彻与完整,19世纪这个大发现伟大世纪的哲学家们,哪一个能堪与爱默生媲美? 而这样一个杰出的人,他看出了、并且清晰地表述了生命世界完整联系和生动形象……却没有获得哲学家的头衔,这还不清楚表明,我们不懂得哲学最核心的智能和任务。此外,还能有什么含义呢?

爱默生的精神思想和世界观,并不是把世界分割开来,包装到一个个小盒子里,再配搭上一条条公式,随即束之高阁。他从来不是这样做的。在过去,爱默生,他的思想,并没有仅仅局限于基督教精神一个层面;他也没有仅只限于研究高雅的,或者古典的文化;他倘佯在一个广阔得多的境界中,如他自己所描述的,他引用柏拉图,引用普罗克拉斯(Proclus, 410—485,古希腊哲学家,新柏拉图主义的主要代表人物,曾主持雅典的柏拉图学园,系统整理并阐释新柏拉图主义。主要著作《柏拉图神学》、《神学要旨》。——译者注),并非只是慕其大名,而是为了给自己调色板添加必要的色彩。爱默生认为,人类历史,既不是救世良方也不是沉重负担;而毋宁说,历史是一种审美体验。既然美国的历史进程不再是一种不可避免的趋向,就是说,既然它不再是靠研究基金就能从牛津大学或者什么别的显赫场所随便得来的东西,那么,历史就能随心所欲供人享用,供人们随意理解,供人们试验。人类历史,甚至可以重新评价;这样,印度教的婆罗贺摩(Brahma,印度教中的一切众生之父。——译者注)的悖论也就不再是不能接受的了,恰如柔弱者最强大、积弱为强这个悖论是一样的。

在爱默生看来,诗人才是最自由的人,诗人是解放他人的人。所以,从这个意义上说,爱默生就是个伟大的诗人。从他那里,你感觉不到"人类文明正在接近顶点,进入全盛时期……没有,全然没有;你感觉到,他论述的人类文明,才刚刚破晓,一派雄鸡司晨启明星高照的景象"。美国充满希望;大自然充满希望,迎接着一个新的开端;这些特色和信息,浸透了爱默生精神思想的每个毛孔。他警告我们说,"不要给我做过的事情贴上任何价值标签;同样也不要对我不去做的事,就因此而予以贬低;仿佛我真的曾经对什么事情勉强做出过真与伪的判断。任何事情,我都不作结论。在我看来,不存在任何神圣的事物;同样,也不存在任何亵渎圣灵的事物。我只是在试验,在检验,在无休止地寻求、探索。我背后没有历史,没有过往……既然新时代到来了,我们为什么还要输入陈旧的古玩,破烂的垃圾? ……除了生命,除了变化,除了过渡,除了生活,除了生生不息、奋发向上的人类精神,没有永恒,没有保险的东西。誓言不能约束爱情不去追求更高更炽烈的爱;没有高尚得无法超越的真理;今天十分高超者,明日可能就会在新的真理光芒面前露出琐屑。人们希望安定,而只有他们不安定的时候,他们才会产生希望。"

这种难题和挑战的强大力量,美国荒原这种难以回避的挑战,新型美国社会的挑战,当欧洲人对自己历史丧失信心和安全感,因而寄望于美国未来……这时候,谁又能不感觉到,这正是我们美国经验当中最为独特的、最为有趣的部分;也正是我们令人尊敬的地方,尽管我们——在表现出先锋精神,表现出难以描述的大无畏勇气的同时——也有种种难以避免的缺点和错误。这种挑战,有两个人承接下来了:梭罗和惠特曼。他们完成了爱默生开始的圆周,把学术研究美丽鲜花的花盆,捧到春天阳光下,捧到大地上,碰到了民众热切期待的氛围里。

亨利·戴维·梭罗

美国西部边疆开拓先锋精神,曾经打开了西进的条条通道,却几乎未给自己这种冒险精神留下任何明显纪念象征物。除当年先锋探索活动中一些习惯还有些许残留,作为历史的回赠,偶或见于当今生活之中,例如,匹兹堡的廉价细支雪茄烟。这件东西还能让我们联想起当年的拓荒者,在草原上驾驭着康内斯托加式宽轮大篷马车……当第一批带篷车辆爬上阿尔亨尼山麓,开始了缓慢爬行时,车夫们就常常卷起这种烟卷,吸着烟,时不时慢悠悠哼唱起来……

在这种孤零零的新旅途中,这些开拓先锋们感受到了什么呢? 假如他们曾经有过感受;先锋们梦想着什么呢? 假如,他们曾经有过梦想……我们已经无从知晓了,除非从遗留至今一些歌曲的只言片语当中,或从这些西进通道即将靠近终点时发布的非常平常的报道当中,可以得知一二。发布这些通报的,是马克·吐温,以及寒林·嘎兰(Hamlin Garland)那一代作家们。此外就得靠这些先锋分子们子孙后代们的回忆录了。其中不乏一些非常浪漫而热切气息的作品,例如约翰·内哈德(John Neihardt)的回忆录;也有回忆兼批判的作品,比如苏珊·格拉斯培尔(Susan Glaspell)的作品;也有愁肠百结的悲情叙述,比如爱德伽·李·马斯特斯(Edgar Lee Masters)的《诗歌选集》(Anthology)。那些真正直面过西部荒野,并且曾经奋力从中搞出些名堂的人,归来之后

274

都留在了东部;从它们的回忆录当中,人们今天可以看出当时一些真实情况。亨利·戴维·梭罗可能是唯一能够冷静下来思索,并且成功地记录了全部这场伟大经历的人。他的可贵之处在于,当大家都忙着行动、非常躁动的时候,他能冷静下来;当大家都忙着发财致富的时候,他能甘于贫穷。当内战时期牧民和矿山中的不法之徒爆发叛乱的时候,梭罗,纯粹由于粗心大意,却将反叛当作一种原则来奉行到底,目的是要反对墨西哥战争,反对惩治逃奴的法律,当然,更反对奴隶制度本身。梭罗以其一生实践和言语文字,令人信服地揭示出,假如当初的西部开拓行动不仅仅是为了拓展边疆和掠夺物质资源,而是为了吸收文化,假如它不仅仅是为了扩大疆土,而是为了增加生命浓度,丰富生活内容,那么,这场伟大的移民运动,将会获得多么伟大的成效啊!

梭罗出生于康科德,时间约晚于爱默生半个世代。梭罗发现,自己既无青年教士起码的探索精神,更没有他们的成就。这样,他就从他的同城友人爱默生当时所达到高度上出发,开始了他的事业。这种背景上,如果说爱默生从自己头脑当中清除了当时所有与他的直接人生经验无关的杂念,那么,梭罗则从自己生活中清除掉了所有的陈规陋习和物质手段,假如这些东西没有价值,不能证明其存在的意义的话。戴·托克维尔(de Tocqueville)曾经评论说,"一个美国本土居民追求世界财富的那种劲头,令人不禁猜想,这人仿佛认为他是永远也不会死的。凡是他够得到的东西,他都会急忙揽到自己怀中;这就又令人想到,仿佛此人经常害怕由于不能活得很久因而无法享用这些财富。他简直什么都要抓,却又什么都抓不牢;抓住的,却又赶忙松开手,去抓更加赏心悦目的新目标。"梭罗则刚好反其道而行之,由于他的生活目的是要生活得更加充实完整,所以他坚决摈弃任何与此相悖的东西。几分钟的光阴,假如真有收获,他也会备加珍惜。假如维尔登池塘地区春光明媚,他就绝不会把自己的公民权用来去参加市政厅集会,而辜负大好春光。同样,他也不会为一些牟取收入的活动浪费时光,比如去制作铅笔或者当调查员;他宁肯去从事一些简简单单活动,只要能够让身体保持鲜活与温暖。

梭罗不失时机地考虑了一个重大问题:真正的人生,真正的人类生命,其最基本最重要的东西,都是什么? 人类消费的食品、衣物、居住环境、劳动和工作,等等项目,需要多少数量,到达什么程度,才能满足生命延续的要求? 在维尔登池塘,他竭力要找出这些答案。而且,他要寻找的,并不是动物生存方式中那种忍受残酷环境的极限,也不是要找出维持身体基本需要的摄食基本规则;而且,尽管他书写了大量文字谴责当代文明的生活方式,他却并不相信渔樵狩猎或者美洲印第安人,提供了更为理想的生活方式。他的新发现在于,人们如此急不可耐地追寻炫耀性消费必须品,以便实现一种都市文明生活(civil life),不幸却失掉机会让自己真正因文明而获益(英语中,*都市生活* civil life

与文明 civilization 两个词汇同源，作者寓意在于说城市背离的文明目标。——译者注）。所以，当人们的物质生活追求已经非常丰富、不厌其详的同时，他们的生活，生命，从文化上看，并未相应增长；相反，却愈加贫乏、虚弱、苍白无力。

对于 17 世纪留给人类的各种地位强大的神话，梭罗几乎毫无兴趣。面对工业文明创造的大量消费方式和大体量建筑，梭罗不为所动；对于在此基础上产生的各种幻想，梭罗不寄希望。他感觉，他的维尔登池塘——假如看法正确——就如海洋一样宽广；康科德的树林、湿地、田野……就如同黑非洲一样的取之不尽、用之不竭。他在自然研究过程中，偶或也求助于新科学界的动物学家和植物学家。但是，往往是这样，梭罗所掌握的方法，这些科学家们常常好久还都没能掌握。而且，我们当今，假如沿着梭罗的形而上学区分方法，就更容易理解他的自然研究内容，远比格雷和阿加西的自然分类更加容易理解。就像他之前的沃兹华兹，或是他以后的伯格森，他也有同感，认为当今科学研究，简直"无异于杀鸡取卵（murder to dissect）"；因此，他能越过现代科学那种不厌其烦的离析解构做法，直接进入到花卉与雀鸟，以及它们的生活环境。他在一本书里写道，"现今科学研究的语汇或者分类，简直一点都不切题；简直一个切题的词汇都没有。大家都很乐意接受新东西，增加新知识；首先要学会从毫无偏见的角度研究一个事物。首先应该明白，任何事物都不是你所想象的那个样子……你们最大的成就，应该是知道了、看到了世界上居然还有这样的东西；而且你们也不一定要对皇家学会提供什么报告之类。"换言之，梭罗试图从自然研究中探索到生命的各种侧面；他并不是在努力找出各种差异或者相同点，以便写出物种分类索引，建立体系，等等。比如说，一株羊齿植物的审美品格同样也很重要，并不亚于研究它作为蕨类植物其叶片上的气孔数量。这样做，并不是因为他鄙视科学，而是，正像他所十分崇拜的草药专家和自然博物学家们那样，他不能容忍科学研究用其种种实用主义目的，诸如其分类方法、度量、数据统计，等等，去占据科学的全部认知领域。这种实践中的科学，才是真正的科学，才是人类生命体验中的一部分；一个自然研究科学家，为他从显微镜下样本片中观察到的发现而喜悦雀跃；一个物理学家，通过星象观察发现了通往物理科学的途径，欢喜得像放羊孩子夜里找到路径回到家来一般快乐……这样的科学家，不是更为贫乏，而是为这些发现喜悦体验更为丰富。假如他们的研究观察报告中省略了这样的情节，就是向实用主义的偏见卑躬屈膝了。梭罗，坚持这种科学研究态度，因而几乎变成了先知般的人物。请相信，新的时代会对他的形而上学成果，以及他的人性品格，都会做出公允的判断。

梭罗坚定不移地认为，他自身的直接生活环境，完全可以代表大地能够提供的全部财富；他这一明确态度，在他的其他活动领域也有明确体现。他主持他们那些争论激烈的座谈会,并始终担任东道主,自己如同率军作战一般,而且,公平公正不偏不倚,每一次都能做到与前次不差分毫。他把勇气储存起来,留给比观点争斗更有意义的时机。因为,为了捍卫原则,他时刻都准备入狱;而且敢于嘲笑那个不敢为此入狱的爱默生。至于说自己的祖国,他如此热爱自己的乡土、家园,以至于不会把家园与联邦国家不断推进不断变化的疆界混为一谈。在这个问题上,他具备每个新英格兰人都具有的非常鲜明强烈的区域意识。霍桑本人就曾经说过,仅新英格兰地区一处,就足以赢得他的热爱和忠诚。政治家们的诡计花招,欺骗不了梭罗;为了把觊觎已久的墨西哥一块土地弄到手,他们悍然准备发动战争,这些,梭罗都义正词严地予以谴责。而当某些人,仅仅为了维持邦联制本身,就准备放弃邦联制中最核心最宝贵的原则,梭罗则决不与他们同流合污。他热爱的,是土地,是风景,是朋友,以及他的精神伙伴们……而当政治掮客国家准备实行金钱补偿替代效忠精神的时候,那就让它见鬼去吧!

我们必须看到,梭罗对于国家的态度,与西进开拓先锋们的态度几乎刚好相反。那些开拓国土的先锋分子们,不在乎他们开拓来的土地是些什么样的"风景",只在意他们要对这个国家的国旗敬礼,在意他们要参加投票选举。梭罗则不然,他的宗教般的精神信仰和价值观念过于虔诚执著,因而不屑于物象崇拜,不会去顶礼一个世俗权力的物质偶像。何况他非常清楚,投票选举产生的国家政治生活状态,仅只体现了有趣味生活的很小一部分;于是,不仅不是对国土漠不关心,而是对自己国土倾注满腔热忱,他礼赞这块土地,誓死捍卫这块土地,如同人们信仰传说神话,如同人们为此多年坚持一整套的礼俗仪式……当时,与他同时代的同胞们非常推崇某些生活内容,包括物质享受、金钱、政治权力,将其奉为生活的最高追求,这时,梭罗把这些东西仅仅看作是工具化的手段,认为这些内容对于实现美好生活仅能发挥一小部分作用,但其中并不包含着美好的生活;甚至,从中连什么是美好生活的答案都找不到。一个人可能终生追求财富,而至终却从未真正生活过。梭罗曾经慨叹,"我的读者当中,真正懂得完备人生,真正活得符合人性原则的人(human life),一个也没有,一个……也没有。"

在梭罗的时代,工业革命在制造了滚滚产品又培育出消费者迫切的需求欲望之后,这种工业化生产和生活方式,便开始自我膨胀。因而迫切需要找到一个宣泄口,以便为这架机器源源不断的供应流找到一个排泄口。针对这种局面,梭罗一针见血地质问道,"我们莫非就永远这样不断地研究下去,研究如何获得更多产品,永远也没有个知足的时候吗?"他还非常尖刻地反问道,"假如我们不准备足够的枕木,不去锻造铁轨,也不夜以继日地辛勤劳作,而只是不断地零打碎敲,东修修西补补,追求这些东西的改进,那么,谁来为我们铺设铁路呢?"梭罗不是一个贫穷悭吝的狂热者,梦想通过终日实行苦行僧般的道德戒律来改造世界。诚然,他想尊奉、实行爱默生的名言:在最低端生活上力求节约,而在最高端生活则不吝花费。这才是梭罗与许多无聊人物的不同之处,那些人的生活中孜孜以求的事情,包括:仅吃豆类食品,深呼吸,只穿用植物产品织造的衣物,等等。梭罗不是这样,梭罗的简约(simplification),不尽是节俭(simplicity)的意思;它更包孕着一种更高层次的人类文明。

梭罗退入寂静丛林,不是被逼无奈,更不是出于酸葡萄式的蔑视那些他得不到的东西……他说,"如果我们准备利用很美丽的材料和物品美化自己的房间,我们不仅首先应该刮掉墙皮,甚至连我们自身生活理念也应该刮皮更新。美好的家居环境与美好的人生,应该建立的全新基础之上。而如今,美好人生的绝大多数要素,都是在室外环境里养成的,那里并无所谓房间,更没有维持家居环境的人。"因而,太古原始丛林,就为他的探索提供了一个最理想的开端。但是,梭罗并不认为事情可以就此为止。因为大地本身,激发了他的想象;他写道:

> 自然万物向这大地列位居民发出邀请:
> 请关照自身生命,修养自己,达到空前高度;
> 不要辜负大地,迎接她的期待!

"大地母亲的期望!"我们在美国早期思想教育的每件正派作品中,几乎都能见到这句话,或者类似的话。人们向往靠近海滨的荒野草原,那里尽是些暗绿色的香叶树,滨州杨梅,清甜的蕨类植物,都从布满苔藓的岩石中茁壮地生长起来。波涛滚滚的河流,一路奔涌,把水草气息一直带到下游沼泽地;宽阔水滨敞开心怀,接受阳光的爱抚。紫色松柏树林,茂密针叶树木,根深叶茂,轻风吹拂,松涛阵阵,随风和鸣;新英格兰群山,峰峦叠翠,崔嵬庄严。6月骄阳似火,山间的月桂树林,在阳光下银亮泛白,如山间积雪。月桂树丛之间,山菊属植物丛林间,枯干之后色彩永远不变,斑斓红艳之间偶或闪现大理石的光泽。高山湖泊,如一颗颗巨大海蓝色宝石,晶莹剔透,蓝颈蓝胸红嘴的蜂鸟,南美蜂鸟,高山草原,各种花卉,蓝色,紫色,薰衣草的淡紫色,以及黑果木浆果丛的绿色,各色花木,在秋天山野里争奇斗艳,斗不过路旁一行行的漆木树火焰般的壮丽,它的红色,桔红色,金红色,各种红色构成火山般的炽烈。随即,是9月里玉米地的金黄,还有更加夺目的肥南瓜,睡在一丛丛绿色藤蔓间;秋天田野袒露的胸怀里,肋间胁下,各色野花,在不安的睡眠中随风摇摆,直至白色雾霭覆盖在身上,把它们都送入梦乡。吸吮这些气息,品赏这些味道,投入这样的山野田园中去,行走,摩挲,奔跑,攀爬,多可爱的风景啊,从未有人领略过如此丰富的自然之美,仿佛还没开启的情书,又如尚未抱吻过的新娘……面对这样的大地母亲,谁又能不立即一跃而起,奔向她期待的怀抱? 一方面,这是孩提时代的梦想和挑战:这样的理想如何长大成熟,又将怎样终结? 另一方面,这又是幼稚无知的魅力所在;或者说,这就是整个大陆给予我们无尽宝藏的全部含义;就仿佛,太平洋和大西洋之间这块大陆,可以建立人类任何一种栖息地,可以探索和尝试你能想到的任何一种生存方式。

土著印第安人从年轻土地之中汲取的东西,梭罗汲取到了;新殖民定居者给与大地的东西,包括用耕犁一寸寸地耕耘土地,使用石材垒起圈墙围栏,在住宅周边遍栽一排排榆树,等等,这类方法,梭罗也学会了。梭罗体察了、品味了康科德定居生活方式之后得出结论,认为荒郊野外,绝对不是人类永久的家园:你可以去那里构筑城堡,去那里激活你沉睡的五官感觉,或者去那里强壮筋骨、锻炼肌肉;但是,那种生活方式,如同任何退避出世做法一样,毕竟是一种特殊行为,需要特定场合与时机。人们投入大自然之中,为的是——从更深层含义来说,为的是变得更加文明,更加有教养;而不是为了变得更加粗野、草莽,那种状态是人类早已经摈弃掉的东西。瞻前顾后,梭罗看出来,怎样做才能保全美国荒野生活中全部有价值的遗产。他写道:

> 英国王室从前就拥有自家森林,以便维持家传的狩猎活动,无论是运动需要,还是增加厨间美味。为此,常常不吝毁坏村舍,以求扩大狩猎范围。而我认为,这是为人类本能冲动所驱使,不得已而为之。如今,我们已经抛弃了王权制度,为何不建立自己的自然保护地,不必毁坏任何村落,保留那些熊罴虎豹,甚或还可保留狩猎民族;让这些东西不至因文明发展而从地球上绝迹。这将是我们自己的森林,不是仅只为了举行王室狩猎活动,而是连尊贵的天主一起都保留下来,保留万物的造物者,且不是为了无聊的运动或者增加食品种类,更要追求灵感,以及人类真正的娱乐。何乐而不为呢? 或者,我们索性也像野人一样,掘地三尺各种野味尽获之,剥其壳,在我们领地上小火慢煨?

梭罗这些胚胎时期的建议,两个世代之后都相继实现了;美国国家公园和州立公园范围内,自然保护区、人文保护区等等,都接二连三建立起来;而且也成功地体现在本顿·麦凯先生(Benton MacKaye)对阿巴拉其亚山山麓通道的设计理念中。梭罗在他这些建议中,还顺便针对某些人的看法做出回答,这些人认为他是个极端个人主义者,说他的思想,一半是那个白天居住在大木桶里,点上灯火,寻找正人君子的古希腊哲学家戴奥先尼(Diogenes),一半则来自法国启蒙主义者卢梭的学说。梭罗认为,这些看法基本上都不着边际。其实,无论是爱默生的个人主义,或者是梭罗的个人主义,都是对当时新英格兰城镇过分社会化规范化生活方式的必要补充。有了这样的所谓个人主义,才使得这些城镇免于沦为唯唯诺诺小人的集大成,这些人从来不敢提出自己的见解和主张,不敢表达自己独特的喜怒哀乐情感,从来不与邻居标新立异。梭罗写文章告诉自己同胞说,他这些有关美好生活的理念,能够把新英格兰现存制度,乃至康科德自身的文化,都推向一个空前高度。"一个品位高尚、素有教养的皇室贵族成员,他的教养岂是凭空而来? 他生活当中充满了文化的各种产品和手段:圣贤、学问、智者、先哲、书籍、绘画、雕塑、音乐、哲学工具,等等……;所以,村庄也不要满足和停留在学究、教区牧师、教堂执事、教区图书馆,以及仅有的三位 selectmen(当时的新英格兰地区除罗德岛外产生的管理委员会成员的名称。——译者注)的水平上。因为,我们的清教徒祖先们,熬过那个寒冷的冬季,在这块荒凉石滩上登陆的时候,他们随身带来的就是这些东西啊! 所谓集体行动,是要求大家符合我们一贯的规制和礼俗。而我深信,随着我们的境况逐步繁荣、逐步改善,我们的办法和手段,是一定会超过那些皇室贵族成员的。"梭罗这些话,是不是把我们土生土长的新英格兰社会的陈规陋习,乃至我们所谓的个人主义的美国,都稍许有所改变了呢?

279

梭罗探索大自然,目的是为了给人类文化找到一个更高级形态;同样,他探索和实行自己的个人主义生活方式,也是为了创建一个更好的社会秩序。梭罗理解美国的追求,他从美国当时实际出发,努力设想一种形式,一种生活环境,力求保全美国独特的优点,包括它与大自然的亲密接触,无论是人迹罕至的原始森林,或是耕耘细密整齐的农田,或是新英格兰城镇社会更新的组织制度、乡规民约。梭罗非常了解美国疆土开拓先锋们所欠缺的东西。那些先锋们,为毫无意义身外之物的追求和满足,耗尽自身生命心血;结果,内心精神需求却一无所获,他们只要求被遗忘,只希望获得赦免。梭罗在他的维尔登池塘生活试验中,他"悟透了其中道理,至少……假如一个人朝他所深信不疑的方向执著前进,去追寻梦想,去按照自己想象的方式坚持生活下去,他就会获得普通人生当中意想不到的成功……当这个人简化自身生活方式,大自然、宇宙规律,同样也都会相应地显现别一番面貌,同样也显得不那么复杂了:独处,而不再寂寞;贫穷,而不再贫乏;弱小,但不是软弱。假如你建造了空中楼阁,那未必都是坏事,未就必枉费心机。说不定就应该从这个地方开始,你且在下面添加必要的基础就是了"。

简言之,梭罗生活在自己心愿之中,那里尽是些他想象的理性任务,美好理想的任务,该去完成;实际上,他一生中始终都在致力于完成这些任务。美国疆土开拓的勇敢先锋们,仅只体验了身外的、枝节的、无关紧要的物质生活必需品;这些追求一旦满足之后,他们也就随之消亡。外部环境的每个空洞,他们都填满了,唯独没有填充自己的内心世界。梭罗与这些先锋们,最初面对大自然都曾满怀赞赏之情,如今他们在这广阔田野的两端天各一方,遥遥相对。梭罗留给后人的,是宝贵遗产,如今人们仍然可以投入大自然,依照梭罗的梦想和形象,继续改造美国;而先锋们身后留下的,唉,仅仅只是空虚生活的沉重负担。

沃尔特·惠特曼

　　"他与我并立敞开心怀,比我心胸更加宽广,真让我自愧弗如。"① 在《自我颂歌》这首诗歌当中,沃尔特·惠特曼如此吟唱;这里,透过惠特曼的伟大,爱默生的伟大天才也就得以证实。其实,沃尔特·惠特曼,他心胸简直如宇宙般的宽广。爱默生和梭罗受到局限无法伸展的地方,惠特曼则无所不包;爱默生和梭罗非常讲究、非常含蓄、非常拘谨、矜持的地方,惠特曼则十分洒脱,十分雍容;惠特曼的风格和个性,非常完好地体现美洲这块辽阔而丰美的新大陆。而且,他的作品表达了对世俗生活快乐毫无顾忌的追求和享受,通过这些进入了普通人的生活,包括西部开拓先锋、筑路工人、林场工人、士兵、农场主。从惠特曼那些遥远的荷兰祖先身上,我们还能够依稀看到的佛朗茨·哈尔斯(Franz Hals, 1580—1666,荷兰肖像画家和风俗画家,画面构图简洁,色彩明丽,擅长表现人物个性的表情和神态。著名作品有《圣乔治市民委对军官的宴会》。——译者注)所描绘的那些壮硕男女,他们健康、丰腴、充满爱意,男人享受自己心爱的女人,也享受牛排;女人则委身接爱,如花朵在蜜蜂垂顾中弯下腰肢。如大家都熟知的,随同爱默生,我们可以登上冰川高峰去探访世界:那里空气清新而稀薄,远方即使非常世俗完全不信神的地方,也会显得整齐有序。而随同惠特曼,我们则从河谷地带仰望高山,"于有形之中见到无形,直至有形终于化为无形,而又获得自身存在的证明。"

　　惠特曼从周围美国社会和环境中吸收了极多滋养,让人感觉他不是个单人作家,而是一部文学宝库。他就像一只幼虫,冲破一层又一层硬壳,破茧而出,包括冲破清教精

---

① 这句诗还有另一译法,"他(指惠特曼的自我。——译者注),通过我一展心胸,比我更加胸怀宽广;由此证明了我的宽广胸怀。"该诗句原文是: "He that by me spreads his wider breast than my own proves the width of my own."。——译者注

神的硬壳,他曾为清教徒便写过宣传禁酒节欲劝善的传单小册子,他也突破了共和精神的硬茧,也曾为共和精神撰写过歌功颂德的鼓吹其思想体制的宣传品;还是在那里,他也写过浪漫主义诗作之类的浮夸肤浅的诗行,经过了那些光怪陆离而闪烁的却是廉价色彩以及空洞无聊的韵文之后,惠特曼终于破土而出,长成一只成虫,抖动着湿淋淋的翅膀,在正午时分来到美国尚未开化的土地上。这只成虫已经历过各种舞台,因而为惠特曼的作品增添了很多矛盾的内容。所以,假如我们要了解惠特曼的全部成就,就必须作好准备把他幼虫阶段的退化器官都放到一边,不予考虑。

首先,惠特曼身上存有某种程度的宗教精神政治化(political religiosity)学说的遗存。这种思维方式和论调,曾经是焦耳·巴洛(Joel Barlow, 1754—1812,美国诗人,外交官,曾经担任美国驻阿尔及利亚领事,驻法公使,代表作为上篇叙事诗《哥伦布的远见》。——译者注)以及菲利浦·弗瑞诺(Philip Freneau, 1752—1832,美国诗人,参加过独立战争,赞扬法国大革命,被赞誉为美国独立革命的诗人,代表作有《为美洲自由而战》、《英国囚船》等。——译者注)等新潮诗人都倡导和大量使用过的。而且,在惠特曼思想的某些方面,政治民族主义(political nationalism)也带上了明显的神秘光彩和中心价值。他热忱歌颂和描写美利坚合众国,仿佛,这样的国家制度是人们永恒愿望的终极现实——更仿佛,霸占墨西哥土地这种强盗行径,只要节节推进我们美国的 Manifest Destiny① 的理念,就可以向美国人民——以及墨西哥人民——都证实这样做是有道理的。由此可见,惠特曼是把宗教、精神领域事物与人间世俗事物,严重地混淆到一起了。他本来已经形成了新型宗教轮廓和框架,很适宜现代理念,而且准备将其放到他自己的美国梦想中一一付诸实践。因此,他在实际生活中,也就很难不把这种梦想和希望,与美国那些政治土匪们的扩张主义行径混为一谈。坦率地说,惠特曼在这种情绪支配下,开始大放厥词了。

① Manifest Destiny,天降使命,或译为"不言自明的使命",这一说法首先由 19 世纪杰克逊总统时代的民主党人使用,其含义是在西进名义下攫取西部土地,包括当今的西部俄勒冈州,中南部的得克萨斯以及墨西哥州的大片土地。这个概念到了 19 世纪末期又得到共和党人的认可和支持,并且其含义扩大到了北美以外土地的扩张政策和实践。这个词语的核心含义是,美国肩负着解放北美土地的历史责任,而且这个历史责任是上帝交托的。如今仍然有评论者认为,这个含义当中包含有美国肩负着在世界范围内,推进民主、保卫民主的历史责任;并且,这一含义至今仍然继续影响着美国的政治理念。有一幅油画非常典型地体现了这种思维方式:就是约翰·嘎斯特大约于 1872 年完成的,题目是《美国的推进》(America Progress),其中就为天降使命这个概念作了形象故事性的描绘:身着白裙的哥伦比亚女神代表美国,飘然行进在西部大地上空,手牵电报线缆,怀抱教科书,率领文明进程向西推进,身后是各色先锋开拓者移民,从事农耕等各种经济活动,交通模式也从大篷车逐渐变换为公路、铁路形式,原有土著民和野兽则在西进文化冲击下四散奔逃……——译者注

尽管如此,当我们试图总括惠特曼有关联邦的言论,总结他有关这个国家的政治状态的言论时候,我们却发现,简直再找不到任何一个人,如此大放厥词却又附设了如此多的保留意见。尤其,你会发现,假如脱离当时环境来孤立地评论他这些愤慨无比的言辞,是很不公道的。因为当时环境条件可能让这些观点和言论永远都有道理。惠特曼生活时期的政治现实,是他非常重视的社会财富,是他视之为唯一能够凭借的手段,这种政治环境是优秀人才能以诞生、能以成长的唯一环境条件,有助于实现一种"丰富多彩、兴高采烈、精神高尚、奋发有为"的人生。不仅如此,从撰写诗歌《草叶集》的惠特曼,到身患重病、半身不遂、苟延残喘在镀金时代的惠特曼,这中间还隔着一个很大的差异地段。而且,到 1879 年,惠特曼终于开始认识到,他的民主理想立基于无偿土地政策,以及土地利用机会均等的政策保障之上。因而不能兑现这一保障,也就开始危及政治结构本身了。所以他写道,"假如美国,也像欧洲旧大陆的国家一样,同样也仅只能养活贫穷、匮乏、拼死拼活、永不知足、游牧式的、工资少得可怜的大量人口,就像这些年来我们看见的黑压压乌云般压向美国大地的大量移民人口——持续不断地、即使是很缓慢地,向胃癌或者肺癌一样残蚀消损我们国家——那么,我们国家的共和理论和实验,无论怎样貌似成功,从其本质与核心上,则都是不健康的、失败的。"还不仅如此,惠特曼继续写道,"由于过去一百多年来,我们美国为人性的全部内容都打开了封口,结果在我们的体制环境下,不仅人性中好的品质发散出来了,一样多的坏东西,同样也源源不断地散发出来了。总起来说,人类到处都一样,无论是在专制体制之下,还是在自由体制之下。"

这些都是常识,十分必要而又难以掩饰的常识;正是这些常识,为惠特曼的希望和理想装置了千斤砣,让它们在风雨中坚不可摧。所以,他能活着眼睁睁看到他昼思夜梦的美国社会遭到破坏和腐蚀;他也眼睁睁地见到钢铁大王、石油大王和棉花大王,不仅替代了原来的王权神授的帝王们,还眼睁睁地看见这些新型大王同样也替代了人民四年一度选举出来的政治领袖。他还眼睁睁见到,他年轻时代的美国,那个丰富多彩而又掺合均匀的社会,让位给了坩埚式的美国社会。而这个坩埚,或者说熔炼炉,既熔化不了原有的民族主义,又没有足够精神能量创造出新元素和新精神。他还目睹了 40 年代纽约城的各种思想流派那些病态万状的剃头匠和化妆师们,是如何摇身一变成为神气十足文质彬彬的裁缝,硬把自己的陈旧故事和思想,东拼西凑,改头换面,重新去适应 70年代大腹便便的中产阶级口味!这一切他都见到了,而且丝毫不隐晦,不否认。你从惠特曼的《美国民主面面观》一书中就可看出,再没有哪个批评家,能够像他那样敏锐、顽强、执著地跟踪和揭露美国的渺小和虚弱!惠特曼说,一旦有个朋友如此恳挚贡献逆耳忠言,别人无论再说什么,也无法否定掉自己的理想了。所以,他的理想和形象都是坚不可摧的,美国的希望也并没有完全消失。假如说这一梦想暂且从眼前场景中消退,那么,它却从惠特曼的诗歌中重新定了型;而且,他的诗歌还在观望四外,等待时机,准备重新塑造一个新的美国。

　　惠特曼的《草叶集》在许多方面都超过了爱默生,这让他们两个人同时都感到意外。爱默生的散文当中,有许多段落当中已经蕴含着惠特曼才有的诗韵。而爱默生自己的诗歌,即使那些最优秀的篇章段落,充其量也只是支离破碎,给人以残缺不全之感。爱默生本人非常推重诗体文字的节拍和韵律,并且自己穷全力孜孜以求之,而效果却完全相反,他诗歌的思想内容常常破坏了这些节拍和韵律。惠特曼则不然,他的诗歌中,内容与形式天然合拍,因而成为诗中上品。应当说,惠特曼通过自己的创作,摸索到了爱默生内心的形式。实际上,惠特曼自己也曾循旧式诗律的范式,呕呀嘲哳,蹒跚良久;他早期的诗歌作品,同样也是贫弱多病的、多情善感的,道理很简单,在旧文化范式的禁限当中,他没多少可说的东西;后来,这些东西他也斥之"封建意识"。后来,新思想和新体验,在惠特曼身上汇合起来了:包括进化论者的先驱和前哨,黑格尔所说的Weltanschauung(德文:世界观——译者注),他就视世界为川流不息、永继不止的变化过程,其中好坏、优劣、高下,统统是宇宙总体意义的组成部份。爱默生大受启发,又在此基础上形成他自己的振奋人心的学说和信仰,认为每一个人都有能力在宇宙系统当中找到自己的中心位置;而且,每一种思想和制度,都应该对自身实践过程中的后果负责。在没有社会分层的美国社会,公共汽车司机与身旁的人,同样优秀;普通士兵与政客,有同样伟大的地位,假如这些政客的政策把他们的人格降低到爪牙地位。科学研究探索人类思想中每一个领域,有开愚启智的作用;其效果也如神灵一样,让世间各种差异不再明显有意义,包括:清洁与不洁,短暂与永恒,等等哲学范畴;对于无动于衷的神灵来说,蚊蚋的掉落,与一个王国的殒灭,具有相同重要的意义。惠特曼从各种思潮和谈论中,包括空想社会主义者傅立叶们,以及主张无婚约自由恋爱者联盟的成员们,还有要求自身政治和社会解放的妇女们的言论当中,特别是从他自身的大胆冒险活动中,他找到勇气,把爱默生和梭罗的禁忌撇到一边,去谈论和描写各种性体验,比如他的《亚当的孩子们》以及《菖蒲集》中都大胆描述了自身体验。爱默生则不然,他对这些段落"屏住呼吸,不敢阅读"。梭罗也如此,像库珀笔下的原始人形象纳提·邦珀(Natty Bumpo)或者禁欲主义清教徒保罗·班扬(Paul Bunyan)一样,对于超乎友情的人伦情感联系,一律都避而不谈.

　　总之,惠特曼吸收了太多的东西:贵格会教友的虔诚,清教徒的勇毅,世界主义者的博大,西部先锋的开拓精神,共和党的政治主张,等等,而他诗歌中表现出来的,却不是这些东西,完全不是的;而是一种全新的质料,任何现成标签都无法准确、充分表达其特质。他的诗歌所传达现实生活的真实感觉,你只有到科学领域中去寻找;它思索问题的宏伟博大和透彻,你要到哲学当中去才找得到;而且,它的探索,它的设问,它的成就,它的完美,你只有到生活真神当中去寻找。他不必给自己生活体验添加任何一种维度:对于惠特曼来说,从一种形式改编为另一种形式,transcribe,也就是最高意义上的转移,或者 translate,翻译。要创造身心全面发展的男女,就要创造放大器全部活动的意义和价值,不管是其中最基本的活动还最高级的活动。遮盖面孔的纱幔本身,与纱幔后面的面孔同样神秘而美丽;或许,这一些都是幻想,都是神秘的马雅文化,或许生活本身就如一套中国千层套盒,一层层包裹下去,打开一个还有一个……都是外表。那又如何呢?一小片草叶,就足以难为住全部无神论者。不论宇宙还为我们储存着什么好东西,惠特曼料定,没有任何比与筋骨相连的肉体更加甜美的财富了。这般信念是无需任何外部佐证或者证明的;它会嘲笑圣经里的箴言,因为它自身首先就是这些箴言的证据和根源。

人们简直不敢把惠特曼的诗歌称之为诗歌;原因在于,它们属于最神圣的文化遗产;犹豫,否认,都没有用。假如《草叶集》也不算诗歌,那大约只是因为,并非每一个人类世代都能产生出惠特曼这样的伟大诗人。

以功能而论,文学既主情,又主智。文学的情感功能,会煽惑人的情感、情绪、思想,而这些都是已有的精神内容;文学启智功能,则能改变和提高读者的精神高度,唤起新的生活态度。黄金时代的普通美国人,很容易同诗人朗费罗(Longfellow)和惠提额(Whittier)产生共鸣,因为这些文人抓住了他们的日常情感,分寸把握得准确,又能用诗歌响亮地传达出来。即使是当惠提额和罗维尔(Lowell)描写废奴的主题,也仅仅是在拨弄别人早就设定好的琴弦,像加里森(Garrison)和文德尔·菲利浦斯(Wendell Philips)早就设定好了这样的琴弦。细细观察内战后期美国社会对于惠特曼态度的转变经过,真是非常耐人寻味。爱默生和梭罗,都很快发觉了他的天才,并且不失时机地宣告了这一现象。而一些较为卑微的人物,如芒库尔·康维(Moncure Conway),则对于惠特曼颇为失望,他们原来希望他会代表普通工人民众,作为成熟的代言人,最终能够进入社会,成为能够指望的代言人。希望他能激发他们自己作为诗人的理想信念,从社会底层奋起,奔向新的前程。

惠特曼不是个民主斗士,从这个意义上说,似乎他也平庸;而他却是个了不起的天生之材:尽管他学业基础微弱,加上他的编辑经历,木工身世,排版工人资历,以及诸如此类的卑微琐屑的小事情背景,这个人却终其一生投身于文学事业,并且成绩显赫:所以,若论他的职业,其实就是《圣经·次经·希拉书》中所说的耶稣智慧之子(Jesus Son of Sirach),这样说应该是最恰当不过的。惠特曼就是他自己树立起来的女神加拉提亚(Galatea)的丈夫皮格马里翁(Pygmalion)①;让我套用这个典故来说,他自己塑造了自己,因而能够给美国提供一个新形象。大地风景宁静,万物安详而自适,热恋情侣享尽欢乐,这万般景象中有一个人于万众欢腾之中,或者在高山之巅,却能遗世独立,陷入沉思,这个人就是惠特曼! 他从此类事物中抽引出一个全新的形象,就是他自己。惠特曼诗歌中的每一句,都能体现他这个人;同时,这个人的每一部分又都抽生出一根根藤蔓状须卷,紧紧地缠绕着他的诗句。任何人阅读他的诗歌,都会跟他一起产生强烈的情感共鸣,都会情不自禁地向往成为这样的新人类。平常的艺术品只能反映读者的日常生活琐事和一般日常个性,而超级艺术作品才能为读者提供他们真正向往的新形象,这些形象具有先兆意义和胚胎意义。少一个朗费罗,不会给美国社会生活的走向带来丝毫改变。而若是惠特曼当年不幸夭折在摇篮里,那么美国的景象就完全不一样了,美国的未来肯定就会贫乏得多。惠特曼创造了全新的形象和个性;他设想的工作任务尚未完成;他激励起来的美国理想,也还远远没有实现。

惠特曼是个诗人,但却是苏格兰语言中"makkar"这一词汇广义概念上的诗人,兼有造物主,或创造者的意思。他很清楚,欧洲积淀丰厚的古老文化,由于与现代新发现丧失直接联系,由于与科学、民主等等新生力量失去直接联系和沟通,它自身原来的意义和价值,已经多半丧失掉了。这里原来造物主已制成的作品,正在訇然崩塌;或者,顶多只是重复而已,采用了教堂常用的机械背诵方式,毫无意义地轮番重复,全然不顾现实生活的要求。或者,有一些少数贵族成员们把一些经典片段放在舌头上来回咀嚼,也只是为了轰动效应。惠特曼在其《民主的景象》(Democratic Vistas)一书中,这样写道,"请注意今天种种离奇景象和激烈争斗……科学,在绝对检测过了各种思想和成品之后,已经在全世界范围内全面开花:一轮红日,冉冉上升,光焰无际,金光万道,显然永远不再沉落。但是,与此鲜明对照的,却是它下面的景象:根基深厚而又盘根错节的,牢牢掌控着人世间的,依然是(不仅仅是通过教堂和学校的做法,甚至还有各种文学创作以及荒谬绝伦的诗歌)一个僵硬如化石一般的旧时代旧制度;它代表着神秘的物质主义迷信,代表未开化与盲从,代表着盲信寓言的人类原始时代……"

284

①　皮格马利翁,希腊神话中的俄狄浦斯国王,喜爱艺术和雕塑,自己雕塑了一尊美丽女神加拉提亚,自己热爱不已,感动了爱情女神阿弗洛黛特,爱神施法术使加拉提亚具有生命,终使两人成婚。——译者注

惠特曼看出来,在他那个时代,精神文学的重要职能使命,已经没有人来操心了。或者充其量来说,即使有人在操心,在努力追求精神文学文献的价值,他们也没有充分意识到这一任务的必要性以及它的适当机遇。与此同时,低劣低俗文学却大行其道。他写道,"如今,在书籍当中,在作家们,尤其是小说家们的明争暗斗之中,所谓成功,就是他(她)们能够达到一个非常平庸的标准,满足一般的感官刺激要求,通过暴力事件描写,通过插科打诨搞笑等手段,迎合受众的口味,反映越来越肤浅的,追求感官娱悦的物质生活。"严肃的精神文学,当时已经没有余力足以抗衡这些低俗之物。这种局面下,惠特曼开创的工作,就是要在科学和走向现代这一历史背景上,为文学找到一个中心位置。他认为,美国的诗歌,鉴于当今时代特点和任务,应该履行自己的使命,应该像历史上一系列伟人和大作品曾经为他们各自时代做出了重要供献那样,这些人和作品包括:韦陀本集(the Vedas,又译吠陀本集,印度最古老文学经典与宗教文献的总称,还解释为印度婆罗门教最古老的四卷本经典文献。——译者注)、波斯多神教经卷(the Nackas)、塔木德经(the Talmud,关于犹太人生活、宗教、道德、习俗的口传律法全集。是犹太教仅次于圣经的古典文献。——译者注)、旧约(the Old Testament)、新约路加福音书(the Gospel),以及柏拉图著作集(Plato's works)等等。他认为,需要把我们当代最宝贵的经验总结出来,凝聚起来,通过精炼提纯,来规范我们当今的生活方式。

　　那么,惠特曼所说的这个积极的,胚胎般发展、定型中的文学和文献,实际上又是指的什么呢? 在西方文明历程中,最原则的规律性东西,毫无疑问,就是那个被称作旧约的大杂烩,后来,又被福音书取而代之;而且,在知识界上流社会阶级人们看来,又有古希腊盲诗人荷马、古罗马诗人赫拉斯(Horace,公元前65—公元前8年,古罗马诗人,从拥护民主制度倒向拥护专制皇帝,撰写了歌颂皇帝奥古斯都的长诗。——译者注)、蒲鲁塔克(Plutarch,46—120? 古希腊传记作家,散文家,医生,撰写了大量作品,最著名的就是《希腊罗马名人比较列传》,对于西方文学创作和思想发展有重要影响。——译者注)、但丁、莎士比亚、高乃依(Corneille,1606—1684,法国剧作家,法国古典主义悲剧奠基人,擅长运用戏剧场面揭示人物内心冲突,最著名作品有四大悲剧,以及三十多部戏剧作品,对于后世舞台剧艺术影响很大。——译者注)。这些人,孤立地看,都是巨人;而放入历史框架,虽然曾经很活跃,却又都贡献微小。文化流派中的浪漫主义运动,起源可以追溯道欧洲各地的民谣、民歌和民间文学作品,它的产生其实是承认了一个事实:就是无论是希伯来人的文学,还是正统古典文化传统当中,以及在这些传统之上产生的文学作品,其中都欠缺了某种东西,留下一大空白。所缺少的,就是这个与人民的直接联系,与此时此地的社会,缺少了与人间生活的直接历史性联系。诚然,一切观念形态的文学作品,都具有共性,都有相同相似的东西;这一主旨之下,任何伟大作品都互不陌生,都互不遥远。但是,如惠特曼所指出的,"有某种东西,某种非常深刻的意义,深深植根看不见的根系和土壤之中,联系着国度,种族,和国民性";因而,浪漫主义运动斩断了与古典主义和希伯来文化的联系,脱离了他们的影响,以便吸收这种更加亲切和有人情味的种类,为人类精神活动找到一个更贴近更新鲜的源泉。果然,后来,英国诗人布莱克、济慈、雪莱等人,都这样做了,也都曾一定程度上实现了这一目的。而唯独华兹沃斯成功地创造出新形势,并且不落俗套,没有陷入神秘物质主义的窠臼。

最有价值的是,这些重要文学活动中所包含的共通价值理想,惠特曼恰恰非常认同、非常钦佩。因而,他把荷马和莎士比亚,以及《圣经》,都当作自己日常的精神食粮。并且进一步努力尝试着,也为普通男女,为自己的同时代人和普通英雄人物,同样也创造出一些类似莎士比亚为他那个时代人类创造过的成就,莎士比亚通过艺术形象再现了那些贵族式生活方式。而在美国现实环境中,在农场土地上和大学实验室里,在人类灵魂沿辉煌大道走向深邃宇宙空间的进途中,随同那些伟大的伴侣(Great Companion),身手矫健体魄刚劲的男子,以及丰乳肥臀的女性,这里将有新时代的韦陀本集,有新旧约全书,有全套的英雄史诗……问题在于,惠特曼过高估计了美国政治民主的设计功能;而且,这还仅仅是第一步,他却又过分地支持和鼓励了美国吸收物质文化的努力;而且,这还仅是第二步。无论政治民主或者是工业进步,对于惠特曼来说,什么价值都没有,而仅仅只是一阙序曲,在前两步的基础上引出了他的第三步;这就是,他终于为"精神价值找到了美国本土的表达方式";同时,还为这个国家创造出一个非常丰富的、新的人格类型。

为此目的,他始终设法保持自己立足点不变,始终要在现实生活环境中找到一个坚实着陆点;因而,惠特曼或许过于宽容忍让,过于一视同仁,他承认当时的各种价值内容和生活目的。以至于到了老年,在他到西部去的旅途上,终于认可了物质生活繁荣的证据,他几乎显露出孩子般的欣喜。他的黑格尔唯心主义哲学和人生态度,是个很危险的东西:这让他把真实与理想混为一谈,而不是——像威廉·詹姆斯所说——将其看作具有动态链接的两种不同事物。不过从核心意义来说,惠特曼是永远也欺骗不了的。他很清楚,人类当前活动的内在含义,全都存在于这些活动所创造的形式和符号之中,存在于这些形式符号所包含的理性目的之内。所以,他不仅不相信科学活动能够将诗人和艺术家的工作取而代之;正相反,他还相信:"现代科学活动最高、最广阔、最隐秘的真理,仍然有待于最终完成,仍然等待着最生动的光芒来为它照亮道路!正如政治民主也等待着自己的光芒一样(要通过头等的形而上学科学家和真有创意的哲学家们),来为它们铺设基础,以便创作出更新的,更加宽阔,更加和谐,更加柔和优美,更加自由的美国的新诗歌。"为了宣示这些新的意义,为了创建这些新的联系,惠特曼写下了他一篇又一篇的新诗歌。我无法设想还有谁,能够像他那样把有意识与无意识,互相融合的那样亲密无间,以至于真理和现实、生命与学说,互相难分彼此。惠特曼涉猎广阔,而且,所涉领域内,都到达了终点。

而他涉猎的范围多么广阔啊!许多人都还不知道,他的《草叶集》、"菖蒲",《亚当的儿子》等作品,都还只是他展开的巨大画布的一小部分;他们更无从知晓,作者已经远远地背离了自己的初衷,而且将永生永世都无法完成了。《草叶集》主要描写了浅显易懂的物质生活感受。本来,作者准备补充一个续集,集中描写人的精神世界感受,探索生死忧乐;探索人生终极价值,因为,惠特曼既是肉体生命的诗人,更是精神灵魂的诗人!唉呀,可惜,内战爆发了!他于是投身到战争中去,到处探访战地医院,以文字,以诗歌,以辛劳,向伤病员热忱奉献自己的人格魅力以及炽热的健康躯体;这些人曾经在战场上,在营地里,做出过更大的牺牲奉献。没过多少年,这些辛苦就开始积劳成疾,他瘫痪了。而且,由于他再也没有重新恢复健康体力,他的脑力功能也衰败了。如果说,他在撰写《鼓声》这首诗时,精神和脑力仍处于巅峰时期,那么在后来诗歌当中,这种情绪状态就难得一见,或者只是偶而出现了。《民主景象》一书中,虽然他能用一贯刚健隽永的文笔,粗略地勾勒出自己的理想,并于 1871 年出版;但却再无力使之定型,无力使之圆满了。他想要表达的全部内容,都深深地交托给了他的诗歌;而其全部内容,恐怕永远也无法充分表达了。

惠特曼自己已经感觉到,为建立美国联邦制度而进行的这场内战,是他们那一代人都要经历的命运苦旅(Odyssey)。而除了他和赫尔曼·梅尔维尔,几乎没有人生前能够充分表达这个含义。有关作品并不少,诸如安伯罗斯·比尔斯(Ambrose Bierce)、斯蒂芬·克雷恩(Stephen Crane)、阿普顿·辛克莱(Upton Sinclair)等人的短篇小说,他们都描述了内战,却都远远没到达这个深度。就连惠特曼当时也没能看出,这场浩大争斗,居然会还有个类似布匿战争的最终结局(布匿战争是罗马帝国与迦太基之间在公元前 3 至前 2 世纪间反复进行的残酷战争,以迦太基的失败和罗马的最终统一结束。——译者注),而最终结局证明,这场战争是两种奴役制度——或者服刑方式——之间进行的战争:是选择人为的奴隶制度,还是选择机器的奴役制度。结果,还是机器打赢了这场争斗;而人类的精神思想,却因为这场战争获胜而陷于瘫痪,一点也不比输掉这场战争的结局更为美妙。因为工业生产方式几乎一夜之间就占据了各个生产领域。机器很快进入农业,并且很快生产出新型枪炮和武装。工厂的生产方式如雨后春笋,欢腾奔跳着相继占领东部各州的城市,锐不可当地破坏了东部各城市地区之间,以及工业和农业之间传统的长期平衡状态。

机器获胜了,而战争则还在继续。战争的伤病员,以及他们的思想、习惯、纪念物、等等,并未统统永远埋葬在安提阿姆和盖提斯堡旧时战场上沉睡,他们还被储藏在图书馆、书房、办公室、写字间里,慢慢化为灰烬。爱默生内战以前很有根据的乐观主义,此时化为一脸苦笑。而惠特曼,他的鼎盛时期则也从未到来,任满腔热忱全副才气,随病痛日渐消损。年轻的一代人呢,留下了多少行尸走肉,茫然行走于如今日常生活永不改变的程式之中……

综上可看出:美国文化,大体上由两大事件构成:一个,是中世纪文化综合体的解体过程,这一过程,在美国移民开始之时,早已持续进行几个世纪。另一事件,就是:一种抽象的、结构破碎的新文化,这时候也开始飘移到新大陆。这种新文化,首先由 16 世纪的新教教徒们,继而是 17 世纪的哲学家和科学家们,还有 18 世纪的各种政治思想家们……赋予了非常确定的结构形式。最初的美国人,面对未开化的莽莽荒野,开拓先驱们在森林、草莽、田野环境中从事狩猎、砍伐林木、耕种、游牧等等原生形态的生产和生存方式,曾经体验并且努力想寻找到一种新的文化根基。不过最终,他们这些职业都没能走向一种经久不衰的文化。原因在于,当时从事这种生产生活方式的人,既崇拜实用主义偶像,又接受了浪漫主义运动强大思想浪潮的影响。结果,开拓先锋们营造的环境条件,只会有利于形成一种更加苍白、更加空虚的生存方式,也就是孜孜以求物质、享受、金钱、政治权力等等空洞抽象的东西。这种局面下,原先关于完备社会的理想,种种负载着更完备、更平衡生活方式的社会愿景,就开始从每一个理想主义者头脑中消失了,只剩下空想社会主义者傅立叶的信徒们还坚持着。当时的发展趋向是,实业、科学、技术等等,不仅占据了它们各自合理合法的领域,同样也占领了原先本该属于艺术、宗教、诗歌、文学活动的大量地盘。健康有用的知识,以及踏实敬业的创造活动,这些本是任何文化中都必备的元素,却在我们自身文化当中成了唯一的生存手段和仅有资源。结果,进入 19 世纪之后,终于发现自己在经验、精神、道路上,都濒临越来越狭窄的境地,发现自己生活在一种很可怜、很卑微、很不自由的状态里。

离开欧洲来到新大陆,还不仅仅是因廉价土地,以及大量津津有味食料资源的诱惑,更由于那里在文化上也是一片未开垦的处女地,一片荒莽空白。三个世纪以来,欧洲最优秀的思想家们,不是投向一流古典文化遗存中去汲取营养,就是投向中世纪苦苦搜寻;更有一些人,试图走向更加古老的精神源泉,希望借此能够更新自己贫弱的精神给养。当时,科学活动不仅已经建立了宇宙模型的新概念,还给科学的追随者们提供了开启智慧的高超能力,去领悟——后来还学会了操控——物质世界里的客观事件。但是,请注意,科学活动实现这一切效果的前体,是它把人类最核心的兴趣和愿望,当作了可有可无的东西;并且遗忘一个基本事实:科学本身无非只是人类——作为生物——生存活动的一个铸模和框架。还有它还遗忘了,科学手段试图取代人文要素的种种做法,也只是一种设计精巧的为了目而不择手段的表现。在当时的美国,爱默生和惠特曼都很容易看出,有一项迫待解决的重要任务,这就是把科学所代表的利益和兴趣,与科学在其发展过程中偶然遗忘了、否定掉了的利益和兴趣,这两者互相牢固地焊接在一起。于是,这些诗人,暂且撇下欧洲有限的古老文化遗产,转而关注范围更为宽广的文化遗产,依照他们当时环境中各种线索和新情况,在人类精神的高原上,继续着人类古老的漂流探索历程;并且,也在寻找印度航线过程中沿途发现了新奇土地的海岸线。黄金时代的每一个优秀思想家,都会毫不犹豫毫不畏惧地迎接世界上的新生力量。所以爱默生说,一艘航行于欧洲和美洲之间的轮船,真犹如星辰般的美丽;而那位爱听松涛声的梭罗,则带着同样的喜悦心情,倾听着发报机和线缆发出的有节奏音乐……我想,我就不必重复或者提醒了,惠特曼则曾经给这一轰然前行的连续过程添加了一个短暂的省略号。

无论如何,我们都无法回归到黄金时代的美国,同样也无法令其重新回归到当年它自然而然形成的身姿和精神状态。而且,假如我们千方百计一定要这样去做,那么我们就将远远背离了爱默生和惠特曼的本来精神。当年的伟大作家们,毕竟都是一节节重要链环,他们把我们当今生活与早年美国,根基时代的美国,紧紧地联结在一起。通过他们的作品,我们仍然能够透过表面的故事,看到原初形态的人物特征;通过他们人生和事业的实例,我们就更容易找到自己的根基。并且,找对一点,继续启程……

新大陆的希望

已经解释过了,"新大陆的城市"这一主题所讨论的,是地理概念的新大陆,或者西半球。它不是指的科学技术概念上的新大陆,虽然这个新大陆几乎也是在同一历史时期向人类开放的。鉴于不少人都习惯从美国地理和历史框架统一的前提来讨论问题,作为历史学者,我觉得,很难把这两个新大陆概念分割开来各自讨论。其实,哥伦布扬帆启航来发现新大陆的时候,机械文明概念的美国,其先导原型就已经存在了。而且,早在蒸汽、煤炭、钢铁随同工业化大潮给我们带来巨大的社会改变以前很久,这些东西早就不仅改变了人类的物质生存环境,同样也极大地改变了人类的精神思想。

就在欧洲各国政府陆续正式宣告发现美洲新大陆的那个十年内,当时的大思想家们也接续看出,不论是地理概念的美洲,还是科学技术概念的美洲,都意味着人类历史文明即将开始发生根本性的改变。这些大思想家,包括意大利佛罗伦萨的人文主义学者和诗人,波利奇阿诺(Poliziano, 1454—1494),以及著名宗教改革家,康帕内拉(Campanella, 1568—1639,柏拉图派的哲学家和诗人,他试图调和文艺复兴的人文主义和天主教神学的尖锐对立,一生坚持著书立说以及用于实践,多次入狱,经历多劫。——译者注)。其中,波利奇阿诺是那个时代的精神领袖;而康帕内拉,则是著名理想国著作《太阳城》的作者,其中充满先见之明和许多富有想象力的创见。他更在致伽利略的一封信中明确指出,"无论是古代真理,或是新发现的大陆,或者是新型社会制度,以至于新型民族国家,其新奇之处,仅仅在于它们标志着一个新时代的开端。"

这类有关新大陆前程和希望的梦想,既有正面理由,也有负面根源。说到其中的负面根源,其中之一就是,显然,欧洲旧大陆文明已经再一次走入穷途末路。这种文明,假如看它实际运作情况,而不是仅仅看它的未来理想或者表面现象,已经可以得出结论,它已无力继续拓展它原来承诺的条件了。欧洲旧大陆文化已经取得的全部辉煌成就,无论法律和秩序,艺术与建筑,宗教文化与抽象思维,无不遭到致命破坏;遭到破坏的原因就是,这些东西从一开始,就被安置在奸诈的、背信弃义的社会基础之上。从金字塔时代以来,每一代伟大的历史文明,无不是建立在政权和权威垄断基础之上,都是由少数集团自封为合法统治者。他们宣称,战争、奴役、组织化劳役以及阶级剥削等等罪孽,乃是人类社会走向更高发展阶段的必要代价。

尽管一次又一次尝试,试图纠正这些长期谬误和缺憾,旧大陆文明一开始的格局,本质上很难纠正,很难改变。甚至自从公元前7世纪以来,一系列道德权威的反复努力,其中包括佛教、犹太教、儒学、马兹达教(Mazdakism)①、基督教、伊斯兰教等等最著名的宗教领袖们,也都未能在更加健全的基础上重建人类文明。到中世纪将近结束时候,一种新的疗救办法在欧洲出现:也就是医生在常规疗法失效于万般无奈的情况下往

① 马兹达教,Mazdakism,据说这就是诞生与伊朗的琐罗亚斯德教,也就是生活在公元前628—前551年间的梭罗亚斯特所创建的二元论宗教。该教主张宇宙有光明和黑暗两元,分别代表善与恶。光明依照自由意志有计划地运行,而黑暗则盲目活动,无目的行走;两者偶然汇合,就诞生了世界。光明元素有三:水、火、土;光明之神掌管四能:感觉、知识、记忆、欢娱。四能又进一步支配了七臣十二灵。分别代表古代已知的七颗星辰和黄道十二宫。四能属于人类,七臣十二灵则统治世界。人类应当靠自身修行促进光明战胜黑暗,普照世界;具体方法是修身养性,禁欲苦行,不杀生,不食肉。但该教派主张共产共妻,以鼓励友爱互助,防止贪欲与争斗。——译者注

往会采用的办法:亦即,漂洋过海,长途跋涉,彻底改换局面。于是,大思想家们,既有空想家也有脚踏实地的人,一个接一个地提出新主意:移民西半球,重打鼓另开张,探索建立新的生活环境,从头开始新生活;沿循新的道路,探索新的抉择。

如今回顾这一历史过程,立即可以发现:最初提议擦干净图板,重新开始绘画这一设想,原本基于一个幻想,或者说基于一系列的幻想。最典型的幻想,就是《鲁滨孙飘流记》这个故事。这个故事当中,主人公之所以能漂流到荒岛并且存活下来,是因为依靠了欧洲沉船上抢救下来的珍贵木料和各种工具,他利用这些工具,才开始改造荒岛上取之不尽用之不竭的原材料……但是,无论你愿意还是不愿意,新大陆来的定居者们,随身也带来了那些已经阻碍人类发展长达五千年之久的种种习惯做法。而且,他们还发现,旧大陆种种习俗管理和制度,包括奴役、战争等等,在这里一些较为开化的民族国家里早已经学会,并已根深蒂固:包括玛雅人、阿兹台克人、秘鲁人。而且,欧洲入侵者在征服土著民族过程中,不仅把旧大陆的坏东西强加给了这里的人民,还看不起他们原来独到的好东西,而将其中许多宝贵的文化遗产都丢弃一旁,后来才发现这是新大陆能够提供的最为珍贵的文化精华。当阿尔伯希特·丢勒(Albrecht Dürer)见到芒特狙玛(Montezuma)带给英国国王查尔斯五世的珍贵礼品时候,他惊呼道,"我从来没有……真从来没有见过如此能够温暖人心的美妙作品!"可是呢,大家知道,要再经过四个世纪的时间,杜若的这种见解和感受,才开始变成大家普遍的共识。

欧洲人对于美洲大陆土著文化的敌视态度,后来还扩展到他们与环境和土地的关系之中。当时美洲大陆无尽的土地和资源,这些东西都被视作对于残酷战争和征服过程的严重挑战。他们对于当地土著民的征讨过程,曾经非常血腥和残忍;而在征服自然行动中,我们的祖先们也表现了同样的轻蔑和野蛮:他们消灭了许多重要物种,包括美洲野牛(bison),也包括善于长途飞行的北美旅鸽(这种鸽子由于人类猎杀食用惨遭灭绝,而在19世纪初期曾经有亿万只旅鸽栖息在北美东部。——译者注),还有掠夺式的开垦土地,而不是注重土壤的更新复壮,砍伐了大量原始林,甚至于包括极其珍贵的加利福尼亚红杉树;以及横贯中部切开北美大草原胸膛,而未能把新大陆这一珍贵礼品永远留存起来,因为这样的珍贵资源是任何东西都无法替代的。是啊,这种资源有多么宝贵,我们当时是完全不懂得啊!

然而,16世纪最初表露出来的这种人类梦想和希望,并不是毫无现实基础的。新大陆的发现拓展了人类的想象空间,它的广袤无垠,它丰富的地理环境类型,以及丰富多样的气候带,还有多种自然地理环境特征,以及丰富多样的野生生物资源,还有古老新石器文化留给我们的繁茂栽培植物、粮食作物和花卉作物,凭借着丰富的资源,新大陆堪称希望的大陆,无愧为寄托了人类多种希望的新大陆,包括物质的,以及精神的追求!这里丰富的自然资源,毫无疑问可以一劳永逸地答允人类,把奴役、战争、贫困……这些坏蛋,统统丢掉;而且当时,通过机器、工业化,减轻纯体力劳动负担的梦想甚至还没有开始呢!相信到新大陆去创造一种更好的合理社会,是完全可能的;所以,这种梦想就激发了一拨又一拨的移民,涌向新大陆,起初是登陆巴拉圭的耶稣会士,直至后来的登陆马萨诸塞的英国清教徒……所以,一直到了19世纪末期,新大陆也就有了一个大家都心照不宣的别名:理想国。

　　人类社会文明的新前程正在不断揭开,新大陆上种种美好景象所激发起来的这种兴奋感觉,从梭罗的诗句当中也得到很好的印证:"……谁又能不一跃而起,去迎接这美好大地的美好未来?"新大陆的这种理想国梦想,曾经有多种表现形式。不过到了19世纪末期,这些梦想大体上已经总括为三种公理,虽然还不甚分明:第一个,就是生物学的前提条件:假如说人类生存需要密切依赖自然界,而且,离开了自然界就无法存活,那么,人类就应当建立与自然界的透彻理解和亲密合作;第二个,就是技术上的前提条件:也就是,人类生存还要开发和利用非人类资源和能源,这就要通过科学研究和技术发明,这样才能不断增加人类掌控环境的能力,才能克服一个又一个的实际障碍和困难,不断增进人类在这个星球上的合作与沟通;最后,这第三个,这涉及到人类自身的前提条件,这就是任何一种文化的产品,包括物质的和精神的,都必须向全体成员无偿提供和享用,最终向全人类提供,由全人类来共享。

　　这三项公理,或者基本设想,至少全部加在一起的时候,构想内容是完备的;虽然如今还远远没有全部实现。但是,这些前提条件的全部含义,老实说,也就构成了我们所谓新大陆梦想的全部内容。而且,这三项潜在信仰,当时还没有如此明确清楚地表述出来,而且直至19世纪,都还没有成为人们普遍的清醒觉悟和意识。不仅如此,这些思想内容,还曾经对欧洲旧大陆社会状况许多地方,想方设法地进行修补更正,却从未能充分彻底地改造它。但是曾经一度,至少在我们美国,特别是在这个国家的一个特定地区,也就是新英格兰地区,仿佛社会生活的各个方面都实现了理想内容,因为在这里看到了,旧大陆上那种人与人之间、经济阶级与阶级之间的各种隔膜,都一个接一个地消除掉了。精神思想当家作主的理念开始对每一个人开放。精神价值这种新的尊贵地位,正在形成。

291

　　著名评论家,布鲁克斯(Van Wyck Brooks, 1886—1963,美国文学史家和评论家,代表著作为《发现者和缔造者》,系统回顾了1800—1915年的美国文学发展历史。——译者注)所说的新英格兰地区"鲜花盛开的时代",就是指1820—1860年这段时间。到了这个时期,新大陆的梦想和经验,经过漫长曲折的摸索,终于在人们头脑中定型了。这个时候,一位名叫梭罗的哈佛毕业生,靠制作生产铅笔和担任绘图员赚钱谋生,同时又有兴致写出了他脍炙人口的诗歌《维尔登》;也是在这个时期,一个青年水手、农夫赫尔曼·梅尔维尔,写出了他的悲剧性英雄史诗般的作品《莫比·迪克》;而一个从未念过书的伐木工人,乡村律师,也居然成为了美国总统,原因是他的道德远见和人文精神,其见解之深刻,简直不亚于古罗马帝国皇帝马可·奥勒利乌斯(Marcus Aurelius, 121—180,古罗马皇帝(161—180),新斯多葛派学说主要代表,宣扬禁欲主义和宿命论哲学,对外经年用兵,对内迫害基督教教徒。著作有《自省录》十二篇,死于军中。——译者注)。这个时期,格兰德河(Rio Grande 北美洲南部的河流,旧称布拉沃河,发源于落基山脉,向东南注入墨西哥湾。其中有两千公里河道就是美墨边界。——译者注)以北的新大陆——很抱歉,我没有同样把握说出它在哪条界线以南——,就通过爱默生、惠特曼、林肯这样的人物类型,表达出了自己的新成果,也就是新大陆人格和个性。

美国建筑和城市规划事业中,几乎所有有创见、有独到见解和任务气息的成就,几乎都——直接或者间接地——出自这个时期的短暂的文化整合历程。从梭罗到奥姆斯特德,诞生了我们美国的国家公园和自然保护区;从《人与自然》一书作者乔治·珀金斯·马什(George Perkins Marsh)和梅杰·卫斯理·鲍威尔(Major Wesley Powell),诞生了我们美国的环境保护运动,以及我们早期关于社会生态学和自然生态学的见解;从这一切思想的综合,又诞生了我们美国的公园的新形式,道旁绿化带,城市的公园背景布置,这一运动启始于 1869 年奥姆斯特德的滨河大道规划设计,并在 1929 年亨利·莱特和克拉伦斯·斯泰因的瑞德班新城规划中达到了顶峰,其中体现了对于人们的社会生活、机械方法、生物环境等各方需求的同等重视。而且,从这些源泉中,还诞生出 H. H. 理查德森,佛朗克·劳埃德·莱特,以及伯纳德·梅贝克(Bernard Maybeck)的居家建筑学成果,他们的建筑设计成果中,充分体现出关注自然的新态度和新情感,以及关注人与自然的相互沟通等等特点。

如今我们环顾四周,一个一个地审视新大陆的城市和地区,有个问题不得不对自己解释清楚:我们是怎么搞的,怎么就会把这么好的机遇搞得一团糟,简直搞得一塌糊涂呢?既然我们开发利用自然资源的能力不断增加,既然我们掌握技术发明的水平不断提高,那么,为什么我们的城市环境如此缺乏个性,如此没有了特征?为什么我们没能保护好,没能合理利用自然给我们提供的如此出色的丰富资源,这究竟为什么?为什么新英格兰一些古老城镇,甚至包括波士顿老城区(Greater Boston)本身直至 1895 年,无论在形态或者质量上,都好于后海湾一带新开发的所有城市更新建设项目?还有,为什么,美国本土一些依据西印度群岛法则建立起来的拉美风格古老城市,市中心是开放式广场,至今仍然是人们比较喜闻乐见的人文环境,远胜于一系列新城市,比如说,巴西利亚新城,为什么? 是不是因为我们过于在意未来,给未来预留得太多,而忽略了,甚至遗忘了太多的历史经验?

对这些问题,我们自然会迟疑起来,难以给出一个简单回答。但是,我们那么多的失误和失败,明显原因之一就是:我们过于倚重科学和技术手段! 不错,新大陆种种希望当中,一个非常重要的组成部分,就是科学和技术的新大陆。这也是新大陆构想者要从今天议题中抹煞掉的东西:科学和技术的新大陆。我们的那些领袖人物们,始终努力想从机器当中创造出一种能够替代人类生活的替代品;并且已经让大地的景观特性和特色,以及居民的实际生活需要,都臣服于机械化大生产的动态过程,臣服于技术手段和能力的开发和利用程序……仿佛,这本身就是一种很符合人性的最终目的了。

如今的北美学者们有个习惯,他们一旦听到有关田园环境人文设计的想法或者理论,常会报以屈尊俯就的微笑,非常勉强,非常矫饰。不错,这种崇尚自然的思想代表了一种信仰:它相信荒莽的大自然环境,或者有人文要素的乡村环境,都可以作为人类发展的基本要素和背景条件。而这些田园牧歌一般的景象——大都市地区的一些辩护士们正是这么鄙夷称呼这些要素的——在不依照自然标准而依据机器标准,把浪漫主义生活方式价值颠倒的评价体系之中,则当然会在对比中丧失了自身的优势。而机器的宠信者们,则淋漓尽致地表达着他们对于自然的憎恶:把那么多美好自然景观变成了貌似城市的荒野(urbanoid wasteland),在上面摆上多车道的快速路、停车场、立交桥、垃圾堆、废旧汽车的停放处;再加上高低杂乱的楼房,毫无秩序,毫不考虑人类生活的目的,却唯独关注如何吸引扩张经济的更多商品和产品;而这种经济带来的所谓繁荣,往往就是个高度组织化的废物。

然而,即使是这些颠倒浪漫主义生活价值和方式的人,也无法完全抹煞人类对于自然的古老感情,这些感情仍然作为我们新英格兰的文化遗产,时不时就出现在当今生活之中。比如说,这些机器爱好者们,就发明了一种预先制备好的技术和方式来替代荒野生活,至少,这是代替了古老文化中猎户们的营火野炊。于是,我们看到了,古老的旧石器文化中使用的火塘,就成了如今后院里的野餐用烧烤支架;这后院里往往装点着塑料花草,工厂加工好的法兰克福香肠、熏猪肉、牛肉都放在露天炉火上来烧烤,炉火里是预先放入了压缩碳球,从不太远地方引电线用点火器点火,加温上升到燃点,那里围拢一群人,一边观看电视或者家庭电影,从中看到约塞美地国家公园或者是黄石公园中的旅游生活……哈! 好一个荒野大自然! 我恐怕,对于我的多数美国同胞们来说,他们的新大陆梦想,至此就到达终点了。

与这种糟糕生活景象形成对照的,是一种比较有机的观点,它基于古代历史,以至于史前时期的真实情况,来看待人类在自然界中的地位。因而它完全不必彬彬有礼地鞠躬弯腰,更没必要难堪得满脸发红。那些贬低自然景观重要性,小看人类的区域性居住环境的人们,都忽略了一个基本事实,这就是:发现人类和多种生物在功能和生存环境中的复杂相互依存关系,乃是现代生物学研究的一个重要成就。这种复杂联系,要比核物理学或计算机科学构成的最为壮观的飞行,都更加有助于人类的进一步发展进化。自从新石器文化以来,人类首次开始理解了,生命的可持续生存环境中,还包含有生物学的特性和标准。

由于理解了和看到了有机生存的深层含义和现实,也就为人类打开了真正意义上的新大陆。生物科学近年来最为重要的研究发现之一,就是人类的创造能力,只是隶属于更广大范围的自然伟大创造能力的一个组成部分,它很短暂、很专门化、因而很窄小。而人类不断增加的认知能力,特别是对于自然过程的认知能力,又为自然界的全部自然事件和过程本身增添了一个新的维度;同时,把人类自身的文化进化过程变成为亿万年以来进化过程中迄今为止最高的目的。由此观之,自然界中最为卑微的生物,也要比最尖端的机器更为宝贵,就因为它具有无限的潜能和自我演变的前景,就因为人类生命机理中任何一个貌似生命的形态,都是有机生命和人类文化的副产品而已。

接下来,你们很快就会问了:那么,这一切又与我们新大陆的城市有什么关系呢?我的回答是:由于这些城市的设计者们缺乏自然环境和功能的意识,更缺乏人类目的的意识,由于这个缘故和含义,他们设计的城市,还算不上是新大陆的城市,当然,这是就新大陆这个词语"象征新希望"的含义而言。让我举个植物学的实例来说,当某个入侵者侵入了一个生态学上很平衡的群类时,比如说,当加拿大的木本大鳍蓟,入侵阿根廷没有树木的大草原的时候,它往往一下子就生长得非常疯狂,以至于遏制了任何其他植物的生长。我们美国当今城市设计和建设当中,就正在发生这样的情况。就是说,新大陆梦想当中的某一个元素,具体说,也就是机器,它严重地超越了自身应该占有的合理比例,成为支配性元素,用它自身的刚性、千篇一律、自动控制,来严重取代着人类的选择,人文丰富性、人类的自维能力,以及人类文化的复合性。结果,造成了一个从生物学或者文化来说,都非常无能的城市环境。

如果我们想建设更加人性化的城市,就必须批判地审视和评价依靠技术单层面来控制文明发展这种做法,和它的后果。怎么能容许这种半生不熟的科学设计出如此多的汽车,以至于把我们城市有害化学物质和废气导致心脏病、癌症……浓度高到了害死人的程度？怎么能容许这种半生不熟的城市规划,故意拆解多元素的交通体系:他本来基于步行街、铁路、公共汽车、私人汽车,让位给既浪费空间,又破坏城市环境的私人汽车一人当家的交通制度？我们城市建设当中的这一特色,以及其他许多特点,无论从技术上看,或者从社会和谐来看,都简直是谬不可及的。这样的城市,一言以蔽之曰:就是因为凡是那些有经济承受能力的人,都在接二连三地搬出城市。但是,他们为了暂且获得与享受生物丰富性的环境,也不得不牺牲掉城市环境的社会便利。

但是,假如我们一味姑息、纵容当前的技术扩张,容许它继续阻遏人类的生活目的,践踏人类文化传动,那么,将来的人类前景就会更糟。谁若想知道这个前景是什么,只消看看那些所谓的先锋前卫的设计者和规划师们,所提供的迷魂阵一般的技术设计作品就够了:几年前,纽约的现代艺术博物馆展出了此类作品。假如当时展出的这些作品名称叫做"未来的监狱和劳教所",恐怕就更加恰如其分的恐怖了。这些理想的规划方案,展示了城市未来的布局和解决途径:只见他们提供了掩藏在水下的城市,悬吊在空中的城市,或者地下开凿大洞建造的城市;或者,采用巨型泥土穹隆棚盖起来的城市,应有尽有,不一而足。而所有的城市一律都采用了最为铺张浪费的技术手段,包括各种新型机械和电子设备,而所获得的人文效果和人类利益则最少最小。生存环境的一切要素,都处于严密控制之下,连最低限度的个人自由,个性选择,个性调整和变换,都将是完全不可能的。

是时候了,我们该问问自己:如今陷入机械的全面控制,让机械一统天下的局面,究竟能算哪门子的人类理想？该问一问,这种局面是不是在事实上违反了祖先们当年登陆新大陆的初衷？当年,那么多勇敢的人冒死前来,他们接受了最初梦想的诱惑,想到新大陆这里来重新恢复欧洲旧大陆文明中已遭扼杀了的行动自由和选择的自由……而眼前的一切,是不是实际上已经严重背离的他们的最初目标？好像已经不只十五年了,我曾经撰写了题为《原子弹的社会后果》的文章,其中我预先警告说,这类违反人性的城市设计项目和建筑计划,纯粹是被核威胁、核武器灭绝人类的危险所压迫出来的;而且是必然会产生的,除非美国动员世界各国一起努力,保护人类免遭核能的不成熟使用所带来的危害。因为我们国家还没能恢复已遭破坏的道德防线和政治防线。但是,当时我的远见还不够,还没能料到,居然有人如此疯狂,居然能够设想出地下城市,认为这才是最为理想的方案,并且,哪怕是他们的狂想当中,居然准备当作城市发展的最终结局提交给公众。假若说我们的新大陆梦想只剩下这种东西了,我倒宁愿提议索性回归到石器时代,一切从头开始,重新再来。我倒感觉,西班牙阿尔塔米拉和法国拉克斯岩洞的石壁上,那些岩画形象里,比我们这些新潮设计师们的方案,传达了更多的生命气息,尽管他们拥有种种最先进的科学技术尖端成就。

好了,此刻,我不能安慰你们说,这仅仅是一时冲动的倒行逆施;都如种种心血来潮的时髦想法一样,都是不会长久的,会很快过去的。我不能这样说;因为目前种种违反人性的城市设计方案,已经充斥美国社会,这些方案毫不考虑人类生活需要,唯独关注机器的需要;并且,这种城市型式,很受一些人追捧,他们就是我国的金融界、工业界、科技界、军界、教育界的那些专家们!这些人构成了新的权力五边形,新的五角大楼;他们欠发达的思想意识,越来越严密地控制了我国社会。任务就变得很简单了,规划师们只须尊奉这些要求,把各种现有的小规模城市模型一个个吹大起来,再让它们像城市一样地进入运作状态,就行了。看看我们那些地下火箭发射中心吧,看看我们的笼列式养鸡场吧,看看我们的同温层飞机,尤其看看我们那么多的汽车吧:这些都是宇宙外太空密封舱的变种!而且,所谓宇宙外太空密封舱,一言以蔽之曰,就是为最低限度的生命,提供一个最小的生存环境;如此的发明创造,千真万确地说,就是对于真实生活环境的典型反叛:真正能够维系生命的生活环境,是丰富的,多层面的,生气勃勃的,其中充满了生物学的必要条件,以及文化上的广阔前景。

295　所以说,这个机械的新大陆,我们如今越来越心驰神往,孜孜以求的机械化新大陆,假如将其当作了最终目标,那么,它才是泥土新大陆,理想国新大陆真正的敌人!而这个泥土新大陆,理想国新大陆,四个世纪以前,曾经把人类理想激励到了那么高的高度!然而,机器的神话,已经如此深深地掌控着我们的时代,已经如此贴近地走到我们眼前,变成当今的唯一宗教,以至于让我们每一个人都随时随地准备为它去献身,以至于我们当代一位那么豪迈勇猛,那么富于想象力的建筑师,[佛朗克·劳埃德·莱特]最终也难免屈从于它;他早年的作品,曾经多么出色地把新大陆理想的三要素打造于一炉:景观文化、机器适度运用以及人性的充分表达!而他临终,却终于设计了机器时代版本的金字塔:一座一英里高的建筑物,一座静态的宇宙火箭!这幢建筑物就将他先前在哲学和艺术领域的全部创见和丰功伟绩,都一笔勾销!可见,原来貌似前进的东西,貌似代表未来的波浪,实际上很可能就是躲藏的暗流,致命的逆流。

那么,是不是说,我们就命里注定,只能这样一直昏睡下去,直至把这个噩梦做完,做到头儿呢?不然,实际上,我们只消睁开双眼就能让它消失!生活,生命,这都是真实可信的,很诚实的东西啊。宇宙密封舱,不是生命的归宿和目的。我们的祖先在征服西半球的时候,曾经非常错误地以为,可以用时间为代价去换取空间。于是就忙不迭地,轻易地丢掉了、背弃了漫长历史,以为这样就能够重新开始。不仅如此,还有更多的人相信,机械进步不仅肯定能够增进和推动人类生活改善——这当然是事实——而且他们还相信,机械进步就直接等同于人类的进步和改善:这可就是大谬特谬了。现在是时候了,该把人类自身重新回归到他积累起来的丰富历史文化遗产当中去了;回归他的区域性个性特点,回归他的文化多样性,把这一些都放回到整个文明图像的中心位置上;这样,人类就能够再一次重新扮演起他的各种历史性角色:戏剧家、景观设计师、演员、无尽生活画卷的观览者,等等。而我们建造的城市,则必须在文化发展的每一阶段都能为全体居民提供一个角色,让他们能够扮演,能够担当起来;还要提供一个专门的对话场合,让他们都能够参与进去。

要建成这样的城市,我们必须把当今文化秩序和思维方式都倒转过来,重新注入大自然和人类文化的重要构成元素;这些宝贵的东西,都被我们在从事单方面关注金融收益、民族国家权力扩张以及增强机械控制效果的文化模式中,几乎丧失殆尽了。对于自然界,我们必须全力保卫原始遗产中剩余的东西;对于人类文化,我们必须着重指出,任何理性变革都必须强调文化连续性的重要作用;而对于人类个体的灵魂,就精神世界的深度和丰富性,我们则必须千方百计超越当今时代和地域的局限,去探求真正永恒的、真正神圣的东西。让我们致力于各种尚未探索过的、尚未发现的可能性,努力去认识和实践它们,努力去发现和认识各种还没出现的理想目标。这里面——而不是通过宇宙密封舱进入外太空——才是我们人类的未来;这里,才是人类的新大陆,才是有待我们去继续发现的新大陆,有待于我们用人类精神努力营造的新家园。

第六章　技术与文化

> 无论科学技术的现状已经多么遥远地背离了自身固有的使命,至少它已经让人类明白了一点:没有什么办不到的事情。
>
> ——刘易斯·芒福德

导　论

《黑褐色的三十年》(The Brown Decades)这本书,是芒福德论述美国文化的系列著作当中的第四本,也是最后一本书。这本书的出版确立了芒福德一流作家的地位,而且,不仅是建筑评论家,而是领域十分宽广的全面作家。三十五岁时,芒福德经过长期准备之后,开始了一项规模宏大的写作计划,准备用十年艰苦撰著,着手写出一部鸿篇巨著,对工业机械文明及城市,以及西方思想界等这些题目,从中世纪开始至今的发展历程,进行一番穷尽性的考察。最终,一部四卷本的系列著作便问世了,该书讲述生命世界的更新(Renewal of Life)历程,被评论为人类当代重大的精神财富之一。芒福德在为梅尔维尔撰写的传记中曾经说,"假如想写一部鸿篇巨著,首先你一定要选个宏大的主题。"[1]芒福德为这部巨著确定的主题就非同寻常:他决定探索当代世界和当代人类精神如何构建的重大问题。完成这一宏大任务,整整用了他二十多年的时间。

《技术与文明》这部书,就是该四卷本系列集的开篇之作,是技术发展历史进程这个主题下的一部拓荒性作品。这部书是当代世界用英语写成的工业机械文明兴起过程第一部全方位研究的著作;又是着重研究技术与文明互动关系的第一批学术著作之一,包括任何语言的作品范围。在该书中,芒福德不是仅仅简单讲述发明家和科学家的各种贡献,而着重观察每一次科学技术发生重大突破当中所涉及到的文化资源和道德后果。

他是把科学和技术稳固地放在他所谓的社会生态(social ecology)这个框架当中,来予以考察。

芒福德首先吸收了德国的最近研究成果,他分析了全盘机械化过程中所包含的思想准备过程;他提出一个看法,认为工业革命的进程其实从中世纪就已经开始了。当时发生了一系列的文化变迁,为更大范围内的技术革命准备了适合的土壤,随着技术革命迅猛爆发,西方文化的一切内容也就随之改变了。用芒福德的话来说,"人类在尚未完善复杂的机械来体现自己的才干和兴趣之先,自己首先变成了机器。"[2] 人类崇尚秩序、追求规则、自身形成高度组织化的特点(regimentation),这些特征其实都是在中世纪修道院里首先出现的,首先体现在修道院里程序化的生活方式之中;后来一点点地渗透到了军队和会计室,最终才进入到工厂组织。芒福德提出,在这一精神思想的转变过程中,钟表发挥了非常重要的作用。这种解释如今已经广为接受,尤其是研究科技史的学者。

随着人们开始关注时间,不久也就开始关注起度量方法,因为精确度量的概念与时间概念密切相关。两者互相结合的结果,就最终出现了芒福德所说的全世界科学技术的新面貌。他还提出一个看法,由于新兴的科学急切地要认识世界和控制物质世界,于是便仅只指把人类经验当中那些外化的、可以重复的方面定义为"真实可靠的"内容,认为这一部分才是可以研究的、可以通过小心试验加以证实的。物质的存在形式被分割为"可以秤量重量、可以度量尺寸、或者可以计量的"若干个组成部分;除此而外的一切,都被判断为"不真实的"。他们的思想体系强调组织化、规则、标准化、控制等等。在这种思维框架内,无论是主观体验或是直觉、情感这类精神范畴的概念,都一概找不到自己应有的位置。[3] 按照芒福德的看法,这样拒绝和排斥有机世界形态的结果,西方社会就只有拜倒在机器文明的脚下;不仅如此,其他文化——比如中华文明——所拥有的丰富发明和机械巧思等等,也统统变成了所谓的"机器"(the machine)。芒福德这里所使用的"机器"这个词汇,不仅仅是指机械发明装置,也是指一种生活方式,一种靠机械方式,比如齿轮带动般的方式推动起来,纳入到高速运行的技术文明节奏之中,同时,还要服从技术文明所倡导的理想目标,包括:专业化、自动化,以及理性等等。

可见,按照芒福德的看法,机器的出现,其实质性内容仍然在于精神思想领域的变化,在于人类思维方式和行为模式的变化,在于人类的思维从有机思维方式变化到了机械思维方式。芒福德不把机器看作独立于人类意志和目的之外的孤立势力,这就是深藏在《技术与文明》一书中的勃勃乐观主义的理论基础。芒福德坚决拒绝任何形式的机械决定论或经济决定论的思想主张,他坚持认为,人类的愿望、判断、理想都非常充分地影响着机械发明创造的全过程,正如机械发明也会充分影响现代人类的感知能力一样。人类当今的机械文明世界,本身就是人类不懈努力和人类意志的创造物。因而任何彻底的变革,首先是价值观念的改变,是全社会首选物(social priorities)的改变。类似这样的话,芒福德以前就曾经说过。不过,自从他在这里讲过这样的话之后,这一主题就变成了他终身生活和事业的唯一主题了。

《生命世界的更新》这个系列文集的后三部,写于人类社会解体过程迅速发展的历史时期。这个时期内,爆发了经济危机和大萧条,独裁主义政治空前扩散,世界大战最终导致了原子战争;因此,该系列集的最后三部书,包括《城市文化》(The Culture of Cities)《人类状况》(The Condition of Man)《生命的行动》(The Conduct of Life),就是依照芒福德社会观点对这一时期深刻社会变迁的真实记录。其内容反映出人类从现代化生活的迷醉中逐渐摆脱出来的过程,其中也反映出对于人类可能通过更新获得重生的可能性日益浓重的悲观情绪,虽然还不是万念俱灰。正像约翰·拉斯金一样,芒福德也开始看到"天际线外的电闪雷鸣,以及破晓的曙色"。

不错,第二次世界大战之后的年月里,芒福德的悲观主义情绪加深了。原子弹的发明和布署,对他的观点产生了巨大而长期的影响。二战三十年之后他在给朋友的信中仍然这样写道,"这让我看到,希特勒已经……从精神上征服了大多数国家的政府。"但是,在战后撰写的一系列言词激烈的论文当中,芒福德坚决支持裁减核军备,他论述,美国在战争还没有结束的时候,就跌入"道德上的野蛮行径",当时美国空军决定采取彻底毁灭的政策,对德国城市狂轰滥炸,包括历史名城德累斯顿和科隆,置几百年的老规矩于不顾,悍然杀害无抵抗能力的普通平民。芒福德的学说中最关心的,正是这种"道德行为倒行逆施(moral reversal)",因为,正是这个因素大大加剧了核武器的破坏能力。美国的实例表明,假如它面临极大压力或者陷入窘境,它是完全可能不顾道德戒律约束,而对众多生灵大开杀戒的。芒福德非常同意亨利·亚当斯(Henry Adams)①的观点:无边际的权力一旦与道德虚无主义互相结合,那才真是世间最为恐怖的联姻。[6]

芒福德的人生经历了他所说的人类历史上最可怕的二十年,也就是希特勒当政的时代,以及其后的广岛原子弹爆炸等等事件。所以他战后年代的著作都集中力量想要发现和解释这些现象:人类文明到底发生了什么严重问题。人类的政权和生产力,与大

---

① 亨利·亚当斯,Henry Adams, 1838—1918,美国历史学家和作家,主要著作有九卷本的《美国历史》,以及自传《亨利·亚当斯的教育》等。——译者注

规模暴力和破坏性在当今结成联盟,这仅仅是个巧合吗? 这一命题中无疑包含了弗兰肯斯坦因的古老问题(Frankenstein problem)①,那个典故告诉人们不要滥用技术手段,免得咎由自取。芒福德则在他1970年完成的两卷集《机器的神话》这部著作中,把这个典故放在最广阔的历史背景上予以充分讨论。他的看法是,人类当今形成了崇拜技术的"新宗教",而这种宗教的基础,却包含着对人类起源和本质的全盘误解。不仅如此,人类当今所谓的进步学说,连同通过技术发展促进人类进步的种种论调,只不过是"用科学的语汇编造的正当理由",企图掩盖自从埃及法老时代统治阶级就惯用的种种手法,其目的无非就是为了取得政权和维护政权。[7]

　　本章内容中前四个部分中,有三个选自《机器的神话》一书。在这些篇章中,芒福德逐一阐释了他复杂、庞大的理论体系,讲解了他对人类起源、技术发展的推论和理解;并且在结尾处提出了一个恐怕是最引起争论的看法,他认为:当今的国家政权形式,实质上就是古代军事官僚集权体制的现代的、超大型的翻版。他将这种现代国家形式称之为巨型机器(Megamachine),实际上就是劳工机器,完全由人力要素和人力资源组合而成,其组织者就是埃及法老或者同类角色,目的就是建造金字塔或者同类目标。这种巨型机器,无论是古代形式或是现代版本,其核心的功能要素,就是组织化的人类(Organization Man),以及这官僚体制中死心塌地效忠这官僚制度的层层官吏。然而,由于如今发明了核武器,这个组织化的人类,也就成了全世界人类生存的巨大威胁。芒福德说,显然,如今在每一个核武器发射中心,都有艾希曼(Eichmann)②式的战争罪犯,时刻准备服从命令发射火箭,无论这命令有多么恐怖。

　　《机器的神话》全部内容所讲述的人类世界,从神髓到语调,都是从《技术与文明》这部书脱胎而来。然而,尽管芒福德在书中警告了可能发生的混乱和灾难,他在全书结尾的地方仍然提醒世人:至少在美国,这个巨型机器存在的基础,无非是一些小恩小惠的"私礼贿赂"。换言之,假如某人应允会向这个制度提供无条件的支持合作,应允无论什么情况下都同这个制度保持一致,他就有机会享受到这种大技术的繁荣(megatechnic affluence)所带来的特权与好处。而且,反过来,这种小恩小惠私礼贿赂的基础则又是另

302

① 弗兰肯斯坦因的古老问题,the old Frankenstein problem,弗兰肯斯坦因是英国小说家马丽·谢蕾1818年创作的同名小说中的主人公,弗兰肯斯坦因职业是医学研究工作者,想象力丰富,富有创造才干,他创造出一个妖怪,而自己却先被这个妖怪吃掉了。后来这典故就用来暗指一切咎由自取的作乱者。——译者注

② 艾希曼,Adolf Eichmann,1906—1962,德国战犯,在第二次世界大战中参与杀害和灭绝大量犹太人的犯罪活动,战后逃亡阿根廷,后来被以色列人逮捕,并处以绞刑。——译者注。

一个神话,这个神话欺骗人们说,政治权力和经济增长就是人类生活的主要目的。芒福德预言说,一旦人们普遍摈弃这种小恩小惠的私礼贿赂,同时摈弃掉这个神话,现代文明的巨型机器就将瘫痪瓦解,沦为它声言要效忠的那些大人物们可鄙的牺牲品。[8]

在本章节结尾部分的文章里,芒福德指出:从历史上看,那些最具成效的革命运动,都是一些由某些个人或小团体发动的社会变革行动,主持者们往往从旧政权制度的边缘入手。一点点蚕食进击,"打破常规,藐视定则"。[9]如此的长期连续推进,目的不是要夺取权力核心,反而是力图从中解脱出来,从而使这个制度瘫痪。由此观之,反倒是梭罗,而不是卡尔·马克思,才是最为危险的革命者;因为梭罗认识到,不服从就是走向自治的第一步。

所以,芒福德不希望人们把他恭维成人类命运的先知,而希望人们把他作为新纪元的代言人,当作这个时代的以赛亚(Isaiah,希伯来人的大预言家。——译者注)而不要忘记他。芒福德常说,他在精神气质上属于乐观主义者,虽然他对有条件出现的好结局(possibilities)保持着乐观主义者的心态,但却在先进时代里对于的又可能出现的坏结局(probabilities,或然性)变得越来越像个悲观主义者。当然,《机器的神话》一书结尾部分所表现出来的乐观主义,也并非完全可信;因为,这类话语都产生在他刚刚详尽地描述过"巨型技术废墟"的种种凄凉景象之后。不过,芒福德毕竟还是拒绝放弃希望。

从芒福德晚年写给他的意大利朋友布鲁诺·泽维(Bruno Zevi)的一封信里,可以看出,他对于人类的未来仍怀着一种虽颇细微却甚坚挺的信念。他在这封信中说,"我真不忍心对大家如实讲清我对于人类未来是个什么看法,除非有某种近似奇迹的事情会发生。"随后,他继续对泽维讲述了20年代他在柏林听过的一个故事,这故事说:有个会看手相的人,在当地很有名气,许多作家和艺术家慕名而来拜访他。他会回答他们的提问,为他们详细讲解他们的性格、命运、生活琐事,等等。这些都是他凭直觉悟出来的。他也预卜未来,而且最终结果往往准确得令人毛骨悚然;他预卜的这些结局,包括夭折、离婚、破产、金融危机,等等。由于他的预言太阴森可怕了,人们后来就不大敢来找他问卜征询了。最终,此人变得异常痛苦,经常为自己占卜的结果郁郁寡欢,最后终于自杀了。芒福德对泽维倾吐心声,说:"我非常理解这个人的处境和心情,虽然我还不至于想去自杀。因为我终究还是相信,会有奇迹发生的。"[10]

注释:

1. Mumford, *Herman Melville* (New York: Harcourt, Brace, 1929), 151.
2. Mumford, *Technics and Civilization* (New York: Harcourt, Brace, 1934), 12-22.

3. Ibid., 212 - 215, 265 - 267.

4. Quoted in Mumford, *Values for Survival*: *Essays*, *Addresses*, *and Letters on Politics and Education* (New York: Harcourt, Brace, 1946), iii.

5. Mumford to Bruno Zevi, October 12, 1973, LM MSS.

6. Mumford, "The Morals of Extermination", *Atlantic Monthly*, October 1959, 38 - 44; Mumford, "Anticipations and Social Consequences of Atomic Energy", *Proceedings of the American Philosophical Society* 98, no. 2 (1954): 149 - 152; Mumford, "Apology to Henry Adams," *Virginia Quarterly Review*, 38 (Sping 1962): 196 - 217.

7. Mumford, "Prologue to Our Time", *The New Yorker*, March 10, 1975, 45; Mumford, *The Myth of the Machine*, vol. 1, *Technics and Human Development* (New York: Harcourt, Brace and World, 1967).

8. Mumford, *The Myth of the Machine*, vol. 2, *The Pentagon of Power* (New York: Harcourt Brace Jovanovich, 1970), 330 - 334, 430.

9. Ibid., 243 - 330.

10. Mumford to Bruno Zevi, October 12, 1973, LM MSS.

技术与人类发展

大家知道,上个世纪(19 世纪。——译按)整个人类的生存环境都发生了巨大变迁,这些基本上就是数学和物理科学进步对于技术影响的结果。这一变迁的实质,是从注重经验手段、注重传统的技术方法,转变为注重实验手段的技术形式。这一转变开启了许多新的技术领域,诸如核能技术、超声波运输、控制论技术、长距离间的瞬时通讯技术,等等。自从建造金字塔的时代以来,世间还从来没有在这么短的时间内完成过如此巨大的物质环境变化。而这些巨大变化本身,反过来,又引发了人类自身在性格和品质上的改变;而且,假如这一过程继续下去有增无已而不加以纠正,那么更加激烈、深刻的改变,就近在眼前了。

仅就如今大家都知道的人类与技术的关系现状来说,我们当今这个时代,正在经历从人类的原始状态,转变为一种非常不同的状态,其间这个变迁是很剧烈的。因为当初原始人类通过创造工具和武器,目的是为了掌握主动权,能够控制各种自然力量。而如今的技术条件下,人类不仅仅控制了自然,而且还让人类远远脱离了自身生存的有机环境。

依靠这种"巨型技术(megatechnics)"少数统治阶级就能创造出一种千篇一律而又包罗万象的超级全球性组织结构(super-planetary structure),这种结构设计能保障自身自动运转。这种结构当中,人类不再具有自立的人格,更不能积极发挥职能作用,而只能变成一种消极被动的、无目的性的、服从机器操控的动物,其最适合的职能,按照当今一些技术专家的解释,就是填入机器,或者,就是在严格控制之下只限于为违背人性的机体组织效力。

在各种科学假说和推断指引下,人类如今不仅听命于当今科学技术进步的各种成果和形式,而且把这些进步本身当成目的。我这篇文章的目的,就是要质疑和剖析这种种假说和推断。我首先罗列各种证据,对当今有关人类基本属性的种种理论学说提出质疑。这些理论对于工具在人类发展进化过程中发挥的作用——包括当今机器所发挥的作用——都估计过高了。卡尔·马克思断言,生产过程中物质手段在人类自身发展过程中占有核心地位,而且发挥了导向作用。我认为,他这一论断是错误的。而且,不仅如此,法国神甫德日进(Teilhard de Chardin)那些貌似温良宽厚的解释,把人类当今狭隘的技术理性主义解读为人类的全部历程,甚至还引申为人类未来的最终状态,届时人类继续发展的任何可行性都将终结。在这样一个终点位置上(omega-point,也译灭点,即透视构图中假想无限远位置上的视觉总汇点。——译者注),人类最初的自为能力和人类本性也将丧失殆尽;大约只剩下了组织化的聪明才智:而那将形同抽象思维的堆砌者,就像会下蛋的鸡,到处都是且无所不能,却既不懂得爱也不懂生活。

事实上,我们假如不去深入观察人类在历史上的属性,我们就没有希望弄清楚技术在人类发展进化过程中发挥了什么作用。可是这种深入观察,在上个世纪当中被严重地干扰了,被遮盖的含混不清;因为当时社会条件下,大量新技术发现和发明陡然增多,几乎把古代的研究成果和遗产积累一扫而光。对于人类局限性和技术能力的传统理解,也发生了巨大改变。

人类的祖先往往把他们自己的机械技术进步的特殊方式,与他们那些毫无道理的道德进步优越感混为一谈,这是十分错误的。维多利亚时代有一种信仰,相信通过掌握机器,人类其他一切组织制度和习俗规约,必然都能大大改进;如今的人们本来能够拒绝这种无根据的信仰。但是,当代人却仍然以疯狂的热情集中精力继续大力发展科学技术;仿佛依靠科学技术本身就能够为人类找到自身救赎的唯一手段。其实,当今人类之所以过分地相信和依赖科学技术,部分原因在于他们对人类发展进步的整个历程存在严重误解。因此,要克服这种偏差,为了让人类恢复自身的平衡,首先就要把人类的发展进步,从原始人类至今的全过程中的主要阶段,都一一清楚展现出来仔细予以观察分析。

人类生存离不开工具,如今这一论点几乎成了天经地义的结论。而也正因如此,我们必须警惕,不要过分强调石器工具的作用;因为在数万年之前,这些工具尚未完成功能分化,尚未变成有实效的应用工具。但是,长期以来,多少生物学家和文化人类学者,都把制造工具看作远古人类生存的核心手段和内容;与此同时,他们却低估了,甚至完全忽略了许多其他物种也有的,甚至比人类更加灵敏而熟练的,更加丰富的生存技能和活动。而且,尽管许多科学家都提出了反证,包括索斯(R. U. Sayce)、福德(Daryll Forde),以及勒若伊·苟亨(Andre Leroi-Gouhan)等等,却仍然有人顽固地要把工具和机器等同于技术:这就无异于以局部取代了整体。

即使是描述各种技术形态的物质构成部分时,他们的观点和做法中,也往往忽略了同样重要的容器的巨大作用:古人类的火塘、窖穴、狩猎陷阱、绳索与绳具;以及稍晚些时候才有的筐子篮子、箱子匣子、各种牲畜棚舍厩栏,以及人类的家居住宅,更不要说一些更晚时期的大型的集团性容器,诸如水库、运河、城市,等等⋯⋯技术形态当中这些静态的构成要素,同样也发挥着重要作用;举例来说,在我们当代,就有高强度转换器、巨型化学反应罐,以及原子能反应堆,等等。

技术有许多定义。而任何一种充分而清晰的定义都必须看到,许多昆虫、鸟类、哺乳类的动物,早就创造出了先进得多的容器,他们那些精致无比的鸟巢、隐蔽所、几何结构的蜂巢、类似城市的蚁塚和白蚁巢、海狸精致的巢穴等等,都远远超过了人类祖先制造工具时所表现出的才干,直至后来智人出现。简言之,假如单单看技术的有效性就足以判别智力水平,那么,人类与其他许多物种相比,在很长时期内始终就是个落伍者。这一推论的结果几乎也就不言而喻了:就是说,仅就工具制造技术而言,毫无新意可以证明人类的特殊性;直至人类具备了语言符号、审美形象,以及可以在社会群体当中传播和共享的知识。到了这个时候,是人类的大脑,而不是人类的双手,才真正成全了人类的与众不同。而这样的大脑,不可能仅仅是双手劳动的产儿;因为在一些四只脚爬行的动物当中,比如鼠类,其大脑就已经很发达了,而鼠类却没有手指运用自如的双手。

一个多世纪以前,托马斯·卡莱尔(Thomas Carlyle, 1795—1881,苏格兰散文家和历史学家。其写作风格大量使用典故和传说,思想观点偏重鼓吹人类需要强权人物。主要作品有《法国革命》、《论英雄、英雄崇拜和历史上的英雄事迹》等。——译者注)就将人类定义为"能够制造工具的动物";就仿佛,凭借这唯一特点,人类就与众不同,就高高出离于整个野兽世界了。如此过分地强调工具、武器、物质器具,以及机器制造的作用,却让人反而看不清人类进化的真正道路。把人类定义为使用工具的动物,即使是后来更正为"制造工具"的动物,在柏拉图看来也是离奇古怪的,因为他曾经把人类的出现,人类能够从其原始状态进化成为人类,归功于音乐发明者玛息阿(Marsyas)和奥菲士(Orpheus,与前者都是希腊神话中的神灵和歌手,善于弹奏竖琴,歌唱时鸟兽谛听,顽石点头。玛息阿还曾与天神阿波罗比赛演奏竖琴。——译者注),归功于从天上偷得天火给人间的普罗米修斯(Prometheus),或者,归功于铁匠之神赫法斯特(Hephaestus),也就是奥林帕斯万神殿当中唯一的体力劳动者。

然而,人类"实质上是制作工具的动物"这一定义已经如此深入人心,以至于常常发生这样的情形:假如在一堆砍削过的鹅卵石附近,又偶然发现一些小型灵长目动物的颅骨碎片,就会被其发现者,里基博士(Dr. Leakey),当作充分证据,说这种生物就属于人类的直系祖先,尽管与猿类以及后来的人类有明显体貌特征差异,就如同非洲发现南方古猿遗骸时的推论情形一样。由于里基博士所谓的类人猿脑容量只有智人的三分之一——甚至小于猿类的脑容量——即使是有砍削粗石器和使用石器的有限能力,这种能力却既不需要——自身也产生不出——人类才具有的这种丰富的智能水平。

假如非洲南方古猿能够制造工具,却没有人类其他特征,连这些特征最初级的阶段也没有,那么这只能证明,除了真正的人类(the genus Homo)以外,至少还有一个物种也具有这种特性,恰如鹦鹉和鹊鸟也具有人类的清晰的语言能力,以及某些鸟类为了装饰的目的而能够修饰自己的隐蔽所一样。可见,没有任何一种孤立特性——甚至包括制造工具——能够充分体现人类特征。人类专有的、独一无二的特征在于,人类能够把范围极其广泛的各种动物癖性(animal propensities)都组合成一种自然而然的文化整体:亦即所谓人性。

其实,制造工具和制造器皿,从功能上看是完全一样的活动。假如早期调查研究者能够及时发现并且认识到这种共性,他们就会清楚看到,人类手工制造的石器工具和器物,其实并没有任何特别值得注意的,直至人类发展到很久以后的结局。甚至就连人类的远亲,大猩猩,也能把大量树叶集合到一起,制作成一个安乐窝。或者采集一些蕨类植物的茎秆,在浅浅溪流上草率搭建成一座桥梁,以免过河时打湿或者扎伤双脚。而人类的 5 岁儿童,虽然可以讲话,可以阅读,可以简单推理,其使用工具的能力和悟性却可能很差,更不要说制造工具。所以说,假如说制造工具也算一个决定因素,那么,它也决不是确定人类的充分必要条件。

所以,如今我们有理由怀疑,古代人类身上是否也有过同样的灵巧,或者说,有过同样的笨拙? 在为人类优越于其他生物伙伴寻找证据的时候,我们不一定非把自己局限在那些粗劣石器上,而完全可以另找证据。或者说,我们可以提出这样的问题:在发明出精制工具之前的漫长年月里,古人类干什么去了? 既然采用同样材料,以同样纯熟的肌肉敲打动作,他们完全能够制造出更加精美的工具;那么,那些漫长年月里,他们都去关注什么活动了呢?

……原始状态的技术活动中,大约除了用火和维持火种之外,再没什么特别的内容可以算作人类专门的东西;直至后来,人类,通过经常运用某些器官来完成本不属于它份内的任务,在此过程中,就形成了人类自己专门的身体器官。这种变迁过程中第一个有重大价值的转换,就是四足动物前肢的变化;它从原来专门用来行走的器官,转换成能够履行多种职能的器官,包括:攀缘、抓取、击打、撕扯、反复锤捣、挖掘、抱持,等等。杜·勃鲁尔(Du Brul)指出说,古人类的双手和石器工具之所以能在人类进化发展过程中产生了如此重要作用,是因为他们已经完成了十分重要的准备工作,让前肢能够履行原本由嘴巴担任的咬、叼、含(以便浸润食品)种种职能,这就让嘴巴能够从中解放出来,准备学习说话。

所以,假如一定要说人类是制造工具的动物;那么,人类从一开始就拥有一个原始的,无所不能的工具;而且,是比后来其他一切组合都更为重要的东西,这就是:人类大脑支配的身躯(his mind-activated body),包括全副部件,当然也包括能够制造棍棒、手斧、木质投枪等器具的有关器官。古人类的劳动效能当然极其原始,为了补偿这一缺憾,他有个很重要的资产,能够大大扩展自己的技术天地:人类具有一整套其他任何物种都不可比拟的丰富的生物学装备,这就是人类的身体和大脑。人类身体,这可不是为了完成某种单一专门活动设计出来的;而人类的大脑则能够扫描非常广阔的生存环境,能够把生存活动中众多不同要素组合成整体。正是由于人类自身的这种异乎寻常的可塑性和灵敏性(sensitivity),人类就既能更多地利用和开发自己的外部资源,同时又能够开发和利用自身内部的精神心理资源。

人类的大脑不仅超级发达,而且超级活跃,总处在无休止活动之中。所以,人类的智力能源储备远远超出了他的生存需要,也超出了人类的纯动物性的需求。这样,人类就时刻处在压力之下,他必须释放这些智力能量,除了妥善解决获得食品和有性生殖的需求之外,更需要把这些智力能量导入全新的生存方式,让它更直接,更富有建设性地贡献给最适合的文化形式,也就是象征形式。所以,只有创造出适当的文化渠道,人类才能有效地开发、控制和利用自身的本性。

文化"工作和作品",要比手工劳动的作品地位更高一些,这是必然的。文化创造是人类活动的新内容,它远远不止包括制作和使用工具过程中,双手、眼睛、肌肉的协调动作,虽然说这些器官大大地帮助了人类:它们却也要求人类全面控制自己的自然功能,包括控制器排泄和内分泌器官,控制住高涨的情绪,控制住为所欲为的性放纵,还要控制住自己的美梦或者噩梦。

随着人类持续不断地探索自己有机生命的丰富能力(organic capabilities),它的各个部分,包括鼻子、眼睛、耳朵、舌头、嘴唇以及性器官,都因而获得了新角色。甚至他的手掌也不再仅仅是生满角质层的劳动工具了:用它可以去抚摸爱人的肌肤,或者去搂抱起婴儿贴近自己胸前,也可以做出有含义的手势,或者还可以在共同礼节仪式或规则韵律的舞蹈中表达自己丰富的情感,表达对于生和死、对于往事的记忆,或者是对未来的忧虑。制作工具的技术(tool-technics),实际上只不过是生物技术(biotechnics,*此处或译生命工程学更为妥当。——译者注*)的一个很小的组成部分;而只有生物技术,生命工程学,才是人类真正依靠的全套生存技术。

这是游走神经能量(free neural energy)给与的馈赠,这一礼品在原始人类祖先那里早就享有了。艾利森·卓利博士(Dr. Alison Jolly)新近指出,狐猿大脑生长发育的诱因很多,包括他们好动、贪玩、喜好打斗和经常互相梳理毛发,还有它们之间日益强化的社会交往能力;比较而言,大脑发育却不是因为得益于使用工具获得食物等等习惯性活动。至于远古人类的生性好奇、喜好探索、喜爱模仿,以及懒散无聊、喜欢操纵别人,而且并不考虑最终报偿,等等特性,在远古的类人猿祖先那里就已经很明显了。美国语言当中至今有一些惯用语,比如"monkey shines(恶作剧)"、"monkeying(模仿,嘲弄)",都是些最通俗的证据,说明猿猴有这种调皮捣蛋的秉性。我还想证明,我们甚至有理由提出疑问:古代制造工具过程中一些标准化的动作模式本身,是不是在一定程度上,也是从一些礼俗仪式、音乐、歌唱、舞蹈的严格重复动作中衍生出来的呢?因为在原始人类族群当中,这类祭祀活动已经非常熟练,娴熟完美,几乎达到极致,比起他们制作的工具还要完美得多。

而且,几乎就在最近,荷兰一位历史学家,赫伊曾赫(J. Huizinga)在其著作《游戏人类》(Homo Ludens)①中提出大量证据,他想证明,是游戏而不是劳动,构成了人类文化的基本元素;可见,人类最严肃的活动,文化,居然属于表演或装扮(make-believe)这个范畴。他认为,人类在这种表演活动中所从事的礼俗仪式、模仿、运动、比赛、戏剧活动等等,都能让人类暂且脱掉自己身上那些挥之不去的动物性特点。至此,我更想补充一句,就体现这种进步效应而言,最好的活动,莫过于人类那些原始的礼俗活动;因为,在

---

① 《游戏人类》,*Homo Ludens*,或者"Man the Player",是荷兰史学家、文化理论家赫伊曾赫于1938年发表的一部人类研究著作。书中讨论了游戏因素在文化和社会当中的重要性。作者采用了"游戏理论(play theory)"这样的术语,作者认为,游戏文化的基本因素,而且是人类文化得以产生的必要条件,虽然还不是充分条件。——译者注

这些活动当中,人类扮演的完全是另一种全新的动物。也就是说,远在人类还没有能力去改造自然环境的时候,他们却已经能够创造出一种微型小环境,亦即象征性游戏的特定小场合;在这种场合中人类生活的每种功能,都将要按照人类的新标准严格地予以重新塑造,就如同在游戏和竞赛活动中一样。

赫伊曾赫这篇论文《游戏人类》的论点一经发表,立即引起轰动。该文译成其他文字过程中,译者自己首先非常震惊,于是修改了作者原来的表达方式。作者原意是说,一切文化本质上都是娱乐的一种表现形式;译者却将其改成了一种更浅显易懂、约定俗成的表达形式:游戏是文化中的一种元素(play is an element in culture)。但是,当今西方思想界却有一种先入为主、根深蒂固的见解,就是:人类既非智人(Homo Sapiens),也不是游戏人类(Homo ludens),而首先是"工具制造者人类"(Homo faber, man the maker);而且就连法国哲学家、生命哲学和现代非理性主义思想的主要代表人物亨利·伯格森(Henri Bergson, 1859—1941),也持这种观点。而且,19世纪的考古学者几乎也都坚信,石器工具和武器在人类生存竞争当中发挥着首要作用。这样,到了1879年人类旧石器时代第一批岩画在西班牙的阿尔塔米拉岩洞发现的时候,一经公布,立即遭到了所谓"有资格权威人士"不假思索的同声严厉谴责,说这些报道是无法无天的骗术、是欺人之谈;理由是,冰河时期的原始狩猎先民没有这种闲情逸致,也没有这么高超的才干,能够创作出阿尔塔米拉岩洞内如此精美的艺术作品。[①]

可是,无论如何,大脑都是智人拥有的极其独特的财富,而且程度超群:智人大脑发育的实现,基于人体全部器官的使用,而不仅仅是双手的使用。如今对以往陈旧的技术至上论调重新进行审视,我倾向一种更加大胆的论点:我认为,人类发明、创造以及改变自然环境活动中的每一个阶段,与其说是为了增加生活资料的供给,或者还有,为了控制自然界这些目的,还不如说是为了开发利用人类自身极其丰富的有机生物资源,为了体现和发挥自身的潜在能力,最终目的是为了更加充分地实现自身超越生物性的追求

---

① 这里使用术语较多,稍显凌乱,特如下解释:**Homo faber** 系拉丁文,意思是 Man the smith,意思是"工匠人类",英文也可译为"Man the Maker",意思是"制造工具的人类"。用以指称生物学意义上的人类,包括翰纳·阿连特等科学家所命名的"智人"(*Homo sapiens*)。含义是指人类能够通过工具控制环境。亨利·伯格森在1907年发表的《创造性进化》(*Creative Evolution*)一书中,进一步给人类的智能水平明确定义为:创造人工物的专业知识和能力,特别是采用工具制造工具的能力。拉丁文献中一些作家,比如 Appius Claudius Caecus 则更用这一概念和术语指称人类控制命运和周围事物的能力,进而产生了拉丁文的名句:*Homo faber suae quisque fortunae*("每个人都可以成为自己命运的主宰")。卡尔·马克思接续富兰克林的引用,也在《资本论》当中引用了"人就是制造工具的动物"这样话语。所以,在文化人类学里,这两个概念,Homo Faber,以及 Homo Ludens,就成为一组对偶的概念和术语,对于人类起源看法各有侧重;前者侧重工具制造,后者则侧重娱乐和消遣活动。——译者注

和理想,这些目标不是一般生物所具备的。

在没有遭遇恶劣环境压力和干扰的时候,人类那些精雕细刻的象征性文化创造活动,主要目的是为了回应一些更紧迫的需求,而非用来控制自然环境。而且,我们还必须看到,人类这些象征性文化活动能力大大先于这些紧迫需求,且长期以来都发展得更快。社会学者当中,有一位莱斯利·怀特(Leslie White)[1]特别值得大家感谢,他就着重指出了上述事实,非常强调人类能够"用脑(minding)",以及能够"创造象征符号(symboling)"。其实,他无非是让当代人重新看到了文化人类学的杰出创始人爱德华·泰勒(Edward Tylor)[2]当年那些独到见解。

讲清楚这些前提之后,我们就不难看出,语言的进化,在人类进一步进化过程中的作用,自然就比工具制造——哪怕是砍出山那么大一堆石头手斧——具有无法比拟的重要性了;因为,语言是人类表达思想和互相沟通交流的最基本方式。人类使用工具过程中器官的协调运动还是比较简单的;而对比来看,创造出能够表达复杂意念的语言,就要求许多器官十分复杂的协调运作,这无疑是个更加高级得多的进步和成就。而且,这一成就无疑耗费了古人类大量时间、精力以及脑力创造活动。因为这一创造活动的最终集体产物,语言(spoken language),在人类文明破晓的时刻,应当看作是了不起的成就,真要比古埃及和古美索不达米亚工具的总集成,还要复杂、精致不知道多少倍。

可见,假如把人类看作主要是能够制造工具的动物,那就无异于遗漏和忽略了人类发展历史上的一个重要篇章。我反对有关人类起源的这种毫无生气的工具论,而且想进一步发挥我的观点,我认为,人类首先还是一种创造了自己大脑的动物(mind-making),能够自我操控的动物(self-mastering),以及能够进行自我设计的动物(self-designing)。而且,人类全部活动的主要轨迹,就都留在了它自身生物学的构造之中,更留在了他们的社会组织形态之中;因为,离开了这种社会形态,人类简直无从体现自己的真实存在。所以可以说,人类在未能成功改变自身之先,他对于其周围物质世界则无

---

[1] 莱斯利·怀特,Leslie Alvin White 1900—1972,美国文化人类学者,支持文化进化理论,尤其新进化论观点;创办了密西根大学的文化人类学系,1964年担任美国文化人类学会主席。——译者注
[2] 爱德华·泰勒,Sir Edward Burnett Tylor, 1832—1917,原系英国文化人类学家,被尊奉为文化进化学说的代表人物。在其主要著作《原始人类文化》(Primitive Culture)以及《文化人类学》(Anthropology)当中,在查尔斯·达尔文进化论的基础上为文化人类学的研究厘定了学科框架。他相信,人类社会和宗教的发展,都有其合理的功能基础和根源,而且,他认为这种根源是普遍存在的。许多人认为,泰勒是社会文化人类学学科的奠基人,他的学术著作和观点都在19世纪文化人类学学科形成的重要时期发挥了重要而持久的贡献。他相信,研究历史和人类史前史,有助于深入理解和改良英国社会。他还重新引进了animism(泛灵论)这个术语并予以普及和通俗化,这一概念的意思是"一切事物,包括一切非生物以及自然现象,都有灵魂存在"。并且,他认为,泛灵论就是宗教能够诞生的第一位内容和基础。——译者注

能为力,当然也就几乎什么也改变不了。

在人类这种自我发现和自我转变过程中,制造和使用工具,从其狭隘意义来看,充其量也只是个辅助手段,而不是人类发展进化过程中的最主要的推动力量。因为,技术手段,直至我们这个时代为止,始终是人类文化整体的一个组成部分,从未与文化彻底脱离。而人类却在这个文化整体当中始终发挥着主体的作用。古希腊文中,tekhne 一词就很典型,它的含义当中并不包含工业生产与"精细艺术"或者象征艺术的互相分离。更何况,人类历史的大半时期内,这两个方面都是无法分开的;其中一部分代表着文化的客观条件和功能,另一半则体现着人类生存的主观需求。

其实,技术从其起源时刻开始,就与人类本质属性互相联系。并且人类的这一根本属性,已经体现在了其生产活动的每一方面。可见,技术从一开始就是以生命、生存为中心的(life-centered),而不是以劳动生产为中心的(work-centered),更不是以权力为中心的(power-centered)。正如在其他任何生态学组合关系中的情形一样,人类各种各样的利益和目的、各种各样的生物学需求,都制约着有机生命整体上的每个部件,因而任何部件都不可能发育过度。我还试图证明,虽然语言是人类最主要的象征意义表现手段,语言却与机器同源,它也是从一个与机器发展完全相同的根底产生出来的:在人类早期大量重复举行的礼仪活动中,在面对大脑带来的巨大精神压力中,人类出于自我控制和自我保护的需要,人类逐渐形成了有序观念和有序状态。

所以,我并非要诋毁和贬损技术的作用,而只是想证明:人类内在的精神组织特性一旦形成,技术手段就会支持和放大人类的表达能力。按照这一推理,制造工具和使用工具的专业本领,就成为很及时的矫正手段,矫正着语言给人类提供的无节制的发明创造能力。若不然,这种能力会将人类自我放大到一个很不适当的地步,甚至还会诱使人类以神奇的言语方式取代了原本卓有成效的劳动能力。

沿循这一推论,我们看到,人类有一项很具体的进化成就,让人类与其最贴近的类人猿亲属也迥然两异,这就是人类已经形成的新型自我(new self):不仅仅在外貌上,还在行为上、在生活规划上,都与人类的动物性祖先分道扬镳了。而且随着这一分化的逐步扩大,那些确定无疑的"人类身份特征(human identification marks)"的总数量也大大增加了。这样,人类就加速了自己的进化历程,通过文化为介质,在较短的时间跨度内,实现了其他物种需要通过生物进化的途径和过程才能很费力实现的巨大变化。而且,对照人类的文化进化方式来看,这种生物进化过程的后果是很难纠正的,很难改进的,同样也是很难抹掉的。

可见,人类之所以最终成为人类,主要在于人类自己的自我演变能力(self-transformation),他们一群一群地,一个地区一个地区地,一种文化一种文化地,逐步演变成了人类。这种自我演变的能力,不仅确保人类没有在其起源的动物性状态上永久停止固定下来;而且还解放了人类自身发展进化最为优良的器官——大脑,让大脑除考虑物质生存之外,也开始筹划新的方向和内容。所以人类的主导特性,能够支配其他特征的核心特征,就在于人类的这种自觉的认知能力,这种有目的的自我意识(self-identification),自我演变,以及最终自我觉悟(self-understanding)——的能力。

人类文化的每一种表现形式,从礼节仪式到语言文字,从衣装仪容到社会组织,无一不是最终服务于人类有机生命重新塑造这一任务的,无一不是服务于人类个性的表达这一使命。假如说,这一明显特点,我们如今真是认识得太晚了,那可能要归罪于当今那些大量的、泛滥成灾的艺术、政治、技术的表现形式和内容,它们认为人类即将丧失这一特性,不是变成一种更低等的动物而是一种无形制的(shapeless)、类似变形虫似的非实体的东西。

在重新整理以往有关人类发展进化的一些代表性陈旧意见过程中,我有幸吸收了多年来生物学和文化人类学研究发现的大量证据。这些见解至今还没有彻底批评过,甚至也没有充分阐释过。当然,我很清楚,虽然我有这些实质性证据作为依靠,我即将提出的主题和结论,以及尤其是这些资料本身可能引出的推论,都很可能遭受很有道理的质疑。因为,无论我的论点,或是这些证据本身,都有待完全客观、审慎的考察和检验。其实,尽管从一开始我就是想批驳这些占统治地位的陈旧论点,起初我还是十分尊敬地接受了它们;因为我知道,不存在其他任何论点。这一局面我已没必要再三说明了。但是后来我发现,当今人类几乎无例外地执迷不悟陷入对于技术文明的依附,甚至不顾自身健康,甚至不顾自己身体安全,不顾自己精神健全和平衡,甚至不顾人类将来发展可能出现的不幸结局……对此,我既找不到答案,也没有线索。于是我就不得不重新考察和思索人类本质、人类本性;同时,还考察了这种人类背景上的技术文明发展历程。

可见,原始人类不仅能够发明(自身躯体以外的)外部工具,还能对自身身体器官进行重塑。所以,我除了发现人类原始状态当中这些发明创造能力之外,还有意识地沿另一条刚刚被照亮的道路,探索了人类的非理性特点;结果我发现,这条脉络同样也很壮阔、很漫长;它贯穿了人类历史的全过程,而与人类的理性特点相违背,不符合人类作为功能理性动物的遗传特性。甚至在与其他一些类人猿相互比较时我们就会发现,并且会毫无偏见或恶意地指出,人类具有非常突出的非理性特征。稍加观察就会发现,人类发展进化过程中显然呈现出一种长期取向:犯错误或调皮捣蛋、祸害别人、胡思乱想、错觉幻觉,以及所谓"原罪(original sins)",甚至还有社会性的非理性行为,包括人殉祭祀、合理合法的折磨和虐待,等等。可见,人类在逃脱了生物学上的固定的、不发展不进化命运的同时,却丧失了与生俱来的人性以及精神稳定感;而这些因素却是其他一些不如人类那么幸运的物种所都有幸享有的。然而,人类由于丢掉某些最为古怪反常的取向,却因而发现自己面前打开了宝贵的进化新领域,而且是数十亿年纯粹生物进化的历史所未曾尝试和探索过的。

人类放弃自己纯动物性特征(mere animalhood)之后,随之而来的不幸是很多很多的;但是褒奖同样很多。比如说,人类非常喜欢把幻想和设想、愿望与设计、抽象思维与思想意识,都混同于日常经验的常识;而如今我们发现,人类这一特点恰是他无限创造力的一个重要源泉。在非理性和超理性之间,并不存在一条清晰界限。如何对待自身这种颇具双重性的资财,始终是人类的重大难题之一。当今对于人类科学和技术成就,存在种种功利主义的肤浅解释和态度,其原因之一就是,这些见解都忽略了一个基本事实:科学技术作为人类文化的一个侧面,它本质上是开放的,它既可以走向美妙卓越的理想宏愿,又可能走向魔鬼般的厄运结局。这种二重性前途,存在于人类生活每一个组成部分之中;只不过如今比任何时代都更为脆弱,更加禁不起折腾。

有些非理性因素也曾建设性地促使人类发生进一步的发展进化,然而往往却又扭曲了这些进化成果。这个时候,人类发展进步当中这些非理性根源就变得十分清晰了。这主要是指公元前 4 千纪左右发生的那次伟大的文化聚合(cultural implosion),当时旧石器文化与新石器文化互相联姻,两者的多种组成元素互相联合,重新组合,这就是后来常说的所谓"人类文明的兴起"。这一转变过程中一个很了不起的事实就是:这一结局并不是一系列机械发明导致的成果;而是社会组织的各种全新形式带来的结果;它是神话的产物、魔法的产物、宗教的产物,更是新兴科学天文学观测的产物。神圣政治权力和技术手段的这次大聚合,是任何工具的发明都无法解释的,包括当时的简单机械或技术工艺过程,都无法解释。仅仅依靠技术手段本身,无论是轮式车辆、耕作犁耜、制陶旋车、军用战车……都不足以完成古代埃及尼罗河流域、美索不达米亚、印度……那么伟大的历史性文化转变;直至后来,这一聚合过程,又通过涓涓溪流或宏涛大浪,逐渐传遍世界各地。

撰写《城市发展史》的准备过程中,我研究埃及金字塔时代的社会状况,非常意外地发现,在近东地区人类第一个极权主义文明与我们当今文明之间,存在一个非常贴近的平行现象。虽然当代许多人仍然认为,现代技术不仅是人类智力水平发展的最高成就,而且是一种全新的现象。而我的发现则完全相反,经济学家们新近所谓命名的机器时代(Machine Age)或者动力时代(Power Age),其起源并非开始于 18 世纪的所谓的工业革命,而是扎根于人类原始机器组织形态刚刚开始的时候,只不过当时的这架机器都是由人类部件构成的。

对于这种机械崇拜的新理论(new mechanism),请不要忽略其中两项内容;因为这两项内容陪伴了机械崇拜论的过程,贯穿了它的全部发展历史,直至如今。其中第一个内容,就是古代机械文明的组织者是从上天神灵那里获得了驾驭人间的权威和权力。天体运行的秩序,也就成为人类新秩序的基础。度量的精确性、抽象的机械系统,以及我称之为"超级大机器(megamachine)"的这种文明当中所包含的强制规则和纪律,统统都直接来自天文观测的发现和科学计算的结果。这种不灵活的、可以预测的秩序特点,随后不久就融入到历法体系,并在随后的历史进程中进入人类组织,演变成严格的组织化制度形式。这种机械秩序不同于古代人类的礼仪秩序形态,它不是来自人类自身,而是一种排斥人类的外来形式。通过神权与无情的军事强制手段互相结合,大批人口被迫忍受敲骨吸髓的贫穷和压迫,忍受强迫劳动,从事消磨精神智力而又无休无止的劳役,以便维持和确保君权神授的统治者,以及半君权神授统治者们(semi-divine),及其随附者们能够享受"生命、繁荣和康乐"。

第二项内容就是,这种人类机器(human machine,指以人类资源构成的国家机器,以及社会组织结构。——译者注)本身所包含的严重社会缺憾,却由其本身的某些特殊成就而有所抵消。这些成就首推水患控制及粮食增产。因为在这两个基础条件下,就有了人类文化各个领域都能进一步发展的空间,包括纪念性建筑和艺术、编定法典、系统探索和永久记录各种思想流派,以及由此而来的精神财富大大丰富;这是指各地区、各城市文化礼仪中心里不同职业背景人口互相组合的结果,会把精神财富的巨大潜在效益开发出来。人类历史上如此而产生的组织秩序、如此的集体安全感、如此的社会丰饶,以及如此具有创新效能的社会文化融合,最初就在美索不达米亚、古埃及,随后又在印度、中华帝国、波斯,以及安第斯山麓、玛雅文化当中,都陆续出现了。而且这样的文化成就从未被后世超越过,直至我们当今这个时代,直至我们当今利用更新的方式重新组合成了超级大机器……不幸啊,如此灿烂的文化成就,却大多被同样巨大的社会倒退所抵消了。

若按照纯理论的方式来考虑,五千年前的机械化当中所采用的各种工具手段,那时候就已经开始背离了人类某些重要的固有职能和目的,而仅忠实于如下这样一些内容:时刻注重强化社会组织秩序、维护统治权力、增强可预见的能力和内容,而尤其注重增强社会控制。随着这种原始的科学思维方法,产生了与之对应的人类活动的高度组织化;还有一度实行的社会自治也随之败落了。"大众文化"和"大众控制",这样的概念和做法,都在人类历史上首次出现。这种超级人类机器最终催生出来的文化产物,还有这个时期富有讽刺意味的象征主义建筑和艺术,包括古埃及的金字塔大型陵墓,里面居住着木乃伊干尸。而且,这种现象在后来的扩张帝国时代都竞相仿效,一再复制;随后是在亚述帝国,其技术效能的主要证据,就是那里一片片无垠的荒芜土地,被毁弃村庄和城镇的废墟,遭受毒害而不能耕作的土地;凡此种种,不都为当今种种同样以"文明"外衣包裹的野蛮手段提供了古代的原型么? 至于说古埃及的金字塔,那不是当今时代宇宙火箭的分毫不差的古代静态同类物,还能是什么呢? 这两种设施,不都是耗费了不知道多么大量社会资财,妄图确保少数地位优越的人能够去安全登天么?

这种反人类的权力中心文化(power-centered culture)给人类文明造成的一次次巨大流产,都用同一种调子乏味地玷污着人类文明史的书页,从古至今未曾间断,从苏美尔遭受蹂躏到华沙、鹿特丹、东京和广岛等城市被轰炸,都是被玷污的文明历史。这里的分析告诉我们,无论还要等待多久,我们都不可避免地要鼓足勇气提出一个问题,问问自己:人类社会的超级权力和超级生产力居然与同样的超级暴行和破坏,在历史上一再互相联姻……请问:这种联姻难道仅仅是一种巧合吗?

因此,我设法弄懂历史上这种雷同和平行现象,设法观察西方历史发育进程,追根溯源,一直追溯到它的古代机器的原型。结果我发现,在此探索过程中,原来许多非常模糊不清、难以理解的现象,以及我们当代这个高度发达的机械文明和所谓的理性文化当中存在着的大量非理性表现,如今,这些现象和问题,居然都离奇地清晰了起来。因为,无论古代或是今天,人类可贵的知识积累,人类非常有用的生产力资源,以及这些优势所带来的各种收益,如今却在人类同样大量增加的挥霍浪费、神经病般的敌意行为、麻木不仁的破坏活动、倒行逆施、为所欲为、赶尽杀绝等等罪孽活动中,统统被抹煞掉了。

……这里,我对人类历史提出了一个比较宽泛的解释。我想,若想逃脱当今靠一代人积累所形成的那种知识本身的不足,研究历史就是必须跨出的第一步。假如大家都不花时间仔细研究历史,不思考历史,我们就没有足够的眼力看透当今世界,更谈不上去把握未来。因为,过去人类的历史从未远离我们,而未来却已经闪现在眼前。

第一架巨型机器

人类第一架巨型机器问世的时间,大约与金属铜首次应用于工业制造业目的的时间相同。虽然如此,巨型机器仍然要算一种很独立的创新发明,因为它没有使用当时已有的任何机械技术作为辅助手段。但是……它的基本概念和轮廓一经生成,很短时间内马上就凑集成功了;而且传播得非常之快,也不需要经过模仿,而是由国王的权威来强迫推行。而国王的角色,在这里当然直接就是神灵;或者,是神灵选定出代表人物,经过涂油仪式,来担任神灵的代理。总之,无论何时何地,只要这种新式巨型机器凑集成功,它就能够立即操控指挥权力,动员大量劳动力,其规模之大则是历史上闻所未闻的。它有能力动员和集中广泛而丰富的机械工作能力。这样,一种全新的社会动力机制(new dynamism)就完全形成了,而且以魔幻般的力量和效果,瞬间克服原始新石器时代村落文化中那种种慢吞吞的生活节奏和常规,突破了某些无价值的禁律,以及生活方式中那些千篇一律的循环往复内容……

由于巨型机器如今操控着空前的能力,人类活动的时间和空间维度都大大拓展了。某些大行动,以往多少个世纪都完成不了;如今却能在一个世代的时间内实现了。如果说如今还未能搬移整座山岳,那么,山岳的很一大部分都已经被人类搬移了位置,这却是实实在在的事实。而且,当时所操作的大石块,比如今巨型载重卡车的运载能力还要大出许多。与此同时,平原地区,一座座人工山岳,也就是用石材或者土坯建造成的山岳般的大小金字塔,埃及金字塔以及玛雅的形式不同的金字塔,也都随着君王一声令下,应声耸立起来。如此巨大浩瀚的人力动员,如此神奇的机械效果,以及如此广泛的应用范围和规模,后来许久都未曾在人类世界重新出现过。直至 14 世纪,西欧大地上到处架起风车和水车的时候,人类开始了当今的全新时代,类似情形才再次出现。

这种人类大机器,从一开始就体现出两种特色,或者,表现出两个方面:一个是负面的、强制性的;另一个是正面的、建设性的。事实上,二者相反相成,如果没有前者,后者也就无从发生,反之亦然。比如说,军事机器问世的时间,很可能先于劳动机器的应用;但是,后者所取得的成效和完美,却是前者无论如何都无可比拟的,无论完成工程项目的数量上,还是质量上。把这些集群型的实体称作机器,的确不是闲来无事玩弄词汇。假如,机器这个词汇,多少可以依照 19 世纪德国皇家科学院院长,运动物理学之父弗朗兹·瑞吕克斯(Franz Reuleaux, 1829—1905)给出的经典定义,界定为"各抗性部件的组合;各个部件在该组合之中各司其职,在人的统一操控下传递动力并完成工作任务……"那么,劳动机器,就是一架真正的机器。而且更加名副其实,由于其构成部分——虽然包含了骨骼、神经、肌肉……却简化为赤裸裸的机械零件,而且都被严格限定在机械操作和任务过程之中。

这种大机器构造效能巨大,而且具有实用功效;早自公元前第 4 千纪之初伊始,它就已经由金字塔时代的国王们发明出来了。而且,由于它自身没有任何外在结构形式的束缚,因而反而更具有变换和适应能力,甚至比现代生产装配线上的刚性金属部件更具适应性。事实上,人们正是从古埃及金字塔建筑物内部,发现了种种不容置疑的证据,证明了这种大型机器的存在,以及它所发挥的令人称奇的显赫作用。凡是王权制度所到之处,就有这种人类机器的存在,若不是以其建设性的形式,就一定以其破坏性形式,广泛存在于王权领地上。这一结论不仅适用于古埃及,同样也适用于美索不达米亚、印度、中国、柬埔寨、墨西哥、中美洲的尤卡坦州(Yucatan),以及秘鲁。

让我们就从它的最早起源形式中,来仔细考察一下人类机器的内容和实质。……古埃及金字塔采用了陵墓的形式,用以保全法老们香料涂抹过的尸体,以确保他们的生命能够在死后升天,稳妥进入来生。虽然,起初只有法老们的生命才享有这种神灵才能有的幸运前景,但是,能够为某个人创造出一种不朽的生命,这种概念本身就体现出一种变化,表明生命形式的各种维度都与先前不同了。

人们后来又在中美洲发现的小型金字塔,其四个坡面都建造成阶梯式的;发展到后来规模极大的古埃及的吉萨金字塔,亦即基奥普斯法老(Cheops)的陵墓,也是古代世界文明的七大奇迹之一;事实上,这大小两种金字塔建成的时间跨度很短促,也就只有三百年左右。从古代技术创造发明的时间尺度来看,从金字塔开始的最原始形式,到最后登峰造极的完熟形式,两种形式几乎可以算是同时代的作品。这么迅速的发展变化,表明了什么呢? 它表明,当时无论是物质生产手段和实力,或技术创造力,都空前增强了;这是因为要搬动整整一座石头山岳,才能最终完成这么浩大的纪念性建筑物,仅凭抽象信念这是绝对办不到的。这种明显的发展进步尤其突出地体现在:法老们的金字塔都不是孤立的,它们与大量附属建筑物并存,构成整整一座城市,死亡者的城市。其中大量房屋容纳了祭司和工匠,都是古代君王要求的复杂礼节仪式所不可缺少的人员,如此整体的结构,才能保障君权神授的统治者们死后也能享受永恒的幸福命运。

无论从哪个历史时期,也无论从哪种文化来看,吉萨大金字塔都堪称工程技术人员的智慧和技艺所能够完成的最浩大、最壮美的作品之一。不信就请看看同时代的公元前第三千纪的其他艺术作品吧,我们当今没有任何作品能够超越它们,无论是比试技术之精美,还是体现人性的豪壮。更令人惊奇的是,这样的功业,居然是由一个从石器文化时代刚刚脱胎出来,而且仍在继续使用石器的年轻文化完成的,虽然当时金属铜已经出现,而且开始用于凿子和锯子等基本工具,来雕凿石料,建造新型陵墓和纪念性建筑物。

金字塔建造工程的实际操作方式,是由专业技能的能工巧匠为主干,配备一支庞大劳动力大军,都由无技能或稍有技能的人员组成;这些劳动力一年四季每个季度都要从农业生产中抽调出来,参与陵墓建造。全部工程活动,除了斜面、杠杆之类的"简单机械"之外,再没有其他任何物质手段了。因为,当时连车轮、滑轮,或者螺杆都还没有发明出来。如今从遗存下来的一些图像说明来看,这些大型石块都是靠拖载支架来运输的,类似今天的雪橇,由数百人的劳动力大军牵引拖拽,在沙漠地上一点点滑动前行。而法老们居住的地方——金字塔的内室,其顶盖所用的石材,每块都重达五十吨。即使当今的工程师,在决心采用这种大规模技术手段之前,恐怕也会费尽斟酌思量吧?

如今这座大金字塔,宛如一座巍巍山岳,耸入云天,通高 481.4 英尺(146.73 米),底部是边长 755 英尺的正方形(230.12 米)。内部构造更加复杂,一系列的通道,分别建在不同高度、经不同途径,最终都能通向核心部位的葬室。然而,令人惊讶的却是,如此浩大陵墓的每个细小部分,其精准程度,如同古埃及学专家布雷斯特德(J. H. Breasted)①所强调指出的,那是光学工艺技术所特有的精准,而不是当今大型桥梁建造者,或摩天大楼建筑师的那种精度要求。而且,石料与石料之间的契合方式,每块都有一定重叠长度要求,其接缝的间隙,只有一英寸的万分之一间隔。而底部四边的每边边长,相互差异只有 7.9 英寸(19.30 厘米),这就是这座占地广达数英亩的浩大建筑的细节! 一句话,如今人们常说的无可挑剔(flawless)的机器的精准,或者机械的完美,首先已经都在古代这些陵墓建造当中体现得淋漓尽致了! 同时,它又是一座象征性建筑,如山岳般从史前时代茫茫水面上突兀而起,从人类创造的伟大力量当中诞生出来,纯粹的人工创造物,人类丰功伟绩的象征,用一种永恒的形式把历史时间和人类形象永久地定格了。任何普通的人类双手,任何普通的人类力量,任何普通的人类合作方式,比如,人类在建造村庄、茅舍、种植作物当中所见过的那种普通的合作方式,都动员不出如此超级的伟力,完成如此超自然的成就。而只有王权神授的君王,才能完全实现巨大的人类意志,才能如此空前规模地改变物质世界!

规模如此巨大的构筑物,没有机械手段的援助,能够建成吗? 肯定不能的! 我要重复地说,这一作品本身就表明,它不仅仅是机器的产物,而是高精度机器和工具手段的产物。虽然王朝时代的古埃及,物质装备还很差,很原始落后,但劳动大军耐心细致而又井然有序的工作方式,却能大大补救这些缺点。他们的社会组织形态和效率向前腾跃了五千年,创造出了一流的大规模的动力机器:一架十万人力效率的大机器。也就是

---

① 詹姆斯·亨利·布雷斯特德,James Henry Breasted, 1865—1935,美国埃及学家、历史学家、考古学家。曾经领导赴埃及和苏丹的考古工作队,指导芝加哥大学东方研究所进行考古发掘工作。主要著作有《古埃及铭文集》《埃及史》,等等。——译者注

说,其机械效能大体上相当于一万匹马力。这架机器由大量部件组成,这些部件具有如下特点:均一、专门化、可交替互换、无功能分化;它们总体上都服从一个中央组织和指令系统的统一调度和指挥协调,因而每一个部件都能发挥各自职责,服从统一机械的整体要求,不会受内部因素干扰而影响该机械的整体运作。

在不到三百年的时间里,这种集体的人类大机器,就全面完成了自身完善化的过程。一旦装配组成之后,法老指定的总工程师一声令下,这台巨型机器立即投入运行。此前,成熟技术能力和高超想象力,在设计出了金字塔的整体形象之后,此时则经过口头传递或经书面指令,传递给了大机器的各个部件:包括众多技术工匠、领班、工长以及更多的粗壮劳力。金字塔的设计者绝非等闲之辈,这个非凡的头脑擅长高品位的抽象思维和天文观测,并将观测结果应用于金字塔的选址和定位,因而能够让金字塔底部的每个边,都符合指南针的四个准确指向。此外,由于金字塔的位置在汛期距离河水只有四分之一英里之遥,所以必须建造石材基座,这就意味着挖开大量砂土和碎石片,首先形成地槽。如今的测量结果表明,地槽的位置和内径尺寸,与距离设计要求相比较,误差不超过半英寸。

不过,参与执行总设计方案的这些工人,同样也都是具有非凡的头脑:他们训练有素,执行命令一丝不苟。国王的命令,经过等级森严的官僚管理体制层层下达,工匠们在施工期间要失掉自己全部自治权利和主动性,牲口一般地严格遵从作业要求,分毫不得违背。他们的领班人物都能够读懂书面指令,据爱德华兹(Edwards)所引述的梅敦金字塔(Meidun pyramid,古埃及第三王朝为其最后一位法老哈尼建造的金字塔。——译者注)附近街区内发现的事实,参与那里施工的受雇工匠,都以朱红色釉彩留有自己签名,如:"船帮"、"强力帮"。以他们的严格和自信,即使工作在当今工业的总装配线上,也会觉得心应手,当时大约就缺挂一张裸体美女照片了!

所以,无论从组织能力来看,或者从劳动作业方式来看,或者是从最终生产成品来看,建成金字塔的这架机器,以及在其他领域其他文化中完成了其他同类伟大建筑工程的这些巨大人类机器,毫无疑问,都是名副其实的机器。他们在其基本作业中,实现了一大群动力机械共同作业才能达到的同样高效率成果,包括动力推土机、压路机、拖拉机、机械锯、风钻的作业过程,其精度效果完全一致,操作技艺娴熟,其最终产品质量,直至如今仍被传为佳话。

人类的能力突然向四方延展迸发,人类成就的记录被空前提高,多少人的能力和兴趣都被纳入到手工操作的机械作业中来,将千万名臣民统一到王权神授的君王意志当中来,听命于他并为他做成事业……这一切成就,无一不证明着这种权力和效能的存在。

因为请注意:是谁发号施令,要建造这巨大工程的呢? 不是别人,正是君王本人;是谁能够要求他人绝对服从命令,否则就处以极刑,砍断手足或斩首示众呢? 不是别人,又是君王本人;又是谁能够把活生生的人转变成毫无生命特征的机械部件? 还是君王本人;最后又是谁能把这么多零部件组合成一架大机器,还赋予这架机器一种天体运行中才有的严格机械化组织的节律性呢? 还是君王本人!

可见,任何草木之神(vegetation god),任何原始农业的丰产神话,都无法创造出这般冷峻抽象的秩序,也无法让权力如此的远离生命特性。唯独那个由太阳神赋予了权力的非常人物,能够改变人类活动迄今为止的规范和限度。君王的心理状态,依照古代的传说,他就是从英雄范式铸造出来的人物,他觉得自己有本领单枪匹马杀死雄狮,能够独自建造城墙,或者,就像是古代英雄人物,也是统一上下埃及的第一任国王,美尼斯(Menes,生活于公元前三千纪的古埃及国王。——译者注)那样,能够喝令河水倒流,能够发动强大战争……如此艰难的任务,如此大胆的设想,只有国王,以及只有他能够操纵的机器,才能担当。

若想充分理解人类机器的结构、由来和运作,仅把自己考察重点放在它的起源和形成经过是很不够的。那样的考察和研究方法,即使是用来考察当今技术,也无法解决问题,因为这些有形的机器,名目繁多,运行方式纷纭复杂。而若想把众多人类部件成功组装起一台集体的大机器,首先必须具有复杂可靠的传导方式,以确保上峰发出的指令能够准确迅速地送达到每一个成员,这样,全体成员才能按照统一指令协同运作,形成一个完好的行动整体。

为确保这台机器能够运行,有两个集体手段必不可少:一个就是集中和组织知识,一定要把知识,包括自然科学知识和超自然的知识,都可靠地组合起来形成整体;另一个手段就是,精细的社会组织结构,能够确保命令的迅速送达和准确执行。前一个手段的具体体现,就是政教合一体系中宗教组织的庞大神职人员(priesthood),脱离了这些人的积极协助,王权组织则根本无从诞生。第二个手段,则体现在庞大的官僚组织机构;两者都是等级森严的组织结构;其中,宗教组织体系顶端是寺庙,官僚组织体系的顶端则是宫廷。没有这两个体系的协同配合,王朝的权力结构就无法发挥作用。这些条件至今适用,尽管在自动化工厂和计算机控制机器的掩盖之下,已经看不出人类部件在自动化当中的重要作用了。

如今所谓的科学,其实早在古代就已经是这种新型机器中不可分割的一部分。这种科学,其思想观念基于宇宙运行的规律性,而且,随太阳神崇拜而很快兴盛起来:历史事件的记录、计时技术、星象观测、历法等等,都先后出现,并与王权制度形成时间吻合,同时也促进了王权制的兴盛。当然,宗教僧侣阶层同时也曾负责解释各种孤立事件的含义,包括彗星的出现、日食或者月食的发生,以及自然现象中的各种不规则现象及其属性,比如飞鸟的飞行轨迹,以及祭祀牺牲的动物内脏的不同排列方式以及含义,等等。

　　脱离了这种高级知识的加工、组织和运用,任何君王也无法安全行走,无法有效行动;恰如当今五角大楼若不征询科学家或"竞争理论家"的意见,就无法决策一样;它们征询的对象范围甚至也包括了计算机系统,据说这种新型等级结构智能机器的可靠程度,要大大超过古代那些凡胎肉身而王权神授的君王们的智力水平(entrail-diviners)。可是,从计算机也会不断发生计算错误的实情来看,似乎情况也并非如此。为确保知识的有效利用,这种知识就必须由僧侣阶层来垄断和管理:假如每个人机会均等,人人都能够获得知识,都能平等地进入知识的解释体系,那么,就不会有人相信君王不会出错的神话了(infallibility)。原因是,当时有太多的荒谬和错误,根本无法掩饰。因而一些荒谬的历史现象也就不足为奇了:比如,奴隶起义导致了古埃及旧王朝的复没,而先知伊普沃(Ipu-wer)给革命者定的罪责却令人吃惊,说他们的罪过在于"把一些保密知识袒露在外,毫无遮掩"。也就是说,他们的过失在于把有等级限制、不能随便享用的信息,随意公开了。事实上,知识和信息保密制度,是任何专制主义政权共有的特征。印刷技术发明之前,保密知识一直由统治阶级垄断,作为精神财富和治理手段。

　　王权制度的特点之一,是它隶属于太阳神崇拜的一个组成部分;这种同源隶属关系体现在一个基本事实:国王,如太阳一样,同样威力无边。人类历史上,统治权力第一次能够超距离发生效用,它能超越听觉、视觉以及武器控制的范围而产生效力。任何军事武器和手段本身都不足以传导这样的权力效应,那靠什么呢? 它需要一种形式很特别的传动齿轮:这就是一支由书记官、信使、总管、监理员、领队、大大小小的执行长官等等人物组成的庞大队伍;这些人物的角色任务,就是忠实执行国王的命令,或者执行国王那些权倾朝野的大臣、将军们的命令。换言之,这就是一个官僚组织机构,这群人能够传递和执行命令,这其中有僧侣们的谨小慎微,也有毫无头脑的士兵们的百般顺从。

　　可见,如果把官僚组织理解为比较近代才出现的组织制度,那等于完全没有看到古代编年史当中的基本记录。表明官僚体制存在的最早一批文献,出现于古埃及的金字塔时代。该文献出现于阿比多斯(Abydos,*尼罗河中段西岸一古城,距离河岸11公里,很多寺庙遗址,是重要考古场地。——译者注*)一处衣冠冢的铭文记录,铭文作者是古埃及第六王朝,也就是公元前2375年,培比国王一世(Pepi I)时代一位职业官吏,他写道,"陛下差遣我去统领这支大军,同时还有许多财务官员,还有下埃及国王的许多宫廷信使,还有整整一队的宫廷侍卫,还有下埃及和上埃及的许多行政官员,市长、他们的侍从陪护,上埃及和下埃及的高级口译人员、专职行军向导、高级先知;还有上埃及和下埃及的官僚组织要员,每一位都是上埃及和下埃及各地军队里的首脑人物,或者是可能出任的地方乡村、市镇里的统治者。"

这一段文字记述,不仅确认了官僚组织体制存在的事实,还充分证明一个特点,就是:当时已经形成的劳动分工和专业化组织水平,已经达到了机械化生产运行所必须具备的高效率和精密程度。而且这样的组织机构,作为主权意志的执行者,已经同时掌控了军队调度,以及劳动大军的运作。不仅如此,这样的发展趋势早在三个王朝之前就已经开始了;而且并非偶然,它是随着位于萨克拉(Sakkara)的迪奥泽国王(Djoser,古埃及第三王朝最著名的国王,在位时间大体在公元前2635—前2610年,主持建造了第一座金字塔,当时四个坡面还是台级式的。——译者注)石头大金字塔的修建而同时兴起的。维尔森(John A. Wilson)在其《不屈的城市》(City Invincible)当中说,"我们崇敬迪奥泽国王,不仅因为他开始了古代埃及的石材纪念性建筑的历史,还因为他竖起了一个新型鬼怪,这就是官僚制度。"王权、金字塔、官僚管理制度,这些事物的同时问世,都不是纯粹的巧合。还有奥尔布赖特(W. F. Albright)评述这一事实也同时指出,"……古埃及第一王朝密件中出现那么大量的头衔和称谓……都足以表明当时已经形成某种非常精密的官吏组织制度了。"

人类机器当中这种等级森严的结构一旦确立之后,它能够控制的人力数量,连同他所能够发挥的威力,就都没有边际限制了。极权国家机器的一大骄傲,就是它对人性内容,对有机生命极限的否定、取消和剥夺;这始终是人类历史上一个抹不掉的丑陋事实。极权国家强大生产力的重要源泉之一,在于它不吝惜各种强制手段,极尽胁迫威逼之能事,来克服人体的懒惰、疲劳以及忍受力极限。组合成这种人类大机器,职业专门化是必要的一步;只有经过工作流程上每个操作环节的职业专门化,整个工程,乃至其最终产品,才能终实现了一种超人力所能的精确与完美。可见,贯穿了整个工业化社会的大规模专业分工,其实早在那个历史时代就已经开始了。

古罗马有个箴言说:法律不操心小事情;这句话也适用于人类大机器。应国王一声令下所发动起来,进入运行状态的巨大力量,立即要求有一种时空范围都与之相称的秩序性,与它一起协同运作。这些人类机器,其本质上就是非人性的,如果说并非是故意搞成的非人性化结果。它们一定要同时运行,并且一起大规模运作;否则,就完全无法运作。因为任何官僚管理机器,无论实现了多么高超的组织化水平,也无法同时操控一千个小作坊,它们各有各的传统,各有各自无法放弃的特色和职责,又各有各的技术工艺要求……永远也做不到。因而王权制度所强加的这个控制形式，只限使用于一些大型的集体工程项目。

大型官僚机器本身包括一个内在联系：从权力的起点，也就是皇权神授的国王，与执行建设任务或者破坏任务的大型人力机器之间，存在着一种固有的纽带；这一纽带的重要性，无论怎么夸张也不会过分。尤其因为，就是通过了这个官僚体制，每年都收缴了大量捐税和贡品，才支撑了巨大的社会金字塔不至衰竭坍塌，并用强制手段集中人力资源，构成社会运行的新式机械化结构。事实上，这种官僚机构就是第三个类型的"隐身机器(invisible machine)"，它与军事机器，和劳动及其并存于古代王国之用，成为整个社会统治不可分割的一部分。

而且这种典型的官僚体制运行本身的一大特征，是它不会产生任何随附物：它的职能是传递命令，要毫不走样、毫不歪曲地传递上峰下达的命令。这一传递过程往往很死板，且不容延宕，无论本地发生任何情况，或者出于任何人性化考虑，都不通融，都改变不了这一传递过程的要求，除非是贿赂加上腐败。这样一种行政管理方法，必然要求对人性、人格的任何本能表现，都采取断然镇压的态度，并且时刻准备以宗教礼仪才有的精确性来执行日常传令任务。宗教礼仪的精确性，已经不是第一次进入世俗管理领域了：的确是的，假如没有旷日持久的宗教礼节仪式的严格要求作为支撑，这种毫无兴味千篇一律的重复，能够保持那么久远，简直无法设想。

官僚体制的组织结构，事实上也是更大的社会生活组织方式的一个组成部分，这种组织方式是由以权力为中心的社会文化养育出来的。想了解这种种情况，最好不过的途径，就是去阅读金字塔文献记录本身了。那里最生动不过地反映了当时大量举行这种重复仪式的枯燥乏味，更看出当时人类真具有超凡能力去忍受这种单调乏味的仪式：这种情形不正预示着，多少年之后，我们当代同样无所不在的枯燥无味，早在那个遥远的古代就已经形成了么？甚至就连诗歌，无论是古埃及的或者是巴比伦的古代诗歌，也都是一些词语大量重复的催眠曲，同一个词语，同一种结构，会重复十几遍甚至上百遍，而毫无新意。这种口头上的强制性，却让我们看到了当时强迫制度在精神层面的效应；而没有这种强制性，人类劳动组成的那架大机器，是绝对开动不起来的。而只有逆来顺受，百般服从的人，只有从指令到执行，每一个环节上都能够忍受这一强迫制度的人，才能成为这台巨型人类机器的有效部件。

尽管这架人类机器极其强大，它却也极其脆弱：一旦位于顶端的皇家权威关闭了权力来源，这台机器也会"死机"。毫无疑问，皇权国家机器在金字塔建造的历史时期达到

了登峰造极的地步。不久之后,随之而来的就是一场范围广泛的奴隶暴动,它如此暴烈
又如此深刻,以至于要等待几个世纪之后,古埃及七零八落的各个地区才又在一位王权
神授的君王带领下重新统一起来。而极权统治权力,却始终未能再次达到原有的高度,
直至我们当今时代。但是,由人类第一次成就所发动起来并且投入运行的巨大组织力
量,却仍在继续运行。只要是军队、官僚制,连同宗教僧侣势力,能在同一个皇权支配之
下连袂合作,这样的地方,专制权力连同它的统治技术就都会重新开始运行……

　　简而言之,当代形形色色的领袖人物们,从希特勒到斯大林,从克里姆林宫的实权君
主到五角大楼的可汗们,他们的破坏性幻想,无一不与人类第一个机器文明创建者的幽灵
息息相通。有效统治术的每一步改进,与之相伴随,立即从无意识状态(unconscious)[1]
源源不断流出无节制虐待狂和屠杀迫害狂的阵阵冲动和狂躁:这些都与一些大规模屠
杀、破坏行为没有本质区别,包括希特勒屠杀的 600 万犹太人以及更多的其他各族人民
的灭绝行为,同样包括美国空军简直用炙烤活人般的方式一夜之间在东京杀灭了(将
近)18 万人的大轰炸! 有一位研究美索不达米亚历史文化的杰出学者,他曾经惊呼道,
"人类文明开始于苏美尔"。其实,这位学者太天真,他忽略了一个事实:要遗忘掉多少
牺牲,才能把这些历史事实都称作可嘉的成就! 其实,从历史角度看,大规模生产和建
设,以及同样的大规模破坏和屠杀,正是这超级大机器神话之正面和负面的两极。

修道院与钟表

　　那么,现代文明社会当中的所谓"机器",其最初形态又是在什么地方成型的呢? 显

---

① 无意识,无意识状态,以及集体无意识,unconscious, unconsciousness, collective unconsciousness,根据弗
　洛伊德的思想体系,人类意识进一步划分为几个层次,分别是意识、前意识和无意识。其中意识,
　conscious,指直接觉知范围内的活动,属于人类最清醒最自觉的状态;前意识,pre-conscious,指仍然易于
　重新被激活的精神活动资料,大体属于通过主观努力可以控制的精神活动,包括回忆、推理、联想,等等;
　无意识,unconscious,则指个体内部不被察知的精神活动,包括心不在焉、走神、白日梦、昏昧、盲从、催眠
　或麻醉状态下的生存意识与活动、一些本能的不随意的动作、言语、情绪化反射,等等。虽然学者对此持
　不同观点,无意识活动的存在则确定无疑。它本质上是生物性的,而且是高级生物心理过程中的一部
　分,虽然不是非常清醒、非常随意的精神活动过程。它位于意识层次和前意识层次的下面,受到心理抑
　制和压迫,属于更深层次的心理活动过程,代表了人类最原始、最基本的心理因素和过程,最能泄露人的
　本能冲动。弗洛伊德对此研究最多,并称自己的心理学为"无意识心理学"。芒福德在极大程度上接受
　了这一理论,并在自己著作当中多次引用和使用这一概念。参见建工出版社 2005 年版本《城市发展史》
　第 145 页尾注 10。——译者注

然,它的起源当然不止一个。我们当今的机械文明,实质上体现了古代许多要素之间趋同发展的历史趋向(convergence),这包括无数的习惯、思想、理念、生活方式,以及技术手段的趋同发展;而且这些要素当中,有相当多一部分,起初居然与它们所参与创建的这个文明之本质方向曾经是背道而驰的。不过,新文明新秩序的第一个表现,就体现于如何理解世界基本形象这一首要问题。机械问世之后最初七百年当中,时间和空间这些基本范畴,都经历了非同寻常的变化;这一变化如此深刻,以至可以说,人类社会生活没有一个领域能够逃脱这一变迁的影响。人类思维的量化分析方法应用于自然研究之后,第一个表现,就是对于时间的有规则度量。而时间被赋予的新的机械概念,有一部分就来自修道院里有规律的作息方式。阿尔弗雷德·诺斯·怀特赫德(Alfred North Whitehead, 1861—1947,英国数学家、哲学家,曾与 B. Russell 合著《数学原理》,1924 年移居美国,曾担任哈佛大学哲学教授,主要代表作《科学与现代世界》、《过程与实在》等。——译者注)就曾强调指出说:现代物理学诞生的重要基础之一,正是学术界曾经相信,宇宙服从上帝所规定的秩序;他还说,这一点至关重要。而在这一学术信念的后面,则还有基督教会自身组织体制和运作方式中的高度有序性,这毫无疑问,也是个基本事实。

古代世界的技术手段,从君士坦丁堡和巴格达,一直流传到了西西里和科尔多瓦(Cordova,西班牙南部古城,原来是迦太基殖民城市和属地,有许多古罗马和摩尔人文遗迹,多清真寺和教堂,古代著名制革业中心。——译者注),始终不停,仍在流传;在流传到萨勒诺(Salerno,意大利南部港口城市。——译者注)被当地吸收之后,成为先导因素促进了中世纪医学和科学的伟大进步。然而,罗马帝国崩塌之后,欧洲经历了相当长一段动荡、混乱和血腥历史;后来是从修道院里,首先开始有了建立秩序和权威的远大志向。跨过修道院高高的围墙,里面就是逃生避难者的圣地,井井有序的管理生活把由来已久的惊恐、疑虑、变幻无常、不讲规矩、为非作歹等乖戾行为都屏蔽在外。而这里与世俗生命世界中常见的起伏消长、脉动节律生活特色不同,修道院的管理是铁一般强硬的纪律。不仅如此,意大利籍的教皇本尼迪克特(Benedict)还规定每日祈祷典仪都按照七个等分时段(a seventh period)举行。到了公元 7 世纪时,意大利籍的教皇萨宾尼亚努斯(Pope Sabinianus,在位时间 604—606。——译者注)随便一道命令,就正式通过法令宣布修道院一天二十四小时内鸣钟七次。这样,一天当中时间的这种均等分节划分方法,就被称为教规小时(canonical hours)。从此为了准确度量、记载和宣布这些时间划分,就不得不找到一种可行手段,否则日复一日的重复报时,很难保障准确无误。

有个如今已经不大可信的传说,其中讲到,第一架现代机械钟表是靠重物跌落来驱动报时,是由一位僧侣在将近 10 世纪的时候发明的,该僧侣的名字叫做吉尔伯特 (Gerbert),他就是后来的西尔维斯特教皇二世(Pope Sylvester II)。据推测,这架钟表大约仅是个水钟(water clock),亦即计时滴漏;此物大约是古代世界遗留下来的遗产之一,或者是罗马人与水车等类发明一起直接留传下来的,或者就是通过阿拉伯人流传到西方的。不过就像任何传说都有的情形,其象征含义远比事实本身更准确,也更有价值。修道院才是有规律有节奏生活方式的大本营;因而,按照一定间隔敲击报时,提醒打钟人到一定时间就准时敲响铜钟,这样的生活方式和纪律几乎必然会产生出类似的手段。假如机械钟表到了 13 世纪的城市社会已经迫切需要有规则的生活秩序时仍然没有出现,那么这种情况下,修道院里遵守秩序、严格按照时间顺序作息这一习惯本身,就几乎会变成了修道院自己的第二天性了。乔治·戈登·库尔顿(George Gordon Coulton)很同意沃尔纳·桑巴特(Werner Sombart)的观点,认为本笃会(Benedictines, 由圣本尼迪克特于 529 年创建的教团。——译者注)修士和修女,由于他们崇尚宗教精神与生产劳动相结合,除祈祷外,还把劳动和学习合理安排在作息时间内。从他们这种非常特殊的工作秩序来看,他们很可能就是现代资本主义制度最早的奠基人。他们的勤恳作风给劳动去掉令人诅咒的坏名声,成为一种美德;甚至于,他们完成的强大工程建筑也让战争活动失掉一定威力。因而修道院促使人类事业和计划具备了机器才有的集合节拍和韵律,这样说也并非牵强附会。要知道,当时本笃会统辖治理之下的西欧和北欧,已建起近四千所修道院了。还有个原因,就是:钟表不仅是记时手段,更是协调人类活动、整合人类行为,使之有节奏、同步化的工具。

　　那么,人类精神活动中时间观念的形成,原来与基督教有关? 事实上,基督教信众全体有个强烈愿望,要通过持之以恒、整齐有序的念经祷告,为灵魂获得永恒创造福祉;出于这样的需要,人们逐渐形成了记录时间遵守时间秩序的好习惯。而这样的习惯,却又被资本主义文明很快演变成了高超的会计制度。看来,我们今天或许不得不接受这个富有讽刺意味的似非而是的结论了。无论如何,13 世纪的时候,肯定已经有了关于机械钟表的记载资料了。而且到了 1370 年,一种设计良好的"现代化"机械钟表,已经由海因里希·封·维克(Heinrich von Wyck)在巴黎造出来了。与此同时,钟楼也问世了,并且作为新型报时工具开始为各种重大事件敲钟报时了。其实,新型钟表直至 14 世纪才有了刻度盘和指针,从而能把时间维度里的运动形式转化为空间里的运动形式。原来,天空阴云密布就足以让日晷瘫痪,冬天的寒夜里,冰冻足以使流水滴漏冻结因而报时失效;从此,这些都不再是障碍:无论冬夏,也无论寒暑,人们都能依靠时钟的叮咚声准确知道时间。这种习惯和手段很快突破了修道院的围墙界限,按时敲钟的规律性,就给工匠和商人的生活和工作带来了节律性。钟楼的钟声几乎为城市生活方式做了最好的定义。从此计时方式逐渐扩展为计时服务、计时付费、计时配给,此类以时间为单位的计算方法都陆续产生了。而随着这些习俗改变,原来的永恒概念,对于永恒精神的追求,逐渐地就不再是人类活动的尺度,也不是生活的中心了。

　　所以,是钟表而不是蒸汽机,当选为现代工业时代最关键最核心的机器。因为钟表发展中的每一个方面和阶段,都体现了机器进步的事实以及象征意义。即使是如今,也找不出任何一种机器能像钟表那样如此广泛,无所不在。在现代技术开始发端的关键时刻,这种准确的自动化装置问世了;又经过了几个世纪的改良和发展进步,终于证实它的基本技术能够进入工业活动的每一个领域,并且获得完美功效。事实上,钟表发明以前,人类已经有了动力机械,比如水车;而且也有过各种各样的永动机设想,这些设想唤醒了寺庙僧侣的奇妙梦幻,或者满足了穆斯林国家政教合一领袖人物们闲来无事的幻想。这类机器,我们在有关古希腊数学家西罗(Hero)[①]以及阿尔加扎里(Al-Jazari)[②]的绘图本神话当中都见到过。而如今出现的,是一种全新的机器,它的动力源和传导机理都很特殊,能保证能量均匀释放到机械的整个系统,能形成一种均匀、规则的工作方式和节律,最终生产出标准化的产品。由于它能够依照量化标准控制能量释放,能够实现标准化,能够完成自动化作业,最终还能产生出自身特殊产品,就是精确的定时和报时。这样,钟表就成为当代技术当中最重要的机器:它在工业进步的每一阶段都位于领先地位,代表了各个工业领域都十分向往的完美和成熟。尤其钟表还成为许多其他机器发明的模型和样本,它在自身完美化过程中,随着各种齿轮和传导装置的精细化,还为机械提供了运动原理分析方法;也就为其他许多机械工业制造部门的进步都有贡献。铁匠能够打造出成千套铠甲,或者数千门大炮,轮毂工匠能铸造出数千台水车或粗坯齿轮,却绝对造不出钟表里才有的特殊运动和特殊构造器件,当然也就更无法实现准确度量和精密表达,也就无从走向 18 世纪才有的非常精密的航海计时钟和天文钟。

---

① 西罗,Hero 或 Heron of Alexandria 希腊文为 Ηρων ο Αλεξανδρεύς,公元 10—70 年,古希腊数学家,在陀罗密时代埃及的家乡亚历山大城担任工程师,活动积极,多有创建,包括古代一系列著名试验,其最著名成就包括,蒸汽驱动的机械设计,火箭式蒸汽推进的球形引擎,以及风车,包括最早的风向控制装置,等等。——译者注

② 阿尔加扎里,Abū al-'Iz Ibn Ismā'il ibn al-Razāz al-Jazarī 1136—1206,其名称的阿拉伯文写法为:الجزري الرزاز بن إسماعيل بن العز بوأ,美索不达米亚地区阿尔加扎里的穆斯林学者、发明家、机械工程师、手工艺工匠、艺术家、天文家,重要著述和活动都在伊斯兰文化的黄金时代,相当于欧洲中世纪。最著名的科学作品是 1206 年撰写的《天才机械设计知识手册》(*Book of Knowledge of Ingenious Mechanical Devices*),书中记述了他自己的 50 多种机械设计方案,连同制作方法。——译者注

更重要的是,钟表还是一种动力机械,其特殊产品就是一分分一秒秒的时间:依靠这种特殊性,钟表把时间元素从人类活动和人类事件中拆分出来,并且在此基础上进一步建立了一个独立世界的概念,这就是具有数学精确度的、有自身秩序的、新型科学世界。从普通人的生活经验中,找不到这一科学世界概念的任何基础。一年当中时序轮回之中,每天的时间长度都略有不同,不仅昼夜关系在不停顿地变化,就是由东向西些许一点点位移,也会造成天文时间的几分钟差别。对于人类的有机生命现象来说,机械时间就更加格格不入了:人类生命有其自身的规律性,血脉的搏动,肺脏的呼吸,这些变化每时每刻都随心情和活动而有所不同;如果日积月累形成很长的过程,那么时间的度量就不是靠着日历,而靠填满了日历的各种历史事件。牧民从母羊产仔日计算羔羊生长的时间,农民从播种之日开始计算庄稼生长了多少时间,又从成熟之日倒过来计算还要多少时才能收获庄稼。假如生长和生命有它自己的规律性,那么它的后面就不仅仅是物质和运动这样的简单元素,而是比较复杂的发展过程和事实:简言之,也就是历史。机械时间是可以通过表现一系列独立瞬间一个个弹奏出来;而有机时间——也就是伯格森所谓的历程(duration)——则要通过一系列累进效果来体现。机械时间,在一定程度上,可以被加快,或者逆向流动;比如通过拨动钟表指针,或者电影胶片的倒映,都可以做到这一点。而有机时间则不能,它只能有一个流动方向——就是永远遵循新生、发育、生长、成熟、衰老、死亡的周期——而且,以往已经死亡的东西,还会在将来复现;而所谓未来,则要等到将来才能真正到来。

据美国历史学家、中世纪科技史研究学者,林·桑代克(Lyn Thorndike, 1882—1965,研究古代科技和炼金术等,主要著作有《中世纪欧洲史》等。——译者注)的研究,到了 1345 年左右,一小时划分为六十分,一分钟又划分为六十秒,这种划分方法已经很普遍了。而且,这样一种抽象的时间框架,越来越成为人类行动和思维的参照系。随着这个领域不断努力追求精准程度,人类同时也把注意力越来越集注于宇宙星空天体的规则而持续不断运行的规律。16 世纪早期,德国纽伦堡一位年轻机械工匠,彼得·韩莱因(Peterg Henlein),据说,他"用细碎铁块、铁片制成了多齿轮钟表"。结果,到了这个世纪末期,家用钟表已经普及到英国与荷兰的家庭生活了。这也像后来汽车和飞机普及的顺序一样,同样是富人阶级首先掌握这门技术,并逐步使之大众化。一个原因是因为,只有这个阶级具有这种消费购买能力;另一个原因,就是新兴资产阶级首先发现一个秘密,也就是后来由富兰克林非常准确表述的,即所谓"时间就是金钱"的价值观。当时资产阶级的理想之一,就是让自己"像时钟一样准确"。拥有一块手表,或一台钟,很长时间里都确定无疑地是一个人成功的标志。人类文明的节奏不断加快,这也要求原动力不断加大;原动力不断加大,又进一步要求节奏加快。

而首先形成于修道院里的这种整齐有序按时作息的生活节奏,并非人类自身本来就有的;虽然西方人行为方式到这时已被钟表非常彻底地组织化了,以至于把这一特点看作"第二天性(second nature)",而且把遵守时间看作是天经地义的要求。而许多东方文明也很兴盛,却以一个非常松散的时间观念作为根基。比如印度文明中,印度人其实时间观念非常淡漠,以至于自己民族连一个像样子的真正年历历书都没有形成。几乎就在昨天,在苏俄实行自己工业化过程中,一个真正的社会才开始形成,而且几乎立即就强调使用钟表,大力宣传遵守时间的好处和重要性。遵守时间的习惯首先从日内瓦开始,由于那里的廉价标准化钟表生产发展很快,这个习惯首先也从那里开始;随后就是美国,大约在19世纪中叶开始,美国也形成了遵守时间习惯。接着守时习惯就成为大规模交通系统和工业生产能够流畅运行的必要准备。

有节拍、韵律原系音乐一大特性;而这一特性后来却让工厂作坊节奏感很强的歌曲,以及船夫号子、水手拉绳索、网具时齐声歌唱的小调,都产生了工业生产价值。而机械钟表产生的效果则更要广泛,也更要严格。它从早晨起床到晚上就寝,严格支配着一天的时间。假如你把一天理解为一个抽象的时间段,你在冬天的晚上就不会随公鸡一起就寝睡眠,你会发明油芯灯盏、煤油灯、灯、煤气灯、电灯,以便更好地利用原属于白天的时间。如果你把时间不是理解为一连串事件的积累,而是若干个小时、分、秒之总和,那么紧接着,增加时间,节省时间等良好习惯就逐渐养成了。时间还具有封闭空间的特性,因而可以分割,还可以填充,甚至还可以扩展。发明节省劳动的工具和方法,就是扩展时间的办法之一。

从此,有机生命体也被赋予一种新的介质,这就是抽象的时间。有机功能本身也因时间而发生了重新调整:你吃饭,却不一定是因为感到饥饿,而是因为钟表告诉你该吃饭了;你就寝,却不一定因为感觉疲劳,而是因为时钟告诉你该就寝了。无所不在的时间观念伴随着时钟的广泛使用,它把时间从有机生命活动序列中分离开来;从此,文艺复兴时期的人们,更乐于花费时间去思索如何复兴旧物,或者如何才能光复古罗马文明时期的辉煌;这也就是历史崇拜,这种种做法首先出现在每天的典仪之中,随后陆续抽象化为各种特殊学科。到了17世纪,新闻学、期刊文献开始出现,甚至连服装样式,也发生巨变。随威尼斯首先成为时装中心之后,人们每年都要更换时装款式;过去则要经过一代人的时间才会改变时装样式。

通过社会各方面的整合以及各行各业密切配合,会产生出巨大机械效应;这样的效应,无论怎么评价都不会过分。一方面由于这种效益的增加是无法单靠马力单位来度量、来表述,所以,如今我们只能采用抽象想象的办法来设想,在失掉了这种整合与配合效应的当今世界,整个社会会多么飞速地土崩瓦解、顷刻坍塌消亡!我们现代工业文明的大厦构架,可以没有煤炭,可以没有钢铁,也可以没有蒸汽,却不可须臾失掉钟表!

"一个儿童和一个成年人,一个澳大利亚土著人与一个欧洲白人,一个中世纪的男人与一个现代人,这些人的区分方法,不仅仅靠各种程度差别,还要靠他们使用形象方法表达自己方法的差别。"

我刚刚引述的这些话,是达格伯特·弗雷(Dagobert Frey)说的。此人对于中世纪早期和文艺复兴两个时期空间概念差别变化,真可谓研究到家了。他旁征博引一大堆细节资料,着重说明了一个结论:任何两种文化在时间和空间上都是绝对不同的;也就是说,任何两种文化,都不会生存在同一个时空关系当中。空间与时间,正如同人类的语言,都是艺术活动的产物;也正如同语言一样,空间和时间同样能塑造人类活动形式,并且引导人类活动的具体走向。诚然,到后来,康德宣布了,时间和空间构成了人类思维的基本范畴;接着,数学家也发现,时间和空间,除了欧基里德所规定的形式之外,还存在着可理解的其他合理形式。而早远远还没有这些发现的时候,人类却在总体上早就已经按照这个前提和结论方式行事办事了。就如同英国人到了法国,天经地义地会以为 le pain 的正确名称就是"面包(bread)"一样的道理。每一种文化都会天然地认为,另一种时空关系组合,基本上就是自家时空关系组合的类同物,或者,就是自家生活其中的那种时空关系的一种倒错搭配(perversion)形式。

在整个中世纪历史时代,空间关系基本上是由象征符号和价值理念来体现的。那时候,一座城市的最高点,就是教堂塔尖,这塔尖指向天穹,雄踞于其他一切比较低矮建筑物之上;因为教堂、教会,代表着他们的希望和命运。空间被人为地分割,用来体现七种美德(seven virtues)①以及耶稣基督派出布道的十二使徒,当然,同样也会用来体现十诫(Ten commandment)以及圣父圣子圣灵三位一体的三一律(Trinity)。可想而知,假如不是经常不断地以象征形式征引寓言,以及基督教学说中的神话故事和教训,中世纪文明的整个空间构架以及理论基础,真的会坍塌的;就连最富有理性的头脑也不能幸免。比如说,罗杰·培根(Roger Bacon),就是一位非常谨慎小心的光学专家,他的研究

---

① 七种美德,Seven virtues,包括:faith 信念,hope 希望,charity 慈悲,justice 公正,fortitude 刚毅,prudence 耐心,temperance 克己自制。其中前三种是超自然属性,被立为基督教神学三德;后四种是后天的,柏拉图厘定为人类自然的基本德行。——译者注

发现了眼睛有七层保护膜,但是他却补充说,这是因为上帝为了通过我们身体来体现宇宙精灵给人类带来的其中礼物。

体量大小及其表现方法,也有重要含义:假如中世纪艺术家想体现同一视野、同一距离中,体量完全不同的人物,由同一个观察者的视角来看的效果……他们完全能办得到,完全能绘制出来。这一习俗不仅适用于真实物体的表现,也适用于表现大地构造的地图体现方法。中世纪时期生产的图舆里,水面和陆地,即使范围基本上都考察清楚了,在地图上也要表现为其他形象,比如,一株树木,完全不考虑旅行者旅途所见的实际体验和感觉印象。制图者只考虑如何用他的比喻手法来体现大地内容,其余则一概不管。

中世纪空间概念还有一大特色,也不可忽略:空间和时间,两者常常构成两套互相独立的体系。首先,中世纪艺术家从他们那个空间世界的视角来体现其他时代概念的时候,比如说,他想体现他那个时代意大利一座城市里发生的耶稣基督生前的种种故事,他采用的方法经常是自己的体验和感觉,丝毫都不照顾历史流变所必然造成的差异。就像古代英国著名诗人和作家乔叟,在讲述特洛伊罗斯(Troilus)和克里斯达(Cressida)的传说爱情故事时就采用平铺直叙方法,仿佛就是发生在他当代的事情。还有个例证,中世纪一位编年历史官,曾经说,国王海伦·瓦德尔(Helen Waddell)就是《流浪学者》(The Wandering Scholars)一书的作者……如此之说很难确定,他究竟说的是恺撒大帝,还是亚历山大大帝,还是他自己所说的君王,则另有所指。总之,从行文来看,每个都解释得通。的确的,在研究中世纪艺术作品当中,anachronism(**按错了时代,不符合时代的人或者事件。——译者注**)这个词语简直是毫无意义的,他们讲述的事件,依据了他们自己的时间框架,而且可以完全不依照真实的时间顺序,你是无法苛求作品符合时代的。同样的例证,还有博提塞利(Botticelli)所撰写的《圣杰诺布斯的三个奇迹》(The Three Miracles of Saint Zenobius),作者能够把分别属于三个时代的历史故事,统统呈现在一个舞台场景上来。

可是,由于时间和空间的这种错位和分离,事情可以突然出现,也可以突然消失,一切都莫名其妙:轮船远去,逐渐消失在天际线外,这种现象不需要解释,恰如沿着烟囱溜进来一个鬼怪精灵一样没有道理可解释。这些现象的出现,无奥秘可言;对他们将来的归宿,也没推测的必要。许多物体来了又去了,让我们看见了,又从我们视野中消失了,这些现象都源自同一奥秘,非常自然,就像儿童不把成年人的到来了又离去了当作很特殊的事情一样。因而,在儿童绘画当中,他们幼年十分稚气的手法和构图当中就非常生动地体现了中世纪艺术家视角的特色。在这个由时间和空间结构而成的形象世界里,样样事物和体验,要么是个不解之谜,要么就是个奇迹。对于不同事件之间的联系纽带,人类早期要么将其解释为宇宙秩序,要么就是宗教秩序。并且认为,空间的真正秩序就是天堂,而时间的真正秩序就是永恒。

从 14 到 17 世纪之间这段时间内,西欧的空间观念发生了革命性的变化。原来由价值理念的等级结构构成的空间观念,逐渐被新的、不同体量系统构成的空间观念所取代。新空间观念的取向,表现之一,就是进一步研究不同物体在空间中的关系,结果发现了透视法,发现了同一框架内各种图景形成的组织化系统特性,这框架则又由三要素予以固定:前景、水平线、灭点(vanishing point)。透视法把物体的形象关系转化为视觉关系和视觉效果;而视觉效果因而也可以成为一种量化手段。从此在新的世界形象当中,体量的大小不再具有人类或者神灵的重要含义,而仅只体现着距离发生的变化。任何物体,都不能像数学上的绝对值一样,会单独存在;它们彼此形成组合,共同存在于同一个视觉框架之中,并且必须要符合比例。为了体现这种比例关系,就必须对物体本身表达精确;因而图像与实物之间,须有严格的逐点对应。从而又派生出新的研究领域:既要探究事物的外部属性,还要追寻事实本身。这个时期,油画画布被划分为许多小方块,再从这种棋盘式的抽象形式中去仔细观察世界,这种种方法,就标志了派奥罗·乌切洛以后画家们的新技术;乌切洛(Paolo Uccello, 1397—1475)是意大利文艺复兴时期画家,试图调和晚期哥特式风格与文艺复兴风格的对立。擅长透视法,代表作是三幅《圣罗马诺之战》。

时代对于透视法产生了浓厚兴趣,随着绘画中制造景深的同时,透视法还给人精神增添了距离。观看旧式绘画时,你的眼睛是不断从一个元素跳动到另一个元素,随着趣味和想象指引,形成自己的物体映像。而观看新式绘画时,人的眼睛追随着线性透视的诸多线条,沿着街巷、建筑物、有细碎网格的人行道,等等,这些都是画家有意识制造的大量平行线,目的就是让你的眼睛随之追寻递进,有时候前景上的景物,也会有意识摆放得奇形怪状,还按远近距离比例予以缩小,以增加同样幻觉效果。至此,运动便成为一种新的价值源泉:为运动而运动。绘图与图画当中的空间度量,强化了钟表对于时间的度量。

有了时间和空间的这种理想的组合方式,从此世间一切事件也就在这种框架内上演了,而且这种系统内最令人满意的事件,就是匀速直线运动,因为这种运动能在时间和空间坐标中体现自己最准确的形象。我们还应该看到这种空间秩序有个进一步后果:讲述任何物体,你必须说清楚它的位置和所处时间,否则别人就不清楚它的存在形式。在文艺复兴时代的空间,物体的存在必须予以严格界定:它们流经时间和空间方式会提供线索,让人们描述它们出现在特定时间、特定空间的真实情况。因而未知领域,未必就比已知领域有更多的不确定性。假如地球是圆的,印度(Indies,**这个词语可以是东印度群岛,也可以是西印度群岛。——译者注**)的位置是可以假定的,时间和距离关系也能计算出来。既然存在这样一种空间秩序,因而它就会激励人们去进一步探索它,穷尽它,把它内部一切未知领域都挖出来填满。

画家利用透视法展现的奇异效果,图舆学家也在同一世纪靠绘图法创制了他们的新地图,同样也展现出来了。人类在 1314 年完成的海尔佛德地图(Hereford Map),就连三岁小孩子也能绘制出来,由于这地图太简单,对于航海简直没有用途。画家乌切洛的同时代人、图舆学家安德烈·班却(Andrea Banco),在 1436 年绘制了一幅地图,完全以理性线条展现,既体现了认识的进步,又有实用准确性。这个时期的图舆学家还为地球设想出看不见的经纬线,靠着这经纬线,就为此后的探险家们开辟了道路,比如哥伦布。正如后来其他各种科学方法那样,这种抽象系统也带来各种合理企盼,尽管它包含的知识还不十分完备。从此航海家们再也不必紧贴着海岸线航行了,他们可以放心驶向未知大海的深处,航行路线随意选定一个目的地,然后还能基本准确地返回原来出发地点。无论伊甸乐园还是天堂,都不包含在新空间框架内,虽然在绘画里,他们仍然是那种面目不清不露真意的主人公,而这时真正的主人公,已经是时间,空间,自然和人类了。

很快,在画家和图舆学家奠定的基础上,人类萌生了新兴趣:如此丰富的空间形式,如此丰富的运动形式,如此丰富的运动能力,真令人神往! 随着这一新兴趣,当然产生了更多的具体进步和变化:道路铺得更加坚固,船只建造的更加稳妥;尤其,一系列的新发明新创造,包括磁针、星盘(astrolabe,**六分仪发明以前测量形体高度的仪器。——译者注**)、方向舵,等等,都给绘制航线、把握航线带来了更可靠的手段。印度的黄金、少年时代童话故事里的仙山、赏心悦目的快乐岛,等等,毫无疑问,此时都更加令人神往! 但是,这些实在目标的出现,并未降低新构想的重要价值。时间和空间这两个范畴,原本几乎完全互相分割的,如今却牢牢联合起来了。时间度量和空间度量的抽象形式和方法,彻底打碎了先前的无限和永恒观念;因为度量活动总要有个起点,总要随便从哪个此地此时开始,即使时间和空间完全是抽象和真空的。于是,如何利用时间和空间,有这种兴趣的人,大量涌现了;人们兴致勃勃,跃跃欲试! 而且人们发现,时间、空间,一旦与运动形式互相组合匹配,就变得可以收缩,也可以伸张。于是,如何征服空间和时间? 新的尝试和努力再次开始了。(说来也有趣,加速度这个概念,本是日常机械运动体验中的一部分,但是作为物理概念,直至 17 世纪才正式形成。)

人类试图征服时空的努力有许多表现,而且在很短时间内接连问世了。比如军事技术当中,古老的弓箭、弩机、投石器,此时都得以革新强化和延展效能。接踵而至的,就是强大的远距离杀伤武器——加农炮和滑膛枪。利昂纳多·达·芬奇首先设计和建造了一架飞机。各种奇妙的飞翔计划也纷纷出台,1420 年,芳纳塔(Fontana)提出了最早的自行车设想,1589 年,安特卫普的吉利斯·德·邦姆(Gilles de Bom)千真万确建造出了一架人力货运车辆。这些活跃喧嚣的前奏曲,揭开了 19 世纪发明创造的大幕;从此,各种革新和首创便频频出现。当代文化中的许多元素都有个共同特点,就是:这一运动最早的灵感和冲动,是由阿拉伯人首先带进来的:早在 880 年,阿布—伊尔—查兹姆(Abu il Qasim)就曾经尝试过要飞上天去。到了 1065 年,麦姆斯别里的奥利弗(Oliver at Malmesbury)尝试从一个高台上跳跃起飞,想升入天空,结果坠落殒命。不过从 15 世纪以后,征服天空便成为人类许多喜爱发明的大思想家们挥之不去的梦幻。而 1709 年的一则造假新闻,报道了一次从葡萄牙到维也纳的飞行,当时则几乎成为脍炙人口的佳话。

对于时间空间的新态度,也影响到工厂车间和会计账房,影响到军队,更影响到了城市。社会生活节奏加快了,物质体量加大了;随之,现代文明投身到了宇宙空间,把自己一股脑的交付到运动当中。马克斯·韦伯(Max Weber)所说的"数字浪漫主义",当然就是从这种兴趣当中诞生的。在计时方法中,贸易方法中,以及作战方法中,人们都计算数字……久而久之,习惯成自然,数字成了文化里唯一的要素……

巨型机器的再度发明

巨型机器的再度发明和扩张,无论从哪种意义来说,都不是人类历史发展趋势的必然产物。因为,直至 19 世纪末,按照当时许多杰出思想家的看法,西方世界的主要进步和变迁,包括技术发展的成果和取向,都是朝向有利于人类自由事业的。就连十分超脱的思想家,恩斯特·雷南(Ernest Renan)[①]也附和孔德(Comte)[②]早先的断言,在 19 世纪 90 年代竟然也说道,好战的民族主义势力已经日暮途穷,民众厌战情绪已经如此广泛,

---

① 恩斯特·雷南,Ernest Renan, 1823—1892,法国哲学家,历史学家,以历史观点研究宗教,主要著作有《基督教起源史》,尤其以该书第一卷《耶稣的一生》最为著名。——译者注
② 孔德,Auguste Comte, 1798—1857,法国哲学家,实证主义和社会学创始人。主要著作有《实证哲学教程》,《实证政治体系》,等等。——译者注

以至于武装力量如果不靠征兵制,简直就难以维持……

　　……所以,直至第一次世界大战爆发前,理性和热情似乎始终占上风,与之相伴的还有民主意识和社会合作的理想。可是战争一爆发,这种平衡就被打破了,原先不仅那种建设性发展的趋势被动摇,将技术等同于人类进步的信念也大受挫折;因为人们逐渐看到,技术发展所释放出来的能量,却把人类种种邪恶本性都放大增强了。战争爆发给人们带来的第一个讯号就是:新的巨型人类机器又被重新组装起来了,其标志就是以俄罗斯和意大利为开端的极权国家的兴起。这一趋势,把原来实行代表制政府和民众参与政治的发展潮流完全颠倒了。本来这些良好发展趋势——包括在俄罗斯那样的国家中——已在 19 世纪占据过主导地位。法西斯独裁和共产党专政的形式,其实都是另一种一党专政的组织形式,其基础是自命革命通过暴乱上台执政的军事集团以及其首领,这个首领就是古代"君权神授的国王"的现代活化身,他可以像拿破仑那样,不再经过上帝的选择和美化,而是自命的国王和领袖:实际上是冷酷无情的独裁者(列宁),是魔鬼般的 Führer(希特勒)(Führer 德文:伟大的导师。——译者注),是个血腥的暴君(斯大林),他们宣称自己非法手段夺取的、同时又不受法规约束的政权具有合法性质。而这种学说和信条却如柏拉图在其《共和篇》中引述的瑟拉喜玛丘斯(Thrasymachus)①的声言同样的古老,其所依据的例证,当然,也有数千年之久了。

334

　　古代巨型机器的重新组装过程,一共可以划分为三个主要阶段:第一阶段以 1789 年法国大革命为代表。虽然这场革命推翻了皇权统治,也处决了传统意义上的国王,但是,却以空前强大的影响力恢复了王权的抽象同类物,也就是民族国家;而这种民族国家——套用卢梭论述全民意志揭露假民主理论时的话——就靠自身资本,自己赋予自己的极多的专制权力,比如征兵制度等,会让历代国王们都感到望尘莫及、垂涎三尺……

　　第二阶段开始于第一次世界大战,虽然期间许多基本步骤在拿破仑一世当政时期已经被采用过,而且在 1870 年普法战争之后有被铁血宰相俾斯麦的军事独裁制度进一步完善了。这一阶段的做法,包括征募学者和科学家担当国家统治手段,采用各种手段与工人阶级讲和,包括允诺普选、社会福利立法、保障国民基础教育、就业保障、养老退

---

① 瑟拉喜玛丘斯,Thrasymachus,据说是古希腊雅典的一名以讲授修辞学、哲学为职业,而且能言善辩的智者,倡导古希腊散文的韵文化,并且带头实践,很有建树。作者芒福德这里引用了柏拉图著作《共和篇》中转述的一个典故:由于被剧作家攸利庇德斯在其戏剧《特里法斯》(Telephus)中说,"让我们希腊人做野蛮人的奴隶,好吗?"修辞学家瑟拉喜玛丘斯则在其"对拉里萨人民的演说"当中针锋相对说出了,"我们身为希腊人,岂能做血腥独裁者阿吉拉斯——这个野蛮人——的奴隶呢?"——译者注

休金制度,等等措施,这些内容是拿破仑当政时期都不曾实施过的,虽然他非常推崇法制、科学、教育机会均等基本价值……

还未等到第一次世界大战结束,新的巨型机器主要特征已现端倪。甚至包括一些已经实现了一定程度政治自由的国家,比如英国和美国,也引进了军事征兵制度;而且,为应付战争高额需要,英国在部分领域和地区建立和实行了工业劳动力征集制度。而让科学家以专业知识参与战争服务,则是每一个国家都采用的办法,主要是研制破坏性更大的武器,包括 TNT 炸药、瓦斯毒气,等等,以加速战争的"取胜"。因此,这种集合效力就以空前的规模和效率加快了技术变化的脚步,而政府控制信息的做法,包括给自己的国民提供经过政府精挑细选的消息,以及有利于自家人的情况,这也算"保持士气"的手段之一(实际上就是消除幻想,压制反对者的声音)。这些做法,让一些"民主"国家政府也第一次品尝到了思想控制的甜头,而且是在一种更加有效、更加积极的意义上实施的,这是一些旧式的组织体制,如俄罗斯极权政体,都从未使用过的。这种做法给巨型机器提供了一种宝贵的替代物,换下了人身强制和军事约束等不体面手段。

巨型机器重新组装的第三阶段,发生于第二次世界大战期间。它的实现,依靠直接复活金字塔时代的运作机制,也就是人类最早的军事专制独裁制度。这一套做法,首先在苏俄与德国,原封原样地照搬过来了;而在意大利、土耳其、西班牙以及南美洲一些国家里,则以更加陈旧过时的方式,直接采用了法西斯独裁的体制,虽然看起来不那么青面獠牙。这其中虽然没有王权神授的君主,没有替天行道的昭告,却有一种更加鄙俗的替代物,这就是一个以各种视听手段吹嘘起来、夸大得不得了的救世主形象,他掌握着恶魔般的生杀予夺大权,他能把残害、折磨、集体屠杀以及专制破坏的丑行都变成仁慈体面的职业行为……

斯大林主义就是这种集权暴政的极端形式,依靠这种形式,苏俄巨型机器,甚至先于希特勒,就显露出了古代巨型机器最邪恶的缺陷和本质:它专门靠限制人身自由、强迫劳动和苦役、恐怖手段、对整个劳动阶级实行系统化奴役包括要求执政党党员无条件服从奴役;它限制人与人之间的自由交往、限制旅行自由、限制获得和使用已有的知识积累、不准自由结社、采用强制手段制造大量人类牺牲,平息嗜血鬼怪斯大林的暴怒,以延续他的生命。结果,整个苏俄国家变成了一所大监狱——其中一部分是集中营,另一部分就是毁灭人类的试验场,从中逃出来的唯一希望就是死去。法国大革命所宣扬的"自由、平等、博爱",在这里被同一轴线上的进一步革命变成了奴役、不平等,以及异化。到斯大林死去的那一年,他已经完全恢复了古代巨型机器的每一种最违反人性的特色,而在他身后的那些科学和技术的合作者们,无论是出于自觉还是由于被强制,为了现代巨型机器的最终完成,已经开始大力制造其主要部件了。

　　历史进程让人们看得很清楚,希特勒成为巨型机器现代化进程的主要执行者,这是他命中注定的;他的这一作用简直要比斯大林更为有效。原因不在于他的精神失常程度稍微轻一些,根源在于:要让这一巨型机器特殊运作机理开动起来,要有个起码的动机来推动,这就是狂妄追求显赫丰功伟绩,以及痴迷于绝对权力;这一说法同样也适用于技术最为先进的美国。希特勒的极权模式,是在一个科学技术都非常先进的国度组装起来的,他这一模式就是杂交第一代的变种(a base hybrid)——其一部分是古代的,来自古代亚述帝国的模式;还有一部分是改进模式,含有机械化内容,却有仍然是十分蹩脚的早期模式(从路易十四直至拿破仑),还有一部分是现代内容,融汇了先进科学技术的种种实用性内容,加上利用最新的行为主义广告手法来塑造整个民族的精神和行为,只不过还要加上希特勒本人的自恋幻想狂中派生出的种种精神病特征。阿尔波特·斯皮尔(Albert Speer)是一位建筑师,后来被安置在希特勒政权中负责战争时期的生产组织。这个人后来出庭纽伦堡国际法庭审判时,说了些耐人寻味的话。他发言中指出了纳粹政权巨型机器具有一些独到的长处,他说,“希特勒独裁政权有别于其历史上一切独裁祖先的唯一主要之点在于……通过技术手段,诸如无线电广播以及扩音喇叭之类,剥夺了八千万人民独立思索的能力……古代历史帝王和独裁者,无一不需要有才干的助手,需要能够独立行为独立思考的人,即使是最基层的政权组织也一样。而现代技术发展水平下的专制统治机构,包括希特勒,则不需要这种人……他们完全可以用机械化来替代对基层的领导职能。这种政策实施的结果之一,就是已经形成了一种新型的毫无批判意识的受命者。”斯皮尔的证言中,大约只有一个地方可以当作例外,这就是:这种所谓毫无批判意识的逆来顺受和接受命令,最初就是从政权组织的顶层开始的,他自己就是个绝佳例证。

　　纳粹第三帝国的首领们,视战争为人类社会的自然状态,因而把种族灭绝行为当作实现帝国统治最可靠的法宝,更是确保其种族优越论思想意识战胜对立思想体系的最有效途径。因而,对所谓的“劣等民族、族群和国家”实施奴役政策,采取灭绝措施,在他们看来,这乃是一切接受“雅利安人种优越论”的人责无旁贷的天职。而且也只有在永不停息的争斗之中,极权主义的首脑们才能确保绝对控制,才能享有仆从们无条件的效忠和顺从;而这种效忠和顺从,正是巨型机器顺利运行绝对不可缺少的……

　　但是,每个极权统治政权都会制造出自己的敌人;其根本原因就在于,这种制度是自我封闭的,它没有自我批评的能力,没有自我纠错的机制。说来简直真是罪有应得和自作自受,这新制度的第一批牺牲品,恰恰就是这个新体制领导人自身。首先起来破坏他们牢固控制的,是他们自己产生的恐惧、疑神疑鬼、幻视幻听、被自己预先编造的谎言所欺骗。君若不信,就请看斯大林的一系列错误:他冥顽不化,硬是不相信希特勒已经开始进犯并且逼近苏俄的真实情报,让这一灾难性的判断错误几乎整个断送了苏联军队,几乎让苏联输掉这场战争。而到了战争临近结束时,纳粹这一方的巨型机器,则又沦为它自己领导人顽固的思想意识和偏执情感的牺牲品。他们非常贪婪,占领和剥削周边国家的广大地区,徒然浪费大批军力用于占领和驻扎,否则这些军队可以集中起来投入战斗。他们还残害屠杀了数以百万计的手无寸铁的俄罗斯人和波兰人,纯粹就为了发泄自己病态的仇恨和狂妄……他们因而削弱了自己的军事和工业资源。不仅如此,他们还损失了将近六百万犹太人,使用饥饿、折磨、死刑等等手段从肉体上消灭了他们。直至他们面临难以相信的惨败命运时,才开始意识到,这些受害者当中,许多人都是德意志民族的热忱爱国者,他们的劳动和工作原本可以为德国增加生产效益。

由于有这种种令人瞠目结舌的判断错误,以及一系列军事行动的流产,大家会以为,纳粹和苏俄的巨型机器就会永远进入历史,永远不再回来了,因为它们的惨败,简直比金字塔时代任何繁荣一时的巨型机器惨败都更加惨不忍睹。但是,很不幸,纳粹犯下的错误,并没有妨害它去取得初期军事行动中的节节胜利,甚至获得令人震惊的成功。而且,这些胜利还带来了连锁反应,让巨型机器模式接二连三地在英国、美国重新大爆发。历史的辩证法真是难以捉摸,就在希特勒猖狂扩大纳粹战争巨型机器,并为之涂脂抹粉的时候,也就创造了各种必要条件,形成制约力量和手段,最终起来征服它,或者暂时摧毁它。然而,这种巨型机器非但没有因其统治集团精英的巨大错误而彻底名誉扫地,反而在西方同盟国群体中重砌炉灶,卷土重来。而且以更加先进的技术科学手段取代了低效能的人类部件,配备以机械化、电子化以及化学材料的替代品,最后配上权力源,这种权力源泉会让权力生产的任何其他模式都如同铜器时代的投枪一样陈旧古老。于是,在纳粹制度死亡的一霎间,它把自身疾病的致病菌传递给了自己的美国对手,不仅包括了强迫劳动的组织形式,包括了残害身体的手段;最后,更要配备上丧尽天良,道德沦丧。因为,若无此条件,使用上述手段就会遭受群起而攻,会引起有效的反抗,那将让一切残忍手段都无法实施。

核武器联盟

许多思想、理论,加上各种物理力量和组织力量,最终产生了原子反应堆和原子弹……而让热核聚变最终能够生效,则经过了将近三个世纪的准备时间。而且即使如此,若没有足够的权威去克服和平时期惯性,克服所谓"一切照旧"的生活秩序,一句话,若没有重新组合的巨型大机器直接提出了严重的军事挑战,如制造原子弹这般分量的重大提议,根本就不会被提上日程。眼看着德国物理学家有可能很快就把一种新式的"占有绝对优势"的武器交到希特勒手中,依靠这个优势武器他完全就能讹诈其他所有国家,令它们屈服于德国。正是由于轴心国条约中专制主义国家——德国、意大利、日本,以及(1941年6月以前的)俄国——共同制造了这种占领全世界性的威胁,也就造成"民主国家"方面也开始了同样的物质准备和集中动员;甚至于在美国被敌人拖入战争之前,这个进程就已经开始。与此同时,也很清楚,任何妥协都不足以终止已经被胜利冲昏了头脑的轴心国加速执行的奴役政策和种族灭绝政策;包括在印度举行的本地人反对英国政府的消极抵抗和非暴力反抗,当然也没有效果。如果还要更多证据,那么,纳粹统治下的犹太人的命运,以及民族族群的命运——其被屠杀者的总数达两千万人之多——都可以作证。

到了1939年战争席卷全球,从这时候开始,巨型机器的各个必要部件,不仅规模更加扩大,而且相互间形成了更加密切的协调与合作,并且在涉及到的每个国家范围内,这台巨型机器都运行得越来越像一个整体。人类日常生活的每一个细节都直接或间接放置在中央政府的控制之下,包括:食品定量配给,燃料定量配给,服装生产,建筑活动,等等,都必须依据中央政府制定的条规执行;征兵制度此时不仅仅在武装力量领域内生效,还推广到整个国家;首先使工业生产率先很不情愿地纳入了这条新轨道。卡特尔、托拉斯,以及上个世纪流行的各种垄断形式,此时都开始装备起这些产业组织,在政府统一控制之下进行合作经营,毫无疑问,由于大宗金融收益,包括成本受益和有保障的高额利润,受这些因素吸引,它们争先恐后接受了这种整合。这就不仅保障了生产的最大化,也保障了金融回报的最大化。大机器组合运转的技术性能和效益,随战争推进而日益改善,尽管遭遇到公司的妒忌和地方势力的反对,却俨然如一架整体机器那样,有效运转起来。

为确保这架巨型机器的成功转移和运行,还需要一个重要部件:极权专制统治者。碰巧,美国总统就配备了战争非常时期的特殊权利条款,这是美国宪法所预料到的,并且直接模仿了古罗马帝国的法律。条款规定,战争期间,总统握有无限权力,可以采取任何必要步骤保卫国家安全,他这一权限之大超过了历史上任何一届极权君主。当得知希特勒可能掌握绝对杀伤能力的武器,应对这一威胁,罗斯福总统,在得到国会的预算委员会同意后,调动了大批人力和智力资源,研制了核反应堆,随后发明了原子弹。为确保这一效果,参照古代巨型机器上的一流部件,进一步都改换成崭新形式,以便充分利用超级技术组织的优点以及新科技的研究成果。只有如此大规模的权力组合,才能实现军事—工业—科学三种力量的这种改造和重新组合。从这样一种联盟之中,1940—1961年期间,诞生出了掌握了绝对破坏和杀伤能力的现代超级大机器。

……只有迫于战争的极大压力,各种势力才有可能形成这种联盟。制成原子弹已经成为巨型大机器一项不能不完成的任务,虽然当时很少有人想到还会有更大的目的。因为,正是由于这一项目的成功,科学家们便得以进入到权力综合体的核心位置,并且接着就研制出其他许多种武器,终于完成了控制系统的全面覆盖,以应对战争紧急需要。美国平民和军队的最高领导人,一夜之间就突然获得了铜器时代诸神才具有的权力,拥有了人类统治者从未使用过的权力。从此科学技术人员具备了不可替代的作用和地位,他们占据了新型等级结构中的最高位置。新型巨型机器的每个部件,也都依照专业型知识的要求予以改造;为了开发这些专业知识,还专门设计出高深的数学分析和精确方法;而与此同时,却有意识地阉掉了人类的其他价值观念和人文目的。

接下来发生的一系列灾难性大变局,全世界都看到了。有意义的是,释放热核能量这个想法,亦即巨型机器以现代形式重新组合并且投入大运作当中这个最主要的事件,其最先的创意者,居然不是中央政府,而是一小撮物理学家。同样有意义的是,我们应该看到这样的事实:这些极力倡导使用热核能量的人,其本身就是些非常文明,非常讲道德,非常文雅的人,其中最著名的就有阿尔伯特·爱因斯坦(Albert Einstein, 1879—1955,美籍德国理论物理学家,1905年创立狭义相对论并提出光子概念,1907—1916年创立广义相对论。创立光电效应的定律,曾参加反战和反法西斯主义的斗争,反对使用核武器。获得1921年诺贝尔物理学奖。——译者注),恩里克·费米(Enrico Fermi, 1901—1954,意大利核子物理学家,研究慢中子引发原子衰变,最早实现了链式受控核反应,获得1938年诺贝尔物理学奖。1939年赴美,1942年主持建立世界上第一座核反应堆。——译者注)、雷欧·茨拉德(Leo Szilard, 1898—1964,美国物理学家,生物学家,生于匈牙利,参与自持链式核反应堆的研究,对于研究原子弹的曼哈顿计划发挥重要作用。后来研究生物物理学,倡导和平利用原子能。——译者注)、哈诺尔德·乌利(Harold Urey, 1893—1981,美国化学家,因发现了氘,亦即重氢,获得1934年诺贝尔化学奖。后又研究地球化学和天体物理学,对于发现原子弹,以及地球和其他行星的起源理论,均有重大贡献。——译者注),等等。如今,假如我们要指控一些科学家,指控他们试图建立新的神权制度,借此复辟极权专制权威,在人间挥舞起魔鬼般的权仗……那么上面这些人,就是这类科学家的最新人选!而这些科学家后来的同谋者和继任人,则都具有非常讨厌的个性特征,那就另当别论了。他们这些新的个性特征,来自巨型机器统辖之下的新制度,来自非人道观念,这种观念已经飞快地融入到整个计划之中了。至于原子弹的首创者,他们则天良丧尽,至少在事情开始的阶段,丧尽了天良;这些,正是他们自己孜孜以求事业的最终可怕后果。

这些物理学家非常敏锐地意识到,威胁迫在眉睫了;他们认为,原子裂变的专门知识一旦被独裁专制统治者掌握并且又匆忙投入使用的话,将不堪设想……于是,这些科学家们做出了政治上和军事上都非常不妥的判断和结论:依照当时他们自己具备的科学知识和技术培训状况,都还不足以抵挡可能发生的灾难性结局。由于担心纳粹分子可能首先造出原子弹,从而占据战争的绝对优势,爱因斯坦及其同僚们,来不及缜密斟酌对比各种可以选择的应对预案,就把一份提案文件交到了参谋长联席会议主席案头:美国应该制造这种武器。现在看来,他们的担心不无道理,他们的警觉也堪称模范,值得赞许。但是,假如一个世代以前,当各种警告频传之时,他们能够利用自己公职身份的优势充分留意过、思索过这些警告,如今对突然爆发的问题也就不会失于应对之策:包括如何动员人类的知识精英采取防御措施,让这种具有大规模杀伤力的能量不要轻率释放。可惜,他们的技术训练背景局限了他们的眼界,让他们只能看到:假如这种科学知识不断积累,以及飞速转化为应用技术,这种背景下,假如不顾及可能带来的社会后果,必将如何如何……这种情势下采取必要的抉择,当然,明确无误地,就是个绝对命令了。

任何一个同样关注人类命运的当代人,都能理解当时爱因斯坦做出这一提案,以及罗斯福总统批准这一提案的心态。很可能,如今的批评者,若处在当时境况之下,完全可能作出同样抉择,会犯同样的悲剧性错误;但是,如今则完全清楚了,这样一个重大提案出台的历史背景过于狭窄,决策者所受的局限太大了。这是个迫在眉睫的重大决策,需要它一经实施,立即产生预想效果。即使其后果会破坏人类的未来,也在所不惜。现在看,提出制造这样一种具有"宇宙级杀伤力"的武器,却未能同时要求采取道德方面和政治方面的安全措施,从中可看出,这些科学家,在考量自己职业任务可能产生的实际后果方面,显得多么无能;因为,这些要求都是对他们提供科学援助的几项限定条件!但是,先有了权力误用和滥用的预备性工作,后来才有第一颗原子弹的爆炸。之所以这样说,因为,早在原子弹尚未投入试验之时,美国空军就已经采取了迄今为止"最难以设想的"做法,不加区分地轰炸、灭绝手无寸铁的平民人口;手段之残忍与希特勒无异,大约只有在施虐者与受害者距离方面,两者是不一样;因为希特勒的下属们,在布岑瓦尔德和奥斯威辛的集中营和毁灭营,采用的是另一种更贴近的杀人办法。利用凝固汽油弹,美国空军一夜之间在东京活活烤死了八万四千日本平民!可见,早在所谓"终结者"

武器,原子弹发明以前,制造道德沦丧和组群灭绝的彻底堕落,已经早就整整齐齐的设计成功,铺垫完成了。

制造原子弹的计划一旦获得批准,投身这一计划的科学家们,立即被自己的错误前提设想所框定,不能不接受这一项目的军事应用。后来的事实证明,他们的错误是难以疗救的;因为,无论他们的良心后来多么痛苦地折磨自己,也无论他们一些较为理智和冷静的领导人花费多大力气要唤醒人类,让人类从此遵守誓言不再使用原子弹。因为,后来发生的事情,远比一件致命武器的发明和制造本身更要可怕。就是,原子弹制造行为本身又进一步加速了新式巨型机器的组装和完善过程,而且,危险而迫切的军事对峙一旦结束,如何保持这一巨型机器的有效运行,也就是如何保持永恒的战争状态,就成为绕不开的事情了……

金字塔时代的成就,与当今核武器时代的成就,这两条平行的线,被迫合并起来合而为一了,无论你多么不愿意接受这一结论。人类史上君权神授的帝王,又一次地集中起人类社会全部创造力和天赋特权,在可敬的神圣神职机构和普世宗教(universal religion),以及政府主导的科学事业(positive science)的支持之下,以一种技术上更加完备而周详的方式,开始重新组装巨型机器。假如你不考虑国王(美国战争时期的总统)的角色,不考虑神职机构(科学家们的神秘独立王国)的作用,不考虑官体制和僚机构的空前扩大,也不考虑军事力量和工业生产的现实体制,你就无法真正具体了解所发生的事情。只有在金字塔时代的历史条件下,各种看似分散的、偶然的、孤立的事件,才会逐渐集中组合起来,结成星座式的架构。而现代的专制主义的巨型国家机器,有机械发明和电子发明的各种机构和成就来强化它,又与巨型机器互相依赖,互为发展,互为利用;其最终效果证实,这是希特勒为奴役全人类所做出的最为邪恶的贡献,假如说,在这一问题上,他完全出于无意识。

人类始终在探索物质宇宙的基本构成要素。现代人类在这方面的最高建树之一,就是看到了释放太阳神所操控的能量可能带来的巨大恐怖。人类这一建树,来自从基因上毁灭人类战争的可怕压力,来自生物界可能整体毁灭的恐怖。因为这样一种状态,会瘫痪一切生命源泉,粉碎任何试图保留生命的努力。若令事态朝这种方向继续发展,如果让冷战的危机持续、加深、扩大,人类面临不祥结局的概率将会大大增加……

341

……1945年轴心国投降,结束了第二次世界大战。而战争结束时期已经化育成功的巨型机器并未因此解除自己的超级杀伤力武器,也没有放弃统治世界的计划;所依靠的手段就是,声言还存在全人类被毁灭的威胁,这样就能让军事与科学的联盟享有超级权力。理想境界,还远远没有眉目。虽然工业和政府的原有机构都已经陆续复了各自丰富多彩的职能活动,军事精英们却在机密要塞当中强化了自己的实力;这一机密要塞构筑得如此精妙,采用了古代五边形象征含义,完全超出社会其他部门的公开检查和能控制的范围。获得国会同意之后,他们通过优厚津贴作为"研究和开发经费"——实际上就是开发武器——而把自己触须伸向到整个工业生产和学术界。结果让这些本来很独立的领域和机构都沦为全部专制统治过程中俯首贴耳的随从。

这样,这秘密要塞的领域范围就不断稳步扩展,其周围围墙加厚了,越来越难以穿透。依靠一些简单手段,包括制造新的紧急情况,酿造新威胁,拟想出新的敌人,通过随意幻想来放大所谓"敌人"的邪恶企图,这样苏联和美国的巨型机器,就非但没有总结战时经验适时予以拆除,反而升级换代发展成为永久性制度手段,也就是现今成为一种永恒的战争状态,亦即所谓冷战。如今大家都看明白了,这种形式的战争,其对于科学研究和技术发明革新的需求量与日俱增,已经成为维持超强技术生产能力全速运转的最为有效的手段。

这一发展过程中,两个最大的超级巨型机器互换了特点。苏俄的巨型机器抛弃了古代祖先的陈旧形式,越来越沉重地依赖于科学和技术武器,而美国巨型国家机器则接替了继承了俄国沙皇—斯大林式统治体制的落后特色,对其军事力量和中央控制手段两者都予以巨大增强:建立多种机构,包括原子能委员会(AEC)、联邦调查局(FBI)、中央情报局(CIA)、国家安全局(NSA)等等,每一个秘密组织的工作方法和政策,都从未交公民公开讨论过,当然就更是从来未遭受过任何有效的挑战;当然也就更未听说有国家立法权威部门曾经消减其权限。这些机构已经完全成熟地建立起来了,它们如今已经敢于蔑视和不服从国会或者总统的权威。

这种无限增大的组织机构,已经超脱于民众的批评、纠错和控制能力之外了,恰如金字塔王朝时代的组织建制一样的刀枪不入。虽然说,现代巨型机器,恰如任何其他类型的机器一样,无非都是履行某种工作职责的手段而已,而这种巨型机器的工作职责,无非就是全人类毁灭机制过程的精致化而已;而这一工作职责,无论是在美国或是在苏俄,都占用人类广大的科学技术人力资源;而且,这一工作似乎还减轻了它自身所带来的沉重牺牲,从而还证明了自己存在的正当理由。巨型机器所留下唯一没有答案的问题,就是这种毁灭的降临是很迅速,还是很缓慢。其中的负面目标,早已经包含在支配该系统的种种意识形态假想之中了。这一代人曾经把新巨型机器组装起来,并且当作国家生存的永久特色人。他们始终就不愿意面对人类基本价值和目的已经流产的严峻证据。这一代人只把人类毁灭理解为战争延续,殊不知巨量增长也会成为倒行逆施,比战争本能要更可怕。广岛原子弹爆炸之后的一代人,恰如一只被巨蟒绞缠住的猴子,连一丝丝理性声音都喊不出来,只能闭起眼睛,等待最后时刻到来……

组织化人类

巨型大机器,无论是古代的或是现代的,也无论其分门别类的机理和运作具有多么高超的自动化性能,脱离了人类的有意识发明创造,都是不可能自行创生问世的。而且,这种超级的集体大机器,其性能的绝大多数,起初早就潜藏在古代的原型人物之中了。这个原型人物,不是别的,就是组织化的人类(Organization Man)。从最古老的氏族整体形式开始,直至最高政治权威的组织形态,人类这一整套的发展序列,都是组织化人类的延展;这个组织化人类,既是这巨型机器的创造者,又是其被塑造者;既是这机器的原初创制者,又是其最终牺牲品……如今,我们对于这个组织化人类的描述,须从一个全新的视角开始,从他如何显型的时代,通过文献和象征手段,逐步呈现基本形态的过程,来考察它的历程。旧石器时代的岩洞文化阶段结束之后,人类最早的确凿无误的文献记载,就是寺庙经卷了,其中就不厌其烦地用表格方式罗列出收到谷物的数量,以及支付和分配出去的谷物数量。由此看来,官僚管理体制每个阶段都有的这种明察秋毫、谨小慎微的特征,最初很可能就是从寺庙中繁琐的礼节仪式中衍生出来的。因为,这种高度的秩序感,无论是与狩猎行为,或者偶然发生的组织化战争等危险行动,都不可类比。然而,即使是最后这种人类组织化的专门活动当中,我们也发现了相当多的原始记录,其中以确切数字记载着俘获了多少战俘,围捕到多少只动物,缴获了多少战利品,等等。可见,甚至从这样早的古代开始,组织化人类一大特点已经体现出来了,这就是他们已经十分关注数量的精准计算。

在人类组织化和机械化过程中的每一阶段里,我们都能看到原始人类强烈的习性和聪颖,这些特质深藏在人类生命属性之中——而且也是其他许多物种都有的——他们极其喜爱尊奉礼节仪式活动,喜欢从大量重复的动作和有秩序的感觉中获得满足;这种有序性活动逐渐帮助人类获得了有机界的节奏感,还帮助人类建立了与宇宙天体事件的联系。似乎,就是从这一连串重复的、标准化动作当中,从这一系列越来越超脱出身体功能和大脑功能的习惯动作当中,古人类一点点地发生了演变,最终,组织化人类出现了(Organization Man)。或者,让我们换一种说法,当人类一点一点地,一个接一个地,摆脱了自己身体上各种器官和功能的束缚,并且,与此同时,还一点点摆脱了历史上逐渐积累和形成的艺术的、文化的厚重附着物,这样,人类自身所剩余的东西,就只有机械构造的骨架和肌肉活动能力了。这些东西无疑都是有脊椎的生命都必须有的,但当把他们作为个体看待的时候,却又毫无生命意义。当今这个时代,不是就通过机器人形式,再度发明了这种"理想的"生物吗?可是,这种东西,永远只能作为人类生命中一个明确的附属物(recognizable part)而存在……组织化人类,是古代类型和现代类型的超级大机器之间的连接过渡环节;恐怕就是由于这个原因,历代政府部门的专职官员们,在漫长的历史过程中都很少发生变化——看他们役使的一批又一批的奴隶,他们的征兵制度,他们各种行为的主体人物——亦即,控制他人的人以及被控制的人,等等——这些东西经过了五千多年历史沧桑,这些官员们却很少发生变化。正像任何其他类型的文化一样,组织化人类,同样也是人类活动的创造物,虽然把他们塑造成型的原材料仍属于动物界系统,没有脱离生物的本质。若把组织化人类描述成纯粹的现代产物,或者说,组织化人类完全是先进技术的产物,那就不免时间框架错位,有些张冠李戴的味道了。因为它完全是个极其原始的"理想"类型;是从生物丰富的潜在能力中雕刻出来的,只不过它的大多数器官都被摘除了,或者被涂抹香料处理过了,或者被风干了,大脑却已大大缩小,就是为了适应巨型机器的需要和要求。

社会学家威廉·怀特(William H. Whyte)[①]在一个很有限的范围来考察,就在美国大型经济法人组织这样一个严格限定的条件范围,通过观察他精彩地叙述了这个组织化人类在接受上级指令之后,进行一系列遴选、培训、调教的具体情况,以及那些为数很少的"幸运者",——或者,至少是"来碰运气的"少数人——经过遴选至培训的一系列加工过程之后,最终融汇成该工作机制中合格而流畅工作部件的全部过程。但是,要知道,这仅仅是全部社会塑造过程中很小的一部分啊,整个培训过程,从幼儿时期教你学会上厕所开始,有福利国家的政策作为保障,囊括了人生中的方方面面,直至器官移植,直至临终关怀和死亡。如此塑造组织化人类过程中所包含的外部压力,以及压力程度,我想,可能都不会比古代社会同种操作的压力更大;原始时代部落酋长打造氏族社会的统一性时,为了确保每一个成员都懂得,并且遵守自己的古代传统和礼俗、规矩和仪式,他会很费尽心机……如今组织化人类的形成,则不会大于那个时代种种操作中所遇到的压力。如今通过强大的义务教育手段,通过强制的兵役法,通过铺天盖地的大众传

---

① 威廉·怀特,William Hollingsworth "Holly" Whyte, 1917—1999,系美国社会学家、新闻记者、人物专访作家。出生于宾州西切斯特,早年毕业于圣安德鲁斯学院,以及普林斯顿大学,后来参加海军陆战队,1946年加盟《财富杂志》。1956年写成了他的第一本畅销书《组织化人类》,这本书是《财富在职》赞助他完成一项广泛调查之后的作品,主要调查对象是一些大公司的董事长和首席执行官,包括通用电气和福特汽车公司,等等。——译者注

媒,会毫不费力地照样能给几百万人打上同样的烙印……就像古代氏族社会里培训和调教那些天天相互见面的几百人,同样的轻松自如。社会学家马克斯·韦伯采用了一个说法,即所谓"官僚主义人格";他并且认为,这种官僚主义人格,命中注定会成为现代社会的"理想(人格)类型"。依照我来看,假如现行社会各种力量和势力组合方式维持不变,而且按照目前方式继续运行,也保持不衰减,也不改变方向,马克斯·韦伯这一预言是一定会应验的,而且会非常容易。

那么,组织化人类具有什么美德吗?几乎可以这样回答:他所侍奉的机器有什么样的美德,它自身就具有几乎同样的美德。如今在每一个人类组织、人类单位的脸上,都打上了机械规则性的烙印。许多通行的说法都反映出这一事实,比如:跟上项目速度,服从命令,"别胡思乱想(pass the buck)",不要作为个人牵扯到他人困局当中,有多少事就办完多少事;也就是说,要完成桌面上的任务;不要顾惜任何人道主义考虑,无论在多么重大的任务当中;永远不要追问指令来源,不要问为什么,不要追问命令的最终目的;每一道命令都要执行到底,无论多么不讲道理;不要做出价值判断,接到任务不要去推究它的上下关联;最后,只要是妨碍完成命令的任何人性情感、感觉、情绪,以及理性的道德考量,合理的疑虑担忧,等等,等等,你都要彻底摈除干净……这些,就是官僚主义制度的职责标准;而且也是组织化人类得以荣发昌盛的基本条件,这是自动化集团系统中名副其实的自动化机制。机器本身,也就是组织化人类的标准模特;换言之,组织化人类的模型,也就是机器本身。而且,随着这种机制的理想化、完善化,生命自身的残余,维系生命本身所需的各种特质,则越来越少,直至最终,完全失去了生命的真实意义。

最终,组织化人类失去了存在的任何理由,它存在的唯一理由,就是作为巨型大机器里非人化的加力机制(depersonalized servo-mechanism,也译作伺服机理。——译者注),为巨型机器添加动力。就此而言,阿道尔夫·艾希曼(Adolf Eichmann, 1906—1962,德国战犯,二战期间参与希特勒灭绝犹太人的残酷行动,后来逃亡阿根廷,后被以色列人抓捕归案,被处绞刑。——译者注),这个唯命是从的刽子手,他奉命执行了希特勒的多少政策,以及希姆莱(Himmler, 1900—1945,德国纳粹集团二号人物,战争罪犯。曾经担任党卫军首领,警察总监和内政部长等要职,参与了残酷迫害犹太人、反法西斯人民和战俘等诸多行动,二战战败后被俘自杀。——译者注)的多少指令,每一次都是不折不扣地忠实执行,他真该被拥戴为当今真正的英雄人物。当年奥斯威辛(Auschwitz)和贝尔森(Belsen,德意志联邦共和国东北部一村庄,二战时期这里建立了集中营。——译者注)集中营里靠老式手工操作才能完成的活计,如今我们用凝固汽油弹或者炸弹就能办到了。不过,老式方法虽然速度慢,却要经济节省得多;因为,他们小心谨慎的保留了行刑的各种副产品——摘取下假牙上的黄金,尸体上的油脂和骨粉用作肥料,人皮用来制作灯罩,等等。如今,每一个国家里,都有许许多多的艾希曼式人物在担任执行官,无论是行政机构,或是实业界公司,大学里,研究所,实验室,以及军队部门——这些人,衣冠楚楚,整齐干净,不苟言笑,惟命是从,时刻准备执行上峰来的任何指令,准备实施任何正式批准的荒诞想法,不管这些想法多么违反人道,多么缺乏现实依据。

组织化人类获得的权力越大,他使用权力时就越缺乏良知,也就越没有畏罪心理。而且,由于他善于利用人类伪装,这就使得这种"理想化类型"更加具有威胁性。组织化人类的机器人机理(robot mechanism),甚至能模拟人类肌肉和血液——个别穴居人的实例除外——因而仅仅从外部很难区分他与有理性人类;表面看,他平易近人、低调、友好亲善。比如希姆莱,他甚至是个很合格的"热爱家庭型人物"。人类早期文化中没有见过这种类型。即使当今文化中,这种类型的加力机制也曾经安排了罗马斗技场中角斗士的格斗表演,还操纵了宗教裁判用机器压碎人的骨头……组织化人类获得的机遇比较有限,但自从巨型机器技术进入人类生活每一个领域之后,他简直左右逢源,机会到处都有;组织化人类曾经单枪匹马,为数很少,基本上只限于官僚机构和军队组织自身。而如今则大成气候,浩浩荡荡,连绵不断。而且,由于他抬眼四望环顾四周时,看见到处都是自己的形象,他就误认为自己也就是人类当中正常的一员……

古代与现代巨型机器的对比

现在,我们可以来进行比较了,看看古代的和现代形式的巨型机器,各自有哪些特点和区别……这些巨型机器都有很相似的机械能力:他们都是大型民众组织,能够执行并且完成小型劳动集体和松散的氏族群体或者地域性群体所无能为力的工作任务。然而,由于古代巨型机器毕竟是以人类部件组合构成的,因而他在其工作的每一阶段,都不能免除人类固有的局限性。比如说,即使在最为严酷凶狠的监工工头看管之下,一名奴隶能够产生的劳动效率,充其量也不过十分之一马力;更无法让他无限度延迟工作而不降低劳动效率。古代和现代两种巨型机器的最大差别在于,现代类型的巨型机器越来越多地采用了更加可靠的机械手段和部件,同时,它不仅降低了机器超强运转对于劳动力的需求,而且,还通过电子设备实现了瞬时遥控。尽管该系统中各个连接关键仍然需要人类加力机制来支持,现代巨型机器毕竟已经在时间和空间上都超脱出原有局限性,因而可以在辽阔的领土范围内,像一个看不见的大机器,整机运行起来;它的各个工作部件都通过遥控和瞬间通讯指令联机运转。因而新型机器支配着无数各种类型的机械部件;而且具备超人力的效能和超人力的机械可靠性,还具有闪电般的速度。

　　古代现代两种机器的目标,最终都在于实现对于整个人类社会的全过程控制。但在具体的控制手法上,两者又有很大差别;而且,现代机器显示出无可超越的优势。可能是由于新石器时代村落的社会生活方式本身,大多仅只集中关注饮食和性爱活动,因而比较容易接受,也比较容易满足;这种条件下,氏族牺牲供奉和仪式庆典活动要求付出额外劳动,往往就难以实现。(精简节约的小型民主社区,即使是为了自身的实际好处,往往也不情愿自己对自己抽税。)请记住,任何情况下,古代的巨型机器都是由人类要素组装而成的,尤其是在强大军事压力之下,经过严格训练,通过"军纪管理"才能实现完好运转的。为了确保绝对服从征税关员,确保听从特遣队组织者号令,往往采取严厉惩罚措施,不仅对奴隶,同样也针对手无寸铁的村民以及临时征募的新兵大打出手。而对于广大民众来说,古代巨型机器的运行,会给他们以最小的回报却施加最大的惩罚,而且这种做法如此广泛,以至于一些高级军官也逃避不了,常常会遭受解职降级或者体罚处分。每逢劳动力无法完成工作定额指标,整个社区就会遭受更为严厉的处罚,这种高压政策之下,人们经常日复一日从事着累断筋骨的苦役劳动。

　　根据以上证据我们有理由推断,巨型机器最早的发明创造者,是持有武器的少数人组群,他们发明了组织化的战争手段,并且把种种强制措施,包括无条件服从、定期进贡等等,都强加给那些消极被动、不会侵略又逆来顺受的新石器时代的村民们。事实上,这些村民,在后来漫长历史进程中人类人口群体的大多数,就是由他们构成的。虽然现代巨型机器同样也是战争的产物,它却在很大程度上通过一种更加隐蔽手法克服了使用公开强制手段的必要性,比如说,采用奖赏或者貌似奖赏的办法代替惩罚;或者表现出各种关切和照顾的姿态,比如说,纳粹德国行刑官,说服受害人自己动手挖掘坟墓。不过,终归说来,必须承认,惩罚制度还是会起作用。更主要的是,无论工作环境和条件多么严酷苛刻,其最终效果还是对于全社会有利。而从另一方面看,这种制度不仅浪费人力资源,不仅因为需要派遣额外人员驱赶奴隶、监视奴隶劳动——通常的比率是,一个监工只能监管十名奴隶劳动——而且,还会制造摩擦,埋下怨恨,降低生产率,还会压制优秀头脑的创造能力,否则这些创造才能完全可以应用到自由发明和自发的创造性活动中去。

　　一种专门的意识形态潜藏在古代和现代巨型机器内部,并且将两者牢固联合起来。这种意识形态完全否认生命现象的基本需要和目的,目的就是为了强化权力机构本身,并扩大自己的势力范围。新旧两种巨型机器的基本价值取向,都是直接指向死亡;而且,它们越是接近实现统一世俗世界的完全控制,其最终形成的结局也就越加令人感到难以逃脱。经历过战争通盘动员形式之后,大家都熟悉了这种经常性的历史驱动力,因为军事暴力——有别于一些偶发性的小规模的动物侵略行为——就是特殊形式社会组织的历史性产物;而这样的社会组织早在六千万年前就已经在蚁群社会组织形态中形成了,后来,才在金字塔时代的埃及和美索不达米亚地区的社会当中又重新建立了起来;并且,其中阴险邪恶的组织特性,制度化成就,都应有尽有……

所有这些古代特点都在 19 世纪重新复活了,特别是一群群集体献身给死神的做法。仅仅在过去的半个世纪当中,大约有五千万到一亿人口死于非命(跨度这样大,因为实在难以精确统计),或因暴力或因饥馑,有的死在战场上,有的死在集中营里,有的死在被轰炸的城市里,有的死在了被焦土政策改变为赤地的农村地区。不仅如此,我们还接到美国当局的一再警告,而且他们不无吹嘘之意,说假如美国和苏联这种热核装备完好的国家之间爆发战争,第一次打击之下,两个国家的人口在第一天就会死掉四分之一到一半。以一种有理由的谨慎,这些官方预测在没有继续公布采用其他日臻完美的种族灭绝手段的进一步打击之下,第二天,第二周,第二个月,第二年,以至于第二个世纪的损失状况,因为显然这将会涉及到天文领域中去,给那里造成的不可预见的后果,而且永远无法修复。(而一些自然科学家们的狂妄自负简直无与伦比,居然认为他们有能力预见到,这些效果仍然不会超出美国政府委任的专家们操控范围以外。)

347

在当今各种技术手段大肆登台表演纷纷投入应用的时代,大规模杀人技术也不甘落后,不仅范围扩大,速度也加快了。核爆炸和火箭技术的宇宙探索,这两项都是从战争需要当中演化出来的;直至目前为止,这两项仍然是人类杀人技术中最为显著的代表;此外,可能还得算上这两项技术都须依赖的通讯技术系统了。这些新技术,无论其"超级杀伤"能力有多么先进,多么成功,但是,都决不服务于人类自身任何目的,无论是古代的还是现代的人类目的,它一概予不理睬;这一事实仅只表明:当今的专制主义武器、专制主义权力、专制主义控制,连同其种种疯狂幻想,已经跌入到多么深重的精神失常状态之中而无力自拔! 弗洛伊德画出一对平行线:一侧标注了许多所谓古代原始部族的种种祭神礼俗仪式活动,另一侧则标注着当今人类各种精神病人格的种种行为;也就是说,两者几乎雷同。弗洛伊德或许已经目光如炬,可是,搜遍人类以往各种文化,也找不到古代人类曾有任何做法,包括他们杀人搜集头颅骨、同类相食活吃人肉、魔魔巫术杀人害人,等等,等等——在迷信、野蛮、疯狂、道德沦丧的程度上——能够与当今受过高等培训的科学家、技术人员、专家、军事人才们互相媲美! 这些高等人才们,用他们的缜密计划,实施集体屠杀制造死亡,其规模之大只有当今技术手段才做得出来! 难怪我们当今的青年一代,特别是其中优秀者,会用一种非常惊恐而愤怒的眼神,长时间审视着他们那些默许了这种种丑行的长辈们!

与当今文化制造的规模空前的死神崇拜相对照,古代埃及金字塔时代发展起来的死神崇拜,连同其无比夸张的金字塔建筑,祭神的礼节仪式,细致入微的制作木乃伊技术手段等等,都形同儿戏,不过是古人类非理性状态的极其幼稚的表现而已。事实上,由于古代人类几乎每一方面都不得不依靠手工操作,使用手工工具和手工武器,古代军事机器所制造的屠杀和破坏,也就大受局限;因而其后果也就可以修复,包括他们规模最为浩大的战争行动。而在当今,由于先进的科学和技术已经把这些障碍和局限性统统去掉了,我们当今文明的本性,以及人类自己选择的命运,也就一览无余。

是的,超级大型机器的宗教神职机构和人员们,以及它的好战骑士们,完全能够灭绝人类。所以,假如约翰·冯·诺伊曼(John von Neumann, 1903—1957,原匈牙利人,少年聪颖,悟性极高,解决难题能力非凡。毕业于苏黎世工业大学后到美国,学术领域极其广泛,贡献卓著。有多重身份:数学家,对于量子力学、量子物理、数理逻辑,等等领域研究都有贡献,对于高速电子计算机研究也应用成绩卓著。后来对于核物理,热核反应,氢弹模型和试验等,都有贡献。著作有《量子力学的数学基础》,等。——译者注)的理论正确,要毁灭世界人,这些人是完全做得到的。任何单纯的动物性本能,任何简单动物性的侵略冲动,都不足以解释这种越来越猖獗的倒行逆施。但是,假如人类最终能够免于灾难,能够救赎自己,仅靠动物性自我保护本能则是不够的。人类不能不去寻求某种更高一些的东西,需要大大提高自己爱憎情感的敏觉程度,提高鉴别善恶的道德判断能力,提高自己坐而言起而行的实际行动胆略。这些要素,都有必要在全世界范围内积极倡导起来。

艺术与技术[①]

艺术与象征

在许多演讲开篇之初,习惯上最好先建立起演讲人与听众之间的某种共识;那么,

[①] 这一节选录的文章包括两篇:"艺术与形象"(Art and Symbol),以及"艺术,技术,及文化整合"(Art, technics, and Cultural Integration),两篇都节选自《艺术与技术》(Art and Technics)。——原著编者。

今天我这个开篇首先就送给大家一句话,是我一个直截了当的观察体会:我们生活在一个很有意思的时代!可别以为这是句非常天真幼稚的老生常谈。因为我套用了中国人的说法和用词;大家知道,中国人历经磨难,不知熬过了多少动荡和暴行,与我们命运也很相类似,我这里使用的"有意思"这个词语,就套用了他们用词当中那种辛辣的语义。我听说,中国旧式儒生,每逢发狠要给自己敌人对手狠狠地念几句咒语的时候,他就简略的一句话,"去吧,去见识见识有意思的年月吧!(May you live in an interesting age!)"中国人最懂得,每逢发生道德滑坡和政治地震,这样的世道里,什么好东西也剩不下。

那么,什么东西把我们的时代搞得这么"有意思"呢?当然,就是为数众多的尖锐矛盾,以及同样众多的悲剧性疑难与悖论;人类前进的每一个关头,都面临这些问题,却无力解决或者解答。而这些矛盾却不断给我们出难题,不但耗费我们的理解力,还释放出种种让我们没有把握去控制的势力和能量。我们经历了丰收和富裕岁月里的饥馑,如今印度就有数百万凄惨潦倒的人口,仍然处在这样境遇中。我们经历了战争时期令人心寒的物资紧缺,那是第一次世界大战之后紧接着爆发的,继而进入了军事独裁当政时期……而且,还有许许多多其他明明白白的幸运事儿……

三个半世纪之前,佛朗西斯·培根(Fancis Bacon, 1561—1626,英国哲学大师,语言学家,英语语言大师,英国唯物主义哲学和试验科学的奠基人,反对经院哲学,提出了"知识就是力量"的名言。主要著作有,《论科学的价值和发展》、《新工具》,等等。——译者注)就曾经欢呼道,不断积累的科学知识和不断进步的技术发明无疑已经成为最可靠手段,让人类可以更新遗产了。于是乎,这个培根,虔诚而恭敬轻轻地嘘几口气之后,就从宗教、哲学和艺术的圣殿面前转过身去,把自己的希望,关于人类进步和未来的希望,一个个都交付给了科学进步和技术发明成果。然而,他本人却不是死于书写那些著名的最后格言警句之后,不是死于预言了人类的伟大行动之后,而是死于人类最早及其科学实验之一,他自己置身于人工冷藏食品的操作过程,当时使用的是天然冰块……总之,无论是培根或者是他在科学技术方面的后继者,包括老小牛顿,大小法拉第,瓦特父子,惠特尼家族(the Whitneys,以梳棉机发明人埃利·惠特尼为代表的工程师、机械师、学者家族,一连几代出了多位创新人物。时间从 18 世纪到 20 世纪,领域从标准件步枪设计制造到绘画以及艺术创作,领域宽广,成就非凡。——译者注),都不曾意料到,人类来之不易的科学知识和把握物质世界的能力,到了 20 世纪就对人类自身的生存居然构成了威胁。假如真有什么先见之明,假如他能够一直跟踪着他满心欢喜地预言过的发展趋势直至其最终结果和结局,培根一定会放弃科学猜想和预言这一行当,转而去撰写莎士比亚式的戏剧,这至少是个比较轻松有趣的职业。培根绝对没有料到,机器的人化(humanization of machine),会在未来某一天产生似非而是的"机械化人类"的悖论效果(机械化人类,mechanizing humanity);而且还祸不单行,在这要命的当口,人类的其余一些技艺和本领,本来曾经如此神奇有效,对人类曾经非常有帮助,滋养过人类的人性心灵和崇高精神,如今却同样也变得如此枯竭,已经不能再继续担当克星,去抵消片面性技术发展所带来的不良后果了……

过去的两个世纪内,人类的物质生存手段在全世界范围内都已大大扩展;但是,我们非但没有因而广泛获得闲暇时间和轻松生存状态,没有利用这些有利条件去生产艺术和享受艺术,陶冶和提高自己精神世界,反而让自己越来越沦落到被机械化过程支配的可悲境地。如今人类种种意愿和创见,很大一部分已不再来源于内心灵觉(self-begotten);但是,这些梦幻般的理想和创见却未必因此而更加真实、更加富有生命力,除非让这些梦想依附于机器手段。如今,脱离了无线电和电视等等机器辅助手段,这些创见和愿望简直就无法维持自身的存在。我们不妨做个对比,看看今天的人与技术相对原始落后的 17 世纪人的对比状况。当时,一个富裕的伦敦市民,比如说塞缪尔·裴匹斯(Samuel Pepys)[①],这是个很务实的人,一位非常敬业的牧师(administrator,管理官员,或者主教区牧师);他家里挑选女佣会依据嗓音好坏;目的是晚餐之后这位女佣能够与主人家一起就座参与家庭唱歌。这样的人不是在消极的听歌曲,而是能够依照自身的情感运用音乐,至少能够复制音乐。对比来看,我们如今则常常看到,一些人手持便携式收音机,在纽约滨河大道上,边徜徉边欣赏播送的音乐曲目……却丝毫没有意识到,自己其实也能够自由自在的歌唱,在天光之下抒发情感,而完全不需要求助机械手段。

更糟糕的是,技术设备的发展成就还造成人们对于技术完美主义的错误概念,形成一种惰性,似乎除非匹配了技术装备产品,或者,配备了有专业训练技能的人员,他们才能有条件在公共场合公开露面,否则是绝不敢贸然走向前台的。而且,更有甚者,一些艺术活动不仅丝毫没有抵消这种依附于技术的趋势,我们还看到,在艺术这个特定领域内,尤其在绘画领域内——这个领域曾经记载了人类最伟大的自由精神和创造天

350

---

① 塞缪尔·裴匹斯,Samuel Pepys, 1633—1703,英国海军部首领,议会参众两院议员。尽管无海战经历,却因其努力工作和杰出管理才干获皇室任命,担任了英国海军部首席部长,直接听命于詹姆斯二世皇帝。在英国皇家海军部专业化转型改革中做出过重要贡献,其著名作品是他的详尽日记,19 世纪正式出版,内中详细记述了 1660—1669 之间目睹的重要历史事件,包括伦敦大火,战争和瘟疫。他的日记综合了个人的生动叙事与历史见证的双重价值,是研究英国宗教改革时期历史的重要文献。——译者注

才——我们看到了,一些最能深刻体现当代思想情感的象征主义作品,居然是一系列违反人性的梦魇形象,把当代一些最为恐怖、暴力、空虚、绝望等等表现,统统化为绘画艺术和审美形象。毫无疑问,这当中最伟大的作品就是毕加索的壁画,就是他这幅作品,这幅单色壁画格尔尼卡(*Guernica*,这是毕加索 1937 年旅行西班牙时期创造的黑白单色油画。该绘画利用大量符号和碎片,人类和动物肢体残块,惊惧的眼睛,痉挛的双手等,传达了 1937 年西班牙内战时期南方巴斯克地区小渔村格尔尼卡遭受可怕轰炸这一历史事件,宣示了一个具有普遍意义的主题:战争惨无人道,能够摧毁一切……该油画在纽约市现代艺术博物馆收藏多年之后,已经永远回到了西班牙的瑞纳·索菲亚博物馆,联合国安理会大厅墙壁挂有该画复制品。——译者注)。恰如他本人就是我们当代最伟大的画家的代表人物,他画作中的表现力,灵动而跳跃,如同舞蹈家一般富有优美律动感;这种天才技能,即使是烘托(?)摄影技术,也只有近年来才问世的频闪仪技术才能做到。但是,从他大师手笔低下源源流出的各种新颖形象,我们看到,竟然主要都是一些当代的破碎伤痕和零落的疮疤,丝毫找不到新的整合概念,连一点点踪影也看不见。如今观看这幅画作格尔尼卡最早的各种草图,常常感觉画家有种撕心裂肺、开膛破肚般的情绪表达,如此强烈而富有喷发力量,简直让人感觉下一步,不是发疯就是要自杀了。

其实,暴力和虚无,其本身就是人类生命和人性濒于死亡的表征。现代艺术给我们传达的,就是这样的信息;而且是在艺术家最为纯净,最为自由的状态下向我们传达的信息。而这些东西显然都不可能作为强有力手段,去抗衡技术发展给人类带来的严重摧残。

过去两个世纪里,那些伟大艺术家,多数都是机械文化的反叛者。他们挺身而出维护人类精神的独立自主,主张保全人类精神的自主、发自本源,以及取之不竭的创造性。而且,我相信,这一观察结论同样适用于音乐、诗歌、绘画,以及在一定程度上还包括了建筑领域那些大师们。事实上,人类的宗教激情,虽曾一度遭到教会形式主义和组织制度的压抑,而在这一时期却还能通过各种艺术形式表达出来。这就不难理解,为什么上个世纪人类的一些著名圣贤,其大多数往往是各领域的艺术家,包括画家凡·高(van Gogh, 1853—1890,荷兰画家,后印象主义派代表人物,主要代表作有《邮递员罗兰》、《画架前的自画像》、《星夜》等。——译者注)、赖德(Albert Pinkham Ryder, 1847—1917,美国画家,作品富于想象,以海景画和寓意画著称。主要代表作是《海上辛苦工作的人》、《约拿》、《灰马上的死亡》等。——译者注),以及列夫·托尔斯泰(Lev Tolstoy, 1828—1910,出身贵族的俄国作家、思想家、人文主义者和民主改革家。主要代表作有

《塞瓦斯托波尔保卫战》《战争与和平》《安娜·卡列尼娜》《复活》等。作品表达了强烈的人文主义精神,热爱大自然,向往平等、民主又有宗教秩序的社会制度,注重家庭价值和伦理观念,寄托了作家深沉的社会理想。——译者注)。针对机械文明中那种一股脑投身给机器发明、崇拜机器的心态和做法,这些大师们反响强烈,用他们的坚实的努力创作出一系列伟大作品,包括大批优秀绘画和音乐成果,让这一时期艺术成就决不亚于人类历史上任何一个高峰时代。至今我们从 19 世纪一些伟大交响乐作品中,仍然能够听出人类精神采用了自己特有的劳动分工特色,利用了人类功能的专门化,以及对于时间和节奏的复杂而巧妙的组织运用,表现了这个时代悲情浓郁的怅惘与渴望,无比欢欣的凯旋心情,等等。由于传统上历来把艺术与技术互相分割开当作两个不相关的领域,结果让人们好久以来竟未充分认识到,交响乐队原来首先是工程学创造的胜利成果;而且,它的产品,比如莫扎特和贝多芬的乐曲,那种奔腾激越,鲜明高亢,效果强烈,形如符号……我们当代自动化机器有朝一日会锈蚀无用,钢铁大桥也会朽烂废弃,而这些艺术作品的生命力却会永葆其青春,流传久远。

　　但是,无论是表达抗议情感,或者是抒发人们凯旋欢欣鼓舞之情,都需要一个基本前提,这就是要对人类充满信念,要相信人,信赖人,尤其要信赖人类内心精神力量的纯洁;此外,还需一种社会氛围和环境,这就是以往古老文化流传下来的创造精神还能继续保持主导地位,还能一如既往地滋养人类的精神世界。但是,不幸,到了 19 世纪末,这种非常具有鼓动性和号召力的抗议之声就开始消亡了。一种屈服投降情绪,一种自暴自弃心态,开始笼罩了社会,人们开始宠信机器,开始迷信机器和机器的主人。美国历史学家和作家亨利·亚当斯(Henry Adams)曾经非常生动地记录了这种转变情形。他记述说,假如世界上有不真实的人,那就是诗人,而不可能是商人。这样,我们就创造了一个黑白颠倒、是非淆乱的世界;在这个世界里,机器获得了自主权,人类却沦落到奴仆地位,并且自身也变得很机械了,就是说,人类世界陷入到物质决定论、价值浅表化、否定人性等境遇之中,而脱离了历史上一贯的价值取向和人类目的。于是,我们看到,人类世界和人类生活的很大一部分,本来源自人类精神本性,也是人类最深刻的意向和激情,包括享受爱意和表达爱心的能力,包括为自己同类付出人生或接受同类赠与的人生,就统统被压抑被断送掉了。这些深刻的、有机生命蓬蓬勃勃的激情——人类各种艺术活动既是这些激情的直接表达手段,又是这些激情的最终现实——作为人类本性的这些全部特征,内涵却越来越匮乏,越来越丧失了意义。残缺不全支离破碎的理想和梦幻,组织完备搭配巧妙的挫折和失败,每一次现代绘画艺术作品综合展览中我们都能见到这样的讯号。其实,这就是人类失职、人类弃权这种深刻危机的种种病态表现和警号。文化的形制或者目的,都越来越难以找到了;与之一起消退的,还有人;这个人,曾经理所当然地体现过文明之形制与目的——亦即人类之化身——也都一同消退了。在当今莽莽机械世界上,人类,已经沦为一个流放犯;或者说,还不如一个流放犯,他索性就完全生不逢时。

一方面,通过技术发展,人类已经营造出一种新环境,以及一种高度组织化的生活方式;这些新产品都极大地满足了人类向往秩序化环境中生存的愿望,他们要求生活在可预料的世界之中,这个意愿也程度空前地满足了。如今,我们人类的铁路、飞机,远洋客轮,流转运行的规则性和准确守时程度,简直堪与天体行星的运行相媲美;这些现实当中蕴含着某种十分高贵的东西……整齐一律、严守规则、机械学的精确性和可靠性,凡此种种,无一例外地都发展发挥到了极致的程度。人体当中有一种自主神经系统和无条件反射机理;其功效之一就是让大脑解脱琐事的牵挂,以便专心致志从事更高级的职能和活动。同样道理,这种新型机械秩序也应该带来一种新的自由,同样应该释放出大批能量用于创造性活动。人类已在全球范围实现了机械秩序,成就巨大。正因如此,按道理说,以赛亚的梦想应该能够实现了:人类有可能建立起一个大同世界了,从此人类不再互相敌视仇杀,不再兵戎相见。本来,侵略和战争现象,可能是古代人类焦虑未来的自然产物,那时候,粮食来源从不曾丰富,各种商品曾不曾充裕,不够大家分配的。因而那些历史时期,只有那些强权者能够依仗权势巧取豪夺,霸占各种资源……而这些资源是大家都需要的;若得不到这些东西,他们无从完美做人,无法设想一种充分的人生。

但是,不幸,就连主持技术发展这一魔术般巨变的小仙女也未曾料到,这天赐之福的后面居然还伴随了个咒语;而且小仙女未能及时阻断咒语的来路。于是,这咒语从一开始就潜伏在人类过分依赖技术的种种做法之中,然后逐步外化,进入了数量迷信,进入度量迷信……一步步表面化了。由于人类的精神生活贫困,情感日益贫乏了;比如,当今工厂里,全社会到处也都一样,自动化机器大有取缔人类之势,代替人类去做出任何重大决定,同时,准备给人性中敢于在机器面前拒绝俯首听命的任何一部分,都立即实施麻醉和镇痛,以便满足机器全部要求,维持机器的顺利运行。

凡此种种,都是我们这个“很有意思的时代”里最典型、也最平常的事情。我今天对你们所说的,都是我留意观察到的材料。一方面,这些东西体现了科学技术最为精制而成功的一面,举例来说,比如,原子弹。另一方面呢,又表现出我们这个时代空前的道德沦丧,比如说,原子弹不是施用于军队,而是针对无抵抗能力的平民,肆无忌惮地灭绝虐杀他们……这个文明,外部有秩序,内部却乱作一团;外表上进步,内里却倒退;外部貌似理性,内部是真正的丧尽天良。这种否定人性的、过分约束的机械文明,常为自己的目的性沾沾自喜,自动化和自发性,在这里往往采取犯罪行为的方式表现出来;人类的创造性天才,也只能够借用破坏之机大肆发挥。如果感觉我这些话有些言过其实,那是因为你还心存侥幸,还存有安全幻想。请你睁大眼睛,看看自己周围吧!

今天,我把我这些疑惑和悖论,把这些矛盾现象,都对你们和盘托出……毫无疑问,这些现象非常令人沮丧,因为我相信,艺术与技术之间的关系,已经给我们提供了很有意义的线索,让我们有可能去探索另外任何一种类型的活动;甚至还可能为我们提供一种新的理解方法,去逐步实现社会文化的整合。我们当今时代的重大问题,在于如何为现代人类恢复其人性的均衡和完备,在于给人类提供能力,去牢牢掌握住其所创造的机器,而不是沦为这些机器的帮凶或者机器的可怜牺牲品。我们的任务,在于如何在现代文化核心部位重新建立对于人性基本属性的尊重和信念,恢复它的创造能力和自主性……这些要素,都是西方人类在为改进机器而不惜置换(displace)自己生命时,一点点丢掉的东西。简言之,我们当今的问题,在于如何防止我们自己,在这种片面性机械文明辉煌胜利和巅峰时刻,去采取自杀手段毁灭自己……

艺术,技术,以及文化整合

……为什么人类精神生活变得如此贫乏而空虚?为什么,与此同时,人类外在生活享受却变得如此超乎所需,以至于在其主观感受到的满足中,甚至会更加空虚?为什么我们会在技术上变成神灵,而在道德上却堕落为魔鬼?在科学上成了巨人,而审美上却成为白痴——白痴(idiots),也就是古希腊语义中所说的完完全全自私自利的人,这种人,无法与他人沟通,无法理解他人,或者让他人理解,为什么?为什么?……

艺术……只是一种方式;依靠这种方式,人类可以把自己的经历、体验、情感等,重新整理,予以条理化,借以回忆这些体验,或者为自己再现这些体验。艺术活动,于生命现象永恒起落消长、无休止运动之中,试图留住生活某个瞬间,好让人类的体验能够以审美对象的形式,附着在、停留在它最终的完美境界之中。艺术有许多表现形式,从儿童歌曲到交响乐,从岩洞图画上的草图到达特茅斯学院(Dartmouth College)里的奥罗斯科(Josie Clemente Orozco, 1883—1949,墨西哥画家,现代墨西哥壁画运动发起人之一。主要作品有《普罗米修斯》《人类的斗争》《火人》等。——译者注)壁画作品①,各种各

①美国达特茅斯学院等地陈列有墨西哥艺术家奥罗斯科的代表性壁画作品,从这些壁画中能明显看出画家早期接受版画家时事漫画风格的影响,色彩浓郁,形象粗犷,极富张力,哭诉哀怨似可闻。包括他的《泪之屋》《战壕》等作品,反映下层人民,包括妓女和士兵们的苦难生活,是画家用自己心灵和(转下页)

样的艺术,都对我们讲述了些什么呢?艺术家通过他的作品,首先告诉我们说,"我是个真实的人,我内心深处,生命有表现自己的愿望。如果我不抓住生命的价值和意义,我这生命很快即将死亡消逝掉了。我感觉,我经历过,见识过,思考过,想象过的东西,都非常非常重要;我必须通过共同的语言,也就是形象和象征的手段,把这些感受都传达给你们大家。这个表达和创作的过程中,还要通过某种浓缩,某种强化,以及某种爱的喜悦,把我的高峰体验,统统注入到这个创作之中。通过这个艺术作品,我就可以对你们传达我一生的体验;你们就可以立足当今,看到以往许多世代的人生体验,和其中巨大的潜在含义。这些审美活动瞬间,可以给生命提供新鲜意义;而这些新鲜意义,则又可以通过更多的审美活动提高生命的价值。"

瞧,艺术家作如是说。但是,为了让人能够理解,让人能够体验,任何文化当中的艺术活动形式所使用的形象和象征符号,都必须有某种共同特征,或者共性。尽管如此,任何新颖的艺术作品,仍然必定是独特的;因为,其所表达的内容,不是其他艺术家们的象征符号——除非是那种蹩脚、抄袭模仿别人的所谓作品——它表达的,是某位艺术家人生当中一段特有的独创性瞬间体验。人生——乃至生命——的真善美,通过真正艺术作品的表达,得到肯定;生命现象,则由于有了艺术品的肯定,也获得了新鲜意义。艺术创作,艺术活动,来源于艺术家的独特经历,艺术活动本身又称为艺术家和参与者的新体验;随后,又以其独立的存在方式,进一步丰富了全社会的觉悟水平。人类通过艺术活动和艺术作品,为自己建造了一个巨大的海螺壳,这外壳要比曾经居住其中的生物存世的时间更为久远,并且鼓舞着另外的人也来从事类似的创作活动。这样,久而久之,人类世界每个地方,就都或多或少地带有了人性的印迹。这种意义上的艺术和艺术活动,是不会去与科学,或者技术,互相吵架的。因为,正如谢利(Shelley)很早就指出过的,科学和技术,同样也可以成为人类情感和人类价值的源泉。艺术的对立面,艺术的敌人是麻木不仁,是否定人性,是创造无能、无能于创新,是空洞重复,是呆板陈规,是不会或者不能讲话的生命,是不表达,是无形体,是杂乱无章,是无本真特性(unrealized),是毫无意义。

(接上页)人生向人类展示的社会罪恶。这些绘画都成为墨西哥艺术历史上的不朽之作。画家早年生活经历曲折而丰富,曾经学习建筑工艺学,学过素描,学习过农艺,也当过工人,17岁时候因工伤失去左手,遂改职从事绘画,立即联合志同道合者开始抵制欧洲文化,尤其是印象派的入侵,倡导墨西哥民族风格。曾以贫民窟生活题材创作了水彩组画《泪水之屋》,揭露社会堕落,其早期的表现主义风格开始显露。1932年旅欧,极其喜爱拜占庭镶嵌画,回国之后就创作了壁画《净化》,借以表达了自己日趋悲观的历史观。不仅在墨西哥,甚至在世界上,奥罗斯科也很有地位和影响。——译者注

　　艺术的本质,艺术的任务,都基于一个基本事实:当人类生活方式处于健康状态,人类就能够认真严肃地对待自己的生命,把生命当作一种非常神圣而富有潜在价值的东西;这样,人类就必然会认真对待自己,把自身生活历程当作一种转换手段,当作一种创造手段,通过自己特殊的、顽强的努力,去创造出自然界所没有的生命新形式新内容。人类会仰赖自己特有的象征形象构思能力,不断去重新思考、重新展现、重新安排、重新塑造世界的每个组成部分,改造人类生存的物质环境,改造自身的生物功能以及社会能力,使之转换为富有文化含义的礼制和戏剧,展现出始料未及的生命意义,实现无比璀璨辉煌的大功业! 人类的身外之物,作为原材料和原始属性,艺术家都会将其吸收进来,并将其幻化;而对于人类自身内在的东西,比如感觉、情感、心绪、本能、眼界、理性、等等,艺术家会将其幻化为自然界所没有的各种丰富多彩的形式和序列作品……

　　人类之所以称为人类,之所以能作为人类生存于世界,这真是要有个前提有个限度的:这个限度就是,人类必须能从生命和生活的原材料当中转换出、创造出一个崭新的世界,这个新世界会存在得比他自己原来的生命体验更为久远,还会超出其局限性,这才无愧于人类! 从根本上说,艺术的一个伟大职能和任务也就正在这里。虽然说,实现这个任务并非仅依靠艺术一家。原因是,艺术本身就已经滋养着、养育着人类文明其他门类的知识,这些知识帮助人类具有了自我认知以及高瞻远瞩的能力。为确保艺术能够履行自己这一职能,至少有一个条件必须满足:这就是人类必须尊重自己的创造能力。只要是人类已经丧失自信,丧失对于自己潜在价值和意义的信念,他就让自己降低到了动物的地位,甚至对自己基本本能反应都丧失了把握能力,因而只能求助于更为简单的机械形式和机械秩序,当作一个大海螺壳,只能躲到那里边去避难了。

　　我这样说,能否解释清楚,为什么当代艺术的颓败,以及对于机械能力的过分吹捧夸大,本来这两者就是手联手一起来到世界的东西;以及,为什么这两种现象,其实都是某种病态征兆:它们所反映出来的,是一种范围更广泛的社会解体和人性裂解过程。这其中的道理,我讲清楚了吗?

　　如今,现代西方的文化解体了;这种解体,尤其突出地表现在当今高超的技术水平和原始而幼稚的审美能力之间巨大的裂口,还体现在过分活跃的技术组织能力与我们非常空虚而不讲信誉的人类自我之间的巨大裂口。西方文化的这种解体状态,可以从多种原因来解释。第一次世界大战结束的时候,德国有一位历史哲学家,奥斯瓦尔德·斯本格勒,他试图从一个包罗万象的角度来解释我们当今面临的各种问题。他撰写了一部著作,《西方文明的衰落》,书中流露出些许虐待狂式的喜悦,预言了西方世界的陨落。斯本格勒把每一种历史文化的发展都划分为两个阶段:第一阶段,就是一个文雅的、有机的阶段,也是文化生长发育的大好春天;这个时期内人类社会的权力组织形式逐渐成熟,艺术繁荣兴旺发展,完全是人类健康精神世界以及创造性能力的自然表露。紧接着是第二个阶段,是一种僵死的、缺乏创新和生殖能力的机械发展阶段,这时期生命现象开始走下坡路,这时期的人类夸夸其谈、肤浅简单①,最善于组织和创造出社会生活的僵硬形式,善于以空洞的礼俗习惯创造出僵硬的文化外壳,却丝毫无益于文化的进一步发展。结果,如此定型的文明,假如能够继续延续,它也就只能简单重复,毫无新意义,毫无新内容。斯本格勒相信,我们当今这个文明当中这种十分突出的主观精神空洞而外部形式又十分顽固的特点,与西方世界掌握的技术水平和机械发明能力都非常有关联,非常受到这些因素的鼓励。根据斯本格勒的这一公式,我们西方世界当前就正经历着这样的第二阶段。一些看清楚了自己命运的人宁可放弃抒情诗歌,而去从事实业生产,办企业赚钱;宁可放弃音乐、绘画,而去从事建筑工程项目。这些都是精神世界中的人类自杀现象,而这还仅仅是一个序曲,紧接着还会有贬低生命、否定生命价值的更为广泛的现象;以及还有更加广泛的虚无主义和人类的自我毁灭……

355

……且不论斯本格勒的直觉有多么准确,且不论他所说的这些预言是否完全切合了当代各种势力的发展趋向,姑且看他所论述的文化与文明的分裂,有机层面与机械层面的分裂,以及艺术与技术的分裂(这也正是本章节所论述的要点),却实实在在是贯穿了文化发展周期由始至终的过程,因而是每个阶段都在发生的事情。只有那些最老眼昏花的人,只有那些最为感情用事的人,才看不到这些一再重复的历史事实:我是指那些中世纪和文艺复兴的全盛时期那些发展过头的城防要塞,那些厚重的盔甲和武器;还有我们当今,那些大量的高速路、地下铁路、原子弹等等,不惜花费大量生命代价来发展技术手段……只有那些冥顽不化的教条主义者,才会视而不见这样的事实:伦敦市民在狂轰滥炸之中,非但没有斯本格勒所预言的不见血就吓得要死,也没有重复古罗马住民曾用过的背弃生命尊严的绥靖态度,而是表现出了文化发展青春年少阶段特有的骑士精神,他们扶弱济贫、除暴安良、扶危济困,毫不自私,非常英勇!假如在战争时期和工程项目当中都能体现出这种精神,那么在社会生活其他各种领域照样也能够焕发出这样的优良品格!事实上,文化当中的有机的和创造性成分,以及机械的和自动化的成分,存在于生命发展的每一阶段之中,尤其存在于人类生命体的内部。假如我们强调一

---

① 原文在这里一连使用了两个语义递进的形容词:extraverted(亦即 extroverted)和 externalized,两个词语都很厉害:前者是夸夸其谈、油嘴滑舌、巧言令色、逢场作戏等意思。后者是华而不实,缺乏内涵,中文歇后语当中"驴粪球儿表面光","绣花枕头草包一个",等等,都有这个意思。——译者注

个侧面而忽略了另一侧面,那并不是因为人类文明无可逃遁地采取了这样的发展方向,而是因为,在某种错误哲学信念指使之下,我们人类容忍了自己生命的平衡遭到颠覆,更没有积极恢复自己生命的动态平衡,这是一个致命错误;因为脱离了这种动态平衡状态,我们更高级的人类功能——促进发展艺术、道德和自由精神——是无从发扬光大的。这种错误,丧失生命平衡的错误,随时都可能发生;生命发展的任何阶段都能发生。有时候……就在自己精神层面发展过头的时候,形象符号多到了滥用的地步,人类的主观要求过多,这些东西都会导致大麻烦。然而,我们当今时代里,人类的主要灾难还是由于我们给机器发放了太多的许可证!

有些人听了斯本格勒的论点非常紧张而认真,有些人虽然从未听说过他的论点,却也在实际中接受了这个论点;这些人实际上就都是在准备自杀了。因为他们把人类的意义和价值,仅转化为生存环境中的一个方面,仅仅转化为一种过程和功能,仅仅转化为人性的一个侧面。而这一侧面,无论你把它放大多少倍,增强多少倍,也不足以代替整体生命。假如单凭技术成就一个层面就足以吸引人类兴趣,就足以表现人类的创造性,假如机器这一件事就足以垄断了现代人类价值的宝贵源泉,那岂不意味着人类的生物活动、社会活动以及个人活动的领域,都大大收缩和抽干了吗? 这些活动,即使继续存在,那么在这个世界上,岂不也都变成了无用的累赘和无目的的东西了? 事实上,他们的确仍旧以某种方式继续存着;这样,它们本身岂不也变成了臣服于某种专门化的而又狭隘领域的东西了? 到头来,岂不同样也还是面临着死亡?

这类现象和实例,我们在上一代画家当中就曾反复见到过。首先是,他们的绘画创作中极其缺乏生命表征,到了令人瞠目结舌的地步;而同样,他们画作当中却充满了肢解的有机物,遭到破坏的好环境——比如,楼房废墟、满目疮痍的原野、遭轰炸破碎不堪的景致、肢体残缺的人形,例如,麦克斯·俄斯特(Max Ernst)绘画中长胡须的女人,或者,无面孔的女人——在该有脸孔的部位却有个尘刷,行尸走肉般的身影、被美术鬼怪精灵们肢解了的形形色色——而且,其数量之多也到了令人瞠目结舌的地步! 我们不能责怪这些艺术家画出了这样的形象,这些鬼怪般的东西! 由于这些艺术家也生活在这个怪异的时代,他们的感受灵敏而强烈,情感如奔流江水,因而必须调动自身极大努力,极大精神能量,才能抵挡外来影响,才能生产出一些完全不同的东西;否则,他就只有想方设法退避,或者,找个太空密封舱一样的东西,把自己完全严严实实封裹起来……请允许我再举一些历史例证,着重说明这个意思:我们都知道,有两位风格非常健康的画家,老彼得·布鲁格尔(Peter Brueghel the Elder),以及佛朗西斯科·戈亚(Francisco Jose de Goya):这两个人健朗、英俊、精神稳定、风格均衡。但是,这两个人也都生活在社会大解体的时代,而他们两个又非常率真诚恳,不愿意规避时代真相,甚至把每一处都看得非常仔细,因而他们的画作几乎大量展现了那种最为阴郁、悲凉、愁云漫天的景象,记录了战争的恐怖,可怕的饥馑、苦难和人类遭受的各种折磨。这些灾难他们不仅目睹了,而且深深为之痛苦、悲愤而担忧。幸好他们既了解地狱又了解天堂,这不仅是他们的幸运,也是他们同时代人的幸运,更是我们的幸运。于是,我们在他们的画作当中还见到了性爱的快乐,初为人父(母)的欢乐,融化在蓝天下和大自然风物中诚实劳动的快乐,猎人狩猎的快乐,农夫们耕耘嘉禾的快乐,收获庄稼的快乐……所以,他们既敏锐地记录了时代的堕落,却又能够通过艺术手段表达自己对美好生活的希望和信心。

　　可是,很遗憾,我们时代没有为我们造就出很多绘画界的布鲁格尔,也没有很多的戈亚。我们当代绘画艺术的健康风格,充其量只是那些二流画家的作品,其画家本人,也多是些麻木不仁、空虚怪诞的个性,他们难以领悟时代主题和迫切任务,要么就是些精神孤独者的作品,这些人很类似古代印度和基督教早期隐士们的做法,深藏不露……这类艺术家,宁静地浸浴在传统生活的清泉之中,尽量与世无争,生怕现代生活湍急汹涌的激流会冲垮自己的根基。他们只能依靠自己的孤守观望,来强化自身的纯洁和坚定。但是与此同时,他们却失去了某种强有力的东西,失去了博大胸怀,因而得不到大众的认同。这类艺术家,老一代的代表是马兹丹·哈特雷(Marsden Hartley),新一代的代表则要数我们当今的莫里斯·格雷夫斯(Morris Graves),他们都是艺术自成一统主张的典型代表。的确,他们的作品,确有许多生命形象,但格雷夫斯画作中的这些形象却战战兢兢,敏感而脆弱;哈特雷的作品中,各类艺术造型被一种内在的矜持所俘获,紧紧拥挤凑集在一起,共同表述着一种深深感觉到的,又深深企盼的温美、仁慈、欢爱的体验。毕竟,这些情感,在一个非常阴暗沉郁时代,益发显得难能可贵了。而这样的时代里,艺术家们居然还能够独善其身,居然还能够甘于寂寞,这事实本身就是个非常好的象征:尽管它丝毫都没有透露未来社会发展的前景,但它却能让你看到,在极其恶劣的环境中,这样的艺术家仍然能千方百计从坚硬的岩石当中寻找到裂隙,当作生存空间,战胜个人的和社会的恶劣环境,顽强生长生存下去……

　　总体上看,这种人文主义的首创精神,我们至今未能恢复。同样,总体上看,当今人类也没有能力生产出足够多的艺术形象,来帮助恢复人类内在精神的矜持坚定,没有力量确认自己深藏内心深处的意愿,更没有力量给深深陷落的希望带来丝毫的生机与活力……这些衰弱的表现,不独表现在艺术和艺术家身上:它几乎以相同的方式已经侵害到了人类活动的每一个领域。当今世界上最需要、最缺乏的东西,莫过于和平、博爱、全球合作——因为一个错误的决定和行动,会很快把人类文明推入深渊——但是,这样一个世界上,铁幕两边的人类自觉集体行动,大多数都是指向了孤立、不对话,以及破坏……

显然,人类文明当前这种状态当然不会永远维持下去。假如现代人类不能及时恢复自己的完整和均衡,假如不能恢复自己的创造性和自由精神,人类就不能控制各种破坏势力,没有力量制止这些几乎自动联合起来的势力加速人类的毁灭。即使是能够把这些力量控制起来,而人类却仍然我行我素,一如既往,那么,人类最终的结局仍然是完全丧失理智。只消把现有对机器的依赖稍微再放纵一点点,只消把如今的诋毁人类的做法稍微再放纵一点点,把对于生命和生命价值的蔑视,稍微再放纵一点点……那么,不需要出于敌意或者恶意,仅仅由于过分无聊和丧失正确方向和目的,就足以导致释放全盘毁灭性的核武器。尽管如今人人都知道,一旦爆发了第三次世界大战,就既无输家也无赢家。既没有取胜的可能,也没有讲和的可能。如果让当今的不均衡状态持续下去,继续这样"艺术不断堕落下去,想象力则遭到否定",那么,当今人类社会,无论有多大组织能力,都会走向自我消亡的道路。只要再容许一点点时间,甚至都不需要通过战争形式,就能导致生命的全盘否定。冷战,"深度冰冻战争(deep-freeze war)",如此一种胶着敌对状态,只要是再延续一个世代,也会产生同样效果。那时候,我们对于技术的崇拜和信奉,以及我们的辉煌技术成就,究竟会给我们带来什么?

一旦生命变成了毫无价值的东西,一旦善恶在我们精神领域中失去了对比意义,再加上艺术与其欢快的生命符号都不复存在,当这些东西都化为乌有,你还要煞费苦心钻研技术,精益求精,不断获得效益和成就,究竟又为了什么呢?仿佛说,技术能力无论其价值多么浩大,若在一个丧失了价值意义的世界上,它还能有丝毫价值么?有一些致命的讯号足以让商人、工程师、士兵都像艺术家一样都躺倒在尘土之中,潦倒不振,这样的讯号也已经有人传达出来了。而从这种沉沦的地位中,居然还有人发出这样玩世不恭的问题:那又如何?除非你相信生命超越了它所有的价值手段和机械主义,否则这个问题是没有答案的。非理性、犯罪、普遍的虚无主义、自杀……人类将要沿这条道路继续前进,直至自己内心精神力量重新焕发光彩和力量,直至它足够强大,足以去征服自己创造的机器。为了避免一种悲剧性结局,真正的人(human person),必须会重新回到舞台,不是来参加合唱演出,也不是来当观众,而是来做演员,当主角,当英雄;担当一回戏剧作家,担当柏拉图哲学著作当中所说的造物主形象(demiurge),唤回生命的全部力量,全心全意投入这场新戏剧。

好,来谈谈最后的问题。那么,在当今世界机械化和物质生活享受崇拜潮流甚嚣尘上的局面中,有没有一个非常人性化的、创造生命的目标和抉择,可以替代当今这些无目标的不良倾向呢？有,当然有。我相信,存在着这样一条活路,存在这样的替代办法,它就深藏在人类自身本性之中。因为人类的本性当中,除了利用自己科学好奇心创造出奇迹,除了喜爱规律性活动,除了建造机器的才干之外,仍然有大量空间和其他能力。此外,我还相信,当此关键时刻,人类会做出一系列决定,做出新选择;正如机器问世的时代人类非常自觉地做出的新抉择一样,让机器成为了生活方式的统治者。我相信,假如人类能够及时做出这样的明智抉择去防止灾难发生,那么,人类是完全有可能实现生活方式的一场大改革大更新的。这种性质的大规模社会集体变迁,不会,也不可能一蹴而就,不可能依靠专制王权的一声令下就能突然降临。它只能是个渐变和积累的过程,是积沙成塔、集腋成裘的结果,是日常生活中许多细小决定不断积累的结果,从一个个新视角,一种种新型价值观念,一种新型哲学主张……当中不断滋生出来的。这样的过程中,我们就看见了,真正的人,全新的人类,重新回到了历史舞台正中央,开始演出自己的新戏剧。

　　这种变迁的全部内容,无非就是改变兴趣的方向,让全体生物界以及全副人性都改换自己兴趣的走向。它就是价值观念的改换,是创立一种新型哲学框架,是培养一整套新的生活习惯。这样的变迁,历史上曾经多次发生过;最为明显的一次,就是古罗马消亡时期,当时古典世界,在基督教精神倡导的新生活方式的持续影响当中,最终坍塌了。大家一定还都记得,那次大变迁发生的时候,人们不再建造他们原来津津乐道的、又让罗马帝国称雄于世的大型建筑了,包括大型输水渡槽、输水管道、大型排水沟、水泥路面的罗马大道,等等,转而改换成建造大教堂、修道院了。同时,他们也不再投身去追求试验性知识,转而追求神学、神秘主义和宗教原理。因而从生活目标上,他们不再是唯利是图的小人、不再是巧取豪夺的势利眼,终日为日常生活所需而铢锱必较。他们变了,他们买卖公平,不再斤斤计较。在这种新的基础上,他们建造了新型的伟大文明,肌体演出了一出豪壮戏剧,并到了 13 世纪进入该戏剧的高潮阶段。

　　那么,你们认为,这种变化可能还会再次发生吗？对于我们这样一个相信只有变化为永恒的、绝对的时代来说,这种信念显得有些离奇古怪。因为,既然这个时代的人们普遍相信,他们的生活计划和方式几乎无一例外地都建立在对于机器的依赖上;而且他们的哲学思想又坚定认为,机械化过程是人类所无法控制的,那么,凭什么他们要相信他们自己这种生活方式会免于这一(机械化的)过程呢？……我们大家不是机械或者机器的囚犯。或者说,假如我们的确就是,那么,是我们自己建造了这个囚牢,而且宣判了自己的终生监禁。可是,这样的监牢,其四壁不是永久的。但是我们并非本性如此,并不是像某些机器的虔诚信徒所相信的那样。这些监牢仅仅是人类想象的产物,仅仅是于人类经验某一个方面的体现,而且它们能够顷刻坍塌,如同杰里科城市的城墙一样;只要人性人类精神的号角吹响,只要把首位关注给予人类,而不是给予物品,这牢笼的四壁就会顷刻坍塌。

我们时代的一大主题,是生命的更新、生活的更新,而不是让机器继续统治,无论使用什么僵硬、冷酷、强制的方式,都不容许机器继续统治人类了。我们每一个人的第一步,就是发挥自己的主动性和首创精神,恢复我们自己的生活能力,让自己尽量超脱一些,脱离日常的陈规陋习,更加自尊,更加自制,做人要更加完善,臻于完美。简言之,就是要真正把客观事物掌握起来,在艺术还不能以任何方式重新修复失衡技术所造成的各种离奇歪曲的社会现象时,我们必须首先从精神上准备好,让自己进入正确情绪和精神状态,这样艺术活动才有可能成为一种创造或者再创造的过程:首先是,我们必须学会放下手中的一切,学会保持安静状态,闭上眼睛,等待。

19世纪一位非常独特的思想家、一位伟大的逻辑学家阿贝·格拉特里(Abbé Gratry)就曾主张,作为一种精神卫生活动,每天半小时保持精神完全脱离尘世万物,什么都不去想,无论是压力或者负担,都不要去理睬;他说,这样上帝就能对你说话了。或者,如果你宁愿采用更加自然的表述方法,这种状态中,你深深埋藏的精神潜力,你蕴藏久远的无意识过程,就都能逐步显现出来。如今,上帝不大愿意说话了。但是,这种超脱状态本身,即使不会产生什么直接明显效果,也不失为一种有效方法,让我们能够重新安顿自己。马哈特马·甘地(Mahatma Gandhi, 1869—1948,也就是圣雄甘地,印度现代国家的创始人之一,倡导采用非暴力抵抗作为革命手段。——译者注),既是一位圣贤,又是位精明政治家。他平常每周用一整天来安顿自己的精神,完全松弛,安静下来。但是,他那个时代,很少有人能够像他那样对同时代人产生过那么重大的影响,同时你几乎从未见到他依靠了任何明显工具来支撑自己。

我们一旦养成了自我内窥的习惯,窥视自己内心精神,倾听自己的呼声,响应自身的呼唤、冲动和情感要求,我们就不会让自己轻易成为无法控制的情感和坏影响的牺牲品。人类的内心精神,即不是空洞无物的虚无,又不是可怕的鬼魅,这样的精神理应对良好的教养敞开心怀,并且为我们带来良好心态,与他人建立良好的情感和关系,无论是在个人行动的层面或者是艺术活动的层面上。这样的活动交往过程当中,人类固有的深层潜质就会相互交流、共享。这种状态下,人们可以敞开心扉,利用外部世界资源强有力地重新滋养生活和生命,把每一个接触、每一声呼唤、每一种景象都摄入心魂;而不是麻痹自己的精神和情感,拒绝周围发生的许多现象,就因为他们已经变得毫无意义,也与我们的灵魂无关,与我们内在精神无关。有了这种自律,我们就能及时控制当今时代的节拍和速率,控制住外来刺激的数量和频度。控制好我们的注意力,以便让我们的行动能够准确反映我们的意图和作为人类的价值观念,而不是反映机器的目的和价值;机器的目的与我们人类毫不相干,毫无意义。首先,我们要做好准备,准备碰壁,准备失败,因为,我们的行动方式意味着挑战,不仅仅是挑战,还是一种羞辱,对于我们社会的某些人来说,这的确是个羞辱。但是,即使是最小限度的拒绝和自制,都会有助于恢复人类的主动性精神。一旦时间成熟,我们就有可能做出更积极的选择,而不仅仅是拒绝一些无关痛痒的小事情,不仅仅是防止一些小错误,也不仅仅是旧有概念的单纯重复;而可能是以新的活力去肯定我们时代的各种有意义有价值的事物,因为即使说这些东西是靠机器生产出来的,它也是来服从我们支配的,应当成为我们的自我借鉴的手段和生活享受的资源。

这里,我的中心意思是说,我们所探讨的问题,我们讲述艺术与技术的关系,详细剖析其中内在联系,意义在于,这一特定领域,这一专业范畴,非常能够体现出现代社会中更大更广范围内的真实情况。正因如此,假如就事论事,我们的问题将是永远无法解决的,因为我们需要形成一种哲学,一种新的思想主张,一种能够给这个社会重新定向的新哲学,能够将机器取而代之的哲学,从而恢复人的核心地位,人在宇宙中的中心地位;恢复人作为大自然的诠释者和改造者的角色,作为有意义有价值生活的创造者的角色。这样的角色是超乎其本来原始属性的,更是人类原来的生物学自我所无可比拟的。人类,这不是一种仅仅属于此时此刻的生物,而是无界永恒大化之化身。从原始生命阶段,通过自身生活体验,通过艺术和技术创造活动,通过科学探索、哲学思考和宗教经验,大自然的野性世界逐步上升到自我意识,生命于是找到自身存在的主题,从此不再是无尽无休的有机生命转化,也不再是循环往复的生物繁衍。所以,假如人类停止了创造活动,人类也就停止了生命。人类没有别的出路,除非无休止地突破自身的动物性局限,除非不停地努力,努力实现自我超越,否则,他就只能重新退化为一种非常低等的动物,比其他许多动物都更加低级。这道理在于,到了那时候,人类遭到压抑和阻碍的创造性,会以一种非理性的暴力反弹,释放出自身全部动物野性的功能。既然人格人性的完备和精神均衡是生存的要件,与创造和更新同等重要,我们就要用这些概念为核心,创造一种新哲学去取代旧有的哲学,取代那种基于孤立、专门化、置换人性、片面强调外部要素和机械因素的旧有的哲学……

好,让我来总结一下。我们系统回顾了文化人类学家近年来发现的新材料,我指出了一个结论,从一开始,人类不仅仅是创造工具的动物,更是创造形象的动物。道理在于,人类除了需要控制自己的外部生活和环境之外,还需要表达自己的内在生命体验。可是,工具,人类创造的工具,一度曾经如此听使唤,完全服从人类意志,后来却都变成了自动化手段了;而且,到目前阶段,自动化组织的发展趋势,已经威胁到人类,大有一种势头,发誓要把人类本身也变为一种消极被动的工具。所幸,这既不意味着艺术的终结,更不意味着人类的终结。道理在于,人类内心的激情,数十万上百万年之前萌起的人类灵魂深处的激情和冲动,当原始人类从岩穴深处伸出头来一看究竟的探索欲望、占有欲望、操纵欲望,以及日益丰富起来的知识、技能和敏觉,这一切特征都呼唤他甩掉自己身上动物性慵懒怠惰……这些古老的激情和内心深深的悸动啊,是不会就这样简单停止、消亡的,虽然人类本性中的某一个方面,暂时被工具和机器塑造得扭曲变形了,暂时失控了。但是这是有机生命生长发育过程中短暂的歪曲和形变,而且即使是这种情况,也完全符合生命现象本身的特质;它经过一个阶段的调整恢复,还会重新恢复均衡状态,为新一轮大发展做好准备。只要生命存在,人类就天然具有克服错误的潜质和可能,去征服不幸命运,去不断地更新自己的创造能力。

我们面临人类历史中的一个关键时期,一个非常危险的时期,但它也蕴含着灿烂的前景和希望。更新生命的重担压在我们身上,非常沉重;道理在于,造成社会文明解体的机械文化的刚性特征(rigidities)和任人摆布、逆来顺受(compliances)的态度,假如持续下去,最终势必会造成有机生命的整个基础遭到破坏……

是的,文明更新的重任压在我们大家肩上。所以,对于人性更新和文化更新当中各种相关力量和因素,我们有必要弄个清清楚楚;同样,也有必要拟定新的计划和理想,以便指导自己投入理智的、目的性明确的行动。如果我们能够清醒认识人类当今的处境,充分把握自己觉悟和清醒感觉,而不是像当前这样,终日昏昏噩噩、沉迷毒品、消极被动,那么,在当今艺术和技术提供的众多手段支持下,我们就能够把人类的生活方式重新塑造成新的样式。当此决定性关头,我们或许也可以为人类的新大同世界奠定基础,因为我们的目标是团结起来,联合各种势力,不仅联合当前那些敌对的部族和民族国家以及各国人民,还要联合人类灵魂当中的同样好战好斗的冲动和念头。如果做到了这个要求,我们的梦想可能会重归于柔和与仁爱,并向着理性方向调整生长。我们的艺术活动,也会重新找回自己的形态、自己的结构、自己的意义和价值;同时,我们的机器,无论有多么高超的组织化特点,也会听从人类支配,适应人类生活的要求。最终,就能够自豪地引用威廉·布莱克(William Blake)的名句,反其意而用之:届时,我希望,我们会说,"艺术提升了,想象得到证实,国家民族也能长治久安。"①

---

① 威廉·布莱克,William Blake, 1757—1827,英国诗人和版画家,擅长使用歌谣和无韵体书写理想和生活,作品风格独特,代表作有《天真之歌》《经验之歌》等等。这里所说之名句,原文待考。——译者注

第七章　跋

你们就称呼我约拿吧！[①]

朋友们,同仁们:

　　今天荣膺国家图书奖,我真不知道如何面对这个庄重场合。各种必要准备我都做了,可是此时此刻,我还是说不出话。毕竟,这个名副其实的荣誉,国家文学奖章,从许多方面越过以往各种荣誉把我推向一个顶峰,毫不逊于我又一个金色五十周年纪念日(Golden Julibee)。大约五十多年以前,我和我的妻子结了婚。这五十年岁月,给我撰写的一切著作都留下印记。前年夏天,我应邀到爱尔兰首都都柏林市,为一大群听众演讲,大会主席介绍我说,“我很高兴地对你们宣布,芒福德夫人,今天晚上也来到这里与我们同在。而且我相信你们一定愿意知道,他们两位最近刚刚庆贺了他们的金婚纪念日。”听众一下子爆发出热烈掌声。他们很惊奇:这可是两个美国人啊,居然共同生活了那么长久!

　　随后,就在不久前,我翻阅整理旧作,把一些论文和杂谈归拢到一起,才无意中想到,又一个五十周年纪念了,是我从事写作五十周年。因为我第一部著作《乌托邦的故事(The Story of Utopias)》(这本书我真不敢推荐给你们任何一个人去阅读)还在继续出版;它第一次出版已是 1922 年的事了……

　　回顾自己作为作家的五十年撰写生涯,我又编成一本新书,虽然都是用出版过的材料编辑成册的,是一本……组合完整的文集,叫做《解读与预测》(Interpretations and Forecasts),其中收录 1922—1972 年的论文和杂谈。对于其中一些解读,尤其对其中所

---

① 这篇文章是作者芒福德 1972 年 12 月 13 日晚上接受颁奖时的答谢词。约拿,Jonah,根据《圣经·旧约·约拿书》,约拿是上帝的仆人,奉命去亚述帝国首都尼尼微传达上帝旨意:该城居民因罪孽深重,必遭灾难惩罚。约拿逃避职责,不愿前往尼尼微,途中逃跑,跌入大海,被大鱼吞噬,便祷告求救,大鱼将其喷吐到陆地。上帝令他继续前往赴命。尼尼微居民听到了告诫,立即悔悟,改恶从善……——译者注

谓预测,在这里我只能再次重复我对妻子索菲娅讲过了无数次的话:"……我会非常快活地死去,假如我知道我的墓碑上镌刻着这样的话:'这人绝对是个大傻瓜! 生前,他曾很不情愿地预言过诸多灾难性事件;而迄今为止这些预言无一应验!'对呀,果真如此,我真会高兴地死去!"

366

瞧,我这准备充分的即席演说里,却不识时务地先说了这样的话! 这样讲我就完全转向了,拐进了完全不一样的话题。我想强调,我忍不住想给瑞纳·杜波斯博士(Dr. René Dubos)对我的赞誉之词,以及还有尤金·麦卡锡议员(Senator Eugene McCarthy)的讲话,都做一些补充。首先,我感到非常感谢两位发言的人。但是对你们眼前这个人,我得做个简短而完全不同的说明和介绍。首先,他的名字,他名字应该叫做约拿(Jonah)! 这样就把他摆在了一个小先知的位置上与一些著名的大先知人物,如阿摩斯(Amos,公元前8世纪的希伯来人的大先知。——译者注)和以赛亚(Isaiah)等等都不可同日而语。《圣经》中的《约拿书》,很早就成为我喜爱的读本。虽然说约拿这个人并不是我人生中要蓄意模仿的典型人物,却始终是我人生道路上一个警标式人物,他及时指出我的错误和失败,在我小有成就得意忘形时,能提醒我注意收敛,他讥讽嘲笑我一些过于尖锐激烈的预言。

我这里所说的这位很人物化的约拿当然不同于民俗信仰中大家熟知的那个角色。大家都清楚,如今普通人心目中约拿是个什么具体含义。大众所理解的约拿,主要是个会带来坏运气的人。不管发生什么坏事情,首先遭埋怨的就是这个约拿。约拿就是这么个家伙,他不停地在你耳朵边上唠叨说:倒霉事情要来啦! 他告诉你赶紧预防,赶紧躲避! 你不乐意听的东西,他偏要说个不停! 而且警告你,除非你改变你的思想、行为和习惯,否则就要遭报应。他就是这么个家伙,就这么个讨厌鬼,你能拿他怎么办呢?那么,这个约拿,他乘船离开雅法(Joppa,也作Jaffa,今以色列特拉维夫的一部分,古代港口。——译者注)之后发生了什么事情呢? 而且首先要问,他为什么要从尼尼微逃跑呢? 因为他想逃避上帝的声音,上帝的命令! 约拿不愿意告诉尼尼微——这在当时已是一座大都市了——的人民,他们将要遭受报应。他不乐意转述上帝命令他必须说的话:"假如你们一意孤行,定将毁灭!"于是约拿丢弃了使命,逃跑了,想要飞快地跑到一个遥远港口城市去。可是他登船刚出海,风暴潮就起来了,海面风浪大作。船上人都责怪约拿给行船也带来了坏运。于是,大家齐心协力,把他抬起来丢到海里喂鱼去了。一条大鲸鱼就把他吞了下去。到了这个地方,这故事平铺直叙的情节突然峰回路转,大鲸鱼变成这故事的重要角色。因为大鲸鱼是上帝派来搭救他的,是个很及时的大救星。所以对于约拿来说,他自己最大的坏运气恐怕就是他得救了。

故事讲到这里，我想象中，发生了一些很奇怪的事情：首先，我开始把自己人生命运比作约拿；随后，约拿自己又变成一条大鲸鱼，不是《圣经》里的大鲸鱼，而是赫尔曼·梅尔维尔所描述的风波险恶大海上戏剧般故事《莫比-迪克》里那条大鲸鱼。那么，这个约拿，它摇身一变成了条大鲸鱼，这又是一条什么样的大鲸鱼呢？它是不是很像莫比-迪克，在深海里无休止地折腾着的鬼怪精灵？不，一点也不像；因为他完全不是个庞然大物。它或许很接近露脊鲸(Right Whale)，也就是梅尔维尔所描述的那个物种。这种露脊鲸的人性化名称应该叫做 Righteous Whale(鲸鱼中的正人君子或正义鲸鱼——译者注)。很奇怪，那天这念头来到脑子里时，我正阅读塞缪尔·巴特勒(Samuel Butler)书中一个段落，刚好文中这样写道，"假如一个人不想彻底毁掉自己将来声誉，那他就该设法不要总是正确。"我把自己比作露脊鲸，或者更老实地说，我自诩为这种 Righteous Whale，显露心中藏有一种不大好的诱惑，这是每个先知都很忌讳因而都极力抵制的东西：不要总是记住自己曾经多么正确，多么料事如神。

我想象中，还有一种鲸鱼同露脊鲸也很近似，就是 Narwhale(独角鲸)。你们当中谁若懂德语，一定立即就看懂这其中比喻。要知道，德语中这个前缀 Nar，就是傻瓜的意思。而这个约拿—鲸鱼，也就是傻瓜鲸鱼，笨蛋鲸鱼，也就是约拿这角色中很容易理解的一面，他公然冒天下之大不讳，敢于挑战大家都遵守的谨慎和常识，敢于指出大家都学会闭上眼睛假装看不见的大邪大恶，敢于大声喊出大家都力图遮掩起来的真相。你看，无论谁，若真有什么重要的事、新鲜的事要讲出来，首先他要很自信，要很勇敢，敢于直面挪威戏剧家易卜生(Henrik Ibsen, 1828—1906，挪威戏剧作家、诗人，以社会问题写作为主，著名作品有《玩偶之家》、《群鬼》、《社会支柱》等等。晚期作品转向心理分析和象征主义。他戏剧的作品对于世界各国戏剧有深远影响。——译者注)所说的那些"compact majority(或可译众志成城、人多势众——译者注)"。因为，这些人完全可能把他敢于讲出真相当作证据，证明他要么疯狂，要么这就是所谓"人民公敌"了。所以谁也不会那么笨，会相信他今天独自一人预言的情况有朝一日会成为重大现实。因为今天已经有这么多的人拒绝接受，这么多人轻蔑而傲慢地抵制他这些话。好了，关于我自己内心向着约拿，向着鲸鱼逐步转变的过程，就谈这么多。

可是，《莫比-迪克》这个奇特故事还有个更加摄人心魂的版本。这就是我们大家在梅珀尔神父(Father Mapple)布道时听他讲述过的，约拿所遭遇的道德困境；神父对这个情节有很独到的解读。他这个布道演讲堪称一篇出色的励志文学故事。这个故事中，鲸鱼没有任何重要性；最重要的事实是：约拿起先是个非常尽职的先知，他听见上帝说的话，吓得魂不附体，自己赶忙先逃跑了，跑得越远越好，几乎葬身鱼腹。这种结局至少免了他不乐意担负的职责,他不愿去警告、去规劝尼尼微城人民,让他们改变习俗和行为……否则,将如何如何。

故事中这个段落非常精彩。身为先知而丢弃职责;梅珀尔神父在这里理所当然地谴责了他放弃职责;告诫人们不该背信弃义。这个段落的文字我朗读过一遍又一遍,而每诵读一次,布道中的精神思想就越加清晰,越加强烈。这其中教诲,我们大家都不该遗忘:假如真理、真相召唤我们,我们应该怎么办? 道理很清楚:科学的宗旨是什么? 宗教的宗旨又是什么? 所以,无论什么时候,只要真理发出命令,我们就要听从它,要把真相大声喊出来,不管你的朋友、邻居、同胞兄弟们喜欢还是不喜欢。

约拿书中这重要教训,梅尔维尔有意识省略了。直至最后约拿对上帝喋喋不休抱怨不止时,这个意思才又重新显现。这段絮絮叨叨的对话,相比更早时期犹太人始祖亚布拉罕与上帝之间的对话,真相形见绌,无法相比拟。早先那段对话是,亚伯拉罕与上帝讨论,什么条件下可以赦免索多姆城(Sodom)和格莫拉城(Gomorrah);因为这两座城市罪孽深重,充满了暴力、兽性、赤裸裸色情描写,恶贯满盈,激怒了上帝,上帝发誓要惩戒他们,毁坏他们的城池。接下来是最精彩的一幕,东方文化中讨价还价的绝佳范例:亚伯拉罕想方设法让上帝认可,这两座城市当中假如能够找出五十个正派人,两座城市就值得拯救,值得赦免。于是,同意。那么,要是只找到四十个……也同意。三十人呢? ……好,也可以。就这样,最后,亚伯拉罕连诳带哄,让上帝答应:只要能找出十个像点样子的人来,这两座城市就都可以赦免。因为这样的话上帝自己也能心安理得。显然,无论是上帝还是亚伯拉罕,都不乐意看到整整两座城市的人都死干净,无论其大多数人是否忏悔罪恶。只要是还能够找到值得救药的人(saving remnant)——英语当中这个词组 saving remnant,毫无疑问就从这里衍生而来的——那么索多姆和格莫拉两座城市就都可以得救了。

比较而言,约拿要比他这位聪明过人而又诡计多端的老前辈逊色多了,尽管亚伯拉罕并不想成为先知。其实约拿很失望,因为上帝第一次并未因为约拿逃避责任不传达他的旨意而责罚他,同时也没有谴责和惩罚尼尼微城人民。而是又给了他一次机会。最后,上帝要弄了约拿。因为最终上帝表现得非常仁慈宽怀,比约拿料想的更要慈悲大度。而尼尼微的人民也让约拿更加出丑,因为他们一个个痛哭流涕,上至国王下至草民,一个个痛切懊悔自身罪过,因而灾难也就免除了。这让约拿感到无地自容了,简直寻死的心都有。约拿的弥天大错就在于:他觉得自己已经事先预料到尼尼微人民会怎样动作,以及上帝肯定将会怎么惩罚他们……

这故事最后一段就很清楚了:尼尼微人民是否能够永久改恶从善呢? 无论上帝或

是约拿则都没有把握。但是,上帝毕竟被他们的行为感动了,因为他们公开悔过,忏悔暴力行为和各种邪门歪道。这也就不白费力呀:将来,或许,垃圾可以定期打扫收拾了,官员不敢腐败了,不敢再收受贿赂了,贪赃枉法为非作歹至少也会脸红了。仿佛上帝所能期望于这座令他引以为豪的城市中12万人的全部最佳表现,好像也就这些了。让我这里引用一句原话:"这12万人啊,哪怕他分不清自己的左右手。"这其中的道德训诫,当然就不必一一细说了。悲夫,先知! 连自己的声音和上帝的声音都区分不开,满以为自己未卜先知料事入神,以为自己早就知道了上帝的锦囊妙计……先知,悲夫!

至此大家也就明白,我为什么对你们讲这个故事了。从某种意义上说,这故事就是我的人生。因为我感觉,我在每一个方面都更加接近、更加像约拿,包括他面临的诱惑;两者比较而言,我并不像乌托邦主义者,不像空想家。更确切地说,我反对空想;因为我很清楚,祝福的话反复重复,会变成诅咒;诅咒反复念诵,也会变成福音。我早先写过一本书《生存的信念》(Faith for Living),里面有个章节,题目就叫做"生活比空想要好"。好久好久以前,约翰·拉斯金教导我说,"世界上本无所谓财富,只有生命、生活。"只要意识存在,只要精神尚存,哪怕被身体伤残和难忍之痛折磨得模模糊糊,生活、生命都依旧是最为宝贵的东西。正如亨利·詹姆斯(Henry James)所说,生命是最宝贵的东西;我们大家也会说,生命,真是我们拥有的最为珍贵的东西。

今天晚上,你们眼前这位演讲者就是这么个人:他既不是乐观主义者,也不是悲观主义者,更不是空想家或未来学家。现在,结束讲话之际,让我表达几乎无法表达的心意,让我以空前的诚挚,感谢你们各位今天所做的一切。我表达我的感谢之情,不仅对今天在座各位,也不仅对称颂我的人,不仅感谢给我颁发奖章的人,更要感谢许许多多不知姓名的人。他们在我葬身鱼腹的时候从遥远之邦,从大海深处,赶过来援助我。他们响应我的呼喊,这让我有信心继续奋斗,挣脱黑暗,重新浮到阳光灿烂的海面。至此,让我——以约拿的名义,以《圣经》里约拿的名义,梅尔维尔笔下约拿的名义,以及我个人内心鲸鱼约拿的名义,尤其以上帝派遣的约拿的名义——深深地,深深地,谢谢诸位!

本书所选篇章来源一览

I. A Child of the City

East Side, West Side: *Sketched from Life: The Autobiography of Lewis Mumford: The Early Years* (New York: Dial Press, 1982),3 – 10.

All Around the Town: Ibid. , 13 – 14.

Our Metropolitan Pageants: Ibid. , 120 – 130.

II. Architecture as a Home for Man

The Brooklyn Bridge: Selected from "The Renewal of the Landscape," in *The Brown Decades: A Study of the Arts in America, 1865 –1895* (New York: Harcourt, Brace, 1931); this is reprinted from the revised edition (New York: Dover Publications, 1951),43 – 48.

Towards Modern Architecture: *The Brown Decades*, 49 – 82.

The Case against "Modern Architecture": "The Case against 'Modern Architecture,'" *Architectural Record* 131, no. 4 (April 1962):155 – 162.

Symbol and Function in Architecture: *Art and Technics*, Bampton Lectures in America, no. 4 (New York: Columbia University Press, 1952; paperback, 1960),111 – 135.

III. The City in Civilization

What Is a City?: Selected from the Introduction to *The Culture of Cities* (New York: Harcourt, Brace, 1938),3 – 10.

The Disappearing City: "The Future of the City: Part 1 — The Disappearing City,"

Architectural Record 132, no. 4 (October 1962):121 – 128; reprinted in *The Urban Prospect*: *Essays* (New York: Harcourt, Brace and World, 1968), 108 –115.

The Medieval City: Selected from "Medieval Urban Housekeeping", in *The City in History*: *Its Origing*, *Its Transformations*, *and Its Prospects* (New York: Harcourt, Brace, 1961),299 – 314.

The Baroque City: Combines selections from "The Structure of Baroque Power" and "Court, Parade, and Capital," in ibid,. 345 – 351,363 – 371,391 – 395,399 – 403.

The Lessons of Washington, D. C. : Originally "The Lessons of Washington," from "Court, Parade, and Capital", in ibid. , 403 – 409.

IV. The Urban Prospect

The Ideal Form of the Modern City: Originally "The Modern City," in Talbort Hamlin, ed. , *Forms and Functions of Twentieth-Century Architecture*, vol. 4, *Building Types* (New York: Columbia University Press, 1952),797 – 817.

Yesterday's City of Tomorrow: "The Future of the City: Part 2—Yesterday's City of Tomorrow," *Architectural Record* 132. no. 5 (November 1962):139 – 144; reprinted in *The Urban Prospect*: *Essays* (New York: Harcourt, Brace and World, 1968),116 – 127.

Home Remedies for Urban Cancer: Appeared as "The Sky Line: Mother Jacobs' Home Remedies" in the *New Yorker*, December 1,1962, 148ff; reprinted with the title "Home Remedies for Urban Cancer," in *The Urban Prospect*, 180 –207.

Restored Circulation, Renewed Life: Appeared as "The Sky Line: The Roaring Traffic's Boom — III" in the *New Yorker*, April 16,1955,78ff; reprinted, with the title "Restored Circulation, Renewed Life," in Mumford, *From the Ground Up*: *Observations on Contemporary Architecture*, *Housing*, *Highway Building*, *and Civic Design* (New York: Harvest Books, Harcourt, Brace, 1956),219 – 229.

The Regional Framwork of Civilization: Combines selections from "Regions — To

Live In," *Survey Graphic* 54 (May 1, 1925): 151 – 152, and "Regional Planning" (July 8, 1931, Address to Round Table on Regionalism, Institute of Public Affaris, University of Virginia), manuscript in Avery Library, Columbia University. Both essays reprinted in Carl Sussman, ed. , *Planning the Fourth Migration: The Neglected Vision of the Regional Planning Association of America* (Cambridge, Mass: MIT Press, 1976), 89 – 93, 199 – 208.

The Foundations of Eutopia: Selected from chapter 12 of *The Sotry of Utopias*, with an introduction by Hendrik Willem Van Loon (New York: Boni and Liveright, 1922), 267 – 272, 276 – 291, 297 – 308; reprinted with a new preface by Mumford and without the introduction by Van Loon (New York: Peter Smith, 1941; Gloucester, Mass. : Peter Smith, 1959; New York: Compass Books, Viking Press, 1962).

The Choices Ahead: *The Urban Prospect*, 227 – 255.

V. Visions of America

The Origins of the American Mind: *The Golden Day: A Study in American Experience and Culture* (New York: Boni and Liveright, 1926); this selection is taken from Mumford's *Interpretations and Forecasts, 1922 –1972: Studies in Literature, History, Biography, Technics, and Contemporary Society* (New York: Harcourt Brace Jovanovich, 1973), 3 – 16.

The Golden Day: Combines selection from "The Golden Day" and "Envoi," in *The Golden Day*, 40 – 68, 140 – 142.

The New World Promise: "The New World Promise," *American Institute of Architects Journal*, *n. s.* , 44, *no.* 2 (*August* 1965): 43 – 47 (*First Annual Purves Memorial Lecture*, *delivered at the joint convention of the American Institute of Architects and the Pan American Congress of Architects help in Washington*, *D. C.* , *June* 14 – 18, 1965; *simultaneously translated into Spanish*).

VI. Technology and Culture

Technics and Human Development: *The Myth of the Machine*, vol. 1, *Technics and*

Human Development (New York: Harcourt, Brace and World, 1967), 3 – 13.

The First Megamachine: "The First Megamachine," *Diogenes*, no. 55 (Fall 1966): 1 – 5; reprinted in *The Myth of the Machine*, vol. 1, *Technics and Human Development* and in Mumford's *Interpretations and Forecasts*, *1922 – 1972*: *Studies in Literature*, *History*, *Biography*, *Technics*, *and Contemporary Society* (New York: Harcourt Brace Jovanovich, 1973), 259 – 269.

The Monastery and the Clock: *Technics and Civilization* (New York: Harchourt, Brace, 1934); reprinted with a new introduction by Mumford (New York: Harbinger Books, Harcourt, Brace, 1963); this selection is taken from the reprint, titled "Mechanization of Modern Culutre," in *Interpretations and Forecasts*, 270 – 278.

The Reinvention of the Megamachine: Selected from "Reflections: The Megamachine — I," *New Yorker*, October 10, 1970, 50ff, taken from *The Myth of the Machine*, vol. 2, *The pentageon of Power* (New York: Harcourt, Brace and World, 1970), 243 – 262.

Art and Technics: Combines "Art and the Symbol" and "Art, Technics, and Cultural Integration," from *Art and Technics*, Bampton Lectures in America, no. 4 (New York: Columbia University Press, 1952; paperback, 1960), 3 – 11, 136 – 162.

VII. Epilogue

Call Me Jonah!: Address delivered December 13, 1972, and published in Mumford's *My Works and Days*: *A Personal Chronicle* (New York: Harcourt Brace Jovanovich, 1979), 527 – 531.

索　引

本索引依原著索引译后按中文笔画顺序重新编列。每个词条后面的数码,系英文原著页码,在本书中请参见每页正文旁边的数码。

英语人物姓名排列,教名在前,姓氏在后。查阅时,应当先查阅姓氏,例如:杰克·伦敦,应先查伦敦;本杰明·富兰克林,则应先查富兰克林,以此类推。

一画

二画

四画

六画

七画

八画

九画

十一画

十三画

图书在版编目(CIP)数据

刘易斯·芒福德读本/[美]米勒(Miller, D. L.)编;宋俊岭,
宋一然译. —上海:上海三联书店,2016.5
 ISBN 978 - 7 - 5426 - 5421 - 2

Ⅰ.①刘… Ⅱ.①米…②宋…③宋… Ⅲ.①芒福德,L.
(1895~1990)—文集 Ⅳ.①Z471.2

中国版本图书馆 CIP 数据核字(2015)第 306877 号

刘易斯·芒福德读本

编　　者 / [美]唐纳德·米勒
译　　者 / 宋俊岭　宋一然

责任编辑 / 冯　征
装帧设计 / 豫　苏
监　　制 / 李　敏
责任校对 / 张大伟

出版发行 / 上海三联书店
　　　　　(201199)中国上海市都市路 4855 号 2 座 10 楼
网　　址 / www.sjpc1932.com
邮购电话 / 021 - 22895559
印　　刷 / 上海惠敦印务科技有限公司

版　　次 / 2016 年 5 月第 1 版
印　　次 / 2016 年 5 月第 1 次印刷
开　　本 / 710×1000　1/16
字　　数 / 350 千字
印　　张 / 28
书　　号 / ISBN 978 - 7 - 5426 - 5421 - 2/Z·114
定　　价 / 66.00 元

敬启读者,如发现本书有印装质量问题,请与印刷厂联系 021 - 56475597